최신판 박문각 자격증

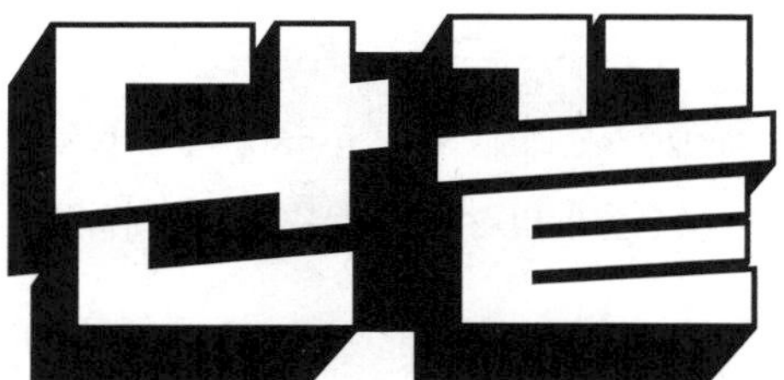

손해평가사

2차 | 핵심정리 및 기출예상문제집

2024.4.19. 업무방법서

핵심정리와 암기Tip

제1판

동영상 강의 www.pmg.co.kr

- 2024년 농업정책보험금융원에서 발표한 최종본[2024.4.19.] 「농업재해보험·손해평가의 이론과 실무」 이론서 완벽 반영

– 업무방법서의 핵심내용 정리와 암기 Tip 제공
– 기출문제 출제유형 분석과 빈출 포인트를 반영한 기출예상문제

한용호 편저 | 이영복 감수

1권 농작물재해보험 및 가축재해보험의 이론과 실무
2권 농작물재해보험 및 가축재해보험 손해평가의 이론과 실무

PREFACE

이 책의 머리말

손해평가사 시험이 9회를 거쳐 어느덧 10회 시행을 앞두고 있습니다.
2차시험을 준비하는 과정에 있는 수험생들에게 농업정책보험금융원의 업무방법서는 시험출제의 기준이면서 최고의 수험서이기도 합니다.
하지만 수험생들이 업무방법서를 학습하면서 느끼는 공통적인 어려움은 그 내용을 충분히 이해하기 어렵다는 점과 최종적으로 그 내용을 정리하기 쉽지 않다는 데 있습니다. 2차시험을 대비하기 위해서는 방대한 내용을 정확하게 암기하고 문제에 대응할 능력이 필요하므로 수험생들은 그러한 내용들을 이해하고 기억하기 위해 엄청난 시간을 할애할 수밖에 없습니다.

본 저자는 수험생이 원하는 '수험서가 지녀야 하는 기본은 무엇일까?'에 대해 항상 고민하면서 근본적인 해결책을 찾기 위해 노력하였고, 그 결과 「단끝 손해평가사 2차 핵심정리 및 기출예상문제집」을 기획하게 되었습니다.

이 책의 특징은 다음과 같습니다.

1. 지금까지 출제된 대부분의 문제를 2024년 업무방법서 최종본에 맞게 재구성하였습니다.
2. 출제가 예상되는 주요 문제를 추가하여 실전에 충분히 대비할 수 있도록 하였습니다.
3. 보험이론의 장황한 내용 중에서 서술형 문제 대비에 꼭 필요한 부분만 요약하였으며 암기 Tip까지 제공하였습니다.
4. 보험기간의 경우 업무방법서에 표 형식으로 나열하여 수험생 입장에서 그 내용을 정리하기 힘들기 때문에 타임테이블을 이용하여 보험상품 판매시기를 반영한 그림으로 구성하면서 이해하기 쉽도록 하였으며 일부 암기가 필요한 부분에 암기 Tip까지 함께 제공하였습니다.
5. 보험금산식을 보기 좋게 정리하였으며 정확하게 기억할 수 있도록 암기 Tip을 제공하였습니다.
6. 평년착과량, 평년수확량에 대한 관련식을 이해하기 쉽게 표와 그림을 통해 설명하였으며, 암기 Tip도 제공하였습니다.
7. 꼭 암기해야 할 내용은 곳곳에 암기 Tip을 제공하였으며 기억하기 용이하도록 그림으로 암기 Tip을 제공하기도 하였습니다.

수험생은 주어진 시간 내에 학습 대상의 선택과 그에 대한 집중을 통해 성과를 달성하여야 합니다.
박문각에서 제공하는 이 교재가 여러분의 수험생활에 많은 도움이 되길 진심으로 바랍니다.
그리고 이 책이 출간될 때까지 마치 저자의 심정으로 꼼꼼하게 원고를 검토하고 정리해주신 김태희 차장님을 비롯한 박문각의 모든 직원분들께 진심으로 감사의 뜻을 전합니다.

편저자 한용호

GUIDE

이 책의 **구성과 특징**

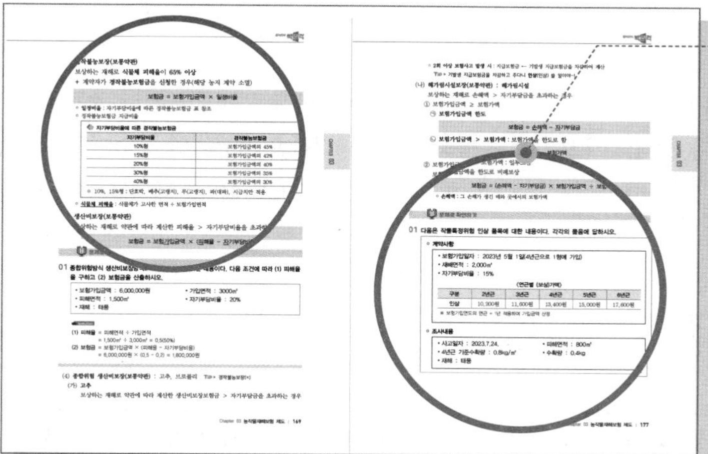

Point 1

2024년 업무방법서 최종본의 개정내용을 완벽하게 반영하여 재구성한 문제

Point 2

타임테이블을 이용한 도식화와 평년착과량 및 평년수확량 등 복잡한 계산식의 도표화 정리로 이해력 업그레이드

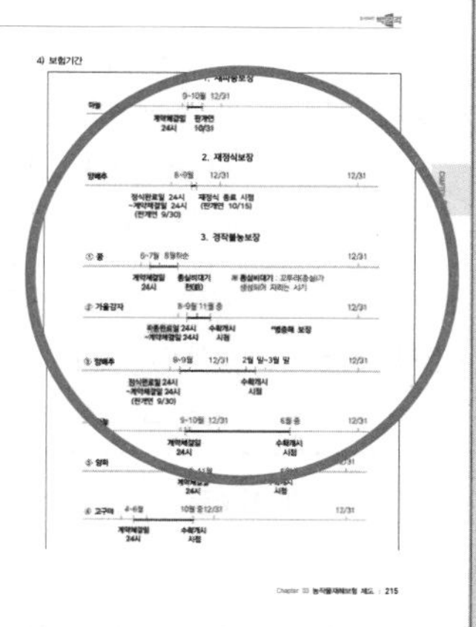

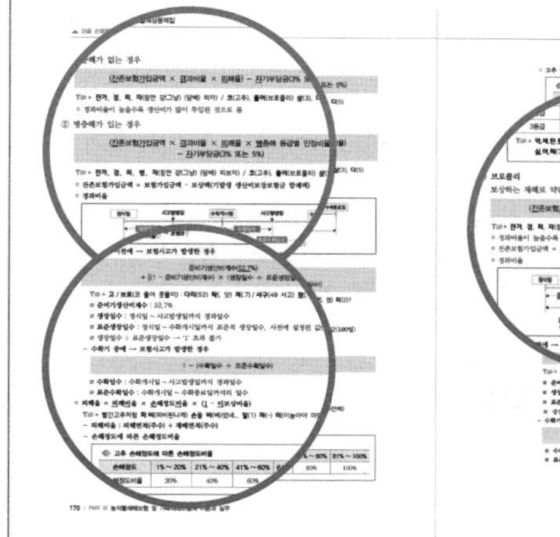

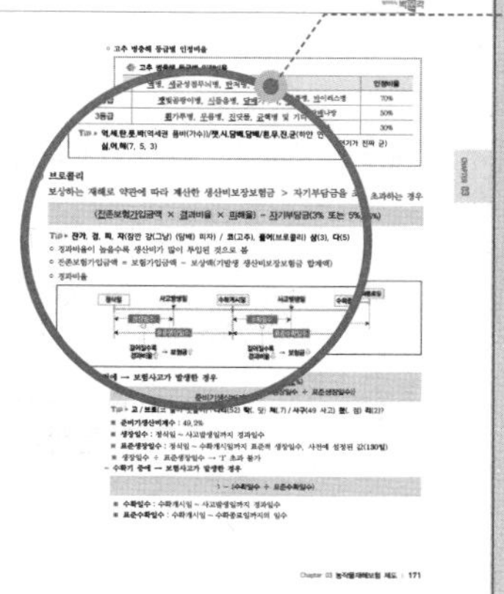

Point 3

꼭 암기해야 할 내용은 암기 Tip을 제공하여 2차시험 실전대비를 위한 단권화에 최적화

이 책의 **시험안내**

1 손해평가사란

농업재해보험의 손해평가를 전문적으로 수행하는 자로서 농어업재해보험법에 따라 신설되는 국가자격인 국가전문자격을 취득한 자를 말한다. 농업재해보험의 손해평가사는 공정하고 객관적인 농업재해보험의 손해평가를 하기 위해 피해사실의 확인, 보험가액 및 손해액의 평가, 그 밖의 손해평가에 필요한 사항에 대한 업무를 수행한다.

2 시험과목 및 시험시간

구분	시험과목	문항 수	시험시간	시험방법
제1차 시험	1. 「상법」 보험편 2. 농어업재해보험법령(「농어업재해보험법」, 「농어업재해보험법 시행령」 및 농림축산식품부 장관이 고시하는 손해평가 요령을 말함) 3. 농학개론 중 재배학 및 원예작물학	과목별 25문항 (총 75문항)	90분	객관식 (4지 택일형)
제2차 시험	1. 농작물재해보험 및 가축재해보험의 이론과 실무 2. 농작물재해보험 및 가축재해보험 손해평가의 이론과 실무	과목별 10문항	120분	주관식 (단답형, 서술형)

※ 기활용된 문제, 기출문제 등도 변형 · 활용되어 출제될 수 있음

※ 답안 작성 기준

- 제1차 시험의 답안은 시험시행일에 시행되고 있는 관련 법령 등을 기준으로 작성
- 제2차 시험의 답안은 농업정책보험금융원에서 등재하는 「농업재해보험·손해평가의 이론과 실무」를 기준으로 작성

「농업재해보험·손해평가의 이론과 실무」는 농업정책보험금융원 홈페이지(자료실–손해평가사 자료실)에서 확인 가능

3 합격기준

구분	합격결정기준
제1차 시험	매 과목 100점을 만점으로 하여 매 과목 40점 이상과 전 과목 평균 60점 이상을 득점한 사람을 합격자로 결정
제2차 시험	매 과목 100점을 만점으로 하여 매 과목 40점 이상과 전 과목 평균 60점 이상을 득점한 사람을 합격자로 결정

CONTENTS

이 책의 **차례**

합격기준 박문각

PART

01

농작물재해보험 및 가축재해보험의 이론과 실무

CHAPTER 01

보험의 이해

제1절 위험과 보험

1. 일상생활과 위험

가. 개인 · 기업 · 국가차원의 위험은 **항상 상존**

나. 위험 발생 → **육체적 · 정신적** 고통 + 막대한 **경제적 손실** 초래

다. 위험은 항상 발생하는 것이 아니라 발생 가능성이 상존하는 것이며, 실제로 언제 어떤 규모로 발생할지는 모름

라. 평소에 정상적인 주의를 가지고 위험에 대비할 필요가 있음

2. 위험의 개념 정의 및 분류

가. 위험의 정의

1) [1]**앞으로**(미래의 일) [2]**안 좋은 일**이 일어날 수 있는 [3]**가능성**

2) 다양한 정의

손실의 기회, 손실의 가능성, 불확실성, 실제 결과와 기대했던 결과와의 차이, 기대와는 다른 결과가 나올 확률 등

✔ **Check** 위험과 불확실성의 구분

① **위험** : 결과(outcome)와 결과의 발생 가능성이 → 정확히 알려져 있는 사건
② **불확실성** : 결과(outcome)와 결과의 발생 가능성이 → 정확히 알려져 있지 않은 사건

 **문제로 확인하기**

01 다음은 위험의 정의에 관한 내용이다. ( ) 안에 알맞은 말을 쓰시오.

일반적으로 위험은 '앞으로 안 좋은 일이 일어날 수 있는 가능성'을 뜻하는 말로 쓰이는데, 이 말을 들여다보면 (①)이고, (②)이며, (③)으로 구성되어 있다고 볼 수 있다.

Solution

① 미래의 일, ② 안 좋은 일, ③ 가능성

나. 위험과 관련 개념

1) 위태(Hazard) : 위험한 상태
 특정한 사고 → 발생할 수 있는 손해의 가능성 → 새로이 창조하거나 증가시킬 수 있는 상태

2) 손인(Peril) : 손해(loss)의 원인
 가) 일반적으로 '사고'라고 부르는 것
 나) 화재, 폭발, 지진, 폭풍우, 홍수, 자동차사고, 도난, 사망 등

3) 손해(Loss) : 손인의 결과로 발생하는 가치의 감소
 위험한 상황(hazard)에서 → 사고(peril)가 발생하여 → 초래되는 물리적・경제적・정신적 손해

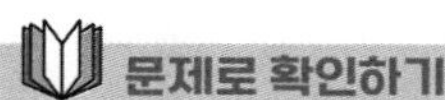

01 위험과 관련된 개념으로서 (1) 위태, (2) 손인 그리고 (3) 손해에 대하여 기술하시오.

Solution

(1) 위태(Hazard) : 위험한 상태로서 특정한 사고로 발생할 수 있는 손해의 가능성을 의미한다.
(2) 손인(Peril) : 손해(loss)의 원인으로서 일반적으로 사고라고 부르는 것이다.
(3) 손해(Loss) : 손인의 결과로 발생하는 가치의 감소로서 위험한 상황(hazard)에서 사고(peril)가 발생하여 초래되는 물리적・경제적・정신적 손해를 의미한다.

4) 위태, 손인 및 손해의 관계

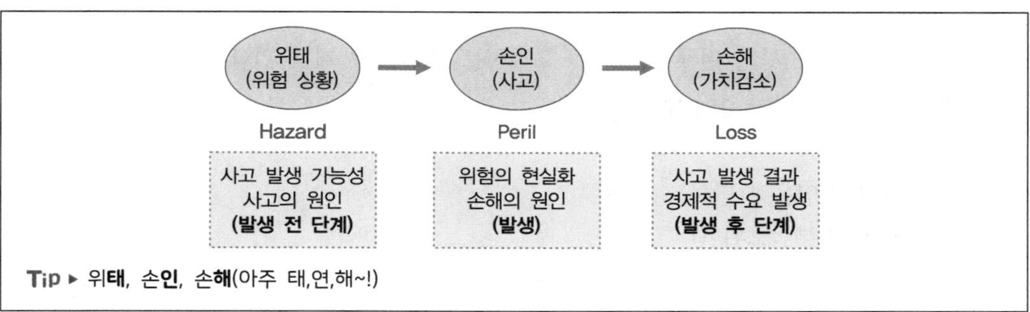

Tip ▸ 위**태**, 손**인**, 손**해**(아주 태,연,해~!)

다. 위험의 분류

1) 위험 속성의 측정 가능성 여부에 따른 구분
 가) 객관적 위험
 측정 가능한 위험
 나) 주관적 위험
 개인 특성에 따라 평가가 달라져 측정이 곤란한 위험

2) 위험의 속성에 손실의 기회만 있는가, 이득의 기회도 함께 존재하는가에 따른 구분

가) 순수위험

손실의 기회만 있고 **이득의 기회**는 **없는** 위험

(1) **재산손실위험** : 각종 재산상의 손실을 초래하는 위험

(2) **간접손실위험** : 영업중단 등의 2차적인 손실위험

(3) **배상책임위험** : 타인에게 손해를 입힌 경우에 배상할 책임으로 인한 손실위험

(4) **인적손실위험** : 사망, 부상, 질병, 퇴직, 실업 등

Tip ▸ 순수 - 재, 간, 배, 인(순수한 사람은 재간둥이(사기꾼)에게 배인 적이 많다(당한 적이 많다))

나) 투기적 위험

손실의 기회와 **이익을 얻는 기회**도 있는 위험

3) 위험의 발생 빈도나 발생 규모가 시간에 따라 변하는지 여부에 따른 구분

가) 정태적 위험

시간의 경과에 따라 성격이나 발생 정도가 크게 변하지 않을 것으로 예상되는 위험

나) 동태적 위험

시간의 경과에 따라 성격이나 발생 정도가 변하여 예상하기가 어려운 위험

4) 위험이 미치는 범위가 얼마나 넓은가 혹은 좁은가에 따른 구분

가) 특정적 위험

피해 당사자에게 한정되거나 매우 제한적 범위 내에서 손실을 초래하는 위험

나) 기본적 위험

불특정 다수나 사회 전체에 손실을 초래하는 위험(= 체계적 위험)

5) 보험자의 책임 부담 여부에 따른 구분

가) 담보위험

보험자가 책임을 부담하는 위험

나) 비담보위험(부담보위험)

보험자가 담보하는 위험에서 제외한 위험

다) 면책위험

보험자가 책임을 면하기로 한 위험(보험자의 담보범위에 있는 사고가 발생한 경우에도 보험자의 책임이 면제됨) 예 계약자 등의 고의에 의한 사고 또는 전쟁위험 등

✔ Check 보험에 적합한 위험

① **원칙** : 객관적 위험, 순수위험, 정태적 위험 및 특정적 위험
② **예외** : 동태적 위험, 기본적 위험
사회복지나 경제안정을 위해 국가가 직접 또는 간접적으로 개입하여 보험화하는 경우

Tip ▸ 특정적 위험, **정**태적 위험, **순**수위험, **객**관적 위험(보험회사가 원하는 고객 - 특정 순수한 고객)

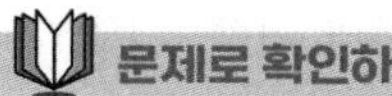

01 보험에 적합한 위험의 유형 4가지를 쓰시오.

Solution

① 특정적 위험, ② 정태적 위험, ③ 순수위험, ④ 객관적 위험

02 다음은 위험이 미치는 범위에 따른 위험이다. (　　)에 들어갈 말을 쓰시오.

- (①) 위험은 피해 당사자에게 한정되거나 매우 제한적 범위 내에서 손실을 초래하는 위험을 의미한다.
- (②) 위험은 불특정 다수나 사회 전체에 손실을 초래하는 위험을 의미한다.

Solution

① 특정적, ② 기본적

라. 농업부문 위험의 유형

1) 생산 위험

농축산물 생산과정에서 기후변화나 병해충, 가축질병 발생 등으로 인한 생산량과 품질의 저하에 따른 위험

2) 가격 위험

생산한 농산물의 가격변동에 따른 위험

3) 제도적 위험

농업관련 세금, 농산물 가격 및 농업소득지지, 환경규제, 식품안전, 노동 및 토지 규제 등 정부 정책과 제도 등의 변동에 따른 위험

4) 인적 위험

개별 농민 혹은 농가 구성원의 사고, 질병, 사망 등에 따른 위험

Tip ▸ **생**산 위험, **가**격 위험, 제**도**적 위험, **인**적 위험(농사짓는 생가(농가)에서 도를 닦는 농부)

3. 위험관리(Risk management)의 의의 및 구성 요소

가. 위험관리의 의의 및 목적

1) 위험관리의 일반적인 목표

가) 최소의 비용으로 손실(위험비용) 최소화

나) 개인이나 조직의 생존 확보

2) 위험관리의 목적

가) 사전적 목적

경제적 효율성 확보, 불안의 해소, 타인에 전가할 수 없는 법적 의무의 이행, 기업의 최고 경영자에게 예상되는 위험에 대한 안심 제공

나) 사후적 목적

생존, 활동의 계속, 수익의 안정화, 지속적 성장, 사회적 책임의 이행

나. 위험관리의 구성 요소

1) 지식(Knowledge)

위험 원인과 잠재적인 결과(outcomes) 등을 파악하는 활동

2) 보험(Insurance)

위험관리 차원에서 사고로부터 발생 가능한 손실의 위험을 → 적정한 보험상품 가입을 통해 전가하는 것

3) 보호(Protection)

좋지 않은 결과의 가능성을 축소하는 활동

4) 대응(Coping)

좋지 않은 결과를 사후적으로(ex post) 완화하는 활동

Tip ▸ **관구요**(관둬요) - **지, 험, 보, 대**(지엄한 척 뽀대네~!)

01 위험관리의 구성 요소 4가지를 쓰시오.

Solution

① 지식, ② 보험, ③ 보호, ④ 대응

4. 위험관리 방법

가. 물리적 위험관리 : 위험 통제(risk control)를 통한 대비

1) 위험회피

손실의 가능성을 원천적으로 회피

2) 손실통제

손실의 발생 횟수(빈도)나 규모를 줄이려는 기법, 도구 또는 전략

가) 손실예방

특정 손실의 발생 가능성 또는 손실 발생의 빈도를 줄이려는 조치

나) 손실감소

(1) 사전적 손실감소 : 특정 사건이나 사고로부터 피해를 입을 수 있는 재산, 인명 또는 기타 유가물의 수와 규모를 줄이는 데 초점

(2) 사후적 손실감소 : 손실의 확대를 방지하고 사고의 영향이 확산되는 것을 억제하는 데 초점

Tip ▸ **통 - 예, 감**(똥쌀 것 같은 예, 감~!)

3) 위험 요소의 분리

가) 복제

원본이 파손된 경우에도 쉽게 복원 가능

나) 격리

손실의 크기를 감소시키기 위하여 시간적·공간적으로 나누는 방법

4) 계약을 통한 위험 전가

법적, 재무적 책임을 계약(임대차, 하도급)을 통해 제3자에게 전가하는 방법

5) 위험을 스스로 인수

위험으로 인한 손실이 크지 않을 수도 있고, 위험으로 인식하지 못하거나 인식하지만 별다른 대응 방법이 없는 경우 스스로 위험을 감당하는 방법

Tip ▸ **물관 - 피, 통 / 이, 전 / 수**(피, 똥, 쌀 것은 이,전,시키는 수, 밖에~!)

 **문제로 확인하기**

01 위험관리 방법 중 물리적 위험관리(위험 통제를 통한 대비) 방법 5가지를 쓰시오.

Solution

① 위험회피, ② 손실통제, ③ 위험 요소의 분리, ④ 위험전가, ⑤ 위험인수

나. 재무적 위험관리 : 위험자금 조달(risk financing)을 통한 대비

1) 위험보유

우발적 손실을 자신이 부담하는 것

예 준비금이나 기금의 적립, 보험가입 시 자기책임분 설정, 자가보험 등

가) 소극적 위험보유

자신도 모르는 사이에 위험을 보유하는 경우

나) 적극적 위험보유

위험 발생 사실을 인지하면서 위험관리의 효율적 관리를 목적으로 위험을 보유하는 경우

2) 위험을 제3자에게 전가(= 보험계약)

가) 비용을 지불하고 계약을 통해 제3자에게 위험을 전가하는 것

나) 보험은 계약자 또는 피보험자의 위험을 계약에 의해 보험자에게 떠넘기는 것으로 위험전가의 대표적인 방법

3) 위험 결합을 통한 위험 발생 대비(= 보험)

가) 보험을 통해 다수의 동질적 위험을 결합하여 위험 발생에 대비하는 것

나) 개인이 감당할 수 없는 규모의 위험을 대비하는 방법

Tip ▸ **재무관 - 보, 쌈**(3), **합**(재무관이라는 식당에서 돈내고 보,쌈을 입에 넣어 합죽이가 됩시다~! 합~!)

다. 위험관리 방법의 선택

1) 위험관리 방법을 선택할 경우 세 가지 고려사항

가) 위험의 발생 빈도와 손실 규모

나) 위험통제 기법과 위험재무 기법이 → 위험의 속성(발생 빈도 및 손실 규모)에 미칠 영향과 → 예정손실 예측에 미칠 영향

다) 위험관리 기법에 소요될 비용

2) 네 가지 위험관리 수단

가) 발생 빈도와 손실 규모가 모두 낮은 경우 → 위험보유

나) 발생 빈도는 낮지만 손실 규모가 큰 경우 → 위험전가(보험)

다) 발생 빈도가 높지만 손실 규모가 작은 경우 → 손실통제

라) 발생 빈도가 높고 손실 규모도 큰 경우 → 위험회피

Tip ▸ 위험**보**유, 위험**전**가(보험), 손실**통**제, 위험**회**피(보전을 통해서 관리?)

◆ 위험 특성에 따른 위험관리 방법

손실 빈도(횟수) / 손실 규모(심도)	적음(少)	많음(多)
작음(小)	위험보유	손실통제
큼(大)	위험전가(보험)	위험회피

문제로 확인하기

01 위험 특성에 따른 위험관리 방법을 선택할 경우 4가지 위험관리 수단을 쓰시오.

Solution

① 위험보유, ② 위험전가(보험), ③ 손실통제, ④ 위험회피

02 다음은 위험 특성에 따른 위험관리 방법을 나타낸 것이다. (   ) 안에 그 수단을 쓰시오.

손실 빈도(횟수) / 손실 규모(심도)	적음(少)	많음(多)
작음(小)	위험보유	(②)
큼(大)	(①)	위험회피

Solution

① 위험전가(보험), ② 손실통제

라. 농업부문 위험관리 방안

1) 생산 위험관리 방안

가) 영농 다각화(diversification)

생산의 위험을 여러 종류의 생산물에 분산시켜 전체 생산의 위험 감소

나) 농작물 보험 가입

생산량 감소로 인한 수입 감소의 위험을 어느 정도 줄임

다) 재해대비 기술 수용

방상팬 설치를 통해 냉해를 방지하는 등의 방법을 통해 생산의 위험 감소

2) 가격 위험관리 방안

가) 영농 다각화(diversification)

서로 다른 시기에 동일 작물을 경작하는 시간의 배분적 다각화

나) 분산 판매

판매시기를 분산시켜 가격의 연중 변동에 따른 위험의 감소(저장비용을 감안해야 함)

다) 수입보장보험 가입

수확량감소 위험뿐만 아니라 가격하락에 따른 위험의 완화

라) 선도거래(forward transaction)

현재 정해진 가격으로 미래의 일정 시점에 상품의 인도 및 대금 지급 약정

마) 계약생산

대량수요처나 가공공장 등과 장기 공급계약 체결과 생산 및 판매

3) 농업위험에 대한 정책개입의 이유와 주요 정책수단

가) 정책개입의 이유

농업은 [1]기후와 병해충 등 인간이 통제하기 어려운 다양한 변수들에 의해 많은 영향을 받을 뿐 아니라 [2]수급 특성상 가격 불확실성이 매우 크기 때문에 개별 농업생산자가 경영위험을 관리하기는 매우 어려움

나) 주요 정책수단

◆ **농업위험의 유형과 정책수단**

위험의 유형	주요 정책수단
생산 위험	농작물재해보험(수량보험, 수입보험), 비보험작물재해지원, 긴급농업재해대책
가격 위험	최저가격보장제, 가격손실보상제, 수입손실보상제, 수입보장보험
제도 위험	환경보전 및 식품안전 규제에 대한 비용분담, 장려금 지원, 영농컨설팅 및 전업을 위한 교육훈련 지원, FTA 피해보전직불제 등
인적 위험	농업인안전보험, 농기계보험, 농업고용인력 중개지원 등

제2절 보험의 의의와 원칙

1. 보험의 정의와 특성

가. 보험의 정의

1) **보험**(保險, insurance)은 **위험관리**의 한 방법으로 미래에 예측할 수 없는 재난이나 사고의 위험에 대비하여 자신의 **위험**을 **제3자**에게 **전가**하는 제도
2) **다수**의 **동질적인 위험**을 한 곳에 모으는 **위험 결합 행위**를 통해 가계나 기업이 우연적인 사고 발생으로 입게 되는 **실제 손실**을 다수의 동질적 위험의 결합으로 얻게 되는 **평균 손실**로 대체하는 것

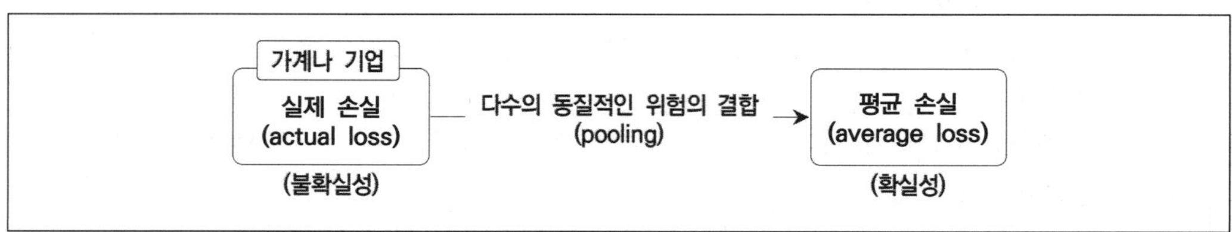

✔ Check 보험의 다양한 속성에 따른 정의

① 경제적 관점 : 위험의 **결합**과 **전가**를 통한 **위험**(재무적 손실에 대한 불확실성)을 **감소**시키는 제도
② 사회적 관점 : **기금**을 형성하여 **사회 구성원**의 **손실**을 **다수인**이 **분담**하는 제도
③ 법적인 관점 : 재무적 손실의 보전을 목적으로 **보험자**와 **피보험자** 또는 **계약자** 사이에 맺어진 **법적 계약**
④ 수리적 관점 : **확률이론**과 **통계적 기법**을 바탕으로 미래의 손실을 예측하여 배분하는 수리적 제도

Tip ▸ 보험의 다양한 속성 - **제, 사, 법, 리**(제사 지내는 것에도 다양한 법리가 있어~! 홍동백서 등등~!)

문제로 확인하기

01 **다음은 보험의 정의에 관한 내용이다. (　　)에 들어갈 내용을 쓰시오.**

> 보험이란 위험 결합으로 불확실성을 확실성으로 전환시키는 사회적 제도를 말한다. 즉, 보험은 다수의 (①) 위험을 한 곳에 모으는 (②) 행위를 통해 가계나 기업이 우연적인 사고 발생으로 입게 되는 (③) 손실을 (④) 손실로 대체하는 것이다.

Solution

① 동질적인, ② 위험 결합, ③ 실제, ④ 평균

나. 보험의 특성

1) 예기치 못한 손실의 집단화

가) 예기치 못한 손실

계약자나 피보험자의 입장에서 전혀 예상할 수 없었던 불의의 손실

나) 손실의 집단화

발생 빈도와 평균 손실의 규모 면에서 동종의 손실이거나 그와 비슷한 손실을 한데 모음으로써 개별위험을 손실집단으로 전환시키는 것

2) 위험 분담

위험을 서로 나누어 부담하는 것으로 위험의 집단화를 다른 측면에서 보는 경우에 해당

3) 위험 전가

계약을 통해 재정적으로 능력이 취약한 개인이나 조직이 재정적인 능력이 큰 보험자에게 개인의 위험을 전가하는 것

4) 실제 손실에 대한 보상

보험자가 보상하는 손실보상은 실제로 발생한 손실을 원상회복하거나 교체할 수 있는 금액으로 한정

5) 대수의 법칙(평균의 법칙)

표본이 클수록 결과가 점점 예측된 확률에 가까워진다는 통계학적 정리에 따라 계약자가 많아질수록 보험자는 보다 정확하게 손실을 예측할 수 있음

Tip ▸ **보특**(보톡스, 보험의 특성) - **예** ~ **손집 / 분**, **전 / 보**, **대**(얘는 손(으로) 찝(어서 병원 안가고) 본전 뺐대~!)

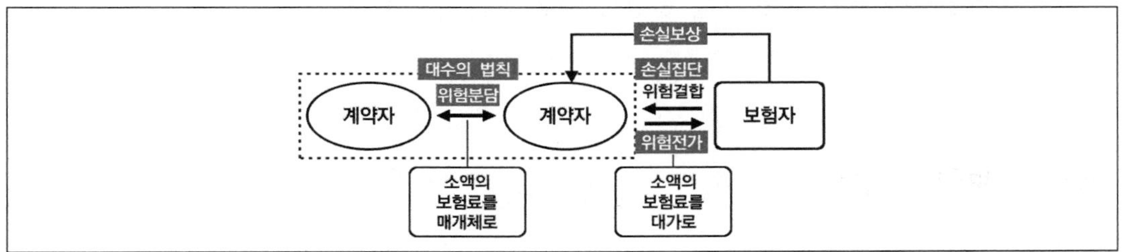

2. 보험의 성립 조건

가. 동질적 위험의 다수 존재

1) 동질적 위험

발생의 빈도와 피해 규모가 같거나 유사한 위험

2) 다수 존재

대수의 법칙이 적용될 수 있을 정도로 사례(계약자)가 많을 것

3) 각각 독립적

하나의 손실 발생이 다른 손실 발생과 무관해야 한다는 것

나. 손실의 우연적 발생

손실이 인위적이거나 의도적이지 않고, 누구도 예기치 못하도록 순수하게 우연적으로 발생

다. 한정적 손실

피해 원인과 발생 시간, 장소 및 피해 정도 등을 명확하게 판별하고 측정할 수 있는 위험

라. 비재난적 손실

손실 규모가 지나치게 크지 않아 보험자가 안정적으로 보험을 운영할 수 있는 감당할 만한 수준의 위험

마. 확률적으로 측정 가능한 손실

손실 발생 확률(손실 발생 가능성)을 추정할 수 있는 위험

바. 경제적으로 부담 가능한 보험료

확률적으로 보험료 계산이 가능하더라도 가입대상자들이 부담 가능한 수준

Tip ▸ **보립조**(보리줘, 먹을 것 줘~!) - **손우 / 동위다 / 한손 / 비재 / 확가 / 부담가**
(보리줘! 엤다 손 위에 똥이다! 그래도 한손은 비었지? 확 다 가져가, 부담가네...)

01 보험의 성립 조건에 관한 내용 중 5가지 이상을 쓰시오.

Solution

① 동질적 위험의 다수 존재, ② 손실의 우연적 발생, ③ 한정적 손실, ④ 비재난적 손실,
⑤ 확률적으로 측정 가능한 손실, ⑥ 경제적으로 부담 가능한 보험료

제3절 보험의 기능

1. 보험의 순기능

가. 손실 회복

손실이 발생하였을 경우 계약자에게 보험금을 지급함으로써 경제적 손실을 회복하거나 최소화

나. 불안 감소

개인이나 기업의 불안감 해소

다. 신용력 증대

보험은 예기치 않은 대규모 위험이 닥치더라도 일정 수준까지는 복구할 수 있는 보호장치이기 때문에 그만큼 계약자의 신용력은 높아짐

라. 투자재원 마련

계약자가 납부한 보험료로 조성된 거액의 자금을 기업에게 제공하여 경제성장에도 기여 가능

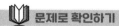

마. 자원의 효율적 이용 기여

보험을 통해 예상되는 손실위험을 해소할 수 있다면 투자자 입장에서는 유한한 자원을 보다 효율적으로 활용하게 됨

바. 안전(위험 대비)의식 고양

위험 대비의 필요성을 인지하여 보험에 가입하고 보험료 부담을 줄이기 위해 위험 발생에 스스로 대비하는 노력을 하도록 함

Tip ▸ 순기능 - **손회 / 불감 / 효리 / 안고 / 자재 / 용대**
(손에 불감증이 왔어요~! 그런데 효리가 안아주고 자제시켜주니 다 나았네? 용하대~!)

2. 보험의 역기능

가. 사업비용의 발생

보험사업을 유지하기 위해서는 불가피하게 (기회)비용이 초래됨

나. 보험사기의 증가

보험금을 타기 위해 보험에 가입하거나 고의로 사고를 발생시켜 보험금을 받는 보험사기 발생

다. 손실 과장으로 인한 사회적 비용 초래

보험에 가입한 손실의 크기를 부풀려 보험금 청구 규모를 늘리려는 경향

3. 역선택 및 도덕적 해이

가. 역선택

실제로 보험금을 탈 가능성이 많은 사람들(위험발생 확률이 보통 이상인 사람들)이 보험에 가입하는 경향이 높은 현상을 의미함

나. 도덕적 해이

일단 보험에 가입한 사람들이 최선을 다해 나쁜 결과를 미연에 방지하려는 노력을 하지 않는 경향을 의미함

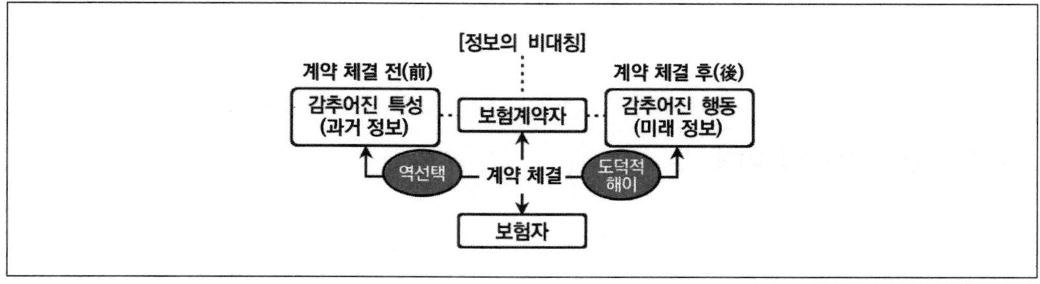

다. 역선택과 도덕적 해이의 비교

1) 역선택과 도덕적 해이의 유사점

[1]**이익** → 역선택이나 도덕적 해이를 야기한 당사자에게 귀착되나,

[2]**피해** → 보험자와 다수의 선의의 계약자들에 돌아감

2) 역선택과 도덕적 해이의 차이점

가) 역선택

계약 체결 전(前)에 예측한 위험보다 높은 위험(집단)이 가입하여 사고 발생률이 증가함

나) 도덕적 해이

계약 체결 후(後) 고의나 인위적 행동으로 사고 발생률이 증가함

 **문제로 확인하기**

01 다음은 보험제도의 성립을 방해하는 요인과 관련된 내용이다. (　　)에 들어갈 내용을 쓰시오.

> (1) (①)이란 실제로 보험금을 탈 가능성이 많은 사람들(위험발생 확률이 보통 이상인 사람들)이 보험에 가입하는 경향이 높은 현상을 의미한다.
> (2) (②)는(은) 일단 보험에 가입한 사람들이 최선을 다해 나쁜 결과를 미연에 방지하려는 노력을 하지 않는 경향을 의미한다.
> (3) (③)는(은) 계약 체결 전에 예측한 위험보다 높은 위험(집단)이 가입하여 사고 발생률을 증가시키는 데 비해, (④)는 계약 체결 후 계약자가 사고 발생 예방 노력 수준을 낮추는 선택을 한다는 차이점이 있다.
> (4) 상기의 내용은 보험자가 계약자에 대한 정보를 완전히 파악하지 못하고 계약자는 자신의 정보를 보험자에게 제대로 알려주지 않는 (⑤)가(이) 생기면 발생할 수 있다.

Solution

① 역선택, ② 도덕적 해이, ③ 역선택, ④ 도덕적 해이, ⑤ 정보 비대칭

제4절 손해보험의 이해

1. 손해보험의 의의와 원리

가. 손해보험의 의의

보험사고 발생 시 손해가 생기면 생긴 만큼 손해액을 산정하여 보험금을 지급하는 보험

나. 손해보험의 원리

1) 위험의 분담

1인은 만인을 위하여, 만인은 1인을 위하여

2) 위험 대량의 원칙

보험에 있어서 사고 발생 확률이 잘 적용되어 합리적 경영이 이루어지려면 위험이 대량으로 모여서 하나의 위험단체를 구성해야 함

3) 급부 반대급부 균등의 원칙 → 계약자 개개인의 관점

가) 급부(給付)

계약자가 내는 보험료를 의미

나) 반대급부(反對給付)

보험자로부터 받게 되는 보험금에 대한 기대치를 의미

보험료(1만원) = 지급보험금(1억원) × 사고 발생 확률(1/10,000)

4) 수지상등의 원칙 → 계약자 전체 관점

보험자가 받아들이는 '수입 보험료 총액'과 사고 시 지급하는 '지급보험금 총액'이 같아져야 한다는 것

가) 수(收)

보험자가 받아들이는 수입(보험료)

나) 지(支)

지출(보험금)

수입 보험료 합계 = 지출 보험금의 합계

○ 수입 보험료 합계 = 계약자 수 × 보험료
○ 지출 보험금의 합계 = 사고 발생 건수 × 평균 지급보험금
∴ 계약자 수 × 보험료 = 사고 발생 건수 × 평균 지급보험금

✔ Check 급부 반대급부 균등의 원칙과 수지상등의 원칙

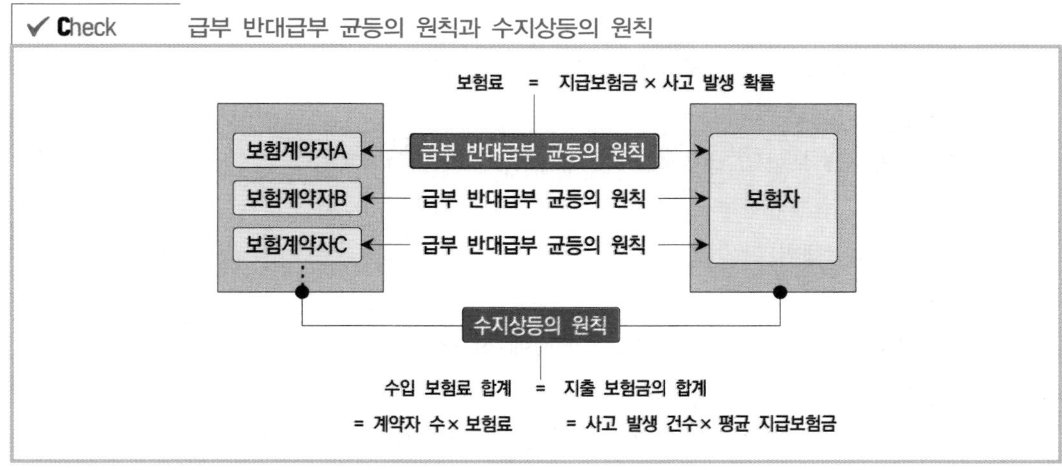

5) 이득 금지의 원칙

가) 보험사고 발생 시 '실제로 입은 손해'만을 보상받아야 하며, '그 이상의 보상'을 받아서는 안 됨

나) 상실한 손해액보다 더 많은 보험금을 수령할 수 있다면 보험계약으로 이득을 보려는 사행심이 생겨날 것이고, 이는 도덕적 해이를 자극하는 결과를 초래할 것

다) 이득 금지의 원칙을 실현하기 위한 대표적인 법적 규제

초과보험, 중복보험, 보험자대위 등에 관한 규정

Tip ▸ **손보리 - 분, 대, 급, 수, 금지**(손봐서, 분대(군대)에 급수 금지시켜~!)

01 손해보험의 원리를 5가지 쓰시오.

Solution

① 위험의 분담, ② 위험 대량의 원칙, ③ 급부 반대급부 균등의 원칙, ④ 수지상등의 원칙, ⑤ 이득 금지의 원칙

2. 손해보험 계약의 의의와 원칙

가. 손해보험 계약의 의의

손해보험은 '피보험자'의 '재산에 직접 생긴 손해' 또는 '다른 사람에게 입힌 손해'를 배상함으로써 발생하는 피보험자의 '재산상의 손해'를 '보상'해주는 보험

나. 손해보험 계약의 법적 특성

1) 불요식 낙성계약성

정해진 요식행위를 필요로 하지 않고 계약자의 청약과 보험자의 승낙이라는 당사자 쌍방 간의 의사 합치만으로 성립

2) 유상계약성

계약자의 보험료 지급과 보험자의 보험금 지급을 약속

3) 쌍무계약성

손해보상 의무와 보험료 납부 의무의 대가 관계

4) 상행위성

상행위이며 영업행위

5) 부합계약성

당사자 일방이 만들어 놓은 계약조건(약관)에 상대방 당사자는 그대로 따르는 계약

6) 최고 선의성

역선택이나 도덕적 해이의 발생 가능성이 큼 → 신의성실의 원칙이 중요

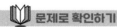

7) 계속계약성

일정 기간에 걸쳐 당사자 간에 권리의무 관계 존속

Tip ▸ **계법성**(개밥상) - **불낙 / 쌍, 상 / 유, 부 / 계계, 최선**
(개밥상에 불낙(불고기낙지) 쌍상(두 개의 밥상) 유무가 개에게는 최선이다~!)

문제로 확인하기

01 다음은 손해보험 계약의 법적 특성이다. 각 특성에 대하여 기술하시오.

• 유상계약성	• 쌍무계약성	• 상행위성
• 최고 선의성	• 계속계약성	

Solution

- **유상계약성** : 계약자의 보험료 지급에 대하여 보험자는 일정한 보험금을 지급할 것을 약정하는 유상계약이다.
- **쌍무계약성** : 보험자인 손해보험회사의 손해보상 의무와 계약자의 보험료 납부 의무가 대가(對價) 관계에 있는 쌍무계약이다.
- **상행위성** : 보험자는 주식회사로서 상인에 해당하며 보험의 인수는 영리를 목적으로 하는 상행위이다.
- **최고 선의성** : 보험계약의 특성상 계약자의 역선택이나 도덕적 해이가 있을 수 있으므로 계약자에게 윤리성 및 신의성실이 요구되는 선의계약성을 갖는다.
- **계속계약성** : 보험기간 중 계약당사자의 권리 • 의무가 계속 유지되는 계속적 계약이다.

다. 보험계약의 법적 원칙

1) 실손보상의 원칙

'이득 금지 원칙'과 일맥상통하는 것으로, 보험으로 '손해를 복구하는 것으로 충분'하며, 이득까지 보장하는 것은 지나치다는 원칙

✔ Check 실손보상의 원칙의 예외

① **기평가계약** : '전손(全損)'이 발생한 경우 미리 '약정한 금액'을 지급하기로 한 계약
② **대체비용보험** : '감가상각'을 '고려하지 않는' 보험
③ **생명보험** : 약정한 금액을 보험금으로 지급

2) 보험자대위의 원칙

피보험자의 이중의 이득을 막는 제도

가) 목적물대위(잔존물대위)

보험의 목적이 '전부 멸실'한 경우
→ 보험금액을 '전부 지급'한 보험자는
→ 그 '목적'에 대한 피보험자의 권리 취득

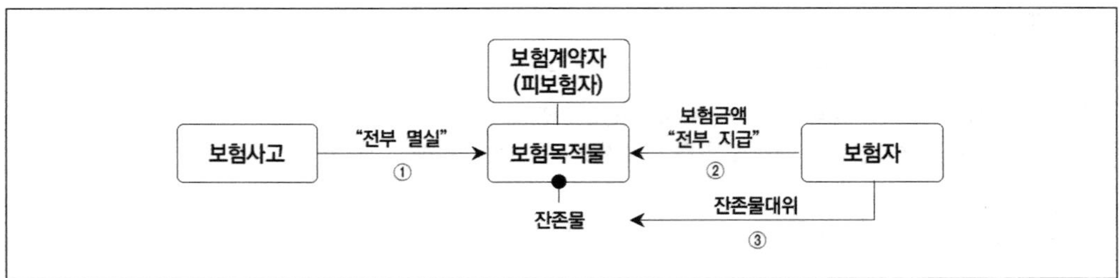

나) 제3자에 대한 보험대위(청구권대위)

손해가 '제3자의 행위'로 인하여 발생한 경우

→ '보험금'을 '지급'한 보험자는

→ 그 '지급한 금액의 한도 내'에서 그 제3자에 대한 계약자 또는 피보험자의 권리 취득

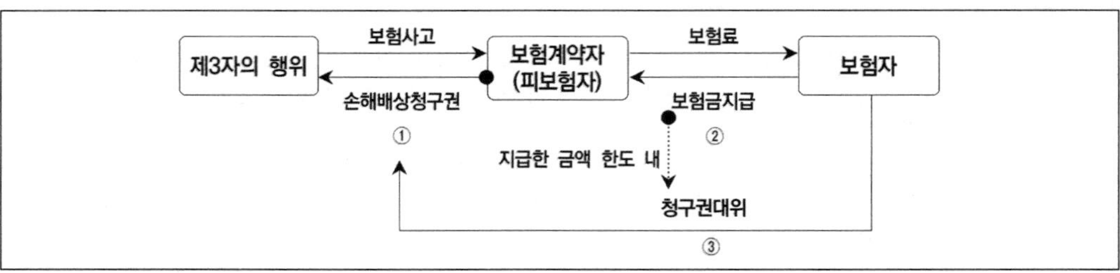

✔ Check 보험자대위의 원칙의 3가지 목적

① 피보험자가 동일한 손실에 대해 책임이 있는 제3자와 보험자로부터 '이중보상'을 받아 이익을 얻는 것을 '방지'
② 보험자가 보험자대위권을 행사하게 함으로써 과실이 있는 '제3자'에게 '손실 발생의 책임'을 묻는 효과
③ 계약자나 피보험자의 책임 없는 손실로 인해 '보험료가 인상'되는 것을 '방지'

3) 피보험이익의 원칙

계약자가 '보험목적물'에 대해 가지는 '경제적 이해관계'

✔ Check 피보험이익의 원칙의 3가지 목적

① **도박 방지** : 계약자의 경제적 이해관계에 국한함
② **도덕적 위태 감소** : 보상되는 경제적 손실의 크기를 한정함
③ **손실의 크기 측정** : 보상금액의 크기는 피보험이익의 가격(보험가액)을 기준으로 산정

4) 최대 선의의 원칙(신의성실의 원칙)

가) 보험의 대상은 미래지향적이며 우연적인 특성이 있으므로 보험계약 시에 당사자 쌍방은 모든 사실에 대해 매우 높은 정직성과 선의 또는 신의성실이 요구됨을 의미함

나) 상법 제651조

(1) 보험 '계약 당시'에 '계약자 또는 피보험자'가 '고의 또는 중대한 과실'로 인하여 '중요한 사항'을 '고지하지 아니하거나 부실의 고지를 한 때'에는

→ 보험자는 그 사실을 '안 날'로부터 '1월 내'에,

→ 계약을 '체결한 날'로부터 '3년 내'에 한하여 계약을 '해지'할 수 있음

(2) 그러나 '보험자'가 '계약 당시'에 그 사실을 '알았거나' '중대한 과실로 인하여 알지 못한 때'에는 그러하지 아니함

다) 은폐(의식적 불고지)

계약자가 보험계약 시에 보험자에게 '중대한 사실'을

→ 고지하지 않고 의도적이거나 무의식적으로 숨기는 것

라) 담보(보증, warranty) : 피보험자가 진술한 사실이나 약속

(1) 담보(보증)의 사용되는 형태에 따른 구분

(가) 묵시담보 : 상호 간에 묵시적으로 한 약속

(나) 명시담보 : 계약서에 명시적으로 한 약속

(2) 담보(보증) 내용의 특성에 따른 구분

(가) 약속담보 : 계약의 전 기간을 통해 이행할 것을 약속

(나) 긍정담보 : 계약이 성립되는 시점에 특정의 사실 또는 조건이 진실이거나 이행되었다는 것을 약속

Tip ▸ **계법칙 – 실상 / 보위 / 피리 / 최선**('코브라가 나오는 실상을 보니, 피리가 최선'이라는 것은 개법칙이야~!)

 **문제로 확인하기**

01 보험계약의 (1) 법적 원칙 4가지를 쓰고 (2) 기평가계약, 대체비용보험, 생명보험 약정이 어떠한 원칙에 대한 예외에 해당하는지 쓰시오.

Solution

(1) 실손보상의 원칙, 보험자대위의 원칙, 피보험이익의 원칙, 최대 선의의 원칙(신의성실의 원칙)

(2) 실손보상의 원칙

3. 보험계약 당사자의 의무

가. '보험자'의 의무

1) 보험상품에 대한 '상세한 설명'으로 '충분히 이해'시켜 계약자의 보험상품 '선택'을 도와야 함

2) 보험사고가 발생하면 '신속한 손해사정' 절차를 거쳐 피보험자에게 '보험금'이 '지급'되도록 해야 함

3) '보험경영'을 '건실하게' 해야 함

나. '보험계약자' 또는 '피보험자'의 의무

1) 고지의무

가) 진실을 알려야 할 보험계약상의 의무

계약자 또는 피보험자가 보험계약 체결에 있어

→ 보험자가 '보험사고 발생 가능성을 측정'하는 데 필요한 중요한 사항에 대하여
→ 진실을 알려야 할 보험계약상의 의무

나) 고지의무 불이행의 경우

(1) 보험자가 강제적으로 그 수행을 강요하거나 불이행을 이유로 손해배상을 청구할 수 있는 것은 아님

(2) 보험자는 고지의무위반을 사유로 → 보험계약 해지만 가능

다) 고지방법

구두 또는 서면의 방법 등 어느 것도 가능하며 명시적이든 묵시적이든 상관 없음

라) 고지해야 할 시기

보험계약 체결 당시

2) 통지의무

가) '위험변경 · 증가'의 통지의무

(1) 계약자 또는 피보험자가 보험사고 발생의 위험이 '현저'하게 '변경 또는 증대'된 사실을 안 때 → 지체 없이 보험자에게 통지

(2) 위험변경 · 증가 통지의무의 발생 요건

(가) '보험기간' 중에 발생한 것

(나) 계약자 또는 피보험자가 아닌 제3자의 행위

나) 위험 유지 의무 ※ 통지의무는 아님

(1) 계약자 또는 피보험자, 보험수익자의 → 고의 또는 중대한 과실로 인하여
→ 사고 발생의 위험이 현저하게 변경 또는 증대한 때

(2) 보험자는 그 사실을 안 날부터 1월 내에 보험료의 '증액'을 청구하거나 계약을 '해지'할 수 있음

다) '보험사고 발생'의 통지의무

계약자 또는 피보험자나 보험수익자는 → 보험사고의 발생을 안 때에는
→ 지체 없이 보험자에게 통지해야 함

3) 손해 방지 경감 의무

가) 손해 방지 경감 의무의 의의

손해보험 계약에서 '계약자와 피보험자'는 '보험사고가 발생'한 경우
→ 손해의 방지와 경감을 위하여 노력하여야 함

나) 인정 이유

(1) 신의성실의 원칙에 기반을 둔 것 → 보험자나 보험단체 및 공익 보호라는 측면에서 인정

(2) 손해 방지 경감 의무를 이행하지 아니함으로써 → 늘어난 손해는 '우연성'을 '결여'한 것

다) 손해 방지 경감 의무의 내용

(1) 손해 방지 경감 의무의 범위

(가) 손해 방지 경감 의무를 지는 자의 범위

① 계약자와 피보험자(대리인과 지배인 포함)

② 계약자나 피보험자가 다수인 경우 → 각자 의무를 짐

※ 인보험의 '보험수익자'는 해당되지 않음

(나) 손해 방지 경감 의무의 존속기간

① 발생 시점 : 계약자나 피보험자가 안 때부터(해석)

② 사고 자체의 예방은 불포함

③ 소멸 시점 : 손해방지의 가능성이 소멸한 때

(다) 손해 방지 경감 의무의 방법과 노력의 정도

① 방법과 노력의 정도 : 일반적으로 기대되는 방법

② 보험자의 지시에 의한 경우 : 보험단체와 공익 보호 측면에서 이를 따르는 것이 타당

(2) 손해 방지 경감 의무 위반의 효과

계약자 또는 피보험자의 고의 또는 중과실의 경우에만

→ 보험자의 보험금 지급책임(늘어난 손해)을 면제(약관)

(3) 손해 방지 경감 비용의 보상

(가) 보험금액을 초과한 경우도 보상

손해 방지를 위하여 계약자 등이 부담하였던 '필요' 또는 '유익'한 비용과 '보상액'

→ '보험금액' 초과한 경우 → '보험자'가 이를 부담(상법 제680조)

※ 필요 또는 유익한 비용

[1]실질적으로 손해 경감이 있었던 것 + [2]손해 경감 목적의 타당한 행위에 대한 비용

(나) 일부보험의 경우

'보험금액'의 '보험가액'에 대한 비율에 따라 보험자가 부담

→ 그 잔액은 피보험자가 부담

문제로 확인하기

01 다음은 위험 유지 의무에 관한 내용이다. (　　)에 들어갈 내용을 쓰시오.

> 계약자 또는 피보험자, 보험수익자의 (①) 또는 (②)로 인하여 사고 발생의 위험이 현저하게 변경 또는 증대한 때에는 보험자는 그 사실을 안 날부터 (③) 내에 보험료의 (④)을 청구하거나 계약을 (⑤)할 수 있다.

Solution

① 고의, ② 중대한 과실, ③ 1월, ④ 증액, ⑤ 해지

02 다음은 손해 방지 경감 비용에 관한 내용이다. (　　)에 들어갈 내용을 쓰시오.

> 우리나라 상법에서는 손해 방지를 위하여 계약자 등이 부담하였던 (①) 또는 (②)한 비용과 (③)이 (④)을 초과한 경우라도 (⑤)가 이를 부담하게 하였다(제680조).

Solution

① 필요, ② 유익, ③ 보상액, ④ 보험금액, ⑤ 보험자

03 다음은 손해 방지 경감 의무에 관한 내용이다. (   ) 안에 알맞은 말을 쓰시오.

- 손해 방지 경감 의무는 보험계약의 (①)의 원칙에 기반을 둔 것으로서 보험자나 보험단체 및 공익 보호라는 측면에서 인정된다.
- 상법상 손해 방지 경감 의무를 지는 자는 (②)와 (③)이다(제680조).
- 우리나라 상법에서는 손해방지를 위하여 계약자 등이 부담하였던 필요 또는 유익한 비용과 (④)이 (⑤)을 초과한 경우라도 보험자가 이를 부담하게 하였다(제680조).

Solution

① 신의성실, ② 계약자, ③ 피보험자, ④ 보상액, ⑤ 보험금액

4. 보험증권 및 보험약관

가. 보험증권

1) 보험증권의 의미

계약이 성립되었음과 그 내용을 증명하기 위하여 보험자가 작성하여 기명, 날인 후 계약자에게 교부하는 증서

가) 보험자는 보험계약이 성립한 때 → '지체 없이' 보험증권을 '작성'하여
→ 보험계약자에게 '교부'하여야 함

나) 보험계약자가 → '보험료의 전부 또는 최초 보험료'를 지급하지 아니한 때
→ 그러하지 않음

2) 보험증권의 특성

가) 보험계약 성립의 증거로서 '증거증권'

나) 보험증권의 분실 → 보험계약의 효력에는 영향 없음

3) 보험증권의 내용

가) 계약자와 피보험자 성명과 주소, 보험에 붙여진 목적물, 보험계약기간, 보험금액, 보험료 및 보험계약 체결 일자 등

나) 보험자가 보상하는 손해와 보상하지 아니하는 손해 등의 계약 내용이 인쇄된 '보통보험약관'

다) 특별한 조건을 더 부가하거나 삭제하는 '특별보험약관'

4) 보험증권의 법적 성격

가) **요식증권성** : 보험증권에는 일정 사항을 기재해야 함

나) **증거증권성** : 보험계약의 성립을 증명함

다) **면책증권성** : 보험증권을 제시한 사람에 대해 악의 또는 중대한 과실이 없이 보험금 등을 지급한 때에는 그가 비록 권리자가 아니더라도 그 책임을 면함

라) **상환증권성** : 보험증권과 상환으로 보험금 등을 지급

마) 유가증권성 : 일부 종류 보험(운송보험, 적하보험)의 경우 해당

※ 생명보험과 화재보험 등은 불인정

Tip ▸ **요, 거, 면, 상, 가**(증권 요걸로 면상까~!)

문제로 확인하기

01 보험증권의 법적 성격 5가지를 쓰시오.

Solution

① 요식증권성, ② 증거증권성, ③ 면책증권성, ④ 상환증권성, ⑤ 유가증권성

나. 보험약관

1) 보험약관의 의미

가) 보험자와 계약자 또는 피보험자 간에 권리·의무를 규정하여 약속하여 놓은 것

나) 보험약관은 통상 '표준화'하여 사용

다수의 계약자 상대 → 정형화 → 법적 시비 방지

2) 보험약관의 유형

가) 보통보험약관

일반적인 보험계약 내용을 미리 정형적으로 정하여 놓은 약관

나) 특별보험약관

(1) 보통보험약관을 보충, 변경 또는 배제하기 위한 보험약관

(2) 법적 금지 내용이 아니면 보통보험약관에 우선하여 적용됨

3) 보통보험약관의 효력

가) 보험약관의 구속력

반대의 의사표시가 없는 한

→ 당사자가 그 약관의 내용을 이해하고 그 약관에 따를 의사의 유무를 불문하고

→ 약관의 내용이 합리적인 한 → 보험계약의 체결과 동시에 당사자를 구속하게 됨

나) 허가(금융위원회)를 받지 않는 보험약관의 사법상의 효력

(1) 사법상의 효력 → 인정하는 것이 타당

(2) 보험업법상의 제재(○)

(3) 일방적 이익과 공익에 어긋나는 약관을 사용 → 그 효력은 불인정

4) 보통보험약관의 해석

가) 기본원칙

(1) 당사자의 개별적인 해석(×), 계약자에 따라 다르게 해석(×)

(2) 법률의 '일반 해석 원칙'에 따라 보험계약의 단체성·기술성을 고려하여

→ 각 규정의 뜻을 합리적으로 해석(○)

(3) 보험계약의 성질과 관련하여 '신의성실의 원칙'에 따라 공정하게 해석(○)

(4) **보험약관상의 인쇄조항(printed)과 수기조항(handwritten)**

(가) 충돌 발생 → 수기조항이 우선

(나) 용어의 표현이 '모호'하지 아니한 평이하고 통상적인 일반적인 뜻(plain, ordinary, popular : POP)을 받아들이고 이행되는 용례에 따라 풀이

나) **작성자 불이익의 원칙**(contra proferentem rule)

모호한 경우

→ '보험자'에게 엄격 · 불리하게

→ '계약자'에게 '유리'하게 풀이해야 한다는 원칙

01 보통보험약관의 해석에 관한 내용이다. (　　)에 들어갈 내용을 쓰시오.

- 기본원칙 : 보험약관은 보험계약의 성질과 관련하여 (①)에 따라 공정하게 해석되어야 하며, 계약자에 따라 다르게 해석되어서는 안 된다. 보험약관상의 (②)조항과 (③)조항 간에 충돌이 발생하는 경우 (③)조항이 우선한다.
- 작성자 불이익의 원칙 : 보험약관의 내용이 모호한 경우에는 (④)에게 엄격 · 불리하게 (⑤)에게 유리하게 풀이해야 한다.

Solution

① 신의성실의 원칙, ② 인쇄, ③ 수기, ④ 보험자, ⑤ 계약자

5. 재보험

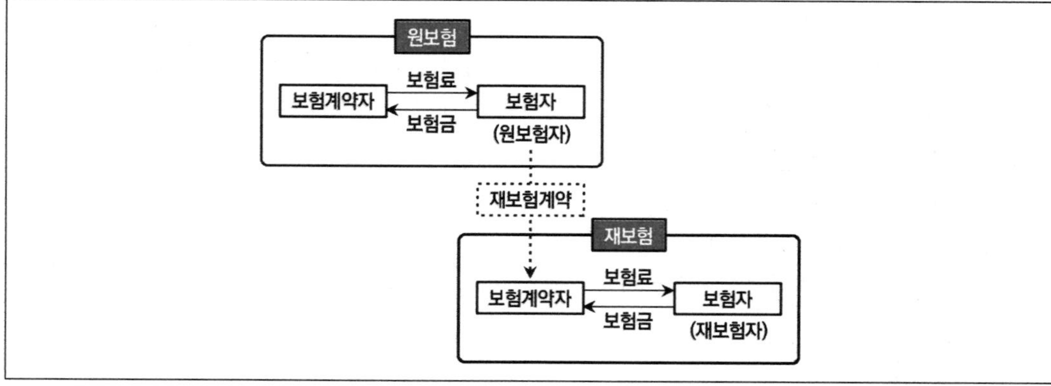

가. 재보험의 의의와 특성

1) 재보험의 의의

가) 보험자가 계약자 또는 피보험자와 계약을 체결하여 인수한 보험의 일부 또는 전부를 다른 보험자에게 넘기는 것

나) 원보험자가 인수한 위험을 또 다른 보험자에게 분산함으로써 보험자 간에 위험을 줄이는 방법

2) 재보험 계약의 독립성

가) '재보험 계약'은 '원보험 계약'의 '효력'에 영향을 미치지 않음

나) 원보험 계약과 재보험 계약은 법률적으로 '독립'된 '별개의 계약'

3) 재보험 계약의 성질

가) '책임보험의 일종'으로서 '손해보험 계약'에 속함

나) 원보험이 손해보험인 계약 → 재보험은 '손해보험'

다) 원보험이 인보험인 계약이어도 → 재보험은 '손해보험'

4) 상법상 '책임보험 관련 규정'의 '준용'

나. 재보험의 기능

1) 위험 분산

가) 양적 분산

양적 분산(전부 또는 일부 분산)을 통해 부담할 수 없던 '커다란 위험 인수'가 '가능'함

나) 질적 분산

(1) 질적 분산을 통해 '위험률 높은 종목'의 '위험 인수'가 '가능'함

(2) 원보험자의 '재정적 곤란'을 '구제'할 수 있도록 함

다) 장소적 분산

장소적으로 '편재'한 '다수의 위험'을 인수한 경우 → 공간적으로 분산

2) 원보험자의 인수 능력(capacity)의 확대로 마케팅 능력 강화

이전보다 훨씬 더 큰 금액의 보험 인수(대규모 리스크에 대한 인수 능력 제공)가 가능함

3) 경영의 안정화

자연재해 및 대형 재해의 발생 등으로 인한 재난적 손실로부터 원보험사업자를 보호
→ 경영의 안정성을 가져옴

4) 신규 보험상품의 개발 촉진

손해율 추정 등이 불안한 '신상품'의 '정확한 경험통계'가 작성되는 수년의 '기간 동안' 재보험자가 재보험사업에 참여 → 원보험자의 상품개발을 지원하는 기능을 함

CHAPTER 02

농업재해보험 특성과 필요성

제1절 농업의 산업적 특성

1. 농업과 자연의 불가분성

가. 농업은 물, 기온 및 토양 등 자연조건의 상태에 따라 성공과 실패, 풍흉이 달라지는 산업적 특성이 있음

나. 생물(농작물)을 생산(재배)하는 농업은 물(水), 불(火・光), 땅(土)과 바람(風)같은 자연조건이 알맞아야 함

다. 이러한 자연요소들 중 어느 하나라도 과다하거나 과소하면 수확량의 감소를 초래하게 되며 이렇게 농산물의 손실을 야기하는 것을 농업재해(災害, disaster)라고 함

라. 농업인은 이러한 적지적작(適地適作)의 토대 위에 생산 필수요소의 과다・과소로 인한 부정적인 영향을 최소화하기 위해 농업기술을 사용하나 자연의 영향으로부터 완전히 벗어날 수는 없음

마. 농업은 특성상 다른 산업에 비해 기후나 자연조건에 영향을 많이 받고 자연재해에 취약하므로 많은 국가들이 농업을 보호하기 위해 여러 보호장치를 갖추고 있음

2. 농업재해의 특성

가. 불예측성

1) 농업재해는 '언제' '어디'에서 '어느 정도'로 발생할지 예측하기가 어려움
2) 농업인들은 기상재해로 인한 피해를 막거나 최소화하기 위해서는 항상 '기상예보와 기상상황'에 '주의'를 기울일 필요가 있음
3) 특히 '지구온난화'로 인한 이상기후로 인해 과거에는 발생하지 않던 패턴이 나타나기 때문에 기상변화를 예측하기가 쉽지 않음

나. 광역성

1) 기상재해는 몇 개 지역에 걸쳐 발생하기도 하고 때로는 전국적으로 발생하기도 하는 등 범위가 매우 넓음
2) 발생하는 지역의 범위도 시시각각으로 변함

다. 동시성・복합성

기상재해는 한 번 발생하면 '동시'에 '여러 가지 재해'가 발생함

1) 장마 → 습해 및 저온 피해, 강풍을 동반한 집중호우
2) 태풍 → 집중호우 동반
3) 긴 장마 → 병충해

라. 계절성

1) 우리나라는 최근 지구온난화로 봄과 가을은 짧아지고 여름과 겨울이 길어지는 경향이 있지만 온대지역에 속하며 뚜렷한 4계절이 있음
2) 동일한 재해라도 계절에 따라 영향은 달라짐

마. 피해의 대규모성

1) 가뭄이나 장마, 태풍 등이 발생하면 이로 인한 피해는 막대함
2) 개별 농가 입장에서도 감당하기가 어려울 뿐만 아니라 지역(지자체 수준)에서도 감당하기가 쉽지 않음

바. 불가항력성

1) 최근 들어 지구온난화에 의한 이상기후로 자연재해는 예측하기도 어렵고, 일단 발생하면 피해규모도 막대함
2) 농가 및 국가 차원에서 지속적으로 대비책을 강구하고 있지만 농업재해는 불가항력적인 부분이 큼

Tip ▸ **불예, 광역, 동 · 복, 계, 피대, 불가항력**(불에 가까이 관여하면 동복(겨울옷) 계피대(개피해되는 것은) 불가항력이야)

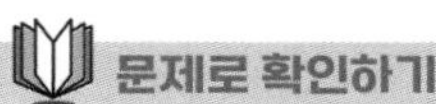
문제로 확인하기

01 농업재해의 특성 6가지를 쓰시오.

Solution

① 불예측성, ② 광역성, ③ 동시성 · 복합성, ④ 계절성, ⑤ 피해의 대규모성, ⑥ 불가항력성

제2절 농업재해보험의 필요성과 성격

1. 농업재해보험의 필요성

가. 농업경영의 높은 위험성

1) 다른 산업에 비해 기후와 병해충 등 인간이 통제하기 어려운 다양한 변수들에 의해 많은 영향을 받음
2) 수급 특성상 가격 불확실성이 매우 큼
3) 개별 농업생산자가 직면하는 다양한 경영위험을 관리하기는 매우 어려운 측면이 있음

나. 농업(재해)의 특수성

1) 예측 불가능성과 동시 광역성

불시에 광범위한 지역에서 동시다발적으로 발생하며 어느 범위까지 미칠지를 알기 어렵고 예측이 가능하다고 하더라도 대처하는 데 한계가 있음

2) 피해의 불균일성

발생지역에 따라 피해 정도의 차이가 크므로 재해 규모만으로 피해를 획일적으로 규정하기 어려움

3) 피해 발생의 이질성

작물 및 계절별로 발생하는 재해의 종류가 상이하며 동일한 재해라도 농작물에 주는 영향이 계절에 따라 다름

4) 불가항력성

이상기상 등으로 인한 대부분의 대규모 재해는 인간이 대응하는 데 한계가 있음

다. 국가적 재해대책과 한계

1) 재난 및 안전관리 기본법 : 국가적 재난 대책

2) 농어업재해대책법

가) 농업 분야는 재해에 취약한 산업적 특성을 고려하여 별도의 법령에 근거하여 농업재해대책을 시행함

나) 그러나 이는 '재해복구지원대책'이며 → 재해로 인한 '손실'을 '보전'하는 제도는 아님

라. WTO협정의 허용 대상 정책

1) WTO협정에 따라 가격정책은 축소하거나 폐지해야 함

2) 직접지불제와 농업재해보험 등은 열악한 농업을 보완하는 정책으로 허용됨

2. 농업재해보험의 성격 : 정책보험

가. 농업재해대응에서 정부의 역할

1) [1](특정 농가・품목・지역에 한정되더라도) 위험 영향이 큰 대재해,
[2](그 크기가 작다고 하더라도) 다수 농가들에게 상호 연관이 있는 경우
→ 정부 개입이 강화되어야 함

2) [1]위험발생 가능성이 높지만, 위험이 발생해도 피해손실 정도가 크지 않은 위험(통상 위험)이나
[2]개별 농가에 특정적으로 나타나는 위험
→ 자율 관리가 강화되어야 함

3) 즉, 위험 영향이 크고, 다수 농가들에게 상호 연관이 되는 위험
→ 정부는 농업재해보험을 포함한 직접지원, 예방사업 등 각종 수단을 활용하여 경영위험관리 역할을 일정 부분 분담

나. 정책보험으로서의 농업재해보험

1) 수요와 공급이 만나는 경우

자유경쟁시장에서는 수요(D)와 공급(S)이 만나는 점에서 시장균형 가격(P)이 결정되고, 시장균형 수량(Q)만큼의 거래가 이루어짐

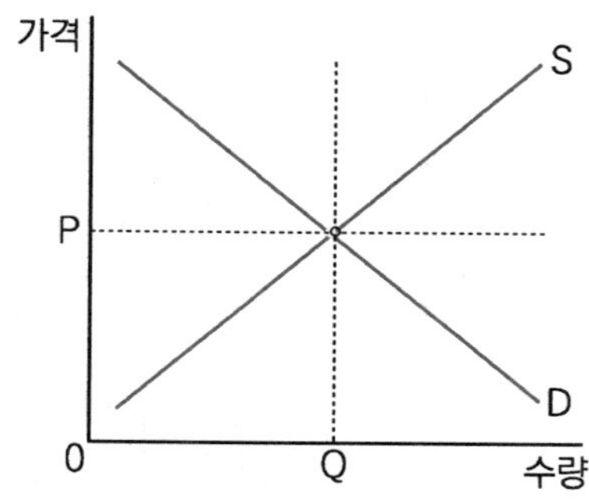

2) 수요와 공급이 만나지 않는 경우

농업재해보험은 일반적인 보험시장에만 의존하면 거래가 이루어지기 어렵고, 수요와 공급이 만나지 않아 거래가 이루어지지 않음

가) 농업인(D : 수요)

농업재해보험이 필요하다는 것은 알지만 높은 가격(보험료)을 지불하고 보험을 구입(가입)하기에는 경제력이 부족하여 망설일 수 있음

나) 보험자(S : 공급)

농업재해보험을 운영하기 위해 일정한 가격을 유지해야 하나, 만약 가격을 낮추어 농업재해보험을 판매한다면 거대재해가 발생하는 농업의 특성을 고려하여 충분한 준비금을 쌓을 수 없음

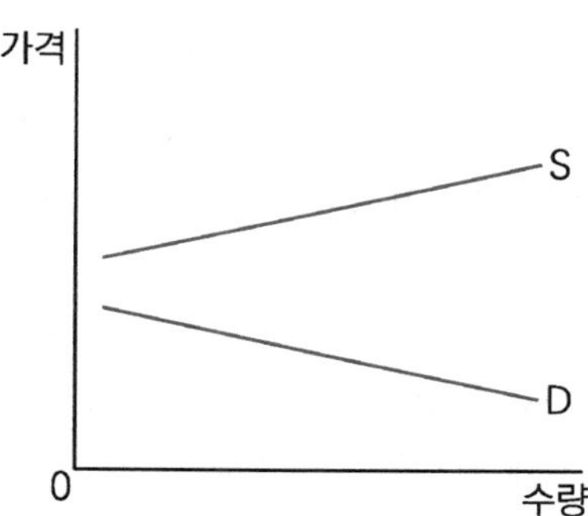

3) 정책보험으로서의 농업재해보험

가) 국가의 농가가 부담할 보험료의 일부 지원

→ 농가의 보험상품 가입을 위한 구매력을 높여 수요를 증가시킴(D → D')

나) 국가의 보험자에 대해 운영비 지원과 재보험을 통해 위험비용을 줄여 줌

→ 보험자가 저렴한 가격에 보험 공급이 가능하도록 함(S → S')

다) 결국 변경된 수요와 공급이 만나는 수준에서 가격(P_0)이 결정되어 Q_0만큼의 농업재해보험이 거래됨

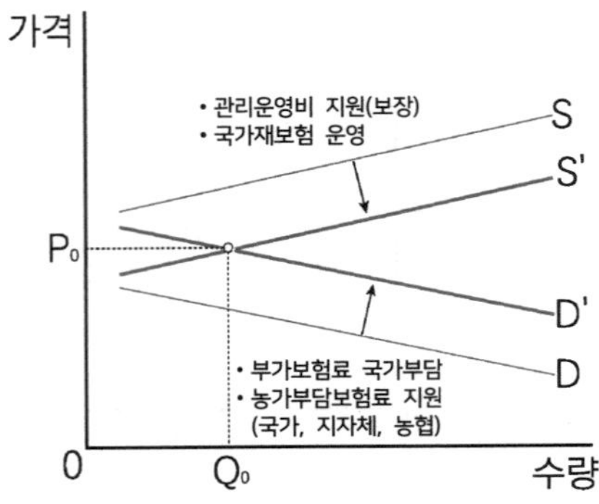

제3절 농업재해보험의 특징

1. 주요 담보위험이 자연재해임

가. 일반보험과 달리 농작물재해보험은 자연재해로 인한 피해를 대상으로 하는 특수한 보험

나. 자연재해는 한 번 크게 발생하면 → 그 피해가 너무 크고 전국적으로 발생하여 → 민영보험사에서 이를 감당하기 곤란함

2. 손해평가의 어려움

가. 농작물 · 가축과 같은 생물(生物)의 특성상 → 손해액을 정확하게 평가하는 것은 어려움

나. 재해발생 이후 어느 시점에서 파악하느냐에 따라 → 피해의 정도가 달라질 수도 있음

다. 농작물은 생물이기 때문에 재해가 발생한 이후의 → 기상조건이 어떠하냐에 따라 → 작황이 크게 달라짐

라. 재해가 동시다발적으로 광범위한 지역에서 발생하는 데 비해 재해 피해를 입은 농작물은 부패 변질되기 쉽기 때문에 단기간에 평가를 집중해야 하므로 → 손해평가에 큰 비용 및 인력이 소요됨

3. 위험도에 대한 차별화 곤란

위험이 낮은 계약자와 높은 계약자를 구분하여 위험의 정도에 따라 적절한 수준의 보험료를 부과하기 어려움

가. 현행 농작물재해보험의 보험료율은 농가단위가 아닌 시 · 군단위로 책정하는 구조로 설계되어 있어 재해가 많이 발생하는 시 · 군의 농가는 보험료를 더 내야 함

나. 농업재해는 위험의 영향요인이 다양하고 복잡하게 얽혀있어 그 위험을 세분화하기가 쉽지 않은 실정임

4. 경제력에 따른 보험료 지원 일부 차등

가. 농업인 지원

1) 정부는 순보험료의 50%를 지원하고, 지자체가 형편에 따라 추가적으로 도비와 시군비를 통해 보험료를 지원
2) 일부 지자체에서는 영세 농가의 경영 안정망 강화를 위해 영세 농가에 대해 보험료를 추가 지원

나. 보험료 지원의 한도 설정

비교적 경제력이 높은 농업인에 대해서는 보험료 지원의 한도를 설정하기도 함

예 '말'의 경우 마리당

[1]가입금액 4천만원 한도 내에서 → 보험료의 50%를 지원하지만

[2]가입금액 4천만원을 초과하는 경우에는 → 초과금액의 70%까지 가입금액을 산정하여 → 보험료의 50%를 지원하는 방식으로 보험료 지원의 한도를 설정하고 있음

5. 물(物)보험 - 손해보험

농업재해보험은

[1]농작물이라는 '물질'을 대상으로 하는 → 물(物)보험이며,

[2]가입목적물인 농작물·가축의 손실을 보전한다는 측면에서 → 손해보험에 해당함

6. 단기 소멸성 보험 - 농작물재해보험

보험기간은 농작물이 생육을 시작하는 봄부터 농작물을 수확하는 가을까지로
→ 그 기간은 1년 미만이기 때문에 → 단기보험에 해당한다고 할 수 있음

7. 국가재보험 운영

가. 농업재해보험은 대부분 국가가 직간접적으로 개입하는 정책보험으로 실시되고 있음

나. 국가에서 재해보험사업자가 인수한 책임의 일부를 나누어 가지는 국가재보험을 실시함

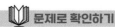

문제로 확인하기

01 농업재해보험의 특징에 대하여 5가지 이상을 쓰시오.

Solution

(1) 주요 담보위험이 자연재해이다.
(2) 손해액에 대한 손해평가가 어렵다.
(3) 위험도에 대한 차별화가 곤란하다.
(4) 경제력이 낮은 농업인을 대상으로 한다.
(5) 물보험으로서 손해보험에 해당한다.
(6) 단기 소멸성 보험이다.
(7) 국가재보험을 실시하는 정책보험의 성격을 가진다.

제4절 농업재해보험의 기능

1. 재해농가의 손실 회복

농업재해보험을 통해 '보험금'이 '지급'되면 → 재해를 입은 농가는 '경제적 손실'의 '상당 부분'을 '회복'

2. 농가의 신용력 증대

농업재해보험에 가입했다는 것 → '농가의 신용'을 '보증'하는 결과

3. 농촌지역 경제 및 사회 안정화

가. 대규모 농업재해 발생 → 농업생산 크게 감소 → 농가경제 위축, 농가의 구매력 감소
→ 지역경제에 부정적 영향

나. 농업재해보험을 통한 경제적 손실의 상당 부분 복구
→ 농촌지역경제에는 별다른 영향을 미치지 않게 됨

4. 농업정책의 안정적 추진

농업재해보험의 보편화
→ 농업재해보험에 대한 국가의 '재정적 지원 규모'가 '확정'됨
→ 농업정책을 보다 '안정적'으로 계획대로 '추진' 가능

5. 재해 대비 의식 고취

농업재해'보험'의 '기능'과 '중요성'을 인식
→ 보험에 가입한 농가는 재해 발생을 대비해 재해 발생을 줄임으로써 → '보험료 부담 경감'에 '노력'함

6. 농업 투자의 증가

가. 생산위험으로 인한 소득 불안정성
→ 농가 경영의 불확실성을 유발하여 농업 투자를 억제하는 요인으로 작용함

나. 농가는 농업재해보험에 가입하여 감소한 위험만큼 대출을 증가시켜 농업 투자를 확대할 수 있게 됨

7. 지속 가능한 농업발전과 안정적 식량공급에 기여

농업재해보험은 농가의 농업경영 위험 완화와 농업경영 안정화에 핵심적 장치
→ 국가·사회적으로 필수적인 지속 가능한 농업발전에 기여
→ 국민에 대한 안정적 식량공급에 기여

 문제로 확인하기

01 농업재해보험의 기능에 대하여 5가지 이상을 쓰시오.

Solution

(1) 재해농가의 손실 회복 기능이 있다.
(2) 농가의 신용력 증대 기능이 있다.
(3) 농촌지역 경제 및 사회의 안정화 기능이 있다.
(4) 농업정책의 안정적 추진 기능이 있다.
(5) 재해 대비 의식의 고취 기능이 있다.
(6) 농업 투자의 증가 기능이 있다.
(7) 지속 가능한 농업발전과 안정적 식량공급에 기여하는 기능이 있다.

CHAPTER 03

농작물재해보험 제도

제1절 제도 일반

1. 사업실시 개요

가. 실시 배경과 사업목적

1) '농어업재해대책법' 제4조 → '자연재해대책법' 준용
  가) 정부의 보조 및 지원에 관한 사항은 '생계구호적 차원'
  나) 세부적인 지원 수준은 '가변적'이며 '지원율'은 '미미'한 수준

2) '농작물재해보험제도' 도입의 결정적인 계기
  가) 1999년 8월 제7호 태풍 '올가'로 인한 피해 → 2001년에 도입
  나) '사과'와 '배' 두 품목에 대한 시범사업 실시

나. 사업 추진 경위

1) 농작물재해보험법(2001년)
   사과, 배 2개 품목을 주산지 중심으로 9개도 51개 시・군에서 보험상품을 판매 개시하면서 농작물재해보험사업 시행

2) 2002년 태풍 '루사', 2003년 태풍 '매미' 등 연이은 거대재해로 인한 막대한 피해가 발생 → 막대한 보험금 지급 유발 → 민영보험사들의 막대한 적자로 사업 포기

3) '국가재보험제' 도입(2005년)
  가) 초과손해율 방식 : 기준손해율 이상의 초과 손해분을 국가가 부담
  나) 손익분담 방식 부분 도입(2017년) : 손해율 구간별로 손익분담
  다) 손익분담 방식 전면 도입(2019년) : 2023년 현재 농작물재해보험제도는 전국을 대상으로 하여 총 70개 품목에 대해 보험상품을 운영

다. 사업운영체계

1) 사업 주관부서 : 농림축산식품부
   재해보험 관계법령의 개정, 보험료 및 운영비 등 국고 보조금 지원 등 전반적인 제도 업무를 총괄

2) 사업 관리기관 : 농업정책보험금융원
  가) 재해보험사업의 관리・감독
  나) 재해보험 상품의 연구 및 보급
  다) 재해 관련 통계 생산 및 데이터베이스 구축・분석

라) 손해평가인력 육성
마) 손해평가기법의 연구・개발 및 보급
바) 재해보험사업의 약정체결 관련 업무
사) 손해평가사 제도 운용 관련 업무
아) 농어업재해재보험기금 관리・운용 업무 등

3) **농업정책보험금융원의 사업 시행기관** : NH농협손해보험
가) 사업 관리기관과 약정체결을 한 재해보험사업자
나) 보험상품의 개발 및 판매, 손해평가, 보험금 지급 등 실질적인 보험사업을 운영

4) **재보험 인수** : 국가 및 국내외 민영보험사

5) **보험료율 산정** : 보험개발원

6) **보험료율 및 약관 등 인가** : 금융감독원

7) **보험목적물의 손해평가 실시와 결과 제출**
손해평가 주체인 손해사정사, 손해평가사, 손해평가인은 재해보험사업자가 의뢰한 보험목적물의 손해평가 실시 및 결과 제출

8) **농업재해보험심의회**
농림축산식품부장관 소속으로 차관을 위원장으로 설치되어 재해보험 목적물 선정, 보상하는 재해의 범위, 재해보험사업 재정지원, 손해평가방법 등 농업재해보험의 중요사항에 대해 심의

9) **손해평가사 자격시험의 실시 및 관리에 대한 업무**(수탁자) : 한국산업인력공단

2. 사업시행 주요 내용

가. 계약자의 가입자격과 요건

1) **계약자**(피보험자)
가) **사업대상자** : '사업 실시지역'에서 '보험 대상 작물'을 '경작'하는 **개인** 또는 **법인**
나) **사업대상자 중에서 재해보험에 가입할 수 있는 자** : '농작물'을 '재배'하는 자

2) **가입자격 및 요건**
가) 농작물을 '재배하는 지역'이 해당 농작물에 대한 농작물재해보험 **'사업이 실시되는 지역'**이어야 함
나) '경작 규모'가 **'일정 규모 이상'**이어야 함
다) **'농업경영체 등록'**이 되어야 함

나. 농작물재해보험 대상 품목 및 가입자격

1) **가입자격** : 농지의 보험가입금액(생산액 또는 생산비) 200만원 이상
사과, 배, 단감, 떫은감, 감귤, 포도, 복숭아, 자두, 살구, 매실, 참다래, 대추, 유자, 무화과, 밤, 호두, 마늘, 양파, 감자, 고구마, 고추, 양배추, 브로콜리, 오미자, 복분자, 오디, 인삼
Tip ▸ **이**화에 월**백**하고

2) 가입자격 : 농지의 보험가입금액(생산액 또는 생산비) 100만원 이상
옥수수, 콩, 팥, 배추, 무, 파, 단호박, 당근, 시금치(노지), 양상추

Tip ▸ **배추**, **팥**, **콩** / **무**, **파**, **당**근 - 명품**백**((100) 사고) - / **단호박** / **옥수**수 / (**노**지)**시금치** / **양상**(노는 양상)
(100(명품백 사고) 배추,팥,고 / 무,파,당(무파다가) 단박에 / 노시지~! / 얼쑤 / 양상)

3) 가입자격 : 농지의 보험가입금액(생산액 또는 생산비) 50만원 이상
벼, 밀, 보리, 메밀, 귀리

Tip ▸ **벼**, **밀**, **보**리, **귀**리, **메**밀(벼, 밀, 보는 김에) / **다빵**(50)(다 빵 만들 수 있겠네~!)

4) 가입자격 : 단지 면적이 300㎡ 이상
농업용 시설물 및 시설작물 / 버섯재배사 및 버섯작물

Tip ▸ 시설, **쓰영공**(300) - 시설로 쓰였고

5) 가입자격 : 단지 면적이 200㎡ 이상
비가림시설

Tip ▸ **2** - 우산처럼 비가림 모양

6) 가입자격 : 농지 면적이 1,000㎡ 이상
차(茶), 조사료용 벼, 사료용 옥수수

Tip ▸ 1,000 - 온 천지에 키우고 방목하고

 **문제로 확인하기**

01 농작물재해보험의 가입자격 및 요건에 대한 내용이다. (　　)에 들어갈 내용을 쓰시오.

- 농작물재해보험 가입방식은 계약자가 스스로 가입 여부를 판단하여 가입하는 (①) 방식이다.
- 농작물재해보험에 가입하기 위해서는 일정한 요건이 필요하다. 첫째는 보험에 가입하려는 농작물을 (②)하는 지역이 해당 농작물에 대한 농작물 재해보험 사업이 (③)되는 지역이어야 하며, 둘째는 보험 대상 농작물이라고 하더라도 (④) 규모가 일정 규모 이상이어야 한다. 마지막으로 가입 시에 보험료의 50% 이상의 정책자금 지원 대상에 포함되기 위해서는 (⑤) 등록이 되어야 한다.

Solution

① 임의보험, ② 재배, ③ 실시, ④ 경작, ⑤ 농업경영체

02 다음의 농작물재해보험 대상 품목 중 가입자격이 농지의 보험가입금액(생산액 또는 생산비) 200만원 이상인 품목명을 모두 고르시오.

① 사과, ② 메밀, ③ 참다래, ④ 호두, ⑤ 단호박, ⑥ 보리, ⑦ 복분자, ⑧ 귀리

Solution

① 사과, ③ 참다래, ④ 호두, ⑦ 복분자

Tip ▸ 1. ① 사과, ③ 참다래, ④ 호두, ⑦ 복분자 : 농지의 보험가입금액 200만원 이상
2. ⑤ 단호박 : 농지의 보험가입금액 100만원 이상
3. ② 메밀, ⑥ 보리, ⑧ 귀리 : 농지의 보험가입금액 50만원 이상

03 다음 종합위험방식 상품의 보험가입자격 및 대상에서 (　　) 안에 들어갈 내용을 쓰시오.

- 콩 : 개별 농지당 보험가입금액 (①) 이상
- 고구마 : 농지당 보험가입금액 (②) 이상
- 가을감자 : 농지당 보험가입금액 (③) 이상
- 차 : 최소 가입면적은 (④) 이상
- 옥수수 : 농지당 보험가입금액 (⑤) 이상

Solution

① 콩 : 100만원, ② 고구마 : 200만원, ③ 가을감자 : 200만원, ④ 차 : 1,000㎡, ⑤ 옥수수 : 100만원

다. 보험 대상 농작물별 재해 범위 및 보장 수준

1) 보험 대상 농작물(보험의 목적물)

농작물 : 2023년 현재 70개 품목, 농업시설물 : 농업용 시설물, 버섯재배사 등

가) 과수작물(12개 품목)

사과, 배, 단감, 감귤, 포도, 복숭아, 자두, 살구, 매실, 참다래, 유자, 무화과

나) 식량작물(10개 품목)

벼, 밀, 보리, 감자, 고구마, 옥수수, 콩, 팥, 메밀, 귀리

다) 채소작물(12개 품목)

양파, 마늘, 고추, 양배추, 배추, 무, 파, 당근, 브로콜리, 단호박, 시금치(노지), 양상추

라) 특용작물(3개 품목)

인삼, 오디, 차(茶)

마) 임산물(7개 품목)

떫은감, 대추, 밤, 호두, 복분자, 오미자, 표고버섯

Tip ▸ **밤**, **대**추, **오**미**자**, **복**분**자**, **표고**버섯, **호두**, **떫**은**감**(산에서 밤이 되어 오자 복장을 펴고 호들갑 떤감?)

바) 버섯작물(3개 품목)

느타리버섯, 새송이버섯, 양송이버섯

사) 시설작물(23개 품목)

(1) 화훼류 : 국화, 장미, 백합, 카네이션

(2) 비화훼류 : 딸기, 오이, 토마토, 참외, 풋고추, 호박, 수박, 멜론, 파프리카, 상추, 부추, 시금치, 가지, 배추, 파(대파・쪽파), 무, 미나리, 쑥갓, 감자

문제로 확인하기

01 시설작물 중에서 (1) 화훼류에 해당하는 품목을 쓰고, (2) 이 중에서 보험금 계산 시 나무가 죽은 경우와 그렇지 않은 경우를 고려하는 품목을 쓰시오.

Solution

(1) 국화, 장미, 백합, 카네이션
(2) 장미

02 농작물재해보험에 가입할 수 있는 임산물 7개 품목을 쓰시오.

Solution

밤, 대추, 오미자, 복분자, 표고버섯, 호두, 떫은감

2) 보험사업 실시지역

가) 시범사업

주산지 등 일부 지역(특정 품목은 전국)에서 실시

나) 본사업

시범사업을 거쳐 전국적으로 확대된 사업으로 주로 전국에서 실시

다) 사업지역 제한

일부 품목의 경우 품목의 특성상 사업지역을 한정할 필요가 있는 경우에는 사업지역을 제한함

(1) 가을감자 : 전국
(2) 봄감자 : 충남과 경북
(3) 고랭지감자 : 강원지역

라) 시범사업과 본사업 실시

(1) 재해보험사업자 : 시범사업 실시지역의 추가, 제외 또는 변경 시 → '농림축산식품부장관'과 '사전 협의'
(2) 시범사업
 (가) 전국적으로 보험사업을 실시하기 전, '일부 지역'에서 보험설계 적정성, 사업확대 가능성, 농가 호응도 등 파악 → 미비점의 보완 → 전국적 본사업 실시 시의 시행착오 최소화
 (나) '3년차 이상 시범사업 품목' 중 → '농업재해보험심의회'에 심의 → '본사업'으로 전환 가능

마) 보험 대상 제외 또는 보험인수 거절

'재해보험사업자'는 보험 대상 농작물일지라도
→ 보험화가 곤란한 특정 품종, 특정재배방법, 특정시설 등에 대해
→ 농림축산식품부장관(농업정책보험금융원장)과 협의하여
→ 보험 대상에서 '제외'하거나 보험인수의 '거절' 가능

3) 보험 대상 재해의 범위

가) 특정위험방식 : 인삼

나) 종합위험방식

(1) 적과전 종합위험방식 : 사과, 배, 단감, 떫은감

(2) 수확전 종합위험방식 : 복분자, 무화과

(3) 종합위험방식 : 나머지 품목

※ 주계약 : 주요 재해를 기본적으로 보장

※ 특약 : 주요 재해 이외에 특정 재해를 특약으로 추가보장 혹은 부보장을 계약자가 선택

4) 보장 유형(자기부담금)

가) 농작물재해보험 상품의 3가지 유형

(1) 수확량의 감소를 보장하는 상품 : 과수작물, 식량작물, 밭작물

(2) 생산비를 보장하는 상품 : 고추・브로콜리・시설작물 등

(3) 시설의 원상복구액을 보장하는 상품 : 농업시설

나) 수확량의 감소를 보장하는 상품

평년 수준의 가입수확량과 가입가격을 기준으로 하여 보험가입금액을 산출 → 이를 기준으로 보장 유형을 설정

(1) 사과, 배, 단감, 떫은감, 복분자, 무화과, 인삼, 참다래, 매실, 자두, 포도, 복숭아, 감귤, 벼, 밀, 고구마, 옥수수, 콩, 팥, 차, 오디, 밤, 대추, 오미자, 양파, 감자, 마늘, 고랭지무, 고랭지배추, 대파, 단호박, 시금치(노지)

→ 60%, 70%, 80%, 85%, 90% 보장

(2) 유자, 살구, 배추(고랭지 제외), 무(고랭지 제외), 쪽파(실파), 당근, 메밀, 보리, 호두, 양상추, 귀리

→ 60%, 70%, 80% 보장(85%, 90% 보장 제외)

Tip ▸ **유**자, (월**동**)**무**, **당근**, **시**금치, (**가**을, 월**동**)**배**추, **살**구, **보**리, **메**밀, **호**두, **귀**리, **양상**추, **실**파(**쪽파**)
[유(you)! 동무! 당근(당연히) 가, 동, 배 살, 보, 메(출령이는 배살 보메, 호귀 양상(호구 같아) 실제 쪽팔려~!)]
- 자기부담비율 10%, 15% 적용 제외

(3) 양배추

→ 60%, 70%, 80%, 85% 보장(90% 보장 제외)

(4) 사료용 옥수수, 조사료용 벼

→ 30%, 35%, 40%, 42%, 45% 보장(기본의 절반)

다) 생산비를 보장하는 상품

(1) <u>고</u>추, <u>브로</u>콜리 → '잔존보험가입금액'의 <u>3</u>% 또는 <u>5</u>%

Tip ▸ **고**, **브로**, **삼**(3), **다**(5)(코 풀어 싼다!)

(2) 시설작물과 버섯작물

(가) 손해액이 10만원 이하 → 소손해액 부보장

(나) 손해액이 10만원 초과 → 손해액 전액 보상

※ '화재'로 인한 손해 → 자기부담금을 적용하지 않음

라) 시설의 원상복구액을 보장하는 상품

(1) 해가림시설(인삼) – 화재는 종합위험보장

→ 손해액의 10%(10만원 ~ 100만원 한도)

(2) 농업용 시설물 · 버섯재배사 및 부대시설 & 비가림시설(포도, 대추, 참다래)

Tip ▸ **포**도, **대**추, **참다**래(포대를 뒤집어 쓰고 비를 참다)

(가) 손해액의 10%(30만원 ~ 100만원 한도)

(나) 단, 피복재 단독사고 : 손해액의 10%(10만원 ~ 30만원 한도)

※ '화재'로 인한 손해 → 자기부담금을 적용하지 않음

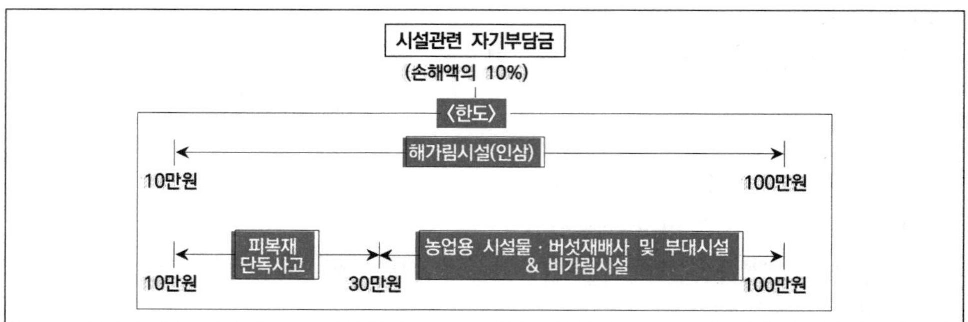

01 다음은 시설의 원상복구액을 보장하는 상품의 내용이다. (　　)에 들어갈 내용을 쓰시오.

- 인삼 해가림시설의 자기부담금은 최소 (①)만원에서 최대 (②)만원 한도 내에서 손해액의 (③)%를 적용한다.
- 농업용 시설물의 자기부담금은 최소 (④)만원에서 최대 (②)만원 한도 내에서 손해액의 (③)%를 적용하고 (⑤)로 인한 손해는 자기부담금을 적용하지 않는다.
- 농업용 시설물의 피복재 단독사고는 최소 (①)만원에서 최대 (④)만원 한도 내에서 손해액의 (③)%를 적용하고 (⑤)로 인한 손해는 자기부담금을 적용하지 않는다.

Solution

① 10, ② 100, ③ 10, ④ 30, ⑤ 화재

02 다음 농작물재해보험의 보장 유형에 대한 설명에서 (　　)에 들어갈 내용을 쓰시오.

- 생산비를 보장하는 상품으로 브로콜리, 고추의 경우 보험금 산정 시 (①)의 (②) 또는 (③)를 자기부담금으로 차감한다.
- 생산비를 보장하는 상품으로 시설작물의 경우 손해액 (④)까지는 계약자 본인이 부담하고 손해액이 (④)을 초과하는 경우 손해액 (⑤)을 보상한다.

Solution

① 잔존보험가입금액, ② 3%, ③ 5%, ④ 10만원, ⑤ 전액

라. 품목별 보험가입단위 및 판매기간

1) 품목별 보험가입단위

가) 농작물

(1) '필지'에 관계없이 → 논두렁 등으로 '경계 구분이 가능'한 '농지'별로 가입

(2) 읍・면・동을 달리하는 농지를 가입하는 경우, 동일 계약자가 추진사무소를 달리하여 농지를 가입하는 경우 등 : 농업정책보험금융원(사업관리기관)과 재해보험사업자(사업시행기관)가 별도 협의한 예외 사항 → 1계약자가 2증권으로 가입 가능

나) 농업용 시설물・시설작물, 버섯재배사・버섯작물

(1) '하우스 1단지' 단위로 가입 가능(단지 내 인수 제한 목적물 및 타인 소유 목적물 제외)

(2) '단지' → 도로, 둑방, 제방 등으로 '경계가 명확히 구분되는 경지 내'에 위치한 시설물을 의미

(3) 단, 시설작물 → 시설물 가입 시에만 가입 가능(유리온실 제외)
→ 타인이 소유하고 경작하는 목적물은 제외

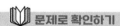

 문제로 확인하기

01 다음은 품목별 보험가입단위에 대한 내용이다. (   )에 들어갈 내용을 쓰시오.

- 농작물은 (①)에 관계없이 논두렁 등으로 경계 구분이 가능한 (②)별로 가입한다.
- 농업용 시설물・시설작물, 버섯재배사・버섯작물은 하우스 (③) 단위로 가입 가능하며, (④)는 도로, 둑방, 제방 등으로 경계가 명확히 구분되는 경지 내에 위치한 (⑤)을 일컫는다.

Solution

① 필지, ② 농지, ③ 1단지, ④ 단지, ⑤ 시설물

2) 보험 판매기간

가) 농작물의 특성에 따라 판매기간을 정하고 있으며, 작물 생육시기와 연계하여 판매

나) 재해보험사업자

(1) 보험사업의 안정적 운영을 위해 태풍 등 기상상황에 따라 판매기간 중이라도 판매를 중단할 수 있음

(2) 다만, 일정한 기준을 수립하여 운영하여야 하며, 판매를 중단한 경우 그 기간을 농업정책금융원에 지체 없이 알려야 함

마. 농작물재해보험가입 및 보험료 납부

1) 재해보험가입절차

가) 보험 모집 및 판매 담당

재해보험사업자(NH농협손해보험)와 판매 위탁계약을 체결한 지역 대리점(지역농협 및 품목농협)

나) 보험가입절차

보험가입 안내(지역 대리점 등)
→ 가입신청(계약자)
→ 현지 확인(보험목적물 현지조사를 통한 서류와 농지정보 일치 여부 확인 등)
→ 청약서 작성 및 보험료 수납(보험가입금액 및 보험료 산정)
→ 보험증권 발급(지역 대리점) 등

2) 보험료 납입방법

가) 보험가입 시 일시납(1회 납) 원칙

현금, 즉시이체, 신용카드로 납부 및 보험료는 신용카드 납부 시 할부 납부 가능

나) 보험료의 납입

(1) 보험계약 인수와 연계되어 시행
(2) 계약인수에 이상이 없을 경우에는 보험료 납부 가능
(3) 인수심사 중에는 사전수납할 수 없음

바. 보험료율 적용, 보험료 할인 · 할증 및 산정, 보험기간, 보험가입금액 산출

1) 보험료율 적용

가) 보험료율 산정

각 주계약, 특약의 지역별 자연재해 특성을 반영하여 산정

나) 보험료율 산출 지역단위

(1) 시 · 군 · 구 또는 광역시 · 도
(2) 산출 단위 세분화 : 시 · 군 · 구 → **읍 · 면 · 동**
2022년 사과, 배 품목을 대상으로 통계신뢰도를 일정 수준 충족하는 읍 · 면 · 동에 대해 시범적으로 적용

다) 보험료율 상한제(2018)

(1) 보험료율 안정화 필요 : 재해 발생 빈도와 심도가 높은 시군의 보험료율과 타 시군과의 보험료율 격차가 커짐
(2) 보험료율 상한제 도입 : 시 · 군별 보험료율의 분포를 고려하여, 단감, 떫은감, 벼를 대상으로 하는 보험료율 상한제 도입

2) 보험료 할인 · 할증 적용

가) 품목별 시 · 군별 보험료율에 가입자별 특성에 따라 보험료 할인 · 할증 적용

나) 보험료의 할인 · 할증의 종류

(1) 각 품목별 재해보험 요율서에 따라 적용

(2) 과거의 손해율 및 가입연수에 따른 할인 · 할증, 방재시설별 할인율 등을 적용

다) 과거 5년간 누적손해율이 80% 미만일 경우

(1) 누적손해율과 가입기간에 따른 보험료 할인 적용

(2) 일부 품목을 대상으로 방재시설 설치 시 보험료 할인 적용

라) 과거 5년간 누적손해율이 120% 이상일 경우

누적손해율과 가입기간에 따른 보험료 할증 적용

※ 손해율 = 최근 5개년 '보험금' 합계 ÷ 최근 5개년 '순보험료' 합계

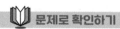

01 다음은 보험료 할인 · 할증 적용에 대한 내용이다. (　　)에 들어갈 내용을 쓰시오.

- 품목별 (①)별 보험료율에 (②)별 특성에 따라 보험료 할인 · 할증이 적용된다.
- 과거의 손해율 및 가입연수에 따른 할인 · 할증, 방재시설별 할인율 등을 적용한다. 과거 (③)년간 누적손해율이 (④)% 미만일 경우 누적손해율과 가입기간에 따른 보험료 할인이 적용된다. 또한 일부 품목을 대상으로 방재시설 설치 시 보험료 할인이 적용된다. 반면, 과거 (③)년간 누적손해율이 (⑤)% 이상일 경우 누적손해율과 가입기간에 따른 보험료 할증이 적용된다.

Solution

① 시 · 군, ② 가입자, ③ 5, ④ 80, ⑤ 120

✔ Check　방재시설 판정기준

① 방상팬

㉠ 방상팬은 **'팬'** 부분과 **'기둥'** 부분으로 나뉘어짐

㉡ 팬 부분의 날개 회전은 **'원심식'**으로 '모터의 힘'에 의해 돌아가며 좌우 **'180도** 회전가능'하며 팬의 크기는 면적에 따라 조정

㉢ **'기둥'** 부분은 높이 '6m 이상' **Tip ▸ 6**(몸을 이루는 **육**체는 6m 이상)

㉣ 1,000㎡당 **1마력**은 → **3대** 이상, **3마력**은 → **1대** 이상 설치 권장(단, 작동이 안 될 경우 할인 불가)

② 서리방지용 미세살수장치

서리피해를 방지하기 위해 설치된 **'살수**량' **'5**00 ~ **8**00ℓ'/10a(1,000㎡)의 미세살수장치

※ 점적관수 등 급수용 스프링클러는 포함되지 않음

Tip ▸ 살수량 **5**00 ~ **8**00ℓ(살수가 없네~! 오빠가 없으면!)

③ 방풍림

'높이'가 **'6미터 이상'**의 **'영년생 침엽수'**와 **'상록활엽수'**가 **'5미터 이하'**의 '간격'으로 과수원 '둘레 전체'에 식재되어 과수원의 바람 피해를 줄일 수 있는 나무

Tip ▸ **6**m(몸을 이루는 **육**체는 6m 이상), **5**m 이하(가까이 **오**세요)

④ 방풍망

망구멍 가로 및 세로가 '**6 ~ 10**mm'의 망목네트를 과수원 [1]**둘레 전체**나 [2]**둘레 일부**(1면 이상 또는 전체 둘레의 **20%** 이상)에 설치 **Tip ▸** **투망**(20, 투망정도는 되어야~!)

⑤ 방충망

망구멍이 가로 및 세로가 '**6**mm **이하**' 망목네트로 과수원 '전체'를 피복(단, 과수원의 위와 측면을 덮도록 설치되어야 함)

⑥ 방조망

㉠ 망구멍의 가로 및 세로가 '**10**mm **초과**'하고 새 입출이 불가능한 그물

㉡ '주 지주대'와 '보조 지주대'를 설치하여 과수원 전체를 피복

→ 단, 과수원의 위와 측면을 덮도록 설치되어야 함

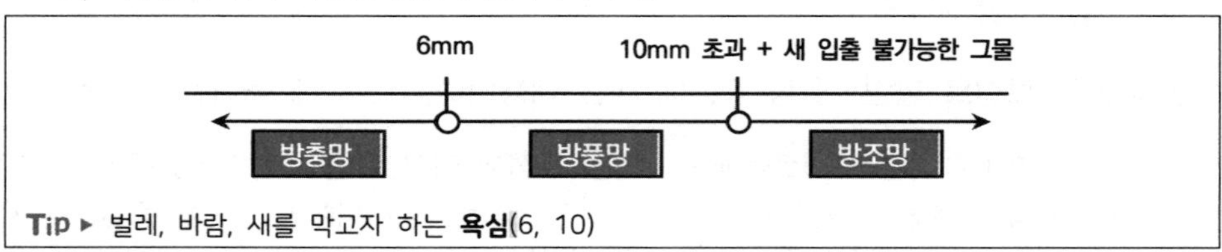

Tip ▸ 벌레, 바람, 새를 막고자 하는 **욕심**(6, 10)

⑦ 비가림 바람막이

㉠ 비 피해방지 : '**윗면 전체**'를 '비닐'로 덮어 빗물 노출을 막음

㉡ 바람 피해방지 : '**측면 전체**'를 '비닐' 및 '망' 등을 설치

⑧ 트렐리스 2,4,6선식 ※ 버팀목과는 다름

㉠ 트렐리스 방식 : 수열 내에 지주를 일정한 간격으로 세워 철선을 늘려 나무를 고정하는 방식

㉡ 나무를 유인할 수 있는 재료 : 철재 파이프(강관)와 콘크리트

㉢ 지주의 규격

- 갓지주 → 48 ~ 80mm ~ 2.2 ~ 3.0m **Tip ▸** **내팔 팔고**(48 ~ 80), **틀이 서고**(2.2 ~ 3.0)
- 중간지주 → 42 ~ 50mm ~ 2.2 ~ 3.0m **Tip ▸** **사이 오고**(42 ~ 50), **틀이 서고**(2.2 ~ 3.0)

㉣ 지주시설로 세선(2선, 4선, 6선) 숫자로 선식 구분

⑨ 사과 개별지주 ※ 버팀목과는 다름

'나무주간부' 곁에 '파이프'나 '콘크리트' 기둥을 세워 나무를 개별적으로 고정시키기 위한 시설

⑩ 단감·떫은감 개별지주 ※ 버팀목과는 다름

'나무주간부' 곁에 '파이프'를 세우고 파이프 상단에 연결된 '줄'을 이용해 가지를 잡아주는 시설

⑪ 덕 및 Y자형 시설

㉠ **덕** : 파이프, 와이어, 강선을 이용한 바둑판식 덕 시설

㉡ **Y자형 시설** : 아연도 구조관 및 강선 이용 지주 설치

※ 방재시설 할인율

- 2개 이상의 방재시설이 있는 경우 합산하여 적용하되 → 최대 할인율 30% 초과할 수 없음
- 방조망, 방충망은 과수원의 위 + 측면 전체를 덮도록 설치되어야 함
- 농업수입보장 상품[양파, 마늘, 감자(가을재배), 콩, 양배추, 포도] → 할인율 동일
- 감귤(온주밀감류) : 동상해 특약 가입 시에만 → [1]방상팬, [2]서리방지용 미세살수장치 적용 가능

01 농작물재해보험 보험료 방재시설 할인율의 방재시설 판정기준에 관한 내용이다. (　　)에 들어갈 내용을 쓰시오.

- 방풍림은 높이가 (①)미터 이상의 영년생 침엽수와 상록활엽수가 (②)미터 이하의 간격으로 과수원 둘레 전체에 식재되어 과수원의 바람 피해를 줄일 수 있는 나무
- 방풍망은 망구멍 가로 및 세로가 6 ~ 10mm의 망목네트를 과수원 둘레 전체나 둘레 일부[1면 이상 또는 전체둘레의 (③)% 이상]에 설치
- 방충망은 망구멍이 가로 및 세로가 (④)mm 이하의 망목네트로 과수원 전체를 피복
- 방조망은 망구멍의 가로 및 세로가 (⑤)mm를 초과하고 새의 입출이 불가능한 그물, 주 지주대와 보조 지주대를 설치하여 과수원 전체를 피복

Solution

① 6, ② 5, ③ 20, ④ 6, ⑤ 10

02 농작물재해보험 보험료 방재시설 할인율의 방재시설 판정기준에 관한 내용이다. (　　)에 들어갈 내용을 쓰시오.

1. 방상팬
   (1) 방상팬은 팬 부분과 기둥 부분으로 나뉘어짐
   (2) 팬 부분의 날개 회전은 (①)식으로 모터의 힘에 의해 돌아가며 좌우 (②)도 회전가능하며 팬의 크기는 면적에 따라 조정
   (3) 기둥 부분은 높이 (③)m 이상
2. 서리방지용 미세살수장치
   서리피해를 방지하기 위해 설치된 살수량 (④)ℓ/10a의 미세살수장치
3. 트렐리스 2, 4, 6선식 지주의 규격
   (1) 갓지주 → (⑤)mm ~ (⑥)m
   (2) 중간지주 → (⑦)mm ~ (⑥)m

Solution

① 원심, ② 180, ③ 6, ④ 500~800, ⑤ 48~80, ⑥ 2.2~3.0, ⑦ 42~50

3) 보험료 산정

주계약별, 특약별로 각각 해당 보험가입금액에 지역별 적용요율을 곱하고 품목에 따라 과거의 손해율 및 가입연수에 따른 할인·할증, 방재시설별 할인율 등을 추가로 곱하여 산정(품목별 상이)

4) 보험기간 적용

가) 농작물재해보험이 보장하는 기간을 말함

나) 특정위험방식·종합위험방식의 품목별로 생육기를 감안하여 보험기간을 따로 정함

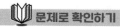

5) 보험가입금액 산출

가) 기본적인 산식

가입수확량 × 가입(표준)가격

나) 품목 또는 보장형태에 따라 구체적인 사항을 별도로 정함

(1) 수확량감소보장상품

가입수확량 × 가입가격(천원 단위 절사)

○ 가입수확량 : 평년수확량의 일정 범위(50% ~ 100%) 내에서 보험계약자가 결정
○ 가입가격
- 보험의 목적물(농작물)의 kg당 평균가격
- 나무손해보장 특별약관 : 보험에 가입한 결과주수의 1주당 가격
- 과실 : 한 과수원에 다수의 품종이 혼식된 경우에도 → 품종과 관계없이 동일하게 적용

(2) 벼 : 가입 단위 농지별

가입수확량(kg 단위) × 표준(가입)가격(원/kg)

○ 표준(가입)가격 : 보험가입연도 **직전 5개년**의 **시·군별 농협** RPC(미곡종합처리장) **계약재배 수매가** 최근 5년 **평균값**에 **민간 RPC지수**를 **반영**하여 산출

(3) 버섯(표고, 느타리, 새송이, 양송이)
하우스 단지별 연간 재배 예정인 버섯 중 **생산비**가 **가장 높은 버섯**의
→ 보험가액의 50% ~ 100% 범위 내에서 **Tip ▸ 높은 곳**에서~! **오**(50), **민망**(100)
→ 보험가입자(계약자)가 10% 단위로 보험가입금액을 결정

(4) 농업용 시설물 : 단지 내 하우스 1동 단위
산정된 **재조달 기준가액**의 90% ~ 130%(10% 단위) 범위 내에서 산출
Tip ▸ 시설(재조달해서) **구**(90), **하세**(130)

(가) 기준금액 산정이 불가능한 콘크리트조·경량 철골조, 비규격 하우스 등
→ 계약자의 고지사항 및 관련 서류를 기초로
→ 보험가액을 추정하여 보험가입금액 결정

(나) 재조달 기준가액
보험의 목적과 동형, 동질의 신품을 재조달하는 데 소요되는 금액

(5) 인삼

연근별 (보상)가액 × 재배면적(㎡)

○ 인삼의 (보상)가액 : 농협 통계 및 농촌진흥청의 자료를 기초로 연근별로 투입되는 누적 생산비를 고려하여 연근별로 차등 설정

(6) 인삼 해가림시설

재조달가액 × (1 − 감가상각률)

○ 감가상각률 : 설치 장비나 시설의 가치가 시간이 지남에 따라 떨어지는 비율

문제로 확인하기

01 다음은 농작물재해보험의 보험가입금액에 대한 설명이다. ( )에 들어갈 내용을 쓰시오.

- 벼 : 가입 단위 농지별 (①)(kg 단위)에 (②)(원/kg)을 곱하여 산출하며, (②)은 보험가입연도 직전 (③)개년의 시·군별 농협 (④) 계약재배 수매가 최근 (③)년 평균값에 민간 (④)지수를 반영하여 산출한다.
- 버섯(표고, 느타리, 새송이, 양송이) : 하우스 단지별 연간 재배 예정인 버섯 중 생산비가 가장 (⑤) 버섯의 보험가액의 (⑥) 범위 내에서 보험가입자(계약자)가 10% 단위로 보험가입금액을 결정한다.
- 농업용 시설물 : 단지 내 하우스 1동 단위로, 산정된 재조달 기준가액의 (⑦)(10% 단위) 범위 내에서 산출한다.
- 인삼 : 연근별 (⑧)에 재배면적(㎡)을 곱하여 산출한다.
- 인삼 해가림시설 : (⑨)에 감가상각률을 감하여 산출한다.

Solution

① 가입수확량, ② 표준(가입)가격, ③ 5, ④ RPC, ⑤ 높은, ⑥ 50%~100%, ⑦ 90%~130%, ⑧ (보상)가액, ⑨ 재조달가액

사. 손해평가

1) 재해보험사업자
  가) 「농업재해보험 손해평가요령」에 따라 손해평가를 실시해야 함
  나) '고의'로 '진실을 숨기거나', '허위'로 손해평가를 해서는 안 됨

2) '손해평가 참여 희망자' 정기적 교육
  가) 손해평가사 → 농업정책보험금융원
  나) 손해평가인 → 재해보험사업자

3) 손해평가사 교육
  [1]**1회 이상** → 실무교육, [2]**3년**마다 **1회 이상** → 보수교육

4) 손해평가인 및 손해사정사, 손해사정사 보조인 교육
  연 1회 이상 → 정기교육 필수적으로 이수해야 → 손해평가 가능

아. 재보험

1) 농작물재해보험사업 품목 일정 부분 → 정부가 국가재보험으로 인수
2) 재해보험사업자 → 국가(농업정책보험금융원)와 '재보험'에 관해 별도 약정 체결
3) 재해보험사업자가 보유한 부분의 손해는 재해보험사업자 자체적으로
  – 민영보험사와 재보험약정 체결을 통해 '재보험' 출재 가능
  – 출재방식, 금액, 비율 등 실적 내용 → 농업정책보험금융원에 제출해야 함

자. 보험금 지급

1) 보험금 결정과 지급

재해보험사업자는

→ 계약자(또는 피보험자)가 재해발생 사실 통지 시

→ [1]지체 없이 지급할 **보험금**을 **결정** → [2]지급할 보험금이 결정되면 **7일 이내** 보험금 지급

2) 가지급금 지급

지급할 보험금이 결정되기 전이라도 피보험자의 청구가 있을 때

→ **추정**한 **보험금**의 50% 상당액을 **가지급금**으로 지급

3. 정부의 지원

가. 순보험료

1) **통상** : 납입 순보험료 50% 지원

2) **4대 과수품목 차등 보조**(보장 수준별) : 33% ~ 60% 차등 보조

◆ 정부의 농가부담보험료 지원 비율

구분	품목	보장 수준 (%)				
		60	70	80	85	90
국고보조율 (%)	사과, 배, 단감, 떫은감	60	60	50	38	**33**
	벼	60	55	50	**44**	**41**

Tip ▸ **여공**(60), **여공**(60), **다공**(50), **세판**(38), **세세**(33)
(여기도 공(과일) 여기도 공(과일) 다공(과일) 새로 판짜서 세어서 지원해 줘~!)
윷판(60) **다돼**(55) **다판**(50) **네네**(44) **낼일**(41)
(볏짚으로 만들면 윷판이 다 돼 다 (윷)판이야 그래 그래 내어올 일이야~!)

문제로 확인하기

01 정부의 농가부담보험료 지원 비율을 쓰시오.

구분	품목	보장 수준 (%)				
		60	70	80	85	90
국고보조율 (%)	사과, 배, 단감, 떫은감	①	②	③	④	⑤
	벼	⑥	⑦	⑧	⑨	⑩

Solution

① 60, ② 60, ③ 50, ④ 38, ⑤ 33, ⑥ 60, ⑦ 55, ⑧ 50, ⑨ 44, ⑩ 41

나. 재해보험사업자 운영비 : 100% 지원

농작물재해보험사업 운용에 소요되는 일반관리비, 영업비, 모집수수료 등

다. 보험료 지원 대상

「농어업경영체 육성 및 지원에 관한 법률」에 따라 **농업경영체 등록**된 농업인(농업법인)

라. 경영체 미등록 농업인 또는 농업법인

농업경영체 등록 후 → 보험가입 진행

제2절 농작물재해보험 상품내용

1. 과수작물

가. 적과전 종합위험방식II 상품

1) 대상 품목 : 과수 4종(사과, 배, 단감, 떫은감)

2) 주요 특징

가) 재해

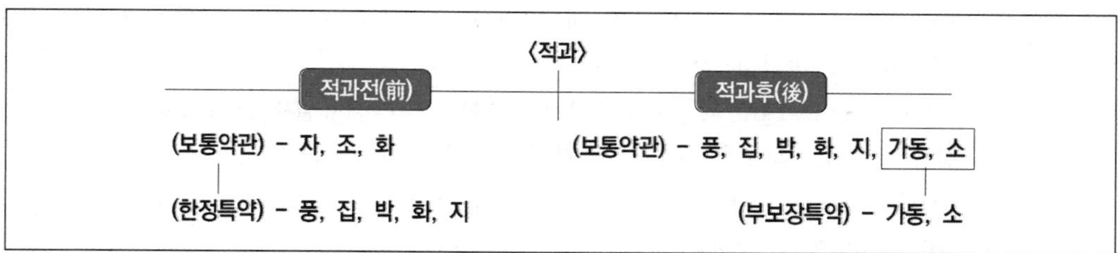

(1) 보험기간 개시일 ~ 통상적 적과를 끝내는 시점

→ **자**연재해, **조**수해, **화**재의 '종합적인 위험' 보장

(2) 적과후부터 ~ 보험기간 종료일

→ 태풍(강**풍**), **집**중호우, 우**박**, **화**재, **지**진 / **가**을**동**상해, 일**소**피해에 해당하는 '특정한 위험' 보장

나) 보장

(1) 보장개시일 ~ 통상적 적과를 끝내는 시점에 사고 발생

→ '가입 당시 정한 **평년착과량**'과

→ '적과종료 직후 조사된 **적과후착과량**'의 차이

→ 보상(착과감소보험금)

(2) 적과후부터 ~ 보험기간 종료일까지

태풍(강**풍**) 및 **집**중호우와 우**박**, **화**재, **지**진, **가**을**동**상해, 일**소**피해에 해당하는 재해 발생

→ 해당 재해로 감소된 양 조사

→ 보험금 지급(과실손해보험금)

3) 상품 내용

가) 보상하는 재해

(1) 적과종료 이전(前)의 종합위험

(가) **자연**재해 : **태**풍피해, **동**상해, **호**우피해, 우**박**피해, 폭**염**, **설**해, **강**풍피해, **한**해(가뭄피해), **냉**해, **조**해(潮害), 기타 자연재해

Tip ▶ 자연 / 태, 동, 호, 박 / 염, 설 / 강, 한 / 냉, 조

(나) **조수해**(鳥獸害) : 새나 짐승으로 인하여 발생하는 손해

(다) **화재** : 화재로 인한 피해

※ 적과종료 이전 특정위험 5종 한정보장 특별약관 가입 시

→ 태풍(강**풍**), **집**중호우, 우**박**, **화**재, **지**진만 보장

Tip ▶ 풍, 집, 박, 화, 지(풍비박산이지~!)

※ 손해방지비용 추가 지급 – cf. 손해 발생 후 지출한 비용

방제비용, 시설보수비용 등 통상적 소요 비용 제외

(2) 적과종료 이후(後)의 특정위험

(가) **태풍**(강풍) : 기상청에서 태풍에 대한 '기상특보'(태풍주의보 또는 태풍경보)를 발령한 때 발령 지역의 '바람'과 '비'

① 최대순간풍속 <u>14</u>m/sec 이상의 바람 포함 **Tip ▶** 14((**일사**)천리로 날아드는 바람)

② 강풍의 측정 : 과수원에서 가장 가까운 '3개 기상관측소'

→ 측정자료 중 '가장 큰 수치'의 자료로 판정

(나) **우박** : '**적란운**'과 '**봉우리적운**' 속에서 성장하는

→ '얼음알갱이' 또는 '얼음덩어리'가 내리는 현상

(다) **집중호우** – 아래 둘 중 하나 충족

① 기상청에서 호우에 대한 '**기상특보**'(호우주의보 또는 호우경보)를 발령한 때 '발령 지역의 **비**'

② 농지에서 가장 가까운 '3개소'의 '기상관측장비'로 측정한 '<u>12</u>시간' '누적강수량'이 '<u>80</u>mm 이상'인 강우상태 **Tip ▶ 하두**(12), **파고**(80)

(라) **화재** : 화재로 인하여 발생하는 피해

(마) **지진** : '지구 내부'의 급격한 운동으로 '지진파'가 '지표면'까지 도달하여 '지반이 흔들리는 자연지진'

① 기상청에서 규모 '<u>5.0</u> 이상'의 지진통보를 발표한 때 **Tip ▶ 지진**이 **오고**(5.0)

② 지진통보에서 발표된 '진앙'(진원 바로 위 지점)이

→ [1]과수원이 위치한 '시군' 또는 [2]'그 시군과 인접한 시군'에 '위치'하는 경우에 피해를 인정

(바) **가을동상해** : '서리' 또는 '기온의 하강'으로 인하여 → '과실' 또는 '잎'이 얼어서 생기는 피해
① 육안으로 판별 가능한 '결빙증상'이 '지속적'으로 '남아' 있는 경우에 피해를 인정
② '잎' 피해
→ 단감, 떫은감 품목에 한하여 적용
→ '10월 31일'까지 발생한 가을동상해 + 나무의 전체 '잎' 중 '50% 이상'이 '고사'한 경우
Tip ▸ 잎이 고사되어 → 열(10) 세하(31) 다꽁(50, 다 꽁꽁 얼었어)

(사) **일소피해**
① **정의** : **폭염**(暴炎)으로 인해 **보험의 목적**에 **일소**(日燒)가 발생하여 생긴 피해를 말하며, **일소**는 **과실**이 **태양광**에 **노출**되어 **과피** 또는 **과육**이 **괴사**되어 **검게 그을리거나 변색**되는 현상
② **폭염** : 기상청에서 '폭염특보'(폭염주의보 또는 폭염경보)를 발령한 때 과수원에서 가장 가까운 '3개소'의 '기상관측장비'로 측정한 '낮 최고기온'이 '연속 2일 이상' '33℃ 이상'으로 관측된 경우 Tip ▸ **연투**(연2, 연속 투사된 빛으로), **삶쎄**(33)
③ 폭염특보가 발령한 때 ~ 해제한 날까지
→ '일소'가 '발생'한 보험의 목적에 한하여 보상
④ '과수원'이 위치한 '지역'의 폭염특보 적용
※ 손해방지비용 추가 지급 - cf. 손해 발생 후 지출한 비용
방제비용, 시설보수비용 등 통상적 소요 비용 제외

문제로 확인하기

01 적과전 종합위험방식의 대상재해에 관한 내용이다. ( ) 안에 알맞은 말을 답란에 쓰시오.

- (적과전) 자연재해, 조수해, 화재
- (적과후) 태풍(강풍), 우박, 화재, 지진, (①), (②), (③)

Solution
① 집중호우, ② 일소피해, ③ 가을동상해

02 적과전 종합위험방식 상품(사과, 배, 단감, 떫은감)의 과실손해보장 보통약관의 적과종료 이후 보상하는 손해에 관한 내용이다. ( )에 들어갈 내용을 쓰시오.

- 태풍(강풍)은 기상청에서 태풍에 대한 기상특보(태풍주의보 또는 태풍경보)를 발령한 때 발령 지역 바람과 비를 말하며, 최대순간풍속 (①)m/sec 이상의 바람을 포함한다.
- 집중호우는 기상청에서 호우에 대한 기상특보(호우주의보 또는 호우경보)를 발령한 때 발령 지역의 비 또는 과수원에서 가장 가까운 3개소의 기상관측장비로 측정한 (②)시간 누적강수량이 (③)mm 이상인 강우상태를 말한다.
- 일소피해의 폭염은 대한민국 기상청에서 폭염특보(폭염주의보 또는 폭염경보)를 발령한 때 과수원에서 가장 가까운 3개소의 기상관측장비로 측정한 낮 최고기온이 연속 (④)일 이상 (⑤)℃ 이상으로 관측된 경우를 말한다.

Solution

① 14, ② 12, ③ 80, ④ 2, ⑤ 33

03 적과전 종합위험방식 상품(사과, 배, 단감, 떫은감)의 과실손해보장 보통약관의 적과종료 이후 보상하는 손해에 관한 내용이다. (　　)에 들어갈 내용을 쓰시오.

- 우박 : (①)과 (②) 속에서 성장하는 얼음알갱이 또는 얼음덩어리가 내리는 현상
- 지진 : 지구 내부의 급격한 운동으로 지진파가 지표면까지 도달하여 지반이 흔들리는 (③)지진을 말하며, 대한민국 기상청에서 규모 (④) 이상의 지진통보를 발표한 때. 지진통보에서 발표된 (⑤)이 과수원이 위치한 시군 또는 그 시군과 인접한 시군에 위치하는 경우에 피해를 인정
- 가을동상해 : 서리 또는 기온의 하강으로 인하여 과실 또는 잎이 얼어서 생기는 피해를 말하며, 육안으로 판별 가능한 결빙증상이 지속적으로 남아 있는 경우에 피해를 인정. 잎 피해는 (⑥) 품목에 한하여 (⑦)까지 발생한 가을동상해로 나무의 전체 잎 중 (⑧) 이상이 고사한 경우에 피해를 인정

Solution

① 적란운, ② 봉우리적운, ③ 자연, ④ 5.0, ⑤ 진앙, ⑥ 단감, 떫은감, ⑦ 10월 31일, ⑧ 50%

04 과실손해보장의 일소피해담보 특별약관에 관한 다음 내용을 각각 서술하시오.

(1) 일소피해의 정의
(2) 일소피해담보 특약의 담보조건
(3) 일소피해담보 보통약관의 적과전 종합위험 담보방식의 보험기간

Solution

(1) 일소피해의 정의

폭염(暴炎)으로 인해 보험의 목적에 일소(日燒)가 발생하여 생긴 피해를 말하며, 일소는 과실이 태양광에 노출되어 과피 또는 과육이 괴사되어 검게 그을리거나 변색되는 현상

(2) 일소피해담보 특약의 담보조건

폭염은 대한민국 기상청에서 폭염특보(폭염주의보 또는 폭염경보)를 발령한 때 과수원에서 가장 가까운 3개소의 기상관측장비(기상청 설치 또는 기상청이 인증하고 실시간 관측 자료를 확인할 수 있는 관측소)로 측정한 낮 최고기온이 연속 2일 이상 33℃ 이상으로 관측된 경우를 말하며, 폭염특보가 발령한 때부터 해제한 날까지 일소가 발생한 보험의 목적에 한하여 보상 → 이때 폭염특보는 과수원이 위치한 지역의 폭염특보를 적용

(3) 일소피해담보 보통약관의 적과전 종합위험 담보방식의 보험기간

보장개시 : 적과종료 이후, 보장종료 : 판매개시연도 9월 30일

나) 보상하지 않는 손해

(1) 적과종료 이전(前)

(가) 계약자, 피보험자 또는 이들의 법정대리인의 고의 또는 중대한 과실로 인한 손해
(나) 제초작업, 시비관리 등 통상적인 영농활동을 하지 않아 발생한 손해
(다) 원인의 직・간접을 묻지 않고 병해충으로 발생한 손해
(라) 보상하지 않는 재해로 제방, 댐 등이 붕괴되어 발생한 손해
(마) 하우스, 부대시설 등의 노후 및 하자로 생긴 손해
(바) 계약체결 시점 현재 기상청에서 발령하고 있는 기상특보 발령 지역의 기상특보 관련 재해(태풍, 호우, 홍수, 강풍, 풍랑, 해일, 대설 등)로 인한 손해
(사) 보상하는 자연재해로 인하여 발생한 동녹(과실에 발생하는 검은 반점 병) 등 간접 손해
(아) 가)의 보상하는 재해에 해당하지 않은 재해로 발생한 손해
(자) 식물방역법 제36조(방제명령 등)에 의거 금지 병해충인 과수 화상병 발생에 의한 폐원으로 인한 손해 및 정부 및 공공기관의 매립으로 발생한 손해
(차) 전쟁, 혁명, 내란, 사변, 폭동, 소요, 노동쟁의, 기타 이들과 유사한 사태로 생긴 손해

(2) 적과종료 이후(後)

(가) 계약자, 피보험자 또는 이들의 법정대리인의 고의 또는 중대한 과실로 인한 손해
(나) 수확기에 계약자 또는 피보험자의 고의 또는 중대한 과실로 수확하지 못하여 발생한 손해
(다) 제초작업, 시비관리 등 통상적인 영농활동을 하지 않아 발생한 손해
(라) 원인의 직・간접을 묻지 않고 병해충으로 발생한 손해
(마) 보상하지 않는 재해로 제방, 댐 등이 붕괴되어 발생한 손해
(바) 최대순간풍속 14m/sec 미만의 바람으로 발생한 손해
(사) 보장하는 자연재해로 인하여 발생한 동녹(과실에 발생하는 검은 반점 병) 등 간접 손해
(아) 가)의 보상하는 재해에 해당하지 않은 재해로 발생한 손해
(자) 저장한 과실에서 나타나는 손해
(차) 저장성 약화, 과실경도 약화 등 육안으로 판별되지 않는 손해
(카) 농업인의 부적절한 잎소지(잎 제거)로 인하여 발생한 손해
(타) 병으로 인해 낙엽이 발생하여 태양광에 과실이 노출됨으로써 발생한 손해
(파) 식물방역법 제36조(방제명령 등)에 의거 금지 병해충인 과수 화상병 발생에 의한 폐원으로 인한 손해 및 정부 및 공공기관의 매립으로 발생한 손해
(하) 전쟁, 혁명, 내란, 사변, 폭동, 소요, 노동쟁의, 기타 이들과 유사한 사태로 생긴 손해

문제로 확인하기

01 농작물재해보험 업무방법에서 정하는 적과전 종합위험의 보상하지 않는 손해에 관하여 서술하시오. (단, 적과종료 이후에 한함)

Solution

① 계약자, 피보험자 또는 이들의 법정대리인의 고의 또는 중대한 과실로 인한 손해
② 수확기에 계약자 또는 피보험자의 고의 또는 중대한 과실로 수확하지 못하여 발생한 손해
③ 제초작업, 시비관리 등 통상적인 영농활동을 하지 않아 발생한 손해
④ 원인의 직·간접을 묻지 않고 병해충으로 발생한 손해
⑤ 보상하지 않는 재해로 제방, 댐 등이 붕괴되어 발생한 손해
⑥ 최대순간풍속 14m/sec 미만의 바람으로 발생한 손해
⑦ 보장하는 자연재해로 인하여 발생한 동녹(과실에 발생하는 검은 반점 병) 등 간접 손해
⑧ 보상하는 재해에 해당하지 않은 재해로 발생한 손해
⑨ 저장한 과실에서 나타나는 손해
⑩ 저장성 약화, 과실경도 약화 등 육안으로 판별되지 않는 손해
⑪ 농업인의 부적절한 잎소지(잎 제거)로 인하여 발생한 손해
⑫ 병으로 인해 낙엽이 발생하여 태양광에 과실이 노출됨으로써 발생한 손해
⑬ 식물방역법 제36조(방제명령 등)에 의거 금지 병해충인 과수 화상병 발생에 의한 폐원으로 인한 손해 및 정부 및 공공기관의 매립으로 발생한 손해
⑭ 전쟁, 혁명, 내란, 사변, 폭동, 소요, 노동쟁의, 기타 이들과 유사한 사태로 생긴 손해

다) 보험기간

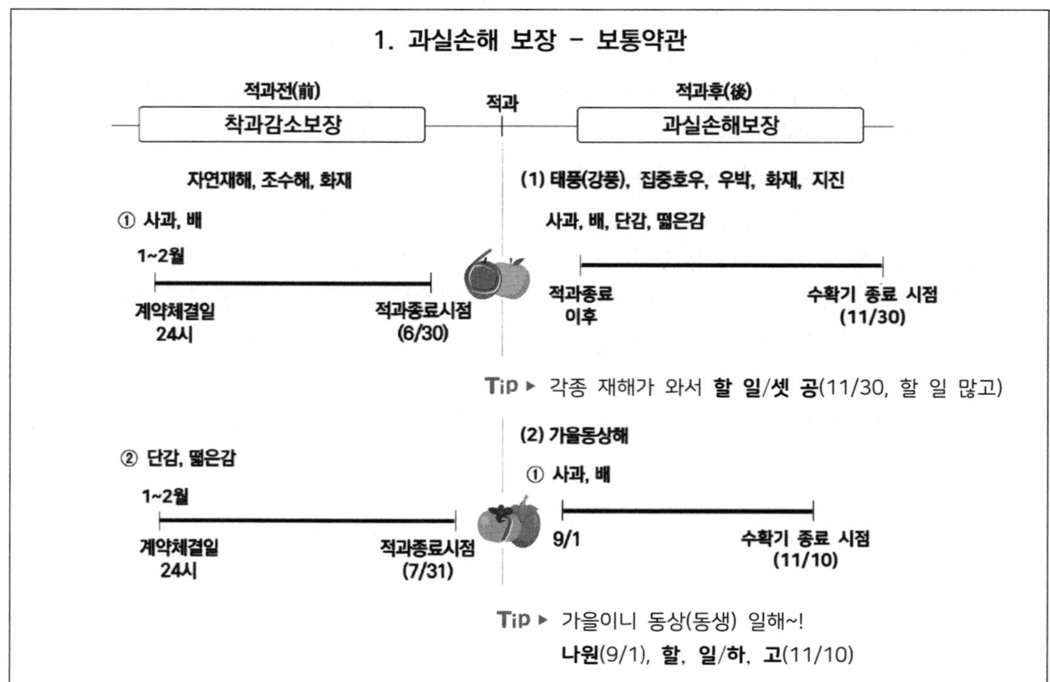

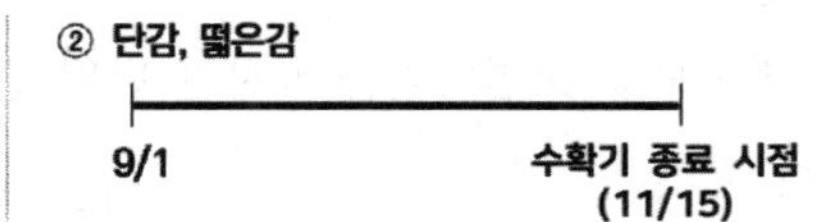

Tip ▶ 가을이니 동상(동생) 일해~!
나원(9/1), **할**, **일**/**하**, **다**(11/15)

(3) 일소피해

사과, 배, 단감, 떫은감

적과종료 이후 ―――― 9/30

Tip ▶ 밭**일**을 **소**끌고 하면 **적과 후**(직후, 곧) **날**/**새**, **고**(9/30)

2. 나무손해보장 – 특별약관

사과, 배, 단감, 떫은감

1~2월 ―――― 12/31 ―――― 12/31

판개연 2/1 ~계약체결일 24시 ―――― 이듬해 1/31

Tip ▶ **남의 손에**(나무손해) / **둘**/**일**(2/1) ~ 일년 동안

문제로 확인하기

01 다음은 농작물재해보험 적과전 종합위험 과수품목의 과실손해보장 보통약관의 대상재해 보험기간에 대한 기준이다. (　　) 안에 들어갈 알맞은 날짜를 답란에 쓰시오.

대상재해	품목	보험기간	
		보장개시	보장종료
가을동상해	사과, 배	(①)	(②)
	단감, 떫은감		(③)
일소피해	사과, 배, 단감, 떫은감	(④)	(⑤)

Solution

① 판매개시연도 9월 1일
② 수확기 종료 시점. 다만, 판매개시연도 11월 10일을 초과할 수 없음
③ 수확기 종료 시점. 다만, 판매개시연도 11월 15일을 초과할 수 없음
④ 적과종료 이후
⑤ 판매개시연도 9월 30일

라) 보험가입금액

(1) 과실손해보장 보험가입금액(천원 단위 절사)

> 가입수확량 × 가입가격

○ 가입가격 : 보험에 가입할 때 결정한 과실의 'kg당 평균 가격'
- 나무손해보장 특별약관의 경우 → 나무의 '1주당 가격'
- 한 과수원에 '다수 품종'이 '혼식'된 경우 → 품종과 관계없이 동일

(2) 나무손해보장특약 가입금액

> 가입결과주수 × 1주당 가입가격

○ 가입결과주수 > 실제결과주수
→ 초과분 제외 → 가입결과주수 조정 → 보험가입금액 감액

(3) 보험가입금액의 감액

(가) **적과종료 후 적과후착과량(기준수확량) < 평년착과량(가입수확량)**
가입수확량 조정 → 보험가입금액 감액 → 차액보험료 환급

(나) **차액보험료**

> 차액보험료 = (감액분 계약자부담보험료 × 감액미경과비율) − 미납입보험료

◆ **감액미경과비율**

① 적과종료 이전 특정위험 '5종 한정보장 특별약관' **미가입**

품목	(착과감소) 보장 수준 50%형	(착과감소) 보장 수준 70%형
사과, 배	70% Tip ▸ **지영**(70)	63% Tip ▸ **육세**(63)
단감, 떫은감	84% Tip ▸ **팔자**(84)	79% Tip ▸ **친구**(79)

② 적과종료 이전 특정위험 '5종 한정보장 특별약관' **가입**

품목	(착과감소) 보장 수준 50%형	(착과감소) 보장 수준 70%형
사과, 배	83% Tip ▸ **에셋**(83)	78% Tip ▸ **칠판**(78)
단감, 떫은감	90% Tip ▸ **낳고**(90)	88% Tip ▸ **팔팔**(88)

Tip ▸ 보장 수준이 높을수록 → 미경과비율 적게 인정, 한정보장 특약 : 보장 대상 적고 엄격한 조건 → 미경과비율 많이 인정

(다) **차액보험료 환급**
적과후착과수 조사일이 속한 달 → '다음 달 말일' 이내 지급

(라) **적과후착과수 조사 이후** 착과수 > 적과후착과수
→ 지급한 차액보험료 다시 정산

문제로 확인하기

01 다음 적과전 종합위험 상품의 보험가입금액에 관한 설명 중 (   )에 들어갈 내용을 쓰시오.

1. 과실손해보장의 보험가입금액
   (1) 가입수확량에 (①)을 곱하여 산출된 금액(천원 단위 절사)으로 한다.
   (2) 가입수확량(②)이 기준수확량(③)을 초과하는 경우에는 그 초과분은 제외되도록 가입수확량이 조정되며 보험가입금액을 감액한다.
2. 나무손해보장특약의 보험가입금액
   (1) 보험에 가입한 결과주수에 1주당 가입가격을 곱하여 계산한 금액으로 한다.
   (2) 보험에 가입결과주수가 과수원 내 (④)를 초과하는 경우에는 보험가입금액을 감액한다.

Solution

① 가입가격, ② 평년착과량, ③ 적과후착과량, ④ 실제결과주수

02 적과전 종합위험방식 상품에서는 순보험료의 일부를 정부에서 자기부담비율에 따라 차등지원한다. 다음 표를 보고 (   )에 들어갈 정부지원율을 쓰시오.

자기부담비율	40%형	30%형	20%형	15%형	10%형
보장 수준	60%형	70%형	80%형	85%형	90%형
정부지원율	(①)	(②)	(③)	(④)	(⑤)

Solution

① 60%, ② 60%, ③ 50%, ④ 38%, ⑤ 33%

03 다음 계약에 대하여 정부지원액의 계산과정과 값을 쓰시오.

〈조건 1〉
- 보험목적물 : 사과, 배, 단감, 떫은감
- 보험가입금액 : 100,000,000원
- 자기부담비율 : 15%
- 영업보험료 : 12,000,000원
- 순보험료 : 10,000,000원

〈조건 2〉
- 주계약 가입기준임
- 정부지원액이란 재해보험가입자가 부담하는 보험료의 일부와 재해보험사업자의 재해보험의 운영 및 관리에 필요한 비용의 전부 또는 일부를 정부가 지원하는 금액임(지방자치단체의 지원액은 포함되지 않음)
- 재해보험사업자의 재해보험의 운영 및 관리에 필요한 비용은 부가보험료와 동일함

CHAPTER 03

Solution

정부지원액 =
10,000,000원 × 0.38 + (12,000,000원 − 10,000,000원) × 1 = 5,800,000원

04 다음은 적과전 종합위험 보험상품의 차액보험료를 계산할 때 적용되는 감액미경과비율에 대한 내용이다. (　　) 안에 들어갈 비율을 쓰시오.

(1) 적과종료 이전 특정위험 5종 한정보장 특별약관에 가입하지 않은 경우

품목	착과감소보험금 보장 수준 50%형	착과감소보험금 보장 수준 70%형
사과, 배	(①)	(②)
단감, 떫은감	(③)	(④)

(2) 적과종료 이전 특정위험 5종 한정보장 특별약관에 가입한 경우

품목	착과감소보험금 보장 수준 50%형	착과감소보험금 보장 수준 70%형
사과, 배	(⑤)	(⑥)
단감, 떫은감	(⑦)	(⑧)

Solution

① 70%, ② 63%, ③ 84%, ④ 79%, ⑤ 83%, ⑥ 78%, ⑦ 90%, ⑧ 88%

05 적과전 종합위험 상품(사과 품목)의 보험가입 내용이다. 주어진 조건에 따라 차액보험료를 계산하시오.

〈조건 1〉
- 가입수확량 : 2,000kg
- 적과후착과량 : 1,500kg
- 보장 수준 : 50%
- 가입가격 : 2,000원/kg
- 자기부담비율 : 15%
- 미납입보험료 : 없음
- 손해율에 따른 할증률 : 5%
- 방재시설 할인율 : 20%
- 지역별 보통약관 순보험료율 : 10%
- 지방자치단체지원율 : 20%

〈조건 2〉
- 적과종료 전에 인정된 착과감소과실수가 없음
- 적과종료 이전 특정위험 5종 한정보장 특별약관에 가입하지 않음

Solution

차액보험료 = (감액분 계약자부담보험료 × 감액미경과비율) − 미납입보험료

① 적과후착과량(기준수확량, 1,500kg)이 평년착과량(가입수확량, 2,000kg)에 미달된 경우이므로 보험가입금액을 감액한다.

② 감액분 계약자부담보험료

㉠ 최초보험료

= 보통약관 보험가입금액 × 지역별 보통약관 영업요율 × (1 − 부보장 및 한정보장 특별약관 할인율) × (1 ± 손해율에 따른 할인·할증률) × (1 − 방재시설 할인율)

= (2,000kg × 2,000원/kg) × 0.1 × (1 − 0) × (1 + 0.05) × (1 − 0.2) = 336,000원

㉡ 감액분 보험료

= 최초보험료 × (가입수확량 − 적과후착과량) ÷ 가입수확량

= 336,000원 × (2,000kg − 1,500kg) ÷ 2,000kg = 84,000원

㉢ 감액분 계약자부담보험료

= 감액분 보험료 × (1 − 정부지원율 − 지자체지원율)

= 84,000원 × (1 − 0.38 − 0.2) = 84,000원 × 0.42 = 35,280원

※ 정부지원율 : 자기부담비율 15%일 때 38%에 해당함

③ 감액미경과비율 : 적과종료 이전 특정위험 5종 한정보장 특별약관에 가입하지 않은 경우, 보장 수준이 50%일 때, 사과, 배의 감액미경과비율은 70%이다.

∴ 차액보험료 = (감액분 계약자부담보험료 × 감액미경과비율) − 미납입보험료

= (35,280원 × 0.7) − 0원 = 24,696원

06 단감 '부유' 품종을 경작하는 A씨는 적과전 종합위험 보험에 가입하면서 적과종료 이전 특정위험 5종 한정보장 특별약관에도 가입하였다. (1) 보험가입금액이 감액된 경우의 차액보험료 산출방법에 대해 서술하고, (2) 다음 조건의 차액보험료를 계산하시오. (단, 풀이과정을 반드시 쓰시오.)

- 평년착과량 : 1,300kg
- 적과후착과량 : 1,000kg
- 기준수확량 : 1,100kg
- 주계약 보험가입금액 : 1,000만원
- 계약자부담보험료 : 100만원
- 과수원별 할인·할증률 : 0%
- 감액분 계약자부담보험료 : 10만원
- 미납입보험료 : 없음
- 보장 수준 : 50%

Solution

(1) 차액보험료 산출방법

차액보험료 = (감액분 계약자부담보험료 × 감액미경과비율) − 미납입보험료

※ 감액분 계약자부담보험료는 계약자부담보험료 중 감액한 가입금액에 해당하는 부분

(2) 차액보험료 계산

= (감액분 계약자부담보험료 × 감액미경과비율) − 미납입보험료

= (10만원 × 0.9) − 0원 = 90,000원

∴ 차액보험료 = 90,000원

Tip ▸ **적과종료 이전 특정위험 5종 한정보장 특별약관에 가입하고 보장 수준이 50%인 경우 단감, 떫은감의 감액미경과비율은 90%이다.**

마) 보험료

(1) 보험료의 구성

영업보험료 = 순보험료 + 부가보험료

- 순보험료 : 지급보험금의 재원이 되는 보험료
- 부가보험료 : 보험회사의 경비 등으로 사용되는 보험료

(가) **정부보조보험료** : 순보험료는 보장 수준별로 33% ~ 60% 차등 지원 + 부가보험료는 100% 지원

(나) **지자체지원보험료** : 지자체별로 지원금액(비율)을 결정

(2) 보험료의 산출

(가) **'과실손해보장' 보통약관 적용보험료**

보통약관 보험가입금액 × 지역별 보통약관 영업요율 × (1 − 부보장 및 한정보장 특별약관 할인율) × (1 ± 손해율에 따른 할인・할증률) × (1 − 방재시설 할인율)

(나) **'나무손해보장' 특별약관 적용보험료**

특별약관 보험가입금액 × 지역별 특별약관 영업요율 × (1 ± 손해율에 따른 할인・할증률)

- 손해율에 따른 할인・할증 → 계약자 기준으로 판단
- 손해율에 따른 할인・할증폭 → −30% ~ +50%로 제한
  Tip ▸ **뼈**(-) **삶고**(30), **더**(+) **달고**(50) - 뼈는 삶을수록 맛이 더 달고
- 2개 이상의 방재시설이 있는 경우 합산하여 적용 → 최대 할인율은 30%로 제한

문제로 확인하기

01 다음 조건에 따라 적과전 종합위험 보험상품에 가입할 경우 과실손해보장 보통약관 보험료를 산출하시오.

- 품목 : 사과
- 보험가입금액 : 10,000,000원
- 지역별 보통약관 영업요율 : 20%
- 손해율에 따른 할증률 : 20%
- 방재시설 할인율 : 10%
- 부보장 및 한정보장 특별약관 할인율 : 10%

Solution

보험료
= 보험가입금액 × 지역별 보통약관 영업요율 × (1 − 부보장 및 한정보장 특별약관 할인율) × (1 ± 손해율에 따른 할인・할증률) × (1 − 방재시설 할인율)
= 10,000,000원 × 0.2 × (1 − 0.1) × (1 + 0.2) × (1 − 0.1)
= 1,944,000원

02 **다음은 '사과'의 적과전 종합위험방식 계약에 관한 사항이다. 다음 물음에 답하시오. (단, 주어진 조건 외 다른 조건은 고려하지 않음)**

구분	품목	보장 수준(%)				
		60	70	80	85	90
국고보조율(%)	사과, 배, 단감, 떫은감	60	60	50	38	33

- 품목 : 사과(적과전 종합위험방식)
- 순보험료율 : 15%
- 할인·할증률 : 0%
- 착과감소보험금 보장 수준 : 70%형
- 가입금액 : 1,000만원(주계약)
- 부가보험료율 : 2.5%
- 자기부담비율 : 20%형

물음 1) 영업보험료의 계산과정과 값을 쓰시오.
물음 2) 부가보험료의 계산과정과 값을 쓰시오.
물음 3) 농가부담보험료의 계산과정과 값을 쓰시오.

Solution

물음 1) 영업보험료
영업보험료 = 순보험료 + 부가보험료
= 1,500,000원 + 250,000원 = 1,750,000원
① 순보험료 = 보험가입금액 × 순보험료율 × 할인·할증률
= 10,000,000원 × 0.15 × 1.0 = 1,500,000원
② 부가보험료 = 10,000,000원 × 0.025 = 250,000원

물음 2) 부가보험료
부가보험료 = 10,000,000원 × 0.025 = 250,000원

물음 3) 농가부담보험료
농가부담보험료
= 보험가입금액 × 순보험료율 × 할인·할증률 × (1 - 국고보조율)
= 10,000,000원 × 0.15 × 1.0 × (1 - 0.5) = 750,000원
Tip ▸ **자기부담비율 20%**형의 보장 수준은 **80%**에 해당하며 국고보조율은 **50%**이다.

(3) 보험료의 환급

(가) **계약이 무효, 효력상실 또는 해지된 때 → 보험료 반환**
다만, 보험기간 중 보험사고가 발생하고
→ **보험금**이 **지급**되어 **'보험가입금액'**이 **감액**된 경우
→ 감액된 보험가입금액(**잔존보험가입금액**) **기준**으로 → 환급금 계산

① 계약자 또는 피보험자의 책임 없는 사유에 의하는 경우

㉠ **무효** → 전액

㉡ **효력상실** 또는 **해지** → 해당 월 '미경과비율'에 따라 '환급보험료' 계산

환급보험료 = 계약자부담보험료 × 미경과비율

○ 계약자부담보험료 : 최종 보험가입금액 기준으로 산출한 보험료 중
→ 계약자가 부담한 금액

② 계약자 또는 피보험자의 책임 있는 사유에 의하는 경우

㉠ 해당 **월 '미경과비율'**에 따른 '환급보험료'

㉡ 다만 계약자, 피보험자의 **고의** 또는 **중대한 과실**로 **무효**가 된 때에는 **보험료가 환급되지 않음**

(나) **계약자 또는 피보험자의 책임 있는 사유란**

① 계약자 또는 피보험자가 **임의 해지**하는 경우

② **사기**에 의한 계약, **계약의 해지**(계약자 또는 피보험자의 고의로 손해가 발생한 경우나, 고지의무・통지의무 등을 해태한 경우) 또는 **중대사유**로 인한 **해지**에 따라 → 계약을 **취소** 또는 **해지**하는 경우

③ **보험료 미납**으로 인한 계약의 **효력상실**

(다) **계약의 무효, 효력상실 또는 해지로 인하여 반환해야 할 보험료가 있을 때**

① 계약자는 '**환급금**'을 '청구'해야 함

② **청구일**의 **다음 날**부터 ~ **지급일**까지의 기간에 대하여 보험개발원이 공시하는 **'보험계약대출이율'**을 → **'연단위 복리'**로 계산한 금액을 **더하여 지급**

01 농작물재해보험 계약이 무효로 되었을 때의 보험료 환급에 관한 설명이다. (　　)에 들어갈 내용을 쓰시오.

(1) 계약자 또는 피보험자의 책임 없는 사유에 의하는 경우에는 계약자가 납입한 보험료를 (①) 환급한다.
(2) 계약자 또는 피보험자의 책임 있는 사유에 의하는 경우에는 해당 월 (②)에 따라 계산된 환급보험료를 지급한다.
(3) 계약자 또는 피보험자의 고의 또는 (③)로 무효가 된 경우는 보험료를 반환하지 않는다.
(4) 계약의 무효로 인하여 반환해야 할 보험료가 있을 때에는 계약자는 환급금을 청구하여야 하며, 청구일의 다음 날부터 지급일까지의 기간에 대하여 '보험개발원이 공시하는 (④)'을 연단위 복리로 계산한 금액을 더하여 지급한다.

Solution

① 전액, ② 미경과비율, ③ 중대한 과실, ④ 보험계약대출이율

02 보험회사에 의한 보험계약 해지에 관한 다음 내용을 각각 서술하시오.

(1) 보험회사에 의한 보험계약 해지 시 보험회사가 지급할 환급보험료 산출식
(2) 보험회사에 의한 보험계약 해지 시 보험료 환급에 따른 적용이율

Solution

(1) 환급보험료 = 계약자부담보험료 × 미경과비율
(2) 청구일의 다음 날부터 지급일까지의 기간에 대하여 '보험개발원이 공시하는 보험계약대출이율'

바) 보험금

(1) 과실손해보장(보통약관)의 착과감소보험금

보험금 = (착과감소량 - 미보상감수량 - 자기부담감수량) × 가입가격 × 보장 수준(50% or 70%)

Tip ▸ **부부싸움 후** (팔을) **착 감소**? (그래서) **착,미,자**(착밀자), (그냥) **가,보장**(가보자) (이름) **어,찌**(5, 7)**할까?**

(가) **자기부담감수량** = 기준수확량 × 자기부담비율(계약자 선택)

(나) **미보상감수량** = 착과감소량 × 미보상비율

(다) **보장 수준** : 계약자가 선택한 보장 수준

① 50% : 임의 선택 가능

② 70% : 최근 **3년간** 연속 보험가입 과수원으로 누적 적과전 **손해율 100% 미만**

(라) **보험금 > 보험가입금액 × (1 - 자기부담비율)**

→ **'보험가입금액 × (1 - 자기부담비율)'**을 **보험금**으로 함

※ 보험금 > 보험가입금액 × (1 - 자기부담비율)
→ 보험가입금액 × (1 - 자기부담비율) = 보험금인 이유
참고로 현재 가축재해보험의 축사의 경우만 자기부담비율 0%를 적용할 수 있다. 나머지는 최소한의 자기부담금이 있다. 한편 상법상 보험금 ≤ 보험(가입)금액이어야 한다. 그리고 여기서의 보험금은 자기부담감수량을 고려한 결과이므로 보험(가입)금액에도 자기부담비율을 고려한 금액을 그 판단 기준으로 사용하게 된다.

(2) 과실손해보장(보통약관)의 과실손해보험금

보험금 = (적과종료 이후 누적감수량 - 자기부담감수량) × 가입가격

Tip ▸ **적후**(저기) **누감,자,가**(누구 감자인 거야?)

(가) **적과종료 이후 누적감수량** : 보장종료 시점까지 산출된 감수량을 누적한 값

(나) **자기부담감수량** = 기준수확량 × 자기부담비율(계약자 선택)
다만, 착과감소량이 존재하는 경우 자기부담감수량은 (착과감소량 - 미보상감수량)을 제외한 값으로 하며 → 이때 자기부담감수량은 0보다 작을 수 없음

✔ Check 착과감소보험금의 지급과 미지급

① **착과감소보험금 지급** : (착과감소량 − 미보상감수량) > 자기부담감수량
→ 자기부담감수량 − (착과감소량 − 미보상감수량) = 음의 값
→ 자기부담감수량 = 0
→ 자기부담감수량이 모두 고려되었으므로 여기서 추가 부담 없음

② **착과감소보험금 미지급** : (착과감소량 − 미보상감수량) < 자기부담감수량
→ 자기부담감수량 − (착과감소량 − 미보상감수량) = 양의 값
→ 자기부담감수량 = 양의 값으로 부담
→ 자기부담감수량이 모두 고려되지 않았으므로 나머지를 여기서 일부 부담

(3) 나무손해보험금

보험금 = 보험가입금액 × (피해율 − 자기부담비율)

○ 피해율 = 피해주수(고사된 나무) ÷ 실제결과주수
○ 자기부담비율 : 5%

Tip ▸ **나무손해**(남의 손에), **다**(5), **가**, **피**, **자**(보험금 받을 때까지 모두 다 까삐자)

 **문제로 확인하기**

01 적과전 종합위험방식 상품의 (1) 착과감소보험금, (2) 과실손해보험금, (3) 나무손해보장(특약)보험금의 산정식을 각각 쓰시오.

Solution

(1) 착과감소보험금
= (착과감소량 − 미보상감수량 − 자기부담감수량) × 가입가격 × 보장 수준(50%, 70%)

(2) 과실손해보험금
= (적과종료 후 누적감수량 − 자기부담감수량) × 가입가격

(3) 나무손해보장(특약)보험금
= 보험가입금액 × (피해율 − 자기부담비율)

02 다음의 주어진 조건에 따라 적과전 종합위험방식 상품의 과실손해보장(보통약관)의 과실손해보험금을 계산하는 경우 자기부담감수량을 구하시오.

- 착과감소량 : 1,000kg
- 미보상감수량 : 500kg
- 적과후착과량 : 4,000kg
- 자기부담비율 : 20%

Solution

조정된 과실손해보장 자기부담감수량
= 1,000kg(자기부담감수량) − {(1,000kg(착과감소량) − 500kg(미보상감수량)} = 500kg

① 자기부담감수량 = 기준수확량(4,000kg + 1,000kg) × 자기부담비율(0.2) = 1,000kg
② 기준수확량
- 적과종료 전 인정된 착과감소가 없는 경우 : 적과후착과량
- 적과종료 전 인정된 착과감소가 있는 경우 : 적과후착과량 + 착과감소량

Tip ▸ 착과감소량이 존재하는 경우이나 이전에 착과감보험금을 수령하지 못한 형태로서 자기부담감수량을 충분히 반영하지 못한 형태이다. 따라서 여기서 과실손해보장 자기부담감수량으로 반영한다. 이때 과실손해보장 자기부담감수량은 자기부담감수량에서 (착과감소량 - 미보상감수량)을 제외한 값으로 하며 이때 자기부담감수량은 0보다 작을 수 없다.

03 다음은 적과전 종합위험 사과 품목에 대한 내용이다. 아래 조건을 참고하여 착과감소보험금을 산정하시오.

- 평년착과수 : 50,000개
- 자기부담비율 : 20%
- 개당 가입과중 : 개당 500g
- kg당 가입가격 : 1,000원
- 적과후착과수 : 30,000개
- 미보상감수량 : 1,000kg
- 보장 수준 : 70%
- 적과전 재해 : 냉해

Solution

착과감소보험금
= (착과감소량 - 미보상감수량 - 자기부담감수량) × 가입가격 × 보장 수준(70%)
① 착과감소량 = 착과감소과실수 × 개당 가입과중 = 20,000개 × 0.5kg = 10,000kg
- 착과감소과실수 = 50,000개 − 30,000개 = 20,000개

② 미보상감수량 : 1,000kg
③ 자기부담감수량 = 기준수확량 × 자기부담비율 = 25,000kg × 0.2 = 5,000kg
㉠ 기준수확량 = 적과후착과량 + 착과감소량 = 15,000kg + 10,000kg = 25,000kg
㉡ 적과후착과량 = 적과후착과수 × 개당 가입과중 = 30,000개 × 0.5kg = 15,000kg
④ kg당 가입가격 : 1,000원
∴ 착과감소보험금 = (10,000kg − 1,000kg − 5,000kg) × 1,000원 × 0.7
= 2,800,000원

사) 자기부담비율

(1) 과실손해위험보장 : 피해율에서 차감하는 비율
→ 계약자가 선택한 비율(10%, 15%, 20%, 30%, 40%)

(가) **10%형** : 최근 3년간 연속 보험가입 과수원으로서
3년간 수령한 보험금 < 순보험료 100% 미만 → 선택 가능

(나) **15%형** : 최근 2년간 연속 보험가입 과수원으로서
2년간 수령한 보험금 < 순보험료 100% 미만 → 선택 가능

(다) **20%형, 30%형, 40%형** : 제한 없음

(2) 나무손해위험보장 특별약관의 자기부담비율 : 5%

문제로 확인하기

01 다음은 적과전 종합위험방식 과실손해위험보장의 자기부담비율에 관한 설명이다. (　　)에 들어갈 내용을 쓰시오.

1. 과실손해위험보장의 자기부담비율은 지급보험금을 계산할 때 (①)에서 차감하는 비율로서, 계약할 때 계약자가 선택한 비율이다.
2. 자기부담비율 적용 기준
   (1) 10%형 : 최근 (②)년간 연속 보험가입 과수원으로서 (②)년간 수령한 보험금이 순보험료의 (③)% 미만인 경우에 한하여 선택 가능하다.
   (2) 15%형 : 최근 (④)년간 연속 보험가입 과수원으로서 (④)년간 수령한 보험금이 순보험료의 (⑤)% 미만인 경우에 한하여 선택 가능하다.
   (3) 20%형, 30%형, 40%형 : 제한 없음
3. 나무손해위험보장 특별약관의 자기부담비율 : (⑥)%

Solution

① 피해율, ② 3, ③ 100, ④ 2, ⑤ 100, ⑥ 5

02 적과전 종합위험 보험상품에 가입하는 경우 다음과 같은 조건에서 (1) 과실손해보장의 자기부담금과 (2) 나무손해보장 특약의 보험가입금액 및 (3) 자기부담금을 산출하시오. (단, 결과주수 1주당 가입가격은 10만원이다.)

"신고" 배 6년생 700주를 실제 경작하고 있는 A씨는 최근 3년간 동 보험에 연속으로 가입하였으며, 3년간 수령한 보험금이 순보험료의 50%였다. 과실손해보장의 보험가입금액은 1,000만원으로서 최저 자기부담비율을 선택하고, 특약으로는 나무손해보장만을 선택하여 보험에 가입하고자 한다.

Solution

(1) 과실손해보장의 자기부담금
   ① 과실손해보장의 자기부담비율은 지급보험금을 계산할 때 피해율에서 차감하는 비율로서, 계약할 때 계약자가 선택한 비율(10%, 15%, 20%, 30%, 40%)로 한다.
   ② A씨의 경우 최근 3년간 연속 보험가입 과수원으로서 3년간 수령한 보험금이 순보험료의 50% 이하이고(100% 미만에 해당), 최저 자기부담비율을 선택한다고 하였으므로 10%형 조건을 선택할 수 있다.
   ∴ 자기부담금 = 1,000만원 × 0.1 = 100만원

(2) **나무손해보장 특약의 보험가입금액**
나무손해보장 특약의 보험가입금액 = 보험에 가입한 결과주수 × 1주당 가입가격
∴ 보험가입금액 = 700주 × 10만원/주당 = 7,000만원
(3) **나무손해보장 특약의 자기부담금**
나무손해보장 특약의 자기부담비율은 5%로 한다.
∴ 자기부담금 = 7,000만원(보험가입금액) × 0.05 = 350만원

아) 특별약관

(1) 적과종료 이후(後) '가을동상해' '부보장' 특별약관
보상하는 재해에도 불구 → 적과후 가을동상해 손해 → 부보장
(2) 적과종료 이후(後) '일소피해' '부보장' 특별약관
보상하는 재해에도 불구 → 적과후 일소피해 손해 → 부보장
(3) 적과종료 이전(前) '특정위험 5종 한정보장' 특별약관
보상하는 재해에도 불구
→ 적과전 → 태풍(강풍), 집중호우, 우박, 화재, 지진 손해만 → 보상
(4) 종합위험 '나무손해보장' 특별약관
적과종료 이전과 동일한 보상하는 재해(자연재해, 조수해, 화재)로
→ 입은 손해(사과, 배, 단감, 떫은감) → 보상

◆ '나무손해보장' 특약의 '보상하지 않는 손해'

① 계약자, 피보험자 또는 이들의 법정대리인의 고의 또는 중대한 과실로 인한 손해
② 제초작업, 시비관리 등 통상적인 영농활동을 하지 않아 발생한 손해
③ 보상하지 않는 재해로 제방, 댐 등이 붕괴되어 발생한 손해
④ 피해를 입었으나 회생 가능한 나무 손해
⑤ 토양관리 및 재배기술의 잘못된 적용으로 인해 생기는 나무 손해
⑥ 병충해 등 간접손해에 의해 생긴 나무 손해
⑦ 하우스, 부대시설 등의 노후 및 하자로 생긴 손해
⑧ 계약체결 시점 현재 기상청에서 발령하고 있는 기상특보 발령 지역의 기상특보 관련 재해로 인한 손해
⑨ 보상하는 재해에 해당하지 않은 재해로 발생한 손해
⑩ 전쟁, 혁명, 내란, 사변, 폭동, 소요, 노동쟁의, 기타 이들과 유사한 사태로 생긴 손해

문제로 확인하기

01 농작물재해보험 업무방법에 따른 적과전 종합위험 나무손해보장 특별약관에서 정하는 보상하는 재해와 보상하지 않는 손해를 답란에 각각 서술하시오.

(1) 보상하는 재해
(2) 보상하지 않는 손해

Solution

(1) 보상하는 재해
적과종료 이전과 동일한 보상하는 재해(자연재해, 조수해, 화재)로 입은 사과, 배, 단감, 떫은감의 손해를 보상

(2) 보상하지 않는 손해
① 계약자, 피보험자 또는 이들의 법정대리인의 고의 또는 중대한 과실로 인한 손해
② 제초작업, 시비관리 등 통상적인 영농활동을 하지 않아 발생한 손해
③ 보상하지 않는 재해로 제방, 댐 등이 붕괴되어 발생한 손해
④ 피해를 입었으나 회생 가능한 나무 손해
⑤ 토양관리 및 재배기술의 잘못된 적용으로 인해 생기는 나무 손해
⑥ 병충해 등 간접손해에 의해 생긴 나무 손해
⑦ 하우스, 부대시설 등의 노후 및 하자로 생긴 손해
⑧ 계약체결 시점 현재 기상청에서 발령하고 있는 기상특보 발령 지역의 기상특보 관련 재해로 인한 손해
⑨ 보상하는 재해에 해당하지 않은 재해로 발생한 손해
⑩ 전쟁, 혁명, 내란, 사변, 폭동, 소요, 노동쟁의, 기타 이들과 유사한 사태로 생긴 손해

자) 계약인수 관련 수확량
(1) 표준수확량 : 과거 통계를 바탕 → 품종, 경작형태, 수령, 지역 등을 고려하여
→ 산출한 나무 1주당 예상 수확량
(2) **평년착과량**
(가) **주요 용도**
① '보험가입금액(가입수확량)'의 산정 기준
② 적과전 보험사고 발생 시 '감수량' 산정 기준
(나) **평년 수준의 재해가 있다는 점을 전제**
(다) **산출 방법 : 최근 5년 이내 보험에 가입한 이력 유무로 구분**
① 과거수확량 자료가 없는 경우(신규 가입)
→ (표준수확량표)표준수확량 100% → 평년착과량
② 과거수확량 자료가 있는 경우(최근 5년 이내 가입 이력 존재)
→ 최근 5개년 적과후 착과량 및 표준수확량에 의해 산정 – 이하 방법

□ 평년착과량 – 과거수확량 자료 있는 경우

$$평년착과량 = \left\{A + (B - A) \times \left(1 - \frac{Y}{5}\right)\right\} \times \frac{C}{D}$$

Tip ▸ [**아**(A) + (**배**(B) - **야**(A)) × **일**(1) **빼**(-) **였**(Y) **다**(5)] × **쌌**(C)/**다**(D)!!

<평년착과량 산식의 이해 : 사과, 배, 단감, 떫은감>

$$\text{평년착과량} = \left\{ \frac{\Sigma\text{과거 5년간 적과후착과량}}{\text{과거 5년간 가입횟수}} + \left(\frac{\Sigma\text{과거 5년간 표준수확량}}{\text{과거 5년간 가입횟수}} - \frac{\Sigma\text{과거 5년간 적과후착과량}}{\text{과거 5년간 가입횟수}} \right) \times \left(1 - \frac{\text{과거 5년간 가입횟수}}{5} \right) \right\} \times \frac{\text{당해연도(가입연도) 기준표준수확량}}{\Sigma\text{과거 5년간 기준표준수확량} \div \text{과거 5년간 가입횟수}}$$

⇩

$$\text{평년착과량} = \left\{ \text{평균 적과후착과량} + \left(\text{평균 표준수확량} - \text{평균 적과후착과량} \right) \times \left(\text{미가입횟수 비율} \right) \right\} \times \text{평균 기준표준수확량 대비 당해연도 기준표준수확량 비율}$$

- 평균 적과후착과량: 해당 과수원의 가입 해의 평균 적과후착과량
- (평균 표준수확량 - 평균 적과후착과량) × 미가입횟수 비율: 미가입 해의 평균 표준수확량과의 차이 조정
- 평균 기준표준수확량 대비 당해연도 기준표준수확량 비율: 당해연도의 기준표준수확량 비율 반영

○ **과거 적과후착과량 : 연도별 적과후착과량을 인정**
'21년 적과후착과량부터 → 상·하한 적용(**평년착과량 기준**)
- **상한 : 300%(가입 당해 포함** 과거 **5년 중 3년 이상 가입** 과수원)
- **하한 : 30%**

○ **기준표준수확량**(품목별)
- <u>사과</u> : <u>일반</u>재배방식의 표준수확량
- <u>배</u> : <u>소</u>식재배방식의 표준수확량 **Tip ▸ 사과**, 반**입만**(일반) / **배, 소**
- 단감·떫은감 : 표준수확량표의 표준수확량

○ **과거 기준표준수확량**(D) **적용 비율 - <u>사과</u>만 해당**
- **3년생 : 일반**재배방식의 **표준수확량 5년생**의 **50%**
- **4년생 : 일반**재배방식의 **표준수확량 5년생**의 **75%**

문제로 확인하기

01 적과전 종합위험보장 과수 상품에서 다음 조건에 따라 2024년의 평년착과량을 구하시오. (단, 소수점 이하 절사)

○ 품목 : 사과, 재배방식 : 밀식, 품종 : 후지
○ 계약사항

(단위 : kg)

구분	2019	2020	2021	2022	2023
표준수확량	7,800	7,700	8,800	8,600	9,200
적과후착과량	7,800	8,200	7,000	미가입	8,000
기준표준수확량	8,300	8,300	8,700	8,300	8,600

※ 2024년 기준표준수확량 : 8,400kg
※ 2019년 가입 당시 수령 : 5년

Solution

$$\text{평년착과량} = \{A + (B - A) \times (1 - \frac{Y}{5})\} \times \frac{C}{D}$$

① A : (7,800kg + 8,200kg + 7,000kg + 8,000kg) ÷ 4 = 7,750kg
② B : (7,800kg + 7,700kg + 8,800kg + 9,200kg) ÷ 4 = 8,375kg
③ C : 8,400kg
④ D : (8,300kg + 8,300kg + 8,700kg + 8,600kg) ÷ 4 = 8,475kg
⑤ Y : 4
∴ 평년착과량
= {7,750kg + (8,375kg - 7,750kg) × (1 - 4 ÷ 5)} × 8,400kg ÷ 8,475kg
= 7,805kg

02 적과전 종합위험보장 과수 상품에서 다음 조건에 따라 2024년의 평년착과량을 구하시오. (단, 소수점 이하 절사)

○ 품목 : 사과, 재배방식 : 밀식, 품종 : 후지
○ 계약사항

(단위 : kg)

구분	2019	2020	2021	2022	2023
표준수확량	8,700	7,500	7,900	8,900	9,000
적과후착과량	6,500	5,600	미가입	미가입	7,100
기준표준수확량	8,200	8,300	8,500	8,400	8,500

※ 2024년 기준표준수확량 : 9,200kg
※ 2019년 가입 당시 수령 : 3년

Solution

평년착과량 = $\{A + (B - A) \times (1 - \frac{Y}{5})\} \times \frac{C}{D}$

① A : (6,500kg + 5,600kg + 7,100kg) ÷ 3 = 6,400kg
② B : (8,700kg + 7,500kg + 9,000kg) ÷ 3 = 8,400kg
③ C : 9,200kg
④ D : (4,250kg + 6,375kg + 8,500kg) ÷ 3 = 6,375kg
㉠ 2019년(3년생) : (8,500kg × 0.5) = 4,250kg
㉡ 2020년(4년생) : (8,500kg × 0.75) = 6,375kg
㉢ 2023년(7년생) : 8,500kg
⑤ Y : 3
∴ 평년착과량
= {6,400kg + (8,400kg - 6,400kg) × (1 - 3 ÷ 5)} × 9,200kg ÷ 6,375kg
= 10,390kg

03 적과전 종합위험보장 과수 상품에서 다음 조건에 따라 2024년의 평년착과량을 구하시오. (단, 소수점 이하 절사)

○ 품목 : 사과, 재배방식 : 반밀식, 품종 : 후지

○ 계약사항

(단위 : kg)

구분	2019	2020	2021	2022	2023
표준수확량	7,800	7,600	8,600	8,600	9,000
적과후착과량	7,700	8,100	미가입	2,500	35,000
평년착과량	8,000	7,800	미가입	10,000	8,000
기준표준수확량	8,700	8,300	8,500	8,400	8,500

※ 2024년 기준표준수확량 : 8,200kg
※ 2019년 가입 당시 수령 : 5년

Solution

평년착과량 = $\{A + (B - A) \times (1 - \frac{Y}{5})\} \times \frac{C}{D}$

① A : (7,700kg + 8,100kg + 3,000kg + 24,000kg) ÷ 4 = 10,700kg
② B : (7,800kg + 7,600kg + 8,600kg + 9,000kg) ÷ 4 = 8,250kg
③ C : 8,200kg
④ D : (8,700kg + 8,300kg + 8,400kg + 8,500kg) ÷ 4 = 8,475kg
⑤ Y : 4

∴ 평년착과량
= $\{10{,}700\text{kg} + (8{,}250\text{kg} - 10{,}700\text{kg}) \times (1 - \frac{4}{5})\} \times 8{,}200\text{kg} \div 8{,}475\text{kg}$
= 9,878kg

Tip ▸ 과거 적과후착과량 : 연도별 적과후착과량을 인정하되, 21년 적과후착과량부터 상·하한 적용(단, 상한의 경우 가입연도 포함 과거 5개년 중 3년 이상 가입 이력 있는 경우에 한하여 적용)
① 상한 : 평년착과량의 300%
② 하한 : 평년착과량의 30%

04 **甲의 사과과수원에 대한 내용이다. 조건 1~3을 참조하여 다음 물음에 답하시오. (단, 주어진 조건 외 다른 사항은 고려하지 않음)**

〈조건 1〉

- 2019년 사과(홍로/3년생/밀식재배) 300주를 농작물재해보험에 신규로 보험가입함
- 2020년과 2022년도에는 적과전에 우박과 냉해피해로 과수원의 적과후착과량이 현저하게 감소하였음
- 사과(홍로)의 일반재배방식 표준수확량은 아래와 같음

수령	5년	6년	7년	8년	9년
표준수확량	6,000kg	8,000kg	8,500kg	9,000kg	10,000kg

〈조건 2〉

[甲의 과수원 과거수확량 자료]

구분	2019년	2020년	2021년	2022년	2023년
평년착과량	1,500kg	3,200kg	–	4,000kg	3,700kg
표준수확량	1,500kg	3,000kg	4,500kg	5,700kg	6,600kg
적과후착과량	2,000kg	800kg	–	950kg	6,000kg
보험가입 여부	가입	가입	미가입	가입	가입

〈조건 3〉

[2024년 보험가입내용 및 조사결과 내용]

- 적과전 종합위험방식Ⅱ 보험가입
  (적과종료 이전 특정위험 5종 한정보장 특별약관 미가입)
- 가입가격 : 2,000원/kg
- 보험가입 당시 계약자부담보험료 : 200,000원(미납보험료 없음)
- 자기부담비율 20%
- 착과감소보험금 보장 수준 50%형 가입
- 2024년 과수원의 적과전 냉해피해로, 적과후착과량이 2,500kg으로 조사됨
- 미보상감수량 없음

물음 1) 2024년 평년착과량의 계산과정과 값(kg)을 쓰시오.

Solution

평년착과량 = $\{A + (B - A) \times (1 - \frac{Y}{5})\} \times \frac{C}{D}$

① A : (2,000kg + 800kg + 1,200kg + 6,000kg) ÷ 4 = 2,500kg

Tip ▸ 과거 적과후착과량 : '21년 적과후착과량부터 상・하한 적용(평년착과량 기준)
'21년 : 상한 = 4,000kg × 3.0 = 12,000kg, 하한 = 4,000kg × 0.3 = 1,200kg
∴ 하한 1,200kg 적용

② B : (1,500kg + 3,000kg + 5,700kg + 6,600kg) ÷ 4 = 4,200kg

③ C : 9,000kg Tip ▸ 신규가입 시 3년생이었으므로 당해연도는 8년생 시점

④ D : (3,000kg + 4,500kg + 8,000kg + 8,500kg) ÷ 4 = 6,000kg

Tip ▸ 과거 3년생(2019년) 시점은 5년생 기준표준수확량의 50%(6,000kg × 0.5 = 3,000kg)
과거 4년생(2020년) 시점은 5년생 기준표준수확량의 75%(6,000kg × 0.75 = 4,500kg)

⑤ Y : 4

∴ 평년착과량

= $\{2,500kg + (4,200kg - 2,500kg) \times (1 - \frac{4}{5})\} \times 9,000kg \div 6,000kg$

= 4,260kg

물음 2) 2024년 착과감소보험금의 계산과정과 값(원)을 쓰시오.

Solution

보험금 = (착과감소량 - 미보상감수량 - 자기부담감수량) × 가입가격 × 보장 수준(50%)
① 착과감소량 = 평년착과량 - 적과후착과량 = 4,260kg - 2,500kg = 1,760kg
② 자기부담감수량 = 자기부담비율 × 기준수확량 = 0.2 × 4,260kg = 852kg
③ 기준수확량 : ㉡에 해당 = 4,260kg
㉠ 착과감소과실수가 없는 경우 = 적과후착과량
㉡ 착과감소과실수가 있는 경우 = 적과후착과량 + 착과감소량 = 평년착과량
∴ 보험금 = (1,760kg - 0kg - 852kg) × 2,000원/kg × 0.5 = 908,000원

물음 3) 만약 2024년 적과전 사고가 없이 적과후착과량이 2,500kg으로 조사되었다면, 계약자 甲에게 환급해야 하는 차액보험료의 계산과정과 값(원)을 쓰시오. (단, 보험료는 일원 단위 미만 절사. 예시 : 12,345.678원 → 12,345원)

Solution

차액보험료 = (감액분 계약자부담보험료 × 감액미경과비율) - 미납보험료
① 감액분 계약자부담보험료
= 계약자부담보험료 × {(착과감소량 × 가입가격) ÷ (평년착과량 × 가입가격)}
= 계약자부담보험료 × (착과감소량 ÷ 평년착과량)
= 200,000원 × (1,760kg ÷ 4,260kg) = 82,629.1
② 감액미경과비율 : 적과종료 이전 특정위험 5종 한정보장 특별약관에 미가입하고 보장 수준이 50%형인 경우 사과의 감액미경과비율은 70%
∴ 차액보험료 = (감액분 계약자부담보험료 × 감액미경과비율) - 미납보험료
= 200,000원 × (1,760kg ÷ 4,260kg) × 0.7 - 0
= 57,840.375원 ≒ 57,840원

(3) 가입수확량
(가) 보험에 가입한 수확량 : '가입가격'에 곱하여 '보험가입금액'을 '결정'
(나) **'평년착과량'**의 100% → **가입수확량**

(4) 가입과중
(가) 보험가입 시 결정한 과실의 1개당 평균 과실무게(g)
(나) 한 과수원에 **다수**의 **품종**이 **혼식**된 경우에도 → 품종과 관계없이 **동일**

나. 종합위험방식 상품

1) 대상 품목

복숭아, 자두, 매실, 살구, 오미자, 밤, 호두, 유자, 포도, 대추, 참다래, 복분자, 무화과, 오디, 감귤(만감류), 감귤(온주밀감류) 16개 품목

2) 주요 특징

가) 종합위험 수확감소보장방식 Tip ▸ **수감**(감옥)에 / **복, 자, 매, 살, 오** / **밤, 호, 유** / **만감**
(1) **복**숭아, **자**두, **매**실, **살**구, **오**미자, **밤**, **호**두, **유**자, 감귤(**만감**류) 9개 품목

(2) 보상하는 재해 → 수확량의 감소비율 > 자기부담비율 → 보상

나) 종합위험 비가림과수 손해보장방식 Tip ▸ **비가림 / 포, 대, 참다**(포대 뒤집어쓰고 참다)

(1) 포도, 대추, 참다래 3개 품목

(2) 수확량감소 피해 + 비가림시설 피해 → 보상

다) 수확전 종합위험 과실손해보장방식 Tip ▸ **수전실**(전기 공급받는 곳에서 군대) / **복, 무**

(1) 복분자, 무화과 2개 품목

(2) 수확전(前) → 종합위험 담보

(3) 수확후(後) → 태풍(강풍), 우박 재해 피해만 → 보상

라) 종합위험 과실손해보장방식 Tip ▸ **종실**(정신) / **오디**(어디) **온감**(온주밀감)

(1) 오디, 감귤(온주밀감) 2개 품목

(2) 보상하는 재해(자연재해, 조화수, 화재)로 → 손해액 > 자기부담금 → 보상

3) 상품내용

가) 보상하는 재해 및 보상하지 않는 재해

(1) 종합위험 수확감소보장방식 : 복숭아, 자두, 매실, 살구, 오미자, 밤, 호두, 유자, 감귤(만감류)

(가) 보상하는 재해 Tip ▸ 병충해 보장(종합위험) : **복**숭아, **고**추, **감**자(벗고 가면) 병결려

자연재해, 조수해, 화재 / 병충해(복숭아 - 세균구멍병)

※ **손해방지비용 추가 지급**(방제, 시설보수비용 등 통상적으로 소요되는 비용 제외)

✔ Check 감귤(만감류) 동상해 피해

① **계약체결일 24시 ~ 12월 20일 이전** : 서리 또는 기온의 하강으로 인하여 농작물 등이 얼어서 발생하는 피해

② **12월 21일 이후**

㉠ 제주도 : 서리 또는 기온의 하강(영하 3℃ 이하로 6시간 이상 지속)으로 인하여 농작물 등이 얼어서 발생하는 피해

㉡ 제주도 외 : 서리 또는 기온의 하강(영하 0℃ 이하로 48시간 이상 지속)으로 인하여 농작물 등이 얼어서 발생하는 피해

Tip ▸ **동상**(동생) **만감 한둘**(12월) **둘일**(21일)(만감이 교차한들 그냥 둘일)
제주 **빼**(-) **세**(3) **여**(6, 여섯)(재주 피우지 마세요)
아니면(이외) **공**(0) **사판**(48)(안 그러면 공사판 돼요~!)

문제로 확인하기

01 종합위험 수확감소보장방식의 감귤(만감류) 동상해 피해에 대한 내용이다. ( )에 들어갈 내용을 쓰시오.

1. 계약체결일 24시 ~ 12월 20일 이전 : (①) 또는 기온의 하강으로 인하여 농작물 등이 얼어서 발생하는 피해

2. 12월 21일 이후
  (1) 제주도 : (①) 또는 기온의 하강[(영하 (②)℃ 이하로 (③)시간 이상 지속)]으로 인하여 농작물 등이 얼어서 발생하는 피해
  (2) 제주도 외 : (①) 또는 기온의 하강[(영하 (④)℃ 이하로 (⑤)시간 이상 지속)]으로 인하여 농작물 등이 얼어서 발생하는 피해

Solution

① 서리, ② 3, ③ 6, ④ 0, ⑤ 48

(나) 보상하지 않는 손해

① 계약자, 피보험자 또는 이들의 법정대리인의 고의 또는 중대한 과실로 인한 손해
② 수확기에 계약자 또는 피보험자의 고의 또는 중대한 과실로 수확하지 못하여 발생한 손해
③ 제초작업, 시비관리 등 통상적인 영농활동을 하지 않아 발생한 손해
④ 원인의 직·간접을 묻지 않고 병해충으로 발생한 손해(다만, 복숭아의 세균구멍병으로 인한 손해는 제외)
⑤ 보장하지 않는 재해로 제방, 댐 등이 붕괴되어 발생한 손해
⑥ 하우스, 부대시설 등의 노후 및 하자로 생긴 손해
⑦ 계약체결 시점 현재 기상청에서 발령하고 있는 기상특보 발령 지역의 기상특보 관련 재해로 인한 손해
⑧ 보상하는 재해에 해당하지 않은 재해로 발생한 손해
⑨ 전쟁, 혁명, 내란, 사변, 폭동, 소요, 노동쟁의, 기타 이들과 유사한 사태로 생긴 손해

문제로 확인하기

01 농작물재해보험 자두 품목의 아래 손해 중 보상하는 손해는 "O"로, 보상하지 않는 손해는 "×"로 (　　)에 표기하시오.

(1) 원인의 직간접을 묻지 아니하고 병해충으로 발생한 손해 (　　)
(2) 제초작업, 시비관리 등 통상적인 영농활동을 하지 않아 발생한 손해 (　　)
(3) 기온이 0℃ 이상에서 발생한 이상저온에 의한 손해 (　　)
(4) 계약체결 시점 현재 기상청에서 발령하고 있는 기상특보 발령 지역의 기상특보 관련 재해로 인한 손해 (　　)
(5) 최대순간풍속 14m/sec 미만의 바람으로 발생한 손해 (　　)

Solution

(1) × (2) × (3) ○ (4) × (5) ×
(1) 자두는 병충해 보상대상이 아니다.

(2) 통상적인 영농활동을 하지 않아 발생한 손해는 보상대상이 아니다.
(3) 기온이 0℃ 이상에서 발생한 이상저온에 의한 손해는 냉해에 해당하며, 냉해에 의한 손해는 보상대상이다.
(4) 계약체결 시점 현재 기상청에서 발령하고 있는 기상특보 발령 지역의 기상특보 관련 재해로 인한 손해는 보상대상이 아니다.
(5) 자연재해로서 강풍피해로 단정할 수 없다. 강풍피해는 강한 바람 또는 돌풍으로 인하여 발생하는 피해를 의미하는데 최대순간풍속 14m/sec 미만이라고 하였으므로 그 세기를 판단할 수 없는 표현이다.

---

(2) 종합위험 과실손해보장방식 : 오디, 감귤(온주밀감류) 2개 품목

(가) 보상하는 재해 : 자연재해, 조수해, 화재

※ 손해방지비용 추가 지급(방제, 시설보수비용 등 통상적으로 소요되는 비용 제외)

(나) 보상하지 않는 손해

① 계약자, 피보험자 또는 이들의 법정대리인의 고의 또는 중대한 과실로 인한 손해
② 수확기에 계약자 또는 피보험자의 고의 또는 중대한 과실로 수확하지 못하여 발생한 손해
③ 제초작업, 시비관리 등 통상적인 영농활동을 하지 않아 발생한 손해
④ 원인의 직·간접을 묻지 않고 병해충으로 발생한 손해
⑤ 보장하지 않는 재해로 제방, 댐 등이 붕괴되어 발생한 손해
⑥ 하우스, 부대시설 등의 노후 및 하자로 생긴 손해
⑦ 계약체결 시점 현재 기상청에서 발령하고 있는 기상특보 발령 지역의 기상특보 관련 재해로 인한 손해
⑧ 보상하는 손해에 해당하지 않은 재해로 발생한 손해
⑨ 전쟁, 혁명, 내란, 사변, 폭동, 소요, 노동쟁의, 기타 이들과 유사한 사태로 생긴 손해

(3) 종합위험 비가림과수 손해보장방식 : 포도, 대추, 참다래 / 비가림시설

(가) 보상하는 재해

① **포도, 대추, 참다래** : 자연재해, 조수해, 화재
② **비가림시설** : 자연재해, 조수해 / 화재(특약)

※ 손해방지비용 추가 지급(방제, 시설보수비용 등 통상적으로 소요되는 비용 제외)

(나) 보상하지 않는 손해

① 계약자, 피보험자 또는 이들의 법정대리인의 고의 또는 중대한 과실로 인한 손해
② 자연재해, 조수해가 발생했을 때 생긴 도난 또는 분실로 생긴 손해
③ 보험의 목적의 노후 및 하자로 생긴 손해
④ 보장하지 않는 재해로 제방, 댐 등이 붕괴되어 발생한 손해
⑤ 침식활동 및 지하수로 생긴 손해
⑥ 수확기에 계약자 또는 피보험자의 고의 또는 중대한 과실로 수확하지 못하여 발생한 손해
⑦ 제초작업, 시비관리 등 통상적인 영농활동을 하지 않아 발생한 손해

⑧ 원인의 직접, 간접을 묻지 아니하고 병해충으로 발생한 손해
⑨ 계약체결 시점 현재 기상청에서 발령하고 있는 기상특보 발령 지역의 기상특보 관련 재해로 인한 손해
⑩ 전쟁, 혁명, 내란, 사변, 폭동, 소요, 노동쟁의, 기타 이들과 유사한 사태로 생긴 손해
⑪ 보상하는 재해에 해당하지 않은 재해로 발생한 손해
⑫ 직접 또는 간접을 묻지 않고 농업용 시설물의 시설, 수리, 철거 등 관계 법령의 집행으로 발생한 손해
⑬ 피보험자가 파손된 보험의 목적의 수리 또는 복구를 지연함으로써 가중된 손해

(4) 수확전 종합위험 손해보장방식 : 복분자, 무화과

(가) 보상하는 재해

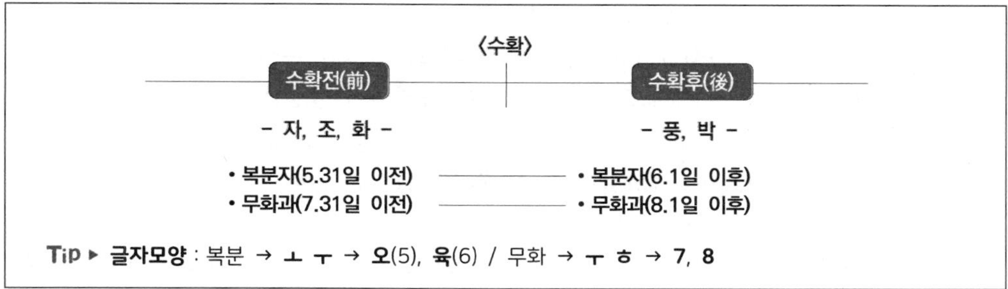

① **수확전** : 자연재해, 조수해, 화재
② **수확후** : 태풍(강풍), 우박
※ 손해방지비용 추가 지급(방제, 시설보수비용 등 통상적으로 소요되는 비용 제외)

01 수확전 종합위험방식의 대상재해에 관한 내용이다. ( ) 안에 알맞은 해당 날짜를 쓰시오.

수확전 종합위험방식	복분자	(①) 이전 : 자연재해, 조수해, 화재 (②) 이후 : 태풍(강풍), 우박
	무화과	(③) 이전 : 자연재해, 조수해, 화재 (④) 이후 : 태풍(강풍), 우박

Solution

① 5월 31일, ② 6월 1일, ③ 7월 31일, ④ 8월 1일

(나) 보상하지 않는 손해

① **수확개시 이전**

㉠ 계약자, 피보험자 또는 이들의 법정대리인의 고의 또는 중대한 과실로 인한 손해
㉡ 제초작업, 시비관리 등 통상적인 영농활동을 하지 않아 발생한 손해

㉢ 원인의 직·간접을 묻지 않고 병해충으로 발생한 손해
㉣ 보상하지 않는 재해로 제방, 댐 등이 붕괴되어 발생한 손해
㉤ 하우스, 부대시설 등의 노후 및 하자로 생긴 손해
㉥ 계약체결 시점 현재 기상청에서 발령하고 있는 기상특보 발령 지역의 기상특보 관련 재해로 인한 손해
㉦ 보상하는 손해에 해당하지 않은 재해로 발생한 손해
㉧ 전쟁, 혁명, 내란, 사변, 폭동, 소요, 노동쟁의, 기타 이들과 유사한 사태로 생긴 손해

② **수확개시 이후**

㉠ 계약자, 피보험자 또는 이들의 법정대리인의 고의 또는 중대한 과실로 인한 손해
㉡ 수확기에 계약자 또는 피보험자의 고의 또는 중대한 과실로 수확하지 못하여 발생한 손해
㉢ 제초작업, 시비관리 등 통상적인 영농활동을 하지 않아 발생한 손해
㉣ 원인의 직·간접을 묻지 않고 병해충으로 발생한 손해
㉤ 보상하지 않는 재해로 제방, 댐 등이 붕괴되어 발생한 손해
㉥ 최대순간풍속 14m/sec 미만의 바람으로 발생한 손해
㉦ 보상하는 재해에 해당하지 않은 재해로 발생한 손해
㉧ 저장한 과실에서 나타나는 손해
㉨ 저장성 약화, 과실경도 약화 등 육안으로 판별되지 않는 손해
㉩ 전쟁, 혁명, 내란, 사변, 폭동, 소요, 노동쟁의, 기타 이들과 유사한 사태로 생긴 손해

나) 보험기간

(1) 종합위험 수확감소보장방식 : 복숭아, 자두, 매실, 살구, 오미자, 밤, 호두, 유자, 감귤(만감류) 9개 품목

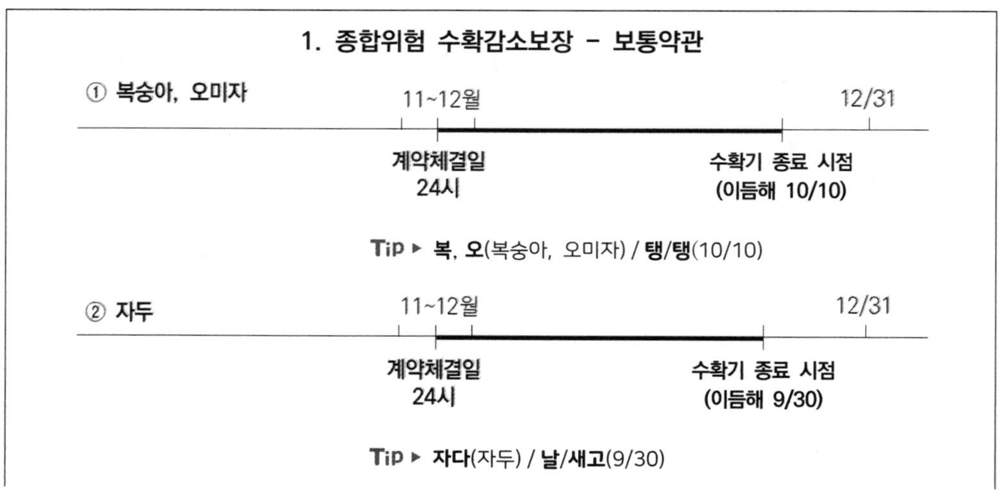

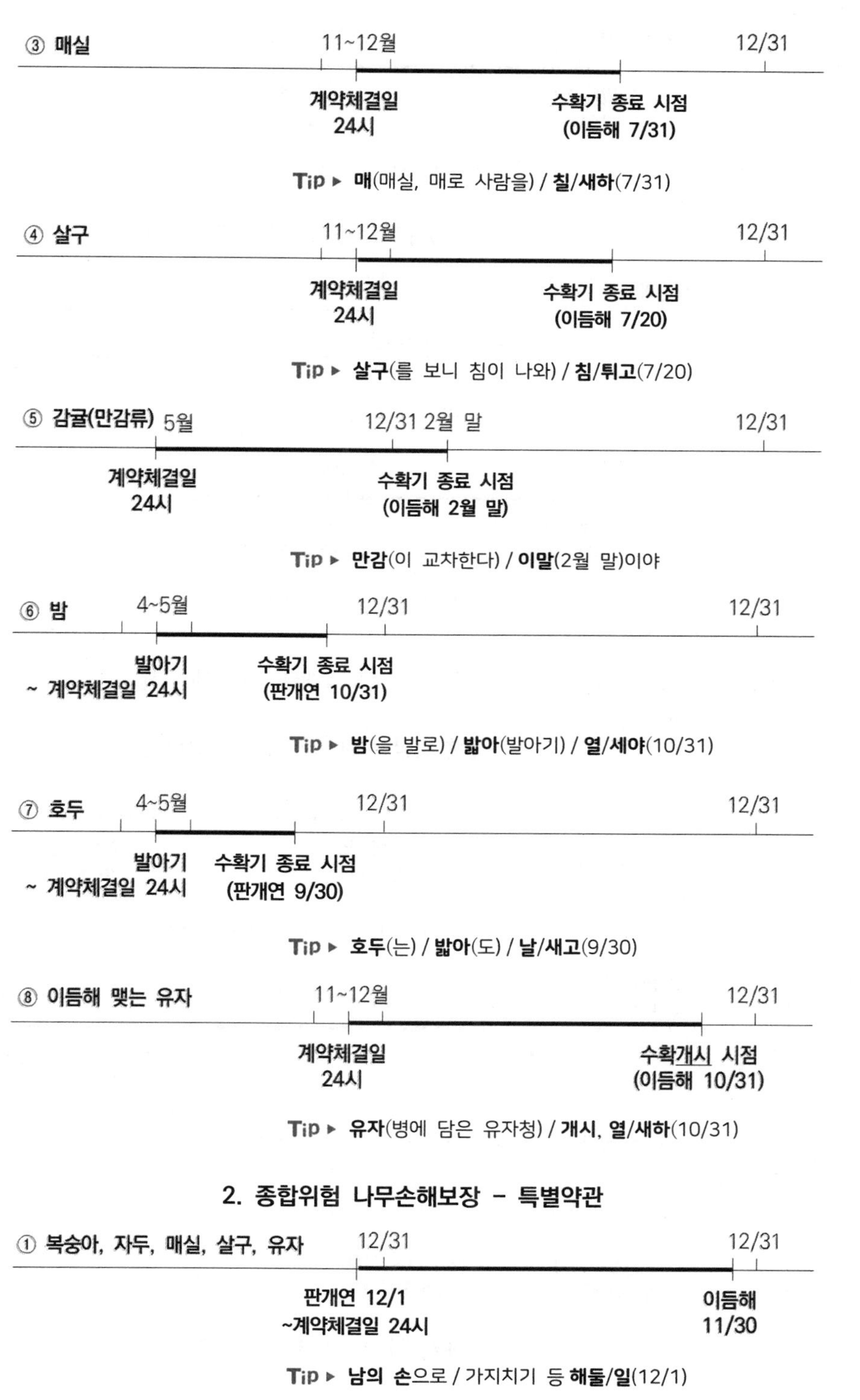

2. 종합위험 나무손해보장 - 특별약관

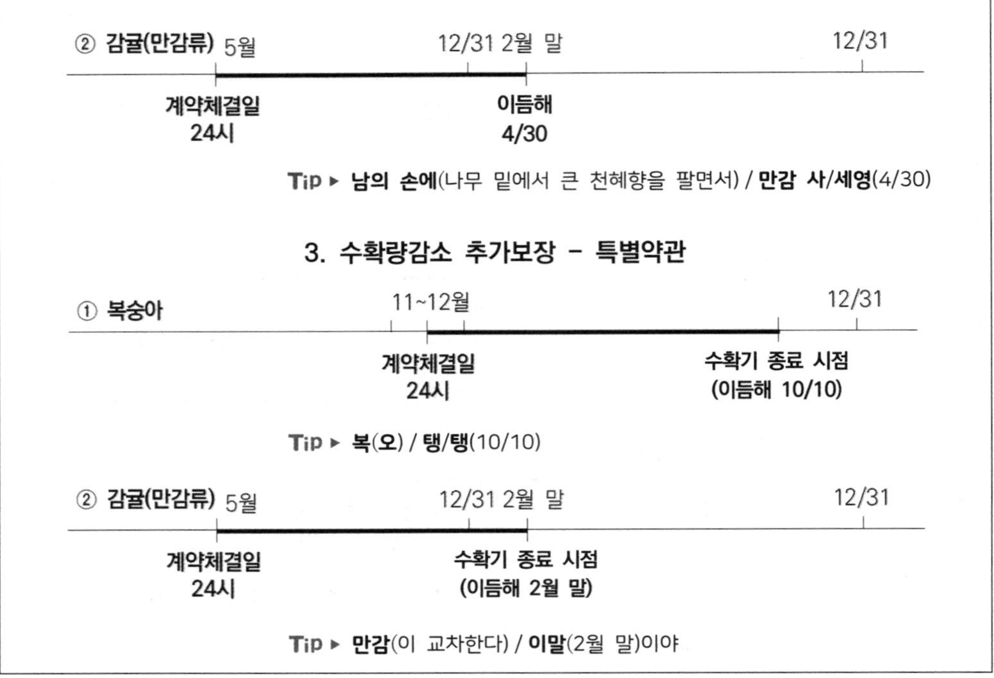

(2) 종합위험 비가림과수 손해보장방식 : 포도, 대추, 참다래 3개 품목

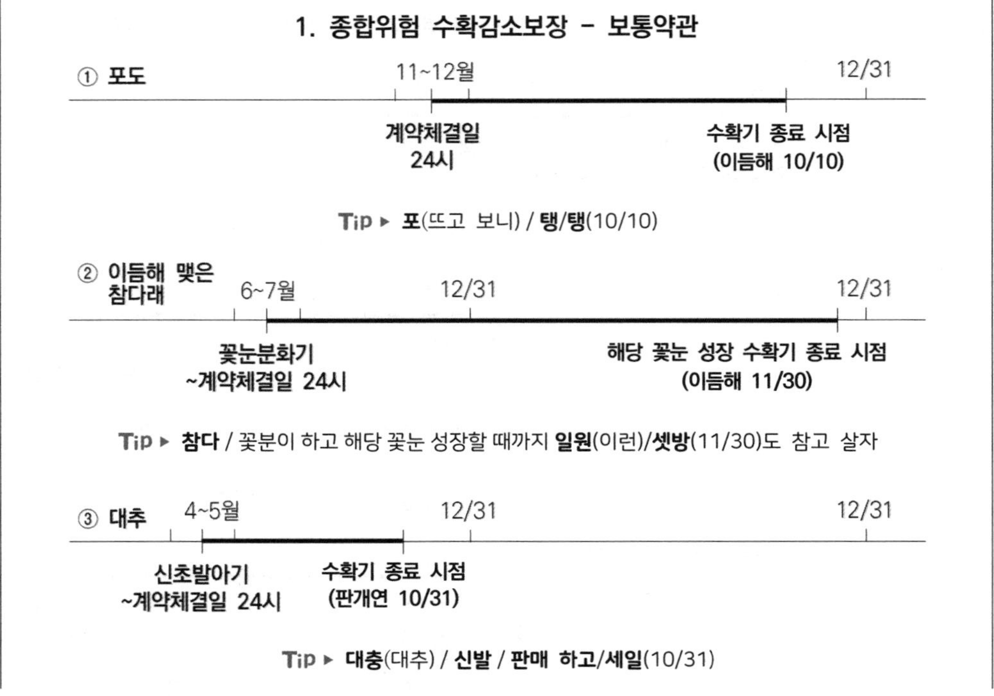

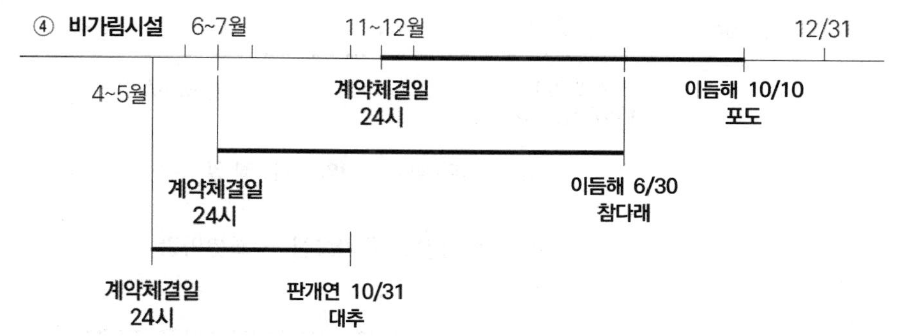

Tip ▸ 시설에서 물건 팔기~! **대충**(대추) / **신발** / **판매하고**/**세일**(10/31)

Tip ▸ **참다**(참다래) / **욕**/**샜고**(6/30)

Tip ▸ **파당**(포도) / **탕**/**탕**(10/10)

2. 화재위험보장 – 특별약관

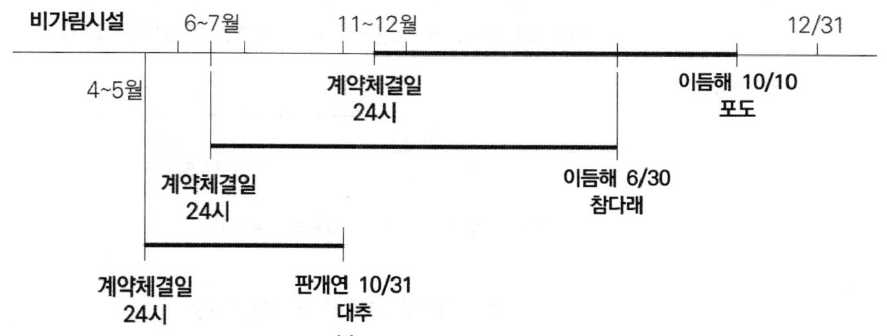

Tip ▸ 시설에서 물건 팔기~! **대충**(대추) / **신발** / **판매하고**/**세일**(10/31)

Tip ▸ **참다**(참다래) / **욕**/**샜고**(6/30)

Tip ▸ **파당**(포도) / **탕**/**탕**(10/10)

3. 나무손해보장 – 특별약관

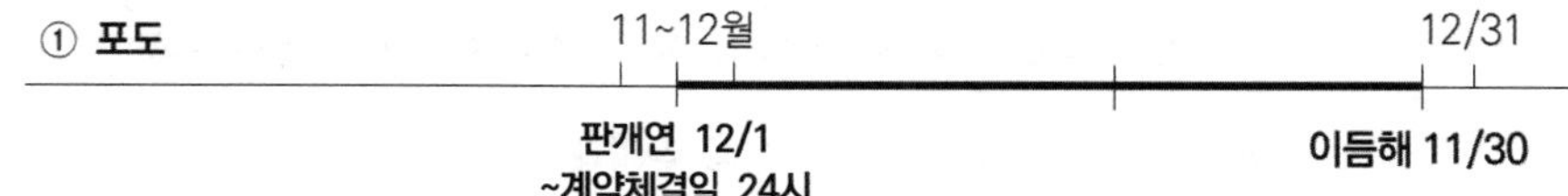

Tip ▸ **남의 손**으로 / **펴다**(포도) **해둘**/**일**(12/1)

② 참다래 6~7월 12/31 12/31

판개연 7/1
~계약체결일 24시 **이듬해 6/30**

Tip ▸ **참다**(참다가) **남의 손**을 / **칠**/**일**(7/1)

4. 수확량감소 추가보장 – 특별약관

포도 11~12월 12/31

계약체결일 24시 **수확기 종료 시점 (이듬해 10/10)**

Tip ▸ **포**(뜨고 보니) / **탱**/**탱**(10/10)

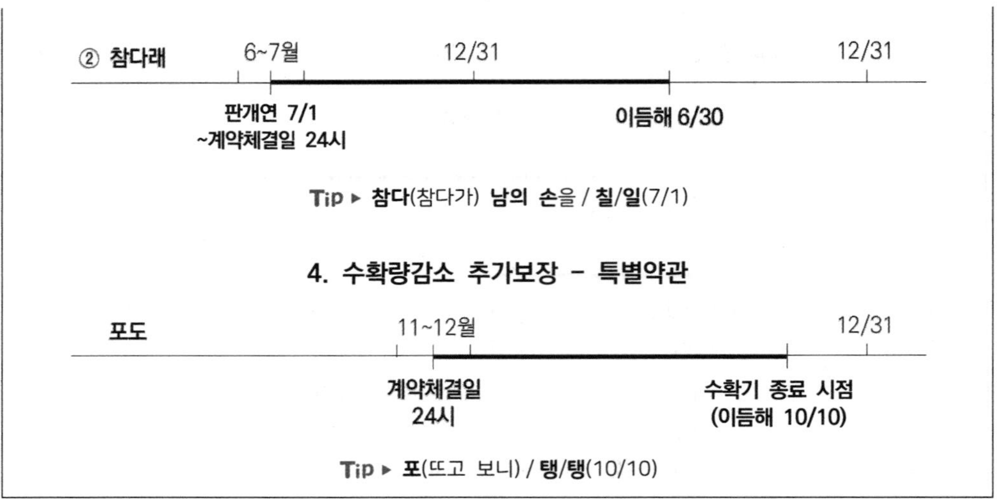

(3) 수확전 종합위험 과실손해보장방식 : 복분자, 무화과 2개 품목

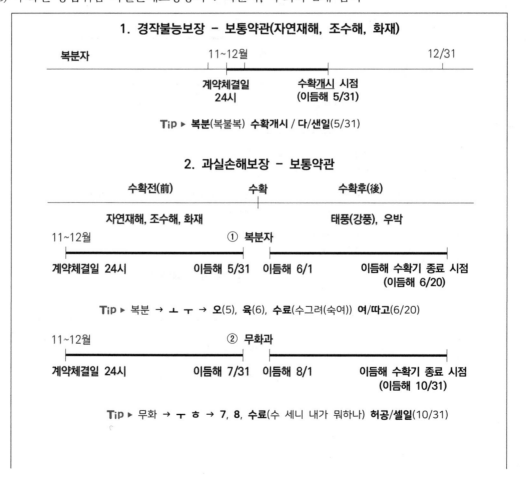

1. 경작불능보장 – 보통약관(자연재해, 조수해, 화재)

복분자 11~12월 12/31

계약체결일 24시 **수확개시 시점 (이듬해 5/31)**

Tip ▸ **복분**(복불복) **수확개시** / **다**/**샌일**(5/31)

2. 과실손해보장 – 보통약관

수확전(前) **수확** **수확후(後)**

자연재해, 조수해, 화재 **태풍(강풍), 우박**

11~12월 **① 복분자**

계약체결일 24시 **이듬해 5/31** **이듬해 6/1** **이듬해 수확기 종료 시점 (이듬해 6/20)**

Tip ▸ 복분 → ㅗ ㅜ → **오**(5), **육**(6), **수료**(수그려(숙여)) **여**/**따고**(6/20)

11~12월 **② 무화과**

계약체결일 24시 **이듬해 7/31** **이듬해 8/1** **이듬해 수확기 종료 시점 (이듬해 10/31)**

Tip ▸ 무화 → ㅜ ㅎ → **7**, **8**, **수료**(수 세니 내가 뭐하나) **허공**/**셀일**(10/31)

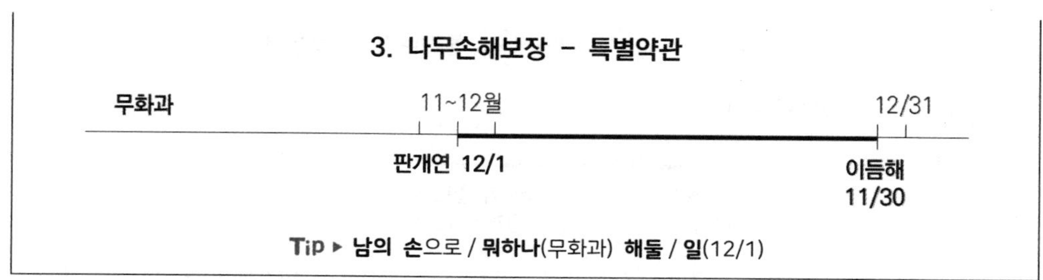

(4) 종합위험 과실손해보장방식 : 오디, 감귤(온주밀감류) 2개 품목

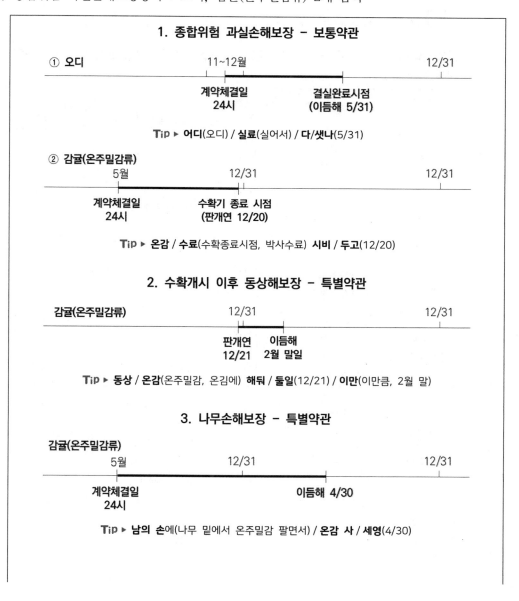

1. 종합위험 과실손해보장 – 보통약관

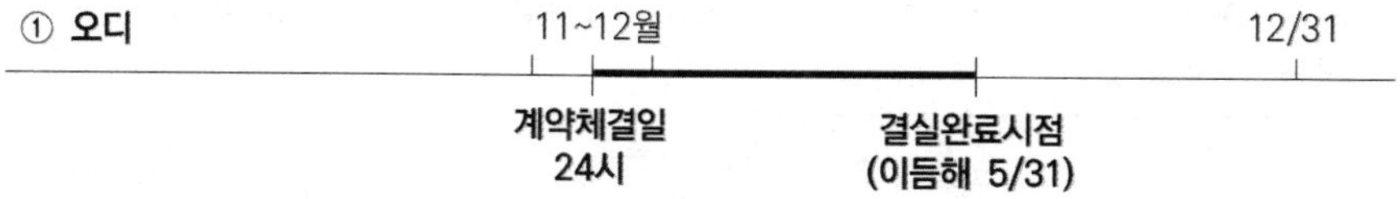

① 오디

11~12월 / 12/31

계약체결일 24시 — 결실완료시점 (이듬해 5/31)

Tip ▸ **어디**(오디) / **실료**(실어서) / **다/샛나**(5/31)

② 감귤(온주밀감류)

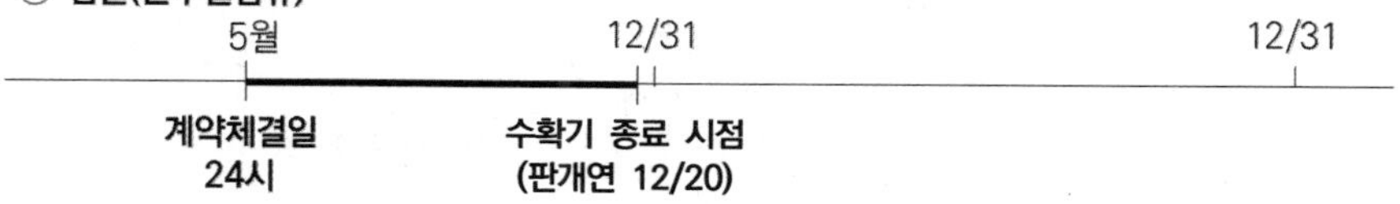

5월 / 12/31 / 12/31

계약체결일 24시 — 수확기 종료 시점 (판개연 12/20)

Tip ▸ **온감** / **수료**(수확종료시점, 박사수료) **시비** / **두고**(12/20)

2. 수확개시 이후 동상해보장 – 특별약관

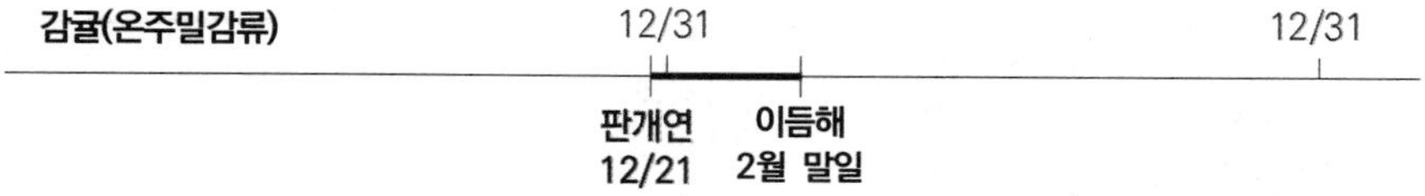

감귤(온주밀감류)

12/31 / 12/31

판개연 12/21 — 이듬해 2월 말일

Tip ▸ **동상** / **온감**(온주밀감, 온김에) **해둬** / **둘일**(12/21) / **이만**(이만큼, 2월 말)

3. 나무손해보장 – 특별약관

감귤(온주밀감류)

5월 / 12/31 / 12/31

계약체결일 24시 — 이듬해 4/30

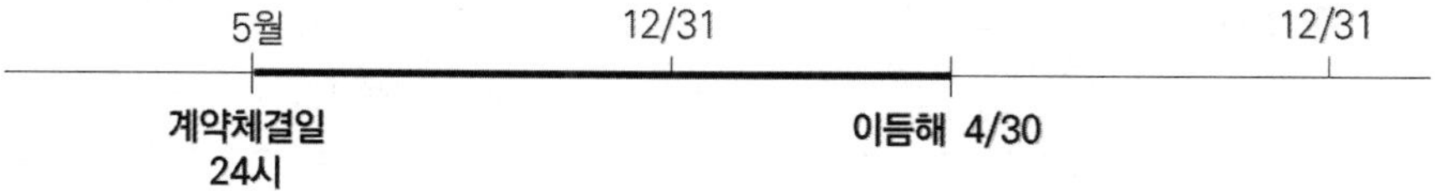

Tip ▸ **남의 손**에(나무 밑에서 온주밀감 팔면서) / **온감 사** / **세영**(4/30)

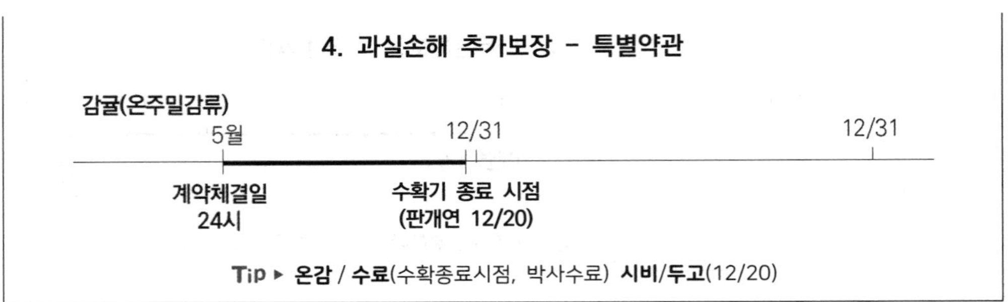

문제로 확인하기

01 종합위험보장 유자, 무화과, 포도, 감귤 상품을 요약한 내용이다. 다음 (　　)에 들어갈 내용을 쓰시오.

보험의 목적	구분	보상하는 재해	보험기간	
			보장개시	보장종료
유자	종합위험 수확감소보장	자연재해 조수해 화재	계약체결일 24시	(①)
무화과	과실손해보장	자연재해 조수해 화재	계약체결일 24시	(②)
		(③)	(④)	(⑤)
포도	종합위험 수확감소보장	자연재해 조수해 화재	계약체결일 24시	(⑥)
감귤 (만감류)	종합위험 수확감소보장	자연재해 조수해 화재	계약체결일 24시	(⑦)
	종합위험 나무손해보장		계약체결일 24시	(⑧)
감귤 (온주 밀감류)	종합위험 과실손해보장	자연재해 조수해 화재	계약체결일 24시	(⑨)
	종합위험 나무손해보장		계약체결일 24시	(⑧)
	수확개시 이후 동상해보장	동상해	(⑩)	(⑪)

Solution

① 수확개시 시점. 다만, 이듬해 10월 31일을 초과할 수 없음
② 이듬해 7월 31일

③ 태풍(강풍), 우박
④ 이듬해 8월 1일 이후
⑤ 이듬해 수확기 종료 시점. 다만, 이듬해 10월 31일을 초과할 수 없음
⑥ 수확기 종료 시점. 다만, 이듬해 10월 10일을 초과할 수 없음
⑦ 수확기 종료 시점. 다만, 이듬해 2월 말일을 초과할 수 없음
⑧ 이듬해 4월 30일
⑨ 수확기 종료 시점. 다만, 판매개시연도 12월 20일을 초과할 수 없음
⑩ 판매개시연도 12월 21일
⑪ 이듬해 2월 말일

02 농작물재해보험 종합위험보장 과수 품목의 보험기간에 대한 기준이다. (　　)에 들어갈 내용을 쓰시오.

해당보장 및 약관	보험의 목적	보장개시	보장종료
종합위험 수확감소보장	밤	(①) 다만, (①)가 경과한 경우에는 계약체결일 24시	수확기 종료 시점 다만, 판매개시연도 (②)을 초과할 수 없음
비가림과수 손해보장	이듬해에 맺은 참다래 과실	(③) 다만, (③)가 지난 경우에는 계약체결일 24시	해당 꽃눈이 성장하여 맺은 과실의 수확기 종료 시점 다만, 이듬해 (④)을 초과할 수 없음
비가림과수 손해보장	대추	(⑤) 다만, (⑤)가 경과한 경우에는 계약체결일 24시	수확기 종료 시점 다만, 이듬해 (②)을 초과할 수 없음

Solution

① 발아기, ② 10월 31일, ③ 꽃눈분화기, ④ 11월 30일, ⑤ 신초발아기

03 수확전 종합위험방식 무화과 상품의 과실손해위험보장에 관한 내용이다. 다음의 빈칸을 완성하시오.

보상하는 재해	보장개시	보장종료
자연재해 조수해 화재	계약체결일 24시	이듬해 (①)
(②)	이듬해 (③)	이듬해 수확기 종료 시점 (다만, 이듬해 (④)을 초과할 수 없음)

Solution

① 7월 31일, ② 태풍(강풍), 우박, ③ 8월 1일, ④ 10월 31일

다) 보험가입금액

(1) 과실손해(수확감소)보장(천원 단위 절사)

가입수확량 × 가입가격

○ 단, 오디 = 평균수확량 × 평균가격 × 평년결실수 ÷ 표준결실수

(2) 나무손해보장

가입한 결과주수 × 1주당 가입가격

○ 가입한 결과주수 > 실제결과주수 → 보험가입금액 감액

(3) 비가림시설보장(천원 단위 절사)

비가림시설 면적 × m^2당 시설비

○ 산정된 금액 80% ~ 130% 범위 내 → 계약자 결정(10% 단위)

Tip ▸ 비가림시설 : 보험가입해서 비가림시설 아래서 **피**(8), **하세**(13)

○ 단, 참다래 비가림시설 → '계약자 고지사항' 기초로 결정

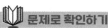

문제로 확인하기

01 종합위험 수확감소보장과 과실손해보장의 보험가입금액에 대한 내용이다. ( )에 들어갈 내용을 쓰시오.

> 수확감소(과실손해)보장 보험가입금액은 (①)에 (②)을 곱하여 산출한다(천원 단위 절사). 단, 오디의 과실손해보장의 보험가입금액은 (③)에 (④)을 곱하고 표준결실수 대비 (⑤) 비율을 곱하여 산출한다.

Solution

① 가입수확량, ② 가입가격, ③ 평균수확량, ④ 평균가격, ⑤ 평년결실수

02 종합위험 비가림과수 손해보장방식 대추 품목 비가림시설에 관한 내용이다. 다음 조건에서 계약자가 가입할 수 있는 보험가입금액의 (1) 최솟값과 (2) 최댓값을 구하고, (3) 계약자가 부담할 보험료의 최솟값은 얼마인지 쓰시오. (단, 화재위험보장 특약은 제외하고, 가입금액은 만원 단위 미만 절사)

> • 가입면적 : 2,500㎡
> • 비가림시설 ㎡당 시설비 : 19,000원
> • 지역별 보험료율(순보험료율) : 5%
> • 순보험료 정부보조금 비율 : 50%
> • 순보험료 지방자치단체보조금 비율 : 30%
> • 손해율에 따른 할인·할증과 방재시설 할인 없음

Solution

(1) 보험가입금액의 최솟값

2,500㎡ × 19,000원 × 0.8 = 38,000,000원

(2) 보험가입금액의 최댓값
2,500㎡ × 19,000원 × 1.3 = 61,750,000원
※ 비가림시설 보험가입금액 = (㎡당 시설비 × 시설면적) × (80% ~ 130%)

(3) 계약자가 부담할 보험료의 최솟값
= 보험가입금액(최솟값) × 지역별 보험료율 × {1 − (정부보조 + 지자체보조)}
= 38,000,000원 × 0.05 × {1 − (0.5 + 0.3)} = 380,000원

라) 보험료

(1) 보험료의 구성

영업보험료 = 순보험료 + 부가보험료

- 순보험료 : 지급보험금의 재원이 되는 보험료
- 부가보험료 : 보험회사의 경비 등으로 사용되는 보험료

(가) **정부보조보험료** : 순보험료의 50% + 부가보험료의 100% 지원
(나) **지자체지원보험료** : 지자체별로 지원금액(비율)을 결정

(2) 보험료의 산출

(가) **종합위험 수확감소보장방식** : 복숭아, 자두, 매실, 살구, 오미자, 밤, 호두, 유자, 감귤(만감류) 9개 품목

① 수확감소보장 보통약관 적용보험료

보통약관 보험가입금액 × 지역별 보통약관 영업요율 × (1 ± 손해율에 따른 할인·할증률) × (1 − 방재시설 할인율) × (1 − 부보장 특별약관 할인율)

✔ **Check** 방재시설 할인 미적용

① 과수작물 : 오미자, 호두, 오디, 밤, 복분자, 무화과
Tip ▶ 오, 호 / 오, 밤 / 복, 무(군인은 오호~! 오밤중에 복무할 때 방재시설 미적용)
② 밭작물 : 무, 당근, 메밀, 노지시금치, 팥, 파, 감자(고랭지), 단호박, 배추, 차, 고구마
Tip ▶ (딸이 무당이 돼서)**무, 당, 메, 노시치, 팥, 파**(아빠), (휘어)**감고, 단박, 배, 차, 구마**
③ 논작물 : 모두 미적용

② **나무손해**보장 특별약관 적용보험료 : 복숭아, 자두, 매실, 살구, 유자, 감귤(만감류)

특별약관 보험가입금액 × 지역별 특별약관 영업요율 × (1 ± 손해율에 따른 할인·할증률)

③ **수**확량**감**소 **추**가보**장** 특별약관 적용보험료 : 복숭아, 감귤(만감류)

특별약관 보험가입금액 × 지역별 특별약관 영업요율 × (1 ± 손해율에 따른 할인·할증률) × (1 − 방재시설 할인율)

○ **호두**, 감귤(만감류) → **부보장** 특별약관 할인율 적용 가능
○ 손해율에 따른 할인・할증 → '계약자 기준'으로 판단
○ 손해율에 따른 '할인・할증폭' → '-30% ~ +50%'로 제한
○ 방재시설 할인 → 복숭아, 자두, 매실, 살구, 유자, 감귤(만감류)만 해당
○ 2개 이상의 방재시설이 있는 경우 합산하여 적용 → '최대 할인율'은 30%로 제한

(나) **종합위험 비가림과수 손해보장방식** : 포도, 대추, 참다래 3개 품목

① 비가림과수 손해(수확감소)보장 보통약관 적용보험료

> 보통약관 보험가입금액 × 지역별 보통약관 영업요율 × (1 ± 손해율에 따른 할인・할증률) × (1 – 방재시설 할인율) × (1 – 신규 과수원 할인율)

② **나무손해보장 특별약관 적용보험료** : 포도, 참다래

> 특별약관 보험가입금액 × 지역별 보통약관 영업요율 × (1 ± 손해율에 따른 할인・할증률) × (1 – 신규 과수원 할인율)

③ 비가림시설보장 적용보험료

㉠ **보통약관**(자연재해, 조수해 보장)

> 비가림시설 보험가입금액 × 지역별 비가림시설보장 보통약관 영업요율

㉡ **특별약관**(화재위험 보장)

> 비가림시설 보험가입금액 × 지역별 화재위험보장 특별약관 영업요율

④ **수확량감소 추가보장 특별약관 적용보험료** : 포도

> 특별약관 보험가입금액 × 지역별 특별약관 영업요율× (1 ± 손해율에 따른 할인・할증률) × (1 – 방재시설 할인율) × (1 – 신규 과수원 할인율)

○ **포도 → 신규 과수원 할인율** 적용 가능
○ 손해율에 따른 할인・할증 → '계약자 기준'으로 판단
○ 손해율에 따른 '할인・할증폭' → '-30% ~ +50%'로 제한
○ 2개 이상의 방재시설이 있는 경우 합산하여 적용 → '최대 할인율'은 30%로 제한

(다) **수확전 종합위험 과실손해보장방식** : 복분자, 무화과 2개 품목

① 과실손해보장 보통약관 적용보험료

> 보통약관 보험가입금액 × 지역별 보통약관 영업요율 × (1 ± 손해율에 따른 할인・할증률)

② 나무손해보장 특별약관 적용보험료(무화과)

> 특별약관 보험가입금액 × 지역별 특별약관 영업요율 × (1 ± 손해율에 따른 할인・할증률)

○ 손해율에 따른 할인・할증 → '계약자 기준'으로 판단
○ 손해율에 따른 '할인・할증폭' → '-30% ~ +50%'로 제한

(라) **종합위험 과실손해보장방식 : 오디, 감귤(온주밀감류)** 2개 품목

Tip ▸ **종실**(정신) / **오디**(어디) **온감**(온주밀감)

① 과실손해보장 보통약관 적용보험료

보통약관 보험가입금액 × 지역별 보통약관 영업요율
× (1 ± 손해율에 따른 할인・할증률) × (1 − 방재시설 할인율)

② 나무손해보장 특별약관 적용보험료 : 감귤(온주밀감류)

특별약관 보험가입금액 × 지역별 특별약관 영업요율
× (1 ± 손해율에 따른 할인・할증률)

③ **수확개시 이후 동상해보장 특별약관 적용보험료 : 감귤(온주밀감류)**

Tip ▸ **동상**(동생) / **온감**(온주밀감)

특별약관 보험가입금액 × 지역별 특별약관 영업요율
× (1 ± 손해율에 따른 할인・할증률) × (1 − 방재시설 할인율)

④ **과실손해 추가보장 특별약관 적용보험료** : 감귤(온주밀감류)

Tip ▸ **실손**(실성한) **추장** : **완전 간겨**(온주밀감류)

특별약관 보험가입금액 × 지역별 특별약관 영업요율
× (1 ± 손해율에 따른 할인・할증률) × (1 − 방재시설 할인율)

○ 손해율에 따른 할인・할증 → '계약자 기준'으로 판단
○ 손해율에 따른 '할인・할증폭' → '-30% ~ +50%'로 제한
○ '방재시설 할인' → 감귤(온주밀감류) 품목에만 해당
○ 2개 이상의 방재시설이 있는 경우 합산하여 적용 → '최대 할인율'은 30%로 제한

문제로 확인하기

01 과수작물 중에서 방재시설 할인율이 적용되지 않는 품목 5가지 이상을 쓰시오.

Solution

과수작물 : 오미자, 호두, 오디, 밤, 복분자, 무화과

02 다음 조건을 보고 종합위험 포도 품목의 과실손해보장 보통약관의 보험료를 산출하시오.

• 가입금액 : 3,500만원
• 지역별 보통약관 영업요율 : 8%
• 특별약관 : 계약 없음

- 신규 과수원으로서 손해율에 따른 할인・할증률은 없음
- 신규 과수원 할인율 : 5%
- 방재시설 : 방풍림, 방충망, 비가림시설, 서리방지용 미세살수장치 등이 설치되어 있으며 할인율의 합계가 40%를 넘음

Solution

보험료
= 보통약관 보험가입금액 × 지역별 보통약관 영업요율 × (1 ± 손해율에 따른 할인・할증률) × (1 − 방재시설 할인율) × (1 − 신규 과수원 할인율)
= 35,000,000원 × 0.08 × 1 × (1 − 0.3) × (1 − 0.05) = 1,862,000원

Tip ▸ 2개 이상의 방재시설이 있는 경우 합산하여 적용하되 최대 30%를 적용한다.

(3) 보험료의 환급

(가) **계약이 무효, 효력상실 또는 해지된 때 보험료 반환**

다만, 보험기간 중 보험사고가 발생하고
→ 보험금이 지급되어 '보험가입금액'이 감액된 경우
→ 감액된 보험가입금액 기준으로 → 환급금 계산

① 계약자 또는 피보험자의 책임 없는 사유에 의하는 경우
㉠ **무효** → 전액
㉡ **효력상실 또는 해지** → 해당 월 '미경과비율'에 따라 '환급보험료' 계산

환급보험료 = 계약자부담보험료 × 미경과비율 〈별표〉

② 계약자 또는 피보험자의 책임 있는 사유에 의하는 경우
㉠ 해당 월 미경과비율에 따른 환급보험료
㉡ 다만 계약자, 피보험자의 고의 또는 중대한 과실로 무효가 된 때에는 보험료를 반환하지 않음

(나) **계약자 또는 피보험자의 책임 있는 사유란**

① 계약자 또는 피보험자가 임의 해지하는 경우
② 사기에 의한 계약, 계약의 해지(계약자 또는 피보험자의 고의로 손해가 발생한 경우나, 고지의무・통지의무 등을 해태한 경우) 또는 중대사유로 인한 해지에 따라 → 계약을 취소 또는 해지하는 경우
③ 보험료 미납으로 인한 계약의 효력상실

(다) **계약의 무효, 효력상실 또는 해지로 인하여 반환해야 할 보험료가 있을 때**

① 계약자는 '환급금'을 '청구'해야 함
② **청구일**의 **다음 날**부터 ~ **지급일**까지의 기간에 대하여 **보험개발원**이 공시하는 '**보험계약대출이율**'을 → '**연단위 복리**'로 계산한 금액을 **더하여 지급**

마) 보험금

(1) 종합위험 수확감소보장방식 : 복숭아, 자두, 매실, 살구, 오미자, 밤, 호두, 유자, 감귤(만감류) 9개 품목

(가) **종합위험 수확감소보장(보통약관)**

보험금 = 보험가입금액 × (피해율 − 자기부담비율)

Tip ▸ 보험금 받기 원하면 **가, 피, 자**(까발려 버리자)

- **피해율** : 복숭아
  [(평년수확량 − 수확량 − 미보상감수량) + 병충해감수량] ÷ 평년수확량
- 병충해감수량 = 병충해 입은 과실의 무게 × 0.5(50%)
  Tip ▸ **오**(5)~! **공**(0, 구멍)~!
- **피해율** : 자두, 매실, 살구, 오미자, 밤, 호두, 유자, 감귤(만감류)
  (평년수확량 − 수확량 − 미보상감수량) ÷ 평년수확량

(나) **종합위험 나무손해보장(특별약관)** : 복숭아, 자두, 매실, 살구, 유자, 감귤(만감류)

보험금 = 보험가입금액 × (피해율 − 자기부담비율)

- 피해율 = 피해주수(고사된 나무) ÷ 실제결과주수
- 자기부담비율 : 5%

(다) **수확량감소 추가보장(특별약관)** : 복숭아, 감귤(만감류)

Tip ▸ **수감**(수감시설에 포승줄에 묶여 끌려가는) **추장** : **포**(포도), **숭**(복숭아), **만감**(만감이 교차하네~!)

보험금 = 보험가입금액 × (주계약 피해율 × 10%)

Tip ▸ **추가** : **가, 피**(까벌리기를), **원제**(10, 원하제~!)

- **피해율** : 복숭아만 병충해감수량 적용
  [(평년수확량 − 수확량 − 미보상감수량) + 병충해감수량] ÷ 평년수확량
- 평년수확량 : 과거 조사 내용, 해당 과수원의 식재 내역·현황 및 경작상황 등에 따라 정한 수확량을 활용하여 산출
  − 유자 : **평년수확량 < 최근 7년간 과거 수확량**의 **올림픽 평균값 → 올림픽 평균값**을 적용
  Tip ▸ **유자 : 차**(7), **올림**(올림픽 평균값)
- 수확량, 피해주수, 미보상감수량 등 : 손해평가요령에 따라 조사·평가하여 산정
- 자기부담비율 : 보험가입 시 선택한 비율
- 미보상감수량
  − 보장하는 재해 이외의 원인으로 감소되었다고 평가되는 부분
  − 계약 당시 이미 발생한 피해, 병해충으로 인한 피해 및 제초상태 불량 등으로 인한 수확감소량
  → 피해율 산정 시 감수량에서 제외
- 복숭아의 세균구멍병으로 인한 피해과 : 50%형 피해과실 인정
  Tip ▸ **오**(5)~! **공**(0, 구멍)~!

문제로 확인하기

01 ○○도 △△시 관내에서 매실과수원을 경작하는 A씨는 농작물재해보험 매실 품목의 나무손해보장특약에 가입하였으며 보험기간 내 침수로 40주가 고사되었다. 나무손해보장특약의 보험금산출식을 쓰고 해당 보험금을 계산하시오.

- 품종 : 천매
- 수령 : 10년생
- 가입주수 : 200주
- 실제결과주수 : 200주
- 1주당 가입가격 : 50,000원

Solution

보험금산출식 = 보험가입금액 × (피해율 - 자기부담비율(5%))

① 보험가입금액 = 가입주수 × 가입가격
= 200주 × 50,000원
= 10,000,000원

② 피해율 = 피해주수(고사된 나무) ÷ 실제결과주수
= 40주 ÷ 200주 = 0.2 = 20%

∴ 보험금 = 10,000,000원 × (0.2 - 0.05) = 1,500,000원

02 농작물재해보험 종합위험 수확감소보장 복숭아 상품에 관한 내용이다. 다음 조건에 대한 (1) 보험금 지급사유와 (2) 지급시기를 서술하고 (3) 보험금을 구하시오. (단, 보험금은 계산과정을 반드시 쓰시오.)

○ **계약사항**
- 보험가입품목 : (종합)복숭아
- 품종 : 백도
- 수령 : 10년
- 가입주수 : 150주
- 보험가입금액 : 25,000,000원
- 평년수확량 : 9,000kg
- 가입수확량 : 9,000kg
- 자기부담비율 : 2년 연속가입 및 2년간 수령보험금이 순보험료의 120% 미만인 과수원으로 최저 자기부담비율 선택
- 특별약관 : 수확량감소 추가보장

○ **조사내용**
- 사고접수 : 2024.7.5. 기타자연재해, 병충해
- 조사일 : 2024.7.6.
- 사고조사내용 : 강풍, 병충해(복숭아순나방)
- 수확량 : 4,500kg(병충해 과실 무게 포함)
- 병충해 과실 무게 : 1,200kg
- 미보상비율 : 10%

Solution

(1) **보험금 지급사유** : 보상하는 재해로 피해율이 자기부담비율을 초과하는 경우 지급한다.

(2) **지급시기**

① 재해보험사업자는 계약자(또는 피보험자)가 재해발생 사실 통지 시 지체 없이 지급할 보험금을 결정하고 지급할 보험금이 결정되면 7일 이내 보험금을 지급한다.

② 지급할 보험금이 결정되기 전이라도 피보험자의 청구가 있을 때에는 재해보험사업자가 추정한 보험금의 50% 상당액을 가지급금으로 지급한다.

(3) **보험금**

① 수확감소보험금 = 보험가입금액 × (피해율 - 자기부담비율)

㉠ 보험가입금액 = 25,000,000원

㉡ 피해율 = {(평년수확량 - 수확량 - 미보상감수량) + 병충해감수량} ÷ 평년수확량
= (9,000kg - 4,500kg - 450kg + 0kg) ÷ 9,000kg = 0.45 = 45%

- 미보상감수량 = (평년수확량 - 수확량) × 미보상비율
= (9,000kg - 4,500kg) × 0.1 = 450kg
- 병충해감수량 : 세균구멍병이 아니므로 0kg

Tip ▸ 병충해감수량 = 병충해 입은 과실의 무게 × 50%

㉢ 자기부담비율 : 15%

Tip ▸ 2년 연속가입 및 2년간 수령보험금이 순보험료의 120% 미만에 해당되어 자기부담비율은 15%

∴ 수확감소보험금 = 보험가입금액 × (피해율 - 자기부담비율)
= 25,000,000원 × (0.45 - 0.15) = 7,500,000원

② 수확량감소 추가보장 보험금 = 보험가입금액 × (피해율 × 10%)
= 25,000,000원 × (0.45 × 0.1) = 1,125,000원

③ 보험금 총액 = 7,500,000원 + 1,125,000원 = 8,625,000원

---

(2) **종합위험 비가림과수 손해보장방식** : 포도, 대추, 참다래 3개 품목

(가) **종합위험 비가림과수 손해보장**(보통약관)

① 포도, 대추, 참다래

보험금 = 보험가입금액 × (피해율 - 자기부담비율)

○ 피해율 = (평년수확량 - 수확량 - 미보상 감수량) ÷ 평년수확량

② **비가림시설** : 자연재해, 조수해(화재는 특별약관 대상)

보험금 = Min(손해액 - 자기부담금, 보험가입금액)

Tip ▸ 비가림시설(보육시설?), **작은**(Min), **손**, **자**, **보가**(볼까)

○ 자기부담금
- **손해액**(비가림시설)의 10%에 해당하는 금액
- 최소자기부담금(**30만원**) ~ 최대자기부담금(**100만원**) 한도

○ 다만, **피복재 단독사고**
- **손해액**(비가림시설)의 10%에 해당하는 금액
- 최소자기부담금(**10만원**) ~ 최대자기부담금(**30만원**) 한도

○ 자기부담금 적용 단위 : 단지 단위, 1사고 단위로 적용

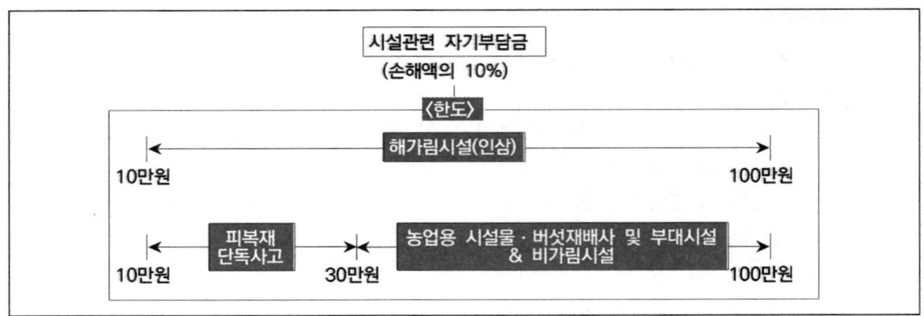

○ 화재손해 → '자기부담금' **미적용**

(나) **종합위험 나무손해보장(특별약관)** : 포도, 참다래

보험금 = 보험가입금액 × (피해율 − 자기부담비율)

○ 피해율 = 피해주수(고사된 나무) ÷ 실제결과주수
○ 자기부담비율 : 5%

(다) **수확량감소 추가보장(특별약관)** : 포도

Tip ▸ **수감**(수감시설에 포승줄에 묶여 끌려가는) **추장** : **포**(포도), **숭**(복숭아), **만감**(만감이 교차하네~!)

보험금 = 보험가입금액 × (주계약 피해율 × 10%)

Tip ▸ **추가** : **가**, **피**(까벌리기를), **원제**(10, 원하제~!)
○ 피해율 = (평년수확량 − 수확량 − 미보상 감수량) ÷ 평년수확량
○ 평년수확량 : 과거 조사 내용, 해당 과수원의 식재 내역 · 현황 및 경작상황 등에 따라 정한 수확량을 활용하여 산출
○ 수확량, 피해주수, 미보상감수량 등 : 손해평가요령에 따라 조사 · 평가하여 산정
○ 자기부담비율 : 보험가입 시 선택한 비율
○ 미보상감수량
 − 보장하는 재해 이외의 원인으로 감소되었다고 평가되는 부분
 − 계약 당시 이미 발생한 피해, 병해충으로 인한 피해 및 제초상태 불량 등으로 인한 수확감소량 → 피해율 산정 시 감수량에서 제외
○ **포도 : 착색불량**된 송이 → 상품성 저하로 인한 손해이므로 → **감수량**에 **불포함**

 **문제로 확인하기**

01 **다음 주어진 자료에 따라 비가림시설 보험금 지급 시 (1) 구조체 자기부담금과 (2) 피복재 자기부담금에 대한 내용을 쓰고, (3) 각각의 보험금을 구하시오. (단, 산출식을 제시할 것)**

시설	보험가입금액	손해액
구조체	45,000,000원	32,000,000원
피복재	5,000,000원	2,000,000원

※ 구조체와 피복재 각각 다른 사고임
※ 재해 : 태풍

Solution

(1) 구조체 자기부담금
보험사고로 인하여 발생한 손해액의 10%에 해당하는 금액으로 하며 최소 30만원과 최대 100만원을 한도로 한다.

(2) 피복재 자기부담금
보험사고로 인하여 발생한 손해액의 10%에 해당하는 금액으로 하며 최소 10만원과 최대 30만원을 한도로 한다.

(3) 비가림시설 보장보험금 : min(손해액 − 자기부담금, 보험가입금액)
① 구조체 보험금
min(32,000,000원 − 1,000,000원, 45,000,000원) = 31,000,000원
② 피복재 보험금
min(2,000,000원 − 200,000원, 5,000,000원) = 1,800,000원

02 종합위험과수 포도에 관한 내용이다. 계약내용과 조사내용을 참조하여 다음 물음에 답하시오.

○ **계약내용**
- 보험가입품목 : 포도, 비가림시설
- 특별약관 : 나무손해보장, 수확량감소 추가보장
- 품종 : 캠벨얼리
- 수령 : 8년
- 가입주수 : 100주
- 평년수확량 : 1,500kg
- 가입수확량 : 1,500kg
- 비가림시설 가입면적 : 1,000㎡
- 자기부담비율 : 3년 연속가입 및 3년간 수령한 보험금이 순보험료의 50% 이하인 과수원으로 최저자기부담비율 선택
- 포도 보험가입금액 : 20,000,000원
- 나무손해보장 보험가입금액 : 4,000,000원
- 비가림시설 보험가입금액 : 18,000,000원

○ **조사내용**
- 사고접수 : 2023.8.10. 호우, 강풍
- 조사일 : 2023.8.13.
- 재해 : 호우
- 조사결과
  - 실제결과주수 : 100주
  - 고사된 나무 : 30주
  - 미보상비율 : 10%
  - 수확량 : 700kg
  - 비가림시설 : 피해 없음

물음 1) 계약내용과 조사내용에 따라 지급 가능한 3가지 보험금에 대하여 각각 계산과정과 값을 쓰시오.

Solution

(1) 수확감소보험금

보험금 = 보험가입금액 × (피해율 - 자기부담비율)

① 보험가입금액 = 20,000,000원

② 피해율 = (평년수확량 - 수확량 - 미보상감수량) ÷ 평년수확량
= (1,500kg - 700kg - 80kg) ÷ 1,500kg = 0.48 = 48%

㉠ 평년수확량 = 1,500kg

㉡ 수확량 = 700kg(주어짐)

㉢ 미보상감수량 = (평년수확량 - 수확량) × 미보상비율
= (1,500kg - 700kg) × 0.1 = 80kg

㉣ 자기부담비율 = 10%(최저 기준)

∴ 수확감소보험금 = 20,000,000원 × (0.48 - 0.1) = 7,600,000원

(2) 수확량감소 추가보장보험금

보험금 = 보험가입금액 × (주계약 피해율 × 10%)
= 20,000,000원 × 0.48 × 0.1 = 960,000원

(3) 나무손해보장보험금

보험금 = 보험가입금액 × (피해율 - 자기부담비율(5%))

① 보험가입금액 = 가입한 결과주수 × 1주당 가입가격 = 4,000,000원(주어짐)

② 피해율 = 피해주수(고사된 나무) ÷ 실제결과주수 = 30주 ÷ 100주 = 0.3(30%)

∴ 나무손해보장보험금 = 4,000,000원 × (0.3 - 0.05) = 1,000,000원

물음 2) 포도 상품 비가림시설에 대한 보험가입기준과 인수제한 내용이다. (　　)에 들어갈 내용을 쓰시오.

- 비가림시설 보험가입기준 : (①) 단위로 가입(구조체 + 피복재)하고 최소 가입면적은 (②)이다. 단위면적당 시설단가를 기준으로 80% ~ 130% 범위에서 가입금액 선택(10% 단위 선택)
- 비가림시설 인수제한 : 비가림폭이 2.4m ± 15%, 동고가 (③)의 범위를 벗어나는 비가림시설(과수원의 형태 및 품종에 따라 조정)

Solution

① 단지, ② 200㎡ 이상, ③ 3m ± 5%

(3) **수확전 종합위험 과실손해보장방식** : 복분자, 무화과 2개 품목

(가) **경작불능보장(보통약관)** : 복분자

보상하는 재해 → 식물체 피해율이 65% 이상
+ 계약자가 '경작불능보험금'을 '신청'한 경우(보험계약 소멸)

Tip ▸ **육로**(65%) - 육신 늙어 경작 못해~

※ 식물체 피해율 : 식물체가 고사한 면적 ÷ 보험가입면적 Tip ▸ (100 - 10) ÷ 2 = 45

보험금 = 보험가입금액 × 일정비율

◆ 자기부담비율에 따른 경작불능보험금

자기부담비율	경작불능보험금
10%형	보험가입금액의 45%
15%형	보험가입금액의 42%
20%형	보험가입금액의 40%
30%형	보험가입금액의 35%
40%형	보험가입금액의 30%

(나) 과실손해보장(보통약관)

① 복분자

보험금 = 보험가입금액 × (피해율 − 자기부담비율)

- 피해율 = 고사결과모지수 ÷ 평년결과모지수
- 피해율 상황별 적용

<table>
<tr><th colspan="2">5.31. 이전 사고</th><th colspan="3">6.1. 이후 사고</th></tr>
<tr><td rowspan="2">사고無</td><td rowspan="2">×</td><td colspan="2">사고無</td><td>×</td></tr>
<tr><td>사고有</td><td>수감산,미/평</td><td>수감산 = 평
× 누적수확감소환산계수</td></tr>
<tr><td>사고有</td><td>평,살,수불산,미/평</td><td>사고有</td><td>수감산,미/평</td><td>수감산 = (살 − 수불산)
× 누적수확감소환산계수</td></tr>
</table>

- 고사결과모지수
  - 5월 31일 이전 사고발생 Tip ▸ 피해율 = **평, 살, 수불산, 미 / 평**~!

(평년결과모지수 − 살아있는 결과모지수)
+ 수정불량환산 고사결과모지수 − 미보상 고사결과모지수

※ 살아있는 결과모지일지라도 수정이 불량한 부분은 마치 고사결과모지수인 것으로 간주

살아있는 결과모지수 × 수정불량환산계수

수정불량결실수 ÷ 전체결실수 - 자연수정불량률(15%)

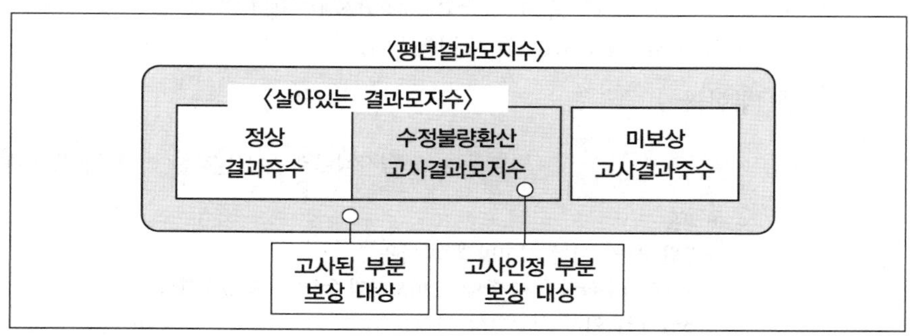

– **6월 1일 이후 사고발생** **Tip ▸** 피해율 = **수감산, 미 / 평~!**

수확감소환산 고사결과모지수 – 미보상 고사결과모지수

○ 수확감소환산 고사결과모지수

– **5월 31일 이전 사고로 인한 → 고사결과모지수가 존재(○)**

고사결과주수로 보아 이미 보상이 이루어진 부분

(살아있는 결과모지수 – 수정불량환산 고사결과모지수) × 누적수확감소환산계수

– **5월 31일 이전 사고로 인한 → 고사결과모지수가 존재(×)**

평년결과모지수 × 누적수확감소환산계수

○ 누적수확감소환산계수 = 수확감소환산계수의 누적 값

○ **수확감소환산계수 = 수확일자별 잔여수확량 비율 – 결실률**

○ 결실률 = 전체결실수 ÷ 전체개화수

Tip ▸ 수확일자별 잔여수확량 비율 : 사고발생일까지 수확을 해왔다고 가정하고 남아 있어야 할 수확할 양의 비율

◆ 수확일자별 잔여수확량 비율(6월 중)

사고일자	경과비율(%)
1일 ~ 7일	98 – 사고발생일자
8일 ~ 20일	(사고발생일자² – 43 × 사고발생일자 + 460) ÷ 2

Tip ▸ 일칠(1.7 일치루려면) **굿판**(98) **빼**(-) **자고**(사고)

Tip ▸ 팔두고(8.20 팔걸어 부치고) **사고승**(사고친 스님) **빼**(-) **내세**(43) **곱**(×) **사고 더**(+) **내었공**(460) 그러니 제발 **반만**(÷2)

○ **수정불량환산 고사결과모지수** : 수확개시 전 수정불량 피해로 인한 고사결과모지수

○ **수확감소환산 고사결과모지수** : 수확개시 이후 발생한 사고로 인한 고사결과모지수

○ 수확개시일 → 보험가입 익년도 6월 1일

○ 수정불량환산계수, 수확감소환산 고사결과모지수, 미보상고사결과모지수 등 : 손해평가요령에 따라 조사 · 평가하여 산정

○ **미보상고사결과모지수**

– 보상하는 재해 이외의 원인으로 인하여 결과모지가 감소되었다고 평가되는 부분

– 계약 당시 이미 발생한 피해, 병해충으로 인한 피해 및 제초상태 불량 등으로 인한 고사결과모지수

→ 피해율을 산정할 때 → 고사결과모지수에서 제외

○ 자기부담비율 : 보험가입 시 선택한 비율

② 무화과

보험금 = 보험가입금액 × (피해율 – 자기부담비율)

○ 피해율

– **7월 31일 이전 사고발생 피해율**

= (평년수확량 – 수확량 – 미보상감수량) ÷ 평년수확량

– **8월 1일 이후 사고발생 피해율**

= (1 - 수확전 사고피해율) × 잔여수확량 비율 × 결과지 피해율

수확기간이 경과할수록 잔여수확량은 줄어듦 (잔여수확량)

7월 31일 이전 발생한 기사고 피해율 (사고피해율)

Tip ▸ **일마**(1-, 이 사람), **전사피**(죽어서 흘린 피), **잔량**(남은 량), **결과피**

○ **평년수확량** : 과거 조사 내용, 해당 과수원의 식재 내역・현황 및 경작상황 등에 따라 정한 수확량을 활용하여 산출

○ **수확량** : 과실 분류에 따른 피해인정계수를 적용하여 산정

◆ **과실 분류에 따른 피해인정계수**

구분	정상과실	50%형 피해과실	80%형 피해과실	100%형 피해과실
피해인정계수	0	0.5	0.8	1

○ **수확량, 미보상감수량 등** : 손해평가요령에 따라 조사・평가하여 산정

○ **미보상감수량**
- 보상하는 재해 이외의 원인으로 감소되었다고 평가되는 부분
- 계약 당시 이미 발생한 피해, 병해충으로 인한 피해 및 제초상태 불량 등으로 인한 수확감소량
→ 피해율 산정 시 감수량에서 제외

○ **수확전 사고피해율**
- 7월 31일 이전 발생한 기사고 피해율
- 피해율 = (평년수확량 - 수확량 - 미보상감수량) ÷ 평년수확량

○ **잔여수확량 비율**

◆ **사고발생일에 따른 잔여수확량 산정식**

품목	사고발생 월	잔여수확량 산정식(%)
무화과	8월	100 - 1.06 × 사고발생일자
	9월	(100 - 33) - 1.13 × 사고발생일자
	10월	(100 - 67) - 0.84 × 사고발생일자

Tip ▸ **팔**(8), **백배**(100-) **일고여**(1.06)
구(9ㅁ(입)), **백배**(100-) **새삼**(33) **일하세**(1.13)
시월(10월에는), **백배**(100-) **여친**(67) **영팔자**(0.84 젊은 팔자)

○ **결과지 피해율**

$$= \frac{\text{고사결과지수} + \text{미고사결과지수} \times \text{착과피해율} - \text{미보상 고사결과지수}}{\text{기준결과지수}}$$

Tip ▸ **결과피** : **코**(고), **미고**, **착피**, **미보 / 기**
(코피 중에서 마르지 않아 고착되지 않은 피는 보지 말자)

○ 하나의 보험사고로 인해 산정된 결과지 피해율
→ 동시 또는 선・후차적으로 발생한
→ 다른 보험사고의 결과지 피해율로 인정하지 않음

○ 기준결과지수, 미보상 고사결과지수 등 : 손해평가요령에 따라 조사・평가하여 산정

○ 미보상 고사결과지수
- 보상하는 재해 이외의 원인으로 인하여 결과지수가 감소되었다고 평가되는 부분
- 계약 당시 이미 발생한 피해, 병해충으로 인한 피해 및 제초상태 불량 등으로 인한 고사결과지수
→ 피해율을 산정할 때 → 고사결과지수에서 제외

○ 자기부담비율 : 보험가입 시 선택한 비율

(다) **나무손해보장(특별약관)** : 무화과

보험금 = 보험가입금액 × (피해율 − 자기부담비율)

Tip ▸ 나무손해(남의 손에), **다**(5), **가,피,자**(보험금 받을 때까지 까삐자)

○ **피해율 = 피해주수(고사된 나무) ÷ 실제결과주수**

○ 자기부담비율 : 5%

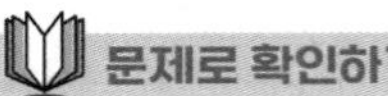
문제로 확인하기

01 수확전 종합위험방식 복분자 상품의 경작불능보험금 지급사유와 지급액에 대한 내용이다. 다음 (　　)에 들어갈 내용을 쓰시오.

(1) 지급사유 :

(2) 지급액 : 보험가입금액의 일정비율을 경작불능보험금으로 지급

자기부담비율	경작불능보험금
10%형	(①)
15%형	(②)
20%형	보험가입금액의 40%
30%형	(③)
40%형	보험가입금액의 30%

Solution

(1) **지급사유** : 보험기간 내에 보상하는 재해로 식물체 피해율이 65% 이상이고, 계약자가 경작불능보험금을 신청한 경우

(2) **지급액** : ① 보험가입금액의 45%, ② 보험가입금액의 42%, ③ 보험가입금액의 35%

(4) **종합위험 과실손해보장방식** : 오디, 감귤(온주밀감류) 2개 품목

(가) **종합위험 과실손해보장(보통약관)**

① 오디

보험금 = 보험가입금액 × (피해율 − 자기부담비율)

○ **피해율** = (평년결실수 − 조사결실수 − 미보상감수결실수) ÷ 평년결실수

Tip ▸ 평, 조, 미 / 평

○ **조사결실수** : 손해평가 시 표본으로 선정한 → 결과모지의 결실수

○ **조사결실수, 미보상감수결실수 등** : 손해평가요령에 따라 조사·평가하여 산정

○ **미보상감수결실수**

- 보상하는 재해 이외의 원인으로 인하여 결실수가 감소되었다고 평가되는 부분
- 계약 당시 이미 발생한 피해, 병해충으로 인한 피해 및 제초상태 불량 등으로 인한 감수결실수

→ 피해율을 산정할 때 : 감수결실수에서 제외

○ **자기부담비율** → 보험가입 시 선택한 비율

② 감귤(온주밀감류)

보험금 = 손해액 − 자기부담금

○ 손해액 = 보험가입금액 × 피해율

○ 피해율 = $\frac{\text{등급 내 피해과실수} + \text{등급 외 피해과실수} \times 50\%}{\text{기준과실수}} \times (1 - \text{미보상비율})$

○ 자기부담금 = 보험가입금액 × 자기부담비율
○ **기준과실수** : 모든 표본주의 과실수 총합계
○ **등급 내 피해과실수**(*피과합 = 피해과실수 합계)
= 30% 피과합(× 0.3) + 50% 피과합(× 0.5) + 80% 피과합(× 0.8) + 100% 피과합(× 1.0)
○ **등급 외 피해과실수**(*피과합 = 피해과실수 합계)
= 30% 피과합(× 0.3) + 50% 피과합(× 0.5) + 80% 피과합(× 0.8) + 100% 피과합(× 1.0)
○ 피해과실수 : 출하등급을 분류 → 등급 내 또는 등급 외
− **피해인정계수** : 0.3(30%), 0.5(50%), 0.8(80%), 1.0(100%)
○ 피해과실수를 산정할 보장하지 않는 재해로 인한 부분 → 피해과실수에서 제외
○ 기준과실수, 미보상비율, 피해주수 등 : 손해평가요령에 따라 조사·평가하여 산정
○ 출하등급 내외 구별
→ 「제주특별자치도 감귤생산 및 유통에 관한 조례시행규칙」 준용
→ **과실 크기**만을 **기준**으로 함

(나) **수확개시 이후 동상해보장(특별약관)** : 감귤(온주밀감류)

보험금 = 손해액 − 자기부담금

○ 손해액

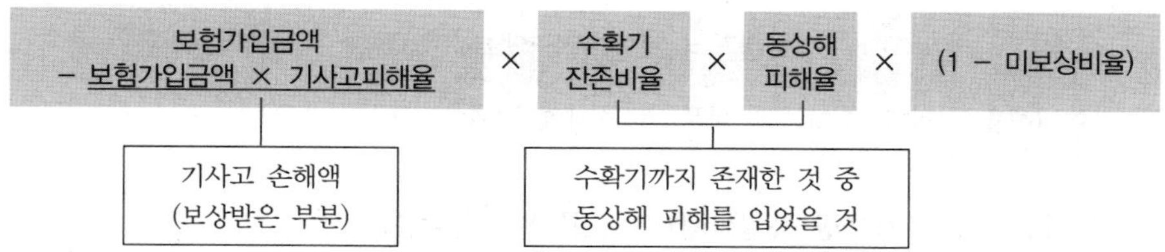

○ **기사고 피해율**
주계약(보통약관) 피해율을 {1 − (보통약관 적용된)미보상비율}로 나눈 값 + 이전 사고의 동상해 과실손해 피해율
→ 즉, (미보상비율을 반영하지 않은) 주계약 피해율 + 이전 사고의 동상해 과실손해 피해율

○ **수확기 잔존비율**

◆ **수확기 잔존비율**

품목	사고발생 월	잔존비율(%)
감귤 (온주밀감류)	12월	(100 − 38) − (1 × 사고발생일자)
	1월	(100 − 68) − (0.8 × 사고발생일자)
	2월	(100 − 93) − (0.3 × 사고발생일자)

CHAPTER 03

> **Tip ▸** **시비**(12, 시비가 생기면), **백배**(100-) **세판**(38, 가위 바위 보 세판) **빼**(-) **자고**(사고)
> **일**(1 일하기 힘들어) **백배**(100-) **육판**(68, 노가다) **빼**(-) **고파**(0.8)
> **둘**(2, 둘이서), **백배**(100-) **나서**(93, 나서서) **빼**(-, 뼈 빠지게) **고생**(0.3)

○ **동상해**

서리 또는, 과수원 가장 가까운 3개소 기상관측장비(관측소)로 **측정한 기온**([1]제주도 지역 : −3℃ 이하로 6시간 이상 지속, [2]제주도 이외 지역 : 0℃ 이하로 48시간 이상 지속)이 **지속** → 농작물 등이 **얼어서 생기는 피해**

○ **동상해 피해율**(*피과합 = 피해과실수 합계)

$$= \frac{80\%\ \text{피과합}(\times\ 0.8) + 100\%\ \text{피과합}(\times\ 1.0)}{\text{기준과실수}}$$

– **기준과실수** = 정상과실수 + 동상해 80%형 피해과실수 + 동상해 100%형 피해과실수
– **피해인정계수** : 0.8(80%), 1.0(100%)

○ 자기부담금 = **| 보험가<u>입금</u>액 × <u>min</u>(주계약 <u>피</u>해율 − <u>자</u>기부담비율, <u>0</u>) |**

Tip ▸ **입금** × **작게**(min) **피빼**(-) **자**, **공**(0)

If) 주계약 피해율(0.4) > 자기부담비율(0.2) → 자기부담금 = 0
→ 이전에 자기부담금을 고려하여 보험금을 지급했음

If) 주계약 피해율(0.1) < 자기부담비율(0.2)
→ 보험가입금액 × |min(− 0.1, 0)| → 보험가입금액 × 0.1
→ 이전에 주계약 피해율만큼만 부담한 셈이므로 나머지 부족분 부담

○ **자기부담비율** : 보험가입 시 선택한 비율

(다) **종합위험 나무손해보장(특별약관)** : 감귤(온주밀감류)

보험금 = 보험<u>가</u>입금액 × (<u>피</u>해율 − <u>자</u>기부담비율)

○ 피해율 = 피해주수(고사된 나무) ÷ 실제결과주수
○ 자기부담비율 : 5%

(라) **과실손해 추가보장(특별약관)** : 감귤(온주밀감류)

보험금 = 보험<u>가</u>입금액 × (주계약 <u>피</u>해율 × <u>10</u>%)

○ 주계약 피해율 $= \frac{\text{등급 내 피해과실수} + \text{등급 외 피해과실수} \times 50\%}{\text{기준과실수}} \times (1 - \text{미보상비율})$

바) 자기부담비율

(1) 계약자 또는 피보험자가 부담하는 일정 비율(금액) : 자기부담비율(금) 이하의 손해
→ 보험금이 지급되지 않음

(2) 종합위험 수확감소보장, 종합위험 과실손해보장

(가) **보험계약 시 계약자가 선택한 비율**

① 10%, 15%, 20%, 30%, 40%

② 20%, 30%, 40% : <u>호</u>두, 살<u>구</u>, <u>유</u>자

Tip ▸ 낮은 10%, 15% 적용 못 받는 나는 **호**, **구**, **유**

(나) **자기부담비율 선택 기준**

① 10%형 : 최근 '3년'간 '연속 보험가입 과수원'으로서
3년간 수령한 보험금 < 순보험료 120%(미만) → 선택 가능

② 15%형 : 최근 '2년'간 '연속 보험가입 과수원'으로서
2년간 수령한 보험금 < 순보험료의 120%(미만) → 선택 가능

③ **20%형, 30%형, 40%형** : 제한 없음

문제로 확인하기

01 종합위험과수 자두 상품에서 수확감소보장의 자기부담비율과 그 적용 기준을 각 비율별로 서술하시오.

Solution

(1) 자기부담비율 : 계약할 때 계약자가 선택한 비율로 10%형, 15%형, 20%형, 30%형, 40%형이 있다.

(2) 자기부담비율 적용 기준

① 10%형 : 최근 3년간 연속 보험가입 과수원으로서 3년간 수령한 보험금이 순보험료의 120% 미만인 경우에 한하여 선택 가능

② 15%형 : 최근 2년간 연속 보험가입 과수원으로서 2년간 수령한 보험금이 순보험료의 120% 미만인 경우에 한하여 선택 가능

③ 20%형, 30%형, 40%형 : 제한 없음

(3) 비가림시설

(가) **30만원 ≦ 손해액의 10% ≦ 100만원의 범위** → 자기부담금 차감

(나) **피복재 단독사고 : 10만원 ≦ 손해액의 10% ≦ 30만원의 범위** → 자기부담금 차감

(4) 종합위험 나무손해보장 특별약관 자기부담비율 : 5%

문제로 확인하기

01 종합위험 과실손해보장방식 감귤에 관한 내용이다. 다음의 조건 1~2를 참조하여 다음 물음에 답하시오. (단, 주어진 조건 외 다른 사항은 고려하지 않음)

〈조건 1〉
- 감귤(온주밀감) / 5년생
- 보험가입금액 : 10,000,000원(자기부담비율 20%)
- 가입 특별약관 : 동상해 과실손해보장 특별약관

〈조건 2〉
- 과실손해조사(수확전 사고조사는 없었고, 주품종 수확 이후 사고 발생
  - 사고일자 : 2023년 11월 15일
  - 피해사실 확인조사를 통해 보상하는 재해로 확인됨

- 표본주수 2주 선정 후 표본조사내용

등급 내 피해과실수	등급 외 피해과실수	기준과실수
30개	24개	280개

- 미보상비율 : 20%

• 동상해 과실손해조사
- 사고일자 : 2023년 12월 20일
- 피해사실 확인조사를 통해 보상하는 재해(동상해)로 확인됨
- 표본주수 2주 선정 후 표본조사내용

기수확과실	정상과실	80%형 피해과실	100%형 피해과실
86개	100개	50개	50개

- 수확기 잔존비율(%) : 100 − 1.5 × 사고발생일자(사고발생 월 12월 기준)
- 미보상비율 : 10%

물음 1) 과실손해보장 보통약관 보험금의 계산과정과 값(원)을 쓰시오.

물음 2) 동상해 과실손해보장 특별약관 보험금의 계산과정과 값(원)을 쓰시오.

Solution

물음 1) 과실손해보장 보통약관 보험금

보험금 = 손해액 − 자기부담금

① 손해액 = 보험가입금액 × 피해율
= 10,000,000원 × 0.12 = 1,200,000원

• 피해율
= {(등급 내 피해과실수 + 등급 외 피해과실수 × 50%) ÷ 기준과실수} × (1 − 미보상비율)
= (30개 + 24개 × 0.5) ÷ 280개 × (1 − 0.2)
= 42개 ÷ 280개 × 0.8 = 0.12

② 자기부담금 = 보험가입금액 × 자기부담비율
= 10,000,000원 × 0.2 = 2,000,000원

∴ 보험금 = 0(손해액이 자기부담금을 초과하지 않으므로 보험금 없음)

물음 2) 동상해 과실손해보장 특별약관 보험금

보험금 = 손해액 − 자기부담금

① 손해액 = {보험가입금액 − (보험가입금액 × 기사고피해율)} × 수확기 잔존비율 × 동상해 피해율 × (1 − 미보상비율)

㉠ 기사고피해율
= (미보상비율을 반영하지 않은) 주계약 피해율 + 이전 사고의 동상해 과실손해 피해율
= {(30개 + 24개) × 0.5} ÷ 280개 + 0 = 0.15

㉡ 수확기 잔존비율 = 100 − 1.5 × 20 = 100 − 30 = 70(70%)

㉢ 동상해 피해율
= {(동상해 80%형 피해과실수 합계 × 80%) + (동상해 100%형 피해과실수 합계 × 100%)} ÷ 기준과실수
= {(50개 × 0.8) + (50개 × 1)} ÷ (100개 + 50개 + 50개)
= (40개 + 50개) ÷ (200개) = 90개 ÷ 200개 = 0.45(45%)

㉣ 기준과실수
= 정상과실수 + 동상해 80%형 피해과실수 + 동상해 100%형 피해과실수
= 100개 + 50개 + 50개 = 200개
∴ 손해액 = [10,000,000원 − (10,000,000원 × 0.15)] × 0.7 × 0.45 × (1 − 0.1)
= 8,500,000원 × 0.7 × 0.45 × 0.9
= 2,409,750원
② 자기부담금 = |보험가입금액 × min(주계약 피해율 − 자기부담비율, 0)|
= |10,000,000원 × min(0.12 − 0.2, 0)|
= 10,000,000원 × 0.08 = 800,000원
∴ 보험금 = 2,409,750원 − 800,000원 = 1,609,750원

사) 특별약관

(1) **종합위험 나무손해보장 특별약관** : 복숭아, 자두, 매실, 살구, 유자, 포도, 참다래, 무화과, 감귤(만감류, 온주밀감류)

※ **나무손해보장 특약의 보상하지 않는 손해**(이전과 동일 − p.73 참고)

(2) **수확량감소 추가보장 특별약관** : 포도, 복숭아, 감귤(만감류)

(3) **과실손해 추가보장 특별약관** : 감귤(온주밀감류)

(4) **조수해(鳥獸害) 부보장 특별약관** : 호두

(가) **적용대상**

① 조수해 방재시설 → **없는 경우**

② 조수해 방재시설 → 과수원 **전체 둘레 80% 미만** 설치

③ **가입 나무**에 조수해 방재시설 → **80% 미만** 설치

(나) **방재시설** : 목책기(전기, 태양열), 올무, 갓모형, 원통모형

(5) **수확개시 이후 동상해보장 특별약관** : 감귤(온주밀감류)

(6) **비가림시설 화재위험보장 특별약관** : 포도, 대추, 참다래

(7) **수확기 부보장 특별약관** : 복분자

이듬해 6.1일 이후 발생한 태풍(강**풍**), 우**박**피해 부보장

(8) **농작물 부보장 특별약관** : 포도, 대추, 참다래

(9) **비가림시설 부보장 특별약관** : 포도, 대추, 참다래

아) 계약인수 관련 수확량

(1) 표준수확량 : 과거 통계를 바탕 → 지역, 수령, 재식밀도, 과수원 조건 등을 고려하여 → 산출한 예상 수확량

(2) 평년수확량

(가) '농지의 기후' → 평년 수준

'비배관리 등 영농활동'을 평년 수준으로 실시하였을 때 → 기대할 수 있는 수확량

(나) '평년 수준의 재해'가 있다는 점을 전제

(다) **주요 용도**

① '보험가입금액'의 결정 기준

② 보험사고 발생 시 '감수량' 산정 기준

(라) **농지(과수원) 단위로 산출** → 가입년도 '직전 5년' 중 보험에 '가입한 연도'의 '실제 수확량'과 '표준수확량'을 '가입횟수'에 따라 가중평균하여 산출

(마) **산출 방법 : '가입 이력 여부'로 구분**

① 과거수확량 자료가 없는 경우(신규 가입)

㉠ **표준수확량**의 100% → **평년수확량**

㉡ 살구, 대추(사과대추에 한함), 유자 → 표준수확량의 70% → **평년수확량**

Tip ▸ **살**, **사대**, **유**~! **칠공**(70)(쌀 싸대 유 사온 쌀가마를 툭툭 치고~!)

② 과거수확량 자료가 있는 경우(최근 5년 이내 가입 이력 존재) – 이하 방법

□ 평년수확량 – 복분자, 오디 이외

$$평년착과량 = \left\{A + (B - A) \times \left(1 - \frac{Y}{5}\right)\right\} \times \frac{C}{B}$$

Tip ▸ [**아**(A) + (**배**(B) - **야**(A)) × **일**(1) **빼**(-) **였**(Y) **다**(5)] × **싸**(C) / **봐**(B)!!

오디, 복분자 이외의 과수작물 : 평년수확량 = $\{A + (B - A) \times (1 - \frac{Y}{5})\} \times \frac{C}{B}$

$$평년수확량 = \left\{\frac{\Sigma 과거\ 5년간\ 수확량}{과거\ 5년간\ 가입횟수} + \left(\frac{\Sigma 과거\ 5년간\ 표준수확량}{과거\ 5년간\ 가입횟수} - \frac{\Sigma 과거\ 5년간\ 수확량}{과거\ 5년간\ 가입횟수}\right) \times \left(1 - \frac{과거\ 5년간\ 가입횟수}{5}\right)\right\} \times \frac{당해연도(가입연도)\ 표준수확량}{\Sigma 과거\ 5년간\ 표준수확량 \div 과거\ 5년간\ 가입횟수}$$

⇩

$$평년수확량 = \left\{평균\ 수확량 + (평균\ 표준수확량 - 평균\ 수확량) \times 미가입횟수\ 비율\right\} \times 과거\ 평균표준수확량\ 대비\ 당해연도\ 표준수확량\ 비율$$

- 평균 수확량: 해당 과수원의 가입 해의 평균수확량
- (평균 표준수확량 - 평균 수확량) × 미가입횟수 비율: 미가입 해의 평균표준수확량과의 차이 조정
- 과거 평균표준수확량 대비 당해연도 표준수확량 비율: 당해연도의 표준수확량 비율 반영

평년수확량 : 보험가입연도 **표준수확량**의 130% **한도**

① **밤**, **복숭아**, **무화과**, **포도** : 제외(한도 없음)

Tip ▸ **밤**, **숭**, **무**, **도** - 한도 없이(밤에 숨어서 무도회에 감)

② 사과대추

㉠ 과거 가입이력 0회 → 70% 한도

㉡ 과거 가입이력 1회 → 80% 한도

㉢ 과거 가입이력 2회 → 90% 한도

Tip ▸ 들켰는데 사과를 대충해? **사과대충 빵**(0) **한**(1) **두**(2) 대 / **쳐**(7) **맞**(8) **구**(9)

□ 평년수확량 – 오디, 복분자

$$\left(A \times \frac{Y}{5}\right) + \left\{B \times \left(1 - \frac{Y}{5}\right)\right\}$$

Tip ▸ **오디**, **복자**(어디 보자) **반반**

오디, 복분자 : 평년수확량 = $(A \times \frac{Y}{5}) + \{B \times (1 - \frac{Y}{5})\}$

평년수확량 = (과거 5개년 평균결실수(결과모지수) × 과거 5년간 가입횟수/5) + 품종별 표준결실수(결과모지수) × (1 - 과거 5년간 가입횟수/5)

- 가입한 해의 평균결실수(결과모지수)
- 미가입 해의 표준결실수(결과모지수)

① 복분자

㉠ A(과거결과모지수 평균) = Σ과거 5개년 포기당 평균결과모지수 ÷ Y

㉡ B(표준결과모지수) = 포기당 5개(2 ~ 4년) 또는 4개(5 ~11년)

Tip ▸ 복분자 먹고 **오**(5)줌 **싸**(4) 보는 게 **표준**

※ **평년결과모지수** : 보험가입연도 **표준결과모지수**의 50 ~ 130% 한도

Tip ▸ **표준**이라고? **오**(5) **해세**(13) - 오해일세

② 오디

㉠ A(과거평균결실수) = Σ과거 5개년 결실수 ÷ Y

㉡ B(평균표준결실수) = Σ과거 5개년 표준결실수 ÷ Y

※ **평년결실수** : 보험가입연도 **표준결실수**의 130% 한도로 산출

□ 과거수확량 산출방법

① 수확량조사 시행한 경우

㉠ **조사수확량** > 평년수확량의 50% → **조사수확량**

㉡ **평년수확량의 50%** ≥ **조사수확량** → **평년수확량의 50%**

- **감귤(온주밀감류)** : 아래에서 둘 중 큰 값
  - 평년수확량 ≥ **평년수확량** × (1 - **피해율**) ≥ 평년수확량 50%
    → **평년수확량** × (1− **피해율**)
  - **평년수확량의 50%** > 평년수확량 × (1 - 피해율) → **평년수확량의 50%**

  ※ 피해율 = MIN[보통약관 피해율 + (동상해 피해율 × 수확기 잔존비율), 100%]

  ※ 보통약관 피해율 = $\frac{\text{등급 내 피해과실수 + 등급 외 피해과실수} \times 50\%}{\text{기준과실수}}$ × (1 − 미보상비율)
- **복분자** : 아래에서 둘 중 큰 값
  - **실제결과모지수** > 평년결과모지수 50% → **실제결과모지수**
  - **평년결과모지수 50%** ≥ 실제결과모지수 → **평년결과모지수 50%**
- **오디** : 아래에서 둘 중 큰 값
  - **조사결실수** > 평년결실수 50% → **조사결실수**
  - **평년결실수 50%** ≥ 조사결실수 → **평년결실수 50%**

② 무사고로 수확량조사 시행하지 않은 경우 : 표준수확량의 1.1배와 평년수확량의 1.1배 중 → 큰 값 적용

- **복숭아, 포도, 감귤(만감류)** : 수확전 착과수조사한 값 적용

CHAPTER 03

※ 수확량 = 착과수조사값 × 평균과중
- **복분자** : MAX(평년결과모지수, 표준결과모지수) × 1.1
- **오디** : MAX(평년결실수, 표준결실수) × 1.1

(3) 가입수확량 : **평년수확량**의 50% ~100% 사이에서 계약자가 결정

(4) 가입과중

(가) 보험가입 시 결정한 과실의 1개당 평균 과실무게(g)

(나) 감귤(만감류, 온주밀감류)의 경우 → **중과** 기준으로 적용

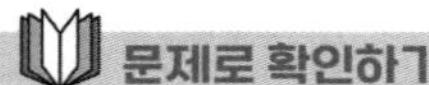

문제로 확인하기

01 종합위험보장 상품에서 보험가입 시 과거수확량 자료가 없는 경우 산출된 표준수확량의 70%를 평년수확량으로 결정하는 품목 중 특약으로 나무손해보장을 가입할 수 있는 품목 2가지를 모두 쓰시오.

Solution

살구, 유자

※ 표준수확량의 70%를 평년수확량으로 결정하는 품목 : 살구, 사과대추, 유자

02 종합위험보장 참다래 상품에서 다음 조건에 따라 2024년의 평년수확량을 구하시오. (단, 주어진 조건 외의 다른 조건은 고려하지 않음)

(단위 : kg)

구분	2019년	2020년	2021년	2022년	2023년	합계	평균
평년수확량	8,000	8,100	8,100	8,300	8,400	40,900	8,180
표준수확량	8,200	8,200	8,200	8,200	8,200	41,000	8,200
조사수확량	7,000	4,000	무사고	무사고	8,500	–	–
가입 여부	가입	가입	가입	가입	가입		

※ 2024년의 표준수확량은 8,200kg임

Solution

평년수확량 = $\{A + (B - A) \times (1 - \frac{Y}{5})\} \times \frac{C}{B}$

(1) 과거수확량
- 사고발생으로 수확량조사를 한 경우 :
  - 조사수확량 > 평년수확량의 50% → 조사수확량
  - 평년수확량의 50% ≥ 조사수확량 → 평년수확량의 50%
- 무사고로 수확량조사를 하지 않은 경우 :
  평년수확량의 1.1배와 표준수확량의 1.1배 중 → 큰 값 적용

① 2019년 : 사고발생
조사수확량(7,000) > 평년수확량(8,000)의 50%(4,000) → 7,000kg
② 2020년 : 사고발생
조사수확량(4,000) < 평년수확량(8,100)의 50%(4,050) → 4,050kg
③ 2021년 : 무사고
평년수확량(8,100)의 1.1배와 표준수확량(8,200)의 1.1배 중
→ 큰 값(8,200 × 1.1 = 9,020kg) 적용
④ 2022년 : 무사고
평년수확량(8,300)의 1.1배와 표준수확량(8,200)의 1.1배 중
→ 큰 값(8,300 × 1.1 = 9,130kg) 적용
⑤ 2023년 : 사고발생
조사수확량(8,500) > 평년수확량(8,400)의 50%(4,200) → 8,500kg

(2) 평년수확량
① A : (7,000 + 4,050 + 9,020 + 9,130 + 8,500) ÷ 5
= 37,700 ÷ 5 = 7,540kg
② B : (8,200 + 8,200 + 8,200 + 8,200 + 8,200) ÷ 5 = 8,200kg
③ C : 8,200kg
④ Y : 5

$$\therefore \text{평년수확량} = \{7,540 + (8,200 - 7,540) \times (1 - \frac{5}{5})\} \times \frac{8,200}{8,200}$$
$$= 7,540 + 0 = 7,540\text{kg}$$

03 포도에 대한 2024년도 평년수확량을 산출하시오. (단, 소수점 이하 절사)

(단위 : kg)

연도	평년수확량	표준수확량	조사수확량	보험가입 여부
2019년	8,000	8,000	8,000	가입
2020년	10,000	10,000	–	미가입
2021년	11,000	10,000	11,000	가입
2022년	12,000	11,000	5,500	가입
2023년	11,000	11,000	무사고	가입
2024년		11,000		

※ 2023년 : 수확전 착과수 25,000개, 평균과중 400g

Solution

$$\text{평년수확량} = \{A + (B - A) \times (1 - \frac{Y}{5})\} \times \frac{C}{B}$$

① A : (8,000 + 11,000 + 6,000 + 10,000) ÷ 4 = 8,750kg
Tip ▸ 무사고로 수확량조사 시행하지 않은 경우 : 복숭아, 포도 → 수확전 착과수조사한 값 적용
*수확량 = 착과수조사값(25,000) × 평균과중(0.4kg) = 10,000kg
② B : (8,000 + 10,000 + 11,000 + 11,000) ÷ 4 = 10,000kg

③ C : 11,000kg
④ Y : 4
∴ 평년수확량 = $\{8,750 + (10,000 - 8,750) \times (1 - \frac{4}{5})\} \times \frac{11,000}{10,000}$
= 9,900kg

04 종합위험보장 (1) 복숭아 상품의 평년수확량 산출식을 쓰고, (2) 산출식 구성요소에 대해 설명하시오. [단, 과거수확량 자료가 있는 경우(최근 5년 이내 2회의 보험가입 경험이 있는 경우)에 해당하며, 과거수확량 산출 관련 다른 조건은 배제한다.]

Solution

(1) 평년수확량 산출식 = $\{A + (B - A) \times (1 - \frac{Y}{5})\} \times \frac{C}{B}$

(2) 산출식 구성요소
① A : (과거평균수확량) = Σ(과거 5년간 수확량) ÷ Y
② B : (평균표준수확량) = Σ(과거 5년간 표준수확량) ÷ Y
③ C : 가입년도 표준수확량
④ Y : 과거수확량 산출년도 횟수(가입횟수)
※ 복숭아 평년수확량은 보험가입연도 표준수확량에 대한 제한 없음
Tip ▸ **밤**, 복**숭**아, **무**화과, 포**도** : 한도 없음

05 온주감귤에 대한 2024년도 평년수확량을 산출하시오. (단, 소수점 이하 절사)

(단위 : kg)

연도	평년수확량	표준수확량	피해율	보험가입 여부
2019년	9,000	8,000	30%	가입
2020년	8,000	9,000	–	미가입
2021년	11,000	10,000	40%	가입
2022년	10,000	11,000	60%	가입
2023년	12,000	10,000	무사고	가입
2024년		12,000		

Solution

평년수확량 = $\{A + (B - A) \times (1 - \frac{Y}{5})\} \times \frac{C}{B}$

① A : (6,300 + 6,600 + 5,000 + 13,200) ÷ 4 = 7,775kg
Tip ▸ ① 사고가 발생한 경우(온주밀감)
㉠ 평년수확량 ≥ 평년수확량 × (1 - 피해율) ≥ 평년수확량 50% → 평년수확량 × (1 - 피해율)
㉡ 평년수확량의 50% > 평년수확량 × (1 - 피해율) → 평년수확량의 50%
② 무사고로 수확량조사 시행하지 않은 경우
표준수확량의 1.1배와 평년수확량의 1.1배 중 → 큰 값 적용

㉠ 2019년
[9,000 × (1 − 0.3) = 6,300kg] > [9,000 × 0.5 = 4,500kg] → 6,300kg
㉡ 2021년
[11,000 × (1 − 0.4) = 6,600kg] > [11,000 × 0.5 = 5,500kg] → 6,600kg
㉢ 2022년
[10,000 × (1 − 0.6) = 4,000kg] < [10,000 × 0.5 = 5,000kg] → 5,000kg
㉣ 2023년(무사고)
[12,000 × 1.1 = 13,200kg] > [10,000 × 1.1 = 11,000kg] → 13,200kg

② B : (8,000 + 10,000 + 11,000 + 10,000) ÷ 4 = 9,750kg
③ C : 12,000kg
④ Y : 4

∴ 평년수확량 $= \{7{,}775 + (9{,}750 - 7{,}775) \times (1 - \frac{4}{5})\} \times \frac{12{,}000}{9{,}750}$
$= 10{,}055$kg

06 복분자에 대한 2024년도 평년결과모지수를 산출하시오. (단, 소수점 둘째자리에서 반올림하시오.)

(단위 : 개)

연도	평년결과모지수	실제결과모지수	보험가입여부
2019년	6	2	가입
2020년	6	–	미가입
2021년	5	6	가입
2022년	6	무사고	가입
2023년	6	–	미가입

※ 2019년 2년생으로 가입

Solution

평년결과모지수 $= (A \times \frac{Y}{5}) + \{B \times (1 - \frac{Y}{5})\}$

① A : (3 + 6 + 6.6) ÷ 3 = 5.2개

Tip ▸ ① 수확량조사 시행한 경우(복분자)
㉠ 실제결과모지수 > 평년결과모지수 50% → 실제결과모지수
㉡ 평년결과모지수 50% ≥ 실제결과모지수 → 평년결과모지수 50%
② 무사고로 수확량조사 시행하지 않은 경우(복분자)
MAX(평년결과모지수, 표준결과모지수) × 1.1

㉠ 2019년
[2(실제결과모지수)] < [(6(평년결과모지수) × 0.5 = 3)] → 3
㉡ 2021년
[6(실제결과모지수)] > [(5(평년결과모지수) × 0.5 = 2.5)] → 6
㉢ 2022년(무사고)
[(4(표준결과모지수) × 1.1 = 4.4)] < [(6(평년결과모지수) × 1.1 = 6.6)] → 6.6

② B : 4개(2022년 시점 수령 5년)

Tip ▸ B(표준결과모지수) = 포기당 5개(2 ~ 4년) 또는 4개(5 ~ 11년)

※ 평년결과모지수 : 보험가입연도 표준결과모지수의 50% ~ 130% 한도

③ Y : 3

∴ 평년결과모지수 = $(5.2 \times \frac{3}{5}) + (4 \times \frac{2}{5})$

= 3.12 + 1.6 = 4.72 = 4.7개

Tip ▸ 평년결과모지수 : 보험가입연도 표준결과모지수(4개)의 50% ~ 130% 한도(2개 ~ 5.2개) 내에 해당

07 주어진 자료를 기준으로 오디(청일뽕)의 2024년도 평년결실수를 산정하시오. (단, 각 결실수는 소수점 첫째자리에서 반올림하시오.)

가입년도	표준결실수	평년결실수	조사결실수	보험가입 여부
2019년	200	200	190	가입
2020년	200	180	–	미가입
2021년	200	190	–	미가입
2022년	200	195	무사고	가입
2023년	200	200	95	가입

※ 2024년 표준결실수 : 200개

Solution

평년결실수 = $(A \times \frac{Y}{5}) + \{B \times (1 - \frac{Y}{5})\}$

① A : (190 + 220 + 100) ÷ 3 = 170개

Tip ▸ ① 수확량조사 시행한 경우(오디)

㉠ 조사결실수 > 평년결실수 50% → 조사결실수

㉡ 평년결실수 50% ≥ 조사결실수 → 평년결실수 50%

② 무사고로 수확량조사 시행하지 않은 경우(오디)

MAX(평년결실수, 표준결실수) × 1.1

㉠ 2019년

[조사결실수(190)] > [평년결실수(200) × 0.5 = 100] → 190개

㉡ 2022년(무사고)

[평년결실수(195) × 1.1 = 215] < [표준결실수(200) × 1.1 = 220] → 220개

㉢ 2023년

[조사결실수(95)] < [평년결실수(200) × 0.5 = 100] → 100개

② B : 200개

③ Y : 3

∴ 평년결실수 = $(170 \times \frac{3}{5}) + \{200 \times (1 - \frac{3}{5})\}$

= 102 + 80 = 182개

Tip ▸ 평년결실수 : 보험가입연도 표준결실수(200개)의 130%(260개) 한도 내에 해당

08 다음 참다래에 대한 2024년도 평년수확량을 산출하시오. (단, 소수점 이하 절사)

(단위 : kg)

구분	2019년	2020년	2021년	2022년	2023년	합계	평균
평년수확량	8,500	8,200	8,100	8,300	8,200	40,900	8,180
표준수확량	8,200	8,200	8,200	8,200	8,200	41,000	8,200
조사수확량	7,000	4,000	무사고	무사고	8,500	–	–
가입 여부	가입	가입	가입	가입	가입		

※ 2024년의 표준수확량은 8,300kg임

Solution

평년수확량 = $\{A + (B - A) \times (1 - \frac{Y}{5})\} \times \frac{C}{B}$

① A : (7,000 + 4,100 + 9,020 + 9,130 + 8,500) ÷ 5 = 7,550kg

Tip ▸ ① 수확량조사 시행한 경우

㉠ 조사수확량 > 평년수확량의 50% → 조사수확량

㉡ 평년수확량 50% ≥ 조사수확량 → 평년수확량 50%

② 무사고로 수확량조사 시행하지 않은 경우

표준수확량의 1.1배와 평년수확량의 1.1배 중 → 큰 값 적용

㉠ 2019년 : [조사수확량(7,000)] > [평년수확량(8,500) × 0.5 = 4,250] → 7,000kg

㉡ 2020년 : [조사수확량(4,000)] < [평년수확량(8,200) × 0.5 = 4,100] → 4,100kg

㉢ 2021년(무사고) : [표준수확량(8,200) × 1.1 = 9,020] > [평년수확량(8,100) × 1.1 = 8,910] → 9,020kg

㉣ 2022년(무사고) : [표준수확량(8,200) × 1.1 = 9,020] > [평년수확량(8,300) × 1.1 = 9,130] → 9,130kg

㉤ 2023년 : [조사수확량(8,500)] > [평년수확량(8,200) × 0.5 = 4,100] → 8,500kg

② B : (8,200 + 8,200 + 8,200 + 8,200 + 8,200) ÷ 5 = 8,200kg

③ C : 8,300kg

④ Y : 5

∴ 평년수확량 = $\{7{,}550 + (8{,}200 - 7{,}550) \times (1 - \frac{5}{5})\} \times \frac{8{,}300}{8{,}200}$

= 7,642kg

2. 논작물

가. 대상품목 : 벼, 조사료용 벼, 밀, 보리, 귀리

나. 보장방식 : 종합위험방식 수확감소보장

1) 자연재해, 조수해, 화재의 피해로 발생하는 보험목적물의 '수확량감소'에 대하여 '보상'

2) 상품내용

가) 보상하는 재해

(1) **공통(5개 전품목)** : 자연재해, 조수해, 화재

(2) **벼** : 병해충보장 특별약관 가입 시
보상하는 병충해 : **흰**잎마름병, **줄**무늬잎마름병, **벼**멸구, **도**열병, **깨**씨무늬병, **먹**노린재, **세**균성벼알마름병 **Tip ▸ 흰, 줄, 벼, 도, 깨, 먹, 세**

나) 보상하지 않는 손해

(1) 계약자, 피보험자 또는 이들의 법정대리인의 고의 또는 중대한 과실로 인한 손해
(2) 수확기에 계약자 또는 피보험자의 고의 또는 중대한 과실로 수확하지 못하여 발생한 손해
(3) 제초작업, 시비관리 등 통상적인 영농활동을 하지 않아 발생한 손해
(4) 원인의 직・간접을 묻지 않고 병해충으로 발생한 손해(다만, 벼 병해충보장 특별약관 가입 시는 제외)
(5) 보장하지 않는 재해로 제방, 댐 등이 붕괴되어 발생한 손해
(6) 하우스, 부대시설 등의 노후 및 하자로 생긴 손해
(7) 계약체결 시점 현재 기상청에서 발령하고 있는 기상특보 발령 지역의 기상특보 관련 재해로 인한 손해
(8) 보상하는 손해에 해당하지 않은 재해로 발생한 손해
(9) 전쟁, 혁명, 내란, 사변, 폭동, 소요, 노동쟁의, 기타 이들과 유사한 사태로 생긴 손해

다) 보험기간

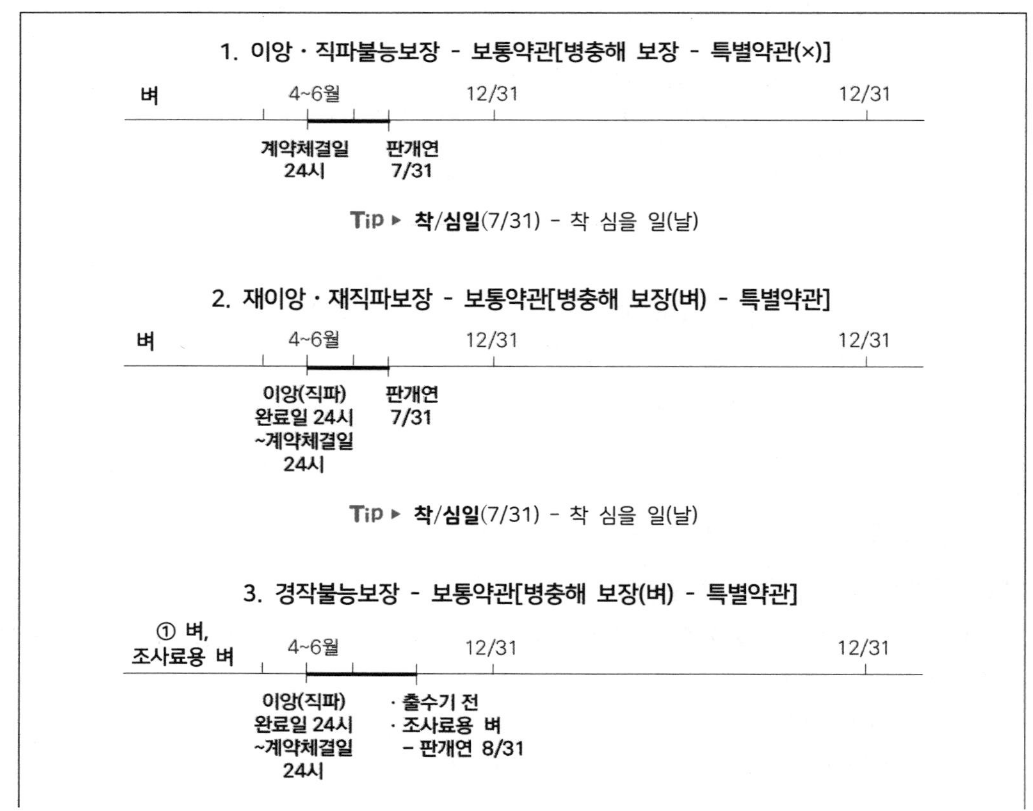

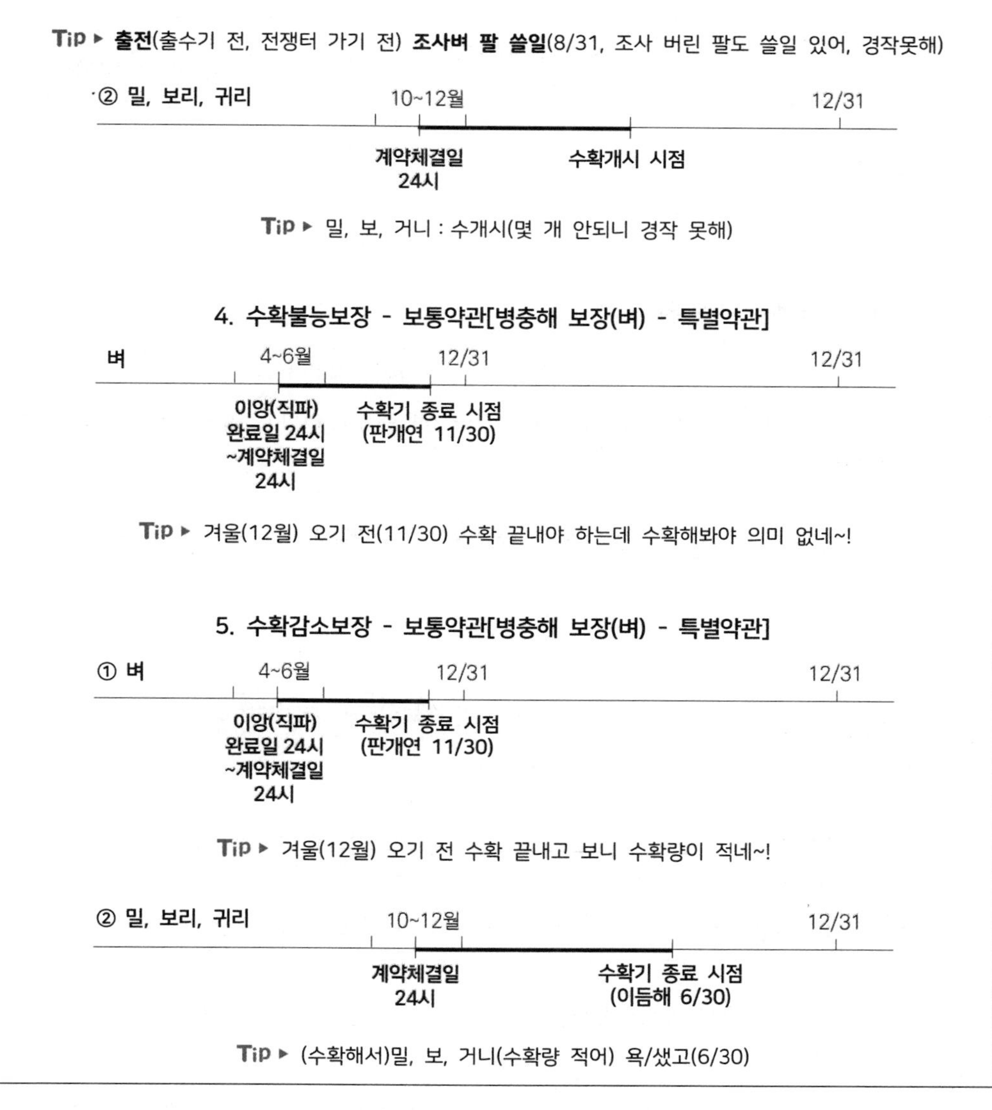

문제로 확인하기

01 다음은 종합위험보장 벼(조사료용 벼 제외) 상품의 보험기간이다. (　　)에 들어갈 내용을 쓰시오.

보장명	보장개시	보장종료
이앙·직파불능보장	계약체결일 24시	판매개시연도 (①)
재이앙·재직파보장	이앙(직파)완료일 24시 다만, 보험계약 시	판매개시연도 (②)
경작불능보장		(③)

수확불능보장	이앙(직파)완료일이 경과한 경우에는 계약체결일 24시	수확기 종료 시점 단, 판매개시연도 (④)을 초과할 수 없음
수확감소보장		

Solution

① 7월 31일, ② 7월 31일, ③ 출수기 전, ④ 11월 30일

라) 보험가입금액(천원 단위 절사)

가입수확량 × 표준(가입)가격

- 벼의 표준가격 : 보험가입연도 **직전 5개년**의 **시 · 군별 농협** RPC(미곡종합처리장) **계약재배 수매가** 최근 5년 **평균값**에 **민간 RPC지수**를 **반영**하여 산출
- 조사료용 벼

보장생산비 × 가입면적

마) 보험료

(1) 보험료의 구성

영업보험료 = 순보험료 + 부가보험료

- 순보험료 : 지급보험금의 재원이 되는 보험료
- 부가보험료 : 보험회사의 경비 등으로 사용되는 보험료

(가) **정부보조보험료** : 순보험료의 50% + 부가보험료의 100% 지원

※ 벼 : 보장 수준에 따라 순보험료 41% ~ 60% 차등지원

(나) **지자체지원보험료** : 지자체별로 지원금액(비율)을 결정

(2) 보험료의 산출

(가) **종합위험 수확감소보장방식** : 벼, 조사료용 벼, 밀, 보리, 귀리

① 수확감소보장 보통약관 적용보험료

보통약관 보험가입금액 × 지역별 보통약관 영업요율 × (1 ± 손해율에 따른 할인 · 할증률) × (1 + 친환경재배 시 할증률) × (1 + 직파재배 농지 할증률)

② 병해충보장 특별약관 적용보험료(벼)

특별약관 보험가입금액 × 지역별 특별약관 영업요율 × (1 ± 손해율에 따른 할인 · 할증률) × (1 + 친환경재배 시 할증률) × (1 + 직파재배 농지 할증률)

- **친환경재배 시** 할증률, **직파재배 농지** 할증률 → **'벼'** 품목에 한하여 적용
- 손해율에 따른 할인 · 할증 → '계약자 기준'으로 판단
- 손해율에 따른 '할인 · 할증폭' → '−30% ~ +50%'로 제한

 문제로 확인하기

01 강원도 철원으로 귀농한 A씨는 100,000㎡ 논의 '오대벼'를 주계약 보험가입금액 1억원, 병해충보장 특약 보험가입금액 5천만원을 선택하여 친환경재배, 직파재배방식으로 농작물재해보험에 가입하고자 한다. 다음의 추가조건에 따른 각각의 물음에 답하시오.

> 〈추가조건〉
> • 철원지역 보통약관 영업요율과 특별약관 영업요율(1%)
> • 손해율에 따른 할인율(25%)
> • 친환경재배 시 할증률(30%)
> • 직파재배 농지 할증률(20%)

물음 1) 수확감소보장 보통약관 적용보험료를 구하시오.
물음 2) 병해충보장 특별약관 적용보험료를 구하시오.

Solution

물음 1) 수확감소보장 보통약관 적용보험료
수확감소보장 보통약관 적용보험료
= 보통약관 보험가입금액 × 지역별 보통약관 영업요율 × (1 ± 손해율에 따른 할인・할증률) × (1 + 친환경재배 시 할증률) × (1 + 직파재배 농지 할증률)
= 1억원 × 0.01 × (1 − 0.25) × (1 + 0.3) × (1 + 0.2) = 1,170,000원

물음 2) 병해충보장 특별약관 적용보험료
병해충보장 특별약관 적용보험료
= 특별약관 보험가입금액 × 지역별 특별약관 영업요율 × (1 ± 손해율에 따른 할인・할증률) × (1 + 친환경재배 시 할증률) × (1 + 직파재배 농지 할증률)
= 5천만원 × 0.01 × (1 − 0.25) × (1 + 0.3) × (1 + 0.2) = 585,000원

02 농작물재해보험 '벼'에 관한 내용이다. 다음 물음에 답하시오. (단, 보통약관과 특별약관 보험가입금액은 동일하며, 병해충 특약에 가입되어 있음)

> ○ **계약내용**
> • 보험가입일 : 2024년 5월 22일
> • 품목 : 벼
> • 재배방식 : 친환경・직파재배
> • 가입수확량 : 4,500kg
> • 지역별 보통약관 영업요율 : 12%
> • 지역별 특별약관 영업요율 : 5%
> • 손해율에 따른 할인율 : −13%
> • 직파재배 농지 할증률 : 10%
> • 친환경재배 시 할증률 : 8%

○ **조사내용**
- 민간 RPC(양곡처리장) 지수 : 1.2
- 농협 RPC 계약재배 수매가(원/kg)

연도	수매가	연도	수매가	연도	수매가
2018	1,300	2020	1,600	2022	2,000
2019	1,400	2021	1,800	2023	2,200

※ 계산 시 민간 RPC 지수는 농협 RPC 계약재배 수매가에 곱하여 산출할 것

물음 1) 보험가입금액의 계산과정과 값을 쓰시오.

물음 2) 수확감소보장 보통약관(주계약) 적용보험료의 계산과정과 값을 쓰시오. (단, 천원 단위 절사)

물음 3) 병해충보장 특별약관 적용보험료의 계산과정과 값을 쓰시오. (단, 천원 단위 절사)

Solution

물음 1) 보험가입금액

벼의 보험가입금액 = 가입수확량(kg) × 표준(가입)가격(원/kg)

① 표준(가입)가격 : 보험 가입연도 직전 5개년의 시・군별 농협 RPC(미곡종합처리장) 계약재배 수매가 최근 5년 평균값에 민간 RPC지수를 반영하여 산출

② 벼의 표준가격
= (2,200 + 2,000 + 1,800 + 1,600 + 1,400) ÷ 5 × 1.2
= 9,000 ÷ 5 × 1.2 = 2,160원

∴ 벼의 보험가입금액 = 4,500kg × 2,160원 = 9,720,000원

물음 2) 수확감소보장 보통약관(주계약) 적용보험료

수확감소보장 보통약관(주계약) 적용보험료
= 보통약관 보험가입금액 × 지역별 보통약관 영업요율 × (1 ± 손해율에 따른 할인・할증률) × (1 + 친환경재배 시 할증률) × (1 + 직파재배 농지할증률)
= 9,720,000원 × 0.12 × (1 − 0.13) × (1 + 0.08) × (1 + 0.1) = 1,205,544.384원
∴ 1,200,000원(천원 단위 절사)

물음 3) 병해충보장 특별약관 적용보험료

병해충보장 특별약관 적용보험료
= 특별약관 보험가입금액 × 지역별 특별약관 영업요율 × (1 ± 손해율에 따른 할인・할증률) × (1 + 친환경재배 시 할증률) × (1 + 직파재배 농지 할증률)
= 9,720,000원 × 0.05 × (1 − 0.13) × (1 + 0.08) × (1 + 0.1) = 502,310.16원
∴ 500,000원(천원 단위 절사)

03 다음은 종합위험보장 벼 상품에 대한 내용이다. 다음 조건을 보고 물음에 답하시오. (단, 소수점 이하 절사)

- 보험가입금액 : 4,000,000원
- 지역별 보통약관 영업요율 : 10%
  (지역별 보통약관 영업요율 중 순보험료 비율이 80%, 부가보험료 비율이 20%임)
- 손해율에 따른 할인율 : −18%
- 친환경재배 할증률 : 20%
- 직파재배 할증률 : 20%
- 자기부담비율 : 15%
- 지자체지원비율 : 30%

(1) 주계약 보험료를 산출하시오.

(2) 정부지원보험료를 산출하시오.

(3) 계약자부담보험료를 산출하시오.

Solution

(1) 주계약 보험료

= 보험가입금액 × 지역별 영업요율 × (1 ± 손해율에 따른 할인·할증율) × (1 + 친환경재배 할증률) × (1 + 직파재배 할증률)

= 4,000,000원 × 0.1 × (1 − 0.18) × (1 + 0.2) × (1 + 0.2) = 472,320원

(2) 정부지원보험료

= 순보험료 지원액(순보험료 × 0.44) + 부가보험료 전액

① 순보험료 = 472,320원 × 0.8 = 377,856원

② 부가보험료 = 472,320원 × 0.2 = 94,464원

∴ 정부지원보험료 = 377,856원 × 0.44 + 94,464원 = 166,256원 + 94,464원 = 260,720원

◆ 정부의 농가부담보험료 지원 비율

구분	품목	보장 수준(%)				
		60	70	80	85	90
국고보조율 (%)	사과, 배, 단감, 떫은감	60	60	50	38	33
	벼	60	55	50	44	41

(3) 계약자부담보험료

= 순보험료 × (1 − 정부지원비율 − 지자체지원비율)

= 377,856원 × (1 − 0.44 − 0.3) = 377,856원 × 0.26 = 98,242원

(3) 보험료의 환급

(가) **계약이 무효, 효력상실 또는 해지된 때**

① 계약자 또는 피보험자의 책임 없는 사유에 의하는 경우

㉠ **무효** → 전액

㉡ **효력상실 또는 해지** → 해당 월 '미경과비율'에 따라 '환급보험료' 계산

환급보험료 = 계약자부담보험료 × 미경과비율 〈별표〉

② 계약자 또는 피보험자의 책임 있는 사유에 의하는 경우

㉠ 해당 월 미경과비율에 따른 환급보험료

㉡ 다만 계약자, 피보험자의 고의 또는 중대한 과실로 무효가 된 때에는 보험료를 반환하지 않음

(나) **계약자 또는 피보험자의 책임 있는 사유란**

① 계약자 또는 피보험자가 임의 해지하는 경우

② 사기에 의한 계약, 계약의 해지(계약자 또는 피보험자의 고의로 손해가 발생한 경우나, 고지의무·통지의무 등을 해태한 경우) 또는 중대사유로 인한 해지에 따라 → 계약을 취소 또는 해지하는 경우

③ 보험료 미납으로 인한 계약의 효력상실

(다) **계약의 무효, 효력상실 또는 해지로 인하여 반환해야 할 보험료가 있을 때**

① 계약자는 '환급금'을 '청구'해야 함

② 청구일의 다음 날부터 ~ 지급일까지의 기간에 대하여 보험개발원이 공시하는 '보험계약대출이율'을 → '연단위 복리'로 계산한 금액을 더하여 지급

바) 보험금

(1) **이앙·직파불능보장(보통약관)** : 벼(조곡) → 보험계약 소멸

보험금 = 보험가입금액 × 15%

Tip ▸ **가**(가혹) **하다**(15)(모내기도 못할 만큼 가혹한 가뭄)

(2) **재이앙·재직파보장(보통약관)** : 벼(조곡)

면적피해율 10% 초과 → 재이앙·재직파(1회 지급)

보험금 = 보험가입금액 × 25% × 면적피해율

Tip ▸ **투덜**(25), **면피**(면적피해율)(다시 모내기하고 투덜대서 보험금 받아 면피했네~!)

○ 면적피해율 = 피해면적 ÷ 보험가입면적

(3) **경작불능보장(보통약관)** : 벼, 밀, 보리, 조사료용 벼, 귀리

[1]**식물체 피해율 65% 이상(분질미**는 **60% 이상**만 되어도 해당)

+ [2]경작불능보험금 신청(보험계약 소멸) Tip ▸ **육로**(65) - 육체가 늙어서 경작 못해

보험금 = 보험가입금액 × 일정비율

○ **경작불능보험금 지급비율**(벼(조곡), 밀, 보리, 귀리)

→ 자기부담비율 10%, 15% → 벼(조곡), 밀, 보리만 적용 Tip ▸ **귀리**(시범작물)

◆ 자기부담비율에 따른 경작불능보험금

자기부담비율	경작불능보험금
10%형	보험가입금액의 45%
15%형	보험가입금액의 42%
20%형	보험가입금액의 40%
30%형	보험가입금액의 35%
40%형	보험가입금액의 30%

○ **조사료용 벼**

보험금 = 보험가입금액 × 보장비율 × 경과비율

Tip ▸ 사료용 옥수수와 유사

◆ 경작불능보험금 보장비율(조사료용 벼)

구분	45%형	42%형	40%형	35%형	30%형
보장비율	45%	42%	40%	35%	30%

- **45%형 : 3년** 연속 가입 및 → **3년간** 수령보험금 < 순보험료의 **120% 미만**
- **42%형 : 2년** 연속 가입 및 → **2년간** 수령보험금 < 순보험료의 **120% 미만**

◆ 경과비율 : 사고발생일이 속한 월에 따라 계산(시간경과 따라 생산비 증가)

월별	5월	6월	7월	8월
경과비율	80%	85%	90%	100%

Tip ▸ **어느 세월**(5, 6, 7, 8)
조사료용 벼 : **빨공**(80), **빨어**(85), **구공**(90), **탄**(100)
사료용 옥수수 : **파공**(80), **파공**(80), **구공**(90), **탄**(100)

○ **경작불능보험금** : 보험목적물이 **산지폐기**된 것 **확인** 후 지급
○ **이앙·직파불능, 경작불능, 수확불능보험금 지급** : 그 손해보상의 원인이 생긴 때로부터 → 해당 농지에 대한 **보험계약 소멸**

(4) **수확불능보장(보통약관)** : 오직 **벼**만 인정

[1]**제현율 65% 미만,** 정상벼로서 출하 불가능(**분질미**는 **70% 미만**이라면 가능)
+ [2]**수확불능보험금 신청**(보험계약 소멸)

보험금 = 보험가입금액 × 일정비율

○ **수확불능보험금 지급비율**(벼(조곡))

◆ 자기부담비율에 따른 수확불능보험금

자기부담비율	수확불능보험금
10%형	보험가입금액의 60%

15%형	보험가입금액의 57%
20%형	보험가입금액의 55%
30%형	보험가입금액의 50%
40%형	보험가입금액의 45%

Tip ▸ 100 - 10 = 90 → 90 ÷ 2 = 45 → 45 + **15** = 60

(5) **수확감소보장(보통약관)** : 벼, 밀, 보리, 귀리 ※ 조사료용 벼(×)

보험금 = 보험가입금액 × (피해율 − 자기부담비율)

○ **피해율 = (평년수확량 − 수확량 − 미보상감수량) ÷ 평년수확량**
○ **경작불능보험금**의 보험기간 내 발생한 재해로 인해
→ 식물체 피해율이 **65%** 이상(분질미는 **60%** 이상)인 경우
→ **수확불능보험금**과 **수확감소보험금**은 **지급 불가**
○ **벼** : 병해충(7종) 피해 → 병해충 특약 가입 시 보장
○ 식물체 피해율 = 식물체가 고사한 면적 ÷ 보험가입면적

문제로 확인하기

01 종합위험보장 벼(조사료용 벼 제외) 상품에서 다음 보장유형의 보험금 산출식을 쓰시오.

(1) 이앙・직파불능보험금

(2) 재이앙・재직파보험금

Solution

(1) 이앙・직파불능보험금 = 보험가입금액 × 15%

(2) 재이앙・재직파보험금 = 보험가입금액 × 25% × 면적피해율

※ 면적피해율 = (피해면적 ÷ 보험가입면적)

02 종합위험보장 논벼에 관한 내용이다. 계약내용과 조사내용을 참조하여 다음 물음에 답하시오. (단, 소수점 이하 절사)

○ **계약내용**
- 보험가입금액 : 5,000,000원
- 가입면적 : 8,000㎡
- 자기부담비율 : 15%

○ **조사내용**
- 재이앙 전 피해면적 : 2,000㎡
- 재이앙 후 식물체 피해면적 : 5,900㎡

(1) 재이앙 · 재직파보험금의 계산과정과 값을 쓰시오.
(2) 경작불능보험금의 계산과정과 값을 쓰시오.

Solution

(1) 재이앙 · 재직파보험금
= 5,000,000원 × 0.25 × (2,000㎡ ÷ 8,000㎡) = 312,500원

Tip ▸ 피해율(2,000㎡ ÷ 8,000㎡ = 0.25 = 25%)이 10%를 초과하여 보험금지급 대상임

(2) 경작불능보험금
= 5,000,000 × 0.42(자기부담비율 15%형) = 2,100,000원

Tip ▸ 식물체 피해율(5,900㎡ ÷ 8,000㎡ = 0.7375 = 73.75%)이 65%를 초과하여 보험금지급 대상임

03 다음은 종합위험보장 벼 상품에 대한 보험가입 내용이다. 각각의 조건을 참고하여 해당 보험금을 산출하시오.

(1) 이앙 · 직파불능보험금을 구하시오.

조사일자	보험가입금액	자기부담비율	가입면적	재해
7월 31일	4,500,000원	20%	4,500㎡	한해

※ 조사결과 : 통상적인 영농활동은 하였지만 가뭄으로 농지 전체를 이앙 · 직파하지 못하고 경작을 포기함

(2) 재이앙 · 재직파보험금을 구하시오.

보험가입금액	자기부담비율	재해	가입면적	피해면적	재이앙면적
2,000,000원	20%	폭염	6,000㎡	3,000㎡	3,000㎡

(3) 재이앙 · 재직파보험금을 구하시오.

보험가입금액	자기부담비율	재해	가입면적	피해면적	재이앙면적
2,000,000원	20%	집중호우	6,000㎡	480㎡	500㎡

(4) 경작불능보험금을 구하시오.

보험가입금액	자기부담비율	재해	가입면적	고사면적
3,000,000원	최소비율적용	태풍	2,500㎡	1,625㎡

※ 계약자가 경작불능보험금을 신청함

(5) 수확불능보험금을 산정하시오.

보험가입금액	자기부담비율	가입면적	제현율
6,000,000원	20%	6,000㎡	60%

※ 계약자가 수확불능보험금을 신청함

(6) 수확감소보험금을 산정하시오.

보험가입금액	자기부담비율	평년수확량	수확량	미보상감수량
25,000,000원	최소비율적용	12,000kg	8,000kg	100kg

보험가입이력					
가입연도	2019년	2020년	2021년	2022년	2023년
순보험료	600,000원	650,000원	700,000원	800,000원	820,000원
보험금	0	750,000원	620,000원	900,000원	680,000원
가입 여부	가입	가입	가입	가입	가입

Solution

(1) 이앙 · 직파불능보험금
= 4,500,000원 × 0.15 = 675,000원

(2) 재이앙 · 재직파보험금
= 2,000,000원 × 0.25 × 0.5 = 250,000원

Tip ▸ 피해율(3,000㎡ ÷ 6,000㎡ = 0.5 = 50%)이 10%를 초과하여 보험금지급 대상임

(3) 재이앙 · 재직파보험금 = 0

Tip ▸ 피해율(480㎡ ÷ 6,000㎡ = 0.08 = 8%)이 10%를 초과하지 못해 보험금지급 대상이 아님

(4) 경작불능보험금
= 3,000,000원 × 0.45 = 1,350,000원

Tip ▸ 식물체 피해율(1,625㎡ ÷ 2,500㎡ = 0.65 = 65%)이 65% 이상이므로 보험금지급 대상임

(5) 수확불능보험금
= 6,000,000원 × 0.55 = 3,300,000원

Tip ▸ 제현률이 60%로서 65% 미만에 해당하므로 보험금지급 대상임

(6) 수확감소보험금
= 보험가입금액 × (피해율 − 자기부담비율)

① 피해율 = (12,000kg − 8,000kg − 100kg) ÷ 12,000kg = 0.325 = 32.5%

② 자기부담비율(최소비율) : 10%형

Tip ▸ 최근 3년 연속 가입, 3년간 수령보험금 < 순보험료의 120%(미만)

※ 3년간 수령보험금 = 680,000 + 900,000 + 620,000 = 2,200,000원

※ 3년간 납부한 순보험료 × 1.2
= {(820,000 + 800,000 + 700,000 = 2,320,000원)} × 1.2
= 2,784,000원

∴ 수확감소보험금 = 25,000,000원 × (0.325 − 0.1) = 5,625,000원

04 **다음은 종합위험보장 논작물 조사료용 벼 상품에 대한 내용이다. 다음 조건을 보고 물음에 답하시오.**

- 가입면적 : 10,000㎡
- 보장생산비 : 900원/㎡
- 보장비율 : 42%형 가입
- 사고발생일 : 7월 20일
- 재해 : 집중호우
- 피해면적 : 8,000㎡
- 경작불능보험금 신청함

(1) 조사료용 벼 보험가입금액을 구하시오. (천원 단위 절사)

(2) 조사료용 벼 경작불능보험금을 구하시오.

Solution

(1) 보험가입금액 = 보장생산비 × 가입면적
= 900원 × 10,000㎡ = 9,000,000원

(2) 경작불능보험금 = 보험가입금액 × 보장비율 × 경과비율
= 9,000,000 × 0.42 × 0.9 = 3,402,000원 = 3,400,000원

※ 경과비율(사고발생월 7월) : 90%

월별	5월	6월	7월	8월
경과비율	80%	85%	90%	100%

05 다음은 종합위험보장 논작물 조사료용 벼 상품에 대한 내용이다. 다음 조건을 보고 물음에 답하시오.

- 가입면적 : 16,000㎡
- 보장생산비 : 600원/㎡
- 보장비율 : 최대보장비율 선택
- 사고발생일 : 6월 25일
- 재해 : 집중호우
- 피해면적 : 11,200㎡
- 경작불능보험금을 신청함

보험가입이력					
가입연도	2019년	2020년	2021년	2022년	2023년
순보험료	400,000원	450,000원	500,000원	600,000원	620,000원
보험금	0	550,000원	620,000원	700,000원	480,000원
가입 여부	가입	가입	가입	가입	가입

(1) 조사료용 벼 보험가입금액을 구하시오. (천원 단위 절사)

(2) 조사료용 벼 경작불능보험금을 구하시오.

Solution

(1) 보험가입금액 = 보장생산비 × 가입면적
= 600원/㎡ × 16,000㎡ = 9,600,000원

(2) 경작불능보험금 = 보험가입금액 × 보장비율 × 경과비율
= 9,600,000원 × 0.45 × 0.85 = 3,672,000원

① 자기부담비율(최소비율) : 자기부담비율 10%형 → 보장비율 45%형

Tip ▸ 최근 3년 연속 가입, 3년간 수령보험금 < 순보험료의 120%(미만)

※ 3년간 수령보험금 = 480,000 + 700,000 + 620,000 = 1,800,000원

※ 3년간 납부한 순보험료 × 1.2
= (620,000 + 600,000 + 500,000 = 1,720,000원) × 1.2
= 2,064,000원

② 경과비율(사고발생월 6월) : 85%

월별	5월	6월	7월	8월
경과비율	80%	85%	90%	100%

06 농작물재해보험 종합위험방식 벼 품목에 관해 업무방법에서 정하는 보험금 지급사유와 지급금액 산출식을 답란에 서술하시오. (단, 자기부담비율은 15%형 기준임)

구분	지급사유	지급금액 산출식
경작불능보험금		
수확감소보험금		
수확불능보험금		

Solution

(1) 경작불능보험금
① 지급사유 : 보상하는 재해로 식물체 피해율이 65% 이상(벼(조곡) 분질미는 60%)이고, 계약자가 경작불능보험금을 신청한 경우
② 지급금액 산출식 : 보험가입금액 × 0.42(42%)

(2) 수확감소보험금
① 지급사유 : 보상하는 재해로 인해 피해율이 자기부담비율을 초과하는 경우
② 지급금액 산출식 : 보험가입금액 × (피해율 − 자기부담비율)
※ 피해율 = (평년수확량 − 수확량 − 미보상감수량) ÷ 평년수확량

(3) 수확불능보험금
① 지급사유 : 보상하는 재해로 제현율이 65% 미만((벼(조곡) 분질미는 70%)으로 떨어져 정상벼로서 출하가 불가능하게 되고, 계약자가 수확불능보험금을 신청한 경우
② 지급금액 산출식 : 보험가입금액 × 0.57(57%)

07 종합위험보장 논벼에 관한 내용이다. 계약내용과 조사내용을 참조하여 다음 물음에 답하시오.

○ **계약내용**
- 보험가입금액 : 3,500,000원
- 가입면적 : 7,000㎡
- 자기부담비율 : 15%

○ **조사내용**
- 재이앙 전 피해면적 : 2,100㎡
- 재이앙 후 식물체 피해면적 : 4,900㎡

물음 1) 재이앙·재직파보험금과 경작불능보험금을 지급하는 경우를 각각 서술하시오.
물음 2) 재이앙·재직파보장과 경작불능보장의 보장종료시점을 각각 쓰시오.
물음 3) 재이앙·재직파보험금의 계산과정과 값을 쓰시오.
물음 4) 경작불능보험금의 계산과정과 값을 쓰시오.

Solution

물음 1) 재이앙·재직파보험금과 경작불능보험금을 지급하는 경우
① 재이앙·재직파보험금 : 보험기간 내에 보상하는 재해로 면적피해율이 10%를 초과하고, 재이앙(재직파)한 경우
② 경작불능보험금 : 보상하는 재해로 식물체 피해율이 65% 이상이고, 계약자가 경작불능보험금을 신청한 경우

물음 2) 재이앙·재직파보장과 경작불능보장의 보장종료시점
① 재이앙·재직파보장 : 판매개시연도 7월 31일
② 경작불능보장 : 출수기 전

물음 3) 재이앙·재직파보험금
재이앙·재직파보험금 = 보험가입금액 × 25% × 면적피해율
= 3,500,000원 × 0.25 × 0.3 = 262,500원
• 면적피해율 = 피해면적 ÷ 보험가입면적 = 2,100㎡ ÷ 7,000㎡ = 0.3

물음 4) 경작불능보험금
경작불능보험금 = 3,500,000(보험가입금액) × 0.42(자기부담비율 15%형) = 1,470,000원

사) 자기부담비율
(1) 계약자 또는 피보험자가 부담하는 일정 비율(금액) : 자기부담비율(금) 이하의 손해 → 보험금이 지급되지 않음
(2) 보험계약 시 계약자가 선택한 비율
(가) 10%, 15%, 20%, 30%, 40%
(나) 10%, 15% : 벼(조곡), 밀, 보리만 적용
※ **조사료용 벼**(수확감소보장 없음), **귀리**(2023 신규사업) – (×)
(3) 자기부담비율 선택 기준
(가) **10%형** : 최근 3년 연속 가입, 3년간 수령보험금 < 순보험료의 120%(미만)
(나) **15%형** : 최근 2년 연속 가입, 2년간 수령보험금 < 순보험료의 120%(미만)
(다) **20%형, 30%형, 40%형** : 제한 없음 Tip ▸ 사과, 배, 단감, 떫은감 : 100% 미만

아) 특별약관
(1) 이앙·직파불능 부보장 특별약관 : 보상하는 재해로 이앙·직파불능 → 부보장
(2) 병해충보장 특별약관
(가) **병해** : 흰잎마름병, 줄무늬잎마름병, 도열병, 깨씨무늬병, 세균성벼알마름병
(나) **충해** : 벼멸구, 먹노린재

CHAPTER 03

문제로 확인하기

01 종합위험보장 벼(조사료용 벼 제외) 상품의 병해충보장 특별약관에서 보장하는 병해충을 5가지 이상 쓰시오.

Solution

흰잎마름병, 벼멸구, 도열병, 줄무늬잎마름병, 깨씨무늬병, 먹노린재, 세균성벼알마름병

자) 계약인수 관련 수확량

(1) 표준수확량 : 과거 통계를 바탕 → 지역별 기준수량에 농지별 경작요소를 고려하여 → 산출한 예상 수확량

(2) 평년수확량

(가) 최근 5년 이내 보험가입실적 수확량 자료와 미가입 연수에 대한 표준수확량 → 가중평균하여 산출 → 해당 농지 기대 수확량

(나) 평년 수준의 재해가 있다는 점을 전제

(다) **주요 용도**

① '**보험가입금액**'의 결정 기준

② 보험사고 발생 시 '**감수량**' 산정 기준

(라) **산출 방법 : '가입 이력 여부'로 구분**

① 과거수확량 자료가 없는 경우(신규 가입) : 표준수확량의 100% → 평년수확량

② 과거수확량 자료가 있는 경우(최근 5년 이내 가입 이력 존재) – 이하 방법

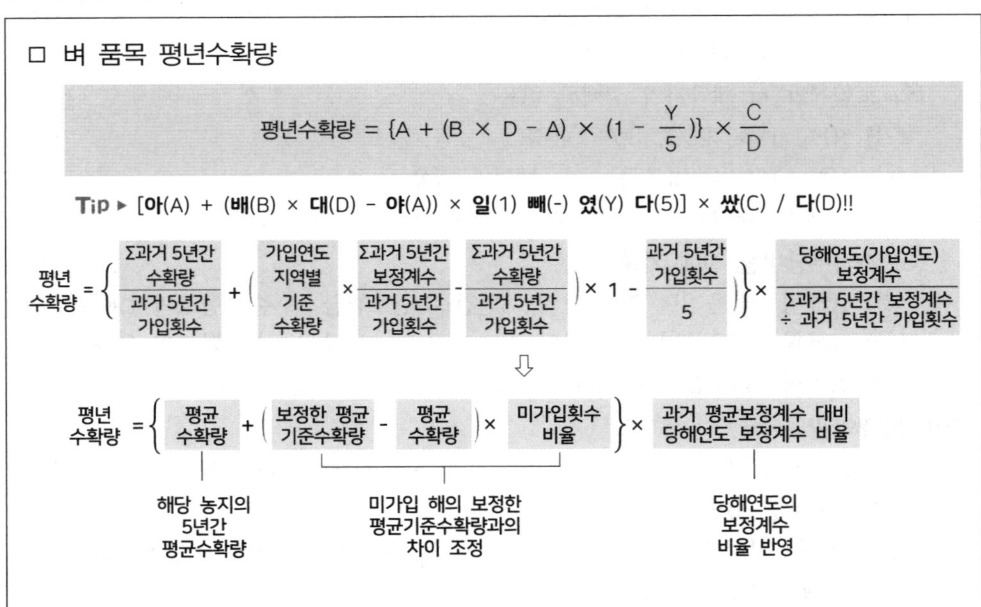

□ 벼 품목 평년수확량

$$평년수확량 = \{A + (B \times D - A) \times (1 - \frac{Y}{5})\} \times \frac{C}{D}$$

Tip ▸ [아(A) + (배(B) × 대(D) − 야(A)) × 일(1) 빼(-) 였(Y) 다(5)] × 썼(C) / 다(D)!!

$$평년수확량 = \left\{\frac{\Sigma 과거\ 5년간\ 수확량}{과거\ 5년간\ 가입횟수} + \left(가입연도\ 지역별\ 기준수확량 \times \frac{\Sigma 과거\ 5년간\ 보정계수}{과거\ 5년간\ 가입횟수} - \frac{\Sigma 과거\ 5년간\ 수확량}{과거\ 5년간\ 가입횟수}\right) \times \left(1 - \frac{과거\ 5년간\ 가입횟수}{5}\right)\right\} \times \frac{당해연도(가입연도)\ 보정계수}{\Sigma 과거\ 5년간\ 보정계수 \div 과거\ 5년간\ 가입횟수}$$

⇩

$$평년수확량 = \{평균\ 수확량 + (보정한\ 평균\ 기준수확량 - 평균\ 수확량) \times 미가입횟수\ 비율\} \times 과거\ 평균보정계수\ 대비\ 당해연도\ 보정계수\ 비율$$

※ C(가입연도 보정계수) : 가입년도의 품종, 이앙일자, 친환경재배 보정계수를 곱한 값
※ 이때, **평년수확량** : 보험가입연도 **표준수확량의 130% 한도**
※ 조사료용 벼 제외(생산비를 보장하는 유형이므로 해당 안 됨)

□ 보리 · 밀 · 귀리 품목 평년수확량

$$\text{평년수확량} = \{A + (B - A) \times (1 - \frac{Y}{5})\} \times \frac{C}{B}$$

Tip ▶ [**아**(A) + (**배**(B) − **야**(A)) × **일**(1) **빼**(-) **였**(Y) **다**(5)] × **싸**(C) / **봐**(B)!!

$$\text{평년수확량} = \left\{\frac{\Sigma\text{과거 5년간 수확량}}{\text{과거 5년간 가입횟수}} + \left(\frac{\Sigma\text{과거 5년간 표준수확량}}{\text{과거 5년간 가입횟수}} - \frac{\Sigma\text{과거 5년간 수확량}}{\text{과거 5년간 가입횟수}}\right) \times \left(1 - \frac{\text{과거 5년간 가입횟수}}{5}\right)\right\} \times \frac{\text{당해연도(가입연도) 표준수확량}}{\Sigma\text{과거 5년간 표준수확량} \div \text{과거 5년간 가입횟수}}$$

⇩

$$\text{평년수확량} = \left\{\text{평균 수확량} + \left(\text{평균 표준수확량} - \text{평균 수확량}\right) \times \text{미가입횟수 비율}\right\} \times \text{과거 평균표준수확량 대비 당해연도 표준수확량 비율}$$

- 평균 수확량: 해당 농지의 가입 해의 평균수확량
- (평균 표준수확량 − 평균 수확량) × 미가입횟수 비율: 미가입 해의 평균표준수확량과의 차이 조정
- 과거 평균표준수확량 대비 당해연도 표준수확량 비율: 당해연도의 표준수확량 비율 반영

※ 이때, **평년수확량** : 보험가입연도 **표준수확량의 130% 한도**

□ 과거수확량 산출방법

① **수확량조사 시행한 경우**

㉠ **조사수확량** > 평년수확량의 50% → **조사수확량**

㉡ **평년수확량의 50%** ≥ 조사수확량 → **평년수확량의 50%**

② **무사고로 수확량조사 시행하지 않은 경우 : 표준수확량의** 1.1배와 **평년수확량의** 1.1배 중 → **큰 값 적용**

※ 귀리 : 계약자의 책임 있는 사유로 수확량조사를 하지 않은 경우 → 상기 적용

(3) 가입수확량

(가) **평년수확량의 50% ~ 100% 사이**에서 계약자가 결정

(나) **벼** : 5% 단위로 리(동)별로 선정 가능

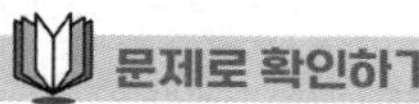

01 다음 품목(벼)에 대한 2024년도 평년수확량을 산출하시오. (단, 소수점 이하 절사)

(단위 : kg)

연도	평년수확량	표준수확량	조사수확량	보험가입 여부
2019년	8,000	8,000	8,000	가입
2020년	10,000	9,000	–	미가입

2021년	9,000	11,000	11,000	가입
2022년	11,000	10,000	5,000	가입
2023년	12,000	11,000	무사고	가입
2024년		11,000		

※ 2024년 지역별 기준수확량 : 10,000kg
※ 2024년도 보정계수 : 0.9
※ 과거평균보정계수 : 0.95

Solution

평년수확량 = $\{A + (B \times D - A) \times (1 - \frac{Y}{5})\} \times \frac{C}{D}$

① A : (8,000 + 11,000 + 5,500 + 13,200) ÷ 4 = 9,425kg

Tip ▸ ① 수확량조사 시행한 경우
㉠ 조사수확량 > 평년수확량의 50% → 조사수확량
㉡ 평년수확량의 50% ≥ 조사수확량 → 평년수확량의 50%
② 무사고로 수확량조사 시행하지 않은 경우
표준수확량의 1.1배와 평년수확량의 1.1배 중 → 큰 값 적용

㉠ 2019년
[조사수확량(8,000)] > [평년수확량의 50%(8,000 × 0.5 = 4,000)] → 8,000kg
㉡ 2021년
[조사수확량(11,000)] > [평년수확량의 50%(9,000 × 0.5 = 4,500)] → 11,000kg
㉢ 2022년
[조사수확량(5,000)] < [평년수확량의 50%(11,000 × 0.5 = 5,500)] → 5,500kg
㉣ 2023년(무사고) : 아래 둘 중 큰 값 → 13,200kg
• 표준수확량 × 1.1 [(11,000 × 1.1 = 12,100kg)]
• 평년수확량 × 1.1 [(12,000 × 1.1 = 13,200kg)]

② B(가입연도 지역별 기준수확량) : 10,000kg
③ C(가입연도 보정계수) : 0.9
④ Y : 4
⑤ D(과거평균보정계수) : 0.95

∴ 평년수확량 = $\{9,425 + (10,000 \times 0.95 - 9,425) \times (1 - \frac{4}{5})\} \times (0.9 \div 0.95)$
= 8,943kg

※ 평년수확량이 보험가입연도 표준수확량의 130%(11,000 × 1.3 = 14,300kg) 한도를 초과하지 않으므로 그대로 적용된다.

02 **다음 조건을 보고 종합위험보장 논작물 벼 상품에 대한 2024년 평년수확량을 구하시오. (단, 소수점 이하 절사)**

• 2024년도 지역별 기준수확량 : 9,000kg
• 가입년도 표준수확량 : 7,000kg
• 과거평균수확량 : 11,000kg(과거 5년간 보험가입 횟수 4년)

- 2024년도 보정계수 : 0.8
- 과거평균보정계수 : 0.9

Solution

평년수확량 $= \{A + (B \times D - A) \times (1 - \frac{Y}{5})\} \times \frac{C}{D}$

$= \{11,000 + (9,000 \times 0.9 - 11,000) \times (1 - \frac{4}{5})\} \times (0.8 \div 0.9)$

$= 9,262$kg

※ 평년수확량이 보험가입연도 표준수확량의 130%(7,000 × 1.3 = 9,100kg) 한도를 초과할 수 없다.

∴ 평년수확량 = 9,100kg

03 다음 보리 품목에 대한 2024년도 평년수확량을 산출하시오. (단, 소수점 이하 절사)

(단위 : kg)

연도	평년수확량	표준수확량	조사수확량	보험가입 여부
2019년	9,000	9,000	10,000	가입
2020년	11,000	9,000	–	미가입
2021년	10,000	11,000	10,000	가입
2022년	12,000	10,000	4,000	가입
2023년	12,000	11,000	무사고	가입
2024년		12,000		

Solution

① A : (10,000 + 10,000 + 6,000 + 13,200) ÷ 4 = 9,800kg

Tip ▸ ① 수확량조사 시행한 경우
　㉠ 조사수확량 > 평년수확량의 50% → 조사수확량
　㉡ 평년수확량의 50% ≥ 조사수확량 → 평년수확량의 50%
② 무사고로 수확량조사 시행하지 않은 경우
표준수확량의 1.1배와 평년수확량의 1.1배 중 → 큰 값 적용

㉠ 2019년
[조사수확량(10,000)] > [평년수확량의 50%(9,000 × 0.5 = 4,500)] → 10,000kg

㉡ 2021년
[조사수확량(10,000)] > [평년수확량의 50%(10,000 × 0.5 = 5,000)] → 10,000kg

㉢ 2022년
[조사수확량(4,000)]] < [평년수확량의 50%(12,000 × 0.5 = 6,000)] → 6,000kg

㉣ 2023년(무사고) : 아래 둘 중 큰 값 → 13,200kg
- 표준수확량 × 1.1 [(11,000 × 1.1 = 12,100kg)]
- 평년수확량 × 1.1 [(12,000 × 1.1 = 13,200kg)]

② B : (9,000 + 11,000 + 10,000 + 11,000) ÷ 4 = 10,250kg

③ C : 12,000kg

∴ 평년수확량 $= \{9,800 + (10,250 - 9,800) \times (1 - \frac{4}{5})\} \times (12,000 \div 10,250) = 11,578$kg

3. 밭작물

가. 대상품목(20개 품목)

마늘, 양파, 감자(고랭지재배, 봄재배, 가을재배), 고구마, 옥수수(사료용 옥수수), 양배추, 콩, 팥, 차, 고추, 브로콜리, 메밀, 단호박, 당근, 배추(고랭지배추, 월동배추, 가을배추), 무(고랭지무, 월동무), 시금치(노지), 파(대파, 쪽파·실파), 양상추, 인삼 등

나. 보장방식

1) 보장방식의 구분

가) 종합위험 수확감소보장방식(9개 품목) : 경작불능보장, 재정식·재파종·조기파종보장
마늘, 양파, 감자(고랭지재배, 봄재배, 가을재배), 고구마, 옥수수(사료용 옥수수), 양배추, 콩, 팥, 차(茶)

나) 종합위험 생산비보장방식(10개 품목) : 경작불능보장, 재정식·재파종보장
고추, 브로콜리, 메밀, 단호박, 당근, 배추(고랭지배추, 월동배추, 가을배추), 무(고랭지무, 월동무), 시금치(노지), 파(대파, 쪽파·실파), 양상추

다) 작물특정 및 시설종합위험 인삼손해보장방식
인삼

2) 보장대상

가) 종합위험 수확감소보장방식
자연재해, 조수해, 화재 등 보상하는 손해로 발생
→ 보험목적물의 수확량감소에 대하여 보상

나) 종합위험 생산비보장방식
사고 발생 시점까지 → 투입된 작물의 생산비 → 피해율에 따라 지급
(생산비는 수확과 더불어 회수된다고 봄)

다) 작물특정 및 시설종합위험 인삼손해보장방식
(1) **인삼 - 풍, 집, 박, 화 / 염, 설 / 침, 냉**(특정위험만 보장)
(2) **해가림시설 - 자, 조, 화**(종합위험 보장)

3) 상품내용

가) 보상하는 재해 및 보상하지 않는 손해
(1) 종합위험 수확감소보장방식
(가) **보상하는 재해**
① **자연재해** : 태풍피해, 우박피해, 동상해, 호우피해, 강풍피해, 한해(가뭄피해), 냉해, 조해(潮害), 설해, 폭염, 기타 자연재해
② **조수해(鳥獸害)** : 새나 짐승으로 인하여 발생하는 손해
③ **화재** : 화재로 인한 피해
④ **병충해** : 병 또는 해충으로 인하여 발생하는 피해(감자)

(나) **보상하지 않는 손해**

① 계약자, 피보험자 또는 이들의 법정대리인의 고의 또는 중대한 과실로 인한 손해
② 수확기에 계약자 또는 피보험자의 고의 또는 중대한 과실로 수확하지 못하여 발생한 손해
③ 제초작업, 시비관리 등 통상적인 영농활동을 하지 않아 발생한 손해
④ 원인의 직접・간접을 묻지 않고 병해충으로 발생한 손해(다만, 감자 품목은 제외)
⑤ 보상하지 않는 재해로 제방, 댐 등이 붕괴되어 발생한 손해
⑥ 하우스, 부대시설 등의 노후 및 하자로 생긴 손해
⑦ 계약체결 시점(계약체결 이후 파종 또는 정식 시, 파종 또는 정식 시점) 현재 기상청에서 발령하고 있는 기상특보 발령 지역의 기상특보 관련 재해로 인한 손해
⑧ 보상하는 재해에 해당하지 않은 재해로 발생한 손해
⑨ 저장성 약화 또는 저장, 건조 및 유통 과정 중에 나타나거나 확인된 손해
⑩ 전쟁, 혁명, 내란, 사변, 폭동, 소요, 노동쟁의, 기타 이들과 유사한 사태로 생긴 손해

(2) 종합위험 생산비보장방식

(가) **보상하는 재해**

① **자연재해** : 태풍피해, 우박피해, 동상해, 호우피해, 강풍피해, 한해(가뭄피해), 냉해, 조해(潮害), 설해, 폭염, 기타 자연재해
② **조수해(鳥獸害)** : 새나 짐승으로 인하여 발생하는 손해
③ **화재** : 화재로 인한 피해
④ **병충해** : 병 또는 해충으로 인하여 발생하는 피해(고추)

(나) **보상하지 않는 손해**

① 계약자, 피보험자 또는 이들의 법정대리인의 고의 또는 중대한 과실로 인한 손해
② 수확기에 계약자 또는 피보험자의 고의 또는 중대한 과실로 수확하지 못하여 발생한 손해
③ 제초작업, 시비관리 등 통상적인 영농활동을 하지 않아 발생한 손해
④ 원인의 직접・간접을 묻지 않고 병해충으로 발생한 손해(다만, 고추 품목은 제외)
⑤ 보상하지 않는 재해로 제방, 댐 등이 붕괴되어 발생한 손해
⑥ 하우스, 부대시설 등의 노후 및 하자로 생긴 손해
⑦ 계약체결 시점(계약체결 이후 파종 또는 정식 시, 파종 또는 정식 시점) 현재 기상청에서 발령하고 있는 기상특보 발령 지역의 기상특보 관련 재해로 인한 손해
⑧ 보상하는 재해에 해당하지 않은 재해로 발생한 손해
⑨ 전쟁, 혁명, 내란, 사변, 폭동, 소요, 노동쟁의, 기타 이들과 유사한 사태로 생긴 손해

(3) 작물특정 및 시설종합위험 인삼손해보장방식

(가) **보상하는 재해**

① **인삼(작물)**

㉠ **태풍(강풍)** : [1]기상청에서 태풍에 대한 **특보**(태풍주의보, 태풍경보)를 발령한 때 해당 지역의 **바람**과 **비** 또는 [2]최대순간풍속 14m/s 이상의 **강풍**(해당 지역에서 가장 가까운

3개 기상관측소에 나타난 측정자료 중 **가장 큰 수치**의 자료로 판정)

㉡ **폭설** : [1]기상청에서 대설에 대한 **특보**(대설주의보, 대설경보)를 발령한 때 해당 지역의 **눈** 또는 [2]**24시간 신적설**이 해당 지역에서 가장 가까운 **3개** 기상관측소에 나타난 측정 자료 중 **가장 큰 수치**의 자료가 5cm 이상인 상태

Tip ▸ 인상(인삼)쓰면서 눈으로 **이내**(24) **다**(5) 덮였어~!

㉢ **집중호우** : [1]기상청에서 호우에 대한 **특보**(호우주의보, 호우경보)를 발령한 때 해당 지역의 **비** 또는 [2]해당 지역에서 가장 가까운 **3개소**의 기상관측장비로 측정한 **24시간 누적 강수량**이 80mm 이상인 강우상태

Tip ▸ 인상(인삼)쓰면서 **이내**(24) **파고**(80)

㉣ **침수 : 태풍, 집중호우** 등으로 인하여 인삼 농지에 다량의 물(**고랑** 바닥으로부터 침수 높이 최소 15cm 이상)이 유입되어 상면에 물이 잠긴 상태

Tip ▸ 물이 인삼을 **씹어**(15) 삼켰어~!

㉤ **우박 : 적란운**과 **봉우리적운** 속에서 성장하는 **얼음알갱이**나 **얼음덩이**가 내려 발생하는 피해

㉥ **냉해 : 출아** 및 **전엽기**(4 ~ **5월** : 잎이 자라는 시기) 중에 해당 지역에 **최저기온** 0.5℃ 이하의 **찬 기온**으로 인하여 발생하는 피해를 말하며, 육안으로 판별 가능한 냉해 증상이 있는 경우에 피해를 인정

Tip ▸ 인상(인삼) 쓰며 냉정하게(냉해) **빵점**(이) **다**(0.5)

㉦ **폭염** : 해당 지역에 최고기온 30℃ **이상**이 **7일 이상** 지속되는 상태를 말하며, 잎에 육안으로 판별 가능한 타들어간 증상이 **50% 이상** 있는 경우에 인정

Tip ▸ 더워서 **인상**(인삼) **쓰고**(30) **쳤**(7) **다고**(50)~!

㉧ **화재** : 화재로 인하여 발생하는 피해

② **해가림시설(시설)**

㉠ **자연재해** : 태풍피해, 우박피해, 호우피해, 강풍피해, 조해(潮害), 설해, 기타 자연재해

㉡ **조수해(鳥獸害)** : 새나 짐승으로 인하여 발생하는 손해

㉢ **화재** : 화재로 인하여 발생하는 피해

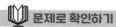

문제로 확인하기

01 보험 대상 품목별 대상 중 특정위험방식 인삼의 대상재해의 종류를 쓰시오.

Solution

태풍(강풍), 집중호우, 우박, 화재, 폭염, 폭설, 침수, 냉해

02 작물특정 및 시설종합위험 인삼손해보장방식의 자연재해에 대한 설명이다. (   ) 안에 들어갈 내용을 쓰시오.

- 폭설은 기상청에서 대설에 대한 특보(대설주의보, 대설경보)를 발령한 때 해당 지역의 눈 또는 (①)시간 신적설이 (②)cm 이상인 상태
- 냉해는 출아 및 전엽기(4 ~ 5월) 중에 해당 지역에 최저기온 (③)℃ 이하의 찬 기온으로 인하여 발생하는 피해를 말하며, 육안으로 판별 가능한 냉해 증상이 있는 경우에 피해를 인정
- 폭염은 해당 지역에 최고기온 (④)℃ 이상이 7일 이상 지속되는 상태를 말하며, 잎에 육안으로 판별 가능한 타들어간 증상이 (⑤)% 이상 있는 경우에 인정

Solution

① 24, ② 5, ③ 0.5, ④ 30, ⑤ 50

(나) **보상하지 않는 손해**

① **인삼**(작물)

㉠ 계약자, 피보험자 또는 이들의 법정대리인의 고의 또는 중대한 과실로 인한 손해

㉡ 수확기에 계약자 또는 피보험자의 고의 또는 중대한 과실로 수확하지 못하여 발생한 손해

㉢ 제초작업, 시비관리 등 통상적인 영농활동을 하지 않아 발생한 손해

㉣ 원인의 직접·간접을 묻지 않고 병해충으로 발생한 손해

㉤ **연작장해**(**cf.** 10년(6년) 이내), **염류장해** 등 생육 장해로 인한 손해

㉥ 보상하지 않는 재해로 제방, 댐 등이 붕괴되어 발생한 손해

㉦ 해가림시설 등의 노후 및 하자로 생긴 손해

㉧ 계약체결 시점 현재 기상청에서 발령하고 있는 기상특보 발령 지역의 기상특보 관련 재해로 인한 손해

㉨ 보상하는 재해에 해당하지 않은 재해로 발생한 손해

㉩ 전쟁, 혁명, 내란, 사변, 폭동, 소요, 노동쟁의, 기타 이들과 유사한 사태로 생긴 손해

② **해가림시설**(시설)

㉠ 계약자, 피보험자 또는 이들의 법정대리인의 고의 또는 중대한 과실로 인한 손해

㉡ 보상하는 재해가 발생했을 때 생긴 도난 또는 분실로 생긴 손해

㉢ 보험의 목적의 노후 및 하자로 생긴 손해

㉣ 보상하지 않는 재해로 제방, 댐 등이 붕괴되어 발생한 손해

㉤ 침식 활동 및 지하수로 인한 손해

㉥ 계약체결 시점 현재 기상청에서 발령하고 있는 기상특보 발령 지역의 기상 특보 관련 재해로 인한 손해

㉦ 보상하는 재해에 해당하지 않은 재해로 발생한 손해

㉧ 보험의 목적의 발효, 자연발열, 자연발화로 생긴 손해. 그러나, 자연발열 또는 발화로 연소된 다른 보험의 목적에 생긴 손해는 보상

ⓩ 화재로 기인되지 않은 수도관, 수관 또는 수압기 등의 파열로 생긴 손해
ⓒ 발전기, 여자기(정류기 포함), 변류기, 변압기, 전압조정기, 축전기, 개폐기, 차단기, 피뢰기, 배전반 및 그 밖의 **전기기기** 또는 **장치**의 **전기적 사고**로 생긴 손해. 그러나 그 결과로 생긴 화재손해는 보상
ⓚ 원인의 직접・간접을 묻지 않고 **지진**, **분화** 또는 **전쟁**, 혁명, 내란, 사변, 폭동, 소요, 노동쟁의, 기타 이들과 **유사한 사태**로 생긴 **화재** 및 **연소** 또는 그 밖의 손해
ⓣ 핵연료물질 또는 핵연료물질에 의하여 오염된 물질의 **방사성**, **폭발성**, **그 밖의 유해한 특성** 또는 **이들의 특성에 의한 사고**로 인한 손해
ⓟ 상기 ⓣ의 사항 이외의 **방사선**을 **쬐는 것** 또는 **방사능 오염**으로 인한 손해
ⓗ 국가 및 지방자치단체의 **명령**에 의한 **재산의 소각** 및 **이와 유사한 손해**

나) 보험기간

(1) 종합위험 수확감소보장 : 마늘, 양파, 감자, 고구마, 양배추, 콩, 팥, 차(茶), 옥수수(사료용 옥수수 포함) 등 9개 품목

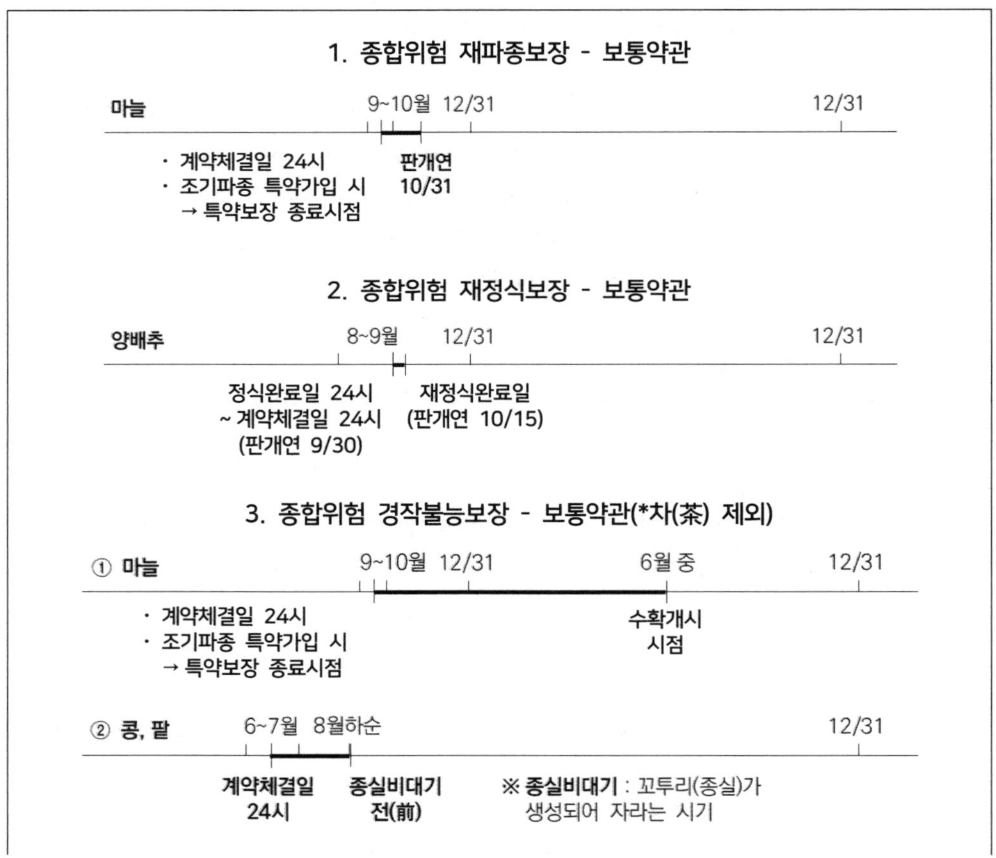

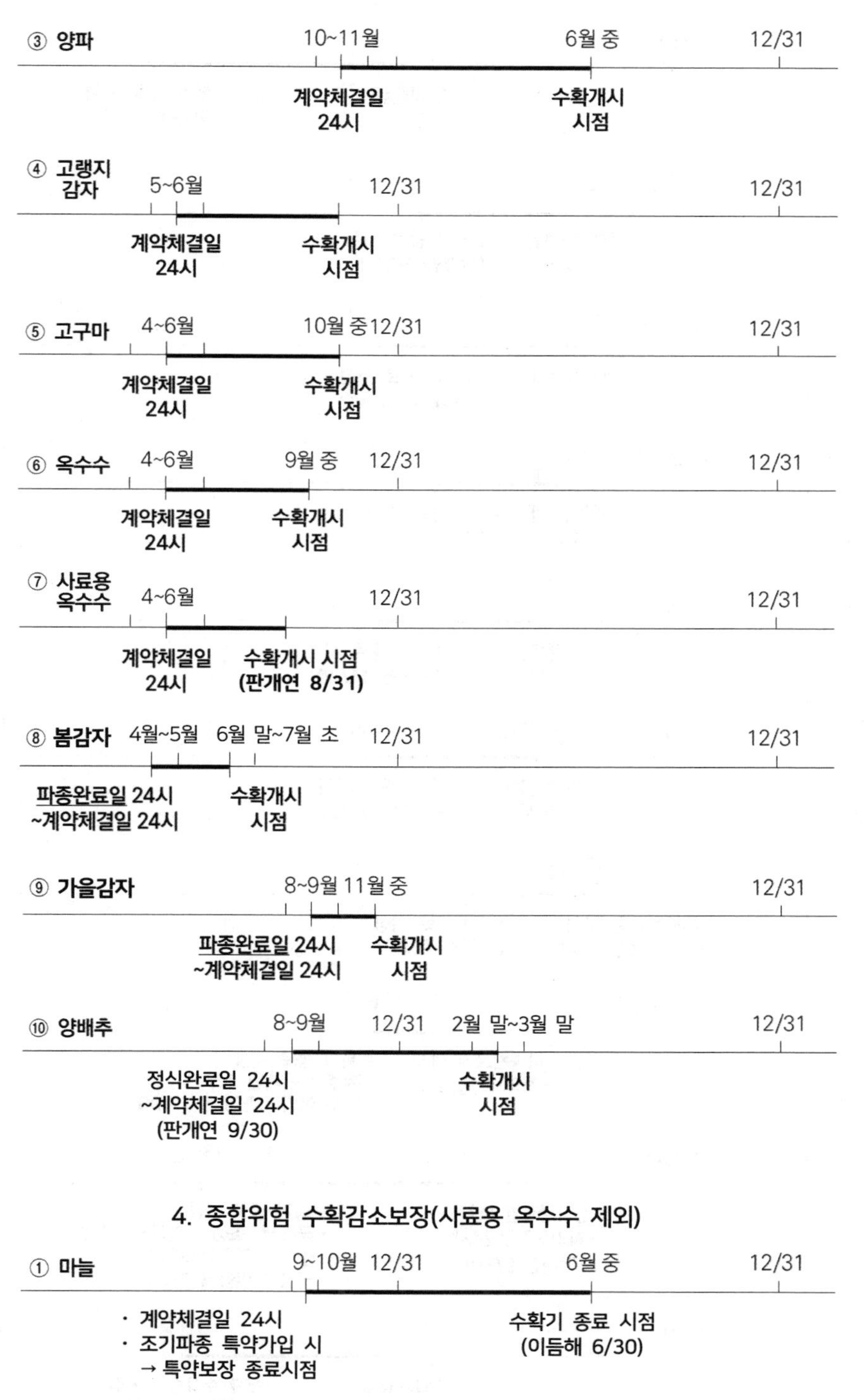

4. 종합위험 수확감소보장(사료용 옥수수 제외)

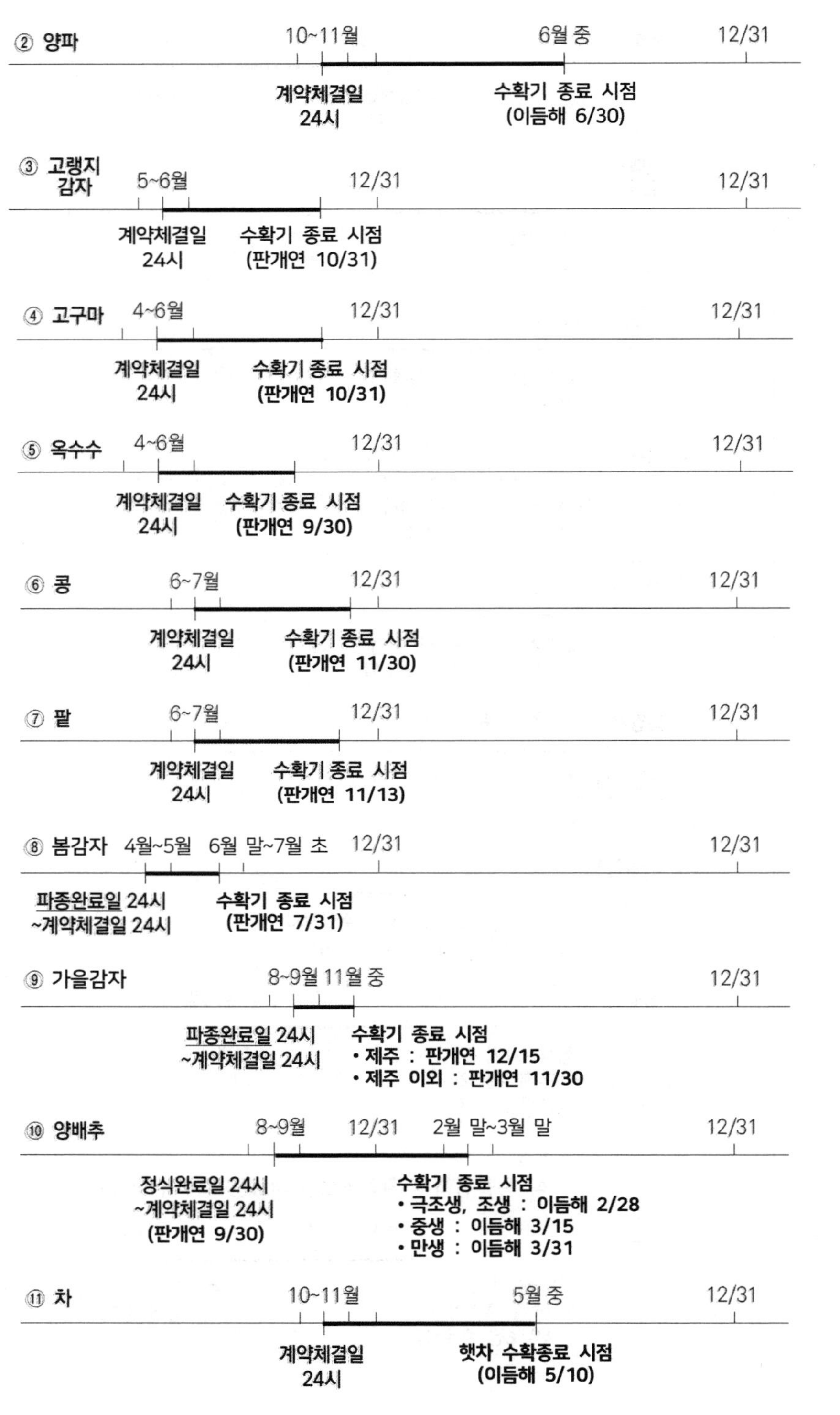
② 양파
10~11월
6월 중
12/31
계약체결일 24시
수확기 종료 시점 (이듬해 6/30)
③ 고랭지 감자
5~6월
12/31
12/31
계약체결일 24시
수확기 종료 시점 (판개연 10/31)
④ 고구마
4~6월
12/31
12/31
계약체결일 24시
수확기 종료 시점 (판개연 10/31)
⑤ 옥수수
4~6월
12/31
12/31
계약체결일 24시
수확기 종료 시점 (판개연 9/30)
⑥ 콩
6~7월
12/31
12/31
계약체결일 24시
수확기 종료 시점 (판개연 11/30)
⑦ 팥
6~7월
12/31
12/31
계약체결일 24시
수확기 종료 시점 (판개연 11/13)
⑧ 봄감자
4월~5월
6월 말~7월 초
12/31
12/31
파종완료일 24시 ~계약체결일 24시
수확기 종료 시점 (판개연 7/31)
⑨ 가을감자
8~9월
11월 중
12/31
파종완료일 24시 ~계약체결일 24시
수확기 종료 시점
• 제주 : 판개연 12/15
• 제주 이외 : 판개연 11/30
⑩ 양배추
8~9월
12/31
2월 말~3월 말
12/31
정식완료일 24시 ~계약체결일 24시 (판개연 9/30)
수확기 종료 시점
• 극조생, 조생 : 이듬해 2/28
• 중생 : 이듬해 3/15
• 만생 : 이듬해 3/31
⑪ 차
10~11월
5월 중
12/31
계약체결일 24시
햇차 수확종료 시점 (이듬해 5/10)

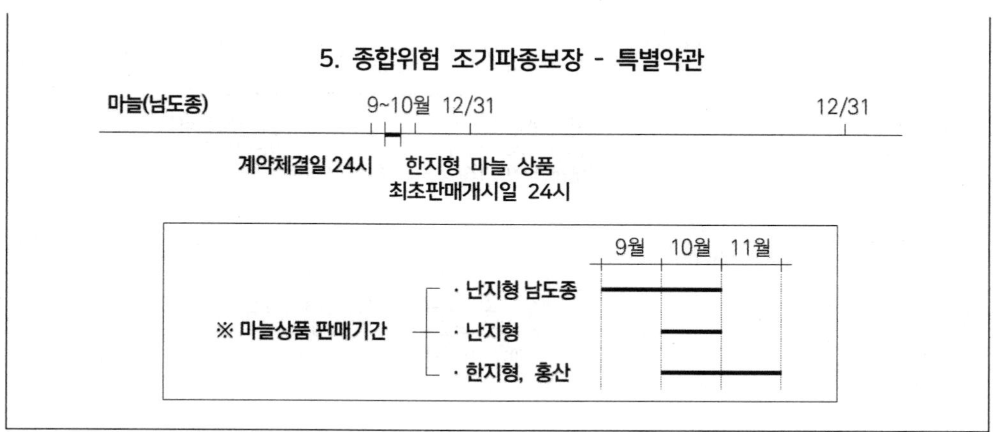

(2) 종합위험 생산비보장 : 고추, 브로콜리, 메밀, 무(고랭지, 월동), 당근, 파(대파, 쪽파・실파), 시금치(노지), 배추(고랭지, 가을, 월동), 단호박, 양상추 등 10개 품목

(가) 종합위험 생산비보장

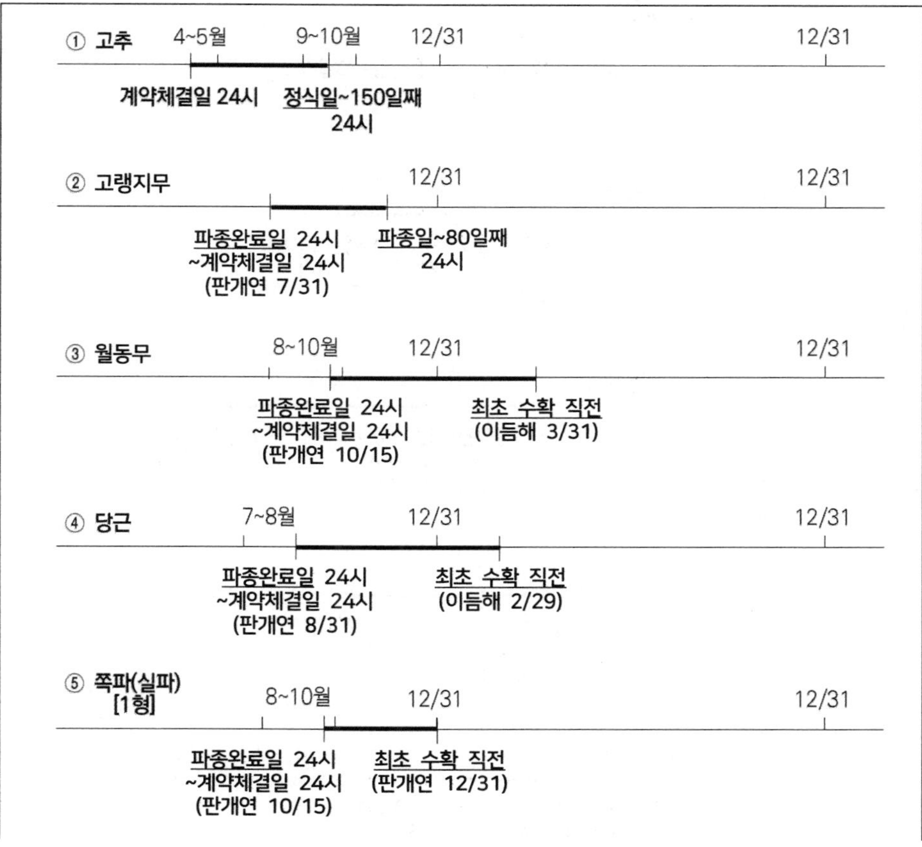

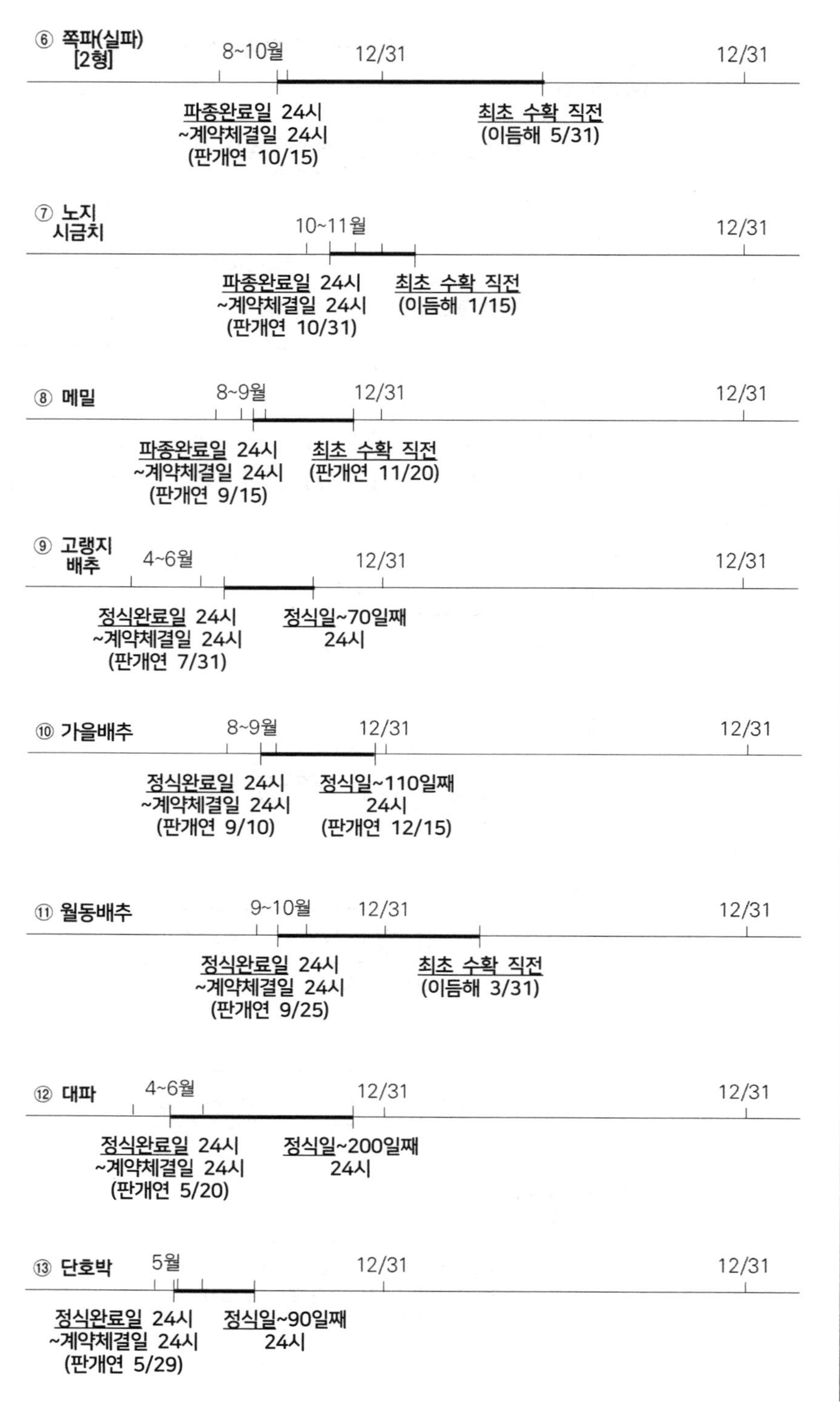
⑥ 쪽파(실파) [2형]
8~10월
12/31
12/31
파종완료일 24시
~계약체결일 24시
(판개연 10/15)
최초 수확 직전
(이듬해 5/31)
⑦ 노지 시금치
10~11월
12/31
파종완료일 24시
~계약체결일 24시
(판개연 10/31)
최초 수확 직전
(이듬해 1/15)
⑧ 메밀
8~9월
12/31
12/31
파종완료일 24시
~계약체결일 24시
(판개연 9/15)
최초 수확 직전
(판개연 11/20)
⑨ 고랭지 배추
4~6월
12/31
12/31
정식완료일 24시
~계약체결일 24시
(판개연 7/31)
정식일~70일째
24시
⑩ 가을배추
8~9월
12/31
12/31
정식완료일 24시
~계약체결일 24시
(판개연 9/10)
정식일~110일째
24시
(판개연 12/15)
⑪ 월동배추
9~10월
12/31
12/31
정식완료일 24시
~계약체결일 24시
(판개연 9/25)
최초 수확 직전
(이듬해 3/31)
⑫ 대파
4~6월
12/31
12/31
정식완료일 24시
~계약체결일 24시
(판개연 5/20)
정식일~200일째
24시
⑬ 단호박
5월
12/31
12/31
정식완료일 24시
~계약체결일 24시
(판개연 5/29)
정식일~90일째
24시

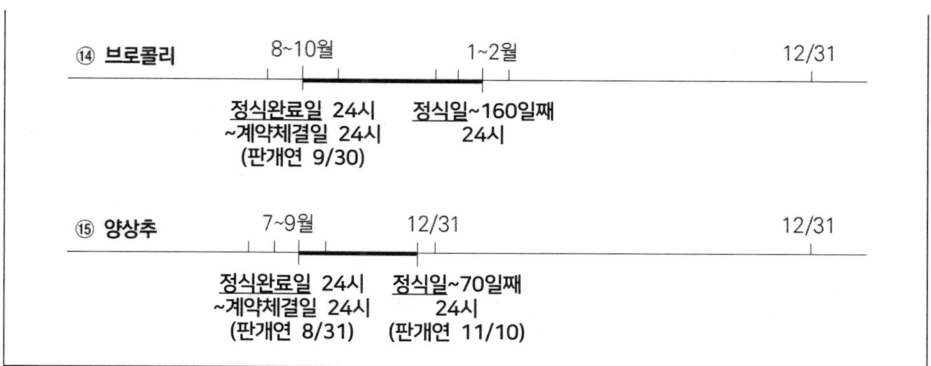

문제로 확인하기

01 종합위험 생산비보장 품목의 보험기간 중 보장개시일에 관한 내용이다. 다음 해당 품목의 (　　)에 들어갈 내용을 쓰시오.

품목	보장개시일	초과할 수 없는 정식(파종)완료일 (판매개시연도 기준)
대파	정식완료일 24시, 다만 보험계약 시 정식 완료일이 경과한 경우 계약체결일 24시	(①)
고랭지배추	정식완료일 24시, 다만 보험계약 시 정식 완료일이 경과한 경우 계약체결일 24시	(②)
당근	파종완료일 24시, 다만 보험계약 시 파종 완료일이 경과한 경우 계약체결일 24시	(③)
브로콜리	정식완료일 24시, 다만 보험계약 시 정식 완료일이 경과한 경우 계약체결일 24시	(④)
시금치(노지)	파종완료일 24시, 다만 보험계약 시 파종 완료일이 경과한 경우 계약체결일 24시	(⑤)

Solution

① 5월 20일, ② 7월 31일, ③ 8월 31일, ④ 9월 30일, ⑤ 10월 31일

02 종합위험 생산비보장 품목의 보장종료일에 대해 (　　)에 들어갈 내용을 쓰시오.

품목	보장종료
고추	정식일부터 (①)일째 되는 날 24시
고랭지무	파종일부터 (②)일째 되는 날 24시
고랭지배추	정식일부터 (③)일째 되는 날 24시
가을배추	정식일부터 (④)일째 되는 날 24시 (단, 판매개시연도 12월 15일 초과할 수 없음)

대파	정식일부터 (⑤)일째 되는 날 24시
단호박	정식일부터 (⑥)일째 되는 날 24시
브로콜리	정식일부터 (⑦)일째 되는 날 24시
양상추	정식일부터 (⑧)일째 되는 날 24시 (단, 판매개시연도 11월 10일을 초과할 수 없음)

Solution

① 150, ② 80, ③ 70, ④ 110, ⑤ 200, ⑥ 90, ⑦ 160, ⑧ 70

(나) 종합위험 경작불능보장

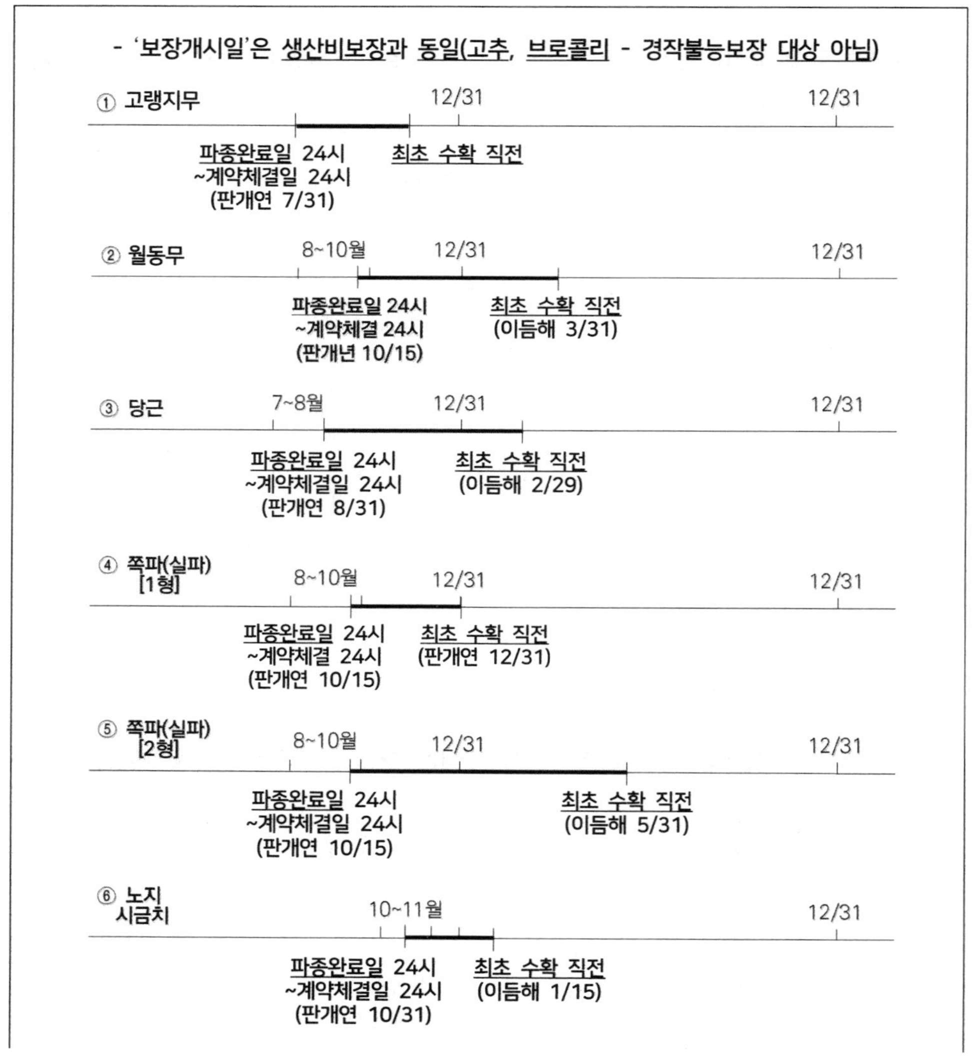

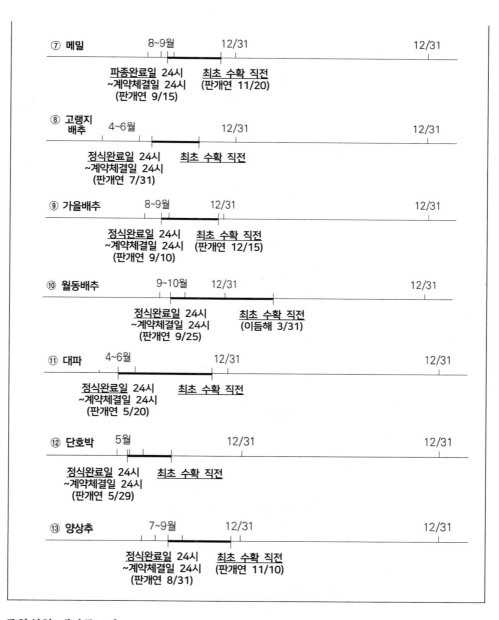

⑦ 메밀 8~9월 12/31 12/31

파종완료일 24시
~계약체결일 24시
(판개연 9/15)

최초 수확 직전
(판개연 11/20)

⑧ 고랭지 배추 4~6월 12/31 12/31

정식완료일 24시
~계약체결일 24시
(판개연 7/31)

최초 수확 직전

⑨ 가을배추 8~9월 12/31 12/31

정식완료일 24시
~계약체결일 24시
(판개연 9/10)

최초 수확 직전
(판개연 12/15)

⑩ 월동배추 9~10월 12/31 12/31

정식완료일 24시
~계약체결일 24시
(판개연 9/25)

최초 수확 직전
(이듬해 3/31)

⑪ 대파 4~6월 12/31 12/31

정식완료일 24시
~계약체결일 24시
(판개연 5/20)

최초 수확 직전

⑫ 단호박 5월 12/31 12/31

정식완료일 24시
~계약체결일 24시
(판개연 5/29)

최초 수확 직전

⑬ 양상추 7~9월 12/31 12/31

정식완료일 24시
~계약체결일 24시
(판개연 8/31)

최초 수확 직전
(판개연 11/10)

(다) 종합위험 재파종보장

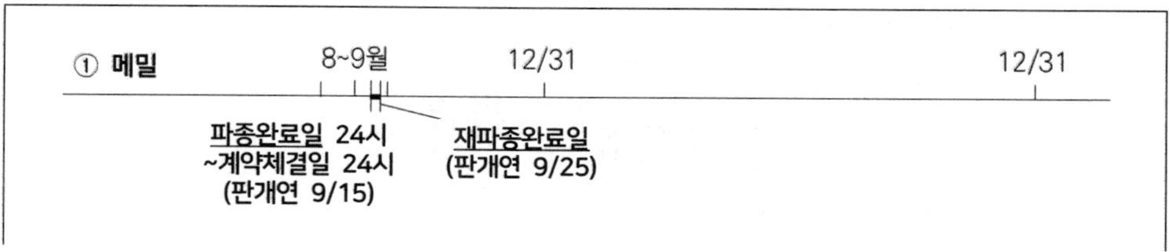

② 노지 시금치
10~11월
12/31
파종완료일 24시
~계약체결일 24시
(판개연 10/31)
재파종완료일
(판개연 11/10)
③ 월동무
8~10월
12/31
12/31
파종완료일 24시
~계약체결일 24시
(판개연 10/15)
재파종완료일
(판개연 10/25)
④ 쪽파(실파) [1 · 2형]
8~10월
12/31
12/31
파종완료일 24시
~계약체결일 24시
(판개연 10/15)
재파종완료일
(판개연 10/25)

(라) 종합위험 재정식보장

① 월동배추
9~10월
12/31
12/31
정식완료일 24시
~계약체결일 24시
(판개연 9/25)
재정식완료일
(판개연 10/5)
② 가을배추
8~9월
12/31
12/31
정식완료일 24시
~계약체결일 24시
(판개연 9/10)
재정식완료일
(판개연 9/20)
③ 브로콜리
8~10월
12/31
12/31
정식완료일 24시
~계약체결일 24시
(판개연 9/30)
재정식완료일
(판개연 10/10)
④ 양상추
7~9월
12/31
12/31
정식완료일 24시
~계약체결일 24시
(판개연 8/31)
재정식완료일
(판개연 9/10)

(3) 작물특정 및 시설종합위험 인삼손해보장방식(인삼)

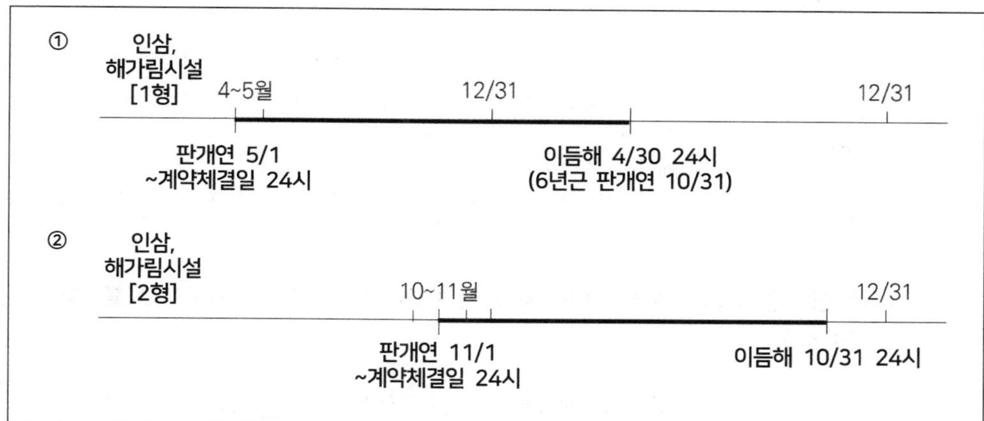

문제로 확인하기

01 다음 상품에 해당하는 보장방식을 〈보기〉에서 모두 선택하고 보장종료일을 (예)와 같이 서술하시오.

옥수수	
마늘	
고구마	
차	
복분자	

보기

수확감소보장, 생산비보장, 경작불능보장, 과실손해보장, 재파종보장

(예) 양파
- 수확감소보장 : 수확기 종료 시점(단, 이듬해 6월 30일을 초과할 수 없음)
- 경작불능보장 : 수확개시 시점

Solution

옥수수	• 수확감소보장 : 수확기 종료 시점(단, 판매개시연도 9월 30일을 초과할 수 없음) • 경작불능보장 : 수확개시 시점
마늘	• 수확감소보장 : 수확기 종료 시점(단, 이듬해 6월 30일을 초과할 수 없음) • 경작불능보장 : 수확개시 시점 • 재파종보장 : 판매개시연도 10월 31일

고구마	• 수확감소보장 : 수확기 종료 시점(단, 판매개시연도 10월 31일을 초과할 수 없음) • 경작불능보장 : 수확개시 시점
차	수확감소보장 : 햇차 수확종료 시점(단, 이듬해 5월 10일을 초과할 수 없음)
복분자	• 경작불능보장 : 수확개시 시점(단, 이듬해 5월 31일을 초과할 수 없음) • 과실손해보장 – 수확개시 이전 : 이듬해 5월 31일 – 수확개시 이후 : 이듬해 수확기 종료 시점(단, 이듬해 6월 20일을 초과할 수 없음)

02 다음 밭작물의 품목별 보장내용에 관한 표의 빈칸에 담보가능은 “O”를, 부담보는 “×”를 표시하시오.

밭작물	재파종 보장	경작불능 보장	수확감소 보장	수입보장	생산비 보장	해가림 시설 보장
차						
인삼						
고구마 가을감자						
콩, 양파						
마늘						
고추						

Solution

밭작물	재파종 보장	경작불능 보장	수확감소 보장	수입보장	생산비 보장	해가림 시설 보장
차	×	×	○	×	×	×
인삼	×	×	×	×	×	○
고구마 가을감자	×	○	○	○	×	×
콩, 양파	×	○	○	○	×	×
마늘	○	○	○	○	×	×
고추	×	×	×	×	○	×

03 다음은 특정위험보장 인삼 상품의 보험기간에 대한 내용이다. (   )에 들어갈 내용을 쓰시오.

구분		보장개시	보장종료
1형	인삼	판매개시연도 (①) 다만, (①) 이후 보험에 가입하는 경우에는 계약체결일 24시	이듬해 (②) 24시 다만, 6년근은 판매개시연도 (③)을 초과할 수 없음
	해가림시설		
2형	인삼	판매개시연도 (④) 다만, (④) 이후 보험에 가입하는 경우에는 계약체결일 24시	이듬해 (⑤) 24시
	해가림시설		

Solution

① 5월 1일, ② 4월 30일, ③ 10월 31일, ④ 11월 1일, ⑤ 10월 31일

다) 보험가입금액(천원 단위 절사)

(1) 종합위험 수확감소보장

보험가입금액 = 가입수확량 × 기준가격

○ **사료용 옥수수** Tip ▸ 조사료용 벼와 같음

보험가입금액 = 보장생산비 × 가입면적

(2) 종합위험 생산비보장

보험가입금액 = 단위면적당 보장생산비 × 가입면적

○ **고추 또는 브로콜리** : 손해를 보상한 경우 → (나머지 보험기간) **잔존보험가입금액**
○ **잔존보험가입금액** = 보험가입금액에서 보상액을 뺀 잔액

(3) 작물특정 및 시설종합위험 인삼손해보장방식 - 인삼(작물)

보험가입금액 = 연근별 (보상)가액 × 재배면적(㎡)

◆ **연근별 (보상)가액**

구분	2년근	3년근	4년근	5년근	6년근
인삼	10,200원	11,600원	13,400원	15,000원	17,600원

※ 가입 당시 연근 + 1년

(4) 작물특정 및 시설종합위험 인삼손해보장방식 - 해가림시설(시설)

보험가입금액 = 재조달가액 × (100% − 감가상각률)

(가) 해가림시설 설치시기와 감가상각방법

① **최초 설치**

㉠ 계약자로부터 → 고지 받은 설치시기

㉡ 최초 설치시기를 특정하기 어려운 때 → 인삼의 정식시기

② **구조체의 → 재사용 설치**

㉠ 해당 구조체의 최초 설치시기(= 고지 받은 설치시기)

㉡ 최초 설치시기를 알 수 없는 경우 → 해당 구조체의 최초 구입시기

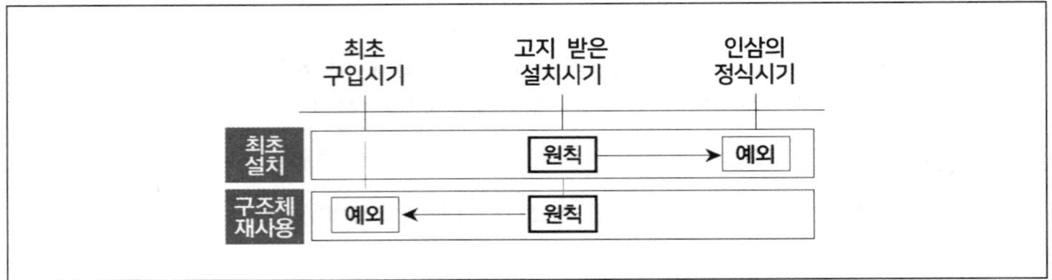

(나) 해가림시설 설치재료에 따른 감가상각방법 **Tip ▸ 비가림시설**은 **목재**, **죽재** - 인수제한

① **동일한 재료(목재 또는 철재)로 설치**

+ 설치시기 경과년수가 각기 다른 해가림시설 구조체가 상존

→ 가장 넓게 분포하는 → 해가림시설 구조체의 설치시기를 동일 적용

② **1개의 농지 내 감가상각률이 상이한 재료(목재 + 철재)로 설치**

㉠ 재료별로 설치구획이 나뉘어 있는 경우에만 → 인수 가능

㉡ 각각의 면적만큼 구분하여 → 가입

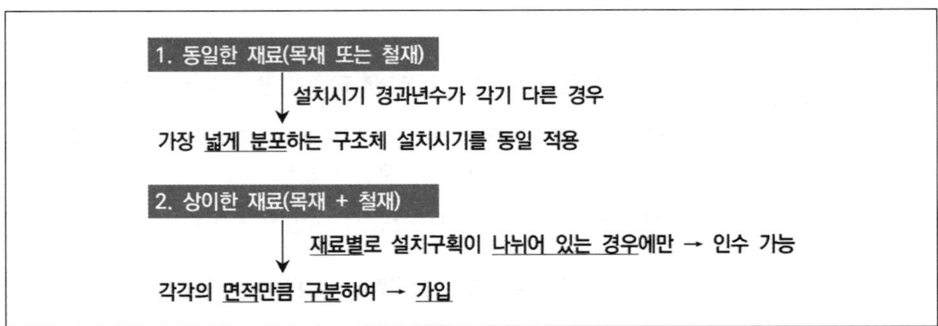

(다) 경년감가율 적용시점과 연단위 감가상각

① [1]감가상각 → **보험가입시점**을 기준으로 적용

[2]**보험가입금액 → 보험기간 동안 동일**

② **연 단위 감가상각 적용** → 경과기간이 1년 미만은 미적용

> 예 시설년도 : 2021년 5월, 가입시기 : 2022년 11월일 때
> 경과기간 : 1년 6개월 → 경과기간 1년 적용

③ **잔가율**

㉠ **잔가율 20%**

㉡ **자체 유형별 내용연수를 기준으로 경년감가율 산출** : 내용연수가 경과한 경우라도 현재 정상 사용 중인 시설의 경제성을 고려 → 최대 30%로 수정 가능

유형	내용연수	경년감가율
목재	6년	13.33% **Tip** ▶ 80% ÷ 6년
철재	18년	4.44% **Tip** ▶ 80% ÷ 18년

(라) **재조달가액** : 단위면적(1㎡)당 시설비 × 재배면적(㎡)

※ 단위면적(1㎡)당 시설비 → '표'에 주어짐

문제로 확인하기

01 다음은 보험가입금액에 관한 내용이다. (　　)에 들어갈 내용을 쓰시오.

- 인삼의 보험가입금액은 (①)에 (②)을(를) 곱하여 산정한 금액으로 한다.
- 인삼 해가림시설의 보험가입금액은 (③)에 (④)을(를) 곱하여 산출한다.

Solution

① 연근별 (보상)가액, ② 재배면적(㎡), ③ 재조달가액, ④ 100% - 감가상각률

02 농작물재해보험 상품 중 비가림시설(시설비/㎡ : 19,000원) 또는 해가림시설에 관한 다음 보험가입금액을 구하시오.

(1) 포도(단지 단위) 비가림시설의 최소 가입면적에서 최소 보험가입금액

(2) 대추(단지 단위) 비가림시설의 가입면적 300㎡에서 최대 보험가입금액

(3) 다음 조건에 따른 인삼 해가림시설의 보험가입금액(천원 미만 절사)

- 단위면적당 시설비 : 6,000원
- 가입(재식)면적 : 300㎡
- 시설유형 : 목재
- 시설년도 : 2018년 4월
- 가입시기 : 2023년 11월

Solution

(1) 포도(단지 단위) 비가림시설의 최소 가입면적에서 최소 보험가입금액

보험가입금액 = 비가림시설 면적 × ㎡당 시설비 = 200㎡ × 19,000원 × 0.8 = 3,040,000원

Tip ▶ 비가림시설보장 보험가입금액은 산정된 금액(비가림시설 면적 × ㎡당 시설비)의 80% ~ 130% 범위 내에서 계약자가 결정하며(10% 단위), 인수제한은 200㎡ 미만임

(2) 대추(단지 단위) 비가림시설의 가입면적 300㎡에서 최대 보험가입금액

보험가입금액 = 비가림시설 면적 × ㎡당 시설비 = 300㎡ × 19,000원 × 1.3 = 7,410,000원

(3) 인삼 해가림시설의 보험가입금액

보험가입금액 = 재조달가액 × (100% - 감가상각률)

① 재조달가액 = 단위면적당 시설비 × 재배면적
　　　　　　 = 6,000원 × 300㎡ = 1,800,000원

② 감가상각률(5년 7개월 → 5년(만년감가 적용))
　 = 5 × 13.33%(목재 내용연수 6년) = 66.65%

∴ 보험가입금액 = 1,800,000원 × (1 − 0.6665) = 1,800,000원 × 0.3335
= 600,300원 ≒ 600,000원

03 특정위험보장 인삼 해가림시설에서 정하는 잔가율에 관하여 서술하시오.

Solution

잔가율 20%와 자체 유형별 내용연수를 기준으로 경년감가율 산출 및 내용연수가 경과한 경우라도 현재 정상 사용 중인 시설의 경제성을 고려하여 잔가율을 최대 30%로 수정할 수 있다.

유형	내용연수	경년감가율
목재	6년	13.33%
철재	18년	4.44%

04 다음은 농작물재해보험 및 가축재해보험의 이론과 실무상 특정위험보장 인삼 상품의 해가림시설의 보험가입금액 산정을 위한 감가상각에 대한 내용이다. (   )에 들어갈 내용을 쓰시오.

(1) 계약자에게 설치시기를 고지 받아 해당 일자를 기초로 감가상각하되, 최초 설치시기를 특정하기 어려운 때에는 인삼의 (①)와 동일한 시기로 한다.
(2) 해가림시설 구조체를 재사용하여 설치를 하는 경우에는 해당 구조체의 (②)를 기초로 감가상각하며, (②)를 알 수 없는 경우에는 해당 구조체의 (③)를 기준으로 감가상각한다.
(3) 동일한 재료로 설치하였으나 설치시기 (④)가 각기 다른 해가림시설 구조체가 상존하는 경우, 가장 넓게 분포하는 해가림시설 구조체의 설치시기를 동일하게 적용한다.
(4) 1개의 농지 내 (⑤)이 상이한 재료(목재 + 철재)로 해가림시설을 설치한 경우, 재료별로 설치구획이 나뉘어 있는 경우에만 인수 가능하며, 각각의 면적만큼 구분하여 가입한다.

Solution

① 정식시기, ② 최초 설치시기, ③ 최초 구입시기, ④ 경과년수, ⑤ 감가상각률

05 다음은 종합위험보장 상품 중 인삼 해가림시설에 관한 내용이다. 다음 조건에 따라 보험가입금액을 구하시오. (단, 천원 단위 절사)

- 단위면적당 시설비 : 5,000원(목재A−2형)/㎡
- 가입(재배)면적 : 3,000㎡
- 구조체 설치시기 : 확인 불가
- 인삼정식시기 : 2022년 4월 3일
- 보험가입일자 : 2024년 5월 3일

Solution

보험가입금액 = 재조달가액 × (100% − 감가상각률)
= 15,000,000원 × (1 − 0.2666)
= 11,001,000원 = 11,000,000원

① 재조달가액 = 5,000원/㎡ × 3,000㎡ = 15,000,000원

② 감가상각률 = 경년감가율 × 경과년수(2년 1개월 → 2년)
= 13.33% × 2년 = 26.66%

Tip ▸ 계약자에게 설치시기를 고지 받아 해당 일자를 기초로 감가상각하되, 최초 설치시기를 특정하기 어려운 때에는 인삼의 정식시기와 동일한 시기로 한다.

06 다음은 종합위험보장 상품 중 인삼 해가림시설에 관한 내용이다. 다음 조건에 따라 보험가입금액을 구하시오. (단, 천원 단위 절사)

- 단위면적당 시설비 : 4,600원(목재A–3형)/㎡
- 가입(재배)면적 : 3,000㎡
- 구조체 최초 설치시기 : 확인 불가
- 구조체 최초 구입시기 : 2020년 4월 3일
- 구조체를 재설치하여 보험가입한 일자 : 2024년 5월 3일

Solution

보험가입금액 = 재조달가액 × (100% − 감가상각률)
= 13,800,000원 × (1 − 0.5332)
= 6,441,840원 = 6,440,000원

① 재조달가액 = 4,600원/㎡ × 3,000㎡ = 13,800,000원

② 감가상각률 = 경년감가율 × 경과년수(4년 1개월 → 4년)
= 13.33% × 4년 = 53.32%

Tip ▸ 해가림시설 구조체를 재사용하여 설치를 하는 경우에는 해당 구조체의 최초 설치시기를 기초로 감가상각하며, 최초 설치시기를 알 수 없는 경우에는 해당 구조체의 최초 구입시기를 기준으로 감가상각한다.

07 다음은 종합위험보장 상품 중 인삼 해가림시설에 관한 내용이다. 다음 조건에 따라 보험가입금액을 구하시오. (단, 천원 단위 절사)

- 단위면적당 시설비 : 6,000원(07–철인–A–2형)/㎡
- 가입(재배)면적 : 2,000㎡
- 설치시기 : 500㎡ – 2023.2.3. 1,500㎡ – 2022.3.4.
- 보험가입일자 : 2024년 5월 3일

Solution

보험가입금액 = 재조달가액 × (100% − 감가상각률)
= 12,000,000원 × (1 − 0.0888)
= 10,934,400원 = 10,930,000원

① 재조달가액 = 6,000원/㎡ × 2,000㎡ = 12,000,000원
② 감가상각률 = 경년감가율 × 경과년수(2년 2개월 → 2년)
= 4.44% × 2년 = 8.88%

Tip ▸ 동일한 재료(목재 또는 철재)로 설치하였으나 설치시기 경과년수가 각기 다른 해가림시설 구조체가 상존하는 경우, 가장 넓게 분포하는 해가림시설 구조체의 설치시기를 동일하게 적용한다.

08 다음은 종합위험보장 상품 중 인삼 해가림시설에 관한 내용이다. 다음 조건에 따라 (1) A구역과 (2) B구역의 보험가입금액을 구하시오. (단, 천원 단위 미만 절사)

- 단위면적당 시설비 : 5,000원(목재 : 목재A–2형)/㎡, 6,000원(철재 : 07–철인–A–2형)/㎡
- 가입(재배)면적 : 2,000㎡
- 설치구획 유형 : A구역(500㎡/목재), B구역(1,500㎡/철재)
- 설치시기 : 2021년 4월 3일
- 가입시기 : 2024년 5월 3일
- 농지 내 재료별(목재, 철재)로 구획되어 해가림시설이 설치되어 있음

Solution

(1) A구역 보험가입금액
보험가입금액 = 재조달가액 × (100% − 감가상각률)
= 2,500,000원 × (1 − 0.3999) = 1,500,250원 = 1,500,000원
① 재조달가액 = 500㎡ × 5,000원/㎡ = 2,500,000원
② 감가상각률 = 경년감가율 × 경과년수(3년 1개월 → 3년)
= 13.33% × 3년 = 39.99%

(2) B구역 보험가입금액
보험가입금액 = 재조달가액 × (100% − 감가상각률)
= 9,000,000원 × (1 − 0.1332) = 7,801,200원 = 7,800,000원
① 재조달가액 = 1,500㎡ × 6,000원/㎡ = 9,000,000원
② 감가상각률 = 경년감가율 × 경과년수(3년 1개월 → 3년)
= 4.44% × 3년 = 13.32%

Tip ▸ 1개의 농지 내 감가상각률이 상이한 재료(목재 + 철재)로 해가림시설을 설치한 경우, 재료별로 설치구획이 나뉘어 있는 경우에만 인수 가능하며, 각각의 면적만큼 구분하여 가입한다.

09 다음과 같은 '인삼'의 해가림시설이 있다. 다음 조건을 참조하여 물음에 답하시오. (단, 주어진 조건 외에 다른 조건은 고려하지 않음)

- 가입시기 : 2024년 6월
- 농지 내 재료별(목재, 철재)로 구획되어 해가림시설이 설치되어 있음

〈해가림시설(목재)〉

- 시설년도 : 2017년 9월
- 면적 : 4,000㎡

• 단위면적당 시설비 : 30,000원/㎡
※ 해가림시설 정상 사용 중

〈해가림시설(철재)〉
• 전체면적 : 6,000㎡
  – 면적 ① : 4,500㎡ (시설년도 : 2019년 3월)
  – 면적 ② : 1,500㎡ (시설년도 : 2021년 3월)
• 단위면적당 시설비 : 50,000원/㎡
※ 해가림시설 정상 사용 중이며, 면적 ①, ②는 동일 농지에 설치

물음 1) 해가림시설(목재)의 보험가입금액의 계산과정과 값을 쓰시오. (단, 경제성을 고려하여 잔가율을 최대로 수정할 수 있음)

물음 2) 해가림시설(철재)의 보험가입금액의 계산과정과 값을 쓰시오.

Solution

물음 1) 해가림시설(목재)의 보험가입금액
보험가입금액 = 재조달가액 × (100% − 감가상각률)
① 재조달가액 = 4,000㎡ × 30,000원/㎡ = 120,000,000원
② 감가상각률 = (1 − 0.3) = 0.7 = 70%
Tip ▸ 수정잔가율 : 경과년수가 6년 9개월로 내용연수 6년을 경과하였으므로 수정잔가율(30%)을 적용할 수 있다.
∴ 보험가입금액 = 120,000,000원 × 0.3 = 36,000,000원

물음 2) 해가림시설(철재)의 보험가입금액
보험가입금액 = 재조달가액 × (100% − 감가상각률)
① 재조달가액 = 6,000㎡ × 50,000원/㎡ = 300,000,000원
Tip ▸ 동일한 재료(목재 또는 철재)로 설치하였으나 설치시기 경과년수가 각기 다른 구조체가 상존하는 경우 가장 넓게 분포하는 해가림시설 구조체의 설치시기를 동일하게 적용한다.
② 감가상각률 = 4.44% × 5년 = 22.2%
Tip ▸ 경과년수가 5년 3개월 → 5년(만년감가), 경년감가율은 4.44%
∴ 보험가입금액 = 300,000,000원 × (1 − 0.222) = 233,400,000원

10 작물특정 및 시설종합위험 인삼손해보장방식의 해가림시설에 관한 내용이다. 다음 물음에 답하시오. (단, A시설과 B시설은 별개 계약임)

시설	시설유형	재배면적	시설년도	가입시기
A시설	목재B형	3,000m²	2019년 4월	2024년 10월
B시설	07-철인-A-2형	1,250m²	2016년 5월	2024년 11월

물음 1) A시설의 보험가입금액의 계산과정과 값(원)을 쓰시오.
물음 2) B시설의 보험가입금액의 계산과정과 값(원)을 쓰시오.

Solution

물음 1) A시설의 보험가입금액
보험가입금액 = 재조달가액 × (100% − 감가상각률)
① 재조달가액 = 3,000㎡ × 6,000원 = 18,000,000원
② 감가상각률 = 13.33% × 5년(5년 6개월 경과, 5년 적용) = 66.65%
∴ 보험가입금액 = 18,000,000원 × (1 − 0.6665)
= 6,003,000원 = 6,000,000원

Tip ▸ 현재 목재B형과 07-철인-A-2형의 단위면적당 시설비는 6,000원/㎡이다.

물음 2) B시설의 보험가입금액
보험가입금액 = 재조달가액 × (100% − 감가상각률)
① 재조달가액 = 1,250㎡ × 6,000원 = 7,500,000원
② 감가상각률 = 4.44% × 8년(8년 6개월 경과, 8년 적용) = 35.52%
∴ 보험가입금액 = 7,500,000원 × (1 − 0.3552)
= 4,836,000원 = 4,830,000원

라) 보험료

(1) 보험료의 구성

> 영업보험료 = 순보험료 + 부가보험료

- **순보험료** : 지급보험금의 재원이 되는 보험료
- **부가보험료** : 보험회사의 경비 등으로 사용되는 보험료

(가) **정부보조보험료** : 순보험료의 50% + 부가보험료의 100% 지원
(나) **지자체지원보험료** : 지자체별로 지원금액(비율)을 결정

(2) 보험료의 산출

(가) **종합위험 수확감소보장**(9개 품목) : 마늘, 양파, 감자, 고구마, 양배추, 콩, 팥, 차, 옥수수(사료용 옥수수 포함)

① 종합위험 수확감소보장 보통약관 적용보험료

> 보통약관 보험가입금액 × 지역별 보통약관 영업요율
> × (1 ± 손해율에 따른 할인·할증률) × (1 − 방재시설 할인율)

- 감자(고랭지), 고구마, 팥, 차(茶) 품목 → 방재시설 할인율 미적용
- 손해율에 따른 할인·할증 → 계약자를 기준으로 판단
- 손해율에 따른 할인·할증폭 → −30% ~ +50%로 제한

(나) **종합위험 생산비보장**(10개 품목) : 고추, 브로콜리, 메밀, 무(고랭지, 월동), 당근, 파(대파, 쪽파·실파), 시금치(노지), 배추(고랭지, 가을, 월동), 단호박, 양상추

Tip ▸ 고, 브로, 무, 당, 메, 노시치, 단박, 배, 파, 양상

((고 프로(수준 높은) 무당이라도 메 놀다가 단박에 배아픈 양상(밥값(생산비) 들여 먹은 것 확인)

① 생산비보장 보통약관 적용보험료

> 보통약관 보험가입금액 × 지역별 보통약관 영업요율
> × (1 ± 손해율에 따른 할인·할증률) × (1 − 방재시설 할인율)

- **고추, 브로콜리** 품목에만 → **방재시설 할인율** 적용
- 손해율에 따른 할인·할증 → 계약자를 기준으로 판단
- 손해율에 따른 할인·할증폭 → −30% ~ +50%로 제한

(다) **작물특정 및 시설종합위험 인삼손해보장방식(인삼)**

① 작물 특정위험보장 보통약관 적용보험료

> 보통약관 보험가입금액 × 지역별 보통약관 영업요율
> × (1 ± 손해율에 따른 할인·할증률) × (1 − 방재시설 할인율)

② 해가림시설 종합위험보장 보통약관 적용보험료

> 보통약관 보험가입금액 × 지역별 보통약관 영업요율 × (1 − 인삼 6년근 해가림시설 할인율)

- 손해율에 따른 할인·할증 → 계약자를 기준으로 판단
- 손해율에 따른 할인·할증폭 → −30% ~ +50%로 제한
- 인삼 6년근 재배 해가림시설 → 10% 할인율 적용
- 종별(인삼재배시설) 보험료율 차등적용에 관한 사항

종 구분	상세	요율상대도
2종	허용적설심 및 허용풍속이 지역별 내재해형 설계기준 120% 이상인 인삼재배시설	0.9
3종	허용적설심 및 허용풍속이 지역별 내재해형 설계기준 100% 이상 ~ 120% 미만인 인삼재배시설	1.0
4종	허용적설심 및 허용풍속이 지역별 내재해형 설계기준 100% 미만이면서, 허용적설심 7.9cm 이상이고, 허용풍속이 10.5m/s 이상인 인삼재배시설	1.1
5종	허용적설심 7.9cm 미만이거나, 허용풍속이 10.5m/s 미만인 인삼재배시설	1.2

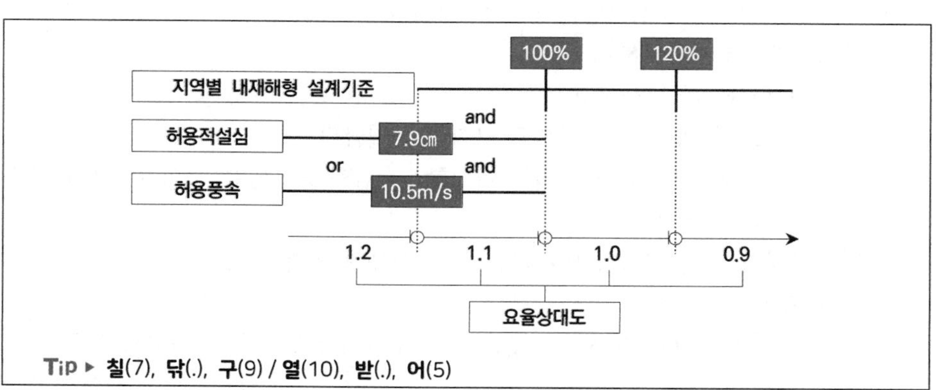

Tip ▸ 칠(7), **닭**(.), **구**(9) / **열**(10), **받**(.), **어**(5)

문제로 확인하기

01 밭작물 중에서 방재시설 할인율이 적용되지 않는 품목을 5가지 이상 쓰시오.

Solution

무, 당근, 메밀, 노지시금치, 팥, 파, 감자(고랭지), 단호박, 배추, 차, 고구마, 양상추

02 다음은 종별(인삼재배시설) 보험료율 차등적용에 관한 사항이다. (   )에 들어갈 내용을 쓰시오.

종 구분	상세	요율상대도
2종	(①) 및 (②)이(가) 지역별 내재해형 설계기준 (③)% 이상인 인삼재배시설	0.9
3종	(①) 및 (②)이(가) 지역별 내재해형 설계기준 100% 이상 ~ (③)% 미만인 인삼재배시설	1.0
4종	(①) 및 (②)이(가) 지역별 내재해형 설계기준 100% 미만이면서, (①) (④)cm 이상이고, (②)이(가) (⑤)m/s 이상인 인삼재배시설	1.1
5종	(①) (④)cm 미만이거나, (②)이(가) (⑤)m/s 미만인 인삼재배시설	1.2

Solution

① 허용적설심, ② 허용풍속, ③ 120, ④ 7.9, ⑤ 10.5

(3) 보험료의 환급

(가) **이 계약이 무효, 효력상실 또는 해지된 때 → 보험료 반환**

① 종합위험 생산비보장 품목 및 인삼(작물)손해보장
보험사고 발생 → 보험금 지급 → 보험가입금액 감액
→ 감액된 보험가입금액 기준 → 환급금 계산

② 인삼 해가림시설
보험사고가 발생하고
→ 보험가입금액 미만으로 보험금이 지급된 경우
→ 보험가입금액 감액되지 아니함 → 감액하지 않은 보험가입금액 기준
→ 환급금 계산

(나) **계약자 또는 피보험자의 책임 없는 사유에 의하는 경우**

① 무효 → 전액

② **효력상실 또는 해지** → 해당 월 미경과비율에 따라 '환급보험료' 계산

환급보험료 = 계약자부담보험료 × 미경과비율 〈별표〉

○ 계약자부담보험료 : 최종 보험가입금액 기준으로 산출한 보험료 중 계약자가 부담한 금액

(다) **계약자 또는 피보험자의 책임 있는 사유에 의하는 경우**

① 해당 월 미경과비율에 따른 환급보험료

② 다만 계약자, 피보험자의 고의 또는 중대한 과실로 무효가 된 때에는 보험료를 반환하지 않음

(라) **계약자 또는 피보험자의 책임 있는 사유란**

① 계약자 또는 피보험자가 임의 해지하는 경우

② 사기에 의한 계약, 계약의 해지(계약자 또는 피보험자의 고의로 손해가 발생한 경우나, 고지의무・통지의무 등을 해태한 경우) 또는 중대사유로 인한 해지에 따라 → 계약을 취소 또는 해지하는 경우

③ 보험료 미납으로 인한 계약의 효력상실

(마) **계약의 무효, 효력상실 또는 해지로 인하여 반환해야 할 보험료가 있을 때**

① 계약자는 '환급금'을 '청구'해야 함

② 청구일의 **다음 날**부터 ~ **지급일**까지의 기간에 대하여 보험개발원이 공시하는 '**보험계약대출이율**'을 → '**연단위 복리**'로 계산한 금액을 더하여 지급

마) 보험금

(1) 종합위험 수확감소보장(9개 품목) : 마늘, 양파, 감자, 고구마, 양배추, 콩, 팥, 차(茶), 옥수수(사료용 옥수수 포함)

(가) **수확감소 및 경작불능보장 보험금 지급사유 및 계산**

① 종합위험 경작불능보장(보통약관) **Tip ▸** 차(茶) 제외

식물체 피해율이 **65% 이상**

\+ **경작불능보험금 신청**한 경우(보험계약 소멸)

보험금 = 보험가입금액 × 일정비율

○ **사료용 옥수수**

보험금 = 보험가입금액 × 보장비율 × 경과비율

Tip ▸ 조사료용 벼와 유사, 시간경과에 따라 생산비 달라

○ **경작불능보험금 지급**

\- 보험목적물이 **산지폐기된 것**을 **확인** 후 지급

\- **지급된 때** : 그 손해보상의 원인이 생긴 때로부터 해당 농지에 대한 보험**계약**은 **소멸**

○ **경작불능보험금 지급비율**(사료용 옥수수, 양배추는 따로 정함)

CHAPTER 03

◆ **자기부담비율에 따른 경작불능보험금**

자기부담비율	경작불능보험금
10%형	보험가입금액의 45%
15%형	보험가입금액의 42%
20%형	보험가입금액의 40%
30%형	보험가입금액의 35%
40%형	보험가입금액의 30%

○ **경작불능보험금 지급비율(양배추)**

◆ **자기부담비율에 따른 경작불능보험금**

자기부담비율	경작불능보험금
10%형	–
15%형	보험가입금액의 42%
20%형	보험가입금액의 40%
30%형	보험가입금액의 35%
40%형	보험가입금액의 30%

○ **경작불능보험금 지급비율(사료용 옥수수)**

– **보장비율** : 보험금 산정에 기초, 보험가입 시 선택한 비율

◆ **계약자 선택에 따른 보장비율 표**

구분	45%형	42%형	40%형	35%형	30%형
보장비율	45%	42%	40%	35%	30%

– **경과비율** : 사고발생일이 속한 월에 따라 적용

◆ **사고발생일이 속한 월에 따른 경과비율 표**

월별	5월	6월	7월	8월
경과비율	80%	80%	90%	100%

Tip ▸ **어느 세월**(5, 6, 7, 8)
조사료용 벼 : **빨공**(80), **빨어**(85), **구공**(90), **탄**(100)
사료용 옥수수 : **파공**(80), **파공**(80), **구공**(90), **탄**(100)

② 종합위험 수확감소보장(보통약관)

㉠ **마늘, 양파, 고구마, 양배추, 콩, 팥, 차(茶)**

보험금 = 보험가입금액 × (피해율 – 자기부담비율)

○ 피해율 = (평년수확량 – 수확량 – 미보상감수량) ÷ 평년수확량

㉡ **감자(고랭지, 봄, 가을)**

보험금 = 보험가입금액 × (피해율 – 자기부담비율)

○ 피해율 = {(평년수확량 – 수확량 – 미보상감수량 + 병충해감수량)} ÷ 평년수확량

○ **감자**(고랭지재배, 가을재배, 봄재배) : **병충해** 포함

㉢ 옥수수(사료용 옥수수 ×)

보험금 = MIN(보험가입금액, 손해액) − 자기부담금

Tip ▸ **섬섬옥수**(옥수수) : **매끈**(MIN)하고 **뽀송**(뽀송한 손)한, **뺀**(-) **자기**

○ 손해액 = 피해수확량 × 가입가격 Tip ▸ **손, 피, 가**(손 펴볼까?)

○ 자기부담금 = 보험가입금액 × 자기부담비율

✔ **Check** 종합위험 수확감소보장 관련 내용

① 마늘의 수확량조사 시 : 최대 지름이 품종별 일정 기준(한지형 2cm, 난지형 3.5cm) 미만인 마늘의 경우에 한하여 80%, 100% 피해로 구분

Tip ▸ **마늘**(마누라가) **한 둘**(한지형, 2), **난**(것 난지형) **셌**(3), **단**(.), **다**(5)

㉠ **80% 피해형** → 해당 마늘의 피해 무게를 80% 인정

㉡ **100% 피해형** → 해당 마늘의 피해 무게를 100% 인정

② 양파의 수확량조사 시 : **최대 지름이 6cm 미만인 양파에 한해 80%, 100% 피해로 구분**

Tip ▸ **양**(양파), **육**(6)이 안 된 것

㉠ **80% 피해형** → 해당 양파의 피해 무게를 80% 인정

㉡ **100% 피해형 → 해당 양파의 피해 무게를 100% 인정**

③ 양배추의 수확량조사 시 : **80%, 100% 피해로 구분**

㉠ **80% 피해형** → 해당 양배추의 피해 무게를 80% 인정

㉡ **100% 피해형** → 해당 양배추 피해 무게를 100% 인정

④ 고구마의 수확량조사 시 : **품질에 따라 50%, 80%, 100% 피해로 구분**

㉠ **50% 피해형 → 피해를 50% 인정**

㉡ **80% 피해형 → 피해를 80% 인정**

㉢ **100% 피해형 → 피해를 100% 인정**

Tip ▸ **고구마** 피해 생긴 것은 **궈**(구어, 5) **팔**(8) **공**(0)

⑤ 감자(고랭지 · 봄 · 가을)의 수확량조사 시 : [1]감자 최대 지름이 **5cm 미만** 또는 [2]**50% 피해형**에 해당하는 경우 → 해당 감자의 무게는 **50%**만 **피해**로 **인정**

Tip ▸ 오~! (5) **감자**(감잡았어~!) **오공**(50)

◆ **피해형 구분**

① **50% 피해형** : 보상하는 재해로 일반시장에 출하할 때 정상작물에 비해 → 50% 정도의 가격하락이 예상

② **80% 피해형** : 보상하는 재해로 인해 피해가 발생

㉠ 일반시장 출하 → 불가능

㉡ 가공용으로 공급 → 가능(가공공장 공급 및 판매 여부와 무관)

③ **100% 피해형** : 보상하는 재해로 인해 피해가 발생

㉠ 일반시장 출하 → 불가능

㉡ 가공용으로 공급 → 불가능

⑥ 감자의 병충해감수량 산정

병충해감수량 = 병충해 입은 괴경의 무게 × 손해정도비율 × 인정비율

◈ 손해정도에 따른 손해정도비율

품목	손해정도	손해정도비율
감자 (봄재배, 가을재배, 고랭지재배)	1% ~ 20%	20%
	21% ~ 40%	40%
	41% ~ 60%	60%
	61% ~ 80%	80%
	81% ~ 100%	100%

◈ 감자 병충해 등급별 인정비율

급수	종류	인정비율
1급	모자이크병, 역병, 감자뿔나방, 무름병, 가루더뎅이병, 갈쭉병, 둘레썩음병, 잎말림병	90%
2급	검은무늬썩음병, 마른썩음병, 홍색부패병, 균핵병, 줄기검은병, 더뎅이병, 풋마름병, 시들음병, 방아벌레류, 아메리카잎굴파리, 진딧물류, 줄기기부썩음병	70%
3급	오이총채벌레, 겹둥근무늬병, 탄저병, 흰비단병, 잿빛곰팡이병, 반쪽시들음병, 큰28점박이무당벌레, 파밤나방, 뿌리혹선충, 기타	50%

Tip ▸ **모,역/감,무,가/갈,둘,잎**(목욕가서 머리 검을까, 그냥 둘 일?)
검,마/홍,균,줄/더,풋,시/방,아,진,줄(때밀이 그놈아 빨간 줄 나게 더 푸시~! 방아 찐줄~!)
오,겹,탄/흰,잿,반/큰28,파,뿌(오겹살 타서 흰 잿빛이 반이네 큰 두 팔로 파네~!)
거,칠,다(90, 70, 50)

⑦ 옥수수의 피해수확량(재식시기 및 재식밀도를 감안한 값)

피해주수 × 표준중량

㉠ 피해주수 조사 : **하나의 주(株)**에서 → 가장 **착립장**(알달림 길이)이 **긴 옥수수**를 **기준**으로 산정
㉡ 미보상감수량 → **피해수확량 산정 시 불포함**

⑧ 자기부담비율 : **보험가입 시 선택한 비율**

⑨ 식물체 피해율 : **식물체가 고사한 면적 ÷ 보험가입면적**

(2) 종합위험 재파종・조기파종・재정식보장

(가) **종합위험 재파종보장(보통약관)** : 마늘
보상하는 재해로 10a당 출현주수가 30,000주보다 작고
+ 10a당 30,000주 이상으로 재파종한 경우(1회 지급)

보험금 = 보험가입금액 × 35% × 표준출현피해율

○ 표준출현피해율(10a 기준) = (30,000 - 출현주수) ÷ 30,000

Tip ▸ 재판장(재파종)에서 마눌(마늘)을 쳐다 보면서 **가**(갸(너)), **사모**(35), **표출피**(나타낸 속마음) **싼마이**(30,000) 마누라 사모해서 (돈 아끼면서) 싼마이 입고 다녀요~!

(나) **종합위험 재파종보장(보통약관)** : (월동)무, 메밀, (노지)시금치, 실파 · 쪽파

Tip ▸ **동무**(월동무)~! **메**, **노시치**(맨날 노시지?), **실 · 쪽파**(실제로 쪽팔리지~!)

보상하는 재해로 면적피해율 > 자기부담비율을 초과하고

→ 재파종한 경우(1회 지급)

보험금 = 보험가입금액 × 20% × 면적피해율

Tip ▸ **마늘 제외**하고 **재파종**, **재정식**은 모두 **20%**(다시 **두고**(20), **면피**(면적피해율))

○ 면적피해율 = 피해면적 ÷ 보험가입면적

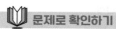

문제로 확인하기

01 보험가입금액 100,000,000원, 자기부담비율 20%의 종합위험보장 마늘 상품에 가입하였다. 보험계약 후 당해 년도 10월 31일까지 보상하는 재해로 인해 마늘이 10a당 27,000주가 출현되어 10a당 33,000주로 재파종을 한 경우 재파종보험금의 계산과정과 값을 쓰시오.

Solution

재파종보험금 = 보험가입금액 × 35% × 표준출현피해율

• 표준출현피해율 = (30,000 − 출현주수) ÷ 30,000

= (30,000 − 27,000) ÷ 30,000 = 0.1(10%)

∴ 재파종보험금 = 100,000,000원 × 0.35 × 0.1 = 3,500,000원

(다) **조기파종보장(특별약관)** : 제주도 지역, 남도종 마늘

① 재파종보험금

한지형 마늘 최초 판매개시일 24시 이전 보상하는 재해로

→ 10a당 출현주수가 30,000주보다 작고

\+ 10월 31일 이전 10a당 30,000주 이상으로 재파종한 경우

보험금 = 보험가입금액 × 25% × 표준출현피해율

○ **표준출현피해율(10a 기준) = (30,000 - 출현주수) ÷ 30,000**

Tip ▸ **마늘**(마눌), **조파**(쥐어 패), **가**(갸(너)), **투닥**(25), **표출피**(겉에 피나), **쌈말려**(30,000)

② 경작불능보험금

한지형 마늘 최초 판매개시일 24시 이전 보상하는 재해로

→ 식물체 피해율이 65% 이상 발생한 경우

보험금 = 보험가입금액 × 일정비율

○ **일정비율 : 자기부담비율에 따른 경작불능보험금 표 참조**

CHAPTER 03

◆ 자기부담비율에 따른 경작불능보험금

자기부담비율	경작불능보험금	자기부담비율	경작불능보험금
10%형	보험가입금액의 32%	30%형	보험가입금액의 25%
15%형	보험가입금액의 30%	40%형	보험가입금액의 25%
20%형	보험가입금액의 28%		

Tip ▸ **쌈두**(32, 싸움이) **쌨고**(30), **두팔**(28)로, **투닥**, **투닥**(25, 25)
(쥐어패(조기파종) 싸움하고, 나! 농사 못 지어~!(경작불능)

③ 수확감소보험금

보상하는 재해로 피해율 > 자기부담비율을 초과하는 경우

보험금 = 보험가입금액 × (피해율 − 자기부담비율)

○ **피해율 = (평년수확량 − 수확량 − 미보상감수량) ÷ 평년수확량**

 **문제로 확인하기**

01 제주도 지역, 남도종 마늘을 경작한 농업인이 보험가입금액 100,000,000원, 자기부담비율 30%의 조기파종보장 특약 상품에 가입하였다. 보험계약 후 당해 년도 한지형 마늘 상품 최초 판매개시 24시까지 보상하는 재해로 인해 마늘이 10a당 27,000주가 출현되어 10a당 33,000주로 재파종을 한 경우 재파종보험금의 계산과정과 값을 쓰시오.

Solution

(조기파종) 재파종보험금 = 보험가입금액 × 25% × 표준출현피해율

• 표준출현피해율 = (30,000 − 출현주수) ÷ 30,000
= (30,000 − 27,000) ÷ 30,000 = 0.1(10%)

∴ (조기파종) 재파종보험금 = 100,000,000원 × 0.25 × 0.1
= 2,500,000원

(라) **종합위험 재정식보장(보통약관)** : 양배추, (가을 · 월동)배추, 브로콜리, 양상추

Tip ▸ **양배**(배 두 척), **가동배**, **브로**(프로), **양상**

보상하는 재해로 면적피해율 > 자기부담비율을 초과하고
→ 재정식한 경우(1회 지급)

보험금 = 보험가입금액 × 20% × 면적피해율

Tip ▸ **가**(거기), **두고**(20), **면피**

○ 면적피해율 = 피해면적 ÷ 보험가입면적

(3) 종합위험 생산비보장 · 경작불능보장(8개 품목) : 무(고랭지 · 월동), 당근, 메밀, (노지)시금치, 단호박, 배추(고랭지 · 월동 · 가을), 파(대파, 쪽파 · 실파), 양상추

Tip ▸ **고, 브로, 무, 당, 메, 노시치, 단박, 배, 파, 양상**

(가) **경작불능보장(보통약관)**

보상하는 재해로 **식물체 피해율**이 **65% 이상**

\+ 계약자가 **경작불능보험금**을 **신청**한 경우(해당 농지 계약 소멸)

보험금 = 보험가입금액 × 일정비율

○ **일정비율** : 자기부담비율에 따른 경작불능보험금 표 참조

○ 경작불능보험금 지급비율

자기부담비율에 따른 경작불능보험금

자기부담비율	경작불능보험금
10%형	보험가입금액의 45%
15%형	보험가입금액의 42%
20%형	보험가입금액의 40%
30%형	보험가입금액의 35%
40%형	보험가입금액의 30%

※ 10%, 15%형 : 단호박, 배추(고랭지), 무(고랭지), 파(대파), 시금치만 적용

○ **식물체 피해율** : 식물체가 고사한 면적 ÷ 보험가입면적

(나) **생산비보장(보통약관)**

보상하는 재해로 약관에 따라 계산한 피해율 > 자기부담비율을 초과하는 경우

보험금 = 보험가입금액 × (피해율 − 자기부담비율)

문제로 확인하기

01 종합위험방식 생산비보장방식보험 메밀 품목에 관한 내용이다. 다음 조건에 따라 (1) 피해율을 구하고 (2) 보험금을 산출하시오.

- 보험가입금액 : 6,000,000원
- 가입면적 : 3000㎡
- 피해면적 : 1,500㎡
- 자기부담비율 : 20%
- 재해 : 태풍

Solution

(1) **피해율** = 피해면적 ÷ 가입면적
= 1,500㎡ ÷ 3,000㎡ = 0.5(50%)

(2) **보험금** = 보험가입금액 × (피해율 − 자기부담비율)
= 6,000,000원 × (0.5 − 0.2) = 1,800,000원

(4) 종합위험 생산비보장(보통약관) : 고추, 브로콜리 **Tip ▸** 경작불능보장(×)

(가) **고추**

보상하는 재해로 약관에 따라 계산한 생산비보장보험금 > 자기부담금을 초과하는 경우

① 병충해가 없는 경우

(잔존보험가입금액 × 경과비율 × 피해율) − 자기부담금(3% 또는 5%)

Tip ▸ **잔가, 경, 피, 자**(잠깐 걍(그냥) (담배) 피자) / **코**(고추), **풀어**(브로콜리) **삼**(3), **다**(5)

○ 경과비율이 높을수록 생산비가 많이 투입된 것으로 봄

② 병충해가 있는 경우

(잔존보험가입금액 × 경과비율 × 피해율 × 병충해 등급별 인정비율)
− 자기부담금(3% 또는 5%)

Tip ▸ **잔가, 경, 피, 병, 자**(잠깐 걍(그냥) (담배) 피보자) / **코**(고추), **풀어**(브로콜리) **삼**(3), **다**(5)

○ **잔존보험가입금액 = 보험가입금액 - 보상액(기발생 생산비보장보험금 합계액)**

○ **경과비율**

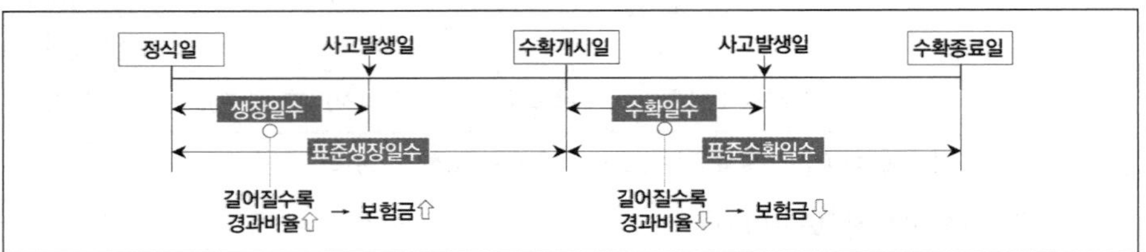

– **수확기 이전에 → 보험사고가 발생한 경우**

준비기생산비계수(52.7%)
+ [(1 − 준비기생산비계수) × (생장일수 ÷ 표준생장일수)]

Tip ▸ **고 / 브로**(코 풀어 콧물이) : **다리**(52) **탁**(. 닷) **쳐**(.7) / **사구**(49 사고) **쳤**(. 점) **리**(2)?

※ **준비기생산비계수** : 52.7%

※ **생장일수** : 정식일 ~ 사고발생일까지 경과일수

※ **표준생장일수** : 정식일 ~ 수확개시일까지 표준적 생장일수, 사전에 설정된 값(**100일**)

※ 생장일수 ÷ 표준생장일수 → '1' 초과 불가

– **수확기 중에 → 보험사고가 발생한 경우**

1 − (수확일수 ÷ 표준수확일수)

※ **수확일수** : 수확개시일 ~ 사고발생일까지 경과일수

※ **표준수확일수** : 수확개시일 ~ 수확종료일까지의 일수

○ **피해율 = 피해비율 × 손해정도비율 × (1 − 미보상비율)**

Tip ▸ 빨간고추처럼 **피 비**(피비린나게) **손**을 **비**(베)었네... **일**(1) **마**(-) **미**(이놈아야 미안해)

– **피해비율 : 피해면적(주수) ÷ 재배면적(주수)**

– **손해정도에 따른 손해정도비율**

◆ 고추 손해정도에 따른 손해정도비율

손해정도	1% ~ 20%	21% ~ 40%	41% ~ 60%	61% ~ 80%	81% ~ 100%
손해정도비율	20%	40%	60%	80%	100%

○ 고추 병충해 등급별 인정비율

◆ **고추 병충해 등급별 인정비율**

등급	종류	인정비율
1등급	역병, 세균성점무늬병, 탄저병, 풋마름병, 바이러스병	70%
2등급	잿빛곰팡이병, 시들음병, 담배가루이, 담배나방	50%
3등급	흰가루병, 무름병, 진딧물, 균핵병 및 기타	30%

Tip ▸ **역,세,탄,풋,바**(역세권 품바(가수))/**잿,시,담배,담배/흰,무,진,균**(하얀 연기가 진짜 균) **싫,어,해**(7, 5, 3)

(나) **브로콜리**

보상하는 재해로 약관에 따라 계산한 생산비보장보험금 > 자기부담금을 초과하는 경우

(잔존보험가입금액 × 경과비율 × 피해율) − 자기부담금(3% 또는 5%)

Tip ▸ **잔가, 경, 피, 자**(잠깐 걍(그냥) (담배) 피자) / **코**(고추), **풀어**(브로콜리) **삼**(3), **다**(5)

○ 경과비율이 높을수록 생산비가 많이 투입된 것으로 봄

○ 잔존보험가입금액 = 보험가입금액 − 보상액(기발생 생산비보장보험금 합계액)

○ 경과비율

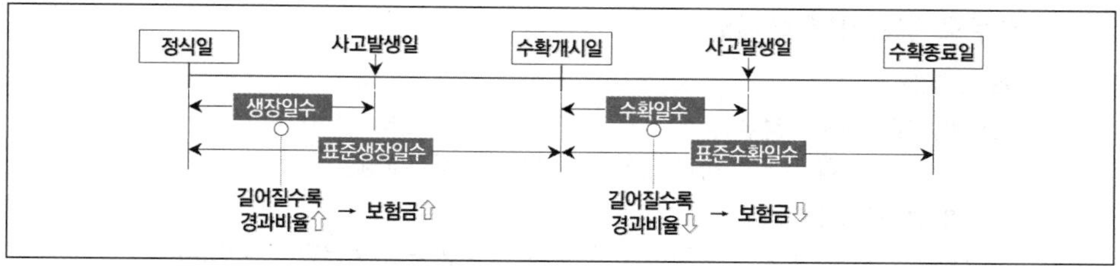

− **수확기 이전에 → 보험사고가 발생한 경우**

준비기생산비계수(49.2%)
+ {(1 − 준비기생산비계수) × (생장일수 ÷ 표준생장일수)}

Tip ▸ **고 / 브로**(코 풀어 콧물이) : **다리**(52) **탁**(. 닷) **쳐**(.7) / **사구**(49 사고) **쳤**(. 점) **리**(2)?

※ **준비기생산비계수** : 49.2%

※ **생장일수** : 정식일 ~ 사고발생일까지 경과일수

※ **표준생장일수** : 정식일 ~ 수확개시일까지 표준적 생장일수, 사전에 설정된 값(130일)

※ 생장일수 ÷ 표준생장일수 → '1' 초과 불가

− **수확기 중에 → 보험사고가 발생한 경우**

1 − (수확일수 ÷ 표준수확일수)

※ **수확일수** : 수확개시일 ~ 사고발생일까지 경과일수

※ **표준수확일수** : 수확개시일 ~ 수확종료일까지의 일수

○ 피해율 = 면적피해비율 × 작물피해비율 × (1 - 미보상비율)

Tip ▸ **꽃**(브로콜리) 주면서~! **면피**, **작피**(면피하기 위한 작전을 펴). **일**(1) **마**(-) **미**(이놈아야 미안해)

– **면적피해비율** = 피해면적(㎡) ÷ 재배면적(㎡)

– **작물피해율** = 피해면적 내 피해송이 수 ÷ 총 송이 수

브로콜리 피해 정도에 따른 피해인정계수

구분	정상 밭작물	50%형 피해 밭작물	80%형 피해 밭작물	100%형 피해 밭작물
피해인정계수	0	0.5	0.8	1

문제로 확인하기

01 농작물재해보험대상 밭작물 품목 중 자기부담금이 잔존보험가입금액의 3% 또는 5%인 품목 2가지를 쓰시오.

Solution

고추, 브로콜리

02 종합위험보장 고추 상품의 보험금 산출방식을 (1) 병충해가 없는 경우와 (2) 병충해가 있는 경우로 구분하여 쓰시오.

Solution

(1) 병충해가 없는 경우
(잔존보험가입금액 × 경과비율 × 피해율) – 자기부담금

(2) 병충해가 있는 경우
(잔존보험가입금액 × 경과비율 × 피해율 × 병충해 등급별 인정비율) – 자기부담금
※ 잔존보험가입금액 = 보험가입금액 – 보상액(기발생 생산비보장보험금 합계액)

03 다음 조건을 참조하여 고추 품목의 생산비보장보험금과 관련 내용을 산정하시오.

- 보험가입금액 : 30,000,000원
- 기피해 보상액 : 10,000,000원
- 경과비율 : 30%
- 피해율 : 20%
- 병충해 : 세균성점무늬병

(1) 잔존보험가입금액

(2) 최소 자기부담금

(3) 병충해가 없는 경우 보험금

(4) 병충해가 있는 경우 보험금

Solution

(1) 잔존보험가입금액
= 보험가입금액 - 보상액
= 30,000,000원 - 10,000,000원 = 20,000,000원

(2) 최소 자기부담금
= 잔존보험가입금액의 3%
= 20,000,000원 × 0.03 = 600,000원

(3) 병충해가 없는 경우 보험금
= (잔존보험가입금액 × 경과비율 × 피해율) - 자기부담금
= (20,000,000원 × 0.3 × 0.2) - 600,000원 = 600,000원

(4) 병충해가 있는 경우 보험금(세균성점무늬병 : 1등급, 인정비율 : 70%)
= (잔존보험가입금액 × 경과비율 × 피해율 × 병충해 등급별 인정비율) - 자기부담금
= (20,000,000원 × 0.3 × 0.2 × 0.7) - 600,000원 = 240,000원

04 고추를 재배하는 A씨는 두 개의 농지에서 키우고 있는 고추를 하나의 계약으로 농작물재해 보험에 가입하고자 한다. 다음 조건을 참조하여 각각의 물음에 답하시오.

농지	재배방식	재배면적	보장생산비
ㅁㅁ군 △△면 ㅇㅇ리 10번지	노지재배	120㎡	8,500원
ㅁㅁ군 △△면 ㅇㅇ리 13번지	터널재배	140㎡	9,500원

※ 개별 가입이 안 될 경우 두 농지를 합하여 1개의 농지로 가입함
※ 보험가입일 : 2023.4.20.
※ 자기부담비율은 5% 선택

○ **손해조사내용**

사고일자	재해	경과비율	피해율
2023.7.25.	태풍	40%	40%
2023.8.10.	역병	60%	60%

(1) 보험가입금액을 산출하시오. (단, 천원 단위 절사)
(2) 2023.7.25. 사고의 생산비보장보험금을 산출하시오. (단, 소수점 이하 절사)
(3) 2023.8.10. 사고의 생산비보장보험금을 산출하시오. (단, 소수점 이하 절사)

Solution

(1) 보험가입금액 : 2,350,000원
① 계약인수는 농지 단위로 가입하고 개별 농지당 최저 보험가입금액은 200만원이다. 단, 하나의 리·동에 있는 각각 최저금액 미만의 두 개의 농지는 하나로 취급하여 계약 가능하다.
- A농지 보험가입금액 : 120㎡ × 8,500원 = 1,020,000원
- B농지 보험가입금액 : 140㎡ × 9,500원 = 1,330,000원

② 각각 200만원 미만이므로 단독으로 가입할 수 없으나 두 개의 농지는 하나의 리에 있으므로 하나로 취급하여 계약 가능하다.
③ 따라서 두 농지를 합하여 2,350,000원으로 가입 가능하다.

(2) 2023.7.25. 사고의 생산비보장보험금
보험금 = (잔존보험가입금액 × 경과비율 × 피해율) - 자기부담금(5%)
= (2,350,000원 × 0.4 × 0.4) - 117,500원 = 258,500원

(3) 2023.8.10. 사고의 생산비보장보험금
보험금 = (잔존보험가입금액 × 경과비율 × 피해율× 병충해 등급별 인정비율) - 자기부담금(5%)
= {(2,350,000원 - 258,500원) × 0.6 × 0.6 × 0.7} - 자기부담금
= (2,091,500원 × 0.6 × 0.6 × 0.7) - 104,575원
= 527,058원 - 104,575원 = 422,483원

Tip ▶ 자기부담금 = 잔존보험가입금액 × 0.05, 역병은 1등급으로서 인정비율이 70%이다.

05 다음은 종합위험 생산비보장 고추 품목에 관한 내용이다. 주어진 조건을 참조하여 보험금을 산출하시오. (단, 피해율은 % 단위로 소수점 둘째자리 미만에서 절사하시오.)

- 보험가입금액 : 12,000,000원
- 기지급 보상액 : 2,000,000원
- 병충해 등급별 인정비율 : 70%
- 피해주수 : 2,000주
- 재배주수 : 4,000주
- 손해정도비율 : 60%(손해정도 55%)
- 준비기생산비계수 : 52.7%
- 표준생장일수 : 100일
- 생장일수 : 60일
- 미보상비율 : 없음
- 자기부담비율 : 5%

※ 수확기 이전에 보험사고 발생

Solution

보험금 =(잔존보험가입금액 × 경과비율 × 피해율 × 병충해 등급별 인정비율) - 자기부담금
① 잔존보험가입금액 = 12,000,000원 - 2,000,000원 = 10,000,000원
② 경과비율(수확기 이전에 보험사고가 발생한 경우)
= 준비기생산비계수 + {(1 - 준비기생산비계수) × (생장일수 ÷ 표준생장일수)}
= 0.527 + {(1 - 0.527) × (60일 ÷ 100일)}
= 0.527 + 0.2838 = 0.8108(81.08%)
③ 피해율 = 피해비율 × 손해정도비율 × (1 - 미보상비율)
= 0.5 × 0.6 × (1 - 0) = 0.3
• 피해비율 = 피해주수 ÷ 재배주수 = 2,000주 ÷ 4,000주 = 0.5(50%)
④ 자기부담금 = 10,000,000원 × 0.05 = 500,000원
∴ 보험금 = (10,000,000원 × 0.8108 × 0.3 × 0.7) - 500,000원
= 1,202,680원

06 **다음은 종합위험 생산비보장 고추 품목에 관한 내용이다. 주어진 조건을 참조하여 보험금을 산출하시오. (단, 피해율은 % 단위로 소수점 둘째자리 미만에서 절사하고, 주어진 조건만 고려하시오.)**

- 보험가입금액 : 4,200,000원
- 재배주수 : 800주
- 피해주수 : 480주
- 손해정도비율 : 60%(손해정도 52%)
- 기지급 보상액 : 400,000원
- 표준수확일수 : 50일
- 보험사고일 : 수확개시 후 20일 경과
- 미보상비율 : 10%
- 자기부담비율 : 5%

※ 수확기 중에 보험사고 발생

Solution

보험금 = (잔존보험가입금액 × 경과비율 × 피해율) − 자기부담금

① 잔존보험가입금액 = 4,200,000원 − 400,000원 = 3,800,000원

② 경과비율(수확기 중에 보험사고가 발생한 경우)

= 1 − (수확일수 ÷ 표준수확일수)

= 1 − (20일 ÷ 50일) = 0.6(60%)

③ 피해율 = 피해비율 × 손해정도비율 × (1 − 미보상비율)

= (480주 ÷ 800주) × 0.6 × (1 − 0.1)

= 0.6 × 0.6 × 0.9

= 0.324(32.4%)

④ 자기부담금 = 3,800,000원 × 0.05 = 190,000원

∴ 보험금 = (3,800,000원 × 0.6 × 0.324) − 190,000원

= 548,720원

07 **다음은 종합위험 생산비보장 브로콜리 품목에 관한 내용이다. 주어진 조건을 참조하여 보험금을 산출하시오. (단, 피해율은 % 단위로 소수점 둘째자리 미만에서 절사하고, 주어진 조건만 고려하시오.)**

- 보험가입금액 : 4,200,000원
- 재배면적 : 800㎡
- 피해면적 : 480㎡
- 피해면적 내 피해송이 수 : 5,000송이
- 총 송이 수 : 10,000송이
- 기지급 보상액 : 400,000원
- 준비기생산비계수 : 49.2%
- 표준생장일수 : 130일

• 생장일수 : 65일
• 자기부담비율 : 5%
• 미보상비율 : 10%
• 자기부담비율 : 5%
※ 수확기 이전에 보험사고 발생

Solution

보험금 = (잔존보험가입금액 × 경과비율 × 피해율) − 자기부담금
① 잔존보험가입금액 = 4,200,000원 − 400,000원 = 3,800,000원
② 경과비율(수확기 이전에 보험사고가 발생한 경우)
= 준비기생산비계수 + {(1 − 준비기생산비계수) × (생장일수 ÷ 표준생장일수)}
= 0.492 + {(1 − 0.492) × (65일 ÷ 130일)}
= 0.492 + 0.254
= 0.746(74.6%)
③ 피해율 = 면적피해비율 × 작물피해비율 × (1 − 미보상비율)
= (480㎡ ÷ 800㎡) × (5,000송이 ÷ 10,000송이) × (1 − 0.1)
= 0.6 × 0.5 × 0.9 = 0.27(27%)
④ 자기부담금 = 3,800,000원 × 0.05 = 190,000원
∴ 보험금 = (3,800,000원 × 0.746 × 0.27) − 190,000원
= 575,396원

08 밭작물의 (1) 종합위험 수확감소보장 중에서 ① 종합위험 재파종보장과 ② 종함위험 재정식보장, (2) 종합위험 생산비보장 중에서 ① 종합위험 재파종보장과 ② 종함위험 재정식보장 품목을 모두 적으시오.

Solution

(1) 종합위험 수확감소보장
① **종합위험 재파종보장** : 마늘
② **종함위험 재정식보장** : 양배추
(2) 종합위험 생산비보장
① **종합위험 재파종보장** : 월동무, 메밀, 노지시금치, 실파・쪽파
② **종함위험 재정식보장** : 가을배추, 월동배추, 브로콜리, 양상추

(5) 작물특정 및 시설종합위험 인삼손해보장

(가) **인삼손해보장(보통약관) : 인삼**

보상하는 재해로 피해율 > 자기부담비율을 초과하는 경우

보험가입금액 × (피해율 − 자기부담비율)

○ **피해율** = (1 − **수확량** ÷ 연근별 **기준수확량**) × **피해면적** ÷ **재배면적**

Tip ▸ 인삼 보험가입금액은 연근별(보상) 가액 × 재배면적(㎡), 따라서 평년수확량을 사용하지 않음

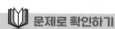

○ **2회 이상 보험사고 발생 시** : 지급보험금 ← 기발생 지급보험금을 차감하여 계산

Tip ▸ 기발생 지급보험금을 차감하고 주다니 **인상**(인삼) 쓸 일이야~!

(나) **해가림시설보장(보통약관) : 해가림시설**

보상하는 재해로 손해액 > 자기부담금을 초과하는 경우

① 보험가입금액 ≥ 보험가액

㉠ **보험가입금액 한도**

보험금 = 손해액 − 자기부담금

㉡ **보험가입금액 > 보험가액** : 보험가액을 한도로 함

보험금 → 보험가액

② 보험가입금액 < 보험가액 : 일부보험

보험가입금액을 한도로 비례보상

보험금 = (손해액 - 자기부담금) × 보험가입금액 ÷ 보험가액

○ **손해액** : 그 손해가 생긴 때와 곳에서의 보험가액

문제로 확인하기

01 다음은 작물특정위험 인삼 품목에 대한 내용이다. 각각의 물음에 답하시오.

○ **계약사항**

- 보험가입일자 : 2023년 5월 1일(4년근으로 1형에 가입)
- 재배면적 : 2,000㎡
- 자기부담비율 : 15%

〈연근별 (보상)가액〉

구분	2년근	3년근	4년근	5년근	6년근
인삼	10,200원	11,600원	13,400원	15,000원	17,600원

※ 보험가입연도의 연근 + 1년 적용하여 가입금액 산정

○ **조사내용**

- 사고일자 : 2023.7.24.
- 피해면적 : 800㎡
- 4년근 기준수확량 : 0.8kg/㎡
- 수확량 : 0.4kg
- 재해 : 태풍

(1) 인삼 보험가입금액을 산출하시오. (단, 천원 단위 절사)

(2) 보험금을 산출하시오.

Solution

(1) 인삼 보험가입금액 = 연근별 (보상)가액 × 재배면적(㎡)
= 15,000원 × 2,000㎡ = 30,000,000원

(2) 보험금 = 보험가입금액 × (피해율 - 자기부담비율)

① 피해율 = (1 - 수확량 ÷ 연근별 기준수확량) × 피해면적 ÷ 재배면적
= (1 - 0.4kg ÷ 0.8kg) × 800㎡ ÷ 2,000㎡ = 0.5 × 800㎡ ÷ 2,000㎡ = 0.2(20%)

② 자기부담비율 : 15%

∴ 보험금 = 30,000,000원 × (0.2 - 0.15) = 1,500,000원

02 종합위험보장 인삼 해가림시설에 관한 내용이다. (1) 보험가입금액과 (2) 보험금을 산출하시오. (단, 천원 단위 절사)

- 단위면적당 시설비 : 6,000원(목재B형)/㎡
- 가입(재배)면적 : 4,000㎡
- 설치시기 : 2021년 4월 3일
- 보험가입일자 : 2024년 5월 3일
- 사고일자 : 2024년 6월 3일
- 재해 : 집중호우
- 손해액 : 9,000,000원
- 사고 당시 보험가액 : 16,000,000원

Solution

(1) 해가림시설의 보험가입금액 = 재조달가액 × (1 - 감가상각률)

① 재조달가액 = 단위면적당 시설비 × 재배면적
= 6,000원/㎡ × 4,000㎡ = 24,000,000원

② 감가상각률 = 경년감가율(13.33%) × 경과년수(3년 1개월 → 3년)
= 39.99%

∴ 보험가입금액 = 24,000,000원 × (1 - 0.3999) = 14,402,400원 ≒ 14,400,000원

(2) 보험금 = (손해액 - 자기부담금) × (보험가입금액 ÷ 보험가액)
= (9,000,000 - 900,000) × (14,400,000 ÷ 16,000,000)
= 7,290,000원

Tip ▸ 보험가입금액이 보험가액에 미달하는 일부보험에 해당된다. 손해액의 10%의 금액(900,000원)이 10만원과 100만원 한도 내에 있다.

바) 자기부담비율

(1) 손해에 대하여 계약자 또는 피보험자가 부담하는 일정비율

(2) 수확감소보장방식 : 마늘, 양파, 감자(고랭지재배, 봄재배, 가을재배), 고구마, 옥수수(사료용 옥수수), 양배추, 콩, 팥, 차(茶)

(가) **계약자가 선택한 비율 : 10%, 15%, 20%, 30%, 40%**

※ 단, **양배추** : 10%(×)

(나) **자기부담비율 선택 기준**

① **10%형** : 최근 **3년간 연속 보험가입계약자**로서
3년간 수령한 보험금 < 순보험료의 **120% 미만**

② **15%형** : 최근 **2년간 연속 보험가입계약자**로서
2년간 수령한 보험금 < 순보험료의 **120% 미만**

③ 20%형, 30%형, 40%형 : 제한 없음

(3) 생산비보장방식 : 메밀, 단호박, 당근, 배추(고랭지 · 월동 · 가을), 무(고랭지 · 월동), 시금치(노지), 파(대파, 쪽파 · 실파), 양상추

계약자가 선택한 비율 : 10%, 15%, 20%, 30%, 40%

※ 단, **메밀, 당근, 배추(월동 · 가을), 무(월동), 쪽파 · 실파, 양상추** : 10%, 15%(×)

Tip ▸ 10%, 15%형 : 단호박, 배추(고랭지), 무(고랭지), 파(대파), 시금치(노지)만 적용

(4) 생산비보장방식 : 고추, 브로콜리

(가) **계약자가 선택한 비율** : 잔존보험가입금액의 **3%** 또는 **5%**

(나) **자기부담금 선택 기준**

① **3%형** : 최근 **2년 연속 가입** 및 **2년간** 수령보험금 < 순보험료의 **120% 미만**

② **5%형** : 제한 없음

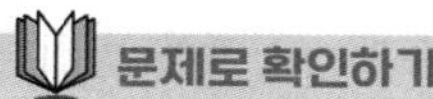

01 종합위험보장 브로콜리 품목의 생산비보장 자기부담금에 대하여 서술하시오.

Solution

(1) 보험계약 시 계약자가 선택한 자기부담금(잔존보험가입금액의 3% 또는 5%)

(2) 생산비보장 자기부담금 적용 기준

① 3%형 : 최근 2년간 연속 보험가입계약자로서 2년간 수령보험금이 순보험료의 120% 미만인 경우에 한하여 선택 가능

② 5%형 : 제한없음

사) 자기부담금

(1) 인삼손해보장의 해가림시설

(가) **손해액의 10%** : 최소 10만원 ~ 최대 100만원 범위에 해당하는 금액

(나) **1사고 단위로 적용**

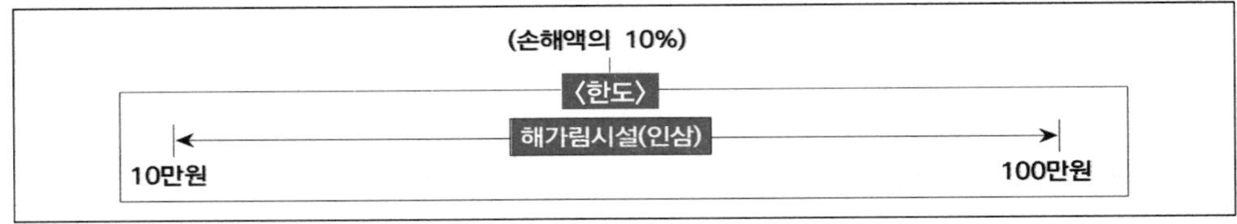

아) 계약인수 관련 수확량

(1) 표준수확량 : 과거 통계를 바탕 → 지역별 기준수량에 농지별 경작요소 고려하여 → 산출한 예상 수확량

(2) 평년수확량

(가) 농지의 기후 → 평년 수준
비배관리 등 영농활동을 평년 수준으로 실시하였을 때 → 기대할 수 있는 수확량

(나) 평년 수준의 재해가 있다는 점을 전제

(다) **주요 용도**

① 보험가입금액의 결정 기준

② 보험사고 발생 시 감수량 산정 기준

(라) **농지(과수원) 단위로 산출** → 가입년도 직전 5년 중 보험에 가입한 연도의 실제 수확량과 표준수확량을 가입횟수에 따라 가중평균하여 산출

(마) **산출 방법** : 가입 이력 여부로 구분

① 과거수확량 자료가 없는 경우(신규 가입)

㉠ **표준수확량**의 100% → **평년수확량**

㉡ **팥** : **표준수확량**의 70% → **평년수확량**

Tip ▸ **팡**(팥) **표**, **적**, **펴**~!(표준, 70 평년)

② 과거수확량 자료가 있는 경우(최근 5년 이내 가입 이력 존재) – 이하 방법

□ 밭작물 평년수확량

$$평년수확량 = \left\{[A + (B - A) \times (1 - \frac{Y}{5})\right\} \times \frac{C}{B}$$

Tip ▸ [**아**(A) + (**배**(B) - **야**(A)) × **일**(1) **빼**(-) **였**(Y) **다**(5)] × **싸**(C)/**봐**(B)!!

$$평년수확량 = \left\{\frac{\Sigma 과거\ 5년간\ 수확량}{과거\ 5년간\ 가입횟수} + \left(\frac{\Sigma 과거\ 5년간\ 표준수확량}{과거\ 5년간\ 가입횟수} - \frac{\Sigma 과거\ 5년간\ 수확량}{과거\ 5년간\ 가입횟수}\right) \times \left(1 - \frac{과거\ 5년간\ 가입횟수}{5}\right)\right\} \times \frac{당해연도(가입연도)\ 표준수확량}{\Sigma 과거\ 5년간\ 표준수확량 \div 과거\ 5년간\ 가입횟수}$$

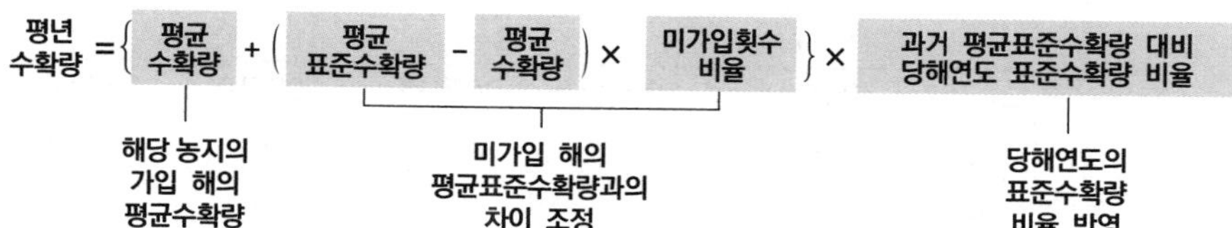

※ **평년수확량** : 보험가입연도 **표준수확량**의 130% **한도**

※ **차(茶)** : (상기 구한) **기준평년수확량** × **수확면적률** → **평년수확량**

Tip ▸ 차에서 잠자려는데 : **기평수** × **수면** = **평수**

- **수확면적률** : 포장면적 대비 수확면적 비율로 산출하며, 차(茶)를 재배하지 않는 면적(고랑, 차 미식재면적 등)의 비율을 제외한 **가입면적** 대비 **실제수확면적** 비율

수확면적률 = 실제수확면적(수확면적) ÷ 가입면적(포장면적)

※ 옥수수 **가입수확량**(**표준수확량** 80% ~ 130% 가입), **사료용 옥수수** 등 생산비보장방식 품목 **제외**

Tip ▸ **옥수**, **가수**, **표**, **팔고**(80), **일삼고**(130)

□ 과거수확량 산출방법

① **수확량조사 시행한 경우**

㉠ **조사수확량** > 평년수확량의 50% → **조사수확량**

㉡ **평년수확량의 50%** ≥ 조사수확량 → **평년수확량의 50%**

- 차(茶)
  - **환산조사수확량** > 기준평년수확량의 50% → **환산조사수확량**
  - **기준평년수확량의 50%** ≥ 환산조사수확량 → **기준평년수확량의 50%**

환산조사수확량 = 조사수확량 ÷ 수확면적률
= 조사수확량 × 실제수확면적 ÷ 가입면적

② **무사고로 수확량조사 시행하지 않은 경우** : **표준수확량의** 1.1배와 **평년수확량의** 1.1배 중 → **큰 값 적용**

- **마늘** : 계약자의 책임 있는 사유로 수확량조사를 하지 않은 경우 상기 적용
- 차(茶) : MAX(가입년도 표준수확량, 기준평년수확량) × 1.1

(3) 가입수확량

(가) 평년수확량의 **50% ~ 100%**에서 계약자가 결정(옥수수의 경우 **가입수확량** : **표준수확량**의 80% ~ 130%에서 계약자가 결정) **Tip ▸** **옥수**, **가수**, **표**, **팔고**(80), **일삼고**(130)

(나) **감자(고랭지재배, 가을재배) 가입수확량** → **리**(동)별로 선정 가능

01 농작물재해보험 종합위험보장 양파 상품에 가입하려는 농지의 최근 5년간 수확량 정보이다. 다음 물음에 답하시오.

CHAPTER 03

(단위 : kg)

연도	2019년	2020년	2021년	2022년	2023년	2024년
평년수확량	1,000	800	900	1,000	1,100	?
표준수확량	900	950	950	900	1,000	1,045
조사수확량			300	무사고	700	
보험가입 여부	미가입	미가입	가입	가입	가입	

물음 1) 2024년 평년수확량 산출을 위한 과거평균수확량의 계산과정과 값을 쓰시오.

물음 2) 2024년 평년수확량의 계산과정과 값을 쓰시오.

Solution

물음 1) 2024년 평년수확량 산출을 위한 과거평균수확량

보험에 가입한 해가 대상이 됨(단위 : kg)

① 2021년 : [조사수확량(300)] < [평년수확량(900)의 50%(450)] → 450

② 2022년 : 무사고, [MAX(900, 1,000) × 1.1] → 1,000 × 1.1 = 1,100

③ 2023년 : [조사수확량(700)] > [평년수확량(1,100)의 50%(550)] → 700

∴ A(과거평균수확량) = (450 + 1,100 + 700) ÷ 3 = 750kg

물음 2) 2024년 평년수확량

평년수확량 = $\{A + (B - A) \times (1 - \frac{Y}{5})\} \times \frac{C}{B}$

① A : (450 + 1,100 + 700) ÷ 3 = 750kg

② B : (950 + 900 + 1,000) ÷ 3 = 950kg

③ C : 1,045kg

④ Y : 3

∴ 평년수확량 = $\{750 + (950 - 750) \times (1 - \frac{3}{5})\} \times \frac{1,045}{950}$

$= 950 \times \frac{2}{5} \times \frac{1,045}{950} = 418$kg

02 농작물재해보험 종합위험보장 차 상품에 가입하려는 농지의 최근 5년간 수확량 정보이다. 다음 물음에 답하시오. (단, 소수점 미만 절사)

(단위 : kg)

연도	2019년	2020년	2021년	2022년	2023년	2024년
기준평년수확량	1,000	800	900	1,000	1,100	1,000
표준수확량	900	950	950	900	1,000	900
조사수확량		960	800	무사고	800	
보험가입 여부	미가입	가입	가입	가입	가입	

※ 실제수확면적(수확면적) : 8,000㎡

※ 가입면적(포장면적) : 10,000㎡

※ 실제수확면적(수확면적)과 가입면적(포장면적)은 직전 5년간 동일하다.

물음 1) 2024년 평년수확량 산출을 위한 과거평균수확량의 계산과정과 값을 쓰시오.
물음 2) 2024년 평년수확량의 계산과정과 값을 쓰시오.

Solution

물음 1) 2024년 평년수확량 산출을 위한 과거평균수확량
보험에 가입한 해가 대상이 됨
(1) 2020년 : [환산조사수확량(1,200)] > [기준평년수확량(800)의 50% = 400] → 1,200kg
① 환산조사수확량 = 조사수확량 ÷ 수확면적률
= 960kg ÷ 0.8 = 1,200kg
② 수확면적률 = 실제수확면적 ÷ 가입면적
= 8,000㎡ ÷ 10,000㎡ = 0.8
(2) 2021년 : [환산조사수확량(1,000)] > [기준평년수확량(900)의 50% = 450] → 1,000kg
① 환산조사수확량 = 조사수확량 ÷ 수확면적률
= 800kg ÷ 0.8 = 1,000kg
② 수확면적률 = 실제수확면적 ÷ 가입면적
= 8,000㎡ ÷ 10,000㎡ = 0.8
(3) 2022년 : 무사고, [MAX(900, 1,000) × 1.1], → 1,000 × 1.1 = 1,100kg
(4) 2023년 : [환산조사수확량(1,000)] > [기준평년수확량(1,100)의 50% = 550] → 1,000kg
① 환산조사수확량 = 조사수확량 ÷ 수확면적률
= 800kg ÷ 0.8 = 1,000kg
② 수확면적률 = 실제수확면적 ÷ 가입면적
= 8,000㎡ ÷ 10,000㎡ = 0.8
∴ 과거평균수확량 = (1,200 + 1,000 + 1,100 + 1,000) ÷ 4 = 1,075kg

물음 2) 2024년 평년수확량
평년수확량 = $\{A + (B - A) \times (1 - \frac{Y}{5})\} \times \frac{C}{B}$ × 수확면적률
① A : (1,200 + 1,000 + 1,100 + 1,000) ÷ 4 = 1,075kg
② B : (950 + 950 + 900 + 1,000) ÷ 4 = 950kg
③ C : 900kg
④ Y : 4
⑤ 수확면적률 : 0.8

∴ 평년수확량 = $\{1,075 + (950 - 1,075) \times (1 - \frac{4}{5})\} \times \frac{900}{950}$
$= (1,075 - 25) \times \frac{900}{950}$ = 994.73kg = 994kg

4. 원예시설 및 시설작물(버섯재배사 및 버섯작물 포함)

가. 대상품목

1) 농업용 시설물(버섯재배사 포함) 및 부대시설

2) 시설작물(23품목) : 딸기, 토마토, 오이, 참외, 풋고추, 파프리카, 호박, 국화, 수박, 멜론, 상추, 가지, 배추, 백합, 카네이션, 미나리, 시금치, 파, 무, 쑥갓, 장미, 부추, 감자

3) 버섯작물(4품목) : 표고버섯, 느타리버섯, 새송이버섯, 양송이버섯

나. 보장방식

> [1](농업용 시설물 및 부대시설) **종합위험 원예시설 손해보장방식**
> [2](버섯재배사 및 부대시설) **종합위험 버섯재배사 손해보장방식**
> [3](시설작물, 버섯작물) **종합위험 생산비보장방식**

1) 자연재해, 조수해

가) **농업용 시설물 혹은 버섯재배사(하우스, 유리온실의 구조체 및 피복재)**
→ 손해 발생 시 원상복구 비용 보상

나) **화재 피해 → 특약 가입 시 보상**

2) [1]부대시설 및 [2]시설작물・버섯작물
→ 농업용 시설물 혹은 버섯재배사 가입 후 → 보험가입 가능

3) 가입대상 작물

가) **정식** 또는 **파종** 후 재배 중인 23개 시설작물(**육묘**는 가입 **불가**)

나) **종균접종** 이후 4개 버섯작물(**배양 중인 버섯**은 가입 **불가**)

4) 품목별 인수가능 세부품종

품목	인수가능 품종
풋고추(시설재배)	청양고추, 오이고추, 피망, 꽈리, 하늘고추, 할라피뇨
호박(시설재배)	애호박, 주키니호박, 단호박
토마토(시설재배)	방울토마토, 대추토마토, 대저토마토, 송이토마토
배추(시설재배)	안토시아닌 배추(빨간배추)
무(시설재배)	조선무, 알타리무, 열무
파(시설재배)	실파
국화(시설재배)	거베라

다. 상품 내용

1) 보상하는 재해

가) 보통약관 – **자연재해, 조수해**

(1) 농업용 시설물(버섯재배사) 및 부대시설

(2) 시설작물 및 버섯 작물 : 아래 중 하나에 해당하는 것이 있는 경우에만 보상

(가) **구조체, 피복재 등 농업용 시설물(버섯재배사)** → 직접적 피해 발생

(나) **시설작물에만 해당**

① 농업용 시설물에 직접적인 피해가 발생하지 않은 자연재해

→ **작물 피해율**이 **70% 이상** 발생 Tip ▸ **작물**만 **치고**(70)

→ 농업용 시설물 내 **전체 작물**의 **재배**를 **포기**하는 경우

② **기상특보** 발령 지역의 기상특보 관련 **재해**로 인해

→ **작물**에 **피해**가 발생한 경우

문제로 확인하기

01 종합위험보장 원예시설 상품에서 정하는 시설작물에 대하여 다음 물음에 답하시오.

물음 1) 자연재해와 조수해로 입은 시설작물의 손해를 보상하기 위한 기준을 서술하시오.

Solution

아래 중 하나에 해당하는 것이 있는 경우에만 자연재해나 조수해로 입은 손해를 보상
① 구조체, 피복재 등 농업용 시설물(버섯재배사)에 직접적인 피해가 발생한 경우
② 농업용 시설물에 직접적인 피해가 발생하지 않은 자연재해로서 작물 피해율이 70% 이상 발생하여 농업용 시설물 내 전체 작물의 재배를 포기하는 경우
③ 기상청에서 발령하고 있는 기상특보 발령 지역의 기상특보 관련 재해로 인해 작물에 피해가 발생한 경우

물음 2) 소손해면책금 적용에 대하여 서술하시오.

Solution

소손해면책금(시설작물 및 버섯작물에 적용) : 보장하는 재해로 1사고당 생산비보험금이 10만원 이하인 경우 보험금이 지급되지 않고, 소손해면책금을 초과하는 경우 손해액 전액을 보험금으로 지급한다.

물음 3) 시설작물 인수제한 내용이다. (   )에 들어갈 내용을 각각 쓰시오.

> 작물의 재배면적이 시설 면적의 (①)인 경우 인수 제한한다. 다만, 백합, 카네이션의 경우 하우스 면적의 (①)이라도 동당 작기별 (②) 재배 시 가입 가능하다.

Solution

① 50% 미만, ② 200㎡ 이상

나) 특별약관

(1) 화재 : 화재로 인하여 발생하는 피해

(2) 화재대물배상책임 : 보험에 가입한 목적물에 발생한 화재로 인해 → 타인의 재물에 손해를 끼침으로써 → 법률상의 배상책임을 졌을 때 입은 피해

2) 보상하지 않는 손해

가) 계약자, 피보험자 또는 이들의 법정대리인의 고의 또는 중대한 과실

나) 자연재해, 조수해가 발생했을 때 생긴 도난 또는 분실로 생긴 손해

다) 보험의 목적의 노후, 하자 및 구조적 결함으로 생긴 손해

✔ Check 구조적 결함

① 출입구 미설치
② 구조적 안전성이 검토되지 않는 자의적 증축・개량・개조・절단
③ 구조체 매설부위의 파열・부식
④ 내구성 및 내재해성이 현저히 떨어지는 부재의 사용 등

라) 보상하지 않는 재해로 제방, 댐 등이 붕괴되어 발생한 손해

마) 침식활동 및 지하수로 인한 손해

바) 수확기에 계약자 또는 피보험자의 고의 또는 중대한 과실로 시설재배 농작물을 수확하지 못하여 발생한 손해

사) 제초작업, 시비관리, 온도(냉・보온)관리 등 통상적인 영농활동을 하지 않아 발생한 손해

아) 원인의 직접・간접을 묻지 않고 병해충으로 발생한 손해

자) 계약체결 시점 현재 기상청에서 발령하고 있는 기상특보 발령 지역의 기상특보 관련 재해로 인한 손해

차) 전쟁, 내란, 폭동, 소요, 노동쟁의 등으로 인한 손해

카) 보상하는 재해에 해당하지 않은 재해로 발생한 손해

타) 직접 또는 간접을 묻지 않고 보험의 목적인 농업용 시설물과 부대시설의 시설, 수리, 철거 등 관계 법령(국가 및 지방자치단체의 명령 포함)의 집행으로 발생한 손해

파) 피보험자가 파손된 보험의 목적의 수리 또는 복구를 지연함으로써 가중된 손해

하) 농업용 시설물이 피복재로 피복되어 있지 않는 상태 또는 그 내부가 외부와 차단되어 있지 않은 상태에서 보험의 목적에 발생한 손해

거) 피보험자가 농업용 시설물(부대시설 포함)을 수리 및 보수하는 중에 발생한 피해

3) 보험의 목적

가) 종합위험 원예시설 손해보장

(1) 농업용 시설물

(가) 단동하우스(광폭형하우스를 포함), 연동하우스 및 유리(경질판)온실의 구조체 및 피복재

(나) **제외**

① <u>**목재・죽재**</u>로 시공된 하우스

② 선별장・창고・농막 등

(2) 농업용 시설물 및 부대시설

(가) 모든 부대시설(단, 동산시설은 제외)

(나) **제외**

① 시설작물을 제외한 온실 내의 동산
② 시설작물 재배 이외의 다른 목적이나 용도로 병용하고 있는 경우, 다른 목적이나 용도로 사용되는 부분

(3) 시설작물
(가) **화훼류** : 국화, 장미, 백합, 카네이션(절화용만 해당, 분화용 제외)
(나) **비화훼류** : 딸기, 오이, 토마토, 참외, 풋고추, 호박, 수박, 멜론, 파프리카, 상추, 부추, 시금치, 가지, 배추, 파(대파·쪽파), 무, 미나리, 쑥갓, 감자

(4) 보험의 목적인 부대시설
(가) 시설작물의 재배를 위하여 농업용 시설물 내부 구조체에 연결, 부착되어 외부에 노출되지 않는 시설물
(나) 시설작물의 재배를 위하여 농업용 시설물 내부 지면에 고정되어 이동 불가능한 시설물
(다) 시설작물의 재배를 위하여 지붕 및 기둥 또는 외벽을 갖춘 외부 구조체 내에 고정·부착된 시설물

(5) 시설물에 고정, 연결 또는 부착되어 있다 하더라도 보험의 목적에 포함되지 않는 물건
(가) 소모품 및 동산시설 : 멀칭비닐, 터널비닐, 외부 제초비닐, 매트, 바닥재, 배지, 펄라이트, 상토, 이동식 또는 휴대할 수 있는 무게나 부피를 가지는 농기계, 육묘포트, 육묘기, 모판, 화분, 혼합토, 컨베이어, 컴프레셔, 적재기기 및 이와 비슷한 것
(나) 피보험자의 소유가 아닌 임차시설물 및 임차부대시설(단, 농업용 시설물 제외. 즉, 포함됨)
(다) 저온저장고, 저온창고, 냉동고, 선별기, 방범용 CCTV, 소프트웨어 및 이와 비슷한 것
(라) 보호장치(창고 등) 없이 농업용 시설물 외부에 위치한 시설물(단, 농업용 시설물 외부에 직접 부착되어 있는 차양막과 보온재는 제외. 즉, 포함됨)
※ 보호장치 : 창고 또는 이와 유사한 것으로 시설물이 외부에 직접적으로 노출되는 것을 방지하는 장치

(6) 시설작물의 경우 품목별 표준생장일수와 현저히 차이 나는 생장일수(정식일(파종일)로부터 수확개시일까지의 일수)를 가지는 품종 → 보험의 목적에서 제외됨

✔ Check 제외 품종

① 배추(시설재배) : 얼갈이 배추, 쌈배추, 양배추
② 딸기(시설재배) : 산딸기
③ 수박(시설재배) : 애플수박, 미니수박, 복수박
④ 고추(시설재배) : 홍고추
⑤ 오이(시설재배) : 노각
⑥ 상추(시설재배) : 양상추, 프릴라이스, 버터헤드(볼라레), 오버레드, 이자벨, 멀티레드, 카이피라, 아지르카, 이자트릭스, 크리스피아노

나) 종합위험 버섯 손해보장

(1) 농업용 시설물(버섯재배사)
(가) 단동하우스(광폭형하우스를 포함), 연동하우스 및 경량철골조 등 버섯작물 재배용으로 사용하는 구조체, 피복재 또는 벽으로 구성된 시설

(나) **제외**

① **목재**·**죽재**로 시공된 하우스

② 선별장·창고·농막 등

(2) 농업용 시설물(버섯재배사) 및 부대시설

(가) 버섯작물 재배를 위하여 농업용 시설물(버섯재배사)에 부대하여 설치한 시설(단, 동산시설은 제외)

(나) **제외**

① 버섯작물을 제외한 온실 내의 동산

② 버섯작물 재배 이외의 다른 목적이나 용도로 병용하고 있는 경우, 다른 목적이나 용도로 사용되는 부분

(3) **버섯작물** : 농업용 시설물(버섯재배사) 및 부대시설을 이용 재배하는 다음의 버섯

(가) **느타리버섯**(**병**재배, **균**상재배) Tip ▸ **늘**(느타리), **병**, **균**

(나) **표고버섯**(**원**목재배, **톱**밥배지재배) Tip ▸ **표고**(높은 곳), **원**, **톱**

(다) **새송이버섯**(**병**재배)

(라) **양송이버섯**(**균**상재배)

※ **원목재배 표고버섯** : 2019년 이후 종균접종한 것에 한함

Tip ▸ **원목**, **접종**, **하구**(19)

(4) 보험의 목적인 부대시설

(가) 버섯작물의 재배를 위하여 농업용 시설물 내부 구조체에 연결, 부착되어 외부에 노출되지 않는 시설물

(나) 버섯작물의 재배를 위하여 농업용 시설물 내부 지면에 고정되어 이동 불가능한 시설물

(다) 버섯작물의 재배를 위하여 지붕 및 기둥 또는 외벽을 갖춘 외부 구조체 내에 고정·부착된 시설물

(5) 시설물에 고정, 연결 또는 부착되어 있다 하더라도 보험의 목적에 포함되지 않는 물건

(가) 소모품 및 동산시설 : 멀칭비닐, 터널비닐, 외부 제초비닐, 매트, 바닥재, 배지, 펄라이트, 상토, 이동식 또는 휴대할 수 있는 무게나 부피를 가지는 농기계, 육묘포트, 육묘기, 모판, 화분, 혼합토, 컨베이어, 컴프레셔, 적재기기 및 이와 비슷한 것

(나) 피보험자의 소유가 아닌 임차시설물 및 임차부대시설(단, 농업용 시설물 제외. 즉, 포함됨)

(다) 저온저장고, 저온창고, 냉동고, 선별기, 방범용 CCTV, 소프트웨어 및 이와 비슷한 것

(라) 보호장치(창고 등) 없이 농업용 시설물 외부에 위치한 시설물(단, 농업용 시설물 외부에 직접 부착되어 있는 차양막과 보온재는 제외. 즉, 포함됨)

※ 보호장치 : 창고 또는 이와 유사한 것으로 시설물이 외부에 직접적으로 노출되는 것을 방지하는 장치

 문제로 확인하기

01 다음은 종합위험보장 버섯 상품의 보장대상 목적물에 대한 내용이다. ( )에 알맞은 재배유형을 쓰시오.

- 느타리버섯 : (①), (②)
- 표고버섯 : (③), (④)
- 새송이버섯 : (⑤)
- 양송이버섯 : (⑥)

Solution

① 병재배, ② 균상재배, ③ 원목재배, ④ 톱밥배지재배, ⑤ 병재배, ⑥ 균상재배

4) 보험기간

가) 종합위험 원예시설 손해보장

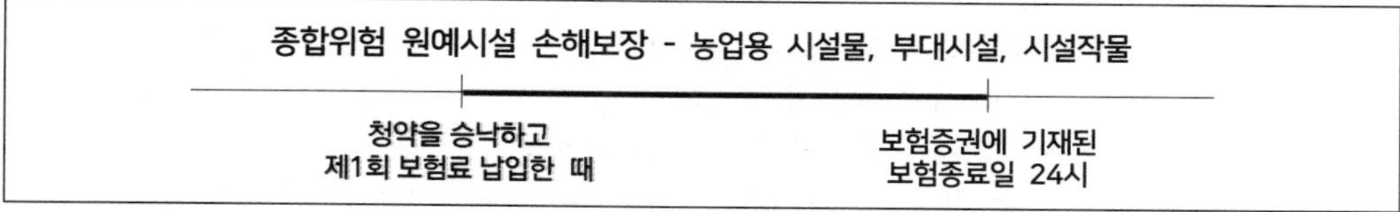

(1) 시금치, 파(쪽파), 무, 쑥갓 품목 - 다음 중 늦은 때 보장개시
[1]**파종한 시점**과 [2]청약을 **승낙**하고 **제1회 보험료**를 **납입**한 때

Tip ▸ **시**, **쪽파**, **무**, **갓**(삽으로 씨 쪽 파먹을까? 쪽팔려)

(2) 딸기, 오이, 토마토 등 나머지 - 다음 중 늦은 때 보장개시
[1]**정식한 시점**과 [2]청약을 **승낙**하고 **제1회 보험료**를 **납입**한 때

나) 종합위험 버섯 손해보장

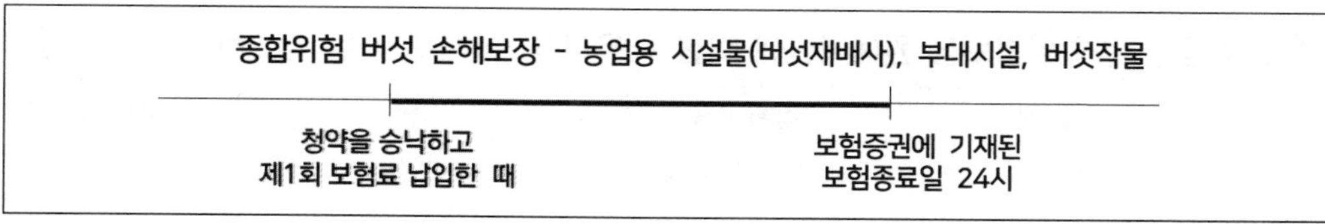

5) 보험가입금액

가) 원예시설

(1) 농업용 시설물

(가) 전산(電算)으로 산정된 기준 보험가입금액 → 90% ~ 130% 범위 내에서 결정

Tip ▸ 시설(재조달해서) **구**(90), **하세**(130)

(나) 전산으로 기준금액 산정이 불가능한 **유리온실**(경량철골조), **내재해형하우스**, **비규격하우스** → **계약자 고지사항**을 **기초**로 결정

※ **유리온실(경량철골조)** : ㎡당 **5 ~ 50만원** 범위에서 선택 가능

(2) 부대시설

계약자 고지사항을 **기초**로 → 보험가액을 추정 → 보험가입금액 결정

(3) 시설작물

하우스별 연간 재배 예정인 시설작물 중

→ **생산비**가 **가장 높은 작물 가액**의 **50% ~ 100% 범위** 내

→ 계약자가 가입금액을 결정(10% 단위)

※ **농업용 시설물 및 부대시설**

- **재조달가액 특약 미가입 시 :** 고지된 구조체 내용에 따라 감가율을 고려
  → 시가기준으로 결정(보험사고 시 지급기준과 동일)
- **재조달가액 특약 가입 시 :** 재조달가액 기준으로 결정

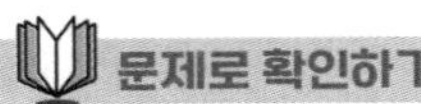

01 다음은 원예시설의 보험가입금액 산출에 대한 설명이다. (　　)에 들어갈 내용을 쓰시오.

(1) 농업용 시설물
① 전산으로 산정된 기준 보험가입금액의 (①)% 범위 내에서 결정한다.
② 전산으로 기준금액 산정이 불가능한 유리온실(경량철골조), 내재해형하우스, 비규격 하우스는 계약자 (②)을 기초로 결정한다.
※ 유리온실(경량철골조)은 ㎡당 (③)만원 범위에서 가입금액의 선택이 가능하다.
(2) 부대시설 : 계약자 (②)을 기초로 보험가액을 추정하여 보험가입금액을 결정한다.
(3) 시설작물 : 하우스별 연간 재배 예정인 시설작물 중 생산비가 가장 (④) 작물 가액의 (⑤)% 범위 내에서 계약자가 가입금액을 결정(10% 단위)한다.

Solution

① 90 ~ 130, ② 고지사항, ③ 5 ~ 50, ④ 높은, ⑤ 50 ~ 100

02 다음은 종합위험보장 원예시설에 대한 내용이다. 아래 조건을 참고하여 물음에 답하시오.

가입면적	설치비용	경과년수	경년감가율
5,000㎡	50,000원/㎡	3년	10%

(1) 재조달가액 특약 가입한 경우
① 최소 보험가입금액
② 최대 보험가입금액
(2) 재조달가액 특약 가입하지 않은 경우
① 최소 보험가입금액
② 최대 보험가입금액

Solution

(1) 재조달가액 특약 가입한 경우

① 최소 보험가입금액 = 5,000㎡ × 50,000원/㎡ × 0.9 = 225,000,000원

② 최대 보험가입금액 = 5,000㎡ × 50,000원/㎡ × 1.3 = 325,000,000원

Tip ▶ 전산(電算)으로 산정된 기준 보험가입금액 90% ~ 130% 범위 내에서 결정

(2) 재조달가액 특약 가입하지 않은 경우

① 최소 보험가입금액 = (5,000㎡ × 50,000원/㎡) × (1 - 0.3) × 0.9 = 157,500,000원

- 감가상각률 = 경년감가율 × 경과년수
  = 0.1 × 3 = 0.3

② 최대 보험가입금액 = (5,000㎡ × 50,000㎡) × (1 - 0.3) × 1.3 = 227,500,000원

- 감가상각률 = 경년감가율 × 경과년수
  = 0.1 × 3 = 0.3

Tip ▶ 재조달가액 특약 미가입 시 고지된 구조체 내용에 따라 감가율을 고려하여 시가기준으로 결정(보험사고 시 지급기준과 동일)

나) 버섯

(1) 버섯재배사

(가) 전산(電算)으로 산정된 기준 보험가입금액 → 90% ~ 130% 범위 내에서 결정

Tip ▶ 시설(재조달해서) **구**(90), **하세**(130)

(나) 전산으로 기준금액 산정이 불가능한 **버섯재배사**(콘크리트조, 경량철골조), **내재해형하우스**, **비규격하우스** → 계약자 고지사항을 기초로 결정

※ **버섯재배사(콘크리트조, 경량철골조)** : ㎡당 **5 ~ 50만원** 범위에서 선택 가능

(2) 부대시설

계약자 고지사항을 **기초**로 → 보험가액을 추정 → 보험가입금액 결정

(3) 버섯작물

하우스별 연간 재배 예정인 버섯 중

→ **생산비**가 **가장 높은 버섯 가액**의 **50% ~ 100% 범위** 내

→ 계약자가 가입금액을 결정(10% 단위)

※ **버섯재배사 및 부대시설**

- **재조달가액 특약 미가입 시** : 고지된 구조체 내용에 따라 감가율을 고려
  → 시가기준으로 결정(보험사고 시 지급기준과 동일)
- **재조달가액 특약 가입 시** : 재조달가액 기준으로 결정

6) 보험료

가) 보험료의 구성

영업보험료 = 순보험료 + 부가보험료

○ **순보험료** : 지급보험금의 재원이 되는 보험료

○ **부가보험료** : 보험회사의 경비 등으로 사용되는 보험료

나) 보험료의 산출

(1) 농업용 시설물・부대시설

(가) **주계약(보통약관)**

> [(농업용 시설물 보험가입금액 × 지역별 농업용 시설물 종별 보험료율)
> + (부대시설 보험가입금액 × 지역별 부대시설 보험료율)] × 단기요율 적용지수

○ 단, **수재위험 부보장 특약**에 가입한 경우 → 위 보험료의 90% **적용**

(나) **화재위험 보장 특별약관**

> 보험가입금액 × 화재위험 보장 특약 보험료율 × 단기요율 적용지수

(2) 시설작물

(가) **주계약(보통약관)**

> 보험가입금액 × 지역별・종별 보험료율 × 단기요율 적용지수

○ 단, **수재위험 부보장 특약**에 가입한 경우 → 위 보험료의 90% **적용**

(나) **화재위험 보장 특별약관**

> 보험가입금액 × 화재위험 보장 특약 영업요율 × 단기요율 적용지수

(3) 화재대물배상책임 보장 특별약관(농업용 시설물)

> 산출기초금액(12,025,000원) × 화재위험 보장 특약 영업요율(농업용 시설물, 부대시설)
> × 대물인상계수(LOL계수) × 단기요율 적용지수

Tip ▸ 불길이 **이리**(12) **뻥튄다**(025)

(4) 버섯재배사・부대시설

(가) **주계약(보통약관)**

> [(버섯재배사 보험가입금액 × 지역별 버섯재배사 종별 보험료율)
> + (부대시설 보험가입금액 × 지역별 부대시설 보험료율)] × 단기요율 적용지수

○ 단, **수재위험 부보장 특약**에 가입한 경우 → 위 보험료의 90% **적용**

(나) **화재위험 보장 특별약관**

> 보험가입금액 × 화재위험 보장 특약 보험료율 × 단기요율 적용지수

(5) 버섯작물

(가) **주계약(보통약관)**

> 보험가입금액 × 지역별・종별 보험료율 × 단기요율 적용지수

○ 단, **수재위험 부보장 특약**에 가입한 경우 → 위 보험료의 90% **적용**

(나) **화재위험보장 특별약관**

보험가입금액 × 화재위험 보장 특약 영업요율 × 단기요율 적용지수

(다) **표고버섯 확장위험보장 특별약관**

보험가입금액 × 화재위험 보장 특약 보험료율 × 단기요율 적용지수 × 할증적용계수

(6) 화재대물배상책임 보장 특약(버섯재배사)

산출기초금액(12,025,000원) × 화재위험 보장 특약 영업요율(농업용 시설물, 부대시설) × 대물인상계수(LOL계수) × 단기요율 적용지수

Tip ▸ 불길이 **이리**(12) **뻥튄다**(025)

◆ 보험료율 차등적용에 관한 사항

종 구분	상세	요율상대도
1종	• 원예시설 : 철골유리온실, 철골펫트온실 • 버섯재배사 : 경량철골조	0.70
2종	허용적설심 및 허용풍속이 지역별 내재해형 설계기준 120% 이상인 하우스	0.80
3종	허용적설심 및 허용풍속이 지역별 내재해형 설계기준 100% 이상 ~ 120% 미만인 하우스	0.90
4종	허용적설심 및 허용풍속이 지역별 내재해형 설계기준 100% 미만이면서, 허용적설심 7.9cm 이상이고, 허용풍속이 10.5m/s 이상인 하우스	1.00
5종	허용적설심 7.9cm 미만이거나, 허용풍속이 10.5m/s 미만인 하우스	1.10

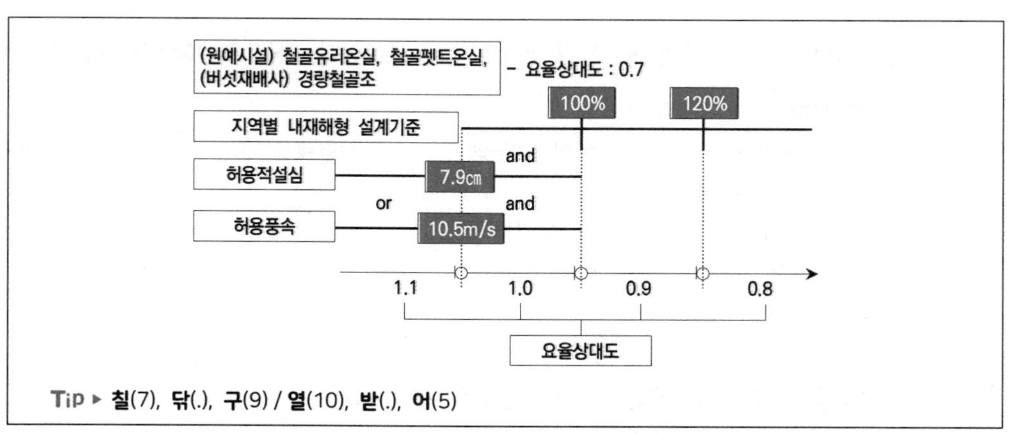

Tip ▸ **칠**(7), **닭**(.), **구**(9) / **열**(10), **밤**(.), **어**(5)

✔ Check 대물인상계수 및 단기요율 적용지수

① **대물인상계수(LOL계수) – 표 적용**
② **단기요율 적용지수 – 단기요율표 적용**
㉠ 보험기간이 1년 미만인 단기계약에 대해 → 단기요율 적용
㉡ 보험기간을 연장하는 경우 : 원기간에 통산하지 아니하고
→ 그 연장기간에 대한 단기요율 적용
㉢ 보험기간 1년 미만의 단기계약을 체결하는 경우 보험기간에
→ 6월, 7월, 8월, 9월, 11월, 12월, 1월, 2월, 3월이 포함될 때
→ 단기요율에 각 월마다 10%씩 가산 **Tip ▸ 싸, 워, 대**(4, 5, 10월, 싸워서 미적용)
※ 다만, 화재위험 보장 특약 – 가산(×)
㉣ 단기요율 → 100% 초과(×)

문제로 확인하기

01 원예시설 및 시설작물(버섯재배사 및 버섯작물 포함)의 단기요율 적용지수에 관한 내용이다. ( )에 들어갈 내용을 쓰시오.

- 보험기간이 (①) 미만인 단기계약에 대하여는 아래의 단기요율 적용
- 보험기간을 연장하는 경우에는 원기간에 통산하지 아니하고 그 (②)에 대한 단기요율 적용
- 보험기간 (①) 미만의 단기계약을 체결하는 경우 보험기간에 6월, 7월, 8월, 9월, 11월, 12월, 1월, 2월, 3월이 포함될 때에는 단기요율에 각 월마다 (③)%씩 가산. 다만, (④)위험 보장 특약은 가산하지 않음
- 그러나, 이 요율은 (⑤)%를 초과할 수 없음

Solution

① 1년, ② 연장기간, ③ 10, ④ 화재, ⑤ 100

02 종합위험보장 원예시설 손해보장에 대한 보험료 자료이다. 다음 조건에 따라 물음에 답하시오.

○ **계약사항**

가입대상	보험가입금액	보험료율(%)	단기요율(%)
농업용 시설물	80,000,000원	5	80
부대시설	20,000,000원	5	80
시설작물	10,000,000원	10	50

※ 1종 시설물(요율상대도 0.70)
※ 수재위험 부보장 특약에 가입함

(1) 농업용 시설물 및 부대시설의 보험료를 구하시오.

(2) 시설작물의 보험료를 구하시오.

Solution

(1) 농업용 시설물 및 부대시설의 보험료
주계약 적용보험료
= [(농업용 시설물 보험가입금액 × 지역별 농업용 시설물 종별보험료율)
+ (부대시설 보험가입금액 × 지역별 부대시설 보험료율)] × 단기요율 적용지수
= [(80,000,000원 × 0.05 × 0.7) + (20,000,000원 × 0.05)] × 0.8 × 0.9
= (2,800,000원 + 1,000,000원) × 0.8 × 0.9 = 2,736,000원
※ 다만, 수재위험 부보장 특약에 가입한 경우에는 위 보험료의 90% 적용

(2) 시설작물의 보험료
주계약 적용보험료 = 보험가입금액 × 지역별·종별 보험료율 × 단기요율 적용지수
= 10,000,000원 × 0.1 × 0.7 × 0.5 × 0.9 = 315,000원
※ 다만, 수재위험 부보장 특약에 가입한 경우에는 위 보험료의 90% 적용

03 종합위험보장 원예시설 손해보장에 대한 내용이다. (1), (2)의 각각의 조건에 따라 보험료를 각각 산정하시오. (단, 산정된 보험료의 소수점 미만은 절사)

(1) 주계약 보험료
- 농업용 시설물 보험가입금액 : 50,000,000원
- 부대시설 보험가입금액 : 10,000,000원
- 지역별 농업용 시설물 보험료율 : 5%(2종 요율상대도 0.80)
- 지역별 부대시설 보험료율 : 2%
- 보험기간 : 2024.3.1. ~ 2024.7.31.
- 수재위험 부보장 특약 가입함

(2) 화재위험 보장 특약 보험료
- 보험가입금액 : 50,000,000원
- 화재위험보장 특약 보험료율 : 4%
- 보험기간 : 2024.3.1. ~ 2024.7.31.

[단기요율표]

보험기간	3개월까지	4개월까지	5개월까지	6개월까지
단기요율	40%	50%	60%	70%

Solution

(1) 주계약 보험료
보험료 = [(50,000,000원 × 0.05 × 0.8(요율상대도)) + (10,000,000원 × 0.02)] × 0.9(단기요율 적용지수) × 0.9(수재위험 부보장 특약 할인)
= (2,000,000원 + 200,000원) × 0.9 × 0.9
= 2,200,000원 × 0.9 × 0.9 = 1,782,000원
※ 단기요율 적용지수 : 60%(5개월) + 30% 가산(3월, 6월, 7월) = 90%

(2) 화재위험 보장 특약 보험료
보험료 = 50,000,000원 × 0.04 × 0.6(단기요율 적용지수) = 1,200,000원
※ 화재위험 보장 특약은 단기요율 적용지수에 10% 가산이 없음

04 다음 주어진 조건에 따라 각각의 물음에 답하시오.

- 농업용 시설물 보험가입면적 : 2,000㎡
- 농업용 시설물 설치비용 : 10,000원/㎡
- 부대시설(계약자 고지금액) : 5,000,000원
- 재배예정작물[가입면적은 1,500㎡(품목의 면적 비율은 동일)] 보장생산비 : 풋고추(8,500원/㎡), 딸기(10,000원/㎡)
- 지역별 농업용 시설물 보험료율 : 10%
- 지역별 부대시설 보험료율 : 4%
- 시설작물 지역별 보험료율 : 10%
- 2종 시설물(요율상대도 0.80)
- 보험가입기간 : 2024.3.1. ~ 2024.7.31.

[단기요율표]

보험기간	3개월까지	4개월까지	5개월까지	6개월까지
단기요율	40%	50%	60%	70%

※ 수재위험 부보장 특약에 가입함
※ 재조달가액 특약에 가입함
※ 보험가입금액비율 : 100%로 가입

(1) 농업용 시설물 · 부대시설 주계약 보험료를 산출하시오.

(2) 시설작물 주계약 보험료를 구하시오. (단, 최대 보험가입금액 적용)

Solution

(1) 농업용 시설물 · 부대시설 주계약 보험료

보험료 = {(농업용 시설물 보험가입금액 × 지역별 농업용 시설물 종별 보험료율) + (부대시설 보험가입금액 × 지역별 부대시설 보험료율)} × 단기요율 적용지수

① 농업용 시설물 보험가입금액(재조달가액) = 2,000㎡ × 10,000원/㎡ = 20,000,000원
② 부대시설(계약자 고지금액) : 5,000,000원
③ 단기요율 적용지수 : 60%(5개월) + 30% 가산(3월, 6월, 7월) = 90%
④ 수재위험 부보장 특약에 가입 : 위 보험료의 90% 적용

∴ 적용 보험료 = [(20,000,000원 × 0.1 × 0.8) + (5,000,000원 × 0.04)] × 0.9 × 0.9
= (1,600,000원 + 200,000원) × 0.9 × 0.9 = 1,458,000원

(2) 시설작물 주계약 보험료

보험료 = 보험가입금액 × 지역별 · 종별 보험료율 × 단기요율 적용지수

- 보험가입금액 = 1,500㎡ × 10,000원/㎡ = 15,000,000원

∴ 적용 보험료 = 15,000,000원 × 0.1 × 0.8 × 0.9 × 0.9 = 972,000원

Tip ▸ 시설작물 보험가입금액은 생산비가 가장 높은 작물가액의 50% ~ 100% 범위에서 계약자가 결정 (10% 단위)

05 다음 조건에 따라 각각의 물음에 답하시오.

- 농업용 시설물 보험가입면적 : 1,000㎡
- 농업용 시설물 설치비용 : 100,000원/㎡
- 부대시설(계약자 고지금액) : 15,000,000원
- 재배예정작물[가입면적은 800㎡(품목의 면적 비율은 동일)] 보장생산비 : 오이(4,500원/㎡), 딸기(10,000원/㎡)
- 지역별 농업용 시설물 보험료율 : 10%
- 지역별 부대시설 보험료율 : 4%
- 시설작물 지역별 보험료율 : 10%
- 3종 시설물(요율 상대도 0.90)
- 화재위험 보장 특약 영업요율 : 4%
- 보험가입기간 : 2023.9.1. ~ 2023.12.31.

[단기요율표]

보험기간	15일까지	1개월까지	2개월까지	3개월까지	4개월까지	5개월까지	6개월까지	7개월까지	8개월까지	9개월까지	10개월까지	11개월까지
단기요율	15%	20%	30%	40%	50%	60%	70%	75%	80%	85%	90%	95%

[대물인상계수(LOL계수)]

(단위 : 백만원)

배상한도액	10	20	50	100	300	500	750	1,000	1,500	2,000	3,000
인상계수	1.00	1.56	2.58	3.45	4.70	5.23	5.69	6.12	6.64	7.00	7.12

※ 수재위험 부보장 특약 가입
※ 재조달가액 특약 가입
※ 화재위험 보장 특약 및 화재대물배상책임 보장 특약 가입(배상한도액 10억원)
※ 보험가입금액은 주계약과 동일

(1) 농업용 시설물의 최소 보험가입금액과 최대 보험가입금액을 구하시오.

(2) 부대시설 보험가입금액을 구하시오.

(3) 시설작물의 최소 보험가입금액과 최대 보험가입금액을 구하시오.

(4) 농업용 시설물(최소 보험가입금액 적용) · 부대시설 주계약 보험료를 구하시오.

(5) 농업용 시설물(최대 보험가입금액 적용) · 부대시설 화재위험 보장 특약 보험료를 구하시오.

(6) 화재대물배상책임 보장 특약 보험료를 구하시오.

(7) 시설작물 주계약 보험료를 구하시오. (최대 보험가입금액 적용)

Solution

(1) 농업용 시설물의 최소 보험가입금액과 최대 보험가입금액

① 최소 보험가입금액 : 1,000㎡ × 100,000원/㎡ × 0.9 = 90,000,000원

② 최대 보험가입금액 : 1,000㎡ × 100,000원/㎡ × 1.3 = 130,000,000원

Tip ▸ 전산으로 산정된 기준 보험가입금액의 90% ~ 130% 내에서 결정

(2) 부대시설 보험가입금액 : 계약자 고지금액 = 15,000,000원

(3) 시설작물의 최소 보험가입금액과 최대 보험가입금액

① 최소 보험가입금액 : 800㎡ × 10,000원/㎡ × 0.5 = 4,000,000원

② 최대 보험가입금액 : 800㎡ × 10,000원/㎡ × 1.0 = 8,000,000원

Tip ▸ 생산비가 가장 높은 작물가액의 50% ~ 100% 범위에서 계약자가 결정(10% 단위)

(4) 농업용 시설물(최소 보험가입금액 적용)·부대시설 주계약 보험료

보험료 = [(농업용 시설물 보험가입금액 × 지역별 농업용 시설물 종별 보험료율)
+ (부대시설 보험가입금액 × 지역별 부대시설 보험료율)] × 단기요율 적용지수

① 요율상대도 : 0.9(3종 시설물에 적용)

② 단기요율 적용지수 : 50%(4개월) + 30% 가산(9월, 11월, 12월) = 80%

③ 수재위험 부보장 특약에 가입 : 위 보험료의 90% 적용

∴ 적용보험료 = [(90,000,000원 × 0.1 × 0.9) + (15,000,000원 × 0.04)] × 0.8 × 0.9
= (8,100,000 + 600,000원) × 0.8 × 0.9 = 6,264,000원

(5) 농업용 시설물(최대 보험가입금액 적용)·부대시설 화재위험 보장 특약 보험료

적용보험료 = 보험가입금액 × 화재위험 보장 특약 영업요율 × 단기요율 적용지수

• 단기요율 적용지수 : 50%(4개월)

Tip ▸ 화재위험 보장 특약은 단기요율 적용지수에 10% 가산이 없음

∴ 적용보험료 = (130,000,000원 + 15,000,000원) × 0.04 × 0.5 × 0.9 = 2,610,000원

(6) 화재대물배상책임 보장 특약 보험료

적용보험료 = 12,025,000원 × 화재위험 보장 특약 영업요율 × 대물인상계수 × 단기요율 적용지수
= 12,025,000원 × 0.04 × 6.12 × 0.5 = 1,471,860원

Tip ▸ 화재위험 보장과 화재대물배상책임 보장 특약은 수재위험 부보장 특약을 적용하지 않음

(7) 시설작물 주계약 보험료(최대 보험가입금액 적용)

적용보험료 = 보험가입금액 × 지역별·종별 보험료율 × 단기요율 적용지수
= 8,000,000원 × 0.1 × 0.9(요율상대도) × 0.8(단기요율 적용지수) × 0.9(수재위험 부보장)
= 518,400원

다) 보험료의 환급

(1) 이 계약이 무효, 효력상실 또는 해지된 때 보험료 반환

(가) **계약자 또는 피보험자의 책임 없는 사유에 의하는 경우**

① **무효** → 전액

② 효력상실 또는 해지 → 경과하지 않는 기간에 대해
→ **일 단위**로 계산한 계약자부담보험료 Tip ▸ 월 단위(×)

(나) **계약자 또는 피보험자의 책임 있는 사유에 의하는 경우**

① 이미 경과한 기간에 대해 단기요율(1년 미만 기간의 적용 요율) 계산 보험료 뺀 잔액

② 다만 계약자, 피보험자의 고의 또는 중대한 과실로 무효가 된 때에는 보험료를 반환하지 않음

(2) 보험기간이 1년을 초과하는 계약이 무효 또는 효력상실인 경우
(가) 무효 또는 효력상실의 원인이 생긴 날(또는 해지일)이 속하는 보험년도의 보험료 → (1) 규정 적용
(나) 그 이후의 보험년도 속하는 보험료 → 전액 돌려줌
(3) 계약자 또는 피보험자의 책임 있는 사유란
(가) 계약자 또는 피보험자가 임의 해지하는 경우
(나) 사기에 의한 계약, 계약의 해지(계약자 또는 피보험자의 고의로 손해가 발생한 경우나, 고지의무·통지의무 등을 해태한 경우) 또는 중대사유로 인한 해지에 따라 → 계약을 취소 또는 해지하는 경우
(다) 보험료 미납으로 인한 계약의 효력상실
(4) 계약의 무효, 효력상실 또는 해지로 인하여 반환해야 할 보험료가 있을 때
(가) 계약자는 '환급금'을 '청구'해야 함
(나) 청구일의 다음 날부터 ~ 지급일까지의 기간에 대하여 보험개발원이 공시하는 '보험계약대출이율'을 → '연단위 복리'로 계산한 금액을 더하여 지급

7) 보험금

가) 농업용 시설물(버섯재배사 포함) 및 부대시설 : **농업용 시설물 손해보장(보통약관)**

손해액이 > 자기부담금을 초과하는 경우(1사고당)

(1) 손해액의 계산 : 손해가 생긴 때와 곳에서의 가액에 따라 계산함
(2) 보험금 산출 방법(1사고마다, 보험가입금액 한도)

보험금 = 손해액 − 자기부담금

○ [1]재조달가액 보장 특약을 가입하지 않거나, [2]수리 또는 복구를 하지 않는 경우
→ 경년감가율을 적용한 **시가**(감가상각된 금액)로 보상

문제로 확인하기

01 다음은 농업용 시설물 및 부대시설의 보험금 지급사유 및 보험금 계산과 관련된 내용이다. (　　)에 들어갈 내용을 쓰시오.

1. 보험금 지급사유
   보상하는 재해로 (①)이 (②)을 초과하는 경우(1사고당)
2. 보험금 계산(지급금액)
   (1) 손해액의 계산
   (③)에서의 가액에 따라 계산함
   (2) 보험금 산출 방법
   보험금 = (①) - (②)
3. 재조달가액 보장 특약을 가입하지 않거나, 보험의 목적이 손해를 입은 장소에서 실제로 수리 또는 복구를 하지 않는 경우 (④)을 적용한 (⑤)(감가상각된 금액)로 보상

Solution

① 손해액, ② 자기부담금, ③ 손해가 생긴 때와 곳, ④ 경년감가율, ⑤ 시가

나) 시설작물 : 생산비보장(보통약관)

1사고마다 1동 단위로 → 생산비보장보험금 > 10만원일 때 → 전액 지급

(1) 딸기, 토마토, 오이, 참외, 풋고추, 파프리카, 호박, 국화, 수박, 멜론, 상추, 가지, 배추, 백합, 카네이션, 미나리, 감자, 파(대파)

피해작물 재배면적 × 피해작물 단위면적당 보장생산비 × 경과비율 × 피해율

(가) **수확기 이전에 보험사고 발생(경과비율)**

준비기생산비계수(<u>40%</u>) + [(1 − 준비기생산비계수) × (생장일수 ÷ 표준생장일수)]

Tip ▸ 준비기에 피복재로 시설을 둘러싸는 비용, 둘러 **싸공**(40%)

○ 다만, **국화** 및 **카네이션 재절화재배** → <u>20%</u> Tip ▸ 준비기생산비 절반만 인정

(나) **수확기 중에 보험사고 발생(경과비율)**

1 − (수확일수 ÷ 표준수확일수)

○ 산출된 경과비율이 10% **미만**인 경우 → 경과비율 10%로 함

(단, <u>오</u>이, <u>토</u>마토, <u>풋</u>고추, <u>상</u>추, <u>호</u>박 제외) Tip ▸ **오**, **토**, **풋**, **상**, **호** - 원래로 자동

○ <u>국</u>화 · <u>수</u>박 · 멜<u>론</u>의 경과비율 → '1'로 함 Tip ▸ **국**, **수**, **론** 생긴 게 '**1**' 모양

(2) 장미 Tip ▸ 관목에 해당됨 → 경과비율(×)

(가) **나무가 죽지 않은 경우**

장미 재배면적 × 장미 단위면적당 나무생존 시 보장생산비 × 피해율

(나) **나무가 죽은 경우**

장미 재배면적 × 장미 단위면적당 나무고사 보장생산비 × 피해율

(3) 부추 Tip ▸ 수시로 수확함 → 경과비율(×)

부추 재배면적 × 부추 단위면적당 보장생산비 × 피해율 × <u>70%</u>

Tip ▸ 부추 전 부**치고**(70)

(4) 시금치, 파(쪽파), 무, 쑥갓 Tip ▸ **시**, **쪽파**, **무**, **갓**(삽으로 씨 쭉 파먹을까? 쭉팔려)

피해작물 재배면적 × 피해작물 단위면적당 보장생산비 × 경과비율 × 피해율

(가) **수확기 이전에 보험사고 발생(경과비율)**

준비기생산비계수(<u>10%</u>) + [(1 − 준비기생산비계수) × (생장일수 ÷ 표준생장일수)]

Tip ▸ 삽으로 씨파는 모양(10) 

(나) **수확기 중에 보험사고 발생(경과비율)**

1 − (수확일수 ÷ 표준수확일수)

◦ **산출된 경과비율이 10% 미만인 경우** → 경과비율 10%로 함
(단, **표준수확일수**보다 실제수확일수(실제수확개시일부터 수확종료일까지의 일수)가 적은 경우 (10% 적용) 제외)

✔ **Check** 시설작물 - 생산비보장(보통약관) 관련 내용

※ 단, **일부보험**일 경우 **비례보상** 적용

① 준비기생산비계수 : 40%
딸기, 토마토, 오이, 참외, 풋고추, 파프리카, 호박, 국화, 수박, 멜론, 상추, 가지, 배추, 백합, 카네이션, 미나리, 감자(다만, 국화 및 카네이션 재절화재배 : 20%)

② 준비기생산비계수 : 10%
시금치, 파(쪽파), 무, 쑥갓

③ 생장일수
㉠ 정식・파종일로부터 ~ 사고발생일까지 경과일수
㉡ 표준생장일수
• 정식・파종일로부터 ~ 수확개시일
• 〈표준생장일수 및 표준수확일수〉 표를 따름
• (생장일수 ÷ 표준생장일수)는 1을 초과할 수 없음

④ 수확일수
㉠ 수확개시일로부터 ~ 사고발생일까지 경과일수
㉡ 표준수확일수
• 수확개시일로부터 ~ 수확종료일
• 〈표준생장일수 및 표준수확일수〉 표를 따름
※ 단, **국**화・**수**박・멜**론**의 경과비율 → 1로 함

⑤ 피해율 = **피**해**비**율 × **손**해정도**비**율 × (**1** − **미**보상비율)
Tip ▸ 시설에 다쳐서 **피 비**(피비린나게) **손**을 **비**(베)었네... **일**(1) **마**(-) **미**(이놈아야 미안해)
㉠ **피해비율 = 피해면적(주수) ÷ 재배면적(주수)**
㉡ **손해정도비율**

◆ **손해정도에 따른 손해정도비율**

손해정도	1% ~ 20%	21% ~ 40%	41% ~ 60%	61% ~ 80%	81% ~ 100%
손해정도비율	20%	40%	60%	80%	100%

⑥ 위 산출식에도 불구
→ '피해작물 재배면적 × 피해작물 단위면적당 보장생산비 > 보험가입금액'인 경우
→ 생산비보장보험금을 다시 계산하여 지급

$$생산비보장보험금 \times \frac{보험가입금액}{(피해작물\ 단위면적당\ 보장생산비 \times 피해작물\ 재배면적)}$$

○ **장미의 경우** : 장미 단위면적당 나무고사 보장생산비 × 장미 재배면적

 **문제로 확인하기**

01 ○○도 △△시 관내 농업용 시설물에서 딸기를 재배하는 A씨, 시금치를 재배하는 B씨, 부추를 재배하는 C씨, 장미를 재배하는 D씨는 모두 농작물재해보험 종합위험방식 원예시설 상품에 가입한 상태에서 자연재해로 시설물이 직접적인 피해를 받았다. 이때, A, B, C, D씨의 작물에 대한 지급보험금 산출식을 각각 쓰시오. (단, D씨의 장미는 보상하는 재해로 나무가 죽은 경우에 해당함)

Solution

(1) A씨 보험금(딸기)
= 피해작물 재배면적 × 피해작물 단위면적당 보장생산비 × 경과비율 × 피해율
(2) B씨 보험금(시금치)
= 피해작물 재배면적 × 피해작물 단위면적당 보장생산비 × 경과비율 × 피해율
(3) C씨 보험금(부추)
= 부추 재배면적 × 부추 단위면적당 보장생산비 × 피해율 × 70%
(4) D씨 보험금(보상하는 재해로 장미나무가 죽은 경우)
= 장미 재배면적 × 장미 단위면적당 나무고사 보장생산비 × 피해율

02 종합위험 농업용 시설물 및 시설작물에 대한 내용이다. 이를 기준으로 물음에 답하시오.

1. 시설작물

보험가입 내역	손해평가 내역
• 시설면적 : 500㎡ • 가입면적 : 500㎡ • 보험가입액 비율 : 최대 가입 • 재배예정 작물 – 딸기(보장생산비 : 8,800원/㎡) – 수박(보장생산비 : 10,000원/㎡)	• 재해 : 태풍 • 재배작물 : 수박 • 재배면적 : 500㎡ • 피해율 : 80% • 경과비율 : 60% • 작물재배 포기

2. 농업용 시설물

보험가입 내역	손해평가 내역
• 가입면적 : 500㎡ • 설치비용 : 100,000원/㎡ • 보험가입액 비율 : 최대 가입	• 재해 : 태풍 • 손해액 : 25,000,000원

• 감가상각률 : 16%
• 재조달가액 특별약관 미가입

(1) 시설작물에 대해 다음 물음에 답하시오.

① 보험가입금액을 구하시오.

② 생산비보장보험금을 구하시오.

(2) 농업용 시설물에 대해 다음 물음에 답하시오.

① 보험가입금액을 구하시오.

② 농업용 시설물 보험금을 구하시오.

Solution

(1) 시설작물

① 보험가입금액

= 500㎡ × 10,000원/㎡ = 5,000,000원

Tip ▸ 생산비가 가장 높은 작물가액의 50% ~ 100% 범위에서 계약자가 결정(10% 단위)

② 생산비보장보험금

= 피해작물 재배면적 × 피해작물 단위면적당 보장생산비 × 경과비율 × 피해율

= 500㎡ × 10,000원/㎡ × 0.6 × 0.8 = 2,400,000원

(2) 농업용 시설물

① 보험가입금액

= (500㎡ × 100,000원/㎡) × (1 − 0.16) × 1.3 = 54,600,000원

Tip ▸ 전산으로 산정된 기준 보험가입금액의 90% ~ 130% 내에서 결정

② 농업용 시설물 보험금

= 손해액 − 자기부담금

= 25,000,000원 − 1,000,000원 = 24,000,000원

Tip ▸ 자기부담금은 손해액의 10%이며 30만원에서 100만원을 한도로 한다.

03 다음은 원예시설 작물에 대한 내용이다. 두 품목의 보험금을 산출하시오.

구분	A시설	B시설
가입 품목	딸기	수박
보장생산비	3,000원/㎡	4,000원/㎡
재배면적	600㎡	700㎡
피해면적	60㎡	70㎡
경과비율	60%	60%
손해정도비율	100%	100%
미보상비율	10%	10%

※ 두 농지 모두 수확기 이전 사고임

Solution

(1) A시설작물 보험금

= 딸기 재배면적 × 딸기 단위면적당 보장생산비 × 경과비율 × 피해율

① 피해율 = 피해비율 × 손해정도비율 × (1 - 미보상비율)

= 0.1 × 1 × (1 - 0.1) = 0.09

② 피해비율 = 피해면적(주수) ÷ 재배면적(주수)

= 60㎡ ÷ 600㎡ = 0.1(10%)

∴ A시설작물 보험금 = 600㎡ × 3,000원/㎡ × 0.6 × 0.09 = 97,200원 → 0원

※ 보장하는 재해로 1사고당 생산비보험금이 10만원 이하인 경우 소손해면책으로 보험금이 지급되지 않는다.

(2) B시설작물 보험금

= 수박 재배면적 × 수박 단위면적당 보장생산비 × 경과비율 × 피해율

① 피해율 = 피해비율 × 손해정도비율 × (1 - 미보상비율)

= 0.1 × 1 × (1 - 0.1) = 0.09

② 피해비율 = 피해면적(주수) ÷ 재배면적(주수)

= 70㎡ ÷ 700㎡ = 0.1(10%)

∴ B시설작물 보험금 = 700㎡ × 4,000원/㎡ × 0.6 × 0.09 = 151,200원

04 다음은 원예시설 시설작물에 대한 내용이다. (　　)에 들어갈 내용을 쓰시오.

1. 수확기 이전에 보험사고 발생 시 경과비율 계산을 위한 준비기생산비계수
   (1) 시금치, 파(쪽파), 무, 쑥갓 : (①)%
   (2) 국화 및 카네이션의 재절화재배 : (②)%
   (3) (1)과 (2)를 제외한 시설작물 : (③)%
2. 수확기 이전에 보험사고 발생 시 경과비율
   (1) 국화・수박・멜론 : (④)%
   (2) 오이, 토마토, 풋고추, 상추, 호박 외 경과비율이 10% 미만인 경우 : (⑤)%

Solution

① 10, ② 20, ③ 40, ④ 100, ⑤ 10

다) 버섯작물 : 생산비보장(보통약관)

1사고마다 → 생산비보장보험금 > 10만원일 때

Tip ▸ 경과비율

① 표고버섯 **원목재배** : 경과비율 없음(목본을 이용)

② 느타리버섯 **병재배**, 새송이버섯 **병재배** : 일정한 경과비율(88.7%, 91.7%)을 적용함

Tip ▸ 손해정도비율 비교

① 표고버섯 원목재배 : **원목(본)의 피해면적 ÷ 원목의 면적**

② 표고버섯 톱밥재배 : 손해정도에 따라 **50, 100%**

③ 느타리버섯(병재배, 균상재배), 양송이버섯(균상재배), 새송이버섯(병재배) : **20, 40, 60, 80, 100%**

(1) 표고버섯(원목재배)

재배원목(본)수 × 원목(본)당 보장생산비 × 피해율

○ **피해율 : 피해비율 × 손해정도비율 × (1 − 미보상비율)**

Tip ▸ 시설에 다쳐서 **피 비**(피비린나게) **손**을 **비**(베)었네... **일**(1) **마**(-) **미**(이놈아야 미안해)

– **피해비율 = 피해원목(본)수 ÷ 재배원목(본)수**

– **손해정도비율 = 원목(본)의 피해면적 ÷ 원목의 면적**

○ **위 산출식에도 불구**

→ **재배원목(본)수 × 원목(본)당 보장생산비** > 보험가입금액인 경우

→ 생산비보장보험금을 다시 계산하여 지급

$$\text{생산비보장보험금} \times \frac{\text{보험가입금액}}{(\text{원목(본)당 보장생산비} \times \text{재배원목(본)수})}$$

(2) 표고버섯(톱밥배지재배)

재배배지(봉)수 × 배지(봉)당 보장생산비 × 경과비율 × 피해율

○ **피해율 : 피해비율 × 손해정도비율 × (1 − 미보상비율)**

Tip ▸ 시설에 다쳐서 **피 비**(피비린나게) **손**을 **비**(베)었네... **일**(1) **마**(-) **미**(이놈아야 미안해)

– **피해비율 : 피해배지(봉)수 ÷ 재배배지(봉)수**

– **손해정도비율** : 손해정도에 따라 50%, 100%에서 결정

○ **위 산출식에도 불구**

→ **재배배지(봉)수 × 피해작물 배지(봉)당 보장생산비** > **보험가입금액**인 경우

→ 생산비보장보험금을 다시 계산하여 지급

$$\text{생산비보장보험금} \times \frac{\text{보험가입금액}}{(\text{배지(봉)당 보장생산비} \times \text{재배배지(봉)수})}$$

(가) **수확기 이전에 보험사고 발생(경과비율)**

준비기생산비계수(66.3%) + [(1 − 준비기생산비계수) ×
(생장일수 ÷ 표준생장일수(90일))]

Tip ▸ **표고**, **요**,**여**,**세**(66.3, 펴고서 여기에다 열어서) / 톱밥에 **구멍**(90일) 뚫어요~!

(나) **수확기 중에 보험사고 발생(경과비율)**

1 − (수확일수 ÷ 표준수확일수)

○ **준비기생산비계수** : 66.3%

○ 생장일수

– 종균접종일로부터 ~ 사고발생일까지 경과일수

– **표준생장일수**

※ 종균접종일로부터 ~ 수확개시일까지 일수

※ **90일**

※ (생장일수 ÷ 표준생장일수) → 1을 초과할 수 없음

○ 수확일수
- 수확개시일로부터 ~ 사고발생일까지 경과일수
- 표준수확일수 : 수확개시일로부터 ~ 수확종료일까지 일수

(3) 느타리버섯(균상재배), 양송이버섯(균상재배)

재배면적 × 단위면적당 보장생산비 × 경과비율 × 피해율

○ **피해율 : 피해비율 × 손해정도비율 × (1 - 미보상비율)**
Tip ▸ 시설에 다쳐서 **피 비**(피비린나게) **손**을 **비**(베)었네... **일**(1) **마**(-) **미**(이놈아야 미안해)
- **피해비율 : 피해면적(㎡) ÷ 재배면적(균상면적, ㎡)**
- **손해정도비율** : 표(20%, 40%, 60%, 80%, 100%)를 따름

○ **위 산출식에도 불구**
→ **피해작물 재배면적 × 피해작물 단위면적당 보장생산비 > 보험가입금액**인 경우
→ 생산비보장보험금을 다시 계산하여 지급

$$\text{생산비보장보험금} \times \frac{\text{보험가입금액}}{\text{단위면적당 보장생산비} \times \text{재배면적}}$$

(가) **수확기 이전에 보험사고 발생(경과비율)**

준비기생산비계수(67.6%, 75.3%) + [(1 − 준비기생산비계수) × (생장일수 ÷ 표준생장일수(28일, 30일)]

Tip ▸ **늘균**(늙은) **여친 욕**(나이먹은 여자 친구가 욕하면서) / **이빨**(28일) 보이고~!
양균(양쪽에 균이 넘쳐나니) **싫어 삼**(싫어해 대며) / **세공**(30일, 도망갔고~!)

(나) **수확기 중에 보험사고 발생(경과비율)**

1 − (수확일수 ÷ 표준수확일수)

○ **준비기생산비계수** : (느타리버섯) 67.6%, (양송이버섯) 75.3%

○ 생장일수
- 종균접종일로부터 ~ 사고발생일까지 경과일수
- **표준생장일수**
  ※ 종균접종일로부터 ~ 수확개시일까지 일수
  ※ 느타리버섯 : **28일**, 양송이버섯 : **30일**
  ※ (생장일수 ÷ 표준생장일수) → 1을 초과할 수 없음

○ 수확일수
- 수확개시일로부터 ~ 사고발생일까지 경과일수
- 표준수확일수 : 수확개시일로부터 ~ 수확종료일까지 일수

(4) 느타리버섯(병재배), 새송이버섯(병재배)

재배병수 × 병당 보장생산비 × 경과비율(88.7%, 91.7%) × 피해율

Tip ▸ **늘병**(늘 병에 시달리던 여친이) **팔팔 쳐**(88.7 팔팔해져~!)
새병(새송이 병재배) **구해 줘**(91.7)

○ **피해율 : 피해비율 × 손해정도비율 × (1 - 미보상비율)**
Tip ▸ 시설에 다쳐서 **피 비**(피비린나게) **손**을 **비**(베)었네... **일**(1) **마**(-) **미**(이놈아야 미안해)

- **피해비율 : 피해병수 ÷ 재배병수**
- **손해정도비율** : 표(20%, 40%, 60%, 80%, 100%)를 따름

○ **경과비율 :** 일자 관계없이 느타리버섯(병재배 : 88.7%), 새송이버섯(병재배 : 91.7%)

○ **위 산출식에도 불구**

→ **재배병수 × 병당 보장생산비 > 보험가입금액**인 경우

→ 생산비보장보험금을 다시 계산하여 지급

$$생산비보장보험금 \times \frac{보험가입금액}{병당\ 보장생산비 \times 재배병수}$$

(5) 느타리버섯(병재배, 균상재배), 양송이버섯(균상재배)에 적용

◆ **표준생장일수**

품목	품종	표준생장일수
느타리버섯(균상재배)	전체	28일
양송이버섯(균상재배)	전체	30일
표고버섯(톱밥배지재배)	전체	90일

◆ **손해정도에 따른 손해정도비율**

손해정도	1% ~ 20%	21% ~ 40%	41% ~ 60%	61% ~ 80%	81% ~ 100%
손해정도비율	20%	40%	60%	80%	100%

문제로 확인하기

01 **다음은 버섯작물의 수확기 이전에 보험사고 발생 시 경과비율 계산과 관련된 준비기생산비 계수와 표준생장일수 그리고 경과비율에 대한 내용이다. ( )에 해당하는 값을 적으시오.**

버섯작물(재배방식)	준비기생산비계수	표준생장일수
표고버섯(톱밥배지재배)	(①)%	(②)일
느타리버섯(균상재배)	(③)%	(④)일
양송이버섯(균상재배)	(⑤)%	(⑥)일

버섯작물(재배방식)	경과비율
느타리버섯(병재배)	(⑦)%
새송이버섯(병재배)	(⑧)%

Solution

① 66.3, ② 90, ③ 67.6, ④ 28, ⑤ 75.3, ⑥ 30, ⑦ 88.7, ⑧ 91.7

8) 자기부담금

손해액의 10% : 최소 30만원 ~ 최대 100만원 한도

(단, 피복재 단독사고 : 최소 10만원 ~ 최대 30만원 한도)

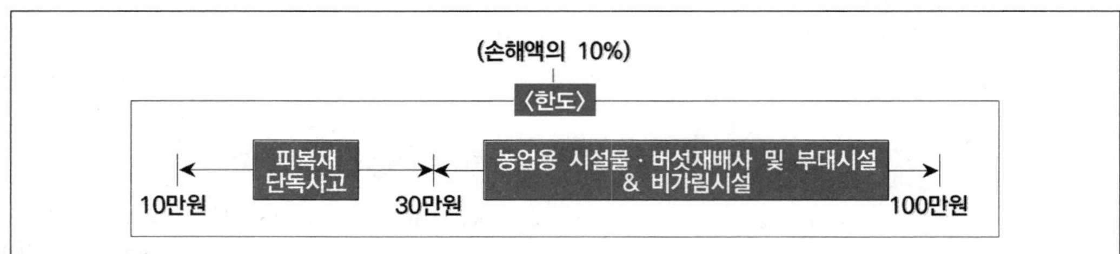

가) 농업용 시설물(버섯재배사 포함) + 부대시설
  (1) **모두 → 보험의 목적**으로 하는 보험계약
  (2) 두 보험의 목적의 **손해액 합계액 기준 → 자기부담금 산출**

나) **자기부담금** → 단지 단위, 1사고 단위로 적용

다) **화재손해(농업용 시설물 및 버섯재배사, 부대시설에 한함) → 자기부담금 미적용**

라) 소손해면책금(시설작물 및 버섯작물)
  (1) 1사고당 생산비보험금 **10만원 이하 → 보험금 지급(×)**
  (2) **소손해면책금(10만원) 초과** → 손해액 **전액** 보험금으로 **지급**

01 농작물재해보험 원예시설 업무방법에서 정하는 (1) 자기부담금과 (2) 소손해면책금에 대하여 서술하시오.

Solution

(1) 자기부담금

최소자기부담금(30만원)과 최대자기부담금(100만원)을 한도로 보험사고로 인하여 발생한 손해액의 10%에 해당하는 금액을 자기부담금으로 한다. 단, 피복재 단독사고는 최소자기부담금(10만원)과 최대자기부담금(30만원)을 한도로 한다.

① 농업용 시설물(버섯재배사 포함)과 부대시설 모두를 보험의 목적으로 하는 보험계약은 두 보험의 목적의 손해액 합계액을 기준으로 자기부담금을 산출한다.

② 자기부담금은 단지 단위, 1사고 단위로 적용한다.

③ 화재손해는 자기부담금을 미적용한다(농업용 시설물 및 버섯재배사, 부대시설에 한함).

(2) **소손해면책금**(시설작물 및 버섯작물에 적용)

보장하는 재해로 1사고당 생산비보험금이 10만원 이하인 경우 보험금이 지급되지 않고, 소손해면책금을 초과하는 경우 손해액 전액을 보험금으로 지급한다.

9) 특별약관

가) 재조달가액 보장 특별약관(농업용 시설물 및 버섯재배사, 부대시설)

(1) 손해의 보상 : 재조달가액 기준

※ **재조달가액** : 보험의 목적과 **동형**, **동질**의 **신품**을 **재조달**하는 데 **소요**되는 금액

(2) 보상하지 않는 손해 : **보통약관**의 보상하지 않는 손해와 **동일**

나) 화재위험보장 특별약관(농업용 시설물 및 버섯재배사, 부대시설, 시설 · 버섯작물)

(1) 보상하는 손해 : 화재로 입은 손해

(2) 보상하지 않는 손해

(가) 계약자, 피보험자 또는 이들의 법정대리인의 고의 또는 중대한 과실로 인한 손해

(나) 보상하는 재해가 발생했을 때 생긴 도난 또는 분실로 생긴 손해

(다) 보험의 목적의 발효, 자연발열, 자연발화로 생긴 손해. 그러나 자연발열 또는 자연발화로 → 연소된 다른 보험의 목적에 생긴 손해는 보상

(라) 화재로 기인되지 않은 수도관, 수관 또는 수압기 등의 파열로 생긴 손해

(마) 발전기, 여자기(정류기 포함), 변류기, 변압기, 전압조정기, 축전기, 개폐기, 차단기, 피뢰기, 배전반 및 그 밖의 전기기기 또는 장치의 전기적 사고로 생긴 손해. 그러나 그 결과로 생긴 화재 → 손해는 보상

(바) 원인의 직접 · 간접을 묻지 않고 지진, 분화 또는 전쟁, 혁명, 내란, 사변, 폭동, 소요, 노동쟁의, 기타 이들과 유사한 사태로 생긴 화재 및 연소 또는 그 밖의 손해

(사) 핵연료물질 또는 핵연료물질에 의하여 오염된 물질의 방사성, 폭발성 그 밖의 유해한 특성 또는 이들의 특성에 의한 사고로 인한 손해

(아) 상기 (사) 외의 방사선을 쬐는 것 또는 방사능 오염으로 인한 손해

(자) 국가 및 지방자치단체의 명령에 의한 재산의 소각 및 이와 유사한 손해

다) 화재대물배상책임 특별약관(농업용 시설물 및 버섯재배사, 부대시설)

(1) 가입대상 : 화재위험보장 특별약관에 가입한 경우 → 가입 가능

(2) 지급사유 : 보험증권에 기재된 농업용 시설물 및 부대시설 내에서
→ 발생한 화재사고로 → 타인의 재물을 망가트려 → 법률상의 배상책임이 발생한 경우

(3) 지급한도 : 특약 가입금액 한도

(4) 보상하지 않는 손해

(가) 계약자, 피보험자 또는 이들의 법정대리인의 고의로 생긴 손해에 대한 배상책임

(나) 전쟁, 혁명, 내란, 사변, 테러, 폭동, 소요, 노동쟁의 기타 이들과 유사한 사태로 생긴 손해에 대한 배상책임

(다) 지진, 분화, 홍수, 해일 또는 이와 비슷한 천재지변으로 생긴 손해에 대한 배상책임

(라) 피보험자가 소유, 사용 또는 관리하는 재물이 손해를 입었을 경우에 → 그 재물에 대하여 정당한 권리를 가진 사람에게 부담하는 손해에 대한 배상책임

(마) 피보험자와 타인 간에 손해배상에 관한 약정이 있는 경우, 그 약정에 의하여 가중된 배상책임
(바) 핵연료물질(사용된 연료 포함) 또는 핵연료물질에 의하여 오염된 물질(원자핵 분열 생성물 포함)의 방사성, 폭발성 그 밖의 유해한 특성 또는 이들의 특성에 의한 사고로 생긴 손해에 대한 배상책임
(사) 위 (바) 외의 방사선을 쬐는 것 또는 방사능 오염으로 인한 손해
(아) 티끌, 먼지, 석면, 분진 또는 소음으로 생긴 손해에 대한 배상책임
(자) 전자파, 전자장(EMF)으로 생긴 손해에 대한 배상책임
(차) 벌과금 및 징벌적 손해에 대한 배상책임
(카) 에너지 및 관리할 수 있는 자연력, 상표권, 특허권 등 무체물에 입힌 손해에 대한 배상책임
(타) 통상적이거나 급격한 사고에 의한 것인가의 여부에 관계없이 공해물질의 배출, 방출, 누출, 넘쳐흐름 또는 유출로 생긴 손해에 대한 배상책임 및 오염제거비용
(파) 배출시설에서 통상적으로 배출되는 배수 또는 배기(연기 포함)로 생긴 손해에 대한 배상책임
(하) 선박 또는 항공기의 소유, 사용 또는 관리로 인한 손해에 대한 배상책임
(거) 화재(폭발 포함)사고를 수반하지 않은 자동차사고로 인한 손해에 대한 배상책임

문제로 확인하기

01 화재대물배상책임 특별약관의 (1) 가입대상, (2) 지급사유 그리고 (3) 지급한도에 대하여 서술하시오.

Solution

(1) 가입대상
'화재위험보장 특별약관'에 가입한 경우에 한하여 가입 가능

(2) 지급사유
피보험자가 보험증권에 기재된 농업용 시설물 및 부대시설 내에서 발생한 화재사고로 인하여 타인의 재물을 망가트려 법률상의 배상책임이 발생한 경우

(3) 지급한도
화재대물배상책임 특약 가입금액 한도

라) 수재위험 부보장 특별약관(농업용 시설물 및 버섯재배사, 부대시설, 시설・버섯작물)

(1) 상습 침수구역, 하천부지 등에 있는 보험의 목적에 한하여 적용
(2) 홍수, 해일, 집중호우 등 수재에 의하거나 또는 이들 수재의 방재와 긴급피난에 필요한 조치로 → 보험의 목적에 생긴 손해 → 보상하지 않음

마) 표고버섯 확장위험 담보 특별약관(표고버섯) Tip ▸ **시설작물**에**만 인정**하였던 **부분**

(1) 보상하는 재해
[1]보상하는 재해에서 정한 규정에도 불구 [2]**다음 중 하나 이상에 해당**하는 경우에 한하여 **자연재해** 및 **조수해**로 입은 손해를 보상

(가) 농업용 시설물(버섯재배사)에 직접적인 피해가 발생하지 않은 자연재해로서

→ **작물피해율**이 <u>70%</u> **이상** 발생 Tip ▸ **작물**만 **치고**(70)

→ 농업용 시설물 내 전체 시설재배 버섯의 재배를 포기하는 경우

(나) 기상청에서 발령하고 있는 **기상특보** 발령 지역의 기상특보 관련 재해로

→ **작물**에 **피해**가 발생한 경우

문제로 확인하기

01 표고버섯 확장위험 담보 특별약관에서 보상하는 재해에 대해 서술하시오.

Solution

보통약관의 보상하는 재해에서 정한 규정에도 불구하고, 다음 중 하나 이상에 해당하는 경우에 한하여 자연재해 및 조수해로 입은 손해를 보상한다.

(1) 농업용 시설물(버섯재배사)에 직접적인 피해가 발생하지 않은 자연재해로서 작물피해율이 70% 이상 발생하여 농업용 시설물 내 전체 시설재배 버섯의 재배를 포기하는 경우

(2) 기상청에서 발령하고 있는 기상특보 발령 지역의 기상특보 관련 재해로 인해 작물에 피해가 발생한 경우

10) 계약의 소멸

가) 손해를 보상하는 경우

(1) 그 손해액이 한 번의 사고에 대하여 보험가입금액 미만인 때

→ 보험가입금액의 감액(×)

(2) 그 손해액이 한 번의 사고에 대하여 보험가입금액 이상인 때

→ 그 손해보상의 원인이 생긴 때로부터

→ 보험의 목적(농업용 시설물 및 버섯재배사, 부대시설)에 대한

→ 계약은 소멸(이 경우 환급보험료는 발생하지 않음)

나) 위 가)의 손해액 : 보상하는 손해의 '기타 협력비용'은 제외

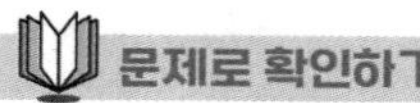

문제로 확인하기

01 농업용 시설물 및 버섯재배사, 부대시설에 대한 다음 내용 중 ( )에 들어갈 내용을 쓰시오.

- 손해를 보상하는 경우에는 그 손해액이 (①) 번의 사고에 대하여 (②) 미만인 때에는 이 계약의 (②)은 감액되지 않으며, (②) 이상인 때에는 그 손해보상의 원인이 생긴 때로부터 보험의 목적(농업용 시설물 및 버섯재배사, 부대시설)에 대한 계약은 소멸한다. 이 경우 환급보험료는 발생하지 않는다.
- 손해액에는 보상하는 손해의 기타 (③)은 제외한다.

Solution

① 한, ② 보험가입금액, ③ 협력비용

02 **다음은 농업용 시설물 및 부대시설의 계약에 대한 내용이다. (1) A단지의 ① 1회차 보험금, ② 2회차 보험금, ③ 보험계약의 유지 또는 소멸 여부, (2) B단지의 ① 1회차 보험금, ② 2회차 보험금, ③ 보험계약의 유지 또는 소멸 여부를 쓰시오.**

단지	보험가입금액	재해	손해액		협력비용	
			1회차 사고	2회차 사고	1회차 사고	2회차 사고
A	80,000,000원	태풍	40,000,000원	35,000,000원	1,200,000원	900,000원
B	60,000,000원	강풍	60,000,000원	1,500,000원	800,000원	없음

※ 각 단지는 모두 복구 완료함
※ 각 단지의 손해액은 농업용 시설물과 부대시설에 발생한 손해액을 합산한 금액임

Solution

(1) A단지

① 1회차 보험금
= (40,000,000원 − 1,000,000원) + 1,200,000원 = 40,200,000원

Tip ▸ 자기부담금은 손해액의 10%(40,000,000원의 10%)가 1,000,000원 한도를 넘으므로 최대액 1,000,000원이다. 이때 기타 협력비용은 제외한 손해액을 기준으로 한다.

② 2회차 보험금
= (35,000,000원 − 1,000,000원) + 900,000원 = 34,900,000원

Tip ▸ 자기부담금은 손해액의 10%(35,000,000원의 10%)가 1,000,000원 한도를 넘으므로 최대액 1,000,000원이다. 이때 기타 협력비용은 제외한 손해액을 기준으로 한다.

③ 보험계약의 유지 또는 소멸 여부
손해액(40,000,000원 + 35,000,000원 = 75,000,000원)이 보험가입금액(80,000,000원) 미만이므로 계약은 유지된다.

(2) B단지

① 1회차 보험금
= (60,000,000원 − 1,000,000원) + 800,000원 = 59,800,000원

Tip ▸ 자기부담금은 손해액의 10%(60,000,000원의 10%)가 1,000,000원 한도를 넘으므로 최대액 1,000,000원이다. 이때 기타 협력비용은 제외한 손해액을 기준으로 한다. 손해액(60,000,000원)이 보험가입금액(60,000,000원) 이상이므로 계약은 소멸한다.

② 2회차 보험금 = 0

③ 보험계약의 유지 또는 소멸 여부
1회차에서 손해액이 보험가입금액 이상이어서 보험계약은 소멸되었다.

5. 농업수입보장

가. 대상품목

마늘, 양파, 포도, (가을재배)감자, 콩, 양배추, 고구마

Tip ▸ **수입보장**해줬더니 : **마**(마늘), **양**(냥, 양파), **포**(퍼), **가감**(가져감), **콩**(꾁), **양배**, **구마**(양이 배구만~!)

나. 보장방식 : 수확량감소 및 가격하락으로 인한 농업수입감소 보장

1) 농업수입보장방식

가) 수확량감소나 가격하락으로

→ 농가수입이 일정 수준 이하로 하락하지 않도록 보장

나) 기존 농작물재해보험 + 농산물가격하락을 반영

→ 농업수입감소를 보장

2) 농업수입감소보험금 산출 시 가격

기준가격과 **수확기 가격** 중 → **낮은 가격**을 적용

다. 보험사업 실시지역 및 판매기간 – 표 참조

라. 상품 내용

1) 보상하는 재해 및 가격하락

가) 포도 : **자**연재해, **조**수해, **화**재 / **가격하락**(비가림시설 화재 : 특약 가입 시 보상)

나) 마늘, 양파, 고구마, 양배추, 콩 : **자**연재해, **조**수해, **화**재 / **가격하락**

다) 감자(가을재배) : **자**연재해, **조**수해, **화**재, **병충해** / **가격하락**

※ **가격하락** : **기준가격**보다 **수확기 가격**이 **하락**하여 발생하는 피해

2) 보상하지 않는 손해 – 포도 품목 외

가) 계약자, 피보험자 또는 이들의 법정대리인의 고의 또는 중대한 과실로 인한 손해

나) 수확기에 계약자 또는 피보험자의 고의 또는 중대한 과실로 수확하지 못하여 발생한 손해

다) 제초작업, 시비관리 등 통상적인 영농활동을 하지 않아 발생한 손해

라) 원인의 직・간접을 묻지 않고 병해충으로 발생한 손해(다만, 감자(가을재배)는 제외)

마) 보상하지 않는 재해로 제방, 댐 등이 붕괴되어 발생한 손해

바) 하우스, 부대시설 등의 노후 및 하자로 생긴 손해

사) 계약체결 시점(단, 계약체결 이후 파종 또는 정식 시 → 파종 또는 정식시점) 현재 기상청에서 발령하고 있는 기상특보 발령 지역의 기상특보 관련 재해로 인한 손해

아) 보상하는 재해에 해당하지 않은 재해로 발생한 손해

자) 개인 또는 법인의 행위가 직접적인 원인이 되어 → 수확기 가격이 하락하여 발생한 손해

차) 저장성 약화 또는 저장, 건조 및 유통 과정 중에 나타나거나 확인된 손해

카) 전쟁, 혁명, 내란, 사변, 폭동, 소요, 노동쟁의, 기타 이들과 유사한 사태로 생긴 손해

3) 보상하지 않는 손해 – 포도 품목

가) 계약자, 피보험자 또는 이들의 법정대리인의 고의 또는 중대한 과실

나) 자연재해, 조수해가 발생했을 때 생긴 도난 또는 분실로 생긴 손해

다) 보험의 목적의 노후 및 하자로 생긴 손해

라) 보상하지 않는 재해로 제방, 댐 등이 붕괴되어 발생한 손해

마) 침식활동 및 지하수로 인한 손해

바) 수확기에 계약자 또는 피보험자의 고의 또는 중대한 과실로 시설재배 농작물을 수확하지 못하여 발생한 손해

사) 제초작업, 시비관리 등 통상적인 영농활동을 하지 않아 발생한 손해

아) 원인의 직접・간접을 묻지 않고 병해충으로 발생한 손해

자) 계약체결 시점 현재 기상청에서 발령하고 있는 기상특보 발령 지역의 기상특보 관련 재해로 인한 손해
차) 전쟁, 내란, 폭동, 소요, 노동쟁의, 기타 이들과 유사한 사태로 인한 손해
카) 보상하는 재해에 해당하지 않은 재해로 발생한 손해
타) 직접 또는 간접을 묻지 않고 보험의 목적인 농업용 시설물의 시설, 수리, 철거 등 관계법령(국가 및 지방자치단체의 명령 포함)의 집행으로 발생한 손해
파) 피보험자가 파손된 보험의 목적의 수리 또는 복구를 지연함으로써 가중된 손해
하) 개인 또는 법인의 행위가 직접적인 원인이 되어 → 수확기 가격이 하락하여 발생한 손해

문제로 확인하기

01 다음은 농업수입보장 상품에 관한 내용이다. (　　)에 들어갈 내용을 쓰시오.

- 가입대상 품목은 (①)이다.
- 농업수입보장방식은 농작물의 (②)나 (③)으로 농가 수입이 일정 수준 이하로 하락하지 않도록 보장하는 보험으로 기존 농작물재해보험에 농산물가격하락을 반영한 농업수입감소를 보장한다.
- 농업수입감소보험금 산출 시 가격은 기준가격과 수확기 가격 중 (④) 가격을 적용한다. 따라서 (⑤)을 산정할 때 실제수확량이 평년수확량보다 적은 경우 수확기 가격이 기준가격을 초과하더라도 (⑥)에 의한 손해는 농업수입감소보험금으로 지급 가능하다.

Solution

① 마늘, 양파, 포도, (가을재배)감자, 콩, 양배추, 고구마
② 수확량감소, ③ 가격하락
④ 낮은, ⑤ 실제수입, ⑥ 수확량감소

4) 보험기간

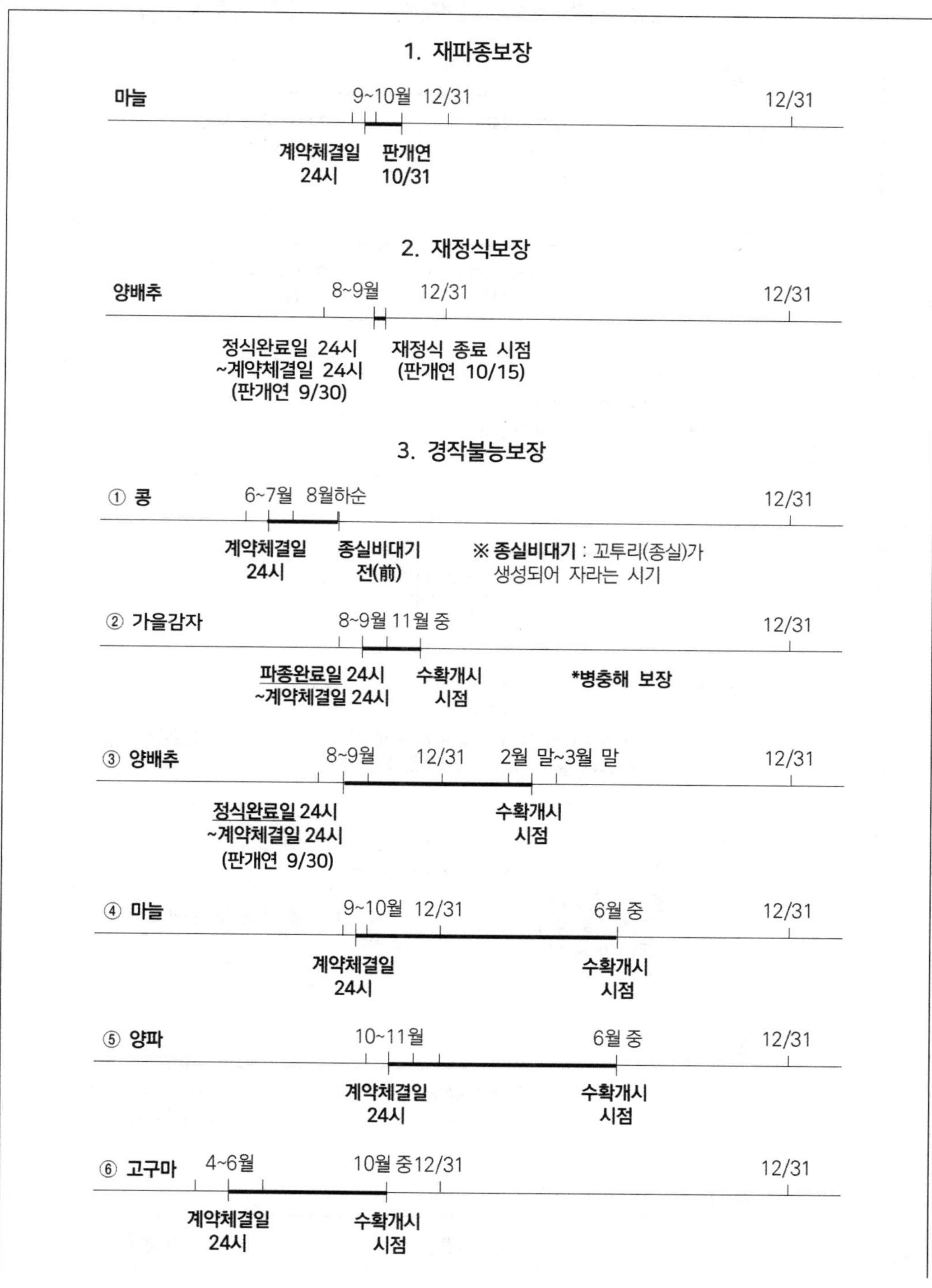
1. 재파종보장
마늘
9~10월 12/31
12/31
계약체결일 24시
판개연 10/31
2. 재정식보장
양배추
8~9월
12/31
12/31
정식완료일 24시 ~계약체결일 24시 (판개연 9/30)
재정식 종료 시점 (판개연 10/15)
3. 경작불능보장
① 콩
6~7월 8월하순
12/31
계약체결일 24시
종실비대기 전(前)
※ 종실비대기 : 꼬투리(종실)가 생성되어 자라는 시기
② 가을감자
8~9월 11월 중
12/31
파종완료일 24시 ~계약체결일 24시
수확개시 시점
*병충해 보장
③ 양배추
8~9월
12/31
2월 말~3월 말
12/31
정식완료일 24시 ~계약체결일 24시 (판개연 9/30)
수확개시 시점
④ 마늘
9~10월 12/31
6월 중
12/31
계약체결일 24시
수확개시 시점
⑤ 양파
10~11월
6월 중
12/31
계약체결일 24시
수확개시 시점
⑥ 고구마
4~6월
10월 중 12/31
12/31
계약체결일 24시
수확개시 시점

4. 농업수입감소보장 - 자연재해, 조수해, 화재, 병충해(감자)

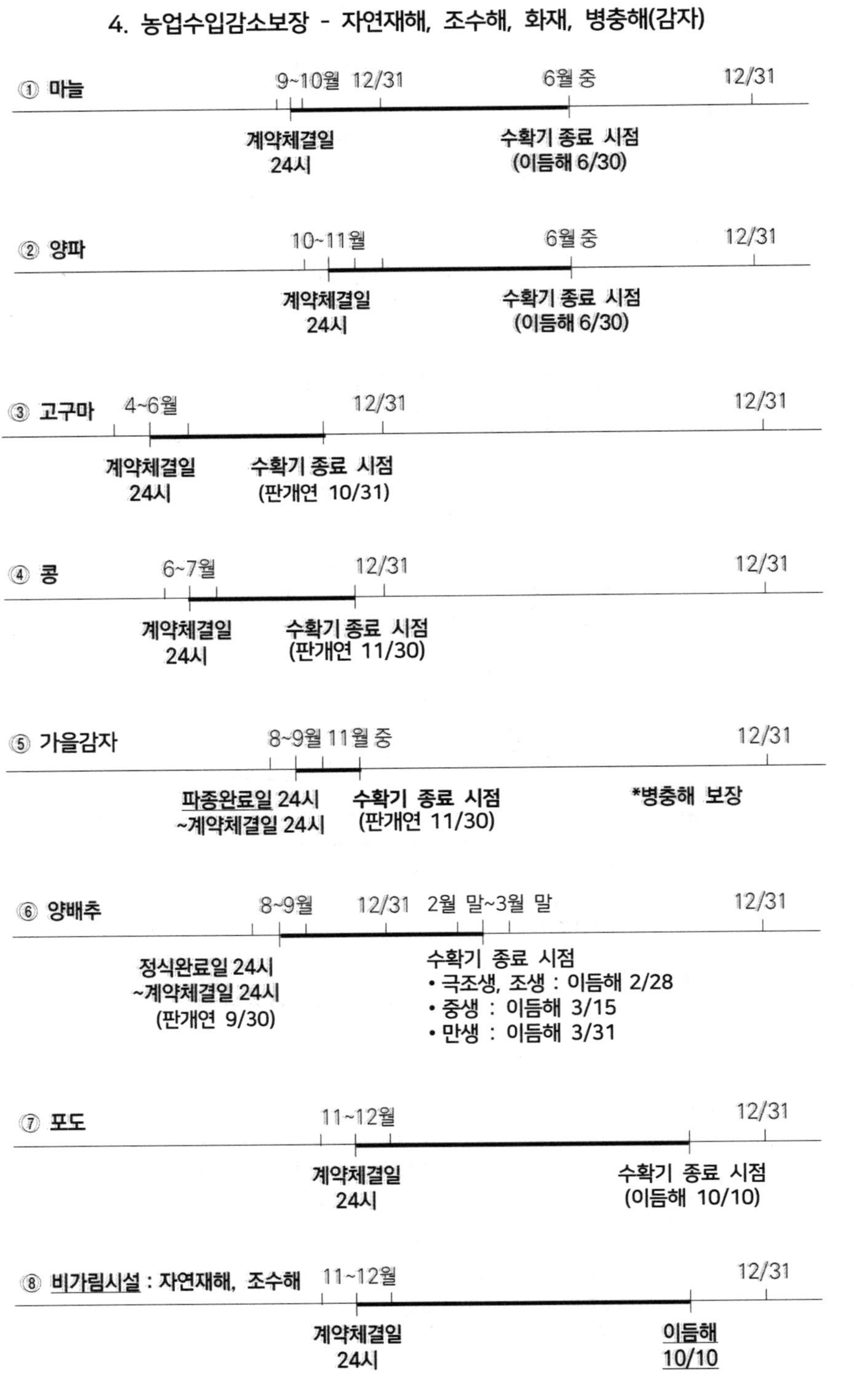

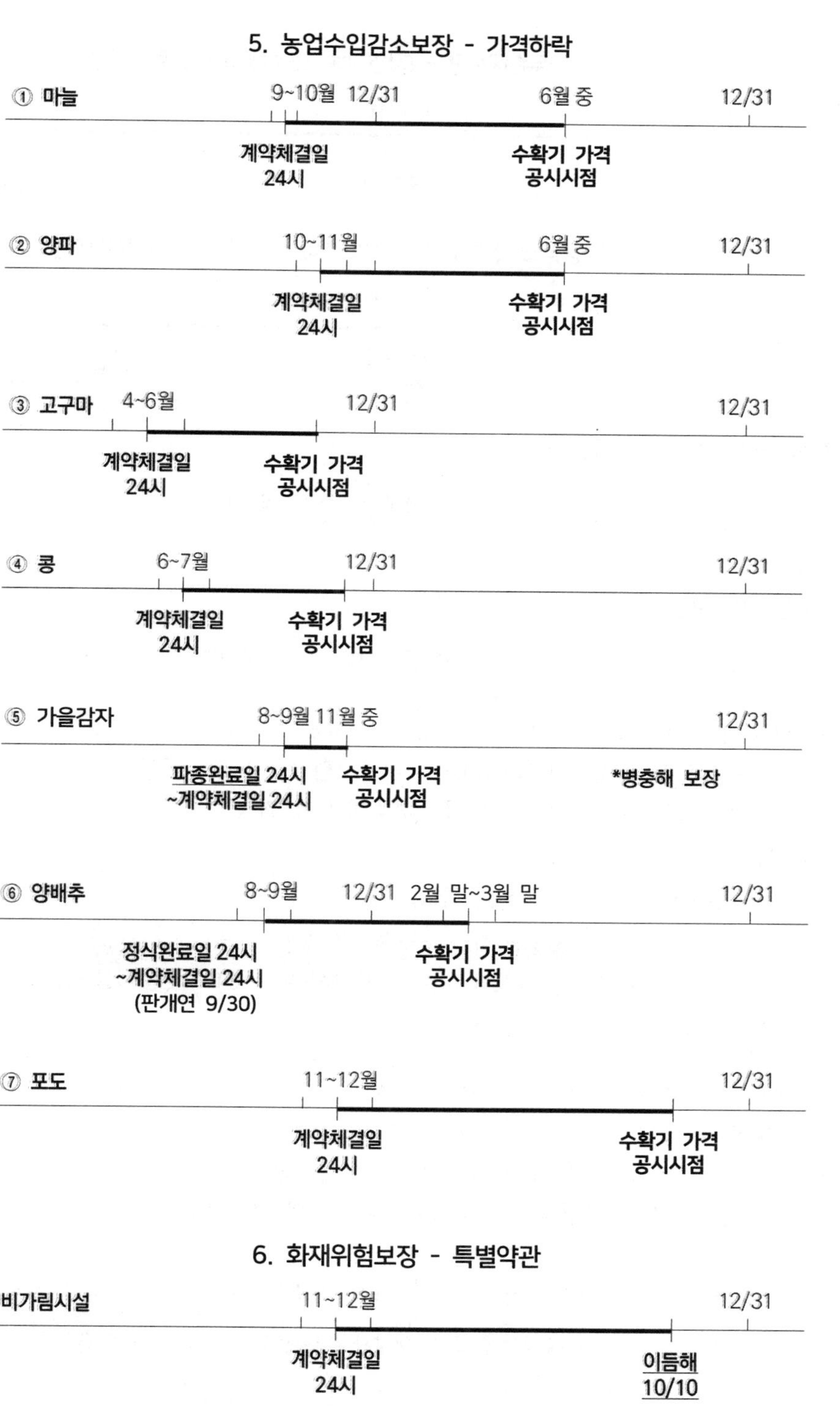
5. 농업수입감소보장 - 가격하락
① 마늘
9~10월 12/31
6월 중
12/31
계약체결일 24시
수확기 가격 공시시점
② 양파
10~11월
6월 중
12/31
계약체결일 24시
수확기 가격 공시시점
③ 고구마
4~6월
12/31
12/31
계약체결일 24시
수확기 가격 공시시점
④ 콩
6~7월
12/31
12/31
계약체결일 24시
수확기 가격 공시시점
⑤ 가을감자
8~9월 11월 중
12/31
파종완료일 24시 ~계약체결일 24시
수확기 가격 공시시점
*병충해 보장
⑥ 양배추
8~9월
12/31 2월 말~3월 말
12/31
정식완료일 24시 ~계약체결일 24시 (판개연 9/30)
수확기 가격 공시시점
⑦ 포도
11~12월
12/31
계약체결일 24시
수확기 가격 공시시점
6. 화재위험보장 - 특별약관
비가림시설
11~12월
12/31
계약체결일 24시
이듬해 10/10

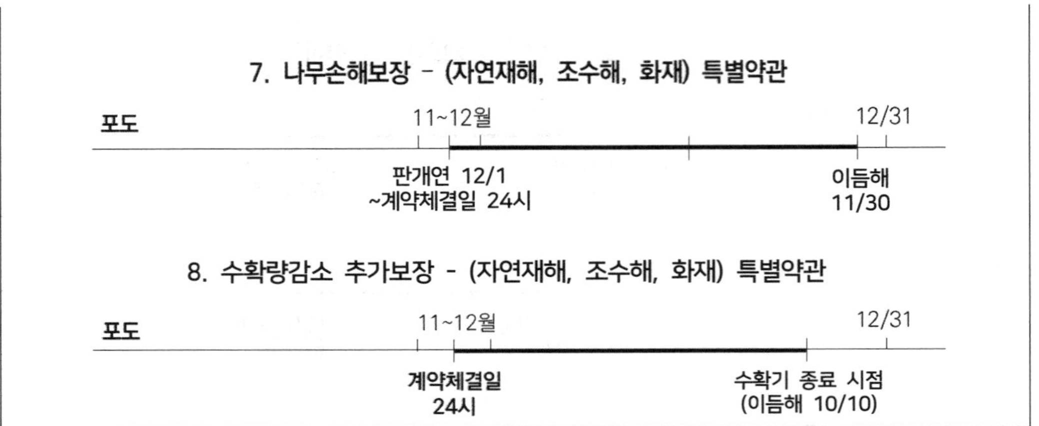

5) 보험가입금액(천원 단위 절사)

가입수확량 × 기준(가입)가격

6) 보험료

가) 보험료의 구성

영업보험료 = 순보험료 + 부가보험료

- **순보험료** : 지급보험금의 재원이 되는 보험료
- **부가보험료** : 보험회사의 경비 등으로 사용되는 보험료

(1) 정부보조보험료 : 순보험료의 50% + 부가보험료의 100% 지원

(2) 지자체지원보험료 : 지자체별로 지원금액(비율)을 결정

나) 보험료의 산출

농업수입감소보장 보통약관 적용보험료

보통약관 보험가입금액 × 지역별 보통약관 영업요율
× (1 ± 손해율에 따른 할인·할증률) × (1 − 방재시설 할인율)

- **고구마 품목 → 방재시설 할인율 미적용**
- 손해율에 따른 할인·할증 → 계약자를 기준으로 판단
- 손해율에 따른 할인·할증폭 → -30% ~ +50%로 제한

다) 보험료의 환급

(1) 계약이 무효, 효력상실 또는 해지된 때 보험료 반환

(가) **계약자 또는 피보험자의 책임 없는 사유에 의하는 경우**

① 무효 → 전액

② 효력상실 또는 해지 → 해당 월 '미경과비율'에 따라 '환급보험료' 계산

환급보험료 = 계약자부담보험료 × 미경과비율 〈별표〉

- 계약자부담보험료 : 최종 보험가입금액 기준으로 산출한 보험료 중 계약자가 부담한 금액

(나) **계약자 또는 피보험자의 책임 있는 사유에 의하는 경우**

① 해당 월 미경과비율에 따른 환급보험료

② 다만 계약자, 피보험자의 고의 또는 중대한 과실로 무효가 된 때에는 보험료를 반환하지 않음

(2) 계약자 또는 피보험자의 책임 있는 사유란

(가) 계약자 또는 피보험자가 임의 해지하는 경우

(나) 사기에 의한 계약, 계약의 해지(계약자 또는 피보험자의 고의로 손해가 발생한 경우나, 고지의무・통지의무 등을 해태한 경우) 또는 중대사유로 인한 해지에 따라 → 계약을 취소 또는 해지하는 경우

(다) 보험료 미납으로 인한 계약의 효력상실

(3) 계약의 무효, 효력상실 또는 해지로 인하여 반환해야 할 보험료가 있을 때

(가) 계약자는 '환급금'을 '청구'해야 함

(나) 청구일의 다음 날부터 ~ 지급일까지의 기간에 대하여 보험개발원이 공시하는 '보험계약대출이율'을 → '연단위 복리'로 계산한 금액을 더하여 지급

7) 보험금

가) 포도

(1) 농업수입감소보장(보통약관)

(가) **포도**

보상하는 재해로 피해율이 자기부담비율을 초과하는 경우

보험금 = 보험가입금액 × (피해율 − 자기부담비율)

- 피해율 = (기준수입 - 실제수입) ÷ 기준수입
- **기준수입** = **평년수확량** × 기준가격
- 기준가격 : 가격 조항을 따름
- 실제수입

수확기에 조사한 수확량 (조사실시 않은 경우 : 평년수확량) + 미보상감수량	×	기준가격, 수확기 가격 중 작은 값

- 포도 : 착색불량된 송이 = 상품성 저하로 인한 손해 → 감수량에 불포함
- 보상하는 재해로 손해가 생긴 경우에도 불구
  → 계약자 또는 피보험자의 고의로 수확기에 수확량조사를 하지 못하여 수확량을 확인할 수 없는 경우
  → 농업수입감소보험금 지급하지 않음

(나) **비가림시설**

자연재해, **조**수해로 인하여 비가림시설에 손해가 발생한 경우 Tip ▸ 화재(×)

Min(손해액 − 자기부담금, 보험가입금액)

Tip ▸ 비가림시설(보육시설), **작은**(Min), **손**, **자**, **보가**(볼까)

- **손해액** : 그 손해가 생긴 때와 곳에서의 가액에 따라 계산
- **재조달가액 기준** : 1사고마다 재조달가액 기준으로 계산한 손해액에서 자기부담금을 차감한 금액 → 보험가입금액 한도 내에서 보상
- 보험의 목적이 손해를 입은 장소에서
  → 실제로 수리 또는 복구되지 않은 때에는
  → 재조달가액에 의한 보상을 하지 않고 → **시가(감가상각된 금액)**로 보상
- **자기부담금** : 손해액(비가림시설)의 10% → 최소자기부담금(30만원) ~ 최대자기부담금(100만원) 한도
  - 다만, **피복재 단독사고** : 손해액(비가림시설)의 10% → 최소자기부담금(10만원) ~ 최대자기부담금(30만원) 한도
- **자기부담금** : **단지** 단위, **1사고** 단위로 적용

(2) 화재위험보장(특별약관) : 비가림시설

화재로 인하여 비가림시설에 손해가 발생한 경우

Min(손해액 - 자기부담금, 보험가입금액)

- 화재손해는 **자기부담금 적용**하지 **않음**

(3) 나무손해보장(특별약관)

보상하는 재해로 나무에 자기부담비율을 초과하는 손해가 발생한 경우

보험금 = 보험가입금액 × (피해율 - 자기부담비율)

Tip ▸ **나무손해**(남의 손에), **다**(5), **가**,**피**,**자**(보험금 받을 때까지 까삐자)

- **피해율** = 피해주수(고사된 나무) ÷ 실제결과주수
- **자기부담비율** : 5%

(4) 수확량감소 추가보장(특별약관)

보상하는 재해로 피해율이 자기부담비율을 초과하는 경우

보험금 = 보험가입금액 × 피해율 × 10%

Tip ▸ **수감**(수감시설에 포승줄에 묶여 끌려가는) **추장** : **포**(포도), **숭**(복숭아), **만감**(만감이 교차하네~!)

- **피해율** = (평년수확량 - 수확량 - 미보상감수량) ÷ 평년수확량

나) 마늘, 양파, (가을재배)감자, 콩, 양배추, 고구마

(1) 재파종보장(보통약관) : 마늘

보상하는 재해로 10a당 출현주수가 30,000주보다 작고

\+ 10a당 30,000주 이상으로 재파종한 경우

보험금 = 보험가입금액 × 35% × 표준출현피해율

Tip ▸ 재판장(재파종)에서 마눌(마늘)을 쳐다 보면서 **가**(갸(너)), **사모**(35), **표출피**(나타낸 속마음)
싼마이(30,000) 마누라 사모해서 (돈 아끼면서) 싼마이 입고 다녀요~!

- **표준출현피해율**(10a 기준) = (30,000 - 출현주수) ÷ 30,000

(2) 재정식보장(보통약관) : 양배추

보상하는 재해로 면적피해율이 자기부담비율을 초과하고

\+ 재정식한 경우

보험금 = 보험가입금액 × 20% × 면적피해율

Tip ▸ **양배**(배 두 척), **가동배**, **브로**(프로), **양상**

Tip ▸ **가**(거기), **두고**(20), **면피**

○ **면적피해율** = 피해면적 ÷ 보험가입면적

(3) 경작불능보장(보통약관) : 마늘, 양파, (가을재배)감자, 콩, 양배추, 고구마

보상하는 재해로 식물체 피해율이 65% 이상이고

+ 계약자가 **경작불능보험금**을 **신청**한 경우(보험계약 소멸)

※ **식물체 피해율** = 식물체가 고사한 면적 ÷ 보험가입면적

보험금 = 보험가입금액 × 일정비율

○ **일정비율** : 자기부담비율에 따른 경작불능보험금

○ **경작불능보험금**

◆ **자기부담비율에 따른 경작불능보험금**

자기부담비율	경작불능보험금
20%형	보험가입금액의 40%
30%형	보험가입금액의 35%
40%형	보험가입금액의 30%

Tip ▸ **경작불능보험금** : **농업수입보장 → 10%, 15%**형(×)

– 보험목적물이 산지폐기된 것을 확인 후 지급

– 손해보상의 원인이 생긴 때로부터 → 해당 농지에 대한 보험계약은 소멸

(4) 농업수입감소보장(보통약관) : 마늘, 양파, (가을재배)감자, 콩, 양배추, 고구마

보상하는 재해로 피해율이 자기부담비율을 초과하는 경우

보험금 = 보험가입금액 × (피해율 – 자기부담비율)

○ **피해율** = (기준수입 – 실제수입) ÷ 기준수입

○ **기준수입** = **평년수확량** × **기준가격**

○ **기준가격** : 가격 조항을 따름

○ **실제수입**

수확기에 조사한 수확량 + 미보상감수량 × 기준가격, 수확기 가격 중 작은 값

○ 보상하는 재해로 손해가 생긴 경우에도 불구

→ 계약자 또는 피보험자의 고의로 수확기에 수확량조사를(감자 : 병충해감수량 조사 포함) 하지 못하여 수확량을 확인할 수 없는 경우

→ 농업수입감소보험금 지급하지 않음

문제로 확인하기

01 다음 가격하락에 따른 농업수입보장에 대한 내용을 쓰시오.

(1) 보험가입금액 산출방법을 쓰시오.
(2) 피해율 산출식을 쓰시오.
(3) 농업수입보장 상품의 보험종료시점을 쓰시오.
(4) 농업수입보장 상품의 자기부담비율의 ① 유형 및 ② 적용기준을 쓰시오.

Solution

(1) 가입수확량에 기준(가입)가격을 곱하여 산정한 금액(천원 단위 절사)으로 한다.
(2) 피해율 = (기준수입 - 실제수입) ÷ 기준수입
(3) 수확기 가격 공시시점
(4) 보험계약 시 계약자가 선택한 비율로 ① 20%, 30%, 40%가 있으며 ② 적용에 있어서 제한 없음

02 농업수입감소보장 양파 상품의 내용 중 보험금의 계산식에 관한 것이다. 다음 내용에서 (　　)의 (1) 용어와 (2) 정의를 쓰시오.

실제수입 = {조사수확량 + (　　)} × min(농지별 기준가격, 농지별 수확기 가격)

Solution

(1) 용어 : 미보상감수량
(2) 정의 : 보상하는 재해 이외의 원인으로 수확량이 감소되었다고 평가되는 부분

03 다음의 주어진 조건에 따라 수입감소보장 양파의 피해율을 산정하시오.

- 평년수확량 : 2,000kg
- 조사수확량 : 1,000kg
- 기준가격 : 9,000원/kg
- 수확기 가격 : 7,500원/kg
- 미보상비율 : 20%

Solution

피해율 = (기준수입 - 실제수입) ÷ 기준수입
① 기준수입 = 평년수확량 × 기준가격
　　　　= 2,000kg × 9,000원/kg = 18,000,000원
② 실제수입
　= (조사수확량 + 미보상감수량) × min(농지별 기준가격, 농지별 수확기 가격)
　= (1,000kg + 200kg) × 7,500원/kg = 9,000,000원
　• 미보상감수량 = (평년수확량 - 수확량) × 미보상비율
　　　　　　= (2,000kg - 1,000kg) × 20% = 200kg
∴ 피해율 = (18,000,000원 - 9,000,000원) ÷ 18,000,000원 = 0.5(50%)

04 **다음 조건을 참조하여 수입감소보장 양배추의 수입감소보험금을 산정하시오. (단, 피해율은 소수점 둘째자리 미만을 절사한다.)**

- 평년수확량 : 8,000kg
- 가입수확량 : 5,000kg
- 기준가격 : 1,500원/kg
- 수확기 가격 : 1,000원/kg
- 미보상감수량 : 500kg
- 자기부담비율 : 20%
- 조사수확량 : 4,000kg

Solution

수입감소보험금 = 보험가입금액 × (피해율 − 자기부담비율)
① 보험가입금액 = 가입수확량 × 기준(가입)가격
= 5,000kg × 1,500원/kg = 7,500,000원
② 피해율 = (기준수입 − 실제수입) ÷ 기준수입
= (12,000,000원 − 4,500,000원) ÷ 12,000,000원
= 0.625(62.5%)
㉠ 기준수입 = 평년수확량 × 기준가격
= 8,000kg × 1,500원/kg = 12,000,000원
㉡ 실제수입
= (조사수확량 + 미보상감수량) × min(농지별 기준가격, 농지별 수확기 가격)
= (4,000kg + 500kg) × 1,000원/kg = 4,500,000원
∴ 수입감소보험금 = 7,500,000원 × (0.625 − 0.2) = 3,187,500원
≒ 3,180,000원(천원 단위 절사)

05 **다음 조건을 참조하여 양파의 농업수입감소보험금을 구하시오.**

- 가입수확량 : 8,000kg
- 미보상비율 : 20%
- 평년수확량 : 10,000kg
- 조사(실제)수확량 : 6,000kg
- 농지별 기준가격 : 540원/kg
- 자기부담비율 : 최소 자기부담비율
- 농지별 수확기 가격 : 630원/kg

Solution

수입감소보험금 = 보험가입금액 × (피해율 − 자기부담비율)
① 보험가입금액 = 가입수확량 × 기준(가입)가격
= 8,000kg × 540원/kg = 4,320,000원
② 피해율 = (기준수입 − 실제수입) ÷ 기준수입
= (5,400,000원 − 3,672,000원) ÷ 5,400,000원 = 0.32(32%)

㉠ 기준수입 = 평년수확량 × 기준가격
= 10,000kg × 540원 = 5,400,000원

㉡ 실제수입
= (조사수확량 + 미보상감수량) × min(농지별 기준가격, 농지별 수확기 가격)
= (6,000kg + 800kg) × 540원 = 3,672,000원
- 미보상감수량 = (평년수확량 - 수확량) × 미보상비율
= (10,000kg - 6,000kg) × 20% = 800kg

∴ 수입감소보험금 = 4,320,000원 × (32% - 20%) = 518,400원
≒ 510,000원(천원 단위 절사)

06 농업수입감소보장 포도 품목에 대한 (1) 농업수입감소보장보험금과 (2) 수확량감소 추가보장보험금을 산정하시오. (단, 병해충피해는 없으며 피해율은 소수점 둘째자리 미만을 절사한다.)

- 평년수확량 : 4,500kg
- 보험가입금액 : 10,000,000원
- 조사수확량 : 1,500kg
- 미보상감수량 : 200kg
- 기준가격 : 500원/kg
- 수확기 가격 : 400원/kg
- 자기부담비율 : 20%

Solution

(1) 농업수입감소보장보험금
= 보험가입금액 × (피해율 - 자기부담비율)
- 피해율 = (기준수입 - 실제수입) ÷ 기준수입
= (2,250,000원 - 680,000원) ÷ 2,250,000원
= 0.6977(69.77%)

① 기준수입 = 평년수확량 × 기준가격
= 4,500kg × 500원/kg
= 2,250,000원

② 실제수입 = (조사수확량 + 미보상감수량) × min(농지별 기준가격, 농지별 수확기 가격)
= (1,500kg + 200kg) × 400원/kg = 680,000원

∴ 농업수입감소보장보험금 = 10,000,000원 × (0.6977 - 0.2) = 4,977,000원
≒ 4,970,000원(천원 단위 절사)

(2) 수확량감소 추가보장보험금
= 보험가입금액 × 피해율 × 10%
- 피해율 = (평년수확량 - 수확량 - 미보상감수량) ÷ 평년수확량
= (4,500kg - 1,500kg - 200kg) ÷ 4,500kg
= 0.6222(62.22%)

∴ 수확량감소 추가보장보험금 = 10,000,000원 × 0.6222 × 0.1 = 622,200원
≒ 620,000원(천원 단위 절사)

8) 자기부담비율

가) 보험사고로 인해 발생한 손해에 대해 계약자 또는 피보험자가 부담하는 일정 비율(금액)

자기부담비율(금) 이하의 손해 → 보험금 지급(×)

나) 수입감소보장 자기부담비율

(1) 보험계약 시 계약자가 선택한 비율(20%, 30%, 40%)

(2) 20%형, 30%형, 40%형 : 제한 없음

9) 가격 조항

기준가격과 **수확기 가격**

→ 농림축산식품부의 **농업수입보장보험 사업시행지침**에 따라 산출

가) 품목 : 콩

(1) 기준가격과 수확기 가격의 산출

(가) **콩의 용도 및 품종에 따라 구분하여 산출**

① 장류 및 두부용(백태)

② 밥밑용(서리태)

③ 밥밑용(흑태 및 기타)

④ 나물용

(나) **가격산출을 위한 기초통계와 기초통계 기간**

용도	품종	기초통계	기초통계 기간
장류 및 두부용	전체	**서울 양곡도매시장** 백태(국산) 가격	수확년도 11월 1일부터 익년 1월 31일까지
밥밑용	서리태	**서울 양곡도매시장** 서리태 가격	
	흑태 및 기타	**서울 양곡도매시장** 흑태 가격	
나물용	전체	사업 대상 시・군의 **지역농협 평균 수매가격**	

(다) **기준가격의 산출**

① 장류 및 두부용, 밥밑용

서울 양곡도매시장의 연도별 중품과 상품 평균가격의 보험가입 직전 5년 올림픽 평균값 × 농가수취비율

㉠ 올림픽 평균값 : 연도별 평균가격 중 최댓값과 최솟값을 제외하고 남은 값들의 산술평균

㉡ 농가수취비율 : 농가수취가격(도매시장가격에서 유통비용 등을 차감)이 차지하는 비율로 사전에 결정

㉢ 중품 및 상품 중 어느 하나의 자료가 없는 경우

→ 있는 자료만을 이용 → 평균가격을 산정

㉣ 양곡도매시장의 가격이 존재하지 않는 경우

→ 전국 지역농협의 평균 수매가격을 활용

ⓜ 연도별 평균가격 : 연도별 기초통계 기간의 일별 가격 평균

② 나물용

㉠ **사업 대상 시 · 군의 지역농협의** 보험가입 **직전 5년 연도별 평균 수매가**

→ 올림픽 평균하여 산출

㉡ **연도별 평균 수매가** : 지역농협별 수매량과 수매금액을 각각 합산

→ 수매금액의 합계 ÷ 수매량 합계

(라) **수확기 가격의 산출**

① 장류 및 두부용, 밥밑용

수확년도 서울 양곡도매시장의 중품과 상품 평균가격	×	농가수취비율의 최근 5년 올림픽 평균값

○ 양곡도매시장의 가격이 존재하지 않는 경우 → 전국 지역농협의 평균 수매가격을 활용

② 나물용 : 기초통계 기간 동안 **사업 대상 시 · 군 지역농협의 평균 수매가격**

(마) **하나의 농지에 2개 이상 용도(품종)의 콩이 식재된 경우**

→ **기준가격**과 **수확기 가격**을 → 해당 용도(또는 품종)의 **면적의 비율**에 따라 **가중평균**

문제로 확인하기

01 농업수입보장 '콩' 상품에 대한 내용이다. ( )에 들어갈 내용을 쓰시오.

용도	기준가격	수확기 가격
장류 및 두부용, 밥밑용	서울 (①)의 연도별 중품과 상품 평균가격의 보험가입 직전 5년 (②)에 (③)을 곱하여 산출	수확년도 서울 (①)의 중품과 상품 평균가격에 (③)의 최근 5년 (②)을 곱하여 산출
	(①)의 가격이 존재하지 않는 경우 전국 (④)의 평균 수매가격을 활용하여 산출	
나물용	사업 대상 시 · 군의 (④)의 보험가입 직전 5년 연도별 평균 수매가의 (②)으로 함	기초통계 기간 동안 사업 대상 시 · 군 (④)의 평균 수매가격으로 함
하나의 농지에 2개 이상 용도(또는 품종)의 콩이 식재된 경우에는 기준가격과 수확기 가격을 해당 용도(또는 품종)의 (⑤)에 따라 가중평균하여 산출		

Solution

① 양곡도매시장, ② 올림픽 평균값, ③ 농가수취비율, ④ 지역농협, ⑤ 면적의 비율

나) 품목 : 양파

(1) 기준가격과 수확기 가격의 산출

(가) 보험에 가입한 양파 **품종의 숙기**에 따라 → **조생종, 중만생종**으로 **구분하여** → 산출

(나) **가격산출을 위한 기초통계와 기초통계 기간**

가격 구분	기초통계	기초통계 기간
조생종	서울시농수산식품공사 **가락도매시장가격**	4월 1일부터 5월 10일까지
중만생종		6월 1일부터 7월 10일까지

(다) **기준가격의 산출**

서울시농수산식품공사 가락도매시장의 연도별 중품과 상품 평균가격의 보험가입 직전 5년 올림픽 평균값 × 농가수취비율

○ **연도별 평균가격** : 연도별 기초통계 기간의 일별 가격을 평균하여 → 산출

(라) **수확기 가격의 산출**

가격 구분별 기초통계 기간 동안 서울시농수산식품공사의 가락도매시장 중품과 상품 평균가격 × 농가수취비율의 최근 5년 올림픽 평균값

다) 품목 : 고구마

(1) 기준가격과 수확기 가격의 산출

(가) 고구마의 **품종**에 따라 → **호박고구마, 밤고구마**로 구분하여 → 산출

(나) **가격산출을 위한 기초통계와 기초통계 기간**

품종	기초통계	기초통계 기간
밤고구마	서울시농수산식품공사 가락도매시장가격	8월 1일부터 9월 30일까지
호박고구마		

(다) **기준가격의 산출**

서울시농수산식품공사 가락도매시장의 연도별 중품과 상품 평균가격의 보험가입 직전 5년 올림픽 평균값 × 농가수취비율

○ **연도별 평균가격** : 연도별 기초통계 기간의 일별 가격을 평균하여 → 산출

(라) **수확기 가격의 산출**

수확년도의 서울시농수산식품공사 가락도매시장의 중품과 상품 평균가격 × 농가수취비율

○ **하나 농지에 2개 이상 용도(품종)의 고구마가 식재된 경우**
→ **기준가격**과 **수확기 가격**을 → 해당 용도(품종)의 **면적의 비율**에 따라 **가중평균**

라) 품목 : 감자(가을재배)

(1) 기준가격과 수확기 가격의 산출

(가) **감자(가을재배)** 품종 중 **대지마**를 **기준**으로 → 산출

(나) **가격산출을 위한 기초통계와 기초통계 기간**

구분	기초통계	기초통계 기간
대지마	서울시농수산식품공사 가락도매시장가격	12월 1일부터 1월 31일까지

(다) **기준가격의 산출**

서울시농수산식품공사
가락도매시장의 연도별 중품과 상품 평균가격의 × 농가수취비율
보험가입 직전 5년 올림픽 평균값

○ **연도별 평균가격** : 연도별 기초통계 기간의 일별 가격을 평균하여 → 산출

(라) **수확기 가격의 산출**

수확년도의 서울시농수산식품공사
가락도매시장의 중품과 상품 평균가격 × 농가수취비율

마) 품목 : 마늘

(1) 기준가격과 수확기 가격의 산출

(가) 마늘 품종에 따라 → **난지형**(대서종, 남도종)과 **한지형**으로 **구분**하여 → 산출

(나) **가격산출을 위한 기초통계와 기초통계 기간**

<table>
<tr><th colspan="2">구분</th><th>기초통계</th><th>기초통계 기간</th></tr>
<tr><td rowspan="2">난지형</td><td>대서종</td><td rowspan="3">사업 대상 시·군 지역농협*의 수매가격
*농협경제지주에 수매정보 등이 존재하는 지역농협</td><td>7월 1일부터 8월 31일까지</td></tr>
<tr><td>남도종</td><td>전남지역 :
6월 1일부터 7월 31일까지
제주지역 :
5월 1일부터 6월 30일까지</td></tr>
<tr><td colspan="2">한지형</td><td>7월 1일부터 8월 31일까지</td></tr>
</table>

(다) **기준가격의 산출**

① 기초통계의 연도별 평균값의 **보험가입 직전 5년 올림픽 평균값**

② 연도별 평균값 : 연도별 기초통계 기간의 일별 가격을 평균하여 → 산출

(라) **수확기 가격의 산출**

(나)에서 정한 **기초통계의 수확년도의 평균값**

바) 품목 : 양배추

(1) 기준가격과 수확기 가격의 산출

(가) 보험에 가입한 양배추를 기준으로 → 산출

(나) 가격산출을 위한 기초통계와 기초통계 기간

가격 구분	기초통계	기초통계 기간
양배추	서울시농수산식품공사 가락도매시장가격	2월 1일부터 3월 31일까지

(다) **기준가격의 산출**

서울시농수산식품공사 가락도매시장 연도별 중품과 상품 평균가격의 보험가입 직전 5년 올림픽 평균값 × 농가수취비율

○ 연도별 평균가격 : 연도별 기초통계 기간의 일별 가격을 평균하여 → 산출

(라) **수확기 가격의 산출**

수확년도 서울시농수산식품공사 가락도매시장 중품과 상품 평균가격 × 농가수취비율

사) 품목 : 포도

(1) 기준가격과 수확기 가격의 산출

(가) **포도 품종과 시설재배 여부에 따라 구분하여 → 산출**

① 캠벨얼리(시설, 노지)
② 거봉(시설, 노지)
③ MBA
④ 델라웨어
⑤ 샤인머스켓(시설, 노지)

(나) **가격산출을 위한 기초통계와 기초통계 기간**

가격 구분	기초통계	기초통계 기간
캠벨얼리(시설)	서울시 농수산식품공사 가락도매시장가격	6월 1일부터 7월 31일까지
캠벨얼리(노지)		9월 1일부터 10월 31일까지
거봉(시설)		6월 1일부터 7월 31일까지
거봉(노지)		9월 1일부터 10월 31일까지
MBA		9월 1일부터 10월 31일까지
델라웨어		5월 21일부터 7월 20일까지
샤인머스켓(시설)		8월 1일부터 8월 31일까지
샤인머스켓(노지)		9월 1일부터 10월 31일까지

(다) 기준가격의 산출

> 서울시농수산식품공사
> 가락도매시장 연도별 중품과 상품 평균가격의 × 농가수취비율
> 보험가입 직전 5년 올림픽 평균값

○ 연도별 평균가격 : 연도별 기초통계 기간의 일별 가격을 평균하여 → 산출

(라) 수확기 가격의 산출

> 가격 구분별 기초통계 기간 동안 서울시농수산식품공사 가락도매시장 중품과 상품 평균가격 × 농가수취비율의 최근 5년 올림픽 평균값

(마) 위 (나)의 가격 구분 이외 품종의 가격

가격 구분에 따라 산출된 가격 중 → 가장 낮은 가격 적용

✔ Check 기초통계 대상과 기준가격 및 수확기 가격의 산출 등

① 기초통계 대상의 구분
- ㉠ 서울 양곡도매시장
  - 콩(장류 및 두부용, 밥밑용)
- ㉡ 가락도매시장
  - 양파, 고구마, 가을감자, 양배추, 포도
- ㉢ 사업 대상지역 시・군의 지역농협 수매가격
  - 콩(나물용), 마늘

② 기준가격의 산출의 구분
- ㉠ 연도별 중품과 상품 평균가격의 보험가입 직전 5년 올림픽 평균값 × 농가수취비율
  - 콩(장류 및 두부용, 밥밑용), 양파, 고구마, 가을감자, 양배추, 포도
- ㉡ 연도별 사업 대상지역 시・군 직전 5년 평균수매가 올림픽 평균값
  - 콩(나물용), 마늘

③ 수확기 가격의 산출의 구분
- ㉠ 수확년도 중품과 상품 평균가격 × 농가수취비율
  - 고구마, 가을감자, 양배추
- ㉡ 수확년도 중품과 상품 평균가격 × 농가수취비율의 최근 5년 올림픽 평균값
  - 콩(장류 및 두부용, 밥밑용), 양파, 포도
- ㉢ 수확년도 시・군의 지역농협 평균 수매가격
  - 콩(나물용), 마늘

④ 농업수입감소보장 보험에 가입하고 이듬해에 보장을 받는 품목
- 마늘, 양파, 포도, 양배추

⑤ 기준가격과 수확기 가격에 농가수취비율을 적용하지 않는 품목(용도)
- 콩(나물용), 마늘

문제로 확인하기

01 농업수입보장 상품에 해당하는 품목 중에서 기초통계 대상 시장이 서울 양곡도매시장에 해당하는 것은?

Solution

콩(장류 및 두부용, 밥밑용)

02 농업수입보장 상품에 해당하는 품목 중에서 기초통계 대상, 기준가격과 수확기 가격의 산출에서 시・군의 지역농협을 기준으로 하며 농가수취비율을 적용하지 않은 품목(품종)은?

Solution

콩(나물용), 마늘

Tip ▸ 지역마다 **콩**나(콩 나물용) **마**(마늘)

03 농업수입보장 상품에 해당하는 품목 중에서 수확기 가격을 산출하면서 농가수취비율의 최근 5년 올림픽 평균값을 적용하는 것은?

Solution

콩(장류 및 두부용, 밥밑용), 양파, 포도

Tip ▸ 수확기, **농**가(농가수취비율) **올평**(올림픽 평균, 계산할 장부를 모두 펴), **꼭**(콩(**장**류 및 두**부**용, 밥**밑**용)), **펴**(포도), **양**(양파)(꼭 장부 밑을 펴내?)

04 농업수입보장방식 콩 품목(밥밑용 서리태)의 2024년도 (1) 기준가격(원/kg)과 (2) 수확기 가격(원/kg)을 구하시오. (농가수취비율은 최근 5년간 80.0%로 동일함)

연도	서울 양곡도매시장 서리태 연도별 평균가격(원/kg)	
	중품	상품
2019년	5,100	5,300
2020년	5,200	5,400
2021년	5,300	5,500
2022년	5,000	5,100
2023년	5,400	5,800
2024년	5,400	5,800

Solution

연도	서울 양곡도매시장 서리태 연도별 평균가격(원/kg)			
	중품	상품	연도별 평균	제외 대상
2019년	5,100	5,300	5,200	

2020년	5,200	5,400	5,300	
2021년	5,300	5,500	5,400	
2022년	5,000	5,100	5,050	최솟값
2023년	5,400	5,800	5,600	최댓값
2024년	5,400	5,800	5,600	

(1) 기준가격
= 직전 5년 올림픽 평균값 × 농가수취비율
① 올림픽 평균값 = (5,200 + 5,300 + 5,400) ÷ 3 = 5,300원
② 농가수취비율 : 80%
∴ 기준가격 = 5,300원 × 0.8 = 4,240원

(2) 수확기 가격
= 수확년도 중품과 상품 평균가격 × 농가수취비율의 최근 5년 올림픽 평균값
① 수확년도 중품과 상품 평균가격 = (5,400원 + 5,800원) ÷ 2 = 5,600원
② 농가수취비율의 최근 5년 올림픽 평균값 : 80%
∴ 수확기 가격 = 5,600원 × 0.8 = 4,480원

05 농업수입보장방식 콩 품목(나물용)의 2024년도 (1) 기준가격(원/kg)과 (2) 수확기 가격(원/kg)을 구하고 산출식을 답란에 쓰시오.

• 사업 대상 시·군의 지역농협 보험가입 직전 5년 연도별 평균 수매가격(원/kg)

연도	2019년	2020년	2021년	2022년	2023년
평균 수매가격(원/kg)	5,200	5,300	5,950	5,800	5,400

• 2024년 사업 대상 시·군 지역농협의 평균 수매가격(원/kg)

농협	A농협	B농협	C농협	D농협	E농협
가격(원/kg)	5,300	5,400	5,600	5,500	5,800

Solution

(1) 기준가격
= (5,300 + 5,800 + 5,400) ÷ 3 = 5,500원
※ 최솟값(5,200)과 최댓값(5,950) 제외

(2) 수확기 가격
= (5,300 + 5,400 + 5,600 + 5,500 + 5,800) ÷ 5 = 5,520원

Tip ▸ 콩(나물용), 마늘은 기준가격과 수확기 가격에 농가수취비율을 적용하지 않는다.

06 농업수입감소보장방식 '콩'에 관한 내용이다. 계약내용과 조사내용을 참조하여 다음 물음에 답하시오. (단, 피해율은 %로 소수점 둘째자리 미만 절사. 예시 : 12.678% → 12.67%)

○ **계약내용**
• 보험가입일 : 2023년 6월 20일

- 평년수확량 : 1,500kg
- 가입수확량 : 1,500kg
- 자기부담비율 : 20%
- 농가수취비율 : 80%(최근 5년간 동일)
- 전체 재배면적 : 2,500㎡(백태 : 1,500㎡, 서리태 : 1,000㎡)

○ **조사내용**

- 조사일 : 2023년 10월 20일
- 전체 재배면적 : 2,500㎡(백태 : 1,500㎡, 서리태 : 1,000㎡)
- 수확량 : 1,000kg

■ **서울양곡도매시장 연도별 '백태' 평균가격(원/kg)**

등급 \ 연도	2018년	2019년	2020년	2021년	2022년	2023년
상품	6,300	6,300	7,200	7,400	7,600	6,400
중품	6,100	6,000	6,800	7,000	7,100	6,200

■ **서울양곡도매시장 연도별 '서리태' 평균가격(원/kg)**

등급 \ 연도	2018년	2019년	2020년	2021년	2022년	2023년
상품	7,800	8,400	7,800	7,500	8,600	8,400
중품	7,400	8,200	7,200	6,900	8,200	8,200

물음 1) 기준가격의 계산과정과 값을 쓰시오.

물음 2) 수확기 가격의 계산과정과 값을 쓰시오.

물음 3) 농업수입감소보장보험금의 계산과정과 값을 쓰시오.

Solution

물음 1) 기준가격

※ 기준가격 : 서울 양곡도매시장의 연도별 중품과 상품 평균가격의 보험가입 직전 5년 올림픽 평균값에 농가수취비율을 곱하여 산출함

※ 백태와 서리태의 연도별 중품과 상품 평균가격의 보험가입 직전 5년 올림픽 평균값 계산

연도	백태			
	상품	중품	평균값[(상품 + 중품) ÷ 2]	제외 대상
2018년	6,300	6,100	6,200	
2019년	6,300	6,000	6,150	최솟값
2020년	7,200	6,800	7,000	
2021년	7,400	7,000	7,200	
2022년	7,600	7,100	7,350	최댓값

연도	서리태			
	상품	중품	평균값((상품 + 중품) ÷ 2)	제외 대상
2018년	7,800	7,400	7,600	
2019년	8,400	8,200	8,300	
2020년	7,800	7,200	7,500	
2021년	7,500	6,900	7,200	최솟값
2022년	8,600	8,200	8,400	최댓값

(1) 백태 직전 5년 올림픽 평균값
= (6,200 + 7,000 + 7,200) ÷ 3 = 6,800원

(2) 서리태 직전 5년 올림픽 평균값
= (7,600 + 8,300 + 7,500) ÷ 3 = 7,800원

(3) 콩의 면적비율에 따른 가중평균값
= (6,800원 × 1,500m^2) ÷ 2,500m^2 + (7,800원 × 1,000m^2) ÷ 2,500m^2
= 4,080 + 3,120 = 7,200원

∴ 콩의 기준가격 = 7,200원 × 0.8 = 5,760원

Tip ▸ 하나의 농지에 2개 이상 용도(또는 품종)의 콩이 식재된 경우
→ 기준가격과 수확기 가격을 → 해당 용도(또는 품종)의 면적의 비율에 따라 가중평균하여 산출

물음 2) 수확기 가격

※ **수확기 가격** : 수확년도 서울 양곡도매시장의 중품과 상품 평균가격에 농가수취비율의 최근 5년 올림픽 평균값(이 문제는 최근 5년간 동일함)을 곱하여 산출함

(1) 백태 수확년도 중품과 상품 평균가격
= (6,400 + 6,200) ÷ 2 = 6,300원

(2) 서리태 수확년도 중품과 상품 평균가격
= (8,400 + 8,200) ÷ 2 = 8,300원

(3) 콩의 면적비율에 따른 가중평균값
= (6,300원 × 1,500m^2) ÷ 2,500m^2 + (8,300원 × 1,000m^2) ÷ 2,500m^2
= 3,780 + 3,320 = 7,100원

∴ 콩의 수확기 가격 = 7,100원 × 0.8 = 5,680원

물음 3) 농업수입감소보장보험금

농업수입감소보장보험금 = 보험가입금액 × (피해율 − 자기부담비율)

(1) 보험가입금액 = 가입수확량 × 기준가격 = 1,500kg × 5,760원 = 8,640,000원

(2) 피해율 = (기준수입 − 실제수입) ÷ 기준수입
= (8,640,000원 − 5,680,000원) ÷ 8,640,000원 = 34.25%

① 기준수입 = 1,500kg × 5,760원 = 8,640,000원
= 평년수확량 × 기준가격

② 실제수입 = (조사수확량 + 미보상감수량) × min(기준가격, 수확기 가격)
= (1,000kg + 0) × 5,680원 = 5,680,000원

∴ 농업수입감소보장보험금 = 8,640,000원 × (0.3425 − 0.2) = 1,231,200원

07 다음은 농업수입보장방식 한지형 마늘 품목에 관한 내용이다(보험가입 : 2023년 9월). 2024년도 (1) 기준가격(원/kg)과 (2) 수확기 가격(원/kg)을 구하고 산출식을 쓰시오.

연도	○○군 지역농협 수매가격(원/kg)			
	A지역	B지역	C지역	D지역
2019년	2,510	2,400	2,450	2,500
2020년	2,300	2,400	2,400	2,500
2021년	2,500	2,400	2,700	2,460
2022년	2,500	2,550	2,530	2,500
2023년	2,700	2,400	2,600	2,500
2024년	2,700	2,600	2,700	2,700

Solution

연도	○○군 지역농협 수매가격(원/kg)					
	A지역	B지역	C지역	D지역	평균값	
2019년	2,510	2,400	2,450	2,500	2,465	
2020년	2,300	2,400	2,400	2,500	2,400	최솟값
2021년	2,500	2,400	2,700	2,460	2,515	
2022년	2,500	2,550	2,530	2,500	2,520	
2023년	2,700	2,400	2,600	2,500	2,550	최댓값
2024년	2,700	2,600	2,700	2,700	2,675	

(1) 기준가격
= (2,465 + 2,515 + 2,520) ÷ 3 = 2,500원
※ 연도별 평균값의 보험가입 직전 5년 올림픽 평균값

(2) 수확기 가격
= (2,700 + 2,600 + 2,700 + 2,700) ÷ 4 = 2,675원
※ 수확년도의 평균값

Tip ▸ 콩(나물용), 마늘은 기준가격과 수확기 가격에 농가수취비율을 적용하지 않는다.

08 농업수입감소보장방식 '고구마' 품목에 관한 내용이다. 계약내용과 조사내용을 참조하여 다음 물음에 답하시오. (단, 피해율은 %로 소수점 둘째자리 미만 절사)

○ **계약내용**
- 보험가입금액 : 6,000,000원
- 평년수확량 : 5,000kg
- 가입수확량 : 4,500kg
- 자기부담비율 : 최소자기부담비율 적용
- 농가수취비율 : 최근 5년간 80%
- 전체 재배면적 : 3,000㎡(호박고구마 : 1,800㎡, 밤고구마 : 1,200㎡)

○ **조사내용**
- 재해 : 한해
- 수확량 : 3,000kg
- 미보상감수량 : 300kg

■ 호박고구마 가락도매시장 연도별 평균가격(원/kg)

구분	2019	2020	2021	2022	2023	2024
중품	1,400	1,400	1,350	1,300	1,100	1,200
상품	1,500	1,500	1,450	1,400	1,300	1,300

■ 밤고구마 가락도매시장 연도별 평균가격(원/kg)

구분	2019	2020	2021	2022	2023	2024
중품	1,200	1,200	1,100	1,100	1,000	1,100
상품	1,400	1,300	1,200	1,300	1,100	1,200

물음 1) 기준가격의 계산과정과 값을 쓰시오.

물음 2) 수확기 가격의 계산과정과 값을 쓰시오.

물음 3) 농업수입감소보장보험금의 계산과정과 값을 쓰시오.

Solution

물음 1) 기준가격

(1) 호박고구마 연도별 중품과 상품 평균가격의 보험가입 직전 5년 올림픽 평균값

구분	2019	2020	2021	2022	2023	2024
중품	1,400	1,400	1,350	1,300	1,100	1,200
상품	1,500	1,500	1,450	1,400	1,300	1,300
평균	1,450	1,450	1,400	1,350	1,200	1,250
		최댓값			최솟값	

∴ (1,450 + 1,400 + 1,350) ÷ 3 = 1,400원

(2) 밤고구마 연도별 중품과 상품 평균가격의 보험가입 직전 5년 올림픽 평균값

구분	2019	2020	2021	2022	2023	2024
중품	1,200	1,200	1,100	1,100	1,000	1,100
상품	1,400	1,300	1,200	1,300	1,100	1,200
평균	1,300	1,250	1,150	1,200	1,050	1,150
	최댓값				최솟값	

∴ (1,250 + 1,150 + 1,200) ÷ 3 = 1,200원

(3) 고구마의 면적비율에 따른 가중평균값

= (1,400원 × 0.6) + (1,200원 × 0.4) = 840원 + 480원 = 1,320원

① 호박고구마 면적비율 = 1,800㎡ ÷ 3,000㎡ = 0.6(60%)

② 밤고구마 면적비율 = 1,200㎡ ÷ 3,000㎡ = 0.4(40%)

Tip ▶ 하나 농지에 2개 이상 용도(품종)의 고구마가 식재된 경우
→ 기준가격과 수확기 가격을 → 해당 용도(품종)의 면적의 비율에 따라 가중평균하여 산출

∴ 기준가격 = 1,320원 × 0.8 = 1,056원

물음 2) 수확기 가격

(1) 호박고구마 수확년도의 중품과 상품 평균가격 = 1,250원
(2) 밤고구마 수확년도의 중품과 상품 평균가격 = 1,150원
(3) 면적비율에 따른 가중평균값
= (1,250원 × 0.6) + (1,150원 × 0.4) = 750원 + 460원 = 1,210원

∴ 수확기 가격 = 1,210원 × 0.8 = 968원

물음 3) 농업수입감소보험금

보험금 = 보험가입금액 × (피해율 - 자기부담비율)

① 피해율 = (기준수입 - 실제수입) ÷ 기준수입
= (5,280,000원 - 3,194,400원) ÷ 5,280,000원
= 2,085,600원 ÷ 5,280,000원 = 0.395(39.5%)

㉠ 기준수입 = 평년수확량 × 기준가격
= 5,000kg × 1,056원/kg
= 5,280,000원

㉡ 실제수입 = (조사수확량 + 미보상감수량) × min(기준가격, 수확기 가격)
= (3,000kg + 300kg) × 968원 = 3,194,400원

② 자기부담비율 : 최소자기부담비율 적용 → 20%

∴ 보험금 = 6,000,000원 × (0.395 - 0.2) = 1,170,000원

09 **농업수입보장방식 포도 품목 캠벨얼리(노지)의 (1) 기준가격(원/kg)과 (2) 수확기 가격(원/kg)을 구하고 산출식을 답란에 서술하시오. (단, 2024년에 수확하는 포도를 2023년 11월에 보험가입하였고, 농가수취비율은 최근 5년간 80.0%로 동일하게 정함)**

연도	서울 가락도매시장 캠벨얼리 연도별 평균가격(원/kg)	
	중품	상품
2018년	3,500	3,700
2019년	3,000	3,600
2020년	3,200	5,400
2021년	2,500	3,200
2022년	3,000	3,600
2023년	2,900	3,700
2024년	3,000	3,900

Solution

※ 연도별 중품과 상품 평균가격의 보험가입 직전 5년 올림픽 평균값 계산

연도	서울 가락도매시장 캠벨얼리 연도별 평균가격(원/kg)			
	중품	상품	연도별 평균	
2018년	3,500	3,700	3,600	
2019년	3,000	3,600	3,300	
2020년	3,200	5,400	4,300	최댓값
2021년	2,500	3,200	2,850	최솟값
2022년	3,000	3,600	3,300	
2023년	2,900	3,700	3,300	
2024년	3,000	3,900	3,450	수확기 가격

(1) 기준가격
서울시농수산식품공사 가락도매시장 연도별 중품과 상품 평균가격의 보험가입 직전 5년 올림픽 평균값에 농가수취비율을 곱하여 산출함
• 직전 5년 올림픽 평균값 = (3,300 + 3,300 + 3,300) ÷ 3 = 3,300원
∴ 기준가격 = 직전 5년 올림픽 평균값 × 농가수취비율
= 3,300원 × 0.8 = 2,640원

(2) 수확기 가격
서울시농수산식품공사 가락도매시장 중품과 상품 평균가격에 농가수취비율의 최근 5년 올림픽 평균값을 곱하여 산출함
∴ 수확기 가격 = 중품과 상품 평균가격 × 농가수취비율의 최근 5년 올림픽 평균값
= 3,450원 × 0.8 = 2,760원

10) 특별약관

가) 비가림시설 화재위험보장 특별약관(포도)
보험의 목적인 비가림시설에 화재로 입은 손해를 보상

나) 종합위험 나무손해보장 특별약관(포도)
보상하는 재해(자연재해, 조수해(鳥獸害), 화재)로 보험의 목적인 나무에 피해를 입은 경우 보상

다) 수확량감소 추가보장 특별약관(포도)
보상하는 재해로 피해가 발생한 경우 피해율이 자기부담비율을 초과하는 경우 보험금을 지급

라) 농작물 부보장 특별약관(포도)
보상하는 재해에도 불구 → 농작물에 입은 손해를 보상하지 않음

마) 비가림시설 부보장 특별약관(포도)
보상하는 재해에도 불구 → 비가림시설에 입은 손해를 보상하지 않음

제3절 계약 관리

1. 계약인수

가. 보험가입지역 : 업무방법서 참조

나. 보험가입기준

1) 과수 품목

사과・배・단감・떫은감(과수 4종), 감귤(온주밀감류, 만감류), 포도(수입보장 포함), 복숭아, 자두, 살구, 유자, 오미자, 무화과, 오디, 복분자, 대추, 밤, 호두, 매실, 참다래

가) 계약인수

(1) **과수원 단위**로 가입

(2) 개별 과수원당 **최저 보험가입금액** : **200만원**

(3) 단, **하나**의 **리**, **동**에 있는 각각 보험가입금액 **200만원 미만**의 **두 개의 과수원**

→ **하나**의 과수원으로 **취급** → **계약 가능**

→ **1개**의 과수원(농지)으로 **보고** → **손해평가**를 행함

※ 단, **2개** 과수원 **초과** 구성 가입은 **불가능**

나) 과수원 구성 방법

(1) 과수원

(가) **한 덩어리**의 **토지**의 개념

(나) **필지(지번)**와는 관계없이 **실제 경작하는 단위**

(다) 여러 필지로 나누어져 있더라도 하나의 농지로 취급

(2) 계약자 1인

(가) 서로 다른 **2개 이상 품목**을 가입 → **별개**의 **계약**으로 각각 가입・처리

(나) **개별 과수원**을 가입 → **동일 증권** 내 **각각의 목적물**로 가입・처리

(3) 사과 품목

알프스오토메, 루비에스 등 **미니사과 품종**을 심은 경우

→ **별도 과수원**으로 가입・처리

(4) 감귤(온주밀감류, 만감류) 품목

계약자 1인이 → **온주밀감류**와 **만감류**를 가입하고자 하는 경우

→ 각각의 [1]**과수원** 및 [2]**해당 상품**으로 가입

(5) 대추 품목 : 사과대추 가입가능 지역

계약자 1인이 → **재래종**과 **사과대추**를 가입하고자 할 때는

→ **각각의 과수원**으로 가입

(6) 포도, 대추, 참다래의 비가림시설

[1]**단지 단위**로 가입(구조체 + 피복재) + [2]**최소 가입면적**은 **200㎡**

(7) 과수원 전체를 벌목하여 새로운 유목을 심은 경우

→ **신규 과수원**으로 가입・처리

(8) 농협

(가) 농협 **관할구역**에 속한 **과수원**에 한하여 → 인수 가능

(나) 계약자가 **동일**한 **관할구역 내**에 → **여러 개**의 **과수원**을 경작

→ **하나**의 **농협**에 가입하는 것이 원칙

2) 논작물 품목

벼, 조사료용 벼, 밀, 보리, 귀리

가) 벼, 밀, 보리, 귀리

농지 단위로 가입, 개별 농지당 최저 보험가입금액은 **50만원**

(1) 가입금액 50만원 미만의 농지

→ 인접 농지의 면적과 **합**하여 50만원 이상 → 통합하여 하나의 농지로 가입 가능

(2) 벼

(가) **통합**하는 농지 → **2개까지**만 가능

(나) 가입 후 → 농지 **분리 불가**

(3) 밀, 보리, 귀리

같은 동(洞) 또는 **리**(理) 안에 **가입조건 미만**의 **두 농지** → **하나**의 **농지 취급**

→ 위의 **요건**을 **충족**할 경우(50만원) → **가입 가능**

나) 조사료용 벼

농지 단위로 가입, 개별 농지당 최저 가입면적은 1,000㎡

(1) 가입면적 **1,000㎡ 미만**의 농지

→ 인접 농지의 면적과 **합**하여 1,000㎡ 이상 → 통합하여 **하나의 농지**로 가입 가능

(2) **통합하는 농지 : 개수 제한 없음** → 단, 가입 후 → 농지 **분리 불가**

다) 1인 1증권 계약의 체결

(1) **1인**이 경작 → **다수의 농지**가 있는 경우 → 전체를 **하나의 증권**으로 보험계약 체결

(2) [1]**읍·면·동**을 **달리**하는 농지를 가입하는 경우와 [2]기타 **보험사업 관리기관**이 필요하다고 **인정**하는 경우 → 예외로 함(즉, 여러 증권으로 가능)

라) 농지 구성 방법

(1) **리(동) 단위**로 가입

(2) **동일 "리(동)"** 내에 있는 → **여러 농지** → 묶어 → **하나**의 **경지번호** 부여

(3) 농지가 **여러 "리(동)"**에 있는 경우 → **각 리(동)**마다 각각 **경지**를 **구성**

→ 보험계약은 **여러 경지**를 → 묶어 → **하나**의 **계약**으로 가입

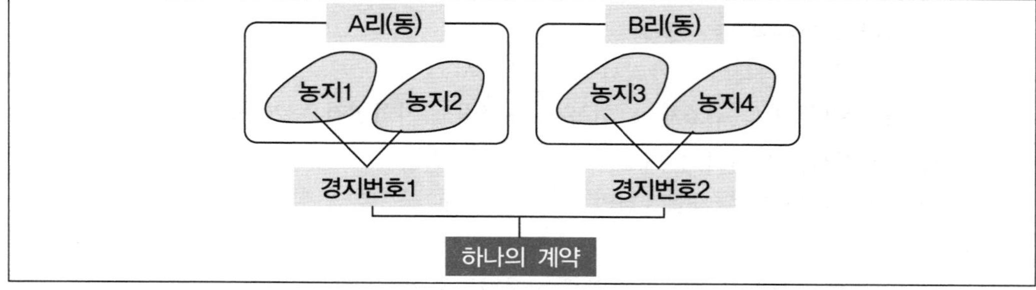

3) 밭작물 품목

메밀, 콩, 팥, 옥수수, 사료용 옥수수, 파(대파, 쪽파·실파), 당근, 브로콜리, 단호박, 시금치

(노지), 무(고랭지, 월동), 배추(고랭지, 월동, 가을), 양파, 마늘, 감자, 고구마, 양배추, 고추, 양상추

가) 메밀

(1) **농지 단위**로 가입, 농지당 최저 보험가입금액은 **50만원**

(2) 하나의 리, 동에 있는 각각 50만원 미만의 두 개의 농지
→ 하나의 농지로 취급 → 계약 가능

나) 콩(수입보장 포함), 팥, 옥수수, 파(대파, 쪽파 · 실파), 당근, 단호박, 시금치(노지), 무(고랭지, 월동), 배추(고랭지, 월동, 가을), 양상추

(1) **농지 단위**로 가입, 농지당 최저 보험가입금액은 **100만원**

(2) 하나의 리, 동에 있는 각각 100만원 미만의 두 개의 농지
→ 하나의 농지로 취급 → 계약 가능

다) 양파(수입보장 포함), 마늘(수입보장 포함), 감자(봄 · 가을(수입보장 포함) · 고랭지), 고구마(수입보장 포함), 양배추(수입보장 포함), 고추, 브로콜리

(1) 농지 단위로 가입, 농지당 최저 보험가입금액은 **200만원**

(2) 하나의 리, 동에 있는 각각 200만원 미만의 두 개의 농지
→ 하나의 농지로 취급 → 계약 가능

라) 고추

(1) 농지 단위로 가입, 농지당 최저 보험가입금액은 **200만원**

(2) 하나의 리, 동에 있는 각각 200만원 미만의 두 개의 농지
→ 하나의 농지 취급 → 계약 가능

(3) 10a당 재식주수 **1,5**00주 이상 ~ **4,0**00주 이하인 농지만 가입 가능

Tip ▸ (전쟁) **하다**(1,5), 총 **싸공**(4,0)

마) 사료용 옥수수

(1) **농지 단위**로 가입, 개별 농지당 최저 가입면적은 **1,000㎡**

(2) 가입면적 1,000㎡ 미만의 농지
→ 인접 농지의 면적과 **합**하여 1,000㎡ 이상 → 통합하여 하나의 농지로 가입 가능

(3) 통합하는 농지 : **2개까지**만 가능 → 가입 후 → 농지 분리 불가

Tip ▸ 조사료용 벼 : 농지개수 제한 없음

바) 농지 구성 방법

(1) 농지

(가) 한 덩어리의 토지의 개념

(나) 필지(지번)와는 관계없이 실제 경작하는 단위

(다) 여러 필지로 나누어져 있더라도 하나의 농지로 취급

(2) **계약자 1인**

서로 다른 **2개 이상 품목** 가입 → **별개**의 **계약**으로 각각 가입 · 처리

(3) 농협

(가) 농협 **관할구역**에 속한 **농지**에 한하여 → 인수 가능

(나) 계약자가 **동일**한 **관할구역 내**에 → **여러 개**의 **농지**를 경작 → **하나**의 **농협**에 가입하는 것이 원칙

4) 차(茶) 품목

가) 계약인수

(1) **농지 단위**로 가입, 개별 농지당 최저 보험가입면적은 **1,000㎡**

(2) **하나**의 **리, 동**에 있는 각각 **1,000㎡ 미만**의 두 개의 농지 → **하나**의 **농지**로 취급하여 → **계약 가능**

나) 보험가입대상

7년생 이상의 차나무에서 → **익년**에 수확하는 **햇차**

다) 농지 구성 방법

(1) 농지

(가) 한 덩어리의 토지의 개념

(나) 필지(지번)와는 관계없이 실제 경작하는 단위

(다) 여러 필지로 나누어져 있더라도 하나의 농지로 취급

(2) **계약자 1인**

서로 다른 **2개 이상 품목** 가입 → **별개**의 **계약**으로 각각 가입・처리

(3) 농협

(가) 농협 **관할구역**에 속한 **농지**에 한하여 → 인수 가능

(나) 계약자가 **동일**한 **관할구역 내**에 → **여러 개**의 **농지**를 경작 → **하나**의 **농협**에 가입하는 것이 원칙

5) 인삼 품목

가) 계약인수

(1) **농지 단위**로 가입, 개별 농지당 최저 보험가입금액은 **200만원**

(2) **하나**의 **리, 동**에 있는 각각 **200만원 미만**의 두 개의 농지 → **하나**의 **농지**로 취급하여 → **계약 가능**

나) 농지 구성 방법

(1) 농지

(가) 한 덩어리의 토지의 개념

(나) 필지(지번)와는 관계없이 실제 경작하는 단위

(다) 여러 필지로 나누어져 있더라도 하나의 농지로 취급

(2) **계약자 1인**

서로 다른 **2개 이상 품목** 가입 → **별개**의 **계약**으로 각각 가입・처리

(3) 농협

(가) 농협 **관할구역**에 속한 **농지**에 한하여 → 인수 가능

(나) 계약자가 **동일**한 **관할구역 내**에 → **여러 개**의 **농지**를 경작
→ **하나**의 **농협**에 가입하는 것이 원칙

6) 원예시설

가) 시설 1단지 단위로 가입(단지 내 인수 제한 목적물은 제외)

(1) **단지 내** 해당되는 **시설작물**은 **전체**를 가입
→ 일부 하우스만을 선택적으로 가입 불가

(2) **한 단지 내**에 → **단동 · 연동 · 유리온실** 등 **혼재** → 각각 **개별단지**로 **판단**

※ **연동하우스 및 유리온실 1동** : 기둥, 중방, 방풍벽, 서까래 등 → **구조적**으로 **연속**된 일체의 시설

나) 최소 가입면적

구분	단동하우스	연동하우스	유리(경질판)온실
최소 가입면적	300㎡	300㎡	제한 없음

※ **단지 면적이 가입기준 미만인 경우 :** 인접한 경지의 단지 면적과 합하여 가입기준 이상
→ 1단지로 판단 가능

다) **농업용 시설물**을 가입해야 → **부대시설 및 시설작물** → 가입 가능

※ **유리온실(경량철골조)**의 경우 : **부대시설 및 시설작물**만 → **가입 가능**

Tip ▸ 버섯재배사에 해당사항 없음

7) 버섯

가) 시설 1단지 단위로 가입(단지 내 인수 제한 목적물은 제외)

(1) **단지 내** 해당되는 **버섯**은 **전체**를 **가입**
→ 일부 하우스만을 선택적으로 가입 불가

(2) **한 단지 내**에 → **단동 · 연동 · 경량철골조(버섯재배사)** 등 **혼재** → 각각 **개별단지**로 **판단**

※ **연동하우스 및 유리온실 1동** : 기둥, 중방, 방풍벽, 서까래 등 → **구조적**으로 **연속**된 일체의 시설

나) 최소 가입면적

구분	버섯 단동하우스	버섯 연동하우스	경량철골조(버섯재배사)
최소 가입면적	300㎡	300㎡	제한 없음

※ **단지 면적이 가입기준 미만인 경우 :** 인접한 경지의 단지 면적과 합하여 가입기준 이상
→ 1단지로 판단 가능

다) **버섯재배사**를 가입해야 → **부대시설 및 버섯작물** → 가입 가능

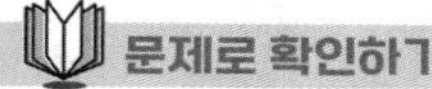

문제로 확인하기

01 다음 사례를 읽고 농작물재해보험 업무방법에서 정하는 기준에 따라 인수 가능 여부와 해당사유를 서술하시오.

A씨는 ○○시에서 6년 전 간척된 △△리 1번지(본인소유 농지 4,200㎡)와 4년 전 간척된 △△리 100번지(임차한 농지 1,000㎡, △△리 1번지와 인접한 농지)에 벼를 경작하고 있다. 최근 3년 연속으로 ○○시에 집중호우가 내려 호우경보가 발령되었고, A씨가 경작하고 있는 농지(△△리 1번지, △△리 100번지)에도 매년 침수피해가 발생하였다. 이에 A씨는 농작물재해보험에 가입하고자 가입금액을 산출한 결과 △△리 1번지 농지는 180만원, △△리 100번지 농지는 50만원이 산출되었다.

Solution

(1) 인수 가능 여부 판단
① △△리 1번지 농지 : 6년 전 간척 – 인수 가능
② △△리 100번지 농지 : 4년 전 간척 – 인수 제한

(2) 인수 가능 여부 개별 내용 적용 검토
① 보험계약인수단위(벼) : 50만원 미만 인수 제한
㉠ △△리 1번지 농지 : 180만원 – 인수 가능조건
㉡ △△리 100번지 농지 : 50만원 – 인수 가능조건
② 최근 5년 이내에 간척된 경우 인수 제한
㉠ △△리 1번지 농지 : 6년 전 간척 – 인수 가능조건
㉡ △△리 100번지 농지 : 4년 전 간척 – 인수 제한조건
③ 최근 3년 연속 침수피해를 입은 농지. 다만, 호우주의보 및 호우경보 등 기상특보에 해당되는 재해로 피해를 입은 경우는 제외
㉠ △△리 1번지 농지 : 호우경보, 침수피해 – 인수 가능조건
㉡ △△리 100번지 농지 : 호우경보, 침수피해 – 인수 가능조건

2. 인수 심사

✔ Check 도서 지역의 경우 인수 제한 품목 정리

Tip ▸ [1]**연륙교**가 **설치**되어 있지 **않고** + [2]**정기선**이 **운항**하지 **않는** 등
→ **신속한 손해평가**가 **불가능**한 지역에 소재한 과수원/농지/시설

① **과수 4종** : 사과 · 배 · 단감 · 떫은감
② 기타 과수 : **밤**, **대**추, **자**두/복**분**자, **유**자/**오디**, **살**구, **호**두, **매**실
Tip ▸ 도서 지역 : **밤**이 **대**(되면), **분**, **유**를 **오디**(어디서) **살**, **호**, **매**(살 수 있을까요~!)
③ 논작물 : **전체**(이하 예외 포함)
※ 벼 · 조사료용 벼
[1]**연륙교**가 **설치**되어 있거나,
[2]농작물재해보험 **위탁계약**을 **체결**한 **지역 농 · 축협** 또는 **품목농협**(지소 포함)이 **소재**하고 있고 + **손해평가인 구성**이 **가능한 지역** → 보험 가입 가능
④ 밭작물 : 수확감소, 수입감소보장 – **차** 제외 **Tip ▸** 통제보호구역 내 인수 제한에 해당
※ **감자(가을재배 · 고랭지재배) · 콩**
[1]**연륙교**가 **설치**되어 있거나,

²농작물재해보험 **위탁계약**을 **체결**한 **지역 농·축협** 또는 **품목농협**(지소 포함)이 **소재**하고 있고 + **손해평가인 구성**이 **가능한 지역** → 보험 가입 가능
※ 감자(봄재배) : 미해당

⑤ **인삼, 해가림시설**
⑥ **밭작물(생산비보장)** : 전체
⑦ **농업용 시설물·버섯재배사 및 부대시설**
※ 시설작물, 버섯작물 : 미해당

✓ Check 통제보호구역 내 인수 제한 품목 정리

① 과수 4종 : 사과·배·단감·떫은감
② 기타 과수 : 오디, 살구, 자두, 호두, 매실, 복분자
Tip ▸ **오디**(든), **살, 자, 호, 매, 분**(어디든지 살자! 호미뿐.. 통제구역이라도..)
③ 논작물 : **벼, 조사료용 벼**
④ 밭작물 : 수확감소, 수입감소보장(이하 예외 포함)
※ 단, 감자(봄재배, 가을재배) 품목 : 인수 가능 Tip ▸ **봄, 가**(벙커안 감자(숨자) 괜찮아~!)
⑤ **차**
⑥ **인삼, 해가림시설**
⑦ **밭작물(생산비보장)** – 전체(아래 예외 있음)
※ 단, 대파, 쪽파(실파) 품목 : 미해당 Tip ▸ 땅**파**고 숨어서 괜찮아~!
※ 농업용 시설물·버섯재배사 및 부대시설, 시설작물, 버섯작물 : 미해당

문제로 확인하기

01 다음은 (1) 도서 지역의 경우 인수 제한 품목과 (2) 통제보호구역 내 인수 제한 품목에 관한 내용이다. 기술된 내용이 옳은 경우는 "O", 옳지 않은 경우는 "×"를 ( )에 쓰시오.

- 과수 4종(사과·배·단감·떫은감)의 경우 (1)과 (2)에 모두 해당된다. – (①)
- 기타 과수 중에서 밤, 대추, 유자의 경우 (1)에는 해당되나 (2)에는 해당되지 않는다. – (②)
- 벼·조사료용 벼, 감자(가을재배·고랭지재배)·콩의 경우 연륙교가 설치되어 있거나, 농작물재해보험 위탁계약을 체결한 지역 농·축협 또는 품목농협(지소 포함)이 소재하고 있고 손해평가인 구성이 가능한 지역이라면 보험가입이 가능하다. – (③)
- 감자(봄재배, 가을재배), 대파, 쪽파(실파)는 (2)에 해당되지 않는다. – (④)
- 인삼, 해가림시설의 경우 (1)과 (2)에 모두 해당된다. – (⑤)
- 농업용 시설물·버섯재배사 및 부대시설의 경우 (1)에는 해당되나 (2)에는 해당되지 않는다. – (⑥)
- 시설작물, 버섯작물은 (1)과 (2)에 모두 해당되지 않는다. – (⑦)
- 차(茶)는 (1)에는 해당되지 않으나 (2)에는 해당된다. – (⑧)

Solution

① ○, ② ○, ③ ○, ④ ○, ⑤ ○, ⑥ ○, ⑦ ○, ⑧ ○

가. 과수 품목 인수 제한 목적물

1) 공통

가) 보험가입금액이 **200만원 미만**인 과수원

나) **품목**이 **혼식**된 과수원(다만, **주력 품목**의 결과주수가 **90% 이상**인 과수원은 **주품목**에 한하여 **가입 가능**)

다) 통상적인 영농활동(병충해방제, 시비관리, 전지·전정, 적과 등)을 하지 않은 과수원

라) [1]전정, 비배관리 잘못 또는 [2]품종갱신 등의 이유로
→ 수확량이 현저하게 감소할 것이 예상되는 과수원

마) **시험연구**를 위해 재배되는 과수원

바) 하나의 과수원에 식재된 나무 중 **일부 나무만 가입**하는 과수원(단, 감귤(만감류, 온주밀감류) : 해거리가 예상되는 나무 제외)

사) **하천부지** 및 **상습 침수지역**에 **소재**한 과수원

아) **판매**를 목적으로 경작하지 **않는** 과수원

자) **가식**(假植)되어 있는 과수원

차) 기타 인수가 부적절한 과수원

2) 과수 4종(사과·배·단감·떫은감)

가) 가입하는 해의 나무 수령(나이)이 다음 기준 **미만**인 경우

(1) **사과** : **밀**식재배 3년, **반**밀식재배 4년, **일**반재배 5년

Tip ▸ **사과 : 밀, 세**(3, 억지로 사과하라고 밀어붙였더니), **반, 사**(4), **일, 어**(5)

(2) **배** : 3년 Tip ▸ **배, 삼**(3)에 무초

(3) **단감·떫은감** : 5년 Tip ▸ **오**(5, 오들오들), **떤단감**?

※ **수령(나이)** : 나무의 나이, **묘목**이 가입과수원에 **식재된 해**를 1년으로 함

나) 노지재배가 아닌 **시설**에서 **재배**하는 과수원(단, 일소피해부보장특약을 가입하는 경우 → 인수 가능)

다) 1) 공통 나)의 예외조건에도 불구 **단감·떫은감**이 **혼식**된 과수원(보험가입금액이 **200만원 이상**인 단감·떫은감 **품목 중 1개**를 선택 → 해당 품목만 **가입 가능)**

라) **시험연구, 체험학습**을 위해 재배되는 과수원(단, **200만원 이상 출하증명** 가능한 과수원 **제외)**

마) **가로수** 형태의 과수원

바) 보험가입 이전에 자연재해 피해 및 접붙임 등으로 → 당해년도의 **정상적인 결실**에 **영향**이 있는 과수원

사) 가입사무소 또는 계약자를 달리하여 **중복 가입**하는 과수원

아) 도서 지역의 경우 **연륙교**가 **설치**되어 있지 **않고** + **정기선**이 **운항**하지 **않는** 등
→ **신속한 손해평가**가 **불가능**한 지역에 소재한 과수원

자) 도시계획 등에 편입되어 수확종료 전 → **소유권 변동** 또는 과수원 **형질변경** 등이 예정되어 있는 과수원

차) 군사시설보호구역 중 **통제보호구역 내**의 농지(단, 통상적인 영농활동 및 손해평가가 가능 판단 농지 → 인수 가능)

※ **통제보호구역**
- **민간인통제선 이북**지역 또는
- 군사기지 및 군사시설의 최외곽 **경계선**으로부터 → **300미터 범위 이내**의 지역

Tip ▸ **삶 빽**(삶을 빼앗을 만한 거리)

문제로 확인하기

01 다음은 적과전 종합위험방식 상품의 인수 제한 목적물의 일부 내용이다. (　　)에 들어갈 내용을 쓰시오.

- 보험가입금액이 (①) 미만인 과수원
- 가입하는 해의 나무 수령이 다음 기준 미만인 경우
  - 사과 : 밀식재배 (②), 반밀식재배 (③), 일반재배 (④)
  - 배 : (⑤)
  - 단감・떫은감 : (⑥)

Solution

① 200만원, ② 3년, ③ 4년, ④ 5년, ⑤ 3년, ⑥ 5년

02 다음과 같이 4개의 사과 과수원을 경작하고 있는 A씨가 적과전 종합위험 보험상품에 가입하고자 할 경우, 계약인수단위 규정에 따라 (1) 보험가입이 가능한 과수원 구성과 (2) 그 이유를 쓰시오. (단, 모두 밀식재배방식에 해당한다.)

구분	가입조건	소재지
1번 과수원	후지 품종 4년생, 보험가입금액 120만원	서울시 종로구 부암동
2번 과수원	홍로 품종 3년생, 보험가입금액 70만원	서울시 종로구 부암동
3번 과수원	미얀마 품종 5년생, 보험가입금액 110만원	서울시 종로구 부암동
4번 과수원	쓰가루 품종 6년생, 보험가입금액 190만원	서울시 종로구 신영동

(1) 보험가입이 가능한 과수원 구성
1번과 3번 과수원을 합하여 가입이 가능하다.

(2) 그 이유
① 가입하는 해의 나무 수령(나이) 제한
모두 밀식재배이므로 3년 미만 가입 제한에 해당되지 않는다.
② 보험가입금액이 200만원 미만인 과수원 가입 제한

모두 보험가입금액이 200만원 미만이므로 가입이 제한되나, 하나의 리, 동에 있는 각각 보험가입금액 200만원 미만의 두 개의 과수원을 하나의 과수원으로 취급하여 계약 가능하다(단, 2개 과수원 초과 구성 가입은 불가능). 따라서 1번, 2번, 3번 과수원 중에서 1번과 3번 과수원을 합하여 가입이 가능하다.

3) 포도(비가림시설 포함)

가) 가입하는 해의 나무 수령(나이)이 3년 미만인 과수원

※ 묘목이 가입과수원에 식재된 해를 1년으로 함

Tip ▸ **3년** 미만 - **포**도, **복**숭아, **오**디, 참**다래**(서당개 3년 포복해서 오드래~!)

나) 보험가입 직전연도(이전)에 역병 및 궤양병 등의 병해가 발생 → 보험가입 시

→ [1]전체 나무의 20% 이상이 고사하였거나

→ [2]정상적인 결실을 하지 못할 것으로 판단되는 과수원

※ 다만, 고사한 나무가 전체의 20% 미만이더라도

[1]고사된 나무를 제거하지 않거나, [2]방재조치를 하지 않은 경우에는 → 인수 제한

다) 친환경 재배과수원으로서 → 일반재배와 결실 차이가 현저히 있다고 판단되는 과수원

라) 비가림 폭이 2.4m ± 15%, 동고가 3m ± 5%의 범위를 벗어나는 비가림시설(과수원의 형태 및 품종에 따라 조정)

Tip ▸ 폭 **둘**(2) **닿**(.) **네**(4), **하다**(15)가, **동고**(동거) **삼**(3), **다**(5)(둘이 닿아서 동거하네~!)

※ **동고** : 땅바닥에서 용마루까지의 높이

4) 복숭아

가) 가입하는 해의 나무 수령(나이)이 3년 미만인 과수원

※ 묘목이 가입과수원에 식재된 해를 1년으로 함

Tip ▸ **3년** 미만 - **포**도, **복**숭아, **오**디, 참**다래**(서당개 3년 포복해서 오드래~!)

나) 보험가입 직전연도(이전)에 역병 및 궤양병 등의 병해가 발생 → 보험가입 시

→ [1]전체 나무의 20% 이상이 고사하였거나

→ [2]정상적인 결실을 하지 못할 것으로 판단되는 과수원

※ 다만, 고사한 나무가 전체의 20% 미만이더라도

[1]고사된 나무를 제거하지 않거나, [2]방재조치를 하지 않은 경우에는 → 인수 제한

다) 친환경 재배과수원으로서 → 일반재배와 결실 차이가 현저히 있다고 판단되는 과수원

문제로 확인하기

01 종합위험보장 포도·복숭아의 인수 제한과 비가림시설 인수 제한에 대한 내용 중 (　　)에 들어갈 내용을 쓰시오.

- 보험가입금액이 (①) 미만인 과수원
- 가입하는 해의 나무 수령이 (②) 미만인 과수원

- 품목이 혼식된 과수원(다만, 주력 품목의 결과주수가 (③) 이상인 과수원은 주품목에 한하여 가입 가능)
- 보험가입 직전년도(이전)에 역병 및 (④) 등의 병해가 발생하여 보험가입 시 전체 나무의 (⑤) 이상이 고사하였거나 정상적인 결실을 하지 못할 것으로 판단되는 과수원. 다만, 고사한 나무가 전체의 (⑤) 미만이더라도 고사된 나무를 제거하지 않거나, 방재조치를 하지 않은 경우에는 인수 제한
- 비가림 폭이 (⑥), (⑦)가 (⑧)의 범위를 벗어나는 비가림시설

Solution

① 200만원, ② 3년, ③ 90%, ④ 궤양병, ⑤ 20%, ⑥ 2.4m ± 15%, ⑦ 동고, ⑧ 3m ± 5%

5) 자두

가) 노지재배가 아닌 시설에서 자두를 재배하는 과수원

나) 가입하는 해의 나무 수령(나이)이 <u>**6년**</u> 미만인 과수원(수확년도 기준 수령이 7년 미만)

※ 묘목이 가입과수원에 식재된 해를 1년으로 함

Tip ▸ **6년** 미만 – 피곤한데 **자두**, **욕**(6)나와

다) 품종 – **'귀양'**자두, **서양자두**(푸룬, 스텐리 등) 및 **플럼코트**를 재배하는 과수원

라) 1주당 재배면적이 1제곱미터 미만인 과수원

마) 보험가입 이전에 자연재해 등의 피해로 → 당해년도 정상적인 결실에 영향이 있는 과수원

바) 가입사무소 또는 계약자를 달리하여 중복 가입하는 과수원

사) 도서 지역의 경우 **연륙교**가 **설치**되어 있지 **않고** + **정기선**이 **운항**하지 **않는** 등 → **신속한 손해평가**가 **불가능**한 지역에 소재한 과수원

아) 도시계획 등에 편입되어 수확종료 전 → 소유권 변동 또는 과수원 형질변경 등이 예정되어 있는 과수원

자) 군사시설보호구역 중 **통제보호구역 내**의 농지(단, 통상적인 영농활동 및 손해평가가 가능 판단 농지 → 인수 가능)

※ **통제보호구역**

- **민간인통제선 이북**지역 또는
- 군사기지 및 군사시설의 최외곽 **경계선**으로부터 → **300미터 범위 이내**의 지역

Tip ▸ **삶 빽**(삶을 빼앗을 만한 거리)

6) 살구

가) 노지재배가 아닌 시설에서 살구를 재배하는 과수원

나) 가입연도 나무수령이 <u>**5년**</u> 미만인 과수원

※ 묘목이 가입과수원에 식재된 해를 1년으로 함

Tip ▸ **5년** 미만 – **밤**, **매**실, **살구**(밤마실), **와**(5)

다) 보험가입 이전에 자연재해 등의 피해로 → 당해년도 정상적인 결실에 영향이 있는 과수원

라) 친환경 재배과수원으로서 → 일반재배와 결실 차이가 현저히 있다고 판단되는 과수원
마) 가입사무소 또는 계약자를 달리하여 중복 가입하는 과수원
바) 도서 지역의 경우 **연륙교**가 **설치**되어 있지 **않고** + **정기선**이 **운항**하지 **않는** 등
→ **신속한 손해평가**가 **불가능**한 지역에 소재한 과수원
사) 도시계획 등에 편입되어 수확종료 전 → 소유권 변동 또는 과수원 형질변경 등이 예정되어 있는 과수원
아) 군사시설보호구역 중 **통제보호구역 내**의 농지(단, 통상적인 영농활동 및 손해평가가 가능 판단 농지 → 인수 가능)

※ **통제보호구역**
- **민간인통제선 이북**지역 또는
- 군사기지 및 군사시설의 최외곽 **경계선**으로부터 → **300미터 범위 이내**의 지역

Tip ▸ 삶 빽(삶을 빼앗을 만한 거리)

자) 개살구 재배 과수원
차) 관수시설이 없는 과수원

7) 감귤(온주밀감류, 만감류)

가) 가입하는 해의 나무 수령(나이)이 다음 기준 미만인 경우
(1) 온주밀감류, 만감류 재식 : 4년
(2) **만감류 고접** : 2년

※ 묘목이 가입과수원에 식재된 해를 1년으로 함

Tip ▸ 2년 미만 - **만감**류 **고접** **리**(2) - 고리대금 쓰니 만감이 교차하네
Tip ▸ 4년 미만 - **대**추, **만**감류, **유**자, **무**화과, **온**주밀**감**류, **서**(4)운해
- 대만이 끝까지 존재할 지 온 감정 서운해

나) 주요 품종을 제외한 **실험용** 기타 품종을 경작하는 과수원
다) **노지 만감류**를 재배하는 과수원
라) 온주밀감과 만감류 **혼식** 과수원
마) 하나의 과수원에 식재된 나무 중 **일부 나무만 가입**하는 과수원(단, 해걸이가 예상되는 나무의 경우 제외)
바) 보험가입 이전에 자연재해 등의 피해로 → 당해년도 정상적인 결실에 영향이 있는 과수원
사) 가입사무소 또는 계약자를 달리하여 **중복 가입**하는 과수원
아) 도시계획 등에 편입되어 수확종료 전 → 소유권 변동 또는 과수원 형질변경 등이 예정되어 있는 과수원

8) 매실

가) 가입하는 해의 나무 수령(나이)이 5년 미만인 경우

※ 묘목이 가입과수원에 식재된 해를 1년으로 함

Tip ▸ 5년 미만 - **밤**, **매**실, **살**구(밤마실), **와**(5)

나) 1주당 재배면적이 1제곱미터 미만인 과수원
다) 노지재배가 아닌 시설에서 매실을 재배하는 과수원

라) 보험가입 이전에 자연재해 등의 피해로 → 당해년도 정상적인 결실에 영향이 있는 과수원

마) 가입사무소 또는 계약자를 달리하여 **중복 가입**하는 과수원

바) 도서 지역의 경우 **연륙교**가 **설치**되어 있지 **않고** + **정기선**이 **운항**하지 **않는** 등
→ **신속한 손해평가**가 **불가능**한 지역에 소재한 과수원

사) 도시계획 등에 편입되어 수확종료 전 → 소유권 변동 또는 과수원 형질변경 등이 예정되어 있는 과수원

아) 군사시설보호구역 중 **통제보호구역 내**의 농지(단, 통상적인 영농활동 및 손해평가가 가능 판단 농지 → 인수 가능)

※ **통제보호구역**
- **민간인통제선 이북**지역 또는
- 군사기지 및 군사시설의 최외곽 **경계선**으로부터 → **300미터 범위 이내**의 지역

Tip ▸ **삶 빽**(삶을 빼앗을 만한 거리)

9) 유자

가) 가입하는 해의 나무 수령(나이)이 <u>**4년**</u> 미만인 경우
※ 묘목이 가입과수원에 식재된 해를 1년으로 함
Tip ▸ **4년** 미만 - **대**추, **만**감류, **유**자, **무**화과, **온**주밀**감**류, **서**(4)운해

나) 가입사무소 또는 계약자를 달리하여 **중복 가입**하는 과수원

다) 도서 지역의 경우 **연륙교**가 **설치**되어 있지 **않고** + **정기선**이 **운항**하지 **않는** 등
→ **신속한 손해평가**가 **불가능**한 지역에 소재한 과수원

라) 도시계획 등에 편입되어 수확종료 전 → 소유권 변동 또는 과수원 형질변경 등이 예정되어 있는 과수원

10) 오미자

가) <u>**삭벌**</u> <u>**3년**</u>차 이상 과수원 또는 삭벌하지 않는 과수원 중 <u>**식묘**</u> <u>**4년**</u>차 이상인 과수원
Tip ▸ **오**! **미자**야 **벌**,**써**(삭벌 3) **식**,**사**(식묘, 4)하니?

나) 가지가 과도하게 번무하여 → 수관 폭이 두꺼워져 → 광부족 현상이 일어날 것으로 예상되는 과수원

다) **유인틀**의 상태가 **적절치 못**하여 → 수확량이 현저하게 낮을 것으로 예상되는 과수원 (유인틀의 붕괴, 매우 낮은 높이의 유인틀)

라) **주간<u>거리</u>**가 <u>50</u>cm **이상**으로 **과도**하게 넓은 과수원
Tip ▸ **오**! **미자**야 **거리**(주간거리) 너무 멀 **다공**(50)

11) 오디

가) 가입연도 기준 <u>**3년**</u> 미만(수확년도 기준 수령이 4년 미만)인 뽕나무
Tip ▸ **3년** 미만 - **포**도, **복**숭아, **오**디, 참**다래**(서당개 3년 포복해서 오드래~!)

나) **흰 오디 계통**(터키-D, 백옹왕 등) Tip ▸ **흰 오디**(휘어진 오디? 안돼~!)

다) 보험가입 이전에 **균핵병 등**의 병해가 발생하여
→ [1]과거 보험 가입 시 전체 나무의 20% 이상 고사하였거나
→ [2]정상적인 결실을 하지 못할 것으로 예상되는 과수원

라) 적정한 비배관리를 하지 않는 **조방재배** 과수원

※ 조방재배 : 일정한 토지면적에 대하여 자본과 노력을 적게 들이고 자연력의 작용을 주(主)로 하여 경작하는 방법

마) 노지재배가 아닌 시설에서 오디를 재배하는 과수원

바) 보험가입 이전에 **자연재해** 피해 및 **접붙임** 등으로 → 당해년도의 정상적인 결실에 영향이 있는 과수원

사) 가입사무소 또는 계약자를 달리하여 **중복 가입**하는 과수원

아) 도서 지역의 경우 **연륙교**가 **설치**되어 있지 **않고** + **정기선**이 **운항**하지 **않는** 등 → **신속한 손해평가**가 **불가능**한 지역에 소재한 과수원

자) 도시계획 등에 편입되어 수확종료 전 → 소유권 변동 또는 과수원 형질변경 등이 예정되어 있는 과수원

차) 군사시설보호구역 중 **통제보호구역** 내의 농지(단, 통상적인 영농활동 및 손해평가가 가능 판단 농지 → 인수 가능)

※ **통제보호구역**

- **민간인통제선 이북**지역 또는
- 군사기지 및 군사시설의 최외곽 **경계선**으로부터 → **300미터 범위 이내**의 지역

Tip ▸ **삶 빽**(삶을 빼앗을 만한 거리)

12) 복분자

가) 가입연도 기준, 수령이 1년 이하 또는 11년 이상인 포기로만 구성된 과수원

※ 묘목이 가입과수원에 식재된 해를 1년으로 함

Tip ▸ **1**년 이하 또는 **11년** 이상인 포기로 구성된 것 - 복분자먹고서(꼿꼿(11)하게 서있지 못하는 것 제외)

나) 계약인수 시까지 구결과모지(올해 복분자 과실이 열렸던 가지)의 전정 활동(통상적인 영농활동)을 하지 않은 과수원

다) 시설(비닐하우스, 온실 등)에서 복분자를 재배하는 과수원

라) 조방재배 등 적정한 비배관리를 하지 않는 과수원

마) 보험가입 이전에 자연재해 등의 피해로 → 당해년도 정상적인 결실에 영향이 있는 과수원

바) 가입사무소 또는 계약자를 달리하여 **중복 가입**하는 과수원

사) 도서 지역의 경우 **연륙교**가 **설치**되어 있지 **않고** + **정기선**이 **운항**하지 **않는** 등 → **신속한 손해평가**가 **불가능**한 지역에 소재한 과수원

아) 도시계획 등에 편입되어 수확종료 전 → 소유권 변동 또는 과수원 형질변경 등이 예정되어 있는 과수원

자) 군사시설보호구역 중 **통제보호구역 내**의 농지(단, 통상적인 영농활동 및 손해평가가 가능 판단 농지 → 인수 가능)

※ **통제보호구역**

- **민간인통제선 이북**지역 또는
- 군사기지 및 군사시설의 최외곽 **경계선**으로부터 → **300미터 범위 이내**의 지역

Tip ▸ **삶 빽**(삶을 빼앗을 만한 거리)

차) 1주당 재식면적이 0.3㎡ 이하인 과수원 Tip ▸ 좁은 곳에서 **볶자**(복분자) **빵**(0), **탔**(. 닷), **써**(3 쓰리)

13) 무화과

가) 가입하는 해의 나무 수령(나이)이 4년 미만인 과수원

※ 묘목이 가입과수원에 식재된 해를 1년으로 함

Tip ▸ **4년** 미만 - **대**추, **만**감류, **유**자, **무**화과, **온**주밀**감**류, **서**(4)운해

※ 나무보장특약의 경우 : 가입하는 해의 나무 수령이 4년 ~ 9년 이내의 무화과 나무만 가입 가능

Tip ▸ **뭐하러**(무화과) **나무 사**(4) ~ **나**(9, 나인)

나) 관수시설이 미설치된 과수원

다) 노지재배가 아닌 시설에서 무화과를 재배하는 과수원

라) 보험가입 이전에 **자연재해** 피해 및 **접붙임** 등으로 → 당해년도의 정상적인 결실에 영향이 있는 과수원

마) 가입사무소 또는 계약자를 달리하여 **중복 가입**하는 과수원

바) 도시계획 등에 편입되어 수확종료 전 → 소유권 변동 또는 과수원 형질변경 등이 예정되어 있는 과수원

14) 참다래(비가림시설 포함)

가) 가입하는 해의 나무 수령이 3년 미만인 경우

※ 묘목이 가입과수원에 식재된 해를 1년으로 함

Tip ▸ **3년** 미만 - **포**도, **복**숭아, **오**디, 참**다래**(서당개 3년 포복해서 오드래~!)

나) 수령이 혼식된 과수원(수령 구분이 가능 + 동일 수령군이 90% 이상인 경우 → 가입 가능)

다) 보험가입 직전연도(이전)에 **역병** 및 **궤양병** 등의 병해가 발생하여 → 보험가입 시

→ [1]전체 나무의 **20% 이상**이 **고사**하였거나

→ [2]**정상적인 결실**을 하지 **못할 것**으로 판단되는 과수원

※ 다만, 고사한 나무가 전체의 **20% 미만**이더라도

[1]고사된 나무를 **제거**하지 **않거나**, [2]**방재조치**를 하지 **않은 경우**에는 → 인수 제한

라) 가입사무소 또는 계약자를 달리하여 **중복 가입**하는 과수원

마) 도시계획 등에 편입되어 수확종료 전 → 소유권 변동 또는 과수원 형질변경 등이 예정되어 있는 과수원

바) 가입면적이 200㎡ 미만인 참다래 비가림시설

사) 참다래 재배 목적으로 사용되지 않는 비가림시설

아) 목재 또는 죽재로 시공된 비가림시설

자) 구조체, 피복재 등 목적물이 변형되거나 훼손된 비가림시설

차) 목적물의 소유권에 대한 확인이 불가능한 비가림시설

카) 건축 또는 공사 중인 비가림시설

타) 1년 이내에 철거 예정인 고정식 비가림시설

파) 정부에서 보험료 일부를 지원하는 → 다른 계약에 이미 가입되어 있는 비가림시설

하) 기타 인수가 부적절한 과수원 또는 비가림시설

15) 대추(비가림시설 포함)

가) 가입하는 해의 나무 수령이 **4년** 미만인 경우

※ 묘목이 가입과수원에 식재된 해를 1년으로 함

Tip ▸ **4년** 미만 - **대**추, **만**감류, **유**자, **무**화과, **온**주밀**감**류, **서**(4)운해

나) **사과대추**(왕대추)류를 재배하는 과수원

단, **다음 사업지역**에서 재배하는 경우에 한하여 **가입 가능**(황실, 천황은 하우스재배 과수원에 한함)

사업지역	충남(부여)	충남(청양)	전남(영광)
가입가능 품종	황실	천황	대능

다) **재래종대추**와 **사과대추**(왕대추)류가 **혼식**되어 있는 과수원

라) 건축 또는 공사 중인 비가림시설

마) **목재**, **죽재**로 시공된 비가림시설

바) 피복재가 없거나 대추를 재배하고 있지 않은 시설

사) 작업동, 창고동 등 대추 재배용으로 사용되지 않는 시설

아) 목적물의 소유권에 대한 확인이 불가능한 시설

자) 정부에서 보험료 일부를 지원하는 → 다른 계약에 이미 가입되어 있는 시설

차) 비가림시설 전체가 피복재로 씌여진 시설(일반적인 비닐하우스와 차이가 없는 시설 → 원예시설보험으로 가입)

카) 보험가입 이전에 **자연재해** 등의 피해로 → 당해년도의 정상적인 결실에 영향이 있는 과수원

타) 가입사무소 또는 계약자를 달리하여 **중복 가입**하는 과수원

파) 도서 지역의 경우 **연륙교**가 **설치**되어 있지 **않고** + **정기선**이 **운항**하지 **않는** 등 → **신속한 손해평가**가 **불가능**한 지역에 소재한 과수원

하) 도시계획 등에 편입되어 수확종료 전 → 소유권 변동 또는 과수원 형질변경 등이 예정되어 있는 과수원

16) 밤

가) 가입하는 해의 나무 수령(나이)이 **5년** 미만인 과수원

※ 묘목이 가입과수원에 식재된 해를 1년으로 함

Tip ▸ **5년** 미만 - **밤**, **매**실, **살**구(밤마실), **와**(5)

나) 보험가입 이전에 **자연재해** 등의 피해로 → 당해년도의 정상적인 결실에 영향이 있는 과수원

다) 가입사무소 또는 계약자를 달리하여 **중복 가입**하는 과수원

라) 도서 지역의 경우 **연륙교**가 **설치**되어 있지 **않고** + **정기선**이 **운항**하지 **않는** 등 → **신속한 손해평가**가 **불가능**한 지역에 소재한 과수원

마) 도시계획 등에 편입되어 수확종료 전 → 소유권 변동 또는 과수원 형질변경 등이 예정되어 있는 과수원

17) 호두

가) 통상의 영농방법에 의해 → 노지에서 **청피호두**를 경작하는 농지가 **아닐 경우**

나) 가입하는 해의 나무 수령(나이)이 **8년** 미만인 경우

※ 묘목이 가입과수원에 식재된 해를 1년으로 함

Tip ▸ **8년** 미만 - **호두**(까끼 인형) **팔**(8)

다) 보험가입 이전에 **자연재해** 등의 피해로 → 당해년도의 정상적인 결실에 영향이 있는 과수원

라) 가입사무소 또는 계약자를 달리하여 **중복 가입**하는 과수원

마) 도서 지역의 경우 **연륙교**가 **설치**되어 있지 **않고** + **정기선**이 **운항**하지 **않는** 등 → **신속한 손해평가**가 **불가능**한 지역에 소재한 과수원

바) 도시계획 등에 편입되어 수확종료 전 → 소유권 변동 또는 과수원 형질변경 등이 예정되어 있는 과수원

사) 군사시설보호구역 중 **통제보호구역 내**의 농지(단, 통상적인 영농활동 및 손해평가가 가능 판단 농지 → 인수 가능)

※ **통제보호구역**

- **민간인통제선 이북**지역 또는
- 군사기지 및 군사시설의 최외곽 **경계선**으로부터 → **300미터 범위 이내**의 지역

Tip ▸ **삶 빽**(삶을 빼앗을 만한 거리)

✔ **Check** 인수 제한 미만 수령(암기 Tip)

① **사과 : 밀, 세**(3, 억지로 사과하라고 밀어붙였더니), **반, 사**(4), **일, 어**(5)
② **배 : 3**년 → **배, 삼**(3)에 무초
③ **단감 · 떫은감 : 5**년 → **오**(5, 오들오들), **떤단감**?
④ **1년** 이하 또는 **11년** 이상인 포기로 구성된 것 - 복분자먹고서(꼿꼿(11)하게 서있지 못하는 것 제외)
⑤ **2년** 미만 - **만감**류 **고**접 **리**(2) - 고리대금 쓰니 만감이 교차하네
⑥ **3년** 미만 - **포**도, **복**숭아, **오**디, 참**다래**(서당개 3년 포복해서 오드래~!)
⑦ **4년** 미만 - **대**추, **만**감류, **유**자, **무**화과, **온**주밀**감**류, **서**(4)운해
⑧ **5년** 미만 - **밤**, **매**실, **살**구(밤마실), **와**(5)
⑨ **6년** 미만 - 피곤한데 **자두, 욕**(6)나와
⑩ **8년** 미만 - **호두**(까끼 인형) **팔**(8)
⑪ **오! 미자**야 **벌,써**(삭벌 3) **식,사**(식묘, 4)하니?

문제로 확인하기

01 다음 사례를 기준으로 인수 가능 여부에 대해 서술하시오.

A씨는 ○○시 △△리 1번지 본인소유 농장에서 복분자 과수원을 운영하고 있다. 가입연도 나무 수령은 2년이며, 과수원은 하천부지(제방을 쌓았음)에 있다. 보험가입금액이 250만원에 과수원에 식재된 나무 중 일부 나무를 농작물재해보험에 가입하려고 한다.

Solution

(1) 보험가입금액이 200만원 이상이므로 인수가 가능한 조건이다.
(2) 가입연도 기준, 수령이 1년 이하 또는 11년 이상인 포기로만 구성된 과수원이 아니므로 가입 가능한 조건이다.
(3) 하천부지에 소재한 과수원은 인수가 제한된다.
(4) 하나의 과수원에 식재된 나무 중 일부 나무만 가입하는 과수원이므로 인수가 제한된다.
∴ (3)과 (4)의 이유로 인수가 제한된다.

02 다음 주어진 사례를 기준으로 농작물재해보험의 인수 가능 여부를 서술하시오.

○○시 △△동에서 한씨 본인소유 A와 B과수원에서 포도농사를 짓고 있다.
A과수원의 면적은 500㎡으로서 보험가입금액 100만원, B과수원의 면적은 800㎡로서 보험가입금액 160만원으로 보험에 가입하려고 한다.
A과수원은 2024년 기준 나무 수령이 5년이며, 2023년에 역병으로 고사한 나무가 19%였으며, 고사한 나무는 모두 제거하고 방재조치를 하였다.
B과수원은 2024년 기준 나무 수령이 2년이고, 친환경재배 과수원으로 유지하였으며 일반재배와 결실 차이가 현저하다고 판단된다.
한씨는 두 과수원을 합하여 하나의 과수원으로 하여 2024년에 종합위험보장 포도 품목을 보험에 가입하려고 한다.

Solution

(1) 보험가입금액 기준
포도 품목은 보험가입금액이 200만원 이상인 경우 가입이 가능하다. 단, 같은 동 또는 리 안에 위치한 가입조건 미만의 과수원은 두 과수원을 합하여 200만원 이상이면 가입이 가능하므로 두 과수원을 합하여 가입이 가능하다.
(2) 나무 수령 기준
A과수원은 나무 수령이 3년 이상이므로 인수가 가능하지만, B과수원은 나무 수령이 3년 미만이므로 인수가 제한된다.
(3) A과수원의 병해 기준
보험가입 직전년도(이전)에 역병 및 궤양병 등의 병해가 발생하여 보험가입 시 전체 나무의 20% 이상이 고사하였거나 정상적인 결실을 하지 못할 것으로 판단되는 과수원은 인수 제한 과수원이다. 다만, 고사한 나무가 전체의 20% 미만이더라도 고사된 나무를 제거하지 않거나 방재조치를 하지 않은 경우에는 인수 제한 과수원이지만, 위의 사례에서는 해당 조치를 하였으므로 보험가입이 가능하다.
(4) B과수원의 친환경재배
친환경재배 과수원으로서 일반재배와 결실 차이가 현저히 있다고 판단되는 과수원은 인수가 제한된다.
(5) 결론
두 과수원 모두 가입이 제한된다.
B과수원이 인수가 제한되므로 A과수원도 B과수원과 합하여 가입할 수 없다.

03 다음 적과전 종합위험 과수 품목별 보험가입이 가능한 주수의 합을 구하시오.

구분	재배형태	가입하는 해의 수령	주수
사과	밀식재배	2년	200주
배		3년	250주
단감		4년	180주
떫은감		5년	260주
사과	일반재배	6년	195주

Solution

(1) 품목별 인수 가능 수령

① 사과 : 밀식재배 3년, 반밀식재배 4년, 일반재배 5년

② 배 : 3년

③ 단감・떫은감 : 5년

(2) 보험가입이 가능한 품목은 배, 떫은감, 사과(일반재배)

∴ 보험가입이 가능한 주수의 합 = 250주 + 260주 + 195주 = 705주

04 다음은 보험가입 거절 사례이다. 농작물재해보험 가입이 거절된 사유를 보험가입자격과 인수 제한 과수원 기준으로 모두 서술하시오.

> 2017년 A씨는 아내와 경북 ○○시로 귀농하여 B씨 소유의 농지를 아내 명의로 임차하였다. 해당 농지는 하천에 소재하는 면적 990㎡의 과수원으로 2018년 태풍으로 제방과 둑이 유실되어 2024년 현재 복구되지 않은 상태이다. A씨는 2022년 4월 반밀식재배방식으로 사과 1년생 묘목 300주를 가식한 후 2024년 3월 농작물재해보험 적과전 종합위험 방식으로 가입하려 한다. 실제 경작은 A씨 본인이 하지만 보험계약자를 서울에서 직장생활하는 아들 명의로 요청하였다.

Solution

(1) 보험가입자격

농작물재해보험 사업대상자는 사업 실시지역에서 보험 대상 작물을 경작하는 개인 또는 법인이며 사업대상자 중에서 재해보험에 가입할 수 있는 자는 농어업재해보험법에 따른 농작물을 재배하는 자이다.

따라서 보험계약자를 농작물을 재배하는 A씨 명의로 하지 않고 서울에서 직장생활하는 아들 명의로 요청하였기 때문에 인수 제한 사유에 해당한다.

(2) 인수 제한 과수원 기준

① 하천부지 및 상습 침수지역에 소재한 과수원은 인수가 제한된다.

② 가식(假植)되어 있는 과수원은 인수가 제한된다.

③ 사과의 경우 반밀식재배는 수령이 4년 미만인 경우 인수가 제한되고, 이는 묘목이 가입과수원에 식재된 해를 1년으로 한다. 2022년에 가식이 아니었다고 하더라도 2024년 수령이 3년인 경우로서 인수가 제한된다.

나. 논작물 품목 인수 제한 목적물

1) 공통

가) 보험가입금액이 **50만원** 미만인 농지(조사료용 벼는 제외)

나) **하천부지**에 소재한 농지

다) 최근 **3년 연속 침수피해**를 입은 농지(다만, 호우주의보 및 호우경보 등 기상특보에 해당되는 재해로 피해를 입은 경우 → 제외)

라) 오염 및 훼손 등의 피해를 입어 → 복구가 완전히 이루어지지 않은 농지

마) 보험가입 전 농작물의 피해가 확인된 농지

바) 통상적인 재배 및 영농활동을 하지 않는다고 판단되는 농지

사) 보험목적물을 수확하여 판매를 목적으로 경작하지 않는 농지(채종농지 등)

아) 농업용지가 다른 용도로 전용되어 → 수용예정농지로 결정된 농지

자) **전환지**(개간, 복토 등을 통해 논으로 변경한 농지), **휴경지** 등 → **농지**로 **변경**하여 **경작**한지 **3년 이내**인 농지 Tip ▸ 이제 농지로 **삼**(심)었으면 **3**년은 되어야

차) **최근 5년 이내**에 **간척**된 농지

Tip ▸ **간척**(가는척) **오네**(5년 이내)

카) 도서 지역의 경우 **연륙교**가 **설치**되어 있지 **않고** + **정기선**이 **운항**하지 **않는** 등 → **신속한 손해평가**가 **불가능**한 지역에 소재한 농지

※ **벼 · 조사료용 벼 품목**

[1]**연륙교**가 설치되어 있거나,

[2]농작물재해보험 **위탁계약**을 **체결**한 **지역 농 · 축협** 또는 **품목농협**(지소 포함)이 **소재**하고 있고 + **손해평가인 구성**이 **가능**한 지역 → 보험 가입 가능

타) 기타 인수가 부적절한 농지

2) 벼

가) **밭벼**를 재배하는 농지

나) 군사시설보호구역 중 **통제보호구역** 내의 농지(단, 통상적인 영농활동 및 손해평가가 가능 판단 농지 → 인수 가능)

※ **통제보호구역**

- **민간인통제선 이북**지역 또는
- 군사기지 및 군사시설의 최외곽 **경계선**으로부터 → **300미터 범위 이내**의 지역

Tip ▸ **삶 빽**(삶을 빼앗을 만한 거리)

3) 조사료용 벼

가) 가입면적이 1,000㎡ 미만인 농지

나) 밭벼를 재배하는 농지

다) **광역시 · 도**를 **달리**하는 농지(단, 본부 승인심사를 통해 인수 가능)

라) 군사시설보호구역 중 **통제보호구역** 내의 농지(단, 통상적인 영농활동 및 손해평가가 가능 판단 농지 → 인수 가능)

※ **통제보호구역**

- **민간인통제선 이북**지역 또는
- 군사기지 및 군사시설의 최외곽 **경계선**으로부터 → <u>300</u>**미터 범위 이내**의 지역

Tip ▸ 삶 빽(삶을 빼앗을 만한 거리)

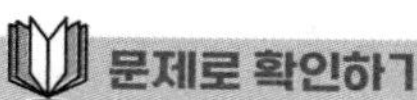

01 종합위험보장 벼 상품의 인수 제한에 대한 내용이다. ( )에 들어갈 내용을 쓰시오.

> - 최근 (①) 연속 침수피해를 입은 농지
> - 최근 (②) 이내에 간척된 농지
> - (③)를 재배하는 농지
> - (④), 휴경지 등 농지로 변경하여 경작한 지 (⑤) 이내인 농지

Solution

① 3년, ② 5년, ③ 밭벼, ④ 전환지, ⑤ 3년

02 다음 사례를 읽고 농작물재해보험 인수 가능 여부와 해당 사유를 서술하시오.

> A씨는 ○○시에서 6년 전 간척된 △△리 15번지 본인소유 농지(5,200㎡)와 3년 전에 간척된 △△리 150번지의 임차농지(1,000㎡, △△리 15번지와 인접한 농지)에 벼를 경작하고 있다. 최근 3년 연속으로 ○○시에 집중호우가 내려 호우경보가 발령되었고, A씨가 경작하고 있는 농지(△△리 15번지, △△리 150번지)에도 매년 침수피해가 발생하였다. 이에 A씨는 농작물재해보험에 가입하고자 가입금액을 산출한 결과 △△리 1번지 농지는 150만원, △△리 100번지 농지는 50만원으로 산출되었다.

Solution

(1) △△리 15번지 농지 : 인수 가능

① 벼 논작물의 계약인수는 농지 단위로 가입하고 개별 농지당 최저 보험가입금액은 50만원 이상이어야 한다. 해당 농지는 보험가입금액이 150만원이므로 인수가 가능하다.

② 최근 3년 연속 침수피해를 입은 농지는 인수가 제한되나, 호우주의보 및 호우경보 등 기상특보에 해당되는 재해로 피해를 입은 경우는 제외되므로 인수가 가능하다.

③ 최근 5년 이내에 간척된 농지는 인수가 제한되나, 6년 전에 간척된 농지이므로 인수가 가능하다.

(2) △△리 150번지 농지 : 인수 제한

① 벼 논작물의 계약인수는 농지 단위로 가입하고 개별 농지당 최저 보험가입금액은 50만원 이상이어야 한다. 해당 농지는 보험가입금액이 50만원이므로 인수가 가능하다.

② 최근 3년 연속 침수피해를 입은 농지는 인수가 제한되나, 호우주의보 및 호우경보 등 기상특보에 해당되는 재해로 피해를 입은 경우는 제외되므로, 인수가 가능하다.

③ 최근 5년 이내에 간척된 농지는 인수가 제한되므로, 3년 전에 간척된 해당 농지는 인수가 제한된다.

4) 밀

가) **파종**을 **11월 20일 이후**에 실시한 농지

Tip ▸ **할 일**(11) 제쳐 **두고**(20)
보(보리), **물**(밀) **거리**(귀리) **팔고**(80)(보물 거리 팔아 먹고)

나) 춘파재배 방식에 의한 → 봄파종을 실시한 농지

다) **출현율 80% 미만**인 농지

라) 다른 작물과 혼식되어 있는 농지(단, 밀 식재면적이 농지의 90% 이상인 경우 인수 가능)

Tip ▸ **출현율 인수 제한**
① 출현율 80% 미만 : 밀, 보리, 귀리
② 출현율 85% 미만 : 팥
③ 출현율 90% 미만 : 감자(고랭지, 가을, 봄), 옥수수(사료용 옥수수), 콩

Tip ▸ **보**(보리), **물**(밀) **거리**(귀리) **팔고**(80)(보물 거리 팔아 먹고)
팥(팥 아이스크림) **빨어**(85) **먹다가**
구멍(90, 잘못된 일) **감**(감자) **옥**(옥수수) **콩**(고)(못 본 척 눈감았고)

 문제로 확인하기

01 종합위험보장 밀 상품의 인수 제한에 대한 내용이다. (   )에 들어갈 내용을 쓰시오.

- 보험가입금액이 (①) 미만인 농지
- 최근 (②) 연속 침수피해를 입은 농지
- 파종을 (③) 이후에 실시한 농지
- 출현율 (④) 미만인 농지

Solution

① 50만원, ② 3년, ③ 11월 20일, ④ 80%

02 농작물재해보험에 대한 (1) 각각의 인수 가능 여부와 해당 사유를 쓰고 (2) 모든 조건을 고려하여 인수 가능한 형태의 농지와 그 이유를 쓰시오. (단, 각각 제시된 조건 이외는 고려하지 않음)

A씨는 아내와 둘이 5년 전에 △△군 ○○리에 귀농하여 각각 독립된 농지인 1번, 2번, 3번 농지 총면적 5,000㎡에서 밀농사를 하고 있다.
- 1번 농지 : 가입금액 30만원, 최근 2년 연속 침수피해를 입었다.
- 2번 농지 : 가입금액 60만원, 파종을 11월 11일에 하였다.
- 3번 농지 : 가입금액 30만원, 출현율은 85%이며, 최근 6년 전에 간척된 농지이다.

Solution

(1) 각각의 인수 가능 여부와 해당 사유

① 1번 농지 : 최근 3년 연속 침수피해를 입은 농지는 아니나 보험가입금액이 50만원에 미달되어 인수가 불가능하다.

② 2번 농지 : 보험가입금액이 50만원 이상이고, 파종을 11월 20일 이전에 하였으므로 인수가 가능하다.

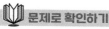

③ 3번 농지 : 출현율이 80% 이상이고, 간척된 지 5년이 지났지만, 보험가입금액이 50만원에 미달되어 인수가 불가능하다.

(2) **인수 가능한 형태의 농지와 그 이유**

① 2번 농지 : 인수 제한에 해당되지 않으므로 인수가 가능하다.

② 1, 3번 농지 : 두 농지를 합할 때 보험가입금액이 50만원 이상이 되어 인수가 가능하다.

Tip ▸ 밀, 보리, 귀리는 같은 동(洞) 또는 리(理) 안에 위치한 가입조건 미만의 두 농지를 하나의 농지로 취급하여 50만원 이상을 충족할 경우 가입이 가능하다.

5) 보리

가) **파종**을 **11월 20일 이후**에 실시한 농지

나) 춘파재배 방식에 의한 → 봄파종을 실시한 농지

다) **출현율 80% 미만**인 농지

라) **시설**(비닐하우스, 온실 등)에서 **재배**하는 농지

마) 10a당 재식주수가 30,000주/10a(= 30,000주/1,000㎡) 미만인 농지

6) 귀리

가) **파종**을 **11월 20일 이후**에 실시한 농지

나) 춘파재배 방식에 의한 → 봄파종을 실시한 농지

다) **출현율 80% 미만**인 농지

라) **겉귀리** 전 품종

마) 다른 작물과 **혼식**되어 있는 농지(단, 귀리 식재면적이 농지의 90% 이상인 경우 인수 가능)

바) **시설**(비닐하우스, 온실 등)에서 **재배**하는 농지

문제로 확인하기

01 다음은 종합위험보장 보리 상품의 인수 제한에 대한 내용이다. (　　)에 들어갈 내용을 쓰시오.

- 보험가입금액이 (①) 미만인 농지
- 파종을 (②) 이후에 실시한 농지
- 출현율 (③) 미만인 농지
- (④) 방식에 의한 봄파종을 실시한 농지

Solution

① 50만원, ② 11월 20일, ③ 80%, ④ 춘파재배

다. 밭작물(수확감소 · 수입감소보장) 품목 인수 제한 목적물

1) 공통

가) 보험가입금액이 **200만원 미만**인 농지(사료용 옥수수는 제외 – 1,000㎡ 기준)

※ 단, 옥수수 · 콩 · 팥은 **100만원 미만**인 농지

나) 통상적인 재배 및 영농활동을 하지 않는 농지

다) 다른 작물과 **혼식**되어 있는 농지

라) **시설재배** 농지

마) **하천부지** 및 **상습 침수지역**에 소재한 농지

바) **판매**를 목적으로 경작하지 **않는** 농지

사) 도서 지역의 경우 **연륙교**가 **설치**되어 있지 **않고** + **정기선**이 **운항**하지 **않는** 등

→ **신속한 손해평가**가 **불가능**한 지역에 소재한 농지

※ **감자(가을재배 · 고랭지재배) · 콩 품목**

[1]**연륙교**가 설치되어 있거나,

[2]농작물재해보험 **위탁계약**을 **체결**한 **지역 농 · 축협** 또는 **품목농협**(지소 포함)이 **소재**하고 있고 + **손해평가인 구성**이 **가능**한 지역 → 보험 가입 가능

※ **감자(봄재배)** 품목 미해당

아) 군사시설보호구역 중 **통제보호구역** 내의 농지(단, 통상적인 영농활동 및 손해평가가 가능 판단 농지 → 인수 가능)

※ **통제보호구역**

- **민간인통제선 이북**지역 또는
- 군사기지 및 군사시설의 최외곽 **경계선**으로부터 → **300미터 범위 이내**의 지역

Tip ▸ **삶 빽**(삶을 빼앗을 만한 거리)

※ 감자(봄재배, 가을재배) 품목 미해당 Tip ▸ **봄, 가**(벙커안 감자(숨자) 괜찮아~!)

자) 기타 인수가 부적절한 농지

2) 마늘

가) [1]난지형 : 남도 및 대서 품종이 아닌 마늘

[2]한지형 : 의성 품종, 홍산 품종이 아닌 마늘

구분	품종
난지형	남도
	대서
한지형	의성
홍산	

나) [1]**난지형 : 8월 31일 이전 파종**한 농지

[2]**한지형 : 10월 10일 이전 파종**한 농지 Tip ▸ **난 팔,세하**(8.31, 8세야) / **한 탄,탄**(10.10, 한탄만)

다) 재식밀도가 30,000주/10a 미만인 농지(= 30,000주/1,000㎡)

라) **마**늘 파종 후 익년 **4월 15일 이전**에 **수확**하는 농지 Tip ▸ **마! 내, 일다**(4.15 수확한다고?)

마) 액상멀칭 또는 무멀칭농지

바) 코끼리 마늘, 주아재배 마늘

코끼리 마늘 주아

※ 단, 주아재배의 경우 → **2년차 이상**부터 가입 가능 Tip ▸ **주아, 리**(2)(주아리 틀어)

사) 시설재배 농지, 자가 채종 농지

3) 양파

가) 극조생종, 조생종, 중만생종을 **혼식**한 농지

나) 재식밀도 23,000주/10a 미만, 40,000주/10a 초과인 농지

Tip ▸ **이만삼**(23, 이만큼만 살께요~), 양파, **네망**(4만)

다) **9월 30일 이전 정식**한 농지 Tip ▸ **이전**에 양파망에 **구**(9, 구멍) **셋공**(30)

라) 양파 식물체가 똑바로 정식되지 않은 농지(70° 이하로 정식된 농지) Tip ▸ 바닥 **치고**(70)

마) **부적절한 품종**을 재배하는 농지

바) **무멀칭**농지

사) **시설재배** 농지

문제로 확인하기

01 농업수입감소보장방식의 양파 품목에 있어 (1) 경작불능보험금과 (2) 인수 제한 농지(10개 이상)를 쓰시오. (단, 경작불능보험금은 자기부담비율에 따른 지급액 포함)

Solution

(1) 경작불능보험금

① 경작불능보험금은 보상하는 재해로 식물체 피해율이 65% 이상이고, 계약자가 경작불능보험금을 신청한 경우 아래의 표와 같이 계산하여 지급한다.

자기부담비율	경작불능보험금
20%형	보험가입금액의 40%
30%형	보험가입금액의 35%
40%형	보험가입금액의 30%

② 경작불능보험금을 지급한 경우 그 손해보상의 원인이 생긴 때로부터 해당 농지의 계약은 소멸된다.

(2) 인수 제한 농지

① 보험가입금액이 200만원 미만인 농지
② 통상적인 재배 및 영농활동을 하지 않는 농지
③ 다른 작물과 혼식되어 있는 농지
④ 시설재배 농지
⑤ 하천부지 및 상습 침수지역에 소재한 농지
⑥ 판매를 목적으로 경작하지 않는 농지
⑦ 도서 지역의 경우 연륙교가 설치되어 있지 않고 정기선이 운항하지 않는 등 신속한 손해평가가 불가능한 지역에 소재한 과수원
⑧ 군사시설보호구역 중 통제보호구역 내의 농지(단, 통상적인 영농활동 및 손해평가가 가능 판단 농지 인수 가능)
⑨ 기타 인수가 부적절한 농지
⑩ 극조생종, 조생종, 중만생종을 혼식한 농지
⑪ 재식밀도 23,000주/10a 미만, 40,000주/10a 초과인 농지

⑫ 9월 30일 이전 정식한 농지
⑬ 양파 식물체가 똑바로 정식되지 않은 농지(70° 이하로 정식된 농지)
⑭ 부적절한 품종을 재배하는 농지
⑮ 무멀칭농지

4) 감자(봄재배)

가) 2년 이상 → 자가 채종 재배한 농지
나) 씨감자 수확을 목적으로 재배하는 농지
다) **파종**을 **3월 1일 이전**에 실시 농지
라) **출현율**이 **90% 미만**인 농지(보험가입 당시 출현 후 고사된 싹은 출현이 안 된 것으로 판단)
마) 재식밀도가 **4,000주**/10a **미만**인 농지
바) 전작으로 → 유채를 재배한 농지 **Tip ▸ 유**채 → **감**자(유감이야~!)
사) 시설재배 농지

5) 감자(가을재배)

가) 가을재배에 부적합 품종(**조**풍, **세**풍, **남**작, **수**미, **신남**작 등)이 파종된 농지
Tip ▸ 조, 세, 남, 수?, **신남**?(가을에 세금 다 안내고 남아서 신남? 부적합해~!)
나) 2년 이상 갱신하지 않는 → 씨감자를 파종한 농지
다) 씨감자 수확을 목적으로 재배하는 농지
라) 재식밀도가 **4,000주**/10a **미만**인 농지
마) 전작으로 → 유채를 재배한 농지 **Tip ▸ 유**채 → **감**자(유감이야~!)
바) **출현율**이 **90% 미만**인 농지(보험가입 당시 출현 후 고사된 싹은 출현이 안 된 것으로 판단)
사) 시설재배 농지, 목장 용지

6) 감자(고랭지재배)

가) 재배 용도가 다른 것을 **혼식** 재배하는 농지
나) **파종**을 **4월 10일 이전**에 실시한 농지
다) **출현율**이 **90% 미만**인 농지(보험가입 당시 출현 후 고사된 싹은 출현이 안 된 것으로 판단)
라) 재식밀도가 **3,500주**/10a **미만**인 농지

7) 고구마

가) '수' 품종 재배 농지
나) 채소, 나물용 목적으로 재배하는 농지
다) 재식밀도가 4,000주/10a 미만인 농지
라) 무멀칭농지
마) 도시계획 등에 편입되어 수확종료 전 → 소유권 변동 또는 농지 형질변경 등이 예정되어 있는 농지

8) 양배추

가) 관수시설 미설치 농지(물호스는 관수시설 인정 제외)

나) **9월 30일 이후**에 **정식**한 농지(단, **재정식**은 **10월 15일 이내 정식**)

다) 재식밀도가 **평당 8구 미만**인 농지

라) 소구형 양배추(방울양배추 등), 적채 양배추를 재배하는 농지

마) 목초지, 목야지 등 → 지목이 목(= 목장용지)인 농지

바) 시설(비닐하우스, 온실 등)에서 양배추를 재배하는 농지

9) 옥수수

가) 보험가입금액이 100만원 미만인 농지

나) 자가 채종을 이용해 → 재배하는 농지

다) 1주 1개로 수확하지 않는 농지

라) 통상적인 재식 간격의 범위를 벗어나 재배하는 농지

(1) 1주 재배 : 1,000㎡당 정식주수 3,500주 미만, 5,000주 초과인 농지
(전남 · 전북 · 광주 · 제주는 3,000주 미만 5,000주 초과인 농지)

(2) 2주 재배 : 1,000㎡당 정식주수 4,000주 미만 6,000주 초과인 농지

마) 3월 1일 이전 파종한 농지

바) **출현율**이 **90% 미만**인 농지(보험가입 당시 출현 후 고사된 싹은 출현이 안 된 것으로 판단)

사) 도시계획 등에 편입되어 수확종료 전 → 소유권 변동 또는 농지 형질변경 등이 예정되어 있는 농지

10) 사료용 옥수수

가) 보험가입면적이 1,000㎡ 미만인 농지

나) 자가 채종을 이용해 → 재배하는 농지

다) 3월 1일 이전 파종한 농지

라) **출현율**이 **90% 미만**인 농지(보험가입 당시 출현 후 고사된 싹은 출현이 안 된 것으로 판단)

마) 도시계획 등에 편입되어 수확종료 전 → 소유권 변동 또는 농지 형질변경 등이 예정되어 있는 농지

11) 콩

가) 보험가입금액이 100만원 미만인 농지

나) 장류 및 두부용, 나물용, 밥밑용 콩 이외의 콩이 식재된 농지

다) **출현율**이 **90% 미만**인 농지(보험가입 당시 출현 후 고사된 싹은 출현이 안 된 것으로 판단)

라) 적정 출현 개체수 미만인 농지(10개체/㎡), 제주지역 재배방식이 산파인 경우 15개체/㎡

마) 담배, 옥수수, 브로콜리 등 후작으로 → 인수 시점 기준으로 타 작물과 혼식되어 있는 경우

바) 논두렁에 재배하는 경우

사) 시험연구를 위해 재배하는 경우

아) 다른 작물과 간작 또는 혼작으로 → 다른 농작물이 재배 주체가 된 경우의 농지

자) 도시계획 등에 편입되어 수확종료 전 → 소유권 변동 또는 농지 형질변경 등이 예정되어 있는 농지

차) 시설재배 농지

12) 팥

가) 보험가입금액이 100만원 미만인 농지

나) 6월 1일 이전에 정식(파종)한 농지

다) **출현율**이 **85% 미만**인 농지(보험가입 당시 출현 후 고사된 싹은 출현이 안 된 것으로 판단)

라) 시설(비닐하우스, 온실 등)에서 재배하는 농지

문제로 확인하기

01 농작물재해보험 종합위험보장 밭작물 품목 중 출현율이 90% 미만인 농지를 인수 제한하는 품목 5가지 이상을 쓰시오. (단, 농작물재해보험 판매상품 기준으로 한다.)

Solution

감자(고랭지, 가을, 봄), 옥수수(사료용 옥수수), 콩

라. 차(茶) 품목 인수 제한 목적물

1) 보험가입면적이 1,000㎡ 미만인 농지
2) 가입하는 해의 나무 수령이 **7년** 미만인 차나무
   ※ 묘목이 가입과수원에 식재된 해를 1년으로 함
3) **깊은 전지**로 인해 → 차나무의 높이가 지면으로부터 30cm **이하**인 경우 → 가입면적에서 제외
4) 통상적인 영농활동을 하지 않는 농지
5) 말차 재배를 목적으로 하는 농지
6) 보험계약 시 피해가 확인된 농지
7) 시설(비닐하우스, 온실 등)에서 촉성재배하는 농지
8) 판매를 목적으로 경작하지 않는 농지
9) 다른 작물과 혼식되어 있는 농지
10) 하천부지, 상습침수 지역에 소재한 농지
11) 군사시설보호구역 중 **통제보호구역** 내의 농지(단, 통상적인 영농활동 및 손해평가가 가능 판단 농지 → 인수 가능)
    ※ **통제보호구역**
    - **민간인통제선 이북**지역 또는
    - 군사기지 및 군사시설의 최외곽 **경계선**으로부터 → **300미터 범위 이내**의 지역

    Tip ▸ **삶 빽**(삶을 빼앗을 만한 거리)
12) 기타 인수가 부적절한 농지

마. 인삼 품목(해가림시설 포함) 인수 제한 목적물

1) 인삼 작물

가) 보험가입금액이 200만원 미만인 농지

나) **2년근 미만** 또는 **6년근 이상** 인삼 Tip ▸ **인상**(인삼)써서 **이마**(2년 미만) **육상**(육년 이상)

※ 단, 직전년도 인삼1형 상품에 5년근으로 가입한 농지에 한하여 6년근 가입 가능

다) 산양삼(장뇌삼), 묘삼, 수경재배 인삼

※ **묘삼** : 파종 후 일 년 남짓 자란 어린 인삼

라) 식재년도 기준 과거 **10년 이내**(논은 **6년 이내**)에 **인삼**을 **재배**했던 농지(채굴 후 8년 이상 경과 + 올해 성토(60cm 이상)된 농지의 경우 → 인수 가능)

마) **두둑 높이**가 **15cm 미만**인 농지

바) 보험가입 이전에 피해가 이미 발생한 농지

※ [1]자기부담비율 미만의 피해가 발생한 경우이거나 [2]피해 발생 부분을 수확한 경우에는 → 농지의 남은 부분에 한해 인수 가능

사) 통상적인 재배 및 영농활동을 하지 않는다고 판단되는 농지

아) 하천부지, 상습침수 지역에 소재한 농지

자) 판매를 목적으로 경작하지 않는 농지

차) 군사시설보호구역 중 **통제보호구역** 내의 농지(단, 통상적인 영농활동 및 손해평가가 가능 판단 농지 → 인수 가능)

※ **통제보호구역**
- **민간인통제선 이북**지역 또는
- 군사기지 및 군사시설의 최외곽 **경계선**으로부터 → **300미터 범위 이내**의 지역

Tip ▸ **삶 빽**(삶을 빼앗을 만한 거리)

카) 도서 지역의 경우 **연륙교**가 **설치**되어 있지 **않고** + **정기선**이 **운항**하지 **않는** 등 → **신속한 손해평가**가 **불가능**한 지역에 소재한 농지

타) 기타 인수가 부적절한 농지

2) 해가림시설

가) 농림축산식품부가 고시하는 → 내재해형 인삼재배시설 규격에 맞지 않는 시설

나) 목적물의 소유권에 대한 확인이 불가능한 시설

다) 보험가입 당시 공사 중인 시설

라) 정부에서 보험료의 일부를 지원하는 → 다른 보험계약에 이미 가입되어 있는 시설

마) 통상적인 재배 및 영농활동을 하지 않는다고 판단되는 시설

바) 하천부지, 상습침수 지역에 소재한 시설

사) 판매를 목적으로 경작하지 않는 시설

아) 군사시설보호구역 중 **통제보호구역** 내의 시설

※ **통제보호구역**
- **민간인통제선 이북**지역 또는
- 군사기지 및 군사시설의 최외곽 **경계선**으로부터 → **300미터 범위 이내**의 지역

Tip ▸ **삶 빽**(삶을 빼앗을 만한 거리)

자) 도서 지역의 경우 **연륙교**가 **설치**되어 있지 **않고** + **정기선**이 **운항**하지 **않는** 등
→ **신속한 손해평가**가 **불가능**한 지역에 소재한 시설

차) 기타 인수가 부적절한 시설

문제로 확인하기

01 다음은 특정위험보장 인삼의 인수 제한에 대한 내용이다. (　　)에 들어갈 내용을 쓰시오.

- 보험가입금액이 (①)만원 미만인 농지
- (②)년근 미만 또는 (③)년근 이상 인삼
- 식재년도 기준 과거 (④)년 이내(논은 (⑤)년 이내)에 인삼을 재배했던 농지(채굴 후 (⑥)년 이상 경과되고 올해 성토((⑦)cm 이상)된 농지는 인수 가능)
- 두둑 높이가 (⑧)cm 미만인 농지

Solution

① 200, ② 2, ③ 6, ④ 10, ⑤ 6, ⑥ 8, ⑦ 60, ⑧ 15

바. 밭작물(생산비보장) 품목 인수 제한 목적물

1) 공통

가) 보험계약 시 피해가 확인된 농지

나) **여러 품목**이 **혼식**된 농지(**다른 작물**과 **혼식**되어 있는 농지)

다) 하천부지, 상습침수 지역에 소재한 농지

라) 통상적인 재배 및 영농활동을 하지 않는 농지

마) 시설재배 농지

바) 판매를 목적으로 경작하지 않는 농지

사) 도서 지역의 경우 **연륙교**가 설치되어 있지 않고 + 정기선이 운항하지 않는 등
→ 신속한 손해평가가 불가능한 지역에 소재한 농지

아) 군사시설보호구역 중 **통제보호구역** 내의 농지(단, 통상적인 영농활동 및 손해평가가 가능 판단 농지 → 인수 가능)

※ **통제보호구역**
- **민간인통제선 이북**지역 또는
- 군사기지 및 군사시설의 최외곽 **경계선**으로부터 → **300미터 범위 이내**의 지역

Tip ▸ **삶 빽**(삶을 빼앗을 만한 거리)

※ 대**파**, 쪽**파**(실**파**) 품목 미해당　Tip ▸ 땅**파**고 숨어서 괜찮아~!

자) 기타 인수가 부적절한 농지

2) 고추

가) 보험가입금액이 **200만원 미만**인 농지

나) 재식밀도가 [1]**조밀**(1,000㎡당 **4,000주 초과**) 또는 [2]**넓은**(1,000㎡당 **1,500주 미만**) 농지

Tip ▸ (전쟁) **하다**(1,5), 총 **싸공**(4,0)

다) **노지재배, 터널재배 이외**의 재배작형으로 재배하는 농지

라) 비닐멀칭이 되어 있지 않은 농지

마) 직파한 농지

바) **4월 1일 이전**과 **5월 31일 이후**에 고추를 식재한 농지

Tip ▸ 전쟁으로 **싸울**(4월 1일) **이전**에 날 **다 셀일**(5월 31일) **이야**(이후)

사) 동일 농지 내 **재배 방법**이 **동일**하지 **않은** 농지(단, 보장생산비가 낮은 재배 방법으로 가입하는 경우 → 인수 가능)

아) 동일 농지 내 **재식 일자**가 **동일**하지 **않은** 농지(단, 농지 전체의 정식이 완료된 날짜로 가입하는 경우 → 인수 가능)

자) 고추 정식 **6개월 이내**에 → **인삼**을 **재배**한 농지

Tip ▸ **인상**(인삼)쓰며 **욕내**(6개월 이내, 욕 나오고) **거칠**어(고추)

차) **풋고추** 형태로 판매하기 위해 재배하는 농지

 **문제로 확인하기**

01 다음은 종합위험보장 고추 품목의 인수 제한에 대한 내용이다. ( )에 들어갈 내용을 쓰시오.

> • (①), (②) 이외의 재배작형으로 재배하는 농지
> • 비닐(③)이 되어 있지 않은 농지
> • (④) 이전과 (⑤) 이후에 고추를 식재한 농지
> • 동일 농지 내 재배 방법이 동일하지 않은 농지(단, 보장생산비가 (⑥) 재배 방법으로 가입하는 경우 인수 가능)
> • 고추 정식 (⑦) 이내에 인삼을 재배한 농지
> • 재식밀도가 1,000㎡(10a)당 (⑧) 미만이거나 (⑨) 초과하는 농지

Solution

① 노지재배, ② 터널재배, ③ 멀칭, ④ 4월 1일, ⑤ 5월 31일, ⑥ 낮은, ⑦ 6개월, ⑧ 1,500주, ⑨ 4,000주

02 종합위험방식 고추 품목에 관한 다음 내용을 각각 서술하시오.

(1) 다음 독립된 A, B, C 각 농지의 보험가입 가능 여부와 그 이유(단, 각각 제시된 조건 이외는 고려하지 않음)

> ① A농지 : 가입금액이 100만원, 농지 10a당 재식주수가 4,000주로 고추 정식 1년 전 인삼을 재배

CHAPTER 03

> ② B농지 : 가입금액이 200만원, 농지 10a당 재식주수가 2,000주로 4월 2일 고추를 터널재배 형식만으로 식재
> ③ C농지 : 연륙교가 설치된 도서 지역에 위치하여 10a당 재식주수가 5,000주로 전 농지가 비닐멀칭이 된 노지재배

(2) 병충해가 있는 경우 생산비보장보험금 계산식

(3) 수확기 이전에 보험사고가 발생한 경우 경과비율 계산식

Solution

(1) A, B, C 각 농지의 보험가입 가능 여부와 그 이유

① A농지 : 가입 불가능

재식밀도는 10a당 재식주수가 4,000주로서 1,500주 이상이고 4,000주 이하인 조건을 충족하고, 고추 정식 1년 전 인삼을 재배하여 6개월 이내에 인삼을 재배한 경우가 아니어서 충족하나, 가입금액이 100만원으로서 200만원 미만이므로 가입이 불가능하다.

② B농지 : 가입 가능

재식밀도는 10a당 재식주수가 2,000주로서 1,500주 이상이고 4,000주 이하인 조건을 충족하고, 재배작형이 터널재배 형식만으로 식재하여 노지재배와 터널재배만을 허용하는 것을 충족하며, 4월 2일에 식재하여 4월 1일 이전이나 5월 31일 이후에 식재한 것이 아니며, 가입금액이 200만원으로서 200만원 미만이 아니므로 가입이 가능하다.

③ C농지 : 가입 불가능

재식밀도는 10a당 재식주수가 5,000주로서 1,500주 이상이고 4,000주 이하인 조건을 충족하지 못하므로 가입이 불가능하다. 한편 연륙교가 설치된 도서 지역이며 비닐멀칭이 되어 있는 부분은 바람직하다.

(2) 병충해가 있는 경우 생산비보장보험금 계산식

= (잔존보험가입금액 × 경과비율 × 피해율 × 병충해 등급별 인정비율) − 자기부담금

① 잔존보험가입금액 = 보험가입금액 − 보상액(기발생 생산비보장보험금 합계액)

② 자기부담금은 잔존보험가입금액의 3% 또는 5%이다.

(3) 수확기 이전에 보험사고가 발생한 경우 경과비율 계산식

= 준비기생산비계수 + [(1 − 준비기생산비계수) × (생장일수 ÷ 표준생장일수)]

① 준비기생산비계수는 52.7%로 한다.

② 표준생장일수 100일로 한다.

③ 생장일수를 표준생장일수로 나눈 값은 1을 초과할 수 없다.

03 종합위험 밭작물(생산비보장) 고추 품목의 인수 제한 목적물에 대한 내용이다. 다음 각 농지의 보험가입 가능 여부를 "가능" 또는 "불가능"으로 쓰고, 불가능한 농지는 그 사유를 쓰시오.

> • A농지 : 고추 정식 5개월 전 인삼을 재배한 농지로, 가입금액 300만원으로 가입신청 − (①)
> • B농지 : 직파하고 재식밀도가 1,000m²당 1,500주로 가입신청 − (②)
> • C농지 : 해당 년도 5월 1일 터널재배로 정식하여 풋고추 형태로 판매하기 위해 재배하는 농지로 가입신청 − (③)

- D농지 : 군사시설보호구역 중 군사시설의 최외곽 경계선으로부터 200미터 내의 농지이나, 통상적인 영농활동이나 손해평가가 가능한 보험가입금액이 200만원인 시설재배 농지로 가입신청 – (④)
- E농지 : m²당 2주의 재식밀도로 4월 30일 노지재배로 식재하고 가입신청 – (⑤)

Solution

① A농지 : 불가능
보험가입금액은 300만원으로서 200만원 이상인 조건을 충족하나, 고추 정식 6개월 이내에 인삼을 재배한 농지이므로 인수가 불가능하다.

② B농지 : 불가능
직파한 농지는 인수가 불가능하다.

③ C농지 : 불가능
노지재배, 터널재배 이외의 재배작형으로 재배하는 농지가 아니므로 조건을 충족하나 풋고추 형태로 판매하기 위해 재배하는 농지이므로 인수가 불가능하다.

④ D농지 : 불가능
군사시설보호구역 중 통제보호구역 내의 농지로서 군사기지 및 군사시설의 최외곽 경계선으로부터 300미터 범위 이내의 지역이나 통상적인 영농활동 및 손해평가가 가능하다고 판단되므로 조건을 충족하고, 보험가입금액은 200만원으로서 200만원 이상 요건을 충족하나, 시설재배 농지이므로 인수가 불가능하다.

⑤ E농지 : 가능
10a(1,000㎡)당 재식주수 1,500주 이상 4,000주 이하인 농지만 가입 가능하므로 m²당 2주는 1,000㎡당 2,000주에 해당하여 조건에 충족하며, 노지재배, 터널재배 이외의 재배작형으로 재배하는 농지가 아니므로 조건을 충족한다.

3) 브로콜리

가) 보험가입금액이 200만원 미만인 농지
나) [1]정식을 하지 않았거나, [2]정식을 9월 30일 이후에 실시한 농지
다) 목초지, 목야지 등 → 지목이 목(= 목장용지)인 농지

4) 메밀

가) 보험가입금액이 50만원 미만인 농지
나) 춘파재배 방식에 의한 → 봄 파종을 실시한 농지
다) 9월 15일 이후에 → 파종을 실시 또는 할 예정인 농지
라) 오염 및 훼손 등의 피해를 입어 → 복구가 완전히 이루어지지 않은 농지
마) 최근 5년 이내에 간척된 농지
바) 전환지(개간, 복토 등을 통해 논으로 변경한 농지), 휴경지 등 → **농지**로 **변경**하여 경작한 지 **3년 이내**인 농지 Tip ▸ 이제 농지로 **삼**(심)었으면 **3**년은 되어야
사) 최근 3년 연속 침수피해를 입은 농지(다만, 호우주의보 및 호우경보 등 기상특보에 해당되는 재해로 → 피해를 입은 경우는 제외함)

아) 목초지, 목야지 등 → 지목이 목(= 목장용지)인 농지

5) 단호박

가) 보험가입금액이 **100만원 미만**인 농지

나) **5월 29일**을 **초과**하여 **정식**한 농지

다) **미니 단호박**을 재배하는 농지

6) 당근

가) 보험가입금액이 **100만원 미만**인 농지

나) **미니당근** 재배 농지(대상 품종 : 베이비당근, 미농, 파맥스, 미니당근 등)

다) **8월 31일**을 지나 → **파종**을 실시하였거나 또는 할 예정인 농지

라) 목초지, 목야지 등 → 지목이 목(= 목장용지)인 농지

7) 시금치(노지)

가) 보험가입금액이 **100만원 미만**인 농지

나) **10월 31일**을 지나 → **파종**을 실시하였거나 또는 할 예정인 농지

다) 다른 광역시・도에 소재하는 농지(단, 인접한 광역시・도에 소재하는 농지로서 → 보험사고시 지역 농・축협의 → 통상적인 손해조사가 가능한 농지 → 본부의 승인을 받아 인수 가능)

라) 최근 **3년 연속 침수피해**를 입은 농지

마) 오염 및 훼손 등의 피해를 입어 → 복구가 완전히 이루어지지 않은 농지

바) 최근 **5년 이내**에 **간척**된 농지

사) 농업용지가 다른 용도로 전용되어 → 수용예정농지로 결정된 농지

아) 전환지(개간, 복토 등을 통해 논으로 변경한 농지), 휴경지 등 → **농지**로 **변경**하여 경작한 지 **3년 이내**인 농지 Tip ▸ 이제 농지로 **삼**(심)었으면 **3**년은 되어야

8) 고랭지배추, 가을배추, 월동배추

가) 보험가입금액이 **100만원 미만**인 농지

나) **정식**을 **9월 25일**(월동배추), **9월 10일**(가을배추) **이후**에 실시한 농지

Tip ▸ **똥배**(월동배추) **굴리다**(9.25), **가배**(가을배추) **구하공**(9.10)

다) **다른 품종** 및 **품목**을 정식한 농지(월동배추, 가을배추에만 해당)

라) 다른 광역시・도에 소재하는 농지(단, 인접한 광역시・도에 소재하는 농지로서 → 보험사고시 지역 농・축협의 → 통상적인 손해조사가 가능한 농지 → 본부의 승인을 받아 인수 가능)

마) 최근 **3년 연속 침수피해**를 입은 농지(다만, 호우주의보 및 호우경보 등 기상특보에 해당되는 재해로 → 피해를 입은 경우는 제외함)

바) 오염 및 훼손 등의 피해를 입어 → 복구가 완전히 이루어지지 않은 농지

사) 최근 **5년 이내**에 **간척**된 농지 Tip ▸ **간척**(가는척) **오네**(5년 이내)

아) 농업용지가 다른 용도로 전용되어 → 수용예정농지로 결정된 농지

자) 전환지(개간, 복토 등을 통해 논으로 변경한 농지), 휴경지 등 → **농지**로 **변경**하여 **경작**한 지 **3년 이내**인 농지 Tip ▸ 이제 농지로 **삼**(심)었으면 **3**년은 되어야

9) 고랭지무

가) 보험가입금액이 **100만원 미만**인 농지

나) 판매개시연도 **7월 31일**을 **초과**하여 **정식**한 농지

다) [1]고랭지여름재배 **작형**에 **해당**하지 **않는 농지** 또는 [2]고랭지무에 **해당**하지 **않는 품종** (예 알타리무, 월동무 등)

10) 월동무

가) 보험가입금액이 **100만원 미만**인 농지

나) **10월 15일 이후**에 무를 **파종**한 농지

다) [1]월동재배 **작형**에 **해당**하지 **않는 농지** 또는 [2]월동무에 **해당**하지 **않는 품종** (예 알타리무, 단무지무 등)

라) [1]**가을무**에 해당하는 **품종** 또는 [2]**가을무**로 **수확**할 **목적**으로 재배하는 농지

마) 오염 및 훼손 등의 피해를 입어 → 복구가 완전히 이루어지지 않은 농지

바) 목초지, 목야지 등 → 지목이 목(= 목장용지)인 농지

11) 대파

가) 보험가입금액이 **100만원 미만**인 농지

나) **5월 20일**을 **초과**하여 **정식**한 농지

다) 재식밀도가 15,000**주**/10a **미만**인 농지

12) 쪽파, 실파

가) 보험가입금액이 **100만원 미만**인 농지

나) **종구용**(씨쪽파)으로 재배하는 농지

다) 상품 유형별 **파종기간**을 **초과**하여 **파종**한 농지

13) 양상추

가) 보험가입금액이 **100만원 미만**인 농지

나) 판매개시연도 **8월 31일 이후**에 **정식**한 농지(단, **재정식**은 판매개시연도 **9월 10일 이내 정식**)

다) **시설**(비닐하우스, 온실 등)에서 **재배**하는 농지

Tip ▸ **논**작물, **메**밀, (**고**랭지, **가**을, 월**동**)**배**추, (**노**지)**시금치** - (논을 매고 배를 가동시켜 놀고 있지)

① 최근 5년 이내에 간척된 농지인 경우 인수 제한

② 전환지(개간, 복토 등을 통해 논으로 변경한 농지), 휴경지 등 농지로 변경하여 경작한 지 3년 이내인 농지인 경우 인수 제한

사. 원예시설 · 버섯 품목 인수 제한 목적물

1) 농업용 시설물 · 버섯재배사 및 부대시설

가) 판매를 목적으로 작물을 경작하지 않는 시설

나) 작업동, 창고동 등 작물 경작용으로 사용되지 않는 시설

※ 농업용 시설물 한 동 면적의 **80% 이상** → 작물 재배용으로 사용 → 가입 가능

※ **원예시설**(버섯재배사 제외) : **연중 8개월 이상** 육묘를 키우는 **육묘장**의 경우
→ **하우스만 가입** 가능

다) 피복재가 없거나 작물을 재배하고 있지 않은 시설
※ 다만, 지역적 기후 특성에 따른 한시적 휴경은 제외

라) **목재**, **죽재**로 시공된 시설

마) **비가림시설**

바) 구조체, 피복재 등 목적물이 변형되거나 훼손된 시설

사) 목적물의 **소유권**에 대한 **확인**이 **불가능**한 시설

아) **건축** 또는 **공사 중**인 시설

자) **1년 이내**에 → 철거 예정인 고정식 시설

차) **하천부지** 및 **상습침수 지역**에 소재한 시설
※ 다만, 수재위험 부보장 특약에 가입하여 풍재만은 보장 가능

카) 도서 지역의 경우 **연륙교**가 설치되어 있지 않고 + 정기선이 운항하지 않는 등
→ 신속한 손해평가가 불가능한 지역에 소재한 시설

타) 정부에서 보험료의 일부를 지원하는 → 다른 계약에 이미 가입되어 있는 시설

파) 기타 인수가 부적절한 하우스 및 부대시설

2) 시설작물

가) **작물**의 **재배면적**이 → **시설 면적**의 **50% 미만**인 경우
※ 백합 · 카네이션 : 하우스 면적의 50% 미만이라도
→ 동당 작기별 200㎡ 이상 재배 시 가입 가능
※ 작기 : 한 작물의 생육기간

나) 분화류의 국화, 장미, 백합, 카네이션을 재배하는 경우

다) 판매를 목적으로 재배하지 않는 시설작물

라) 한 시설에서 → **화훼류**와 **비화훼류**를 → **혼식** 재배중이거나, 또는 재배 예정인 경우

마) 통상적인 → 재배시기, 재배품목, 재배방식이 아닌 경우
※ 예 여름재배 토마토가 불가능한 지역 → 여름재배 토마토를 가입
파프리카 토경재배가 불가능한 지역 → 토경재배 파프리카를 가입

바) 시설작물별 10a당 인수 제한 **재식밀도 미만**인 경우(재식밀도 : 표를 기준)

✔ **Check** 품목별 인수 제한 재식밀도 : 10a 기준(아래 해당 주수 이상이면 허용)

① 수박, 멜론 : 400주 Tip ▸ **수 멜**(수몰(수박, 멜론)지역에서) **내빼**(400, 네백)
② 참외, 호박 : 600주 Tip ▸ **참 호**(참어~!) **유배**(600, 유배가면!)
③ 풋고추 : 1,000주 Tip ▸ **복개 천**(풋고추, 1,000)
④ 오이, 토마토, 파프리카, 가지, 장미 : 1,500주 Tip ▸ **오잉**? **장, 가, 파, 토 쩌노**(1,500, 어쩌노)
⑤ 배추, 무 : 3,000주 Tip ▸ **배, 무, 삼**(3,000 배어 먹으세요)
⑥ 딸기 : 5,000주 Tip ▸ (힘이) **딸려**(딸기) **어째**(5천)~!
⑦ 백합, 카네이션, 대파 : 15,000주 Tip ▸ **백, 카**(빽차), **대파 일오**(15, 일어나다)

⑧ 쪽파 : 18,000주 Tip ▸ **쪽팔려**(쪽파) **열여덥놈아**(18, 넘어(000))
⑨ 국화 : 30,000주 Tip ▸ **국 상만**(개인 상이 아닌 나라(국가, 국화) 상만(30,000) 있어)
⑩ 상추 : 40,000주 Tip ▸ **상 사만**(식당에 상사(하사관)만 있어)
⑪ 부추 : 62,500주 Tip ▸ **부추**(부추신고) **여기오봐**(62,500, 여기(62) 와봐(500))
⑫ 시금치 : 100,000주 Tip ▸ **신김치**(시금치) **씹(을)만**(100,000)

문제로 확인하기

01 다음의 조건으로 농업용 시설물 및 시설작물을 종합위험방식 원예시설보험에 가입하려고 하는 경우 보험가입 여부를 판단하고, 그 이유를 쓰시오. (단, 주어진 조건 외에는 고려하지 않는다.)

(1) 시설작물의 재식밀도 : 풋고추 500주/10a
(2) 시설작물의 재식밀도 : 오이 1,600주/10a
(3) 시설작물의 재식밀도 : 배추 1,500주/10a
(4) 시설작물의 재식밀도 : 국화 35,000주/10a
(5) 시설작물의 재식밀도 : 상추 35,000주/10a

Solution

(1) 시설작물의 재식밀도 : 풋고추 1,000주/10a 이하로서 인수 불가능
(2) 시설작물의 재식밀도 : 오이 1,500주/10a 이상으로서 인수 가능
(3) 시설작물의 재식밀도 : 배추 3,000주/10a 이하로서 인수 불가능
(4) 시설작물의 재식밀도 : 국화 30,000주/10a 이상으로서 인수 가능
(5) 시설작물의 재식밀도 : 상추 40,000주/10a 이하로서 인수 불가능

02 종합위험보장 원예시설・버섯 품목 인수 제한 목적물과 관련하여 맞는 내용은 "O"로, 틀린 내용은 "×"로 표기하여 순서대로 나열하시오.

(1) 단동하우스와 연동하우스의 가입면적이 200㎡인 경우 인수 가능하다.
(2) 유리온실의 가입면적이 200㎡인 경우 인수 가능하다.
(3) 1년 6개월 뒤에 철거 예정인 고정식 시설은 인수가 불가능하다.
(4) 작물의 재배면적이 시설면적의 60%인 경우는 인수가 불가능하다.
(5) 하천부지 및 상습침수 지역에 소재한 시설은 특정 부보장 특약에 가입하여도 인수가 불가능하다.
(6) 연동하우스 가입면적 500㎡에 시설 면적의 50% 미만인 작기별 200㎡에 백합 또는 카네이션을 재배하는 경우 인수가 가능하다.

Solution

(1) × : 가입면적이 300㎡인 경우 인수 가능하다.

(2) ○ : 유리(경질판)온실은 가입면적에 제한이 없으므로 인수 가능하다.
(3) × : 1년 이내에 철거 예정인 고정식 시설의 경우에 인수가 제한된다.
(4) × : 작물의 재배면적이 시설면적의 50% 미만인 경우에 인수가 불가능하다.
(5) × : 하천부지 및 상습침수 지역에 소재한 시설로서 수재위험 부보장 특약에 가입하여 풍재만을 보장받는 경우 인수 가능하다.
(6) ○ : 작물의 재배면적이 시설 면적의 50% 미만인 경우 인수가 제한되나, 백합 · 카네이션의 경우 하우스 면적의 50% 미만이라도 동당 작기별 200㎡ 이상 재배 시 가입 가능하다.

사) 품목별 표준생장일수와 현저히 차이나는 생장일수 가지는 품종

◆ **품목별 인수 제한 품종**

품목	인수 제한 품종
배추(시설재배)	얼갈이 배추, 쌈배추, 양배추
딸기(시설재배)	산딸기
수박(시설재배)	애플수박, 미니수박, 복수박
고추(시설재배)	홍고추
오이(시설재배)	노각
상추(시설재배)	양상추, 프릴라이스, 버터헤드(볼라레), 오버레드, 이자벨, 멀티레드, 카이피라, 아지르카, 이자트릭스, 크리스피아노

3) 버섯작물

가) 표고버섯(원목재배 · 톱밥배지재배)
(1) 통상적인 재배 및 영농활동을 하지 않는다고 판단되는 하우스
(2) **원목 5년차 이상**의 표고버섯 **Tip ▸ 원**(원목) **없**(5)이 빨아 먹음
(3) 원목재배, 톱밥배지재배 이외의 방법으로 재배하는 표고버섯
(4) 판매를 목적으로 재배하지 않는 표고버섯
(5) 기타 인수가 부적절한 표고버섯

나) 느타리버섯(균상재배 · 병재배)
(1) 통상적인 재배 및 영농활동을 하지 않는다고 판단되는 하우스
(2) 균상재배, 병재배 이외의 방법으로 재배하는 느타리버섯
(3) 판매를 목적으로 재배하지 않는 느타리버섯
(4) 기타 인수가 부적절한 느타리버섯

다) 새송이버섯(병재배)
(1) 통상적인 재배 및 영농활동을 하지 않는다고 판단되는 하우스
(2) 병재배 외의 방법으로 재배하는 새송이버섯
(3) 판매를 목적으로 재배하지 않는 새송이버섯
(4) 기타 인수가 부적절한 새송이버섯

라) 양송이버섯(균상재배)

(1) 통상적인 재배 및 영농활동을 하지 않는다고 판단되는 하우스
(2) 균상재배 외의 방법으로 재배하는 양송이버섯
(3) 판매를 목적으로 재배하지 않는 양송이버섯
(4) 기타 인수가 부적절한 양송이버섯

문제로 확인하기

01 인수심사의 인수 제한 목적물에 관한 내용이다. ( )에 들어갈 내용을 쓰시오.

- 오미자 – 주간거리가 (①)cm 이상으로 과도하게 넓은 과수원
- 포도 – 가입하는 해의 나무 수령이 (②)년 미만인 과수원
- 복분자 – 가입연도 기준, 수령이 1년 이하 또는 (③)년 이상인 포기로만 구성된 과수원
- 보리 – 파종을 10월 1일 이전과 11월 (④)일 이후에 실시한 농지
- 양파 – 재식밀도가 (⑤)주/10a 미만, 40,000주/10a 초과한 농지

Solution

① 50, ② 3, ③ 11, ④ 20, ⑤ 23,000

02 다음은 종합위험보장 버섯 품목의 인수 제한에 대한 내용이다. ( )에 들어갈 내용을 쓰시오.

1. 표고버섯
   (1) 원목 (①)년차 이상의 표고버섯
   (2) (②)재배, (③)재배 이외의 방법으로 재배하는 표고버섯
2. 느타리버섯
   (④)재배, (⑤)재배 이외의 방법으로 재배하는 느타리버섯
3. 새송이버섯
   (⑤)재배 이외의 방법으로 재배하는 새송이버섯
4. 양송이버섯
   (④)재배 이외의 방법으로 재배하는 양송이버섯

Solution

① 5, ② 원목, ③ 톱밥배지, ④ 균상, ⑤ 병

CHAPTER 04

가축재해보험 제도

제1절 제도 일반

1. 사업실시 개요

가. 실시 배경

1) 축산물을 생산하는 과정
   → 자연재해 및 가축 질병 등 피해가 크고 → 광범위하고 동시다발적으로 발생
   → 개별농가는 예방·복구에 한계가 있음

2) 축산농가의 피해규모에 비해 정부지원은 미미한 수준
   → 자연재해(수해, 풍해 등) 및 화재 등으로 → 가축 및 가축사육시설의 피해를 입은 농가
   → 재생산 여건을 제공 → 안정적인 양축 기반을 조성해야 할 필요성이 대두됨

나. 추진 경과

1) 1997년부터 '소' 가축공제 시범사업을 시작
2) 2007년부터 민영보험사업자의 참여를 허가하여 경쟁체제 도입
3) 2023년에는 총 6개의 민영보험사가 상품 판매(NH농협손해보험, KB손해보험, 한화손해보험, DB손해보험, 현대해상화재보험, 삼성화재)

다. 사업목적

자연재해와 화재, 질병 등 재해로 인한 → 가축 및 가축사육 시설 피해에 따른 손해를 보상
→ 농가의 경영 안정, 생산성 향상을 도모 → 안정적인 재생산 활동을 지원

라. 사업 운영 : 가축재해보험 운영기관

1) 사업총괄 : 농림축산식품부(재해보험정책과)
2) 사업관리 : 농업정책보험금융원
3) 사업운영 : 농업정책보험금융원과 사업 운영 약정을 체결한 자
   (NH손보, KB손보, DB손보, 한화손보, 현대해상, 삼성화재)
4) 보험업 감독기관 : 금융위원회
5) 분쟁해결 : 금융감독원
6) 심의기구 : 농업재해보험심의회

2. 사업시행 주요 내용

가. 사업대상자

농림축산식품부장관이 고시하는 → 가축을 사육하는 개인 또는 법인

나. 정부지원

1) 개요

가) **가축재해보험 가입방식** : 농작물재해보험과 같은 방식
가입대상자(축산농업인)가 가입 여부를 판단하여 가입하는 → "임의보험" 방식

나) **정부의 지원을 받는 요건** : [1]**농업경영체**에 등록 + [2]**축산업 허가(등록)**를 받은 자

다) **정부의 지원** : 개인 또는 법인당 **5,000만원 한도 내** → 납입**보험료**의 **50%**까지 받을 수 있음

2) 정부지원 대상

가축재해보험 목적물(가축 및 축산시설물)을 → 사육하는 개인 또는 법인

3) 정부지원 요건

가) 농업인 · 법인

(1) [1]**축산업 허가(등록)** + [2]**해당 축종**으로 **농업경영정보**를 **등록**한 자

(2) 단, 축산법에 의한 축산업**등록 제외 대상** → 해당 축종으로 **농업경영정보**를 **등록**한 자

> **◆ 가축사육업 허가 및 등록기준**
>
> ① 허가대상 : 4개 축종
> 소 · 돼지 · 닭 · 오리 - 사육시설 면적 50㎡ 초과
> Tip ▸ **싸**(소), **대지**(돼지)?, **닭**, **어**(닭, 오리)! **허가 오공**(50)
>
> ② 등록대상 : 11개 축종
> ㉠ 소 · 돼지 · 닭 · 오리 - 허가대상 사육시설 면적 이하
> ㉡ 양 · 사슴 · 거위 · 칠면조 · 꿩 · 메추리 · 타조(7개 축종)
> Tip ▸ **싸**(소), **대지**(돼지), 못 **닭**, **어**(닭, 오리) (50 이하)
> **양**(양), **가슴**(사슴), **거**(거위), **친면**(칠면조), **꿰**(꿩), **맸**(메추리), **다**(타조)
>
> ③ 등록 제외 대상
> ㉠ **등록대상 가금** 중 사육시설면적이 **10㎡ 미만**
> (닭, 오리, 거위, 칠면조, 꿩, 메추리, 타조 또는 기러기 사육업)
> ㉡ **말**, 노새, 당나귀, **토끼**, 개, **꿀벌**

나) 농 · 축협

(1) 농업식품기본법 시행령 제4조 제1호의 농 · 축협으로 → **축산업 허가**(등록)를 **받은 자**

(2) 축산법에 의한 **축산업등록 제외 대상**도 → **지원**

다) 축사

(1) [1]**가축사육**과 **관련**된 **적법**한 건물(시설물 포함)로
[2]**건축물관리대장** 또는 **가설건축물관리대장**이 있는 경우

(2) 건축물관리대장상 주택용도 등 → **가축사육**과 **무관**한 건물은 **정부지원**에서 **제외**

(3) **가축전염병예방법**에 따른 경우 → **사육가축**이 **없어도** → **축사**에 대해 **정부지원 가능**

4) 정부지원 범위

가) 가축재해보험에 가입한 재해보험가입자의 → **납입보험료**의 50% 지원
단, 농업인(주민등록번호) 또는 법인(법인등록번호)별 → **5천만원 한도** 지원
※ 예시 : 보험**가입**하여 4천만원 국고지원 받고 계약 만기일 전 **중도 해지**한 후
→ 보험을 **재가입**할 경우 1천만원 국고 한도 내 지원 가능

(1) 말(馬)

(가) 마리당 **가입금액 4천만원 한도** 내 → **보험료**의 50% 지원

(나) 마리당 **가입금액 4천만원**을 **초과**하는 경우
초과금액의 70%까지 **가입금액**을 산정 → **보험료**의 50% **지원**(단, **외국산 경주마**는 → **정부지원 제외**)
※ (가입금액 4천만원 + 초과금액의 70%) = 가입금액

(2) 닭(육계・토종닭・삼계), 돼지, 오리 축종
가축재해보험 가입두수가 축산업 허가(등록)증의 가축사육 면적을 기준으로 아래의 범위를 초과하는 경우 정부지원 제외

◆ **가축사육 면적당 보험가입 적용 기준**

닭(㎡/두)		돼지(㎡/두)						오리(㎡/두)	
		개별가입					일괄가입		
육계 토종닭	삼계	웅돈	모돈	자돈(초기)	자돈(후기)	육성돈 비육돈		산란용	육용
22.5	41.1	6	2.42	0.2	0.3	0.62	0.79	0.333	0.246

Tip ▸ **툭툭**(22) **쪼**(.) **다**(5) / **삼계탕 살일**(41) **쫌**(.) **하나**(1)

나) **정부지원을 받은 계약자 사망으로 축산업 승계, 목적물 매도 등이 발생한 경우**

(1) **변경 계약자** : 정부지원 **요건 충족여부** 철저한 **확인** 필요

(2) **정부지원 요건 미충족 시**
[1]**보험계약 해지** 또는 [2]**잔여기간**에 대한 **정부지원금**(지방비 포함) **반납처리**

01 가축사육업 (1) 허가대상 축종과 조건, (2) 등록대상 축종과 조건을 쓰시오.

Solution

(1) 허가대상 축종과 조건
사육시설 면적 50㎡ 초과하는 소・돼지・닭・오리(4개 축종)

(2) 등록대상 축종과 조건
허가대상 사육시설 면적 이하의 소・돼지・닭・오리(4개 축종)와 양・사슴・거위・칠면조・꿩・메추리・타조(7개 축종)

02 다음은 가축재해보험의 정부지원과 관련된 내용이다. (　　)에 들어갈 내용을 쓰시오.

1. 정부지원 요건
   가축재해보험에 가입하여 정부의 지원을 받는 요건은 (①)에 등록하고, (②) 허가(등록)를 받은 자로 한다.
2. 정부지원 범위
   (1) 가축재해보험에 가입한 재해보험가입자의 납입보험료의 (③)% 지원
   단, 농업인(주민등록번호) 또는 법인(법인등록번호)별 (④)원 한도 지원
   (2) 말(馬)은 마리당 가입금액 (⑤)원 한도 내 보험료의 (③)%를 지원하되, (⑤)원을 초과하는 경우는 초과금액의 (⑥)%까지 가입금액을 산정하여 보험료의 (③)% 지원[단, (⑦)는 정부지원 제외]

Solution

① 농업경영체, ② 축산업, ③ 50, ④ 5천만, ⑤ 4천만, ⑥ 70, ⑦ 외국산 경주마

03 다음 계약들에 대하여 각각 정부지원액의 계산과정과 값을 쓰시오.

(단위 : 원)

구분	농작물재해보험	농작물재해보험	가축재해보험
보험목적물	사과	옥수수	국산 말 1 필
보험가입금액	100,000,000	150,000,000	60,000,000
자기부담비율	10%	10%	약관에 따름
영업보험료	12,000,000	1,800,000	5,000,000
순보험료	10,000,000	1,600,000	
정부지원액	(①)	(②)	(③)

※ 주계약 가입기준임
※ 가축재해보험의 영업보험료는 업무방법에서 정하는 납입보험료와 동일함
※ 정부지원액이란 재해보험가입자가 부담하는 보험료의 일부와 재해보험사업자의 재해보험의 운영 및 관리에 필요한 비용의 전부 또는 일부를 정부가 지원하는 금액임(지방자치단체의 지원액은 포함되지 않음)
※ 재해보험사업자의 재해보험의 운영 및 관리에 필요한 비용은 부가보험료와 동일함

Solution

Tip ▸ 농작물재해보험 정부의 농가부담보험료 지원 비율(차등지원 대상)

구분	품목	보장 수준(%)				
		60	70	80	85	90
국고보조율 (%)	사과, 배, 단감, 떫은감	60	60	50	38	33
	벼	60	55	50	44	41

(1) 사과

{10,000,000원 × 0.33 + (12,000,000원 - 10,000,000원)} × 1

= 3,300,000원 + 2,000,000원 = 5,300,000원

Tip ▸ ① 순보험료 : 사과, 배, 단감, 떫은감의 경우 자기부담비율이 10%일 경우 33%를 지원한다.

② 부가보험료는 전액 지원한다.

(2) 옥수수

{(1,600,000원 × 0.5 + (1,800,000원 - 1,600,000원)} × 1

= 800,000원 + 200,000원 = 1,000,000원

Tip ▸ ① 순보험료 : 차등지원 대상이 아닌 경우 자기부담비율과 상관없이 50%를 지원한다.

② 부가보험료는 전액 지원한다.

(3) 말

① 지원대상보험료 산정

[5,000,000원 × {(40,000,000원 + 20,000,000원) × 0.7}] ÷ 60,000,000원

={5,000,000원 × (40,000,000원 + 14,000,000원)} ÷ 60,000,000원

=5,000,000원 × 54,000,000원 ÷ 60,000,000원

=4,500,000원

② 지원보험료 : 4,500,000원 × 0.5 = 2,250,000원

Tip ▸ 납입보험료 지원 : 마리당 가입금액 4천만원 한도 내 보험료의 50%를 지원하되, 마리당 가입금액 4천만원을 초과하는 경우 초과금액의 70%까지 가입금액을 산정하여 보험료의 50%를 지원한다(단, 외국산 경주마는 정부지원 제외).

다. 보험목적물

1) **가축(16종)** : 말, 소, 돼지, 닭, 오리, 양, 사슴, 거위, 칠면조, 꿩, 메추리, 타조, 관상조, 꿀벌, 토끼, 오소리

2) **축산시설물** : 축사, 부속물, 부착물, 부속설비

※ 단, 태양광 및 태양열 발전 시설 제외

라. 보험가입 단위

1) [1]사육하는 **가축** 및 [2]**축사**를 → **전부** 보험**가입**하는 것이 **원칙**

가) **'종모우'**와 **'말'**은 → **개별가입 가능**

나) '소'는 **1년 이내 출하 예정**인 경우 **아래 조건**에서 → **포괄가입**으로 **간주**

(1) **축종별** 및 **성별**을 **구분**하지 **않고** 보험**가입** 시

→ **소 이력제 현황**의 **70% 이상** 조건에서 → 포괄가입 간주

(2) **축종별** 및 **성별**을 **구분**하여 보험**가입** 시

→ **소 이력제 현황**의 **80% 이상** 조건에서 → 포괄가입 간주

◆ 축종별 가입대상 · 형태 및 지원비율

구분	소			돼지	말	가금	기타 가축	축사
	Ⅰ(송아지)	Ⅱ(큰소)	종모우					
가입 대상	생후 15일 ~ 12개월 미만	12개월 ~ 13세 미만	한우 육우 젖소	제한 없음	종빈마 종모마 경주마 육성마 일반마 제주마	닭 오리 거위 칠면조 꿩 메추리 타조 관상조	〈사슴〉 만 2개월 이상 〈양〉 만 3개월 이상 꿀벌 토끼 오소리	가축사육 건물 및 부속설비
가입 형태	포괄 가입		개별 가입	포괄 가입	개별 가입	포괄 가입	포괄 가입	포괄 가입
지원 비율	총 보험료의 50% 국고지원 총 보험료의 0 ~ 50% 지자체지원							

Tip ▸ <사슴> → ㅅ → 2, <양> → ㅑ → ㅕ → 3

 문제로 확인하기

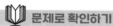

01 **가축재해보험 한우 · 육우 · 젖소의 가입대상 및 정부지원 기준 중 (　　)에 들어갈 내용을 답란에 쓰시오.**

가입대상	• Ⅰ(송아지) : 생후 (①)일 ~ (②)개월 미만 • Ⅱ(큰소) : (③)개월 ~ (④)세 미만
지원비율	납입보험료의 (⑤)% 국고지원

Solution

① 15, ② 12, ③ 12, ④ 13, ⑤ 50

마. 보험 판매기간

1) 연중 → 상시 가입 가능
2) 재해보험사업자

폭염 · 태풍 등 **기상상황**에 따라 → **신규 가입**에 한해 → **보험가입기간**을 **제한 가능**

※ 이 경우 농업정책보험금융원에 보험가입 제한 기간을 통보

가) **폭염** : 6 ~ 8월 **Tip ▸** 여름기간

나) **태풍** : 태풍이 한반도에 영향을 주는 것이 **확인된 날**부터 ~ 태풍특보 **해제 시**

바. 보상하는 재해의 범위 및 축종별 보장 수준

1) 가축재해보험에서 보상하는 재해

자연재해(**풍**해, **수**해, **설**해, **지**진 등), **질병**(축종별로 다름), **화**재 등

2) 보험가입금액의 일정 부분을 보장 → 축종별 구체적으로 설정된 보장 수준 내에서 보상

✔ Check 보장과 관련된 용어

① **경추골절** : 경추(척추뼈 가운데 가장 위쪽 목에 있는 일곱 개의 뼈)에 일어나는 골절(뼈가 부러짐)
② **사지골절** : 사지가 강한 외부의 힘이나 병적인 현상에 의하여 부러지는 일
③ **탈구**(탈골) : 관절을 구성하는 뼈마디, 연골, 인대 따위의 조직이 정상적인 운동 범위를 벗어나 위치가 바뀌는 것
④ **젖소유량감소** : 유방염, 불임 및 각종 대사성질병으로 젖소로서 → 경제적 가치가 없는 경우에 한함
⑤ **도체결함**(6종류) : 도체(도살한 가축의 가죽, 머리, 발목, 내장 따위를 떼어 낸 나머지 몸뚱이) 결함의 유형
  ㉠ 근출혈(근육 내 모세혈관 파열로 방혈되지 못한 혈액이 근육조직 내에 검은색의 혈점을 형성하는 것)
  ㉡ 수종(물종기)
  ㉢ 근염(근육에 염증이 생겨 근섬유가 손상되는 질환)
  ㉣ 외상
  ㉤ 근육 제거
  ㉥ 기타의 결함
⑥ **산욕마비**[産褥(요(까는 침구) 욕)痲痺] : 일반적으로 분만 후 체내의 칼슘이 급격히 저하되어 근육의 마비를 일으켜 기립불능이 되는 질병
⑦ **급성고창증**[急性鼓(북 고)脹(부을 창)症] : 이상발효에 의한 가스의 충만으로 조치를 취하지 못하면 폐사로 이어질 수 있는 중요한 소화기질병으로 변질 또는 부패 발효된 사료, 비맞은 풀, 두과풀(알파파류) 다량 섭취, 갑작스런 사료 변경 등으로 인하여 반추위 내의 이상 발효로 발병하여 장마로 인한 사료 변패 등으로 인하여 여름철에 많이 발생함
⑧ **대사성질병** : 비정상적인 대사(대사 : 생명 유지를 위해 생물체가 필요한 것을 섭취하고 불필요한 것을 배출하는 일) 과정에서 유발되는 질병
⑨ **부저병**[腐(썩을 부)蛆(구더기 저)病] : 꿀벌의 유충에 병원균이 침투하여 유충벌을 썩게 하는 세균성 전염병
⑩ **낭충봉아부패병**[囊(주머니 낭)蟲蜂兒腐敗病] : 꿀벌의 유충에 발생하여 번데기가 되지 못하고 말라 죽게 되는 바이러스성 전염병

3) 보상하는 재해의 범위 및 축종별 보장 수준(2023년 기준)

가) 소

(1) **주계약** : 60%, 70%, 80% 보장(자기부담비율 : 40%, 30%, 20%)

(가) **질병** 또는 **사고**로 인한

→ **폐사**(갑자기 죽음)

(가축전염병예방법 제2조 제2호에서 정한 가축전염병 제외)

(나) **긴급도축**

부상(경추골절 · 사지골절 · 탈구), 난산, 산욕마비, 급성고창증, 젖소유량감소 등으로
→ **즉시 도살**해야 하는 경우 **Tip ▸ 부, 산, 욕, 고, 유감**(우리나라 부산을 욕하니 매우 유감이야~!)

(다) **도난 · 행방불명**(종모우 제외) **Tip ▸** 도난 · 행방불명 : **소**만 인정

(라) **경제적 도살**(종모우 한정) **Tip ▸** 불임(암컷) : **말**만 인정

(2) **특약** : 80% 보장(자기부담비율 20%)

도체결함

나) 돼지

(1) **주계약** : 80%, 90%, 95%

자연재해(풍재 · 수재 · 설해 · 지진), **화**재로 인한 → **폐사**

(2) **특약** : 60%, 70%, 80%, 90%

(가) 질병위험[(TGE(**전염**성**위장**염), PED(**돼**지**유**행성설**사**병), 로**타바**이러스감염증)]

Tip ▸ 전염됐다고 **위장**하는 거 / **돼**(대개) **유, 사**하다고 / **타바**(타박 받음)

(나) 전기적장치위험

(다) 폭염

(라) 축산휴지위험(보장 수준 미적용 특약) **Tip ▸ 질, 전, 염, 휴지**

다) 가금(8개 축종) : **닭**, 오리, 거위, **칠면**조, **꿩**, 메추리, 타조, 관상조

Tip ▸ 닦(닭), **오**(오리), **거**(거위), **친면**(칠면조), **꿰**(꿩), **맸**(메추리), **다**(타조), **관둬**(관상조)
(감금된 듯 집에서 실연 후 눈물 닦고 거칠어진 마음 추슬렀는데 연락해서 만나자고? 닥쳐~!)

(1) **주계약** : 60%, 70%, 80%, 90%

자연재해(**풍**재 · **수**재 · **설**해 · **지**진), **화**재로 인한 → **폐사**

(2) **특약**

(가) 전기적장치위험

(나) 폭염 **Tip ▸ 전, 염**

라) 말

(1) **주계약** : 80%, 90%, 95%

(가) **질병** 또는 **사고**로 인한 → **폐사**(갑자기 죽음)
(가축전염병예방법 제2조 제2호에서 정한 가축전염병 제외)

(나) **긴급도축**
부상(경추골절 · 사지골절 · 탈구), 난산, 산욕마비, 산통, 경주마 중 실명으로
→ **즉시 도살**해야 하는 경우

(다) **불임(암컷)** **Tip ▸** 경제적 도살 : 종모우(소)만 인정

(2) **특약** : 80%, 90%, 95%

(가) **씨수말** 번식 **첫해 불임**

(나) **운송위험**

(다) **경주마 부적격**

(라) **경주마 보험기간** 설정

CHAPTER 04

마) 기타 가축(5개 축종) : 양, 사슴, 꿀벌, 토끼, 오소리

Tip ▶ **양**, **가슴**(사슴), **꿀**벌, 토**끼**, 오**소**리(양쪽 가슴 겨드랑이에 선물받은 벌꿀 끼소)

(1) **주계약** : 60%, 70%, 80%, 90%, 95%
자연재해(풍재 · 수재 · 설해 · 지진), 화재로 인한 → **폐사**

(2) **특약** : 60%, 70%, 80%, 90%, 95%
(가) **양, 사슴** → **폐사 · 긴급도축** 확장보장
(나) **꿀벌** → 부저병 · 낭충봉아부패병으로 인한 → **폐사**

바) 축사

(1) **주계약** : 90%, 95%, 100%
자연재해(풍재 · 수재 · 설해 · 지진), 화재로 인한 → **손해**

(2) **특약**
설해손해 **부보장**(**돈사 · 가금사**에 한함)

사) 공통특약 : 구내폭발위험, 화재대물배상책임

사. 보험가입절차

1) 재해보험가입자에게 보험 **홍보** 및 **가입안내**(대리점 등)
→ **가입신청**(재해보험가입자) → **사전 현지확인**(대리점 등)
→ **청약서 작성**(재해보험가입자) 및 **보험료 수납**(대리점 등)
→ 재해보험가입자에게 **보험증권 발급**(대리점 등)의 순서를 거침

2) **가축재해보험**은 재해보험사업자와 판매 위탁계약을 체결한 **지역 대리점**(지역농협 및 품목농협, 민영보험사 취급점) 등에서 → **보험 모집** 및 **판매**를 **담당**함

아. 보험료율 적용기준 및 할인 · 할증

1) 축종별, 주계약별, 특약별 → 각각 보험료율 적용
보험업법 제176조에 따른 보험료율 산출기관(보험개발원)이 산출한 요율이 없는 경우
→ 재보험사와의 협의 요율 적용 가능

2) 보험료 할인 · 할증 → 축종별로 다름 → 재해보험료율서에 따라 적용
[1]과거 손해율에 따른 할인 · 할증, [2]축사전기안전점검, [3]동물복지축산농장 할인 등

자. 손해평가

- **가축재해보험 손해평가**
보상하는 재해 발생 → 피해사실 확인 → 손해액 평가 → 약정 보험금 지급
- **재해보험사업자의 손해평가 담당자**
[1]보험목적물에 관한 지식과 경험을 갖춘 자 또는 그 밖에 전문가를 조사자로 위촉(손해평가인),
[2]손해평가사 또는 [3]보험업법에 따른 손해사정사에게 → 손해평가를 담당하게 할 수 있음

1) 재해보험사업자의 손해평가

농업재해보험 손해평가요령에 따라 손해평가를 실시하고,
→ 손해평가 시 고의로 진실을 숨기거나 허위로 하여서는 안 됨

가) 공정성 확보를 위해 수의사 진단 및 검안 시
→ 시·군 공수의사, 수의사로 하여금 진단 및 검안 등 실시

나) [1]소 사고사진은 귀표가 정확하게 나오도록 하고
[2]매장 시 매장장소가 확인되도록 전체 배경화면 나오는 사진 추가,
[3]검안 시 해부사진 첨부

다) 진단서, 폐사진단서 등은 → 상단에 연도별 일련번호 표기 및 법정서식 사용

2) 재해보험사업자의 손해평가인 교육

손해평가 참여 **손해평가인** 대상 → **연 1회 이상 실무교육**(정기교육) 실시해야 함

3) 농업정책보험금융원의 손해평가사 교육

손해평가 참여 **손해평가사** 대상으로 다음 교육을 실시해야 함
→ **1회 이상 실무교육** 및 [2]**3년마다 1회 이상 보수교육** 실시

4) 손해평가 교육내용

현장교육이 어려울 경우 컴퓨터나 스마트폰 등의 기기를 통해 온라인교육 사이트[농정원(농림수산식품교육문화정보원) 농업교육포털]에 접속하여 교육 수강

가) 실무교육(정기교육)

농업재해보험 관련 법령 및 제도에 관한 사항, 농업재해보험 손해평가의 이론 및 실무에 관한 사항, 그 밖에 농업재해보험 관련 교육, CS교육, 청렴교육, 개인정보보호 교육 등

나) 보수교육

보험상품 및 손해평가 이론과 실무 개정사항, CS교육, 청렴교육 등

차. 보험금 지급

1) 재해보험사업자는 계약자(또는 피보험자)가 재해발생 사실 통지 시
[1]**지체 없**이 지급할 **보험금**을 **결정**,
[2]**결정**되면 → **7일 이내**에 보험금 **지급**

2) 지급할 보험금이 **결정**되기 **전**(前)이라도
피보험자의 **청구**가 있을 때 → **추정**한 **보험금**의 50% **상당액**을 **가지급금**으로 **지급**

제2절 가축재해보험 약관

1. 가축재해보험 약관

가. 보통약관

특정한 보험계약에 **일반적**이고 **정형적**으로 적용하기 위하여 재해보험사업자가 미리 작성한 계약 조항

나. 특별약관

보통약관만으로는 [1]**불충분**하며 [2]**보충적**이고 [3]**세부적인 내용**에 대한 계약이 **필요**한 경우
→ 20개의 특별약관으로 구성되어 있음

2. 부문별 보험의 목적

부문	보험의 목적
소	한우, 육우, 젖소 / 종모우
돼지	종빈돈, 종모돈, 육성돈(후보돈 포함), 비육돈, 자돈, 기타 돼지
가금	닭, 오리, 거위, 칠면조, 꿩, 메추리, 타조, 관상조
말	종빈마, 종모마, 경주마, 육성마, 일반마, 제주마
기타 가축	양(염소 포함), 사슴, 꿀벌, 토끼, 오소리
축사	가축사육건물(건물의 부속물, 부착물, 부속설비, 기계장치 포함)

Tip ▸ **빈, 모, 성, 비, 자**(머리카락이 송송 비어있잖아), **빈, 모, 경, 성, 일, 주**(빈모가 말을 타고 경성을 일주하네~!)

가. 소(牛) 부문

[1]보험기간 중에 계약에서 정한 수용장소에서 사육하는 소
[2]한우, 육우, 젖소로 분류

1) **육우** : 품종에 관계없이 쇠고기 생산을 목적으로 비육되는 소
 가) 주로 고기생산을 목적으로 사육하는 품종(샤롤레, 헤어포드, 브라만 등이 있음)
 나) [1]젖소 수컷 및 [2]송아지를 낳은 경험이 없는 젖소 → 육우로 분류됨

2) **젖소** : 가축으로 사육되는 소 중에서 우유 생산을 목적으로 사육되는 소
 대표적인 품종은 홀스타인종(Holstein)

3) **한우** : 누런 갈색의 우리나라 재래종 소(체질이 강하고, 성질의 온순함)
 넓은 의미로는 한우도 육우의 한 품종으로 보아야 할 것이나
 가축재해보험에서는 한우는 → 별도로 분류하고 있음

4) **보험의 목적인 소**
 가) 보험기간 중에 계약에서 정한 소(牛)의 **수용장소**(소재지)에서 **사육하는 소**(牛)는
  → **모두** 보험에 **가입**하여야 함(포괄가입)

나) **위반 시** 보험자 → 그 사실을 **안 날**부터 **1개월 이내**에 계약 **해지 가능**

다) 포괄가입으로 간주하는 예외

1년 이내 출하 예정인 송아지나 큰 소의 경우

(1) **축종별** 및 **성별**을 <u>구분</u>하지 <u>**않고**</u> 보험<u>**가입**</u> 시

→ **소 이력제 현황**의 **70% 이상 가입** 시 → **포괄가입**으로 **간주**

(2) **축종별** 및 **성별**을 <u>구분</u>하여 보험<u>**가입**</u> 시

→ **소 이력제 현황**의 **80% 이상 가입** 시 → **포괄가입**으로 **간주**

라) 보험가입 가능 연령

생후 <u>**15일령**</u>부터 ~ <u>**13세**</u> **미만**까지 보험 가입 가능

Tip ▶ **한, 육, 젖 : 씹어일**(15일), **일삼세**(13세) - 여물 씹는 일을 일로 삼을 정도까지

마) 귀표 부착

보험에 가입하는 소는 모두 귀표가 부착되어 있어야 함

바) 암수 구분

(1) 젖소 불임우(프리마틴 등) → 암컷으로 분류

(2) 거세우 → 수컷으로 분류

사) 계약한 소가 수용장소에서 사육하는 소일지라도 목적에서 제외되는 대상

(1) 다른 계약(공제계약 포함)이 있는 경우

(2) 과거 병력, 발육부진 또는 발병 등의 사유로 → 인수가 부적절하다고 판단되는 경우

(3) 보험기간 중 가축 증가(출산, 매입 등)에 따라 → 추가보험료를 납입하지 않은 가축

01 다음은 가축재해보험에서 보험의 목적인 소에 대한 내용이다. (   )에 들어갈 내용을 쓰시오.

1. 보험의 목적인 소는 보험기간 중에 계약에서 정한 소(牛)의 (①)장소(소재지)에서 사육하는 소(牛)는 모두 보험에 가입하여야 하며 위반 시 보험자는 그 사실을 안 날부터 (②)개월 이내에 이 계약을 해지할 수 있다.
2. 그러나 1년 이내 출하 예정인 송아지나 큰소의 경우
   (1) 축종별 및 성별을 구분하지 않고 보험가입 시에는 소 이력제 현황의 (③)% 이상
   (2) 축종별 및 성별을 구분하여 보험가입 시에는 소 이력제 현황의 (④)% 이상 가입 시 (⑤)가입으로 간주한다.
3. 소는 생후 (⑥)일령부터 (⑦)세 미만까지 보험가입이 가능하고, 보험에 가입하는 소는 모두 (⑧)가 부착되어 있어야 한다.
4. 가입 시 젖소 불임우(프리마틴 등)는 (⑨)으로, 거세우는 (⑩)으로 분류한다.

Solution

① 수용, ② 1, ③ 70, ④ 80, ⑤ 포괄, ⑥ 15, ⑦ 13, ⑧ 귀표, ⑨ 암컷, ⑩ 수컷

나. 돼지(豚) 부문

보험기간 중에 계약에서 정한 수용장소에서 사육하는 돼지

1) 종빈돈(種牝豚), 종모돈(種牡豚), 육성돈(후보돈 포함), 비육돈(肥肉豚), 자돈(仔豚), 기타 돼지

2) **평균 수명** : 10 ~ 15년

3) **비육돈** : 고기를 생산하기 위한 돼지로서 일반적으로 약 180일 정도 길러져서 도축됨

 가) **포유자돈** : 출산에서 ~ 약 4주차까지 포유기간에 해당되어 어미돼지의 모유를 섭취함

 나) **이유자돈** : 약 4주차 ~ 8주차까지 자돈기간으로 어미돼지와 떨어져서 이유식에 해당하는 자돈 사료를 섭취함

 다) **육성돈** : 약 8주차 ~ 22주차까지가 육성기간으로 이 시기에 근육이 생성되는 급격한 성장기임

 라) **비육돈** : 약 22주차 ~ 26주차까지가 비육기간으로 출하를 위하여 근내지방을 침착시키는 시기

4) **종돈** : 번식을 위하여 기르는 돼지(종빈돈과 종모돈)

 통상 육성돈 단계에서 → 선발 과정을 거쳐서 → 후보돈으로 선발되어 → 종돈으로 쓰임

 가) **종빈돈**[種牝(암컷 빈)豚] : 씨를 받기 위하여 기르는 암돼지

 나) **종모돈**[種牡(수컷 모)豚] : 씨를 받기 위하여 기르는 수돼지

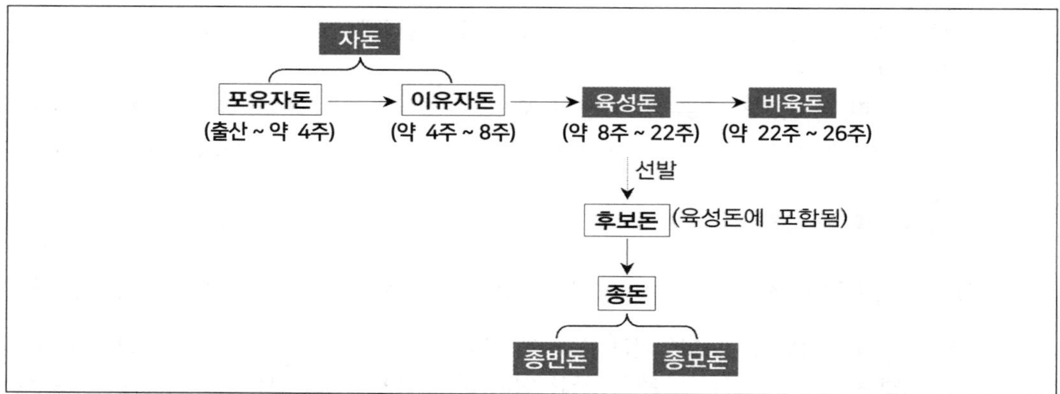

Tip ▸ 포(4) 유자돈, 이유자돈(이판 사(4)판(8)), 육성돈(팔(8) 둘레(22)), 비육돈(둘레(22) 이륙(26))

다. 가금(家禽) 부문

보험기간 중에 계약에서 정한 수용장소에서 사육하는 가금

1) 닭, 오리, 거위, 칠면조, 꿩, 메추리, 타조, 관상조, 기타 가금

2) **닭** : 종계(種鷄), 육계(肉鷄), 산란계(産卵鷄), 토종닭 및 그 연관 닭을 모두 포함

 가) **종계** : 능력이 우수하여 병아리 생산을 위한 종란을 생산하는 닭

 나) **육계** : 주로 고기를 얻으려고 기르는 빨리 자라는 식육용의 닭. 즉, 육용의 영계와 채란계(採卵鷄)의 폐계(廢鷄)인 어미 닭의 총칭

 다) **산란계** : 계란 생산을 목적으로 사육되는 닭

 라) **토종닭** : 우리나라에 살고 있는 재래닭

문제로 확인하기

01 **가축재해보험 가금 부문에 가입할 수 있는 축종을 쓰시오.**

Solution

닭, 오리, 거위, 칠면조, 꿩, 메추리, 타조, 관상조, 기타 가금

라. 말(馬) 부문

1) **보험기간 중에 계약에서 정한 수용장소에서 사육하는 말**

종마(종모마, 종빈마), 경주마(육성마 포함), 일반마, 기타 말

가) **종마** : 우수한 형질의 유전인자를 갖는 말을 생산할 목적

→ 외모, 체형, 능력 등이 뛰어난 마필을 번식용으로 쓰기 위해 사육하는 씨말

→ 씨암말을 [1]종**빈**마, 씨수말을 [2]종**모**마라고 함

나) **경주마** : 경주용으로 개량된 말과 경마에 출주하는 말을 총칭

[1]대한민국 내에서 경마에 출주시키기 위해서 → 한국마사회에 등록해야 함

[2]보통 태어난 지 대략 2년 정도 뒤 경주마 등록 → 경주마로 인정받게 됨

2) **계약에서 정한 말의 수용장소에서 사육하는 말이라도 보험목적에서 제외 가능 대상**

다른 계약(공제계약 포함)이 있거나, 과거 병력, 발육부진 또는 발병 등의 사유로

→ 인수가 부적절하다고 판단되는 경우

마. 종모우(種牡牛) 부문

보험기간 중에 계약에서 정한 수용장소에서 사육하는 종모우(씨수소)

1) **보험의 목적** : [1]한우, [2]육우, [3]젖소로 분류

2) 보험의 목적은 **귀표**가 **부착**되어 있어야 함

3) **종모우** : 능력이 우수하여 → 자손생산을 위해 정액을 이용하여 인공수정에 사용되는 수소

바. 기타 가축(家畜) 부문

보험기간 중에 계약에서 정한 가축의 수용장소에서 사육

1) **보험의 목적** : 사슴, 양, 꿀벌, 토끼, 오소리, 기타 가축

2) **사슴** : 이하 보험자의 승인을 받은 가축

가) **꽃사슴** : 생후 만 2개월 이상, 만 15세 미만

나) **엘크** : 생후 만 2개월 이상, 만 13세 미만

다) **레드디어** : 생후 만 2개월 이상, 만 13세 미만

라) **기타 사슴** : 생후 만 2개월 이상, 만 13세 미만

3) **양**

가) **산양(염소)** : 생후 만 3개월 이상, 만 10세 미만

나) **면양** : 생후 만 3개월 이상, 만 10세 미만

4) **계약에서 정한 가축의 수용장소에서 사육하는 가축이라도 보험목적에서 제외 가능 대상**

가) 다른 계약(공제계약 포함)이 있는 경우이거나 과거 병력, 발육부진 또는 발병 등의 사유로 → 인수가 부적절하다고 판단되는 경우

나) 보험기간 중 가축 증가(출산, 매입 등)에 따른 → 추가보험료를 납입하지 않은 가축

5) **꿀벌** : 아래와 같은 벌통인 경우 보상 가능

가) **서양종(양봉)** : 꿀벌이 있는 상태의 **소비**[(巢(집 소)脾(지라 비) = 벌집]가 **3매 이상** 있는 벌통

나) **동양종(토종벌, 한봉)** : **봉군**(蜂群 = 꿀벌 무리)이 **있는** 상태의 벌통

> ◆ **용어의 정의**
>
> ① 소비(巢脾) = 벌집
>
> ㉠ **소광**[巢(집 소)光, comb frame : 벌집의 나무틀]에 철선을 건너매고 벌집의 기초가 되는 **소초**[巢(집 소)礎(주춧돌 초) : 밀납을 녹여 벌집의 기초가 되도록 만든 밀판)]를 **매선기**(埋線器 : 소광에 소초를 붙일 때, 소초에 철선을 묻히는 기구)로 붙여 지은 집
>
> ㉡ 여왕벌이 알을 낳고 일벌이 새끼들을 기르며 꿀과 화분을 저장하는 6,600개의 소방을 가지고 있는 장소
>
> [소비(벌집)] 
>
> 소광(巢光) : 벌집(소비)의 나무틀
>
> 소초(巢礎) : 매선기로 밀납을 녹여 벌집의 기초가 되도록 만든 밀판
>
> 출처 : 한국양봉신문
>
> ② **봉군**(蜂群) : 여왕벌, 일벌, 수벌을 갖춘 꿀벌의 무리(= 우리말로 "벌무리"라고도 함)

사. 축사(畜舍) 부문

보험기간 중에 계약에서 정한 [1]**가축**을 **수용**하는 건물 및 [2]**가축사육**과 **관련**된 건물

1) **건물의 부속물** : 피보험자 소유 칸막이, 대문, 담, 곳간 및 이와 비슷한 것

2) **건물의 부착물** : 피보험자 소유 게시판, 네온사인, 간판, 안테나, 선전탑 및 이와 비슷한 것

3) **건물의 부속설비** : 피보험자 소유 전기가스설비, 급배수설비, 냉난방설비, 급이기(가축의 사료를 사료 통으로 보내는 기계), 통풍설비 등 건물의 주 용도에 적합한 부대시설 및 이와 비슷한 것

4) **건물의 기계장치** : 착유기, 원유냉각기, 가금사의 기계류(케이지, 부화기, 분류기 등) 및 이와 비슷한 것

3. 부문별 보상하는 손해

가. 소(牛) 부문(종모우 부문 포함)

1) 보장내용 : 주계약(보통약관)

가) 한우, 육우, 젖소

- 자기부담금 : 보험금의 20%, 30%, 40%

(1) **질병**(**법정전염병 제외**) 또는 각종 사고(**풍**해 · **수**해 · **설**해 등 자연재해, **화**재)로 인한 → **폐사**

(2) **부**상(**경**추골절, **사**지골절, **탈**구 · 탈골), 난**산**, 산**욕**마비, 급성**고**창증 및 젖소**유**량**감**소

→ **긴급도축**을 하여야 하는 경우

※ **젖소유량감소** : 유방염, 불임 및 각종 대사성질병으로 인하여
→ 젖소로서의 경제적 가치가 없는 경우에 한함

※ **신규가입** : **가입일**로부터 **1개월 이내** <u>**질병**</u> 관련 사고(긴급도축 제외)
→ **보상**하지 **아니함**

(3) **소 도난 및 행방불명에 의한 손해**

※ 보험증권에 기재된 보관장소 내에 보관되어 있는 동안에 불법침입자, 절도 또는 강도의 도난행위로 입은 직접손해(가축의 상해, 폐사 포함)에 한함

(4) **가축사체 잔존물 처리비용**

한우 · 육우 · 젖소 보상하는 손해

1. **폐사** : 폐사한 것이 확실한 때(질병 또는 각종 사고)
2. **긴급도축** (5가지)
   - **부상**(3가지 한정) : 경추골절, 사지골절, 탈구(탈골)
   - **난산**
   - **산욕마비**
   - **급성고창증**
   - **젖소의 유량감소**
3. **소 도난 및 행방불명에 의한 손해**
4. **가축사체 잔존물 처리비용**

나) 종모우

– 자기부담금 : 보험금의 20%

(1) **경제적 도살 : 연속 6주** 동안 정상적으로 **정액**을 **생산**하지 못하고
→ 종모우로서 경제적 가치가 없다고 판정 시

※ **정액생산** : <u>6주</u> 동안 → <u>**일주**</u>일에 <u>2**번**</u>에 걸쳐 정액을 **채취**한 후
→ 이를 근거로 경제적 도살 여부 판단 **Tip ▸** **육주**(6주, 역주행), **일주**(일주일), **투**(2, 투어)

(2) **그 외 보상하는 사고** : 한우 · 육우 · 젖소와 **동일**

종모우의 보상하는 손해

1. **폐사** : 폐사한 것이 확실한 때
2. **긴급도축**(2가지 한정)
   - **부상**(3가지 한정) : 경추골절, 사지골절 및 탈구(탈골)
   - **급성고창증**
3. **경제적 도살** : 일주일에 2번 채취 → 연속 6주 정상적 정액 생산(×)

다) 축사

– 자기부담금

- **풍재 · 수재 · 설해 · 지진 : 보험금** 0%, 5%, 10% 또는 <u>**50만원**</u> 중 → **큰 금액**
- **화재 : 보험금** 0%, 5%, 10% **Tip ▸** 50만원 기준(×)

(1) **화재**(벼락 포함)에 의한 → **손해**

(2) **화재**(벼락 포함)에 따른 → **소방손해**
(3) 태풍, 홍수, 호우, 강풍, 풍랑, 해일, 조수(潮水), 우박, 지진, 분화 및 이와 비슷한 **풍재** 또는 **수재**로 입은 → **손해**
(4) **설해**로 입은 → **손해**
(5) **화재**(벼락 포함) 및 **풍재**, **수재**, **설해**, **지진**에 의한 → **피난 손해**
(6) **잔존물 제거비용**

2) 보장내용 : 특별약관

가) 소 도체결함보장
- 자기부담금 : 보험금의 20%

도축장에서 도축되어 ~ 경매 시까지 발견된 도체의 결함(근출혈, 수종, 근염, 외상, 근육제거, 기타 등)으로 → 손해액이 발생한 경우

나) 협정보험가액
- 자기부담금 : 주계약, 특약조건 준용

협의 평가로 보험가입한 금액
※ 시가와 관계없이 → 가입금액을 보험가액으로 평가

다) 화재대물배상책임
- 자기부담금 없음

축사 화재로 인해 → 인접 농가에 피해가 발생한 경우

3) 폐사

가) 질병 또는 불의의 사고에 의하여 → 수의학적으로 구할 수 없는 상태가 되는 것
나) 맥박, 호흡, 그 외 일반증상으로 → 폐사한 것이 확실한 때로 함
다) 통상적으로 **수의사**의 **검안서** 등의 소견을 기준으로 판단함

4) 긴급도축

사육하는 장소에서 → **부**상, 난**산**, 산**욕**마비, 급성**고**창증 및 젖소의 **유**량**감**소 발생
→ 즉시 도축장에서 도살하여야 할 불가피한 사유가 있는 경우

5) 긴급도축 사유

가) 부상 범위 : **경**추골절, **사**지골절 및 **탈**구(탈골)에 한함 Tip ▸ **경**,**사**,**탈**(경사에서 부상(탈) 당함)
나) 젖소의 유량감소 : 유방염, 불임 및 각종 대사성질병으로 인하여 수의학적으로 유량감소가 예견되어 젖소로서의 경제적 가치가 없다고 판단이 확실시되는 경우에 한정
다) 약관에서 열거하는 질병 및 상해 이외의 경우에도 **수의사의 진료 소견**에 따라서 치료 불가능 사유 등으로 → **불가피**하게 **긴급도축**을 시켜야 하는 경우도 포함
라) **산욕마비** : 분만 후 체내 칼슘이 급격히 저하 → 근육 마비를 일으켜 기립불능되는 질병
마) **급성고창증** : 이상발효에 의한 가스 충만 → 조치 취하지 못하면 폐사하는 소화기질병
바) **대사성질병** : 비정상적인 대사 과정에서 유발되는 질병

6) 도난 손해

가) 보험증권에 기재된 보관장소 내에 보관되어 있는 동안에 불법침입자, 절도 또는 강도의 도난 행위로 입은 → 직접손해(가축의 상해, 폐사를 포함)로 한정

나) 도난 손해에서 제외

(1) 보험증권에 기재된 **보관장소**에서 **이탈**하여 **운송 도중** 등에 발생한 **도난 손해**

(2) 도난 행위로 입은 → **간접손해**(경제능력 저하, 전신쇠약, 성장지체 · 저하 등)

7) 도난, 행방불명의 사고 발생 시 절차

가) 계약자, 피보험자, 피보험자의 가족, 감수인(監守人) 또는 당직자
→ **지체 없이** 이를 관할 경찰서와 재해보험사업자에
→ **알려야 함**(경찰서 신고를 의무화)

나) 보험금 청구 시 관할 경찰서의 도난신고(접수) 확인서를
→ 재해보험사업자에 제출하여야 함

8) 종모우(種牡牛)

가) 보험의 목적이 → [1]**폐사**, [2]**긴급도축**, [3]**경제적 도살**의 사유로 입은 **손해**를 보상

나) 폐사

[1]**질병** 또는 **불의의 사고**에 의하여 → **수의학적**으로 **구할 수 없는 상태**가 되고
[2]**맥박, 호흡, 그 외 일반증상**으로 → **폐사**한 것이 **확실한 때**로 함

다) 긴급도축의 범위

사육하는 장소에서 [1]**부상**, [2]**급성고창증**(2가지 경우 한정)이 발생한 소(牛)를
→ 즉시 도축장에서 **도살**하여야 할 **불가피**한 사유 있는 경우 → 한하여 인정

라) 부상의 범위

3가지 경우에 한하여 인정(경추골절, 사지골절 및 탈구(탈골))

마) 경제적 도살

(1) **연속 6주** 동안 정상적으로 **정액**을 **생산**하지 **못하고**
→ 자격 있는 **수의사**에 의하여 → **종모우**로서 **경제적 가치**가 **없다**고 **판정**되었을 때

(2) **정액생산 : 6주** 동안 **일주일**에 **2번**에 걸쳐 정액을 **채취**
→ 이를 근거로 경제적 도살 여부 판단

Tip ▸ **육주**(6주, 역주행), **일주**(일주일), **투**(2, 투어)

나. 돼지(豚) 부문

1) 보장내용 : 주계약(보통약관)

가) 돼지

\- 자기부담금 : 보험금의 5%, 10%, 20%

(1) **화**재 및 **풍**재, **수**재, **설**해, **지**진으로 인한 → **폐사**

(2) **화**재 및 **풍**재, **수**재, **설**해, **지**진 발생 시 → 방재 또는 긴급피난에 필요한 조치로
→ 목적물에 발생한 손해

(3) **가축사체 잔존물 처리비용**

나) 축사

– 자기부담금

- **풍재 · 수재 · 설해 · 지진 : 보험금** 0%, 5%, 10% 또는 **50만원** 중 → **큰 금액**
- **화재 : 보험금** 0%, 5%, 10% **Tip ▸** 50만원 기준(×)

(1) **화재**(벼락 포함)에 의한 → **손해**

(2) **화재**(벼락 포함)에 따른 → **소방손해**

(3) 태풍, 홍수, 호우, 강풍, 풍랑, 해일, 조수(潮水), 우박, 지진, 분화 및 이와 비슷한 **풍재** 또는 **수재**로 입은 → **손해**

(4) **설해**로 입은 → **손해**

(5) **화재**(벼락 포함) 및 풍재, **수재**, **설해**, **지진**에 의한 → **피난 손해**

(6) **잔존물 제거비용**

2) 보장내용 : 특별약관

가) 질병위험보장

– 자기부담금 : **보험금** 10%, 20%, 30%, 40% 또는 **200만원** 중 → **큰 금액**

TGE, PED, Rota virus에 의한 손해

※ TGE(**전염**성**위장**염), PED(**돼**지**유**행성설**사**병), 로**타바**이러스감염증

Tip ▸ 전염됐다고 **위장**하는 거 / **돼**(대개) **유**, **사**하다고 / **타바**(타박 받음)

※ **신규가입일 경우** : 가입일로부터 ~ **1개월 이내** 질병 관련 사고 → **보상**하지 **아니함**

나) 축산휴지위험보장

– 자기부담금 없음

주계약 및 특별약관에서 보상하는 사고 → 축산업 휴지 → 손해액

다) 전기적장치위험보장

– 자기부담금 : **보험금** 10%, 20%, 30%, 40% 또는 **200만원** 중 → **큰 금액**

전기장치가 **파손**되어 → **온도의 변화**로 → **가축 폐사** 시

라) 폭염재해보장

– 자기부담금 : **보험금** 10%, 20%, 30%, 40% 또는 **200만원** 중 → **큰 금액**

폭염에 의한 → 가축 **피해** 보상

※ 폭염재해보장 특약 : **전기적장치위험보장 특약 가입자**에 **한하여** → 가입 가능

마) 협정보험가액

– **자기부담금 : 주계약, 특약 조건 준용**

협의 평가로 보험가입한 금액

※ 시가와 관계없이 → **가입금액**을 **보험가액**으로 평가

바) 설해손해부보장

– 자기부담금 없음

설해에 의한 **손해** → **보장**하지 **않음**

사) 화재대물배상책임

– 자기부담금 없음

축사 화재로 인해 → 인접 농가에 피해가 발생한 경우

3) **화**재 및 **풍**재 · **수**재 · **설**해 · **지**진의 직접적인 원인으로

→ 보험목적이 폐사 또는 맥박, 호흡 그 외 일반증상이

→ **수의학적**으로 **폐사**가 **확실시**되는 경우 → 그 **손해**를 **보상**

4) **화**재 및 **풍**재 · **수**재 · **설**해 · **지**진의 발생에 따라서

→ 보험의 목적의 **피해**를 **방재** 또는 **긴급피난**에 **필요한 조치**로

→ 보험목적에 생긴 **손해**도 **보상**

5) 사고 발생 때부터 ~ **120시간(5일) 이내**에 **폐사**되는 → 보험목적에 한하여 **보상**

다만, 재해보험사업자가 **인정**하는 경우에 한하여

사고 발생 때부터 ~120시간(5일) **이후** 폐사되어도 → 보상 Tip ▸ **오일**(Oil, 5일), **빼사**(폐사)

01 가축재해보험 중 돼지와 축사에 적용할 수 있는 (1) 특약 4가지 이상과 (2) 질병 특약에 적용되는 질병의 종류 3가지를 쓰시오.

Solution

(1) 특약 4가지

질병위험보장, 전기적장치위험보장, 폭염재해보장, 축산휴지위험보장, 협정보험가액, 설해손해부보장, 화재대물배상책임

(2) 질병 특약에 적용되는 질병의 종류

TGE(전염성위장염), PED(돼지유행성설사병), 로타바이러스감염증

다. 가금(家禽) 부문

1) 보장내용 : 주계약(보통약관)

가) 가금

– 자기부담금 : 보험금의 10%, 20%, 30%, 40%

(1) **화**재 및 **풍**재, **수**재, **설**해, **지**진으로 인한 → **폐사**

(2) **화**재 및 **풍**재, **수**재, **설**해, **지**진 발생 시 → **방재** 또는 **긴급피난**에 필요한 **조치**로

→ **목적물**에 발생한 **손해**

(3) **가축사체 잔존물 처리비용**

나) 축사

– 자기부담금

• **풍**재 · **수**재 · **설**해 · **지**진 : **보험금** 0%, 5%, 10% 또는 50만원 중 → **큰 금액**

• **화재 : 보험금** 0%, 5%, 10% **Tip ▸** 50만원 기준(×)

(1) **화재**(벼락 포함)에 의한 → **손해**

(2) **화재**(벼락 포함)에 따른 → **소방손해**

(3) 태풍, 홍수, 호우, 강풍, 풍랑, 해일, 조수(潮水), 우박, 지진, 분화 및 이와 비슷한 **풍재** 또는 **수재**로 입은 → **손해**

(4) **설해**로 입은 → **손해**

(5) **화**재(벼락 포함) 및 **풍**재, **수**재, **설**해, **지**진에 의한 → **피난 손해**

(6) **잔존물 제거비용**

2) 보장내용 : 특별약관

가) 전기적장치위험보장

– 자기부담금 : **보험금** 10%, 20%, 30%, 40% 또는 <u>**200만원**</u> 중 → **큰 금액**

전기장치가 **파손**되어 → **온도**의 **변화**로 → 가축 **폐사** 시

나) 폭염재해보장

– 자기부담금 : **보험금** 10%, 20%, 30%, 40% 또는 <u>**200만원**</u> 중 → **큰 금액**

폭염에 의한 → 가축 **피해** 보상

※ 폭염재해보장 특약 : **전기적장치위험보장 특약 가입자**에 <u>**한하여**</u> → 가입 가능

다) 협정보험가액

– 자기부담금 : 주계약, 특약 조건 준용

협의 평가로 → 보험가입한 금액

※ 시가와 관계없이 → **가입금액**을 **보험가액**으로 평가

라) 설해손해부보장

– 자기부담금 없음

설해에 의한 **손해** → **보장**하지 **않음**

마) 화재대물배상책임

– 자기부담금 없음

축사 화재로 인해 → **인접 농가**에 **피해**가 발생한 경우

3) **화**재 및 **풍**재 · **수**재 · **설**해 · **지**진의 **직접적**인 **원인**으로

→ 보험목적이 폐사 또는 맥박, 호흡 그 외 일반증상이

→ 수의학적으로 **폐사**가 **확실시되는 경우** → 그 **손해**를 **보상**

4) **화**재 및 **풍**재 · **수**재 · **설**해 · **지**진의 발생에 따라서

→ 보험의 목적의 **피해**를 **방재** 또는 **긴급피난**에 필요한 **조치**로

→ **보험목적**에 생긴 **손해**도 **보상**

5) 사고 발생 때부터 ~ 120**시간**(**5일**) **이내**에 **폐사**되는 → 보험목적에 <u>한하여</u> **보상**

다만, 재해보험사업자가 인정하는 경우에 한하여 사고 발생 때부터 ~ 120시간(5일) **이후 폐사** 되어도 → **보상** **Tip** ▸ **오일**(Oil, 5일), **빼사**(폐사)

6) 폭염손해

가) **폭염특보 발령 전 24시간**(1일) **전부터** ~ **해제 후 24시간**(1일) **이내**
→ **폐사**되는 보험목적에 <u>한하여</u> 보상

나) 폭염특보

(1) 보험목적의 **수용장소**(소재지)에 발표된 → **해당 지역**별 **폭염특보**를 **적용**하며 **보험기간 종료일까지** 폭염특보가 **해제되지 않을 경우**
→ **보험기간 종료일**을 → **폭염특보 해제일**로 봄

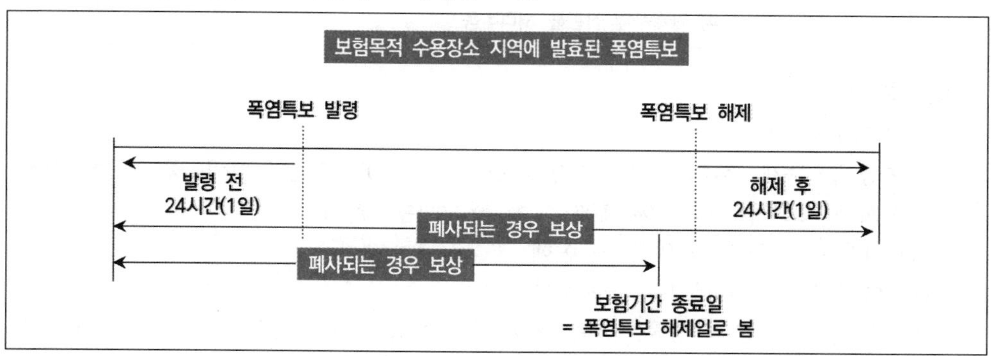

(2) **일 최고 체감온도**를 **기준**으로 발령되는 기상특보 → **주의보**와 **경보**로 구분
→ 모두 **폭염특보**로 **봄**

라. 말(馬) 부문

1) 보장내용 : 주계약(보통약관)

가) 종<u>빈</u>마, 종<u>모</u>마, <u>경</u>주마, 육<u>성</u>마, <u>일</u>반마, 제<u>주</u>마

- 자기부담금 : 보험금의 20%

단, **경주마**(육성마) : [1]**경마장 외** : 30%, [2]**경마장 내** : 5%, 10%, 20% 중 → 선택

(1) **질병**(법정전염병을 제외) 또는 각종 **사고**(풍해 · 수해 · 설해 등 자연재해, 화재)로 인한
→ **폐사**

(2) <u>부</u>상(<u>**경**</u>추골절, <u>**사**</u>지골절, <u>**탈**</u>골 · 탈구), 난<u>**산**</u>, 산<u>**욕**</u>마비, 산<u>**통**</u>, 경주마의 실<u>**명**</u>으로
→ **긴급도축**을 하여야 하는 경우

(3) **불임**

임신 가능한 **암컷말**(종빈마)의 생식기관의 이상과 질환으로 인하여 발생하는
→ **영구적**인 **번식 장애**를 의미

(4) **가축사체 잔존물 처리비용**

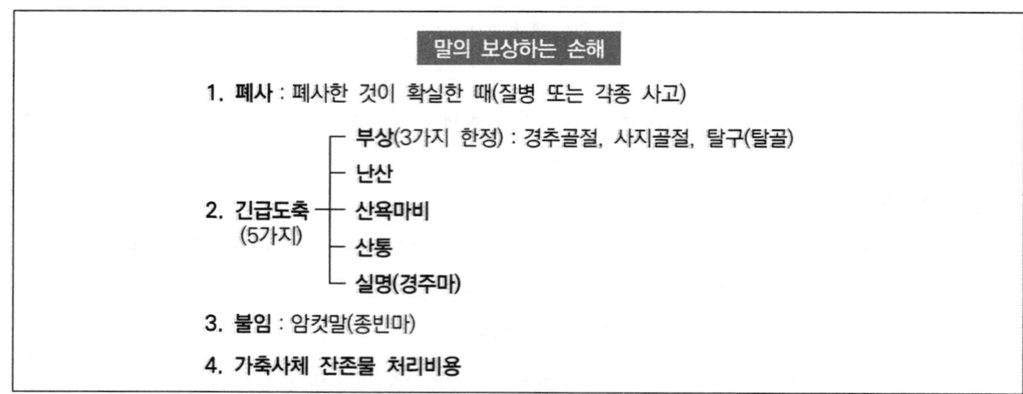

말의 보상하는 손해
1. 폐사 : 폐사한 것이 확실한 때(질병 또는 각종 사고)
2. 긴급도축 (5가지)
부상(3가지 한정) : 경추골절, 사지골절, 탈구(탈골)
난산
산욕마비
산통
실명(경주마)
3. 불임 : 암컷말(종빈마)
4. 가축사체 잔존물 처리비용

나) 축사

– 자기부담금

- **풍재 · 수재 · 설해 · 지진 : 보험금** 0%, 5%, 10% 또는 **50만원** 중 → **큰 금액**
- **화재 : 보험금** 0%, 5%, 10% **Tip** ▸ 50만원 기준(×)

(1) **화재**(벼락 포함)에 의한 → **손해**

(2) **화재**(벼락 포함)에 따른 → **소방손해**

(3) 태풍, 홍수, 호우, 강풍, 풍랑, 해일, 조수(潮水), 우박, 지진, 분화 및 이와 비슷한 **풍재** 또는 **수재**로 입은 → **손해**

(4) **설해**로 입은 → **손해**

(5) **화재**(벼락 포함) 및 풍재, 수재, 설해, 지진에 의한 → **피난손해**

(6) **잔존물 제거비용**

2) 보장내용 : 특별약관

– 자기부담금 없음

가) 씨수말 번식 첫해 선천성 불임 확장보장

씨수말이 **불임**이라고 **판단**이 된 경우에 보상

나) 말 운송위험확장보장

말 운송 중 발생되는 → **주계약 보상사고**

다) 경주마 부적격

경주마 부적격 판정을 받은 경우 → 보상

라) 화재대물배상책임

축사 화재로 인해 → **인접 농가**에 **피해**가 발생한 경우

3) **폐사**, **긴급도축**, **불임**의 사유 → **손해**를 보상

4) **폐사**

질병 또는 **불의의 사고**에 의하여 → **수의학적**으로 **구할 수 없는 상태**가 되고
맥박, 호흡, 그 외 일반증상으로 → **폐사**한 것이 **확실**한 때

5) 긴급도축

가) 사육하는 장소에서 → **부**상, 난**산**, 산**욕**마비, 산**통**, 경주마 중 실**명**이 발생한 말
→ 즉시 도축장에서 도살하여야 할 불가피한 사유가 있는 경우

나) **부상 범위**(3가지 경우 한하여 인정) : **경**추골절, 사지**골**절 및 **탈**구(탈골)

6) 불임

임신 가능한 암컷말(**종빈마**)의 생식기관의 이상과 질환으로 인하여 발생하는
→ **영구적인 번식 장애**

마. 기타 가축(家畜) 부문

1) 보장내용 : 주계약(보통약관)

가) **양, 사슴, 꿀벌, 토끼, 오소리**

- 자기부담금 : 보험금의 5%, 10%, 20%, 30%, 40%

(1) **화재** 및 **풍**재, **수**재, **설**해, **지**진에 의한 → **손해**

(2) **화재** 및 **풍**재, **수**재, **설**해, **지**진 발생 시 → **방재** 또는 **긴급피난**에 필요한 **조치**로
→ **목적물**에 발생한 **손해**

(3) **가축사체 잔존물 처리비용**

나) 축사

- 자기부담금
  - **풍**재 · **수**재 · **설**해 · **지**진 : **보험금** 0%, 5%, 10% 또는 50만원 중 → **큰 금액**
  - **화재** : **보험금** 0%, 5%, 10% Tip ▸ 50만원 기준(×)

(1) **화재**(벼락 포함)에 의한 → **손해**

(2) **화재**(벼락 포함)에 따른 → **소방손해**

(3) 태풍, 홍수, 호우, 강풍, 풍랑, 해일, 조수(潮水), 우박, 지진, 분화 및 이와 비슷한 **풍재** 또는 **수재**로 입은 → **손해**

(4) **설해**로 입은 → **손해**

(5) **화재**(벼락 포함) 및 풍재, 수재, 설해, 지진에 의한 → **피난손해**

(6) **잔존물 제거비용**

2) 보장내용 : 특별약관

가) 폐사 · 긴급도축확장보장특약(사슴, 양 자동부가)

- 자기부담금 : 보험금의 5%, 10%, 20%, 30%, 40%

(1) **질병**(법정전염병을 제외한) 또는 **각종 사고**(풍해 · 수해 · 설해 등 자연재해, 화재)로 인한
→ **폐사**

(2) **부**상(사지골절, 경추골절, 탈구 · 탈골), 난**산**, 산**욕**마비로 → **긴급도축**을 하여야 하는 경우

※ **신규가입**일 경우 : 가입일로부터 ~ **1개월 이내 질병** 관련 **사고**(긴급도축 제외)
→ **보상**하지 **아니함**

나) 꿀벌 낭충봉아부패병보장

- 자기부담금 : 보험금의 5%, 10%, 20%, 30%, 40%

꿀벌이 낭충봉아부패병으로 → **폐사**(감염 **벌통 소각** 포함)한 경우

다) 꿀벌 부저병보장

- 자기부담금 : 보험금의 5%, 10%, 20%, 30%, 40%

꿀벌이 부저병으로 → **폐사**(감염 **벌통 소각** 포함)한 경우

라) 화재대물배상책임

- 자기부담금 없음

축사 화재로 인해 → **인접 농가**에 **피해**가 발생한 경우

3) **화**재 및 **풍**재 · **수**재 · **설**해 · **지**진의 **직접적**인 **원인**으로

→ 보험목적이 폐사 또는 맥박, 호흡 그 외 일반증상이

→ **수의학적**으로 **폐사**가 **확실**시되는 경우 → 그 **손해**를 **보상**

4) **화**재 및 **풍**재 · **수**재 · **설**해 · **지**진의 발생에 따라서

→ 보험의 목적의 **피해**를 **방재** 또는 **긴급피난**에 필요한 **조치**로

→ **보험목적**에 생긴 **손해**도 보상

5) 사고 발생 때부터 ~ **120시간**(**5일**) **이내**에 **폐사**되는 → 보험목적에 한하여 보상

다만, 재해보험사업자가 인정하는 경우에 한하여

사고 발생 때부터 ~ **120시간**(**5일**) **이후**에 **폐사**되어도 → **보상** **Tip ▶ 오일**(Oil, 5일), **빼사**(폐사)

6) **꿀벌** : 아래와 같은 벌통에 한하여 보상

가) 서양종(양봉) : 꿀벌이 있는 상태의 **소비**(巢脾)가 **3매 이상** 있는 **벌통**

나) 동양종(토종벌, 한봉) : **봉군**(蜂群)이 **있는** 상태의 **벌통**

바. 축사(畜舍) 부문

1) **화재**에 따른 → **손해**

2) **화재**에 따른 → **소방손해**

3) 태풍, 홍수, 호우(豪雨), 강풍, 풍랑, 해일(海溢), 조수(潮水), 우박, 지진, 분화 및 이와 비슷한 **풍재** 또는 **수재**로 입은 → **손해**

4) **설해**에 따른 → **손해**

5) **화**재 또는 **풍**재 · **수**재 · **설**해 · **지**진에 따른 → **피난손해**(피난지에서 보험기간 내의 **5일 동안**에 생긴 **상기 손해**를 **포함**)

※ **지진 피해** : 아래의 **최저기준**을 **초과**하는 **손해**를 **담보**함

- **기둥** 또는 **보** → **1개** 이하를 **해체**하여 → **수선** 또는 **보강**하는 것
- **지붕틀**의 → **1개** 이하를 **해체**하여 → **수선** 또는 **보강**하는 것
- **기둥**, **보**, **지붕틀**, **벽** 등에 → **2m** 이하의 → **균열**이 발생한 것
- **지붕재**의 → **2㎡** 이하를 → **수선**하는 것

문제로 확인하기

01 **가축재해보험에 가입한 A축사에 다음과 같은 지진 피해가 발생하였다. 보상하는 손해내용에 해당하는 경우에는 "해당"을, 보상하지 않는 손해내용에 해당하는 경우에는 "미해당"을 쓰시오. (단, 주어진 조건 외 다른 사항은 고려하지 않음)**

- 지진으로 축사의 급배수설비가 파손되어 복구한 비용 500만원 – (①)
- 지진으로 축사 벽의 2m 균열을 수리한 비용 150만원 – (②)
- 지진 발생 시 축사의 기계장치 도난손해 200만원 – (③)
- 지진으로 축사 내 배전반이 물리적으로 파손되어 복구한 비용 150만원 – (④)
- 지진으로 축사의 대문이 파손되어 이를 복구한 비용 130만원 – (⑤)

Solution

① 해당
② 미해당(2m를 초과해야 함)
③ 미해당(지진, 분화, 풍수해, 전쟁, 혁명, 내란, 사변, 폭동, 소요, 노동쟁의 기타 이들과 유사한 사태가 발생했을 때 생긴 도난 손해)
④ 해당
⑤ 해당

6) 잔존물 제거비용

사고 현장에서의 **잔존물의 해체비용**, **청소비용** 및 **차에 싣는 비용**
→ **손해액**의 10%를 **한도**로 지급보험금 계산방식에 따라서 보상

7) 보상제외

가) 잔존물 제거비용 불포함 대상

(1) 사고 현장 및 인근 지역의 **토양**, **대기** 및 **수질 오염물질 제거비용**

(2) **차**에 **실은 후 폐기물 처리비용**

나) **보상하지 않는 위험**으로 보험의 목적이 손해를 입은 것

다) **관계 법령**에 의하여 **제거**됨으로써 생긴 **손해**

사. 비용 손해

보험계약자 또는 피보험자가 지출한 비용 중
→ 아래 **5가지 비용**을 **손해**의 **일부로 간주**하여 → 보상함

※ 보험계약자나 피보험자가 여러 가지 조치를 취하면서 발생하는 휴업 손실, 일당 등의
→ **소극적 손해**는 **제외**됨

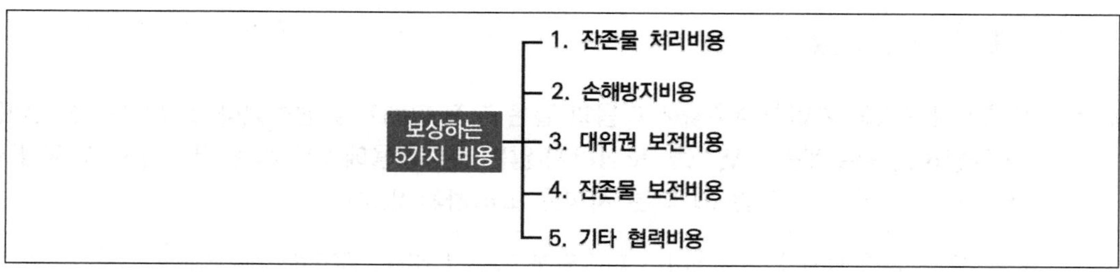

1) 잔존물 처리비용

가) 보험목적물이 **폐사**한 경우 → 사고 현장에서의 **잔존물**의 **견인비용** 및 **차에 싣는 비용**

(1) 단, 사고 현장 및 인근 지역의 **토양, 대기** 및 **수질 오염물질 제거비용**과 **차에 실은 후 폐기물 처리비용** → **불포함**

(2) 다만, **적법한 시설**에서의 → **렌더링 비용** → **포함**

※ 폐사 : 가축 또는 동물의 생명 현상이 끝남을 말함

※ 렌더링 : 사체를 고온·고압 처리 → 기름과 고형분으로 분리 → 유지(사료·공업용) 및 육분·육골분(사료·비료용)을 생산하는 과정

나) [1]보장하지 않는 위험으로 보험의 목적이 손해를 입거나
[2]관계 법령에 의하여 제거됨으로써 생긴 손해 → **보상하지 않음**

다) 가축재해보험에서 잔존물 처리비용

(1) 목적물이 **폐사**한 **경우**에 **한정** → 인정

(2) 폐사한 가축에 대한 매몰비용이 아닌 → **견인비용** 및 **차에 싣는 비용 한정** → 인정

(3) 매몰에 따른 환경오염 문제로 → **적법한 시설**의 **렌더링 비용** → 인정하여 보상

2) 손해방지비용

가) 보험사고가 발생 시 손해의 **방지** 또는 **경감** 위해 지출한 → **필요** 또는 **유익한 비용**
→ **손해방지비용**으로 **보상**

나) 약관에서 규정하고 있는 **보험목적**의 **관리의무**를 위해 **지출한 비용**은 → **제외**

다) 보험목적의 관리의무에 따른 비용

일상적인 관리에 소요되는 비용과 예방접종, 정기검진, 기생충구제 등에 소용되는 비용 그리고 보험목적이 질병에 걸리거나 부상을 당한 경우 신속하게 치료 및 조치를 취하는 비용 등을 의미함

3) 대위권 보전비용

가) 재해보험사업자가 → 보험사고로 인한 피보험자의 손실을 보상해주고
→ 피보험자가 보험사고와 관련하여 제3자에 대하여 가지는 권리가 있는 경우
→ 보험금을 지급한 재해보험사업자 → 그 지급한 금액의 한도에서
→ 그 권리를 법률상 당연히 취득하는 경우

나) 그 권리를 지키거나 행사하기 위하여 → 지출한 필요 또는 유익한 비용을 → 보상

4) 잔존물 보전비용

보험사고로 인해 멸실된 보험목적물의 잔존물을 보전하기 위하여
→ 지출한 필요 또는 유익한 비용 → 보상

가) 재해보험사업자가 보험금을 지급 → 잔존물 취득 의사표시를 하는 경우에 한해 → 지급

나) 재해보험사업자가 잔존물에 대한 취득 의사를 포기하는 경우 → 지급되지 않음

5) 기타 협력비용

재해보험사업자의 요구에 따라 지출한 → 필요 또는 유익한 비용을 → 보상

 문제로 확인하기

01 가축재해보험 가입대상 축종 중 특약을 포함하여 긴급도축을 보장하는 축종을 쓰시오.

Solution

소, 말, 사슴, 양

02 가축재해보험에 대한 각각의 질문에 대한 답을 쓰시오.

(1) 한우, 육우, 젖소의 긴급도축 5가지 사유를 쓰시오.
(2) 종모우의 긴급도축 2가지 사유를 쓰시오.
(3) 말의 긴급도축 5가지 사유를 쓰시오.
(4) 도난 및 행방불명에 의한 손해를 보장하는 세부 축종명 3가지를 쓰시오.
(5) 경제적 도살의 손해를 보장하는 세부 축종명을 쓰시오.
(6) 불임의 손해를 보장하는 세부 축종명을 쓰시오.
(7) 보상하는 부상의 유형 3가지를 쓰시오.
(8) 특약으로 전기적장치위험과 폭염재해보장을 인정하는 축종을 쓰시오.

Solution

(1) 한우, 육우, 젖소의 긴급도축 5가지 사유
부상, 난산, 산욕마비, 급성고창증, 젖소의 유량감소

(2) 종모우의 긴급도축 2가지 사유
부상, 급성고창증

(3) 말의 긴급도축 5가지 사유
부상, 난산, 산욕마비, 산통, 경주마 실명

(4) 도난 및 행방불명에 의한 손해를 보장하는 세부 축종명
한우, 육우, 젖소, 그러나 종모우는 인정하지 않음

(5) 경제적 도살의 손해를 보장하는 세부 축종명
종모우

(6) 불임의 손해를 보장하는 세부 축종명
암컷말(종빈마)

(7) 보상하는 부상의 유형 3가지
경추골절, 사지골절, 탈골・탈구

(8) 특약으로 전기적장치위험과 폭염재해보장을 인정하는 축종
돼지, 가금

03 가축재해보험 해당 내용에 대한 자기부담금의 최저 한도액을 각각 적으시오.

(1) 축사(화재 제외)

(2) 돼지, 가금 부문 전기적장치위험과 폭염재해보장 특별약관

(3) 돼지 부문 질병위험 보장 특별약관

Solution

(1) 축사(화재 제외) : 50만원
(2) 돼지, 가금 부문 전기적장치위험과 폭염재해보장 특별약관 : 200만원
(3) 돼지 부문 질병위험 보장 특별약관 : 200만원

04 가축재해보험 축종별 보상에 대한 다음 조건에 따라 자기부담금을 산출하시오.

- 축종 : 돼지(폭염재해 특약 가입)
- 약관에 따라 산출한 손해액(보험금) : 5,000,000원
- 자기부담비율 : 20%
- 사고 원인 : 폭염으로 인한 폐사

Solution

자기부담금은 지급보험 계산방식에 따라 금액의 20%와 200만원 중 큰 금액
∴ 자기부담금 = MAX[(5,000,000 × 0.2 = 1,000,000원), 2,000,000원]
= 2,000,000원

4. 부문별 보상하지 않는 손해

가. 전 부문 공통

1) 계약자, 피보험자 또는 이들의 법정대리인의 고의 또는 중대한 과실
2) 계약자 또는 피보험자의 도살 및 위탁 도살에 의한 → 가축 폐사로 인한 손해
3) 가축전염병예방법 제2조에서 정하는 가축전염병에 의한 폐사로 인한 손해 및 정부 및 공공기관의 살처분 또는 도태 권고로 발생한 손해
4) 보험목적이 유실 또는 매몰되어 → 보험목적을 객관적으로 확인할 수 없는 손해
다만, 풍수해 사고로 인한 직접손해 등 → 재해보험사업자가 인정하는 경우 → **보상**
5) 원인의 직접, 간접을 묻지 않고 전쟁, 혁명, 내란, 사변, 폭동, 소요, 노동쟁의, 기타 이들과 유사한 사태로 인한 손해
6) 지진의 경우 보험계약일 현재 이미 진행 중인 지진(본진, 여진을 포함)으로 인한 손해
7) 핵연료물질(사용된 연료 포함) 또는 핵연료물질에 의해 오염된 물질(원자핵 분열 생성물 포함)의 방사성, 폭발성 그 밖의 유해한 특성 또는 이들의 특성에 의한 사고로 인한 손해
8) 상기 7) 외의 방사선을 쬐는 것 또는 방사능 오염으로 인한 손해
9) 계약체결 시점 현재 기상청에서 발령하고 있는 기상특보 발령 지역의 기상특보 관련 재해(풍재, 수재, 설해, 지진, 폭염)로 인한 손해

나. 소(牛) 부문

1) 사료 공급 및 보호, 피난처 제공, 수의사의 검진, 소독 등 사고의 예방 및 손해의 경감을 위하여 당연하고 필요한 안전대책을 강구하지 않아 발생한 손해
2) 계약자 또는 피보험자가 보험가입 가축의 번식장애, 경제능력 저하 또는 전신쇠약, 성장지체・저하에 의해 도태시키는 경우
   ※ 다만, 우유방염, 불임 및 각종 대사성질병으로 인하여 수의학적으로 유량감소가 예견되어 젖소로서의 경제적 가치가 없다고 판단이 확실시되는 경우의 도태는 → **보상**
3) 개체 표시인 귀표가 오손, 훼손, 멸실되는 등
   → 목적물을 객관적으로 확인할 수 없는 상태에서 발생한 손해
4) 외과적 치료행위로 인한 → 폐사 손해
   ※ 다만, 보험목적의 생명 유지를 위하여 질병, 질환 및 상해의 치료가 필요하다고 자격 있는 수의사가 확인하고 치료한 경우 제외 → 즉, **보상**
5) 독극물의 투약에 의한 → 폐사 손해
6) 정부, 공공기관, 학교 및 연구기관 등에서 학술 또는 연구용으로 공여하여 발생된 손해
   ※ 다만, 재해보험사업자의 승낙을 얻은 경우에는 제외 → 즉, **보상**
7) [1]보상하는 손해 이외의 사고로 재해보험사업자 등 관련 기관으로부터 긴급 출하 지시를 통보(구두, 유선 및 문서 등) 받았음에도 불구하고 계속하여 사육 또는 치료하다 → 발생된 손해
   [2]자격 있는 수의사가 도살하여야 할 것으로 확인하였으나 → 이를 방치하여 발생한 손해
8) 제1회 보험료 등을 납입한 날의 ~ 다음 월 응당일(다음 월 응당일이 없는 경우는 다음 월 마지막 날) 이내에 발생한 [1]긴급도축과 [2]화재・풍수해에 의한 직접손해
   → 이외의 질병 등에 의한 → 폐사로 인한 손해
   ※ 보험목적을 추가하고 그에 해당하는 보험료를 납입한 경우도 동일
9) 도난 손해의 경우, 아래의 사유로 인한 손해
   가) 계약자, 피보험자 또는 이들의 법정대리인의 고의 또는 중대한 과실로 생긴 도난 손해
   나) 피보험자의 가족, 친족, 피고용인, 동거인, 숙박인, 감수인(監守人) 또는 당직자가 일으킨 행위 또는 이들이 가담하거나 이들의 묵인하에 생긴 도난 손해
   다) 지진, 분화, 풍수해, 전쟁, 혁명, 내란, 사변, 폭동, 소요, 노동쟁의 기타 이들과 유사한 사태가 발생했을 때 생긴 도난 손해
   라) 화재, 폭발이 발생했을 때 생긴 도난 손해
   마) 절도, 강도 행위로 → 발생한 화재 및 폭발 손해
   바) 보관장소 또는 작업장 내에서 일어난 좀도둑으로 인한 손해
   사) 재고 조사 시 발견된 손해
   아) 망실 또는 분실 손해
   자) 사기 또는 횡령으로 인한 손해
   차) 도난 손해가 생긴 후 30일 이내에 발견하지 못한 손해
   카) 보관장소를 72시간 이상 비워둔 동안 생긴 도난 손해
   타) 보험의 목적이 보관장소를 벗어나 보관되는 동안에 생긴 도난

문제로 확인하기

01 소 부문 도난손해 중 보상하지 않는 손해에 대한 내용이다. ( )에 들어갈 내용을 쓰시오.

> • 도난 손해가 생긴 후 (①)일 이내에 발견하지 못한 손해
> • 보관장소를 (②)시간 이상 비워둔 동안 생긴 도난 손해
> • 보험의 목적이 (③)를 벗어나 보관되는 동안에 생긴 도난 손해

Solution

① 30, ② 72, ③ 보관장소

◆ 용어의 정의

① 도난행위
- ㉠ 완력이나 기타 물리력을 사용 → 훔치거나 강탈하거나 무단으로 장소를 이동 → 피보험자가 소유, 사용, 관리할 수 없는 상태로 만드는 것
- ㉡ 다만, 외부로부터 침입 시
  [1]침입 흔적 또는 [2]도구, 폭발물, 완력, 기타 물리력 사용 흔적 → 뚜렷해야 함

② 피보험자의 가족, 친족
- ㉠ 민법 제779조, 제777조의 규정에 따름
- ㉡ 다만 피보험자가 법인인 경우
  [1]그 **이사** 및 [2]법인의 **업무**를 **집행하는 기관**의 **업무종사자**와 [3]**법정 대리인**
  → **가족**, **친족**도 포함

③ 망실, 분실
- ㉠ **망실(忘失)** : 보관 또는 관리하던 장소 및 시간에 대한 **기억**을 못해 잃어버리는 것
- ㉡ **분실(紛失)** : 보관・관리에 일상적인 **주의**를 **태만**히 하여 잃어버리는 것

다. 돼지(豚) 부문

1) 댐 또는 제방 등의 붕괴로 생긴 손해
   ※ 다만, 붕괴가 보상하는 손해(**화**재 및 **풍**재・**수**재・**설**해・**지**진)로 발생된 손해 → **보상**
2) 바람, 비, 눈, 우박 또는 모래먼지가 들어옴으로써 생긴 손해
   ※ 다만, 보험의 목적이 들어 있는 건물이 **풍**재・**수**재・**설**해・**지**진으로
   → **직접 파손**되어 보험의 목적에 생긴 손해는 → **보상**
3) **추위**, **서리**, **얼음**으로 생긴 손해
4) 발전기, 여자기(정류기 포함), 변류기, 변압기, 전압조정기, 축전기, 개폐기, 차단기, 피뢰기, 배전반 및 그 밖의 **전기장치** 또는 **설비**의 **전기적 사고**로 생긴 손해
   그러나 그 결과로 생긴 → **화재손해**는 → **보상**
5) 화재 및 풍재・수재・설해・지진 발생으로 **방재** 또는 **긴급피난** 시

→ **사고의 예방** 및 **손해의 경감**을 위하여 당연하고 필요한 **안전대책**을 **강구**하지 **않아**
→ 발생한 손해

6) [1]모돈의 **유산**으로 인한 **태아 폐사** 또는 [2]**성장 저하**로 인한 **직·간접 손해**
7) 보험목적이 **도난** 또는 **행방불명**된 경우

라. 가금(家禽) 부문

1) **댐** 또는 **제방** 등의 **붕괴**로 생긴 **손해**
※ 다만, **붕괴**가 **보상하는 손해**(화재 및 풍재·수재·설해·지진)로 발생된 손해는 → <u>보상</u>
2) 바람, 비, 눈, 우박 또는 모래먼지가 들어옴으로써 생긴 손해
※ 다만, 보험의 목적이 들어 있는 건물이 **풍**재·**수**재·**설**해·**지**진으로
→ **직접 파손**되어 보험의 목적에 생긴 손해는 → <u>보상</u>
3) **추위**, **서리**, **얼음**으로 생긴 **손해**
4) 발전기, 여자기(정류기 포함), 변류기, 변압기, 전압조정기, 축전기, 개폐기, 차단기, 피뢰기, 배전반 및 그 밖의 **전기장치** 또는 **설비**의 **전기적 사고**로 생긴 **손해**
그러나 그 **결과**로 → 생긴 **화재손해**는 → <u>보상</u>
5) 화재 및 풍재·수재·설해·지진 발생으로 **방재** 또는 **긴급피난** 시
→ **사고의 예방** 및 **손해의 경감**을 위하여 당연하고 필요한 **안전대책**을 **강구**하지 **않아**
→ 발생한 손해
6) **성장저하**, **산란율 저하**로 인한 → 직·간접 손해
7) 보험목적이 **도난** 또는 **행방불명**된 경우

마. 말(馬) 부문

1) **사고의 예방** 및 **손해의 경감**을 위하여 당연하고 필요한 **안전대책**을 **강구**하지 **않아**
→ 발생한 손해
2) **계약자** 또는 **피보험자**가 보험가입 가축의 **번식장애**, **경제능력저하** 또는 **전신쇠약**, **성장지체·저하**에 의해 **도태**시키는 경우
3) 개체 표시인 **귀표**가 오손, 훼손, 멸실되는 등
→ **목적물**을 객관적으로 **확인할 수 없는 상태**에서 → **발생한 손해**
4) **외과적 치료행위**로 인한 → **폐사** 손해
※ 다만, 보험목적의 생명 유지를 위하여 질병, 질환 및 상해의 치료가 필요하다고 자격 있는 수의사가 확인하고 치료한 경우 제외 → 즉, <u>보상</u>
5) **독극물**의 **투약**에 의한 → **폐사** 손해
6) 정부, 공공기관, 학교 및 연구기관 등에서 **학술** 또는 **연구용**으로 **공여**하여 발생된 **손해**
※ 다만, **재해보험사업자**의 **승낙**을 얻은 경우에는 제외 → 즉, <u>보상</u>
7) [1]**보상하는 손해 이외의 사고**로 재해보험사업자 등 관련 기관으로부터 **긴급 출하 지시**를 통보(구두, 유선 및 문서 등) 받았음에도 **불구**하고 **계속**하여 **사육** 또는 **치료**하다 → 발생된 **손해**
[2]자격 있는 **수의사**가 **도살**하여야 **할 것**으로 **확인**하였으나 → 이를 **방치**하여 발생한 **손해**

8) 보험목적이 **도난** 또는 **행방불명**된 경우
9) 제1회 보험료 등을 납입한 날의 ~ 다음 월 응당일(다음 월 응당일이 없는 경우는 다음 월 마지막 날) 이내에 발생한 [1]**긴급도축**과 [2]**화재・풍수해**에 의한 직접손해
→ **이외**의 **질병** 등에 의한 → **폐사**로 인한 손해
※ 보험목적을 추가하고 그에 해당하는 보험료를 납입한 경우도 동일
※ 다만, 이 규정은 재해보험사업자가 정하는 기간 내에
→ **1년 이상**의 **계약**을 **다시 체결**하는 경우에는 → 미적용(즉, <u>보상</u>)

바. 종모우(種牡牛) 부문

1) **사고의 예방** 및 **손해의 경감**을 위하여 당연하고 필요한 **안전대책**을 **강구**하지 **않아** → 발생한 손해
2) **계약자** 또는 **피보험자**가 보험가입 가축의 **번식장애**, **경제능력저하** 또는 **전신쇠약**, **성장지체・저하**에 의해 **도태**시키는 경우
3) **독극물**의 **투약**에 의한 → **폐사** 손해
4) **외과적 치료행위**로 인한 → **폐사** 손해
※ 다만, 보험목적의 생명 유지를 위하여 질병, 질환 및 상해의 치료가 필요하다고 자격 있는 수의사가 확인하고 치료한 경우 제외 → 즉, <u>보상</u>
5) 개체 표시인 **귀표**가 오손, 훼손, 멸실되는 등
→ **목적물**을 객관적으로 **확인할 수 없는 상태**에서 → **발생한 손해**
6) 정부, 공공기관, 학교 및 연구기관 등에서 → **학술** 또는 **연구용**으로 **공여**하여 발생된 **손해**
※ 다만, **재해보험사업자**의 **승낙**을 얻은 경우에는 제외 → 즉, <u>보상</u>
7) [1]**보상하는 손해 이외의 사고**로 → 재해보험사업자 등 관련 기관으로부터 **긴급 출하 지시**를 통보(구두, 유선 및 문서 등) 받았음에도 **불구**하고 **계속**하여 **사육** 또는 **치료**하다 → 발생된 **손해**
[2]자격 있는 **수의사**가 **도살**하여야 **할 것**으로 **확인**하였으나 → 이를 **방치**하여 발생한 **손해**
8) 보험목적이 **도난** 또는 **행방불명**된 경우
9) 제1회 보험료 등을 납입한 날의 ~ 다음 월 응당일(다음 월 응당일이 없는 경우는 다음 월 마지막 날) 이내에 발생한 [1]**긴급도축**과 [2]**화재・풍수해**에 의한 직접손해
→ **이외**의 **질병** 등에 의한 → **폐사**로 인한 손해
※ 보험목적을 추가하고 그에 해당하는 보험료를 납입한 경우도 동일
※ 다만, 이 규정은 재해보험사업자가 정하는 기간 내에
→ **1년 이상**의 **계약**을 **다시 체결**하는 경우에는 → 미적용(즉, <u>보상</u>)

사. 기타 가축(家畜) 부문

1) **댐** 또는 **제방** 등의 **붕괴**로 생긴 **손해**
※ 다만, **붕괴**가 **보상하는 손해**(화재 및 풍재・수재・설해・지진)로 발생된 손해는 → <u>보상</u>
2) 바람, 비, 눈, 우박 또는 모래먼지가 들어옴으로써 생긴 손해
※ 다만, 보험의 목적이 들어 있는 건물이 **풍**재・**수**재・**설**해・**지**진으로
→ **직접 파손**되어 보험의 목적에 생긴 손해는 → <u>보상</u>

3) **추위, 서리, 얼음**으로 생긴 **손해**

4) 발전기, 여자기(정류기 포함), 변류기, 변압기, 전압조정기, 축전기, 개폐기, 차단기, 피뢰기, 배전반 및 그 밖의 **전기장치** 또는 **설비**의 **전기적 사고**로 생긴 **손해**
그러나 그 **결과**로 → 생긴 **화재손해**는 → **보상**

5) 화재 및 풍재・수재・설해・지진 발생으로 **방재** 또는 **긴급피난** 시
→ **사고의 예방** 및 **손해의 경감**을 위하여 당연하고 필요한 **안전대책**을 **강구**하지 **않아**
→ 발생한 손해

6) **10kg 미만**(1마리 기준)의 **양**이 → **폐사**하여 발생한 손해

7) 벌

가) CCD(Colony Collapse Disorder : **벌떼폐사장애**), **농약**, **밀원수**(蜜原樹)의 **황화현상**(黃化現象), **공사장의 소음**, **전자파**로 인하여 → 발생한 **손해**

나) **꿀벌**의 **손해**가 **없는 벌통만**의 **손해**

8) 보험목적이 **도난** 또는 **행방불명**된 경우

아. 축사(畜舍) 부문

1) 화재 또는 풍재・수재・설해・지진 발생 시 **도난** 또는 **분실**로 생긴 손해

2) 보험의 목적이 발효, 자연발열 또는 자연발화로 생긴 손해
※ 그러나 자연발열 또는 자연발화로 → 연소된 다른 보험의 목적에 생긴 손해 → **보상**

3) 풍재・수재・설해・지진과 관계없이 **댐** 또는 **제방**이 터지거나 무너져 생긴 손해

4) 바람, 비, 눈, 우박 또는 모래먼지가 들어옴으로써 생긴 손해
※ 다만, 보험의 목적이 들어 있는 건물이 **풍재・수재・설해・지진**으로
→ **직접 파손**되어 보험의 목적에 생긴 손해는 → **보상**

5) **추위, 서리, 얼음**으로 생긴 **손해**

6) 발전기, 여자기(정류기 포함), 변류기, 변압기, 전압조정기, 축전기, 개폐기, 차단기, 피뢰기, 배전반 및 그 밖의 **전기장치** 또는 **설비**의 **전기적 사고**로 생긴 **손해**
그러나 그 **결과**로 → 생긴 **화재손해**는 → **보상**

7) 풍재의 직접, 간접에 관계 없이 보험의 목적인 [1]**네온사인 장치**에 **전기적 사고**로 생긴 손해 및 [2]**건식 전구**의 **필라멘트 만**에 생긴 손해

8) 국가 및 지방자치단체의 명령에 의한 재산의 소각 및 이와 유사한 손해

문제로 확인하기

01 다음의 내용을 참고하여 물음에 답하시오. (단, 주어진 조건 외에 다른 조건은 고려하지 않음)

> 甲은 A보험회사의 가축재해보험(소)에 가입했다. 보험가입기간 중 甲과 동일한 마을에 사는 乙 소유의 사냥개 3마리가 견사를 탈출하여 甲 소유의 축사에 있는 소 1마리를 물어 죽이는 사고가 발생했다. 조사결과 폐사한 소는 가축재해보험에 정상적으로 가입되어 있었다.
> - A보험회사의 면・부책 : 부책
> - 폐사한 소의 가입금액 및 손해액 : 500만원(자기부담금 20%)
> - 乙의 과실 : 100%

물음 1) A보험회사가 甲에게 지급할 보험금의 계산과정과 값을 쓰시오.

물음 2) A보험회사의 (1) 보험자대위의 대상(손해발생 책임자), (2) 보험자대위의 구분(종류), (3) 대위금액을 쓰시오.

Solution

물음 1) A보험회사가 甲에게 지급할 보험금
보험금 = 500만원 × (1 − 0.2) = 400만원

물음 2) A보험회사의 보험자대위의 대상(손해발생 책임자), 보험자대위의 구분(종류), 대위금액
(1) 보험자대위의 대상(손해발생 책임자) : 사냥개의 소유자인 乙
(2) 보험자대위의 구분(종류) : 제3자에 대한 보험대위(청구권대위)
(3) 대위금액 : 400만원

제3절 가축재해보험 특별약관

1. 의의

가. 특별약관

보통약관의 규정을 [1]**바꾸거나** [2]**보충**하거나 [3]**배제**하기 위하여 쓰이는 약관

나. 현행 가축재해보험 약관

일반조항과 각 부문별 특별약관(총 16개)

1) 일반조항에 대한 3개의 특별약관
2) 각 부문별 13개의 특별약관
   소 1개, 돼지 2개, 돼지・가금 공통 2개, 말 4개, 기타 가축 3개, 축사 1개

2. 일반조항 특별약관

부문	일반조항 특별약관
공통	화재대물배상책임 특별약관, 구내폭발위험보장 특별약관
소	협정보험가액 특별약관(유량검정젖소 가입 시)
돼지	협정보험가액 특별약관(종돈 가입 시)
가금	협정보험가액 특별약관

가. 협정보험가액 특별약관 – 기평가보험 특약

1) 의의

계약 체결 시 재해보험사업자와 계약자 또는 피보험자와 **협의**하여 **평가한 보험가액**을
→ **보험기간 중**에 **보험가액** 및 **보험가입금액**으로 함

2) 이 특별약관이 적용되는 약관 가축

가) 종빈우(種牝牛)

나) 종빈돈(種牝豚), 종모돈(種牡豚)

다) 자돈(仔豚 : 포유돈, 이유돈)

라) 종가금(種家禽)

마) 유량검정젖소

바) 기타 보험자가 인정하는 가축

Tip ▸ **좀 비누**(종빈우)(로), **좀 깔끔**(종가금)하게, **검정손**(유량검정젖소) 씻으세요~!
그렇게 하면 **빈**(종빈돈), **모**(종모돈), **자돈**(비어 있는 노잣돈 챙겨주기로 약속할게)

문제로 확인하기

01 가축재해보험 협정보험가액 특약을 가입할 수 있는 세부 축종명을 쓰시오.

Solution

(1) 소 : 종빈우, 유량검정젖소
(2) 돼지 : 종모돈, 종빈돈, 자돈(포유돈, 이유돈)
(3) 가금 : 종가금

3) 유량검정젖소

가) 젖소개량사업소의 검정사업에 참여하는 농가 중에서
+ **일정한 요건**을 **충족**하는 [1]**농가**의 [2]**소**를 의미

(1) 요건 충족 농가

직전 월의 305일 **평균유량**이 10,000kg **이상** + **평균 체세포수**가 30만 **마리 이하**

(2) 요건 충족 소

최근 산차 305일 **유량**이 11,000kg **이상** + **체세포수**가 20만 **마리 이하**인 젖소

나) 요건을 충족하는 유량검정젖소

시가에 관계 없이 → 협정보험가액 특약으로 보험가입 가능

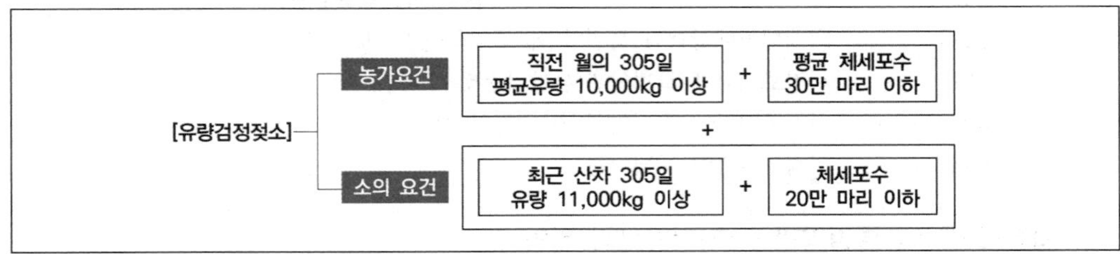

Tip ▸ 젖이 **새고요**(305), **마**~!(10,000) **삶지마**(30만), **마**! **천**(11,000, 바닥에 깔 천) **잊지마**(20만)

01 가축재해보험의 업무방법에서 정하는 유량검정젖소의 정의와 가입기준(대상농가, 대상젖소)에 관하여 답란에 서술하시오.

(1) 유량검정젖소의 정의 :
(2) 가입기준(대상농가) :
(3) 가입기준(대상젖소) :

Solution

(1) **유량검정젖소의 정의** : 검정농가의 젖소 중 유량이 우수하며 상품성이 높은 젖소를 말하며, 시가에 관계없이 협정보험가액 특약으로 가입한다.
(2) **가입기준(대상농가)** : 농가 기준 직전 월의 305일 평균유량이 10,000kg 이상이고, 평균 체세포수가 30만 마리 이하를 충족하는 농가가 대상이다.
(3) **가입기준(대상젖소)** : 대상농가 기준을 충족하는 농가의 젖소 중 최근 산차 305일 유량이 11,000kg 이상이고, 체세포수가 20만 마리 이하인 젖소가 대상이다.

02 가축재해보험 협정보험가액 특별약관이 적용되는 가축 중 유량검정젖소에 관한 내용이다. ( )에 들어갈 내용을 쓰시오.

유량검정젖소란 젖소개량사업소의 검정사업에 참여하는 농가 중에서 일정한 요건을 충족하는 농가(직전 월의 (①)일 평균유량이 (②)kg 이상이고 평균 체세포수가 (③)만 마리 이하를 충족하는 농가)의 소(최근 산차 305일 유량이 (④)kg 이상이고, 체세포수가 (⑤)만 마리 이하인 젖소)를 의미하며 요건을 충족하는 유량검정젖소는 시가에 관계 없이 협정보험가액 특약으로 보험가입이 가능하다.

Solution

① 305, ② 10,000, ③ 30, ④ 11,000, ⑤ 20

나. 화재대물배상책임 특별약관

피보험자가 축사구내에서 발생한 화재 사고로 인하여 → 타인의 재물에 손해를 입혀서 → 법률상의 손해배상책임을 부담함으로써 입은 손해를 보상

다. 구내폭발위험보장 특별약관

보험의 목적이 있는 구내에서 생긴 폭발, 파열(폭발, 파열 : 급격한 산화반응을 포함하는 파괴 또는 그 현상)로 → 보험의 목적에 생긴 손해를 보상

※ 기관, 기기, 증기기관, 내연기관, 수도관, 수관, 유압기, 수압기 등 물리적인 폭발, 파열이나 기계 운동부분 또는 회전부분이 분해되어 날아 흩어져 생긴 손해 → 보상(×)

3. 각 부문별 특별약관

가. 부문1 소(牛) 특별약관

1) 소(牛)도체결함보장 특별약관

가) 도축장에서 소 **도축** → 축산물품질평가사가 도체에 대해 **등급판정**
→ "**등급판정인**" 찍음 → 등급판정과정에서 도체결함 발견되면 추가로 "**결함인**" 찍음
→ **경매 시까지** 발견된 "**결함인**"으로 **경락가격하락** → **손해 보상**

나) 단, 보통약관에서 [1]**보상하지 않는 손해**나 [2]**소 부문**에서 **보상**하는 **손해**, [3]**경매 후 발견**된 **결함**으로 인한 **손해** → **보상하지 않음**

나. 부문2 돼지(豚) 특별약관

1) 돼지 질병위험보장 특별약관

질병을 **직접적**인 **원인**으로 하여 보험기간 중
→ [1]**폐사** 또는 [2]맥박, 호흡, 그 외 일반증상으로 **수의학적**으로 **구할 수 없는 상태**가 **확실**
→ **그 손해 보상**

※ **수의학적으로 구할 수 없는 상태**
- 보험기간 중에 **질병**으로 **폐사**
- **보험기간 종료일 이전**에 질병의 발생을 **서면 통지**한 후 **30일 이내**에 **폐사**

※ 질병 Tip ▸ **전염**됐다고 **위장**하는 거 / **돼**(대개) **유**, **사**하다고 / **타바**(타박 받음)
- 전염성위장염(TGE virus 감염증)
- 돼지유행성설사병(PED virus 감염증)
- 로타바이러스감염증(Rota virus 감염증)

※ **질병에 대한 진단 확정**
- 전문 수의사가 조직(fixedtissue) 또는 분변, 혈액검사 등에 대한 **형광항체법** 또는 **PCR진단법**(Polymerasechainreaction ; 중합효소연쇄반응) 등을 기초로 진단
- 불가피한 사유로 병리학적 진단이 가능하지 않을 때
→ 예외적·보충적으로 **임상학적 진단**도 증거로 인정

2) 돼지 축산휴지위험보장 특별약관

보험기간 동안에 보험증권에 명기된 구내에서 [1]보통약관 및 [2]특별약관에서 **보상**하는 **사고**
→ **축산업**이 **중단** 또는 **휴지**되었을 때 → 생긴 **손해액**을 **보상**

다. 부문2 돼지(豚) · 부문3 가금(家禽) 특별약관

1) 전기적장치위험보장 특별약관

전기적장치로 인한 손해를 보상하는 특약

가) 여자기(정류기 포함), 변류기, 변압기, 전압조정기, 축전기, 개폐기, 차단기, 피뢰기, 배전반 및 이와 비슷한 전기장치 또는 설비 중 그 **전기장치** 또는 **설비**가 **파괴** 또는 **변조**되어 → **온도의 변화**로 보험의 목적에 **손해**가 발생 → 보상

나) 단, 보험자가 인정하는 특별한 경우를 제외하고
사고 발생한 때로부터 **24시간 이내**에 → **폐사**된 보험목적에 한하여 보상

2) 폭염재해보장 추가특별약관

폭염의 **직접적인 원인**으로 인한 보험목적물의 손해를 보상

※ 전기적장치 특별약관 가입자만 가입 가능

가) 보험목적 수용장소 지역에 발효된
→ 폭염특보의 **발령 전** 24시간(1일) 전부터 **해제 후** 24시간(1일) 이내에
→ **폐사**되는 보험목적에 한하여 보상

나) 보험기간 종료일까지 폭염특보가 해제되지 않은 경우
→ **보험기간 종료일**을 → **폭염특보 해제일**로 봄

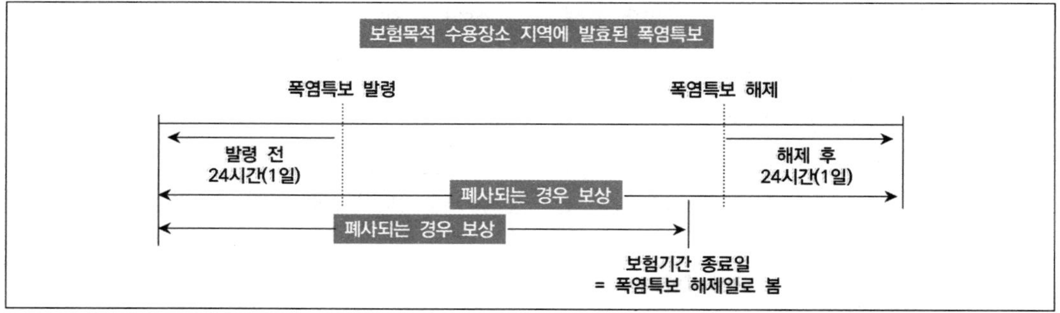

문제로 확인하기

01 **돼지를 기르는 축산농 A씨는 (1) 폭염으로 폐사된 돼지와 (2) 축사 화재로 타인에게 배상할 손해를 대비하기 위해 가축재해보험에 가입하고자 한다. 이때, 반드시 가입해야 하는 특약을 (1)의 경우와 (2)의 경우로 나누어 각각 쓰시오.**

Solution

(1) 폭염으로 폐사된 돼지
전기적장치위험보장 특별약관, 폭염재해보장 추가특별약관

(2) 축사 화재로 타인에게 배상할 손해
화재대물배상책임 특별약관

02 가축재해보험 폭염재해보장 추가특별약관에 대한 내용이다. (   )에 들어갈 내용을 쓰시오.

(1) 가축재해보험 (①) 부문 보통약관의 보상하지 않는 손해에도 불구하고 폭염의 직접적인 원인으로 인한 보험목적물의 손해를 보상하는 특약이다.
(2) 보험목적 (②) 지역에 발효된 폭염특보의 발령 전 (③) 전부터 해제 후 (③) 이내에 (④)되는 보험목적에 한하여 보상하며 보험기간 종료일까지 폭염특보가 해제되지 않은 경우에는 보험기간 (⑤)을 폭염특보 해제일로 본다.

Solution

① 돼지・가금, ② 수용장소, ③ 24시간(1일), ④ 폐사, ⑤ 종료일

03 가축재해보험의 돼지 부문 특약 중 폭염재해보장 추가특약에 대한 내용이다. 주어진 조건에 따라 폭염재해 보장기간을 쓰시오.

〈조건 1〉
- 폭염주의보 발령일 : 2023년 8월 12일 14시
- 폭염주의보 해제일 : 2023년 8월 18일 14시
- 돼지 폐사일 : 2023년 8월 15일
- 보험기간 종료일 : 2023년 8월 31일

〈조건 2〉
- 폭염특보 발령일 : 2023년 7월 12일 14시
- 폭염특보 해제일 : 2023년 7월 18일 14시
- 돼지 폐사일 : 2023년 7월 15일
- 보험기간 종료일 : 2023년 7월 16일

Solution

〈조건 1〉 2023.8.11.14시 ~ 2023.8.19. 14시

Tip ▸ 폭염특보의 발령 전 24시간(1일) 전부터 ~ 해제 후 24시간(1일) 이내에 폐사되는 보험목적에 한하여 보상

〈조건 2〉 2023.7.11.14시 ~ 2023.7.17. 24시

Tip ▸ 보험기간 종료일까지 폭염특보가 해제되지 않은 경우 보험기간 종료일(2023년 7월 16일)을 폭염특보 해제일로 보므로 그 후 24시간(1일) 이내인 2023.7.17. 24시가 된다.

04 가축재해보험의 돼지 부문에 대한 내용이다. 보상하는 돼지 두수를 산출하시오.

○ **계약조건**
- 사육 두수 : 1,000두
- 가입특약 : 폭염재해보장, 전기적장치위험보장, 질병위험보장
- 보험기간 : 2022.9.20. 24시 ~ 2023.8.20. 24시

• 폭염특보 발령일 : 2023.8.17. 14시 • 폭염특보 해제일 : 2023.8.22. 17시

○ **사고조사**

(1) 2023.8.16. 14시 폭염으로 80두 폐사
(2) 2023.8.22. 12시 폭염으로 20두 폐사
(3) 2023.8.20. 14시 전기적장치 고장으로 2023.8.21. 12시 60두 질식사
(4) 2023.8.20. 12시 전기적장치 고장으로 2023.8.21. 16시 40두 질식사
(5) 2023.8.15. 전염성위장염(TGE)이 발병하여 8.16. 발병사실을 서면으로 통지하였으며 해당 질병으로 2023.9.10. 50두 폐사

Solution

(1) 2023.8.16. 14시 폭염으로 80두 폐사 → **보상**
폭염특보의 발령 전 24시간(1일) 전부터 ~ 해제 후 24시간(1일) 이내에 폐사되는 보험목적에 해당하여 보상함

(2) 2023.8.22. 12시 폭염으로 20두 폐사 → **보상하지 않음**
보험기간 2023.8.20. 24시를 경과하여 보상하지 않음

(3) 2023.8.20. 14시 전기적장치 고장으로 2023.8.21. 12시 60두 질식사 → **보상**
사고 발생한 때로부터 24시간 이내에 폐사된 보험목적에 해당하므로 보상함

(4) 2023.8.20. 12시 전기적장치 고장으로 2023.8.21. 16시 40두 질식사 → **보상하지 않음**
사고 발생한 때로부터 24시간을 초과하여 폐사된 보험목적에 해당하므로 보상하지 않음

(5) 2023.8.15. 전염성위장염(TGE)이 발병하여 8.16. 발병사실을 서면으로 통지하였으나, 해당 질병으로 2023.9.10. 50두 폐사 → **보상**
질병을 직접적인 원인으로 하여 보험기간 중 폐사 또는 맥박, 호흡, 그 외 일반증상으로 수의학적으로 구할 수 없는 상태가 확실한 경우 그 손해를 보상한다. 수의학적으로 구할 수 없는 상태란 보험기간 중에 질병으로 폐사 또는 보험기간 종료일 이전에 질병의 발생을 서면 통지한 후 30일 이내(여기서는 9.15. 이내)에 폐사한 경우를 말한다.

∴ 보상하는 돼지 두수 = 80두 + 60두 + 50두 = 190두

라. 부문4 말(馬) 특별약관

1) 씨수말 번식 첫해 선천성 불임 확장보장 특별약관

가) 보험목적물인 씨수말의 [1]**선천적인 교배능력 부전**이나 [2]**정액상의 선천적 이상**으로
→ **번식 첫해**에 60% 또는 이 이상의 **수태율 획득**에 **실패**한 경우

나) **아래의 사유로 인해 발생 또는 증가된 손해 → 보상하지 않음**

(1) 씨수말 **내·외부 생식기**의 **감염**으로 → 일어난 불임
(2) **씨암말**의 **성병**으로부터 → 일어난 불임
(3) 어떠한 이유로든지 **교배**시키지 **않아서** → 일어난 불임
(4) 씨수말의 **외상, 질병, 전염병**으로부터 → 유래된 불임

2) 말(馬) 운송위험 확장보장 특별약관

가) 보험의 목적인 말을 운송 중에 보통약관 말 부문의 보상하는 손해에서 정한
→ 손해가 발생한 경우에 보상

나) **아래 사유로 발생한 손해는 → 보상하지 않음**

(1) 운송 차량의 **덮개** 또는 **화물의 포장** → **불완전**으로 생긴 손해

(2) 도로교통법 시행령상 안전기준의 **적재중량**과 **적재용량** 기준을 **초과**하여 **적재**함으로써 → 생긴 손해

(3) 수탁물이 수하인에게 **인도 후** → **14일**을 **초과**하여 **발견**된 손해

Tip ▸ 인도 후 **일네**(14)(일을 냈네~!)

3) 경주마 부적격 특별약관

가) 보험의 목적인 [1]**경주마** 혹은 [2]경주용으로 육성하는 **육성마**가 → **건염**(힘줄 염), **인대염**, **골절** 혹은 **경주 중 실명**으로 인한 → 경주마 부적격 판정받은 경우 → 보상

나) 단, 보험의 목적인 경주마가 경주마 부적격 판정 이후 → **종모마** 혹은 **종빈마**로 **용도**가 **변동**된 경우 → **보상하지 않음**

※ **경주마 부적격 여부의 판단** : 한국마사회 마필보건소의 판정 결과에 따름

4) 경주마 보험기간 설정에 관한 특별약관

보험의 목적이 **경주마**인 경우 → **1개월 이내**의 **질병 등**에 의한 **폐사**도 → **보상**

 문제로 확인하기

01 가축재해보험에서 말 부문에 적용되는 특약 4가지를 쓰시오.

Solution

(1) 씨수말 번식 첫해 선천성 불임 확장보장 특약
(2) 말 운송위험 확장보장 특약
(3) 경주마 부적격 특약
(4) 경주마 보험기간 설정에 관한 특약

마. 부문5 종모우(특별약관 없음)

바. 부문6 기타 가축 특별약관

1) 폐사 · 긴급도축 확장보장 특별약관 : 사슴과 양

질병 또는 **불의의 사고**로 인한 → **폐사** 및 **긴급도축**의 경우에도 → 보상

※ 사슴과 양 보통약관 : **화**재 및 **풍**재 · **수**재 · **설**해 · **지**진의 직접적인 원인으로 → **폐사**한 경우 → 보상

2) 꿀벌 낭충봉아부패병보장 특별약관

벌통의 꿀벌이 제2종 가축전염병인 꿀벌 낭충봉아부패병으로 → **폐사**(**감염 벌통 소각** 포함)했을 경우 → 손해 보상

※ 보통약관 : 가축전염병에 의한 폐사로 인한 손해 및 정부 및 공공기관의 살처분 또는 도태 권고로 발생한 손해 → 보상하지 않는 손해로 규정

3) 꿀벌 부저병보장 특별약관

벌통의 꿀벌이 제3종 가축전염병인 꿀벌 부저병으로

→ **폐사(감염 벌통 소각** 포함)했을 경우 → 손해 보상

※ 보통약관 : 가축전염병에 의한 폐사로 인한 손해 및 정부 및 공공기관의 살처분 또는 도태 권고로 발생한 손해 → 보상하지 않는 손해로 규정

사. 부분7 축사 특별약관

1) 설해손해 부보장 특별약관

이 특별약관에 의하여 **돈사**와 **가금사**에 발생한 설해로 인한 손해 → 보상하지 않음

※ 보통약관 : 설해로 인한 손해 → 보상하는 손해로 규정

문제로 확인하기

01 다음 가축재해보험 약관의 가축별 특별약관 가입이 가능한 경우에 해당되는 경우 'O' 표시를 하시오.

구분	소	돼지	말	가금류	기타 가축
화재대물배상 책임 특약					
도체결함보장 특약					
전기적장치 위험보장 특약					
폭염재해보장 특약					
축사 설해손해 부보장 추가특약					
축산휴지위험보장 특약					
질병위험보장 특약 (TGE, PED, Rota virus)					
폐사・긴급도축 확장보장 특약					
낭충봉아부패병・부저병보장 특약					

Solution

구분	소	돼지	말	가금류	기타 가축
화재대물배상 책임 특약	○	○	○	○	○
도체결함보장 특약	○				
전기적장치 위험보장 특약		○		○	
폭염재해보장 특약		○		○	
축사 설해손해 부보장 추가특약		○ (돈사)		○ (가금사)	
축산휴지위험보장 특약		○			
질병위험보장 특약(TGE, PED, Rota virus)		○			
폐사・긴급도축 확장보장 특약					○ (사슴・양)
낭충봉아부패병・부저병보장 특약					○ (꿀벌)

부록

농업재해보험 관련 용어

부록 농업재해보험 관련 용어

1. 농어업재해보험 관련 용어

- (농어업재해) 농작물・임산물・가축 및 농업용 시설물에 발생하는 자연재해・병충해・조수해(鳥獸害)・질병 또는 화재와 양식수산물 및 어업용 시설물에 발생하는 자연재해・질병 또는 화재
- (농어업재해보험) 농어업재해로 발생하는 재산 피해에 따른 손해를 보상하기 위한 보험
- (보험가입금액) 보험가입자의 재산 피해에 따른 손해가 발생한 경우 보험에서 최대로 보상할 수 있는 한도액으로서 보험가입자와 재해보험사업자 간에 약정한 금액
- (보험가액) 재산보험에 있어 피보험이익을 금전으로 평가한 금액으로 보험목적에 발생할 수 있는 최대 손해액(재해보험사업자가 실제 지급하는 보험금은 보험가액을 초과할 수 없음)
- (보험기간) 계약에 따라 보장을 받는 기간
- (보험료) 보험가입자와 재해보험사업자 간의 약정에 따라 보험가입자가 재해보험사업자에게 내야하는 금액
- (계약자부담보험료) 국가 및 지방자치단체의 지원보험료를 제외한 계약자가 부담하는 금액
- (보험금) 보험가입자에게 재해로 인한 재산 피해에 따른 손해가 발생한 경우 보험가입자와 재해보험사업자 간의 약정에 따라 재해보험사업자가 보험가입자에게 지급하는 금액
- (시범사업) 보험사업을 전국적으로 실시하기 전에 보험의 효용성 및 보험 실시 가능성 등을 검증하기 위하여 일정 기간 제한된 지역에서 실시하는 보험사업

2. 농작물재해보험 관련 용어

가. 농작물재해보험 계약 관련 용어

- (가입(자)수) 보험에 가입한 농가, 과수원(농지)수 등
- (가입률) 가입대상면적 대비 가입면적을 백분율(100%)로 표시한 것
- (가입금액) 보험에 가입한 금액으로, 재해보험사업자와 보험가입자 간에 약정한 금액으로 보험사고가 발생할 때 재해보험사업자가 지급할 최대 보험금 산출의 기준이 되는 금액
- (계약자) 재해보험사업자와 계약을 체결하고 보험료를 납부할 의무를 지는 사람
- (피보험자) 보험사고로 인하여 손해를 입은 사람(법인인 경우에는 그 이사 또는 법인의 업무를 집행하는 그 밖의 기관)
- (보험증권) 계약의 성립과 그 내용을 증명하기 위하여 재해보험사업자가 계약자에게 드리는 증서
- (보험의 목적) 보험의 약관에 따라 보험에 가입한 목적물로 보험증권에 기재된 **농작물의 과실** 또는 **나무, 시설작물 재배용 농업용 시설물, 부대시설** 등

- ❍ **(농지)** 한 덩어리의 토지의 개념으로 필지(지번)에 관계없이 실제 경작하는 단위로 보험가입의 기본 단위임. 하나의 농지가 다수의 필지로 구성될 수도 있고, 하나의 필지(지번)가 다수의 농지로 구분될 수도 있음
- ❍ **(과수원)** 한 덩어리의 토지의 개념으로 필지(지번)와는 관계없이 과실을 재배하는 하나의 경작지
- ❍ **(나무)** 계약에 의해 가입한 과실을 열매로 맺는 결과주
- ❍ **(농업용 시설물)** 시설작물 재배용으로 사용되는 구조체 및 피복재로 구성된 시설
- ❍ **(구조체)** 기초, 기둥, 보, 중방, 서까래, 가로대 등 철골, 파이프와 이와 관련된 부속자재로 하우스의 구조적 역할을 담당하는 것
- ❍ **(피복재)** 비닐하우스의 내부온도 관리를 위하여 시공된 투광성이 있는 자재
- ❍ **(부대시설)** 시설작물 재배를 위하여 농업용 시설물에 설치한 시설
- ❍ **(동산시설)** 저온저장고, 선별기, 소모품(멀칭비닐, 배지, 펄라이트, 상토 등), 이동 가능(휴대용) 농기계 등 농업용 시설물 내 지면 또는 구조체에 고정되어 있지 않은 시설
- ❍ **(계약자부담 보험료)** 국가 및 지방자치단체의 지원보험료를 제외한 계약자가 부담하는 보험료
- ❍ **(보험료율)** 보험가입금액에 대한 보험료의 비율
- ❍ **(환급금)** 무효, 효력상실, 해지 등에 의하여 환급하는 금액
- ❍ **(자기부담금)** 손해액 중 보험가입 시 일정한 비율을 보험가입자가 부담하기로 약정한 금액. 즉, 일정비율 이하의 손해는 보험가입자 본인이 부담하고, 손해액이 일정비율을 초과한 금액에 대해서만 재해보험사업자가 보상
  - (자기부담제도) 소액손해의 보험처리를 배제함으로써 비합리적인 운영비 지출의 억제, 계약자 보험료 절약, 피보험자의 도덕적 위험 축소 및 방관적 위험의 배제 등의 효과를 위하여 실시하는 제도로, 가입자의 도덕적 해이를 방지하기 위한 수단으로 손해보험에서 대부분 운용
- ❍ **(자기부담비율)** 보험사고로 인하여 발생한 손해에 대하여 보험가입자가 부담하는 일정 비율로 보험가입금액에 대한 비율

나. 농작물재해보험 보상 관련 용어

- ❍ **(보험사고)** 보험계약에서 재해보험사업자가 어떤 사실의 발생을 조건으로 보험금의 지급을 약정한 우연한 사고(사건 또는 위험이라고도 함)
- ❍ **(사고율)** 사고수(농가 또는 농지수) ÷ 가입수(농가 또는 농지수) × 100
- ❍ **(손해율)** 보험료에 대한 보험금의 백분율
- ❍ **(피해율)** 보험금 계산을 위한 최종 피해수량의 백분율
- ❍ **(식물체 피해율)** 경작불능조사에서 고사한 식물체(수 또는 면적)를 보험가입식물체(수 또는 면적)으로 나누어 산출한 값
- ❍ **(전수조사)** 보험가입금액에 해당하는 농지에서 경작한 수확물을 모두 조사하는 방법
- ❍ **(표본조사)** 보험가입금액에 해당하는 농지에서 경작한 수확물의 특성 또는 수확물을 잘 나타낼 수 있는 일부를 표본으로 추출하여 조사하는 방법

○ (재조사) 보험가입자가 손해평가반의 손해평가결과에 대하여 설명 또는 통지를 받은 날로부터 7일 이내에 손해평가가 잘못되었음을 증빙하는 서류 또는 사진 등을 제출하는 경우 재해보험사업자가 다른 손해평가반으로 하여금 실시하게 할 수 있는 조사

○ (검증조사) 재해보험사업자 또는 재보험사업자가 손해평가반이 실시한 손해평가결과를 확인하기 위하여 손해평가를 실시한 보험목적물 중에서 일정 수를 임의 추출하여 확인하는 조사

다. 수확량 및 가격 관련 용어

○ (평년수확량) 가입년도 직전 5년 중 보험에 가입한 연도의 실제수확량과 표준수확량을 가입 횟수에 따라 가중 평균하여 산출한 해당 농지에 기대되는 수확량

○ (표준수확량) 가입품목의 품종, 수령, 재배방식 등에 따라 정해진 수확량

○ (평년착과량) 가입수확량 산정 및 적과종료 전 보험사고 시 감수량 산정의 기준이 되는 착과량

○ (평년착과수) 평년착과량을 가입과중으로 나누어 산출한 것

○ (가입가격) 보험에 가입한 농작물의 kg당 가격

○ (가입과중) 보험에 가입할 때 결정한 과실의 1개당 평균 과실무게

○ (가입수확량) 보험 가입한 수확량으로 평년수확량의 일정범위(50% ~ 100%) 내에서 보험계약자가 결정한 수확량으로 가입금액의 기준

○ (감수과실수) 보장하는 자연재해로 손해가 발생한 것으로 인정되는 과실수

○ (감수량) 감수과실수에 가입과중을 곱한 무게

○ (기준가격) 보험에 가입할 때 정한 농작물의 kg당 가격

○ (기준착과수) 보험금을 산정하기 위한 과수원별 기준과실수

○ (기준수확량) 기준착과수에 가입과중을 곱하여 산출한 양

○ (미보상감수량) 감수량 중 보상하는 재해 이외의 원인으로 감소한 양

○ (보장생산비) 생산비에서 수확기에 발생되는 생산비를 차감한 값

○ (생산비) 작물의 생산을 위하여 소비된 재화나 용역의 가치로 종묘비, 비료비, 농약비, 영농광열비, 수리비, 기타 재료비, 소농구비, 대농구 상각비, 영농시설 상각비, 수선비, 기타 요금, 임차료, 위탁 영농비, 고용노동비, 자가노동비, 유동자본용역비, 고정자본용역비, 토지자본용역비 등을 포함

○ (수확기 가격) 보험에 가입한 농작물의 수확기 kg당 가격

※ 올림픽 평균 : 연도별 평균가격 중 최댓값과 최솟값을 제외하고 남은 값들의 산술평균

※ 농가수취비율 : 도매시장 가격에서 유통비용 등을 차감한 농가수취가격이 차지하는 비율로 사전에 결정된 값

○ (적과후착과수) 통상적인 적과 및 자연낙과 종료 시점의 착과수

○ (적과후착과량) 적과후 착과수에 가입과중을 곱하여 산출한 양

○ (평년결실수) 가입연도 직전 5년 중 보험에 가입한 연도의 실제결실수와 표준결실수(품종에 따라 정해진 결과모지당 표준적인 결실수)를 가입 횟수에 따라 가중평균하여 산출한 해당 과수원에 기대되는 결실수

○ **(평년결과모지수)** 가입연도 직전 5년 중 보험에 가입한 연도의 실제결과모지수와 표준결과모지수(하나의 주지에서 자라나는 표준적인 결과모지수)를 가입 횟수에 따라 가중 평균하여 산출한 해당 과수원에 기대되는 결과모지수

※ 결과지 : 과수에 꽃눈이 붙어 개화 결실하는 가지(열매가지라고도 함)

※ 결과모지 : 결과지보다 1년이 더 묵은 가지

○ **(표준가격)** 농작물을 출하하여 통상 얻을 수 있는 표준적인 kg당 가격

라. 조사 관련 용어

○ **(고사주수)** 실제결과나무수 중 보상하는 손해로 고사된 나무 수

○ **(기수확면적)** 실제경작면적 중 조사일자를 기준으로 수확이 완료된 면적

○ **(실제결과주수)** 가입일자를 기준으로 농지(과수원)에 식재된 모든 나무 수. 다만, 인수조건에 따라 보험에 가입할 수 없는 나무(유목 및 제한 품종 등) 수는 제외

○ **(미보상주수)** 실제결과나무수 중 보상하는 손해 이외의 원인으로 고사되거나 수확량(착과량)이 현저하게 감소된 나무 수

○ **(기수확주수)** 실제결과나무수 중 조사일자를 기준으로 수확이 완료된 나무 수

○ **(수확불능주수)** 실제결과나무수 중 보상하는 손해로 전체 주지・꽃(눈) 등이 보험약관에서 정하는 수준 이상 분리되었거나 침수되어, 보험기간 내 수확이 불가능하나 나무가 죽지는 않아 향후에는 수확이 가능한 나무 수

○ **(조사대상주수)** 실제결과나무수에서 고사나무수, 미보상나무수 및 수확완료나무수, 수확불능나무수를 뺀 나무 수로 과실에 대한 표본조사의 대상이 되는 나무 수

○ **(실제경작면적)** 가입일자를 기준으로 실제 경작이 이루어지고 있는 모든 면적을 의미하며, 수확불능(고사)면적, 타작물 및 미보상면적, 기수확면적을 포함

○ **(수확불능(고사)면적)** 실제경작면적 중 보상하는 손해로 수확이 불가능한 면적

○ **(타작물 및 미보상면적)** 실제경작면적 중 목적물 외에 타작물이 식재되어 있거나 보상하는 손해 이외의 원인으로 수확량이 현저하게 감소된 면적

마. 재배 및 피해형태 구분 관련 용어

○ **(꽃눈분화)** 영양조건, 기간, 기온, 일조시간 따위의 필요조건이 다 차서 꽃눈이 형성되는 현상

○ **(꽃눈분화기)** 과수원에서 꽃눈분화가 50% 정도 진행된 때

○ **(기상특보 관련 재해)** 태풍, 호우, 홍수, 강풍, 풍랑, 해일, 대설, 폭염 등을 포함

○ **(낙과)** 나무에서 떨어진 과실

○ **(착과)** 나무에 달려있는 과실

○ **(적과)** 해거리를 방지하고 안정적인 수확을 위해 알맞은 양의 과실만 남기고 나무로부터 과실을 따버리는 행위

○ **(열과)** 과실이 숙기에 과다한 수분을 흡수하고 난 후 고온이 지속될 경우 수분을 배출하면서 과실이 갈라지는 현상

○ **(나무)** 보험계약에 의해 가입한 과실을 열매로 맺는 결과주

부록

- (발아) (꽃 또는 잎) 눈의 인편이 1 ~ 2mm 정도 밀려나오는 현상
- (발아기) 과수원에서 전체 눈이 50% 정도 발아한 시기
- (신초발아) 신초(당년에 자라난 새가지)가 1 ~ 2mm 정도 자라기 시작하는 현상을 말한다.
- (신초발아기) 과수원에서 전체 신초(당년에 자라난 새가지)가 50% 정도 발아한 시점을 말한다.
- (수확기) 농지(과수원)가 위치한 지역의 기상여건을 감안하여 해당 목적물을 통상적으로 수확하는 시기
- (유실) 나무가 과수원 내에서의 정위치를 벗어나 그 점유를 잃은 상태
- (매몰) 나무가 토사 및 산사태 등으로 주간부의 **30% 이상**이 묻힌 상태
- (도복) 나무가 **45° 이상** 기울어지거나 넘어진 상태
- (절단) 나무의 주간부가 분리되거나 전체 주지・꽃(눈) 등의 **2/3 이상**이 **분리**된 상태
- (절단 (1/2)) 나무의 주간부가 분리되거나 전체 주지・꽃(눈) 등의 **1/2 이상**이 **분리**된 상태
- (시비관리) 수확량 또는 품질을 높이기 위해 비료성분을 토양 중에 공급하는 것
- (신초 절단) 단감, 떫은감의 신초의 **2/3 이상**이 **분리**된 상태
- (침수) 나무에 달린 과실(꽃)이 물에 잠긴 상태
- (소실) 화재로 인하여 나무의 **2/3 이상**이 사라지는 것
- (소실(1/2)) 화재로 인하여 나무의 **1/2 이상**이 사라지는 것
- (이앙) 못자리 등에서 기른 모를 농지로 옮겨심는 일
- (직파(담수점파)) 물이 있는 논에 파종 하루 전 물을 빼고 종자를 일정 간격으로 점파하는 파종 방법
- (종실비대기) 두류(콩, 팥)의 꼬투리 형성기
- (출수) 벼(조곡)의 이삭이 줄기 밖으로 자란 상태
- (출수기) 농지에서 전체 이삭이 70% 정도 출수한 시점
- (정식) 온상, 묘상, 모밭 등에서 기른 식물체를 농업용 시설물 내에 옮겨 심는 일
- (정식일) 정식을 완료한 날
- (작기) 작물의 생육기간으로 정식일(파종일)로부터 수확종료일까지의 기간
- (출현) 농지에 파종한 씨(종자)로부터 자란 싹이 농지표면 위로 나오는 현상
- ((버섯)종균접종) 버섯작물의 종균을 배지 혹은 원목에 접종하는 것
- (전환지) 개간, 복토 등을 통해 논으로 변경한 농지
- (조해) 자연현상으로 인하여 간석지 등 연안지대에 바닷물의 유입으로 발생하는 피해
- (개화기) 꽃이 피는 시기(작물의 생물조사에서의 개화기는 꽃이 40% 정도 핀 날의 시점)

바. 기타 보험 용어

- (연단위 복리) 재해보험사업자가 지급할 금전에 이자를 줄 때 1년마다 마지막 날에 그 이자를 원금에 더한 금액을 다음 1년의 원금으로 하는 이자 계산방법
- (영업일) 재해보험사업자가 영업점에서 정상적으로 영업하는 날을 말하며, 토요일, '관공서의 공휴일에 관한 규정'에 따른 공휴일과 근로자의 날을 제외
- (잔존물 제거비용) 사고 현장에서의 잔존물의 해체비용, 청소비용 및 차에 싣는 비용

다만, 보장하지 않는 위험으로 보험의 목적이 손해를 입거나 관계법령에 의하여 제거됨으로써 생긴 손해에 대해서는 미보상

- ❍ (손해방지비용) 손해의 방지 또는 경감을 위하여 지출한 필요 또는 유익한 비용
- ❍ (대위권 보전비용) 제3자로부터 손해의 배상을 받을 수 있는 경우에는 그 권리를 지키거나 행사하기 위하여 지출한 필요 또는 유익한 비용
- ❍ (잔존물 보전비용) 잔존물을 보전하기 위하여 지출한 필요 또는 유익한 비용
- ❍ (기타 협력비용) 재해보험사업자의 요구에 따르기 위하여 지출한 필요 또는 유익한 비용

※ **청소비용** : 사고 현장 및 인근 지역의 토양, 대기 및 수질 오염물질 제거비용과 차에 실은 후 폐기물 처리비용은 포함되지 않는다.

3. 가축재해보험 관련 용어

가. 가축재해보험 계약 관련

- ❍ (보험의 목적) 보험에 가입한 물건으로 보험증권에 기재된 가축 등
- ❍ (보험계약자) 재해보험사업자와 계약을 체결하고 보험료를 납입할 의무를 지는 사람
- ❍ (피보험자) 보험사고로 인하여 손해를 입은 사람

※ 법인인 경우에는 그 이사 또는 법인의 업무를 집행하는 그 밖의 기관

- ❍ (보험기간) 계약에 따라 보장을 받는 기간
- ❍ (보험증권) 계약의 성립과 그 내용을 증명하기 위하여 재해보험사업자가 계약자에게 드리는 증서
- ❍ (보험약관) 보험계약에 대한 구체적인 내용을 기술한 것으로 재해보험사업자가 작성하여 보험계약자에게 제시하는 약정서
- ❍ (보험사고) 보험계약에서 재해보험사업자가 어떤 사실의 발생을 조건으로 보험금의 지급을 약정한 우연한 사고(사건 또는 위험)
- ❍ (보험가액) 피보험이익을 금전으로 평가한 금액으로 보험목적에 발생할 수 있는 최대 손해액

※ 재해보험사업자가 실제 지급하는 보험금은 보험가액을 초과할 수 없음

- ❍ (자기부담금) 보험사고로 인하여 발생한 손해에 대하여 계약자 또는 피보험자가 부담하는 일정 금액
- ❍ (보험금 분담) 보험계약에서 보장하는 위험과 같은 위험을 보장하는 다른 계약(공제계약 포함)이 있을 경우 비율에 따라 손해를 보상
- ❍ (대위권) 재해보험사업자가 보험금을 지급하고 취득하는 법률상의 권리
- ❍ (재조달가액) 보험의 목적과 동형, 동질의 신품을 재조달하는 데 소요되는 금액
- ❍ (가입률) 가입대상 두(頭)수 대비 가입두수를 백분율(100%)
- ❍ (손해율) 보험료에 대한 보험금의 백분율(100%)
- ❍ (사업이익) 1두당 평균 가격에서 경영비를 뺀 잔액
- ❍ (경영비) 통계청에서 발표한 최근의 비육돈 평균 경영비
- ❍ (이익률) 손해발생 시에 다음의 산식에 의해 얻어진 비율 단, 이 기간 중에 이익률이 16.5% 미만일 경우 이익률은 16.5%

이익률 = (1두당 비육돈(100kg 기준)의 평균가격 – 경영비) ÷ 1두당 비육돈(100kg 기준)의 평균가격

나. 가축재해 관련

- (풍재・수재・설해・지진) 태풍, 홍수, 호우, 강풍, 풍랑, 해일, 대설, 조수, 우박, 지진, 분화 등으로 인한 피해
- (폭염) 대한민국 기상청에서 내려지는 폭염특보(주의보 및 경보)
- (소(牛)도체결함) 도축장에서 도축되어 경매 시까지 발견된 도체의 결함이 경락가격에 직접적인 영향을 주어 손해가 발생한 경우
- (축산휴지) 보험의 목적의 손해로 인하여 불가피하게 발생한 전부 또는 일부의 축산업 중단을 말함
- (축산휴지손해) 보험의 목적의 손해로 인하여 불가피하게 발생한 전부 또는 일부의 축산업 중단되어 발생한 사업이익과 보상위험에 의한 손해가 발생하지 않았을 경우 예상되는 사업이익의 차감금액을 말한다.
- (전기적장치위험) 여자기(정류기 포함), 변류기, 변압기, 전압조정기, 축전기, 개폐기, 차단기, 피뢰기, 배전반 및 이와 비슷한 전기장치 또는 설비 중 전기장치 또는 설비가 파괴 또는 변조되어 온도의 변화로 보험의 목적에 손해가 발생한 경우

다. 가축질병 관련

- (돼지 전염성 위장염(TGE)) Coronavirus 속에 속하는 전염성 위장염 바이러스의 감염에 의한 돼지의 전염성 소화기병 구토, 수양성 설사, 탈수가 특징으로 일령에 관계없이 발병하며 자돈일수록 폐사율이 높게 나타남. 주로 추운 겨울철에 많이 발생하며 전파력이 높음
- (돼지 유행성설사병(PED)) Coronavirus에 의한 자돈의 급성 유행성설사병으로 포유자돈의 경우 거의 100%의 치사율을 나타남(로타바이러스감염증) 레오바이러스과의 로타바이러스 속의 돼지 로타바이러스가 병원체이며, 주로 2 ~ 6주령의 자돈에서 설사를 일으키며 3주령부터 폐사가 더욱 심하게 나타남
- (구제역) 구제역 바이러스의 감염에 의한 우제류 동물(소・돼지 등 발굽이 둘로 갈라진 동물)의 악성가축전염병(1종법정가축전염병)으로 발굽 및 유두 등에 물집이 생기고, 체온상승과 식욕저하가 수반되는 것이 특징
- (AI(조류인플루엔자, Avian Influenza)) AI 바이러스 감염에 의해 발생하는 조류의 급성 전염병으로 병원의 정도에 따라 고병원성과 저병원성으로 구분되며, 고병원성 AI의 경우 세계동물보건기구(OIE)의 관리대상질병으로 지정되어 있어 발생 시 OIE에 의무적으로 보고해야 함
- (돼지열병) 제1종 가축전염병으로 사람에 감염되지 않으나, 발생국은 돼지 및 돼지고기의 수출이 제한
  ※ '01년 청정화 이후, '02년 재발되어 예방접종 실시
- (난계대 전염병) 조류의 특유 병원체가 종란에 감염하여 부화 후 초생추에서 병을 발생시키는 질병(추백리 등)

라. 기타 축산 관련

- ❍ **(가축계열화)** 가축의 생산이나 사육・사료공급・가공・유통의 기능을 연계한 일체의 통합 경영활동을 의미
  - − **(가축계열화 사업)** 농민과 계약(위탁)에 의하여 가축・사료・동물용 의약품・기자재・보수 또는 경영지도 서비스 등을 공급(제공)하고, 당해 농민이 생산한 가축을 도축・가공 또는 유통하는 사업방식
- ❍ **(돼지 MSY(Marketing per Sow per Year))** 어미돼지 1두가 1년간 생산한 돼지 중 출하체중(110kg)이 될 때까지 생존하여 출하한 마리 수
- ❍ **(산란수)** 산란계 한 계군에서 하루 동안에 생산된 알의 수를 의미하며, 산란계 한 마리가 산란을 시작하여 도태 시까지 낳는 알의 총수는 산란지수로 표현
- ❍ **(자조금관리위원회)** 자조금의 효과적인 운용을 위해 축산업자 및 학계・소비자・관계 공무원 및 유통 전문가로 구성된 위원회이며 품목별로 설치되어 해당 품목의 자조금의 조성 및 지출, 사업 등 운용에 관한 사항을 심의・의결

  ※ (축산자조금(9개 품목)) 한우, 양돈, 낙농, 산란계, 육계, 오리, 양록, 양봉, 육우
- ❍ **(축산물 브랜드 경영체)** 특허청에 브랜드를 등록하고 회원 농가들과 종축・사료・사양관리 등 생산에 대한 규약을 체결하여 균일한 품질의 고급육을 생산・출하하는 축협조합 및 영농조합법인
- ❍ **(쇠고기 이력제도)** 소의 출생부터 도축, 포장처리, 판매까지의 정보를 기록・관리하여 위생・안전에 문제가 발생할 경우 이를 확인하여 신속하게 대처하기 위한 제도
- ❍ **(수의사 처방제)** 항생제 오남용으로 인한 축산물 내 약품잔류 및 항생제 내성문제 등의 예방을 위해 동물 및 인체에 위해를 줄 수 있는 "동물용 의약품"을 수의사의 처방에 따라 사용토록 하는 제도

부록

문제로 확인하기

01 농작물재해보험 업무방법에서 정하는 용어를 답란에 쓰시오.

- (①) : 영양조건, 기간, 기온, 일조시간 따위의 필요조건이 다차서 꽃눈이 형성되는 현상
- (②) : 가입수확량 산정 및 적과종료전 보험사고 시 감수량 산정의 기준이 되는 착과량
- (③) : 신초(당년에 자라난 새가지)가 1~2mm 정도 자라기 시작하는 현상
- (④) : 감수량 중 보상하는 재해 이외의 원인으로 감소한 양
- (⑤) : 재산보험에 있어 피보험이익을 금전으로 평가한 금액으로 보험목적에 발생할 수 있는 최대 손해액(재해보험사업자가 실제 지급하는 보험금은 보험가액을 초과할 수 없음)

Solution

① 꽃눈분화, ② 평년착과량, ③ 신초발아, ④ 미보상감수량, ⑤ 보험가액

02 종합위험방식 벼 상품 및 업무방법에서 정하는 용어를 답란에 쓰시오.

- (①) : 못자리 등에서 기른 모를 농지로 옮겨 심는 일
- (②) : 물이 있는 논에 파종 하루 전 물을 빼고 종자를 일정 간격으로 점파하는 파종 방법
- (③) : 벼의 이삭이 줄기 밖으로 자란 상태
- (④) : 개간, 복토 등을 통해 논으로 변경한 농지
- (⑤) : 자연현상으로 인하여 간석지 등 연안지대에 바닷물의 유입으로 발생하는 피해

Solution

① 이앙, ② 직파(담수점파), ③ 출수, ④ 전환지, ⑤ 조해

03 다음은 농작물재해보험 이론서 용어의 정의로 (　　) 안에 들어갈 옳은 내용을 쓰시오.

"평년수확량"이란 가입년도 직전 (①) 중 보험에 가입한 연도의 (②)와(과) (③)을(를) (④)에 따라 가중평균하여 산출한 해당 농지에 기대되는 수확량을 말한다.

Solution

① 5년, ② 실제수확량, ③ 표준수확량, ④ 가입횟수

04 농작물재해보험의 업무방법 통칙에서 정하는 용어의 정의로 (　　)에 들어갈 내용을 쓰시오.

> • "보험의 목적"은 보험의 약관에 따라 보험에 가입한 목적물로 보험증권에 기재된 농작물의 과실 또는 (①), (②), (③) 등을 말한다.
> • "표준수확량"이란 가입품목의 품종, (④), (⑤) 등에 따라 정해진 수확량을 말한다.

Solution

① 나무, ② 시설작물 재배용 농업용 시설물, ③ 부대시설, ④ 수령, ⑤ 재배방식

05 농작물재해보험의 업무방법 통칙에서 정하는 용어의 정의로 (　　)에 들어갈 내용을 쓰시오.

> • "보험가액"이란 재산보험에 있어 (①)을(를) (②)으로 평가한 금액으로 보험목적에 발생할 수 있는 (③)을(를) 말한다.
> • "적과후착과수"란 통상적인 (④) 및 (⑤) 종료시점의 착과수를 말한다.

Solution

① 피보험이익, ② 금전, ③ 최대 손해액, ④ 적과, ⑤ 자연낙과

06 농작물재해보험의 업무방법 통칙에서 정하는 용어의 정의로 (　　)에 들어갈 내용을 쓰시오.

> • "과수원(농지)"이라 함은 (①)의 토지의 개념으로 (②)와는 관계없이 과실(농작물)을 재배하는 하나의 경작지를 의미한다.
> • "(③)"이란 보험사고로 인하여 발생한 손해에 대하여 보험가입자가 부담하는 일정비율로 보험가입금액에 대한 비율을 말한다.
> • "신초발아기"란 과수원에서 전체 신초가 (④)% 정도 발아한 시점을 말한다.
> • "개화기"란 꽃이 피는 시기를 말하며, 작물의 생물조사에서의 개화기는 꽃이 (⑤)% 정도 핀 날의 시점을 말한다.

Solution

① 한 덩어리, ② 필지(지번), ③ 자기부담비율, ④ 50, ⑤ 40

부록

합격
기준 박문각

PART

02

농작물재해보험 및 가축재해보험 손해평가의 이론과 실무

CHAPTER 01

농업재해보험 손해평가 개관

문제로 확인하기

01 다음 (　　) 안에 들어갈 옳은 내용을 쓰시오.

> 손해평가반은 (①) 또는 (②), (③)에 해당하는 자로 구성하며, 5인 이내로 한다.

Solution

① 손해평가인, ② 손해사정사, ③ 손해평가사

✔ Check 손해평가반의 구성

> 손해평가반은 손해평가요령 제8조에서와 같이 손해평가사・손해평가인・손해사정사에 해당하는 자로 구성하며 5인 이내로 한다.

02 금차 조사일정에 대하여 손해평가반을 구성하고자 한다. 아래의 '계약사항', '과거 조사사항', '조사자 정보'를 참조하여 〈보기〉의 손해평가반(① ~ ⑤)별 구성 가능여부를 각 반별로 가능 또는 불가능으로 기재하고, 불가능한 반은 그 사유를 각각 쓰시오. (단, 제시된 내용 외에 다른 사항은 고려하지 않음)

○ 금차 조사일정

구분	조사종류	조사일자
㉮ 계약(사과)	낙과피해조사	2024년 8월 7일

○ 계약사항

구분	계약자(가입자)	모집인	계약일
㉮ 계약(사과)	H	E	2024년 2월 18일
㉯ 계약(사과)	A	B	2024년 2월 17일

○ 과거 조사사항

구분	조사종류	조사일자	조사자
㉮ 계약(사과)	적과후착과수조사	2024년 7월 13일	D, F
㉯ 계약(사과)	적과후착과수조사	2024년 7월 18일	C, F, H

○ **조사자 정보**(조사자 간 생계를 같이하는 친족관계는 없음)

성명	A	B	C	D	E	F	G	H
구분	손해 평가인	손해 평가인	손해 평가사	손해 평가인	손해 평가인	손해 평가사	손해 평가인	손해 평가사

보기

〈손해평가반 구성〉
①반 : A, B　②반 : C, H　③반 : G　④반 : C, D, E　⑤반 : D, F

Solution

① 불가능 : 직전 손해평가일로부터 30일 이내의 보험가입자 간 상호 손해평가
② 불가능 : H본인이 가입한 계약에 대한 손해평가는 배제되어야 함
③ 가능
④ 불가능 : E가 모집한 계약에 대한 손해평가는 배제되어야 함
⑤ 가능

✔ Check 농업재해보험 손해평가요령 제8조(손해평가반 구성 등)

① 재해보험사업자는 제2조 제1호의 손해평가를 하는 경우에는 손해평가반을 구성하고 손해평가반별로 평가일정계획을 수립하여야 한다.
② 제1항에 따른 손해평가반은 다음 각 호의 어느 하나에 해당하는 자로 구성하며, 5인 이내로 한다.
　1. 제2조 제2호에 따른 손해평가인
　2. 제2조 제3호에 따른 손해평가사
　3. 「보험업법」 제186조에 따른 손해사정사
③ 제2항의 규정에도 불구하고 다음 각 호의 어느 하나에 해당하는 손해평가에 대하여는 해당자를 손해평가반 구성에서 배제하여야 한다.
　1. 자기 또는 자기와 생계를 같이 하는 친족(이하 "이해관계자"라 한다)이 가입한 보험계약에 관한 손해평가
　2. 자기 또는 이해관계자가 모집한 보험계약에 관한 손해평가
　3. 직전 손해평가일로부터 30일 이내의 보험가입자 간 상호 손해평가
　4. 자기가 실시한 손해평가에 대한 검증조사 및 재조사

CHAPTER 02

농작물재해보험 손해평가

제1절 과수작물 손해평가 및 보험금 산정

Ⅰ. 적과전 종합위험보장방식 : 사과, 배, 단감, 떫은감

1. 착과감소보험금

보험금 = (착과감소량 - 미보상감수량 - 자기부담감수량) × 가입가격 × 보장 수준(50%, 70%)

가. 착과감소량

착과감소량 = 착과감소과실수 × 가입과중

1) 착과감소과실수 – 자연재해, 조수해, 화재(5종 한정 특약 미가입)

착과감소과실수 = 평년착과수 - 적과후착과수

가) 일부 피해 : 「조수해, 화재」로 피해주수가 일부인 경우

착과감소과실수 = 최솟값(평년착과수 - 적과후착과수, 최대인정감소과실수)

(1) 최대인정감소과실수 = 평년착과수 × 최대인정피해율

(2) $최대인정피해율 = \frac{고사주수 + 수확불능주수 + 일부피해주수}{실제결과주수}$

※ 적과종료 이전 「자연재해」로 인한 적과종료 이후 착과손해감수량 – 「적과종료 이후 누적감수과실수」에 합산할 내용

① 적과후착과수가 평년착과수 60% 미만인 경우

착과감소과실수 = 적과후착과수 × 5%

② 적과후착과수가 평년착과수 60% 이상 100% 미만인 경우

- $착과감소과실수 = 적과후착과수 \times 5\% \times \frac{(100\% - 착과율)}{40\%}$
- $착과율 = \frac{적과후착과수}{평년착과수}$

2) 착과감소과실수 – 태풍(강풍), 집중호우, 우박, 화재, 지진(5종 한정 특약 가입)

착과감소과실수 = 최솟값(평년착과수 - 적과후착과수, 최대인정감소과실수)

가) 최대인정감소과실수

평년착과수 × 최대인정피해율

나) 최대인정피해율

최댓값(나무피해, 유과타박률, 인정피해율)

(1) 나무피해

$$= \frac{\text{유실, 매몰, 침수, 소실(1/2), 절단(1/2), 도복주수}}{\text{실제결과주수}}$$

(가) 침수주수 = 침수피해를 입은 나무주수 × 과실침수율

(나) 과실침수율(표본주) = $\frac{\text{침수착과(화)수}}{\text{전체착과(화)수}}$

(2) 유과타박률(최댓값, 표본주)

$$= \frac{\text{피해유과수 합계}}{\text{피해유과수 합계 + 정상유과수 합계}}$$

(3) (단감, 떫은감) 낙엽률에 따른 인정피해율(최댓값, 표본주) – 일소, 우박피해 제외

$$= \frac{\text{낙엽수 합계}}{\text{낙엽수 합계 + 착엽수 합계}}$$

※ 인정피해율
- 단감 = (1.0115 × 낙엽률) - (0.0014 × 경과일수)
  - 경과일수 : 6월 1일부터 낙엽피해 발생일까지 경과된 일수
- 떫은감 = 0.9662 × 낙엽률 - 0.0703

나. 미보상감수량

미보상감수량 = 착과감소과실수 × 미보상비율 + 미보상주수 감수과실수

다. 자기부담감수량

1) 적과전 착과감소과실수가 없는 과수원 : 적과후착과수
2) 적과전 착과감소과실수가 있는 과수원 : 적과후착과수 + 착과감소과실수

라. 보장 수준

1) 50% : 임의 선택
2) 70% : 최근 3년간 연속 보험가입 과수원으로 누적 적과전 손해율 100% 미만인 경우 가능

2. 과실손해보험금

보험금 = (적과종료 이후 누적감수량 - 자기부담감수량) × 가입가격

가. 적과종료 이후 누적감수량

1) 적과종료 이전 자연재해로 인한 적과종료 이후 착과손해 감수과실수

적과종료 이후 누적감수량에 합산, 특정위험 5종 한정보장 특약 미가입 시만 적용

가) 적과후착과수가 평년착과수의 60% 미만인 경우

감수과실수 = 적과후착과수 × 5%

나) 적과후착과수가 평년착과수의 60% 이상 100% 미만인 경우

- $감수과실수 = 적과후착과수 \times 5\% \times \frac{100\% - 착과율}{40\%}$
- $착과율 = \frac{적과후착과수}{평년착과수}$

2) 낙과피해, 착과피해, 낙엽피해, 나무피해 감수과실수 기본산식

가) 낙과피해

(1) 전수조사

$$감수과실수 = 낙과과실수 \times (낙과피해구성률 - max\ A)$$

(2) 표본조사

$$감수과실수 = \frac{표본주\ 낙과과실수\ 합계}{표본주수} \times 조사대상주수 \times (낙과피해구성률 - max\ A)$$

※ 낙과피해구성률

$$= \frac{(100\%형\ 피해과실수 \times 1) + (80\%형\ 피해과실수 \times 0.8) + (50\%형\ 피해과실수 \times 0.5)}{100\%형\ 피해과실수 + 80\%형\ 피해과실수 + 50\%형\ 피해과실수 + 정상과실수}$$

나) 착과피해

$$감수과실수 = 사고\ 당시\ 착과과실수 \times (착과피해구성률 - max\ A)$$

※ 착과피해구성률

$$= \frac{(100\%형\ 피해과실수 \times 1) + (80\%형\ 피해과실수 \times 0.8) + (50\%형\ 피해과실수 \times 0.5)}{100\%형\ 피해과실수 + 80\%형\ 피해과실수 + 50\%형\ 피해과실수 + 정상과실수}$$

다) 낙엽피해

$$감수과실수 = 사고\ 당시\ 착과과실수 \times (인정피해율 - max\ A)$$

※ 인정피해율

- 단감 = (1.0115 × 낙엽률) − (0.0014 × 경과일수)
  - 경과일수 : 6.1. ~ 낙엽피해 발생일
- 떫은감 = 0.9662 × 낙엽률 − 0.0703

라) 나무피해

(1) 나무의 고사 및 수확불능손해

$$감수과실수 = (고사주수 + 수확불능주수) \times 무피해\ 나무\ 1주당\ 평균\ 착과수 \times (1 - max\ A)$$

(2) 나무의 일부침수손해

$$감수과실수 = (일부침수주수 \times 일부침수나무\ 1주당\ 평균\ 침수착과수) \times (1 - max\ A)$$

마) max A

보상하는 재해가 여러 차례 발생하는 경우, 기사고 조사값(인정피해율, 착과피해구성률) 중 최댓값

3) 각 재해에 따른 감수과실수

가) 태풍(강풍), 집중호우, 화재, 지진

(1) 낙과피해, 착과피해

(가) 사과, 배 : 낙과감수과실수(전수조사, 표본조사) × 1.07

※ 낙과감소과실수의 7%를 착과손해로 포함하여 산정

(나) 단감, 떫은감 : 낙과감수과실수

(2) 낙엽피해 착과감소과실수(단감, 떫은감) : 적과종료일 이후 ~ 10월

나) 우박

(1) 낙과피해

(2) 착과피해 : 적과전 사고로 인한 착과피해와 적과후 사고로 인한 착과피해

다) 가을동상해

착과피해(단, 단감, 떫은감 잎 피해 50% 이상 고사 피해 → 아래 착과피해구성률 적용)

※ 착과피해구성률

$$= \frac{(100\%\text{형 피해과실수} \times 1) + (80\%\text{형 피해과실수} \times 0.8) + (50\%\text{형 피해과실수} \times 0.5) + (\text{정상과실수} \times 0.0031 \times \text{잔여일수})}{100\%\text{형 피해과실수} + 80\%\text{형 피해과실수} + 50\%\text{형 피해과실수} + \text{정상과실수}}$$

라) 일소피해

일소피해과실수 = (1) 낙과피해 + (2) 착과피해

※ 일소피해과실수가 보험사고 한 건당 적과후착과수 6%를 초과하는 경우에만 인정

나. 자기부담감수량

1) 산출된 착과감소량이 존재하지 않는 경우

자기부담감수량 = 기준수확량 × 자기부담비율

2) 산출된 착과감소량이 존재하는 경우

자기부담감수량 = (기준수확량 × 자기부담비율) - (착과감소량 - 적과전 미보상감수량)

3. 나무손해보장 특약 보험금

보험금 = 보험가입금액 × (피해율 - 자기부담비율)

가. 피해율

$$\frac{\text{피해주수(고사된 나무)}}{\text{실제결과주수}}$$

나. 자기부담비율 : 5%

II. 종합위험 수확감소보장방식 및 비가림과수 손해보장방식 : 포도, 복숭아, 자두, 감귤(만감류), 밤, 호두, 참다래, 대추, 매실, 살구, 오미자, 유자

1. 종합위험 수확감소보험금 : 포도, 복숭아, 자두, 감귤(만감류), 밤, 호두, 참다래, 대추, 매실, 살구, 오미자, 유자

보험금 = 보험가입금액 × (피해율 - 자기부담비율)

가. 피해율

1) 복숭아

$$\frac{\text{평년수확량 - 수확량 - 미보상감수량 + 병충해감수량}}{\text{평년수확량}}$$

가) 수확량 : 별도로 정리함

나) 미보상감수량

(평년수확량 - 수확량) × 미보상비율

다) 병충해감수량

병충해(세균구멍병) 피해과실 무게 × 0.5

2) 포도, 자두, 감귤(만감류), 밤, 호두, 참다래, 대추, 매실, 살구, 오미자, 유자

$$\frac{\text{평년수확량 - 수확량 - 미보상감수량}}{\text{평년수확량}}$$

가) 수확량 : 별도로 정리함

나) 유자 평년수확량 : 평균수확량 < 최근 7년간 과거수확량의 올림픽 평균값 → 올림픽 평균값 적용

다) 미보상감수량

(평년수확량 - 수확량) × 미보상비율

나. 수확량

1) 포도, 복숭아, 자두, 감귤(만감류)

① 착과수조사 이전 사고의 피해사실이 인정된 경우

수확량 = 착과량 - 사고당 감수량의 합

② 착과수조사 이전 사고의 접수가 없거나, 피해사실이 인정되지 않은 경우

수확량 = max[평년수확량, 착과량] - 사고당 감수량의 합

※ 착과수조사 : 수확 직전 피해와 관계없이 전 과수원 조사(만감류는 적과종료 후)

가) 착과량

(품종 · 수령별) 착과수 × 과중 + (품종 · 수령별) 주당 평년수확량 × 미보상주수

(1) 주당 평년수확량 = $\dfrac{\text{평년수확량}}{\text{실제결과주수}}$

나) 사고당 감수량의 합

착과감수량 + 낙과감수량 + 고사주수감수량

(1) 착과감수량 = 착과수 × 과중 × 착과피해구성률
(2) 낙과감수량 = 낙과수 × 과중 × 낙과피해구성률
(3) 고사주수감수량 = 고사주수 × (주당 착과수 + 주당 낙과수) × 과중

2) 밤, 호두

수확량 = {조사대상주수 × 주당 착과수 × 개당 과중 × (1 - 착과피해구성률)} + {조사대상주수 × 주당 낙과수 × 개당 과중 × (1 - 낙과피해구성률)} + (주당 평년수확량 × 미보상주수)

가) 개당 과중

(1) 밤

$$\frac{\text{정상 표본과실 무게} + \text{소과 표본과실 무게} \times 0.8}{\text{표본과실수}}$$

(2) 호두

$$\frac{\text{표본과실 무게 합계}}{\text{표본과실수}}$$

나) 착과, 낙과피해구성률

$$\frac{(\text{100\%형 피해과실수} \times 1) + (\text{80\%형 피해과실수} \times 0.8) + (\text{50\%형 피해과실수} \times 0.5)}{\text{100\%형 피해과실수} + \text{80\%형 피해과실수} + \text{50\%형 피해과실수} + \text{정상과실수}}$$

3) 참다래

수확량 = {착과수 × 개당 과중 × (1 - 착과피해구성률)} + {낙과수 × 개당 과중 × (1 - 낙과피해구성률)} + (m^2당 평년수확량 × 미보상주수 × 재식면적)

가) 착과수

표본조사 대상면적 × ㎡당 착과수

(1) 표본조사 대상면적 = 재식면적(= 주간 거리 × 열간 거리) × 표본조사 대상주수

(2) ㎡당 착과수 = $\frac{\text{표본구간 착과수}}{\text{표본구간 넓이}}$

(3) 표본구간 넓이 = $\frac{(\text{표본구간 윗변 길이} + \text{표본구간 아랫변 길이}) \times \text{표본구간 높이}}{2}$

나) 개당 과중

$$\frac{\text{품종별}\{50g\ \text{초과 표본과실 무게 합} + (50g\ \text{이하 표본과실 무게 합} \times 0.7)\}}{\text{표본과실수}}$$

다) 착과, 낙과피해구성률

$$\frac{(100\%\text{형 피해과실수} \times 1) + (80\%\text{형 피해과실수} \times 0.8) + (50\%\text{형 피해과실수} \times 0.5)}{\text{표본과실수}}$$

라) ㎡당 평년수확량

$$\frac{\text{평년수확량}}{\text{재식면적}}$$

∴ ㎡당 평년수확량 × 미보상주수 × 재식면적 = 평년수확량 × 미보상주수

4) 대추, 매실, 살구

수확량 = {조사대상주수 × 주당 착과량 × (1 - 피해구성률)} + {조사대상주수 × 주당 낙과량 × (1 - 낙과피해구성률)} + (주당 평년수확량 × 미보상주수)

가) 주당 착과량

$$\frac{\text{표본주 착과무게}}{\text{표본주수}}$$

나) (매실) 표본주 착과무게

조사 착과량 × 품종별 비대추정지수 × 2(절반조사 시)

5) 오미자

수확량 = {조사대상길이 × m당 착과량 × (1 - 착과피해구성률)} + {조사대상길이 × m당 낙과량 × (1 - 낙과피해구성률)} + (m당 평년수확량 × 미보상길이)

가) m당 착과량

$$\frac{\text{표본구간의 착과무게}}{\text{표본구간 길이의 합}}$$

나) m당 낙과량

$$\frac{\text{표본구간의 낙과무게}}{\text{표본구간 길이의 합}}$$

다) m당 평년수확량

$$\frac{\text{평년수확량}}{\text{실제재배길이}}$$

라) 착과, 낙과피해구성률

$$\frac{(\text{100\%형 피해과실수} \times 1) + (\text{80\%형 피해과실수} \times 0.8) + (\text{50\%형 피해과실수} \times 0.5)}{\text{표본과실수}}$$

6) 유자

수확량 = {조사대상주수 × 표본주당 착과량 × (1 - 착과피해구성률)}
+ (주당 평년수확량 × 미보상주수)

2. 수확량감소 추가보장 특약 보험금 : 포도, 복숭아, 감귤(만감류)

보험금 = 보험가입금액 × 피해율 × 10%

3. 나무손해보장 특약 보험금 : 복숭아, 자두, 매실, 살구, 유자, 포도, 참다래, 감귤(만감류)

보험금 = 보험가입금액 × (피해율 − 자기부담비율)

가. 피해율

$$\frac{\text{피해주수(고사된 나무)}}{\text{실제결과주수}}$$

나. 자기부담비율 : 5%

4. 종합위험 비가림시설 보험금 : 포도, 대추, 참다래

보험금 = Min(손해액 - 자기부담금, 보험가입금액)

가. 중복보험(동일한 계약의 목적과 동일한 사고 → 보험가입금액의 합계액 > 보험가액)

1) 다른 계약이 이 계약과 지급보험금의 계산 방법이 같은 경우

$$\text{손해액} \times \frac{\text{이 계약의 보험가입금액}}{\text{다른 계약이 없는 것으로 하여 각각 계산한 보험가입금액의 합계액}}$$

2) 다른 계약이 이 계약과 지급보험금의 계산 방법이 다른 경우

$$\text{손해액} \times \frac{\text{이 계약의 보험금}}{\text{다른 계약이 없는 것으로 하여 각각 계산한 보험금의 합계액}}$$

나. 하나의 보험가입금액으로 둘 이상의 보험의 목적을 계약한 경우

전체가액에 대한 각 가액의 비율로 비례배분

Ⅲ. 종합위험 과실손해보장방식 : 오디, 감귤(온주밀감류)

1. 과실손해보험금 : 오디, 감귤(온주밀감류)

가. 오디

과실손해보험금 = 보험가입금액 × (피해율 − 자기부담비율)

1) 피해율

$$\frac{\text{평년결실수 - 조사결실수 - 미보상감수결실수}}{\text{평년결실수}}$$

2) 조사결실수

$$\frac{\text{환산결실수} \times \text{조사대상주수} + \text{주당 평년결실수} \times \text{미보상주수}}{\text{실제결과주수}}$$

가) 환산결실수

$$\frac{\text{품종별・수령별 표본가지 결실수 합계}}{\text{표본가지 길이 합계}}$$

나) 조사대상주수

실제결과주수 - 고사주수 - 미보상주수

다) 주당 평년결실수

$$\frac{\text{평년결실수}}{\text{실제결과주수}}$$

라) 품종별 평년결실수

$$\text{평년결실수} \times \text{전체 실제결과주수} \times \frac{\text{대상 품종 표준결실수} \times \text{대상 품종 실제결과주수}}{\Sigma(\text{품종별 표준결실수} \times \text{품종별 실제결과주수})}$$

3) 미보상감수결실수

Max[(평년결실수 - 조사결실수) × 미보상비율, 0]

나. 감귤(온주밀감류)

과실손해보험금 = 손해액 - 자기부담금

1) 손해액

보험가입금액 × 피해율

2) 피해율

$$\frac{\text{등급 내 피해과실수} + \text{등급 외 피해과실수} \times 50\%}{\text{기준과실수}} \times (1 - \text{미보상비율})$$

가) 등급 내 피해과실수

(등급 내 30%형 과실수 합계 × 0.3) + (등급 내 50%형 과실수 합계 × 0.5)
+ (등급 내 80%형 과실수 합계 × 0.8) + (등급 내 100%형 과실수 × 1)

나) 등급 외 피해과실수

(등급 외 30%형 과실수 합계 × 0.3) + (등급 외 50%형 과실수 합계 × 0.5)
+ (등급 외 80%형 과실수 합계 × 0.8) + (등급 외 100%형 과실수 × 1)

다) 기준과실수 = 모든 표본주의 과실수 총 합계

※ 단, 수확전 사고조사를 실시한 경우 과실손해 피해율

$$= \left[\frac{\text{최종 수확전 과실손해 피해율}}{1 - \text{최종 수확전 과실손해조사 미보상비율}} + \left\{\left(1 - \frac{\text{최종 수확전 과실손해 피해율}}{1 - \text{최종 수확전 과실손해조사 미보상비율}}\right) \times \frac{\text{과실손해 피해율}}{1 - \text{과실손해 미보상비율}}\right\}\right] \times (1 - \text{최댓값(최종 수확전 과실손해조사 미보상비율, 과실손해 미보상비율)})$$

- 수확전 과실손해 피해율

$$= \frac{\text{100\%형 피해과실수}}{\text{정상과실수 + 100\%형 피해과실수}} \times (1 - \text{미보상비율})$$

- 최종 수확전 과실손해 피해율

$$= \frac{\text{이전 100\% 피해과실수 + 금차 100\% 피해과실수}}{\text{정상과실수 + 100\%형 피해과실수}} \times (1 - \text{미보상비율})$$

3) 자기부담금

보험가입금액 × 자기부담비율

2. 동상해 과실손해보장 특약 보험금 : 감귤(온주밀감류)

동상해 과실손해보험금 = 손해액 - 자기부담금

가. 손해액

{보험가입금액 - (보험가입금액 × 기사고 피해율)}
× 수확기 잔존비율 × 동상해 피해율 × (1 - 미보상비율)

1) 기사고 피해율

미보상비율을 반영하지 않은 주계약 피해율 + 이전 사고 동상해 과실손해 피해율

2) 수확기 잔존비율(사고발생일자는 해당 월의 사고발생일자)

사고발생 월	잔존비율(%)
12월	(100 − 38) - (1 × 사고발생일자)
1월	(100 − 68) - (0.8 × 사고발생일자)
2월	(100 − 93) - (0.3 × 사고발생일자)

3) 동상해 피해율

$$\frac{\text{(동상해 80\%형 피해과실수 합계 × 80\%) + (동상해 100\%형 피해과실수 합계 × 100\%)}}{\text{정상과실수 + 동상해피해 80\%형 과실수 + 동상해피해 100\%형 과실수}}$$

나. 자기부담금

절댓값 | 보험가입금액 × 최솟값(주계약 피해율 - 자기부담비율, 0) |

3. 종합위험 나무손해보장 특약 보험금 : 감귤(온주밀감류)

보험금 = 보험가입금액 × (피해율 - 자기부담비율)

가. 피해율

$$\frac{\text{피해주수(고사된 나무)}}{\text{실제결과주수}}$$

나. 자기부담비율 : 5%

4. 과실손해 추가보장 특약 보험금 : 감귤(온주밀감류)

보험금 = 보험가입금액 × 주계약 피해율 × 10%

Ⅳ. 수확전 종합위험 과실손해보장방식 : 복분자, 무화과

1. 과실손해보험금 : 복분자, 무화과

가. 복분자

과실손해보험금 = 보험가입금액 × (피해율 - 자기부담비율)

1) 피해율

$$\frac{\text{고사결과모지수}}{\text{평년결과모지수}}$$

2) 고사결과모지수

종합위험 과실손해 고사결과모지수 + 특정위험 과실손해 고사결과모지수

가) 5월 31일 이전에 사고가 발생한 경우(자연재해, 조수해, 화재)

(평년결과모지수 - 살아있는 결과모지수) + 수정불량환산 고사결과모지수 - 미보상 고사결과모지수

(1) (기준) 살아있는 결과모지수 = $\frac{\text{표본구간 살아있는 결과모지수}}{\text{표본구간수} \times 5}$

(2) 수정불량환산 고사결과모지수 = 살아있는 결과모지수 × 수정불량환산계수

CHAPTER 02

(3) 수정불량환산계수

$$= \frac{\text{수정불량결실수(= 표본포기 6송이 피해열매수의 합)}}{\text{전체결실수(= 표본포기 6송이 열매수의 합)}} - \text{자연수정불량률(15\%)}$$

(4) 미보상 고사결과모지수 = 최댓값((평년결과모지수 – 살아있는 결과모지수 + 수정불량환산 고사결과모지수) × 미보상비율, 0)

나) 6월 1일 이후에 사고가 발생한 경우(태풍(강풍), 우박)

수확감소환산 고사결과모지수 – 미보상 고사결과모지수

(1) 미보상 고사결과모지수 = 수확감소환산 고사결과모지수 × 최댓값(특정위험 과실손해조사별 미보상비율)

3) 수확감소환산 고사결과모지수(6월 1일 이후에 사고가 발생한 경우)

가) 5월 31일 이전 사고로 인한 고사결과모지수가 존재하는 경우

(살아있는 결과모지수 – 수정불량환산 고사결과모지수) × 누적 수확감소환산계수

나) 5월 31일 이전 사고로 인한 고사결과모지수가 존재하지 않는 경우

평년결과모지수 × 누적 수확감소환산계수

(1) 누적 수확감소환산계수 = 수확감소환산계수의 누적 값
(2) 수확감소환산계수 = 수확일자별 잔여수확량 비율 – 결실률
(3) 수확일자별 잔여수확량 비율(사고발생일자는 6월 중 사고일자를 의미함)

사고일자	경과비율(%) : 잔여수확량 비율
6월 1일 ~ 7일	98 – 사고발생일자
6월 8일 ~ 20일	$\frac{(\text{사고발생일자}^2 - 43 \times \text{사고발생일자} + 460)}{2}$

(4) 결실률 $= \frac{\text{전체결실수(}\Sigma\text{표본송이의 수확가능한 열매수)}}{\text{전체개화수(}\Sigma\text{표본송이의 총열매수)}}$

나. 무화과

과실손해보험금 = 보험가입금액 × (피해율 – 자기부담비율)

1) 피해율

7월 31일 이전 사고피해율 + 8월 1일 이후 사고피해율

2) 7월 31일 이전 사고피해율

$$\frac{\text{평년수확량 – 수확량 – 미보상감수량}}{\text{평년수확량}}$$

가) 수확량

조사대상주수 × 주당 수확량 × (1 - 피해구성률) + 주당 평년수확량 × 미보상주수

나) 미보상감수량

(평년수확량 - 수확량) × 미보상비율

3) 8월 1일 이후 사고피해율

(1 - 수확전 사고피해율) × 잔여수확량 비율 × 결과지 피해율

가) 잔여수확량 비율

사고발생 월	잔여수확량 산정식(%)
8월	100 - 1.06 × 사고발생일자
9월	(100 - 33) - 1.13 × 사고발생일자
10월	(100 - 67) - 0.84 × 사고발생일자

나) 결과지 피해율

$$\frac{\text{고사결과지수} + \text{미고사결과지수} \times \text{착과피해율} - \text{미보상 고사결과지수}}{\text{기준결과지수}}$$

2. 종합위험 나무손해보장 특약 보험금 : 무화과

보험금 = 보험가입금액 × (피해율 - 자기부담비율)

가. 피해율

$$\frac{\text{피해주수(고사된 나무)}}{\text{실제결과주수}}$$

나. 자기부담비율 : 5%

제2절 논작물 손해평가 및 보험금 산정(벼, 조사료용 벼, 밀, 보리, 귀리)

1. 이앙 · 직파불능보험금 : 벼

보험금 = 보험가입금액 × 15%

2. 재이앙 · 재직파보험금 : 벼

보험금 = 보험가입금액 × 25% × 면적피해율

가. 면적피해율

$$\frac{\text{피해면적}}{\text{보험가입면적}}$$

3. 경작불능보험금

※ 지급사유 : 식물체 피해율이 65%(분질미 60%) 이상 + 계약자가 경작불능보험금 신청

가. 벼, 밀, 보리, 귀리

보험금 = 보험가입금액 × 일정비율

1) 일정비율(자기부담비율에 따름) : 45%, 42%, 40%, 35%, 30%(귀리는 45%, 42% 제외)

나. 조사료용 벼

보험금 = 보험가입금액 × 보장비율 × 경과비율

1) 보장비율(자기부담비율에 따름) : 45%, 42%, 40%, 35%, 30%
2) 경과비율(사고발생월 기준) : 5월(80%), 6월(85%), 7월(90%), 8월(100%)

4. 수확감소보험금 : 벼, 밀, 보리, 귀리(조사료용 벼 제외)

보험금 = 보험가입금액 × (피해율 - 자기부담비율)

가. 피해율

$$\frac{\text{평년수확량} - \text{수확량} - \text{미보상감수량}}{\text{평년수확량}}$$

나. 수확량

1) 수량요소조사(벼) : 수확전 14일(전후)

수확량 = 표준수확량 × 조사수확비율 × 피해면적 보정계수

가) 조사수확비율 : 이삭상태 점수(4개) 및 완전낟알상태 점수(4개) 합산한 점수로 환산
(1) 이삭상태 점수 : 16개 미만(1점), 16개 이상(2점)
(2) 완전낟알상태 점수 : 51개 미만(1점), 51개 ~ 61개 미만(2점), 61개 ~ 71개 미만(3점), 71개 ~ 81개 미만(4점), 81개 이상(5점)

(3) 조사수확비율 환산표

점수 합계	10점 미만	10점~11점	12점~13점	14점~15점	16점~18점	19점~21점	22점~23점	24점 이상
조사수확비율(%)	0~20	21~40	41~50	51~60	61~70	71~80	81~90	91~100

나) 피해면적 보정계수

피해 정도	매우 경미	경미	보통
피해면적 비율	10% 미만	10%~30% 미만	30% 이상
보정계수	1.2	1.1	1

2) **표본조사** : 알곡이 여물어 수확이 가능한 시기

수확량 = (표본구간 단위면적당 유효중량 × 조사대상면적) + {(단위면적당 평년수확량 × (타작물 및 미보상면적 + 기수확면적)}

가) 표본구간 단위면적당 유효중량

$$\frac{\text{표본구간 유효중량}}{\text{표본구간 면적}}$$

(1) 표본구간 유효중량

$$\text{표본구간 작물 중량 합계} \times (1 - \text{loss율}) \times \frac{(1 - \text{함수율})}{(1 - \text{기준함수율})}$$

(가) loss율 : 7%

(나) 기준함수율 : 메벼(15%), 분질미(14%), 찰벼(13%), 밀(13%), 보리(13%), 귀리(13%)

※ 콩(14%), 팥(14%)

(2) 표본구간 면적

4포기 길이 × 포기당 간격 × 표본구간수

나) 단위면적당 평년수확량

$$\frac{\text{평년수확량}}{\text{실제경작면적}}$$

3) **전수조사** : 수확 시

수확량 = 조사대상면적 수확량 + {(단위면적당 평년수확량 × (타작물 및 미보상면적 + 기수확면적)}

가) 조사대상면적 수확량

$$\text{작물 중량} \times \frac{(1 - \text{함수율})}{(1 - \text{기준함수율})}$$

나) 단위면적당 평년수확량

$$\frac{\text{평년수확량}}{\text{실제경작면적}}$$

다. 미보상감수량

(평년수확량 - 수확량) × 미보상비율

제3절 밭작물 손해평가 및 보험금 산정

Ⅰ. 종합위험 수확감소보장 : 마늘, 양파, 양배추, 감자(봄재배, 가을재배, 고랭지재배), 고구마, 옥수수, 사료용 옥수수, 콩, 팥, 차(茶)

1. 조기파종보험금 : 마늘(남도종 – 제주지역 농지)

가. 재파종보험금

※ 지급사유 : 한지형 마늘 최초 판매일 24시 이전 보장하는 재해로 10a당 출현주수가 30,000보다 작고 10월 31일 이전 30,000주 이상으로 재파종한 경우

보험금 = 보험가입금액 × 25% × 표준출현 피해율

1) 표준출현 피해율(10a 기준)

$$\frac{30{,}000 - \text{출현주수}}{30{,}000}$$

나. 경작불능보험금

※ 지급사유 : 한지형 마늘 최초 판매일 24시 이전 보장하는 재해로 식물체 피해율이 65% 이상 발생

보험금 = 보험가입금액 × 일정비율

1) 일정비율 : 32%, 30%, 28%, 25%, 25%

2. 재파종보험금 : 마늘

※ 지급사유 : 보장하는 재해로 10a당 출현주수가 30,000주보다 작고, 10a당 30,000주 이상으로 재파종한 경우

보험금 = 보험가입금액 × 35% × 표준출현 피해율

가. 표준출현 피해율(10a 기준)

$$\frac{30{,}000 - \text{출현주수}}{30{,}000}$$

3. 재정식보험금 : 양배추

※ 지급사유 : 보장하는 재해로 면적피해율이 자기부담비율을 초과하고, 재정식한 경우

$$\text{보험금} = \text{보험가입금액} \times 20\% \times \text{면적피해율}$$

가. 면적피해율

$$\frac{\text{피해면적}}{\text{보험가입면적}}$$

4. 경작불능보험금

※ 지급사유 : 식물체 피해율이 65% 이상 + 계약자가 경작불능보험금 신청

가. 마늘, 양파, 양배추, 감자(봄재배, 가을재배, 고랭지재배), 고구마, 옥수수, 콩, 팥

$$\text{보험금} = \text{보험가입금액} \times \text{일정비율}$$

1) 일정비율(자기부담비율에 따름) : 45%, 42%, 40%, 35%, 30%(양배추는 45% 제외)

나. 사료용 옥수수

$$\text{보험금} = \text{보험가입금액} \times \text{보장비율} \times \text{경과비율}$$

1) 보장비율(자기부담비율에 따름) : 45%, 42%, 40%, 35%, 30%
2) 경과비율(사고발생월 기준) : 5월(80%), 6월(80%), 7월(90%), 8월(100%)

5. 수확감소보험금

가. 옥수수 외 품목

$$\text{보험금} = \text{보험가입금액} \times (\text{피해율} - \text{자기부담비율})$$

1) 피해율

가) 감자 이외 품목

$$\text{피해율} = \frac{\text{평년수확량} - \text{수확량} - \text{미보상감수량}}{\text{평년수확량}}$$

나) 감자

$$\text{피해율} = \frac{\text{평년수확량} - \text{수확량} - \text{미보상감수량} + \text{병충해감수량}}{\text{평년수확량}}$$

(1) 병충해감수량

$$\frac{\text{표본구간 병충해감수량 합계}}{\text{표본구간 면적 합계}} \times \text{조사대상면적}$$

(2) 표본구간 병충해감수량

병충해 입은 괴경의 무게 × 손해정도비율 × 인정비율

2) 수확량

(표본구간 단위면적당 수확량 × 조사대상면적) +
{단위면적당 평년수확량 × (타작물 및 미보상면적 + 기수확면적)}

가) 표본구간 수확량 합계

(1) 감자

표본구간 정상 감자 중량 + (최대 지름이 5cm 미만이거나
50%형 피해 감자 중량 × 0.5) + 병충해 입은 감자 중량

(2) 양배추

표본구간 정상 양배추 중량 + (80% 피해 양배추 중량 × 0.2)

(3) 차

$$\{(\frac{\text{수확한 새싹무게}}{\text{수확한 새싹수}}) \times \text{기수확 새싹수} \times \text{기수확지수}\} + \text{수확한 새싹무게}$$

(4) 양파

(표본구간 정상 양파 중량 + 80% 피해 양파 중량 × 20%) × (1 + 누적비대추정지수)

(가) 양파의 최대 지름이 6cm 미만인 경우에는 80% 피해로 인정
(나) 누적비대추정지수 = 지역별 수확적기까지 잔여일수 × 일자별 비대추정지수

(5) 마늘

(표본구간 정상 마늘 중량 + 80% 피해 마늘 중량 × 20%)
× (1 + 누적비대추정지수) × 환산계수

(가) 마늘통의 최대 지름이 2cm(한지형), 3.5cm(난지형) 미만인 경우에는 80% 피해로 인정
(나) 누적비대추정지수 = 지역별 수확적기까지 잔여일수 × 일자별 비대추정지수
(다) 환산계수 : 0.7(한지형), 0.72(난지형)

(6) 고구마

표본구간 정상 고구마 중량 + (50% 피해 고구마 중량 × 0.5)
+ (80% 피해 고구마 중량 × 0.8)

(7) 콩, 팥

$$\text{표본구간 종실중량} \times \frac{1 - \text{함수율}}{1 - \text{기준함수율}}$$

(가) 기준함수율(콩, 팥) : 14%

나) 단위면적당 평년수확량

$$\frac{\text{평년수확량}}{\text{실제경작면적}}$$

3) 미보상감수량

(평년수확량 - 수확량) × 미보상비율

나. 옥수수

보험금 = Min[보험가입금액, 손해액] - 자기부담금

1) 손해액

(피해수확량 - 미보상감수량) × 가입가격

가) 피해수확량

(표본구간 단위면적당 피해수확량 × 표본조사 대상면적) + (단위면적당 표준수확량 × 고사면적)

(1) 표본구간 단위면적당 피해수확량 = $\frac{\text{표본구간 피해수확량}}{\text{표본구간 면적}}$

(2) 표본구간 피해수확량 = (표본구간 '하품' 이하 옥수수 개수 + 표본구간 '중품' 옥수수 개수 × 0.5) × 표준중량 × 재식시기지수 × 재식밀도지수

(3) 단위면적당 표준수확량 = $\frac{\text{표준수확량}}{\text{실제경작면적}}$

나) 미보상감수량

피해수확량 × 미보상비율

2) 자기부담금

보험가입금액 × 자기부담비율

Ⅱ. 종합위험 생산비보장 : 고추, 배추(고랭지 · 월동), 무(고랭지 · 월동), 단호박, 메밀, 브로콜리, 당근, 시금치(노지), 대파, 쪽파 · 실파[1형], 쪽파 · 실파[2형], 양상추

1. 재파종 · 재정식보험금

보험금 = 보험가입금액 × 20% × 면적피해율

가. 면적피해율

$$\frac{\text{피해면적}}{\text{보험가입면적}}$$

2. 경작불능보험금

※ 지급사유 : 식물체 피해율이 65% 이상 + 계약자가 경작불능보험금 신청

보험금 = 보험가입금액 × 일정비율

가. 일정비율(자기부담비율에 따름) : 40%, 35%, 30%

3. 생산비보장보험금

가. 고추

- 병충해가 없는 경우 : (잔존보험가입금액 × 경과비율 × 피해율) - 자기부담금
- 병충해가 있는 경우 : (잔존보험가입금액 × 경과비율 × 피해율 × 병충해 등급별 인정비율) - 자기부담금

1) 잔존보험가입금액

보험가입금액 - 보상액(기발생 생산비보장보험금 합계액)

2) 경과비율

가) 수확기 이전 사고

$$\text{준비기생산비계수} + \{(1 - \text{준비기생산비계수}) \times \frac{\text{생장일수}}{\text{표준생장일수}}\}$$

(1) 준비기생산비계수 : 52.7%

(2) 생장일수 : 정식일로부터 사고발생일까지 경과일수

※ 정식일 당일 사고의 경우 "0"일, 다음날 사고의 경우 "1일"

(3) 표준생장일수(정식일로부터 수확개시일까지 표준적인 생장일수) : 100일

나) 수확기 중 사고

$$1 - \frac{\text{수확일수}}{\text{표준수확일수}}$$

(1) 수확일수 : 수확개시일부터 사고발생일까지 경과일수

(2) 표준수확일수 : 수확개시일부터 수확종료일까지의 일수

3) 피해율

피해율 = 피해비율 × 손해정도비율 × (1 - 미보상비율)

가) 피해비율

$$\frac{\text{피해면적(주수)}}{\text{재배면적(주수)}}$$

나) 손해정도비율

$$\frac{(\text{20\%형 고추주수} \times 0.2) + (\text{40\%형 고추주수} \times 0.4) + (\text{60\%형 고추주수} \times 0.6) + (\text{80\%형 고추주수} \times 0.8) + (\text{100\%형 고추주수})}{(\text{정상 고추주수} + \text{20\%형 고추주수} + \text{40\%형 고추주수} + \text{60\%형 고추주수} + \text{80\%형 고추주수} + \text{100\%형 고추주수})}$$

4) 자기부담금

잔존보험가입금액 × 자기부담비율

나. 브로콜리

생산비보장보험금 = (잔존보험가입금액 × 경과비율 × 피해율) - 자기부담금

1) 잔존보험가입금액

보험가입금액 - 보상액(기발생 생산비보장보험금 합계액)

2) 경과비율

가) 수확기 이전 사고

$$\text{준비기생산비계수} + \left\{(1 - \text{준비기생산비계수}) \times \frac{\text{생장일수}}{\text{표준생장일수}}\right\}$$

(1) 준비기생산비계수 : 49.2%

(2) 생장일수 : 정식일로부터 사고발생일까지 경과일수

※ 정식일 당일 사고의 경우 "0"일, 다음날 사고의 경우 "1일"

(3) 표준생장일수(정식일로부터 수확개시일까지 표준적인 생장일수) : 130일

나) 수확기 중 사고

$$1 - \frac{\text{수확일수}}{\text{표준수확일수}}$$

(1) 수확일수 : 수확개시일부터 사고발생일까지 경과일수

(2) 표준수확일수 : 수확개시일부터 수확종료일까지의 일수

3) 피해율

피해율 = 면적피해율 × 작물피해율 × (1 - 미보상비율)

가) 면적피해율

$$\frac{\text{피해면적}}{\text{재배면적}}$$

나) 작물피해율

$$\frac{(50\%\ \text{피해송이수} \times 0.5) + (80\%\ \text{피해송이수} \times 0.8) + (100\%\ \text{피해송이수})}{\text{정상송이수} + 50\%\ \text{피해송이수} + 80\%\ \text{피해송이수} + 100\%\ \text{피해송이수}}$$

4) 자기부담금

잔존보험가입금액 × 자기부담비율

다. 메밀

생산비보장보험금 = 보험가입금액 × (피해율 - 자기부담비율)

1) 피해율

피해율 = 면적피해율 × (1 - 미보상비율)

2) 면적피해율

$$\frac{\text{피해면적}}{\text{재배면적}}$$

3) 피해면적

(도복으로 인한 피해면적 × 70%) + (도복 이외 피해면적 × 평균손해정도비율)

라. 배추, 무, 파, 시금치, 단호박, 당근, 양상추

생산비보장보험금 = 보험가입금액 × (피해율 - 자기부담비율)

1) 피해율

피해율 = 면적피해율 × 손해정도비율 × (1 - 미보상비율)

2) 면적피해율

$$\frac{\text{피해면적(주수)}}{\text{재배면적(주수)}}$$

Ⅲ. 작물특정 및 시설종합위험 인삼손해보장방식

1. 인삼보험금

보험금 = 보험가입금액 × (피해율 - 자기부담비율)

가. 피해율

$$(1 - \frac{\text{수확량}}{\text{연근별 기준수확량}}) \times \frac{\text{피해면적}}{\text{재배면적}}$$

나. 수확량

1) 전수조사

단위면적당 조사수확량 + 단위면적당 미보상감수량

가) 단위면적당 조사수확량

$$\frac{\text{총조사수확량}}{\text{금차 수확면적}}$$

나) 금차 수확면적 = 금차 수확칸수 × 지주목 간격 × (두둑 폭 + 고랑 폭)

다) 단위면적당 미보상감수량

(기준수확량 - 단위면적당 조사수확량) × 미보상비율

라) 피해면적 = 금차 수확칸수

마) 재배면적 = 실제경작칸수

2) 표본조사

단위면적당 조사수확량 + 단위면적당 미보상감수량

가) 단위면적당 조사수확량

$$\frac{\text{표본칸 수확량}}{\text{표본칸 면적}}$$

나) 표본칸 면적 = 표본칸수 × 지주목 간격 × (두둑 폭 + 고랑 폭)

다) 단위면적당 미보상감수량

(기준수확량 - 단위면적당 조사수확량) × 미보상비율

라) 피해면적 = 피해칸수

마) 재배면적 = 실제경작칸수

다. 연근별 기준수확량(가입 당시 년근 기준)

(단위 : kg/㎡)

구분	2년근	3년근	4년근	5년근
불량	0.45	0.57	0.64	0.66
표준	0.50	0.64	0.71	0.73
우수	0.55	0.70	0.78	0.81

2. 인삼 해가림시설 보험금

가. 보험가입금액과 보험가액이 같거나 다른 경우(전부보험, 일부보험)

1) 보험가입금액 = 보험가액

보험금 = 손해액 - 자기부담금

2) 보험가입금액 > 보험가액 → 보험가액

보험금 = 손해액 - 자기부담금

3) 보험가입금액 < 보험가액

$$\text{보험금} = (\text{손해액} - \text{자기부담금}) \times \frac{\text{보험가입금액}}{\text{보험가액}}$$

나. 중복보험(동일한 계약의 목적과 동일한 사고 → 보험가입금액의 합계액 > 보험가액)

1) 다른 계약이 이 계약과 지급보험금의 계산 방법이 같은 경우

$$\text{손해액} \times \frac{\text{이 계약의 보험가입금액}}{\text{다른 계약이 없는 것으로 하여 각각 계산한 보험가입금액의 합계액}}$$

2) 다른 계약이 이 계약과 지급보험금의 계산 방법이 다른 경우

$$\text{손해액} \times \frac{\text{이 계약의 보험금}}{\text{다른 계약이 없는 것으로 하여 각각 계산한 보험금의 합계액}}$$

제4절 종합위험 시설작물 손해평가 및 보험금 산정(원예시설 및 시설작물, 버섯재배사 및 버섯작물)

1. 농업용 시설물 및 부대시설 보험금

가. 1사고마다 손해액이 자기부담금을 초과하는 경우(보험가입금액 한도)

보험금 = 손해액 - 자기부담금

나. 중복보험(동일한 계약의 목적과 동일한 사고 → 보험가입금액의 합계액 > 보험가액)

1) 다른 계약이 이 계약과 지급보험금의 계산 방법이 같은 경우

$$\text{손해액} \times \frac{\text{이 계약의 보험가입금액}}{\text{다른 계약이 없는 것으로 하여 각각 계산한 보험가입금액의 합계액}}$$

2) 다른 계약이 이 계약과 지급보험금의 계산 방법이 다른 경우

$$\text{손해액} \times \frac{\text{이 계약의 보험금}}{\text{다른 계약이 없는 것으로 하여 각각 계산한 보험금의 합계액}}$$

2. 원예시설작물 시설재배 버섯 보험금

가. 딸기, 오이, 토마토, 참외, 풋고추, 호박, 수박, 멜론, 파프리카, 상추, 가지, 배추, 파(대파), 미나리, 감자, 국화, 백합, 카네이션

보험금 = 피해작물 재배면적 × 피해작물 단위면적당 보장생산비 × 경과비율 × 피해율

1) 경과비율

가) 수확기 이전 사고

$$\text{준비기생산비계수} + \{(1 - \text{준비기생산비계수}) \times \frac{\text{생장일수}}{\text{표준생장일수}}\}$$

(1) 준비기생산비계수 : 40%

(2) 생장일수 : 정식일로부터 사고발생일까지 경과일수

※ 정식일 당일 사고의 경우 “0”일, 다음날 사고의 경우 “1일”

(3) 표준생장일수(정식일로부터 수확개시일까지 표준적인 생장일수) : 130일

나) 수확기 중 사고

$$1 - \frac{\text{수확일수}}{\text{표준수확일수}}$$

(1) 수확일수 : 수확개시일부터 사고발생일까지 경과일수

(2) 표준수확일수 : 수확개시일부터 수확종료일까지의 일수

(3) 산출된 경과비율이 10% 미만인 경우 → 10%로 함
(단, 오이, 토마토, 풋고추, 상추, 호박 제외)
(4) 국화・수박・멜론의 경과비율 → '1'로 함

2) 피해율

피해비율 × 손해정도비율 × (1 - 미보상비율)

3) 피해비율

$$\frac{\text{피해면적(주수)}}{\text{재배면적(주수)}}$$

나. 장미

- 나무 생존 시 보험금 = 장미 재배면적 × 장미 단위면적당 나무생존 시 보장생산비 × 피해율
- 나무 고사 시 보험금 = 장미 재배면적 × 장미 단위면적당 나무고사 시 보장생산비 × 피해율

1) 피해율

피해비율 × 손해정도비율 × (1 - 미보상비율)

2) 피해비율

$$\frac{\text{피해면적(주수)}}{\text{재배면적(주수)}}$$

다. 부추

보험금 = 부추 재배면적 × 부추 단위면적당 보장생산비 × 피해율 × 70%

1) 피해율

피해비율 × 손해정도비율 × (1 - 미보상비율)

2) 피해비율

$$\frac{\text{피해면적(주수)}}{\text{재배면적(주수)}}$$

라. 시금치・파(쪽파)・무・쑥갓

보험금 = 피해작물 재배면적 × 피해작물 단위면적당 보장생산비 × 경과비율 × 피해율

1) 경과비율

가) 수확기 이전에 보험사고 발생

$$\text{준비기생산비계수} + \{(1 - \text{준비기생산비계수}) \times \frac{\text{생장일수}}{\text{표준생장일수}}\}$$

(1) 준비기생산비계수 : 10%

(2) 생장일수 : 정식일로부터 사고발생일까지 경과일수

※ 정식일 당일 사고의 경우 "0"일, 다음날 사고의 경우 "1일"

(3) 표준생장일수(정식일로부터 수확개시일까지 표준적인 생장일수) : 130일

나) 수확기 중에 보험사고 발생

$$1 - \frac{\text{수확일수}}{\text{표준수확일수}}$$

(1) 산출된 경과비율이 10% 미만인 경우 → 경과비율 10%로 함

(2) 단, 표준수확일수보다 > 실제수확일수(실제수확개시일부터 수확종료일까지의 일수)가 적은 경우 (10% 적용) 제외

2) 피해율

$$\text{피해비율} \times \text{손해정도비율} \times (1 - \text{미보상비율})$$

3) 피해비율

$$\frac{\text{피해면적(주수)}}{\text{재배면적(주수)}}$$

마. 표고버섯(원목재배)

$$\text{보험금} = \text{재배원목(본)수} \times \text{원목(본)당 보장생산비} \times \text{피해율}$$

1) 피해율

$$\text{피해비율} \times \text{손해정도비율} \times (1 - \text{미보상비율})$$

2) 피해비율

$$\frac{\text{피해원목(본)수}}{\text{재배원목(본)수}}$$

바. 표고버섯(톱밥배지)

$$\text{보험금} = \text{재배배지(봉)수} \times \text{배지(봉)당 보장생산비} \times \text{경과비율} \times \text{피해율}$$

1) 경과비율

가) 수확기 이전에 보험사고 발생

$$준비기생산비계수 + \{(1 - 준비기생산비계수) \times \frac{생장일수}{표준생장일수}\}$$

(1) 준비기생산비계수 : 66.3%

(2) 생장일수

(가) 종균접종일로부터 ~ 사고발생일까지 경과일수

(나) 표준생장일수

① 종균접종일로부터 ~ 수확개시일까지 일수

② 90일

③ (생장일수 ÷ 표준생장일수) → 1을 초과할 수 없음

(3) 수확일수

(가) 수확개시일로부터 ~ 사고발생일까지 경과일수

(나) 표준수확일수 : 수확개시일로부터 ~ 수확종료일까지 일수

나) 수확기 중에 보험사고 발생

$$1 - \frac{수확일수}{표준수확일수}$$

2) 피해율

$$피해비율 \times 손해정도비율 \times (1 - 미보상비율)$$

3) 피해비율

$$\frac{피해배지(봉)수}{재배배지(봉)수}$$

사. 느타리버섯(균상재배)

$$보험금 = 재배면적 \times 단위면적당\ 보장생산비 \times 경과비율 \times 피해율$$

1) 경과비율

가) 수확기 이전에 보험사고 발생

$$준비기생산비계수 + \{(1 - 준비기생산비계수) \times \frac{생장일수}{표준생장일수}\}$$

(1) 준비기생산비계수 : 67.6%

(2) 생장일수

(가) 종균접종일로부터 ~ 사고발생일까지 경과일수

(나) 표준생장일수

① 종균접종일로부터 ~ 수확개시일까지 일수

② 28일

③ (생장일수 ÷ 표준생장일수) → 1을 초과할 수 없음

(3) 수확일수

(가) 수확개시일로부터 ~ 사고발생일까지 경과일수

(나) 표준수확일수 : 수확개시일로부터 ~ 수확종료일까지 일수

나) 수확기 중에 보험사고 발생

$$1 - \frac{\text{수확일수}}{\text{표준수확일수}}$$

2) 피해율

피해비율 × 손해정도비율 × (1 - 미보상비율)

3) 피해비율

$$\frac{\text{피해면적}(m^2)}{\text{재배면적}(m^2)}$$

아. 느타리버섯(병재배)

보험금 = 재배병수 × 병당 보장생산비 × 경과비율 × 피해율

1) 경과비율 : 88.7%

2) 피해율

피해비율 × 손해정도비율 × (1 - 미보상비율)

3) 피해비율

$$\frac{\text{피해병수}}{\text{재배병수}}$$

자. 새송이버섯(병재배)

보험금 = 재배병수 × 병당 보장생산비 × 경과비율 × 피해율

1) 경과비율 : 91.7%

2) 피해율

피해비율 × 손해정도비율 × (1 - 미보상비율)

3) 피해비율

$$\frac{\text{피해병수}}{\text{재배병수}}$$

차. 양송이버섯(균상재배)

보험금 = 재배면적 × 단위면적당 보장생산비 × 경과비율 × 피해율

1) 경과비율

가) 수확기 이전에 보험사고 발생

$$\text{준비기생산비계수} + \{(1 - \text{준비기생산비계수}) \times \frac{\text{생장일수}}{\text{표준생장일수}}\}$$

(1) 준비기생산비계수 : 75.3%

(2) 생장일수

(가) 종균접종일로부터 ~ 사고발생일까지 경과일수

(나) 표준생장일수

① 종균접종일로부터 ~ 수확개시일까지 일수

② 30일

③ (생장일수 ÷ 표준생장일수) → 1을 초과할 수 없음

(3) 수확일수

(가) 수확개시일로부터 ~ 사고발생일까지 경과일수

(나) 표준수확일수 : 수확개시일로부터 ~ 수확종료일까지 일수

나) 수확기 중에 보험사고 발생

$$1 - \frac{\text{수확일수}}{\text{표준수확일수}}$$

2) 피해율

피해비율 × 손해정도비율 × (1 - 미보상비율)

3) 피해비율

$$\frac{\text{피해면적}(m^2)}{\text{재배면적}(m^2)}$$

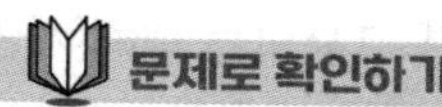

01 다음 제시된 사과 과수원의 조건을 참조하여 최소 적정표본주수를 각각 구하시오. (단, 적정표본주수 산정식을 함께 기술하고, 소수점 첫째자리에서 올림하시오.)

품종	수령	재배 방식	실제 결과주수	고사 주수	미보상 주수	조사대상 주수	적정표본 주수	적정표본수 산정식
후지	10	밀식	210	8	2	200		
후지	15	일반	250	0	0	250		
홍로	10	일반	195	7	8	180		
조나골드	10	일반	250	10	10	230		
계			905	25	20	860		

Solution

품종	수령	재배 방식	실제 결과주수	고사 주수	미보상 주수	조사대상 주수	적정표본 주수	적정표본수 산정식
후지	10	밀식	210	8	2	200	4	15 × (200 ÷ 860) = 3.48
후지	15	일반	250	0	0	250	5	15 × (250 ÷ 860) = 4.36
홍로	10	일반	195	7	8	180	4	15 × (180 ÷ 860) = 3.13
조나골드	10	일반	250	10	10	230	4	15 × (230 ÷ 860) = 4.01
계			905	25	20	860	17	

✔ **Check** 〈별표1〉 품목별 표본주(구간)수 표

〈사과, 배, 단감, 떫은감, 포도(수입보장 포함), 복숭아, 자두, 감귤(만감류), 밤, 호두, 무화과〉

조사대상주수	표본주수	조사대상주수	표본주수
50주 미만	5	500주 이상 600주 미만	12
50주 이상 100주 미만	6	600주 이상 700주 미만	13
100주 이상 150주 미만	7	700주 이상 800주 미만	14
150주 이상 200주 미만	8	800주 이상 900주 미만	15
200주 이상 300주 미만	9	900주 이상 1,000주 미만	16
300주 이상 400주 미만	10	1,000주 이상	17
400주 이상 500주 미만	11		

02 **배 과수원은 적과전 과수원 일부가 호우에 의한 유실로 나무 50주가 고사되는 피해(자연재해)가 확인되었고, 적과 이후 봉지작업을 마치고 태풍으로 낙과피해조사를 받았다. 계약사항(적과전 종합위험방식)과 조사내용을 참조하여 다음 물음에 답하시오. (단, 감수과실수와 착과피해인정개수, 피해율(%)은 소수점 이하 절사. 예시 : 12.67% → 12%)**

○ **계약사항**

상품명	가입 특약	품종	평년 착과수	가입 과중	가입 가격	자기부담 비율	실제 결과주수
적과전 종합위험 배	없음	신고 단일품종	40,000개	500g	4,500원	20%	250주

○ **적과후착과수 조사내용**

조사일자	실제결과주수	1주당 평균착과수
6월 25일	250주	150개

○ **낙과피해 조사내용**

<table>
<tr><th>재해 종류</th><th>사고 일자</th><th>조사 일자</th><th>조사내용</th></tr>
<tr><td>태풍</td><td>9.20.</td><td>9.21.</td><td>• 낙과피해조사(전수조사)
– 전체낙과수 : 7,000개
– 낙과피해구성(100개를 조사함)<table><tr><th>정상과</th><th>50%형 피해</th><th>80%형 피해</th><th>100%형 피해</th><th>병충해과</th></tr><tr><td>10</td><td>80</td><td>0</td><td>2</td><td>8</td></tr></table>– 기타 미보상비율은 없음</td></tr>
</table>

물음 1) 적과종료 이전 착과감소과실수의 계산과정과 값을 쓰시오.

물음 2) 적과종료 이후 착과손해 감수과실수의 계산과정과 값을 쓰시오.

물음 3) 적과종료 이후 낙과피해 감수과실수와 착과피해 인정개수의 계산과정과 합계 값을 쓰시오.

Solution

물음 1) 적과종료 이전 착과감소과실수

착과감소과실수 = 평년착과수 − 적과후착과수 = 40,000 − 30,000 = 10,000개

① 적과후착과수 = $\dfrac{\text{품종·재배방식·수령별 표본주의 착과수 합계}}{\text{품종·재배방식·수령별 표본주 합계}}$ × 품종·재배방식·수령별 조사대상주수

= 150 × 200주 = 30,000개

② 조사대상주수 = 실제결과주수 − 고사주수 = 250 − 50 = 200주

물음 2) 적과종료 이후 착과손해 감수과실수

착과손해감수과실수 = 적과후착과수 × 착과손해피해율

= 30,000개 × 0.03 = 900개

① 착과손해피해율 = 5% × $\frac{100\% - 착과율}{40\%}$

$= 0.05 \times \frac{1 - 0.75}{0.4} = 0.03125 = 3\%$

② 착과율 = $\frac{적과후착과수}{평년착과수} = \frac{30,000}{40,000} = 0.75 = 75\%$

물음 3) 적과종료 이후 낙과피해 감수과실수와 착과피해 인정개수

① 낙과피해 감수과실수 = 총낙과수 × (낙과피해구성률 − max A)
= 7,000개 × (0.42 − 0.03) = 2,730개

• 낙과피해구성률 = $\frac{80 \times 0.5 + 2 \times 1}{100} = 0.42 = 42\%$

② 착과피해 인정개수 = 총낙과수 × (낙과피해구성률 − max A) × 7%
= 2,730개 × 0.07 = 191.1 = 191개

∴ 합계 = 2,730 + 191 = 2,921개

03 **다음의 계약사항과 조사내용을 참조하여 감수량과 보험금을 구하시오. (단, 과실 개수는 소수점 첫째자리에서 반올림하여 정수로, 무게는 kg 단위로 소수점 둘째자리에서 반올림하여 소수점 첫째자리까지 구하시오.)**

○ **계약사항**

상품명	특약	착과감소 보험금 보장수준	평년 착과수	가입 과중	가입 가격	자기부담 비율	실제 결과주수
적과전 종합위험방식(II) 배	적과종료 이전 특정위험 5종 한정보장 특별약관	50%	10,000개	300g	4,000원	20%	100주

○ **조사내용**

구분	재해 종류	사고 일자	조사 일자	조사내용
발아기 ~ 적과전	우박	5.15.	5.16.	• 유과타박률 조사 − 유과타박률 : 28% − 미보상감수과실수 : 없음(미보상비율 : 0%)
적과후 착과수			7.10.	• 적과후착과수 : 6,000개
적과 종료후 ~ 수확 이전	태풍	8.25.	8.26.	• 낙과수조사(전수조사) − 총낙과수 : 1,000개 / 나무피해 없음 피해과실구분: 100% / 80% / 50% / 정상 과실수(개): 500 / 300 / 120 / 80 − 미보상감수과실수 : 없음

<table>
<tr><td></td><td>우박</td><td>5.15.</td><td>9.10.</td><td>• 수확전 착과피해조사(표본조사)
<table><tr><th>피해과실구분</th><th>100%</th><th>80%</th><th>50%</th><th>정상</th></tr><tr><td>과실수(개)</td><td>10</td><td>10</td><td>14</td><td>66</td></tr></table>– 미보상감수과실수 : 없음</td></tr>
</table>

Solution

(1) 착과감소보험금

보험금 = (착과감소량 − 미보상감수량 − 자기부담감수량) × 가입가격 × 보장수준(50%)

= (840kg − 0kg − 528kg) × 4,000원 × 0.5 = 624,000원

① 착과감소량 = 착과감소과실수 × 가입과중

= 2,800 × 300g = 840kg

㉠ 착과감소과실수 = 평년착과수 − 적과후착과수

= 10,000 − 6,000 = 4,000개

→ 착과감소량이 최대인정감소량을 초과하는 경우, 최대인정감소량을 착과감소량으로 한다.

㉡ 최대인정감소과실수 = 평년착과수 × 최대인정피해율

= 10,000 × 0.28 = 2,800개

→ 따라서 2,800개 적용

② 자기부담감수량 = 기준수확량 × 자기부담비율

= 2,640kg × 0.2 = 528kg

㉠ 기준수확량 = 기준착과수 × 가입과중

= 8,800개 × 300g = 2,640kg

㉡ 기준착과수 = 적과후착과수 + 적과전 인정감수과실수

= 6,000 + 2,800 = 8,800개

✔ Check 기준착과수 결정

① **적과종료 전에 인정된 감수과실수가 없는 과수원** : 기준착과수 = 적과후착과수

② **적과종료 전에 인정된 감수과실수가 있는 과수원** : 기준착과수 = 적과후착과수 + 적과종료전 인정감수과실수

(2) 과실손해보험금

보험금 = (적과종료 이후 누적감수량 − 자기부담감수량) × 가입가격

= (631.8kg − 0kg) × 4,000원 = 2,527,200원

① 적과종료 이후 누적감수량 = (태풍낙과피해감수과실수 + 우박착과피해감수과실수) × 가입과중

= (856개 + 1,250개) × 300g = 2,106개 × 300g = 631.8kg

㉠ 적과후착과수가 평년착과수의 60% 이상 100% 미만인 경우

• 감수과실수 = 적과후착과수 × 5% × $\frac{100\% - \text{착과율}}{40\%}$

• 착과율 = $\frac{\text{적과후착과수}}{\text{평년착과수}}$

→ 이는 2019년부터 판매한 적과전 종합위험방식Ⅱ에 적용하며, 「적과종료 이전 특정위험 5종 한정보장 특별약관」에 가입한 경우에는 본 목의 착과손해를 적용하지 않는다.

㉡ 태풍낙과피해감수과실수 = 총낙과과실수 × 낙과피해구성률 × 1.07

$$= 1{,}000 \times \frac{500 \times 1 + 300 \times 0.8 + 120 \times 0.5}{500 + 300 + 120 + 80} \times 1.07 = 856\text{개}$$

㉢ 우박착과피해감수과실수 = 수확 직전 착과과실수 × (착과피해구성률 − max A)

$$= 5{,}000 \times \left(\frac{10 \times 1 + 10 \times 0.8 + 14 \times 0.5}{10 + 10 + 14 + 66} - 0\right) = 1{,}250\text{개}$$

② 자기부담감수량 = 기준수확량 × 자기부담비율
= 2,640kg × 0.2 = 528kg

그러나 산출된 착과감소량이 존재하므로 아래의 산식을 적용한다.

산출된 착과감소량이 존재하는 경우 = 자기부담감수량 − (착과감소량 − 적과전 미보상감수량)
= 528kg − (840kg − 0) = −312kg

→ 자기부담감수량은 0보다 작을 수 없으므로 0을 적용한다.

04 **다음의 계약사항과 조사내용에 관한 감수량과 보험금을 구하시오. (단, 계약사항은 계약조건에 따르고, 조사내용은 아래 표와 같다. 피해율 등은 % 단위로 소수점 셋째자리에서 반올림하고, 무게는 kg 단위로 소수점 둘째자리에서 반올림하며, 과실수는 소수점 첫째자리에서 반올림하시오.)**

○ **계약사항**

상품명	특약	착과감소 보험금 보장수준	평년 착과수	가입 과중	가입 가격	자기부담 비율	실제 결과주수
적과전 종합위험 방식(II) 사과	없음	50%	20,000개	300g	4,000원	20%	200주

○ **조사내용**

조사 시기	재해 종류	사고 일자	조사 일자	조사내용
발아기 ~ 적과전	우박	5.15.	5.16.	• 피해사실 확인조사 – 피해 있음
적과후 착과수			7.10.	• 적과후착과수 : 7,000개
적과 종료후 ~ 수확 이전	태풍	8.25.	8.26.	• 낙과수조사(전수조사) – 총낙과수 : 1,500개 / 나무피해 없음 피해과실구분: 100% / 80% / 50% / 정상 과실수(개): 700 / 500 / 200 / 100 – 미보상감수과실수 : 없음

	우박	5.15.	9.10.	• 수확전 착과피해조사(표본조사) 피해과실구분: 100% / 80% / 50% / 정상 과실수(개): 10 / 20 / 20 / 50 – 미보상감수과실수 : 없음

피해과실구분	100%	80%	50%	정상
과실수(개)	10	20	20	50

Solution

(1) 착과감소보험금

보험금 = (착과감소량 − 미보상감수량 − 자기부담감수량) × 가입가격 × 보장수준(50%)

= (3,900kg − 0kg − 1,200kg) × 4,000원 × 0.5 = 5,400,000원

① 착과감소량 = 착과감소과실수 × 가입과중

= 13,000개 × 300g = 3,900kg

• 착과감소과실수 = 평년착과수 − 적과후착과수

= 20,000 − 7,000 = 13,000개

② 자기부담감수량 = 기준수확량 × 자기부담비율

= 6,000kg × 0.2 = 1,200kg

㉠ 기준수확량 = 기준착과수 × 가입과중

= 20,000개 × 300g = 6,000kg

㉡ 기준착과수 = 적과후착과수 + 적과전 인정감수과실수

= 7,000 + 13,000 = 20,000개

(2) 과실손해보험금

보험금 = (적과종료 이후 누적감수량 − 자기부담감수량) × 가입가격

= (977.7kg − 0kg) × 4,000원 = 3,910,800원

① 적과종료 이후 누적감수량

= (적과전 자연재해로 인한 적과종료 후 착과손해감수량 + 태풍낙과피해감수량 + 우박착과피해감수량) × 가입과중

= (350개 + 1,204개 + 1,705개) × 300g = 3,259개 × 300g = 977.7kg

㉠ 적과종료 이전 자연재해로 인한 적과종료 이후 착과손해감수과실수(적과후착과수가 평년착과수의 60% 미만인 경우에 해당)

= 적과후착과수 × 5%

= 7,000개 × 0.05 = 350개

㉡ 태풍낙과피해감수과실수

= 총낙과과실수 × (낙과피해구성률 − max A) × 1.07

$$= 1{,}500 \times \left(\frac{700 \times 1 + 500 \times 0.8 + 200 \times 0.5}{700 + 500 + 200 + 100} - 0.05\right) \times 1.07$$

= 1,500 × (0.8 − 0.05) × 1.07 = 1,204개

㉢ 우박착과피해감수과실수

= 사고 당시 착과과실수 × (착과피해구성률 − max A)

$$= 5{,}500 \times \left(\frac{10 \times 1 + 20 \times 0.8 + 20 \times 0.5}{10 + 20 + 20 + 50} - 0.05\right)$$

= 5,500 × (0.36 − 0.05) = 1,705개

② 자기부담감수량 = 기준수확량 × 자기부담비율 = 20,000 × 0.2 = 4,000

그러나 산출된 착과감소량이 존재하므로 아래의 산식을 적용한다.

산출된 착과감소량이 존재하는 경우 = 자기부담감수량 – (착과감소량 – 적과전 미보상감수량)
= 4,000 – (13,000 – 0) = –9,000
→ 자기부담감수량은 0보다 작을 수 없으므로 0을 적용한다.

05 적과전 종합위험방식 '떫은감' 품목이 적과종료일 이후 태풍피해를 입었다. 다음 조건을 참조하여 물음에 답하시오. (단, 주어진 조건 외 다른 사항은 고려하지 않음)

○ 조건 : 품종은 단일품종이며 표본조사는 최소표본주를 기준으로 실시함

조사대상주수	총표본주의 낙엽수 합계	표본주 결과지 착엽수와 낙엽수 합계의 평균
780주	210개	15개

물음 1) 낙엽률의 계산과정과 값(%)을 쓰시오.

Solution

$$낙엽률 = \frac{표본주의\ 낙엽수\ 합계}{표본주의\ 낙엽수\ 합계 + 표본주의\ 착엽수\ 합계}$$

$$= \frac{210}{840} = 0.25 = 25\%$$

• 표본주 낙엽수 + 착엽수 합계 = 표본주수 × 동서남북 4가지 × 15개
= 14 × 4 × 15 = 840

✔ Check 낙엽률조사(단감, 떫은감에 한함, 우박 · 일소피해는 제외)

① 조사대상주수 기준으로 품목별 표본주수표의 표본주수에 따라 주수를 산정한다.
② 표본주 간격에 따라 표본주를 정하고, 선정된 표본주에 리본을 묶고 동서남북 4곳의 결과지(신초, 1년생 가지)를 무작위로 정하여 각 결과지별로 낙엽수와 착엽수를 조사하여 리본에 기재한 후 낙엽률을 산정한다(낙엽수는 잎이 떨어진 자리를 센다).
③ 사고 당시 착과과실수에 낙엽률에 따른 인정피해율을 곱하여 해당 감수과실수로 산정한다.

품목	낙엽률에 따른 인정피해율 계산식
단감	(1.0115 × 낙엽률) – (0.0014 × 경과일수) ※ 경과일수 : 6월 1일부터 낙엽피해 발생일까지 경과된 일수
떫은감	0.9662 × 낙엽률 – 0.0703

물음 2) 낙엽률에 따른 인정피해율의 계산과정과 값(%)을 쓰시오. (단, 인정피해율은 % 단위로 소수점 셋째자리에서 반올림하시오. 예시 : 12.345% → 12.35%로 기재)

Solution

낙엽인정피해율 = 0.9662 × 낙엽률 – 0.0703
= 0.9662 × 0.25 – 0.0703 = 0.17125 = 17.13%

06 다음을 기준으로 감수과실수를 계산하시오. (단, 제시된 조건 외 다른 피해와 미보상비율은 없는 것으로 본다.)

○ **계약내용**

상품명	평년착과수	가입주수	보험가입가격
적과전 종합위험방식 단감	37,500개	250주	3,000원

※ 가을동상해 보장기간은 11월 15일로 계약함

○ **피해내용**

- 10월 16일 50% 수확이 진행된 상태에서 가을동상해가 발생함
- 표본과실 100개의 피해구성률

정상과실	50% 피해과실	80% 피해과실	100% 피해과실
40	10	20	30

- 잎피해율 : 65%
- 적과후착과수 : 30,000개

Solution

감수과실수 = 사고 당시 착과과실수 × (착과피해구성률 − max A)
= 15,000개 × (0.5472 − 0) = 8,208개

① 사고 당시 착과과실수는 적과후착과수 30,000에서 50%로 수확되었으므로 15,000개

② 착과피해구성률 = (10 × 0.5 + 20 × 0.8 + 30 + 40 × 0.0031 × 30) ÷ 100
= (5 + 16 + 30 + 3.72) ÷ 100 = 0.5472

✔Check 가을동상해(단감, 떫은감) 착과손해

사고 당시 착과과실수 × (착과피해구성률 − max A)

※ 단, '잎 50% 이상 고사 피해가 인정된 경우'에는 착과피해구성률을 아래와 같이 적용함

착과피해구성률

$$= \frac{(\text{정상과실수} \times 0.0031 \times \text{잔여일수}) + (\text{50\%형 피해과실수} \times 0.5) + (\text{80\%형 피해과실수} \times 0.8) + (\text{100\%형 피해과실수} \times 1)}{\text{정상과실수} + \text{50\%형 피해과실수} + \text{80\%형 피해과실수} + \text{100\%형 피해과실수}}$$

※ 잔여일수 : 사고발생일부터 가을동상해 보장종료일까지 일자 수

07 다음은 A농가의 상황으로 적과전 종합위험방식의 보험에 가입하였으나 특정위험 5종한정 특약에 가입하지 않았으며, 착과감소보험금 보장 수준은 70%형을 선택하였다. 주어진 조사내용에 관한 적과후착과수를 산정한 후 적과종료 이후 누적감수과실수 및 착과감소보험금과 과실손해보험금을 각각 구하시오. (단, 감수과실수는 소수점 첫째자리에서 반올림하여 정수 단위로, 피해율은 % 단위로 소수점 셋째자리에서 반올림하여 둘째자리까지 다음 예시와 같이 구하시오. 예시 : 0.12345 → 12.35%로 기재)

○ **계약사항**

상품명	가입특약	평년 착과수	가입과중	가입가격	자기부담 비율	실제 결과주수
적과전 종합위험II 단감	없음	15,000개	250g	3,500원	20%	100주

○ **조사내용**

<table>
<tr><th>조사 시기</th><th>재해 종류</th><th>사고 일자</th><th>조사 일자</th><th>조사내용</th></tr>
<tr><td>계약일 24시 ~ 적과전</td><td>우박</td><td>5.15.</td><td>5.16.</td><td>• 피해사실 확인조사 : 피해사실 있음</td></tr>
<tr><td>적과후 착과수 조사</td><td>–</td><td>–</td><td>7.25.</td><td><table><tr><th>품종</th><th>수령</th><th>실제 결과주수</th><th>표본주수</th><th>착과수 합</th></tr><tr><td>부유</td><td>10년</td><td>20주</td><td>3주</td><td>240개</td></tr><tr><td>부유</td><td>15년</td><td>60주</td><td>8주</td><td>960개</td></tr><tr><td>서촌조생</td><td>20년</td><td>20주</td><td>3주</td><td>330개</td></tr></table></td></tr>
<tr><td rowspan="3">적과 종료 후 ~ 수확 이전</td><td>강풍</td><td>7.30.</td><td>7.31.</td><td>• 낙과피해조사(전수조사)
– 총낙과수 1,000개, 나무피해 없음, 미보상감수과실수 0개<table><tr><th>피해과실 구분</th><th>100%</th><th>80%</th><th>50%</th><th>정상</th></tr><tr><td>과실수</td><td>1,000</td><td>0</td><td>0</td><td>0</td></tr></table>• 낙엽피해조사
– 낙엽률 50%(경과일수 60일) / 미보상비율 0%</td></tr>
<tr><td>태풍</td><td>10.8.</td><td>10.9.</td><td>• 낙과피해조사(전수조사)
– 총낙과수 500개, 나무피해 없음, 미보상감수과실수 0개<table><tr><th>피해과실 구분</th><th>100%</th><th>80%</th><th>50%</th><th>정상</th></tr><tr><td>과실수</td><td>200</td><td>100</td><td>100</td><td>100</td></tr></table>• 낙엽피해조사
– 낙엽률 40%(경과일수 130일) / 미보상비율 0%</td></tr>
<tr><td>우박</td><td>5.15.</td><td>10.29.</td><td>• 수확전 착과피해조사(표본조사)
단, 태풍사고 이후 착과수는 변동 없음<table><tr><th>피해과실 구분</th><th>100%</th><th>80%</th><th>50%</th><th>정상</th></tr><tr><td>과실수</td><td>20</td><td>20</td><td>20</td><td>40</td></tr></table></td></tr>
</table>

<table>
<tr><td>수확
시작 후
~
수확
종료</td><td>가을
동상해</td><td>10.26.</td><td>10.27.</td><td>• 가을동상해 착과피해조사(표본조사)
– 사고 당시 착과과실수 : 3,000개
– 가을동상해로 인한 잎 피해율 : 70%
– 잔여일수 : 15일
<table><tr><th>피해과실구분</th><th>100%</th><th>80%</th><th>50%</th><th>정상</th></tr><tr><td>과실수</td><td>10</td><td>20</td><td>20</td><td>50</td></tr></table></td></tr>
</table>

Solution

(1) 적과후착과수

① 부유 10년 = (240개 ÷ 3주) × 20주 = 1,600개

② 부유 15년 = (960개 ÷ 8주) × 60주 = 7,200개

③ 서촌조생 = (330개 ÷ 3주) × 20주 = 2,200개

∴ 합계 = 1,600 + 7,200 + 2,200 = 11,000개

(2) 적과종료 이후 누적감수과실수

누적감수과실수 = 적과종료 이전 자연재해로 인한 적과종료 이후 착과손해 감수과실수 + 강풍낙과피해감수과실수 + 강풍낙엽피해감수과실수 + 태풍낙과피해감수과실수 + 태풍낙엽피해감수과실수 + 우박착과피해감수과실수 + 가을동상해감수과실수

= 366 + 967 + 3,885 + 119 + 0 + 363 + 0 = 5,700개

① 적과종료 이전 자연재해로 인한 적과종료 이후 착과손해 감수과실수

$$= \text{적과후착과수} \times 5\% \times \frac{100\% - \text{착과율}}{40\%}$$

= 11,000개 × 0.05 × 0.6668 = 11,000 × 0.0333 = 366개

• 착과율 = 적과후착과수 ÷ 평년착과수 = 11,000개 ÷ 15,000개 = 0.73333 = 73.33%

② 강풍낙과피해감수과실수 = 총낙과과실수 × (낙과피해구성률 – max A)

= 1,000개 × (1 – 0.0333) = 967개

• max A = 0.0333

③ 강풍낙엽피해감수과실수 = 사고 당시 착과수 × (인정피해율 – max A) × (1 – 미보상비율)

= 10,000개 × (0.4218 – 0.0333) × (1 – 0)

= 10,000개 × 0.3885 = 3,885개

㉠ 인정피해율 = 1.0115 × 낙엽률 – 0.0014 × 경과일수

= 1.0115 × 0.5 – 0.0014 × 60일 = 0.50575 – 0.084 = 0.42175 = 42.18%

㉡ 사고 당시 착과수 = 적과후착과수 – 강풍낙과수

= 11,000 – 1,000 = 10,000개

④ 태풍낙과피해감수과실수 = 총낙과과실수 × (낙과피해구성률 – max A)

= 500개 × (0.66 – 0.4218) = 119개

• 낙과피해구성률 = (200 + 100 × 0.8 + 100 × 0.5) ÷ 500 = 0.66

⑤ 태풍낙엽피해감수과실수 = 사고 당시 착과수 × (인정피해율 – max A)

= 9,500개 × (0.2226 – 0.4218) = 0

㉠ 인정피해율 = 1.0115 × 낙엽률 – 0.0014 × 경과일수

= 1.0115 × 0.4 – 0.0014 × 130일 = 0.4046 – 0.182 = 0.2226 = 22.26%

㉡ (인정피해율 – max A)의 값이 "–"일 경우 금차 감수과실수는 "0"으로 한다.

⑥ 우박착과피해감수과실수 = 수확전 착과과실수 × (착과피해구성률 − max A)
= 9,500개 × (0.46 − 0.4218) = 363개

⑦ 가을동상해착과피해감수과실수

$$= \text{착과과실수} \times \frac{(100\%\text{형 피해과실수} \times 1) + (80\%\text{형 피해과실수} \times 0.8) + (50\%\text{형 피해과실수} \times 0.5) + (\text{정상과실수} \times 0.0031 \times \text{잔여일수})}{100\%\text{형 피해과실수} + 80\%\text{형 피해과실수} + 50\%\text{형 피해과실수} + \text{정상과실수}}$$

− max A)

= 3,000개 × (0.3833 − 0.46) = 0

- (착과피해구성률 − max A)의 값이 "−"일 경우 금차 감수과실수는 "0"으로 한다.

(3) 보험금

① 착과감소보험금 = (착과감소량 − 미보상감수량 − 자기부담감수량) × 가입가격 × 보장 수준(70%)
= (1,000kg − 0kg − 750kg) × 3,500원 × 0.7 = 612,500원

㉠ 착과감소량 = 착과감소과실수 × 가입과중
= 4,000개 × 250g = 1,000kg

- 착과감소과실수 = 평년착과수 − 적과후착과수
= 15,000 − 11,000 = 4,000개

㉡ 자기부담감수량 = 기준수확량 × 자기부담비율
= 3,750kg × 0.2 = 750kg

- 기준수확량 = 기준착과수 × 가입과중
= 15,000개 × 250g = 3,750kg
- 기준착과수 = 적과후착과수 + 적과전 인정감수과실수
= 11,000 + 4,000 = 15,000개

② 과실손해보험금 = (적과종료 이후 누적감수량 − 자기부담감수량) × 가입가격
= (5,700개 × 250g − 0) × 3,500원 = 4,987,500원

- "자기부담감수량 = 기준수확량 × 자기부담비율"이나 산출된 착과감소량이 존재하므로 아래의 산식을 적용한다.
산출된 착과감소량이 존재하는 경우
= 자기부담감수량 − (착과감소량 − 적과전 미보상감수량) = 750 − (1,000 − 0) = 0
→ 자기부담감수량은 0보다 작을 수 없으므로 0을 적용한다.

08 적과전 종합위험보장방식에 가입한 과수원에 대한 내용이다. 다음의 계약사항과 조사내용을 참조하여 각 물음에 답하시오. (단, 계약사항은 계약조건에 따르고, 조사내용은 아래 표와 같다. 피해율 등은 % 단위로 소수점 셋째자리에서 반올림하고, 무게는 kg 단위로 소수점 첫째자리에서 반올림하며, 과실수는 소수점 첫째자리에서 반올림하시오.)

○ **계약사항**

상품명	평년착과수	가입과중	가입가격	착과감소보험금 보장 수준	자기부담 비율	실제 결과주수
적과전 종합위험 떫은감	28,000개	300g	2,500원	50%	10%	200주

※ 나무손해특약 가입(가입금액 2,000만원)

○ **조사내용**

조사시기	재해 종류	사고 일자	조사 일자	조사내용
계약일 24시 ~ 적과전	조수해	4.8.	4.11.	〈피해사실 확인조사〉 • 고사주수 12주 / 미보상주수 4주 • 미보상비율 20%
적과후 착과수	–		7.15.	〈적과후착과수조사〉 • 실제결과주수 200주 / 적과후착과수 21,000개
적과후 ~ 수확전	집중 호우	7.20.	7.22.	〈낙과피해조사〉 • 낙과수 3,000개, 낙과피해구성률 100% • 침수수확불능 8주 무피해나무 1주당 평균착과수 104개 • 일부침수주수 30주 일부침수나무 1주당 평균침수착과수 40개 • 낙엽수 54개, 착엽수 126개, 경과일수 50일 미보상비율 20%

물음 1) 착과감소보험금의 계산과정과 값을 쓰시오.

물음 2) 과실손해보험금의 계산과정과 값을 쓰시오.

물음 3) 나무손해보험금의 계산과정과 값을 쓰시오.

Solution

물음 1) 착과감소보험금

착과감소보험금 = (착과감소량 − 미보상감수량 − 자기부담감수량) × 가입가격 × 보장수준(50%)
= (504kg − 269kg − 680kg) × 2,500원 × 0.5 = 0

① 착과감소량 = 착과감소과실수 × 가입과중
= 1,680개 × 0.3kg = 504kg

㉠ 착과감소과실수 = min[(평년착과수 − 적과후착과수), (평년착과수 × 최대인정피해율)]
= min[(28,000 − 21,000), (28,000 × 0.06)] = 1,680개

㉡ 나무피해율 = 12주 ÷ 200주 = 0.06 = 6%

② 미보상감수량 = (착과감소과실수 × 미보상비율 + 미보상주수 × 1주당 평년착과수) × 가입과중
= (1,680개 × 0.2 + 4주 × 140개) × 0.3kg = 268.8 = 269kg

• 1주당 평년착과수 = 28,000개 ÷ 200주 = 140개

③ 자기부담감수량 = 기준수확량 × 자기부담비율
= 6,804kg × 0.1 = 680.4 = 680kg

㉠ 기준수확량 = 기준착과수 × 가입과중
= 22,680개 × 0.3kg = 6,804kg

㉡ 기준착과수 = 적과후착과수 + 해당 착과감소과실수
= 21,000개 + 1,680개 = 22,680개

물음 2) 과실손해보험금

과실손해보험금 = (적과종료 이후 누적감수량 − 자기부담감수량) × 가입가격
= (2,351kg − 445kg) × 2,500원 = 4,765,000원

① 적과종료 이후 누적감수량 = 누적감수과실수 × 가입과중
= 7,837개 × 0.3kg = 2,351.1 = 2,351kg

② 누적감수과실수 = 3,000 + 832 + 1,200 + 2,805 = 7,837개

㉠ 집중호우 낙과감수과실수
= 총낙과수 × (낙과피해구성률 − max A)
= 3,000개 × (1 − 0) = 3,000개

㉡ 집중호우 수확불능손해
= 수확불능주수 × 무피해나무 1주당 평균착과수 × (1 − max A)
= 8주 × 104개 × (1 − 0) = 832개

㉢ 집중호우 일부침수손해
= 일부침수주수 × 일부침수나무 1주당 평균침수착과수 × (1 − max A)
= 30주 × 40개 × (1 − 0) = 1,200개

㉣ 집중호우 낙엽감수과실수
= 사고 당시 착과수 × (낙엽인정피해율 − max A) × (1 − 미보상비율)
= 15,968개 × (0.2196 − 0) × (1 − 0.2) = 2,805.2 = 2,805개

- 사고 당시 착과수 = 적과후착과수 − 총낙과수 − 총기수확과실수 − 총나무피해과실수
= 21,000 − 3,000 − 0 − (832 + 1,200) = 15,968개
- 낙엽인정피해율 = 0.9662 × 낙엽률 − 0.0703
= 0.9662 × 0.3 − 0.0703 = 0.21956 = 21.96%
- 낙엽률 = 54개 ÷ (54개 + 126개) = 0.3 = 30%

③ 자기부담감수량
- 산출된 착과감소량이 존재하는 경우
= 자기부담감수량 − (착과감소량 − 적과전 미보상감수량)
= 680 − (504 − 269) = 445kg

물음 3) 나무손해보험금

나무손해보험금 = 보험가입금액 × (피해율 − 자기부담비율)
= 2,000만원 × (0.06 − 0.05) = 200,000원

① 피해율 = 피해주수(고사된 나무) ÷ 실제결과주수
= 12주 ÷ 200주 = 6%

② 자기부담비율 : 5%

09 적과전 종합위험보장방식에 가입한 과수원에 대한 내용이다. 다음의 계약사항과 조사내용을 참조하여 착과감소보험금과 과실손해보험금을 각각 구하시오. (단, 계약사항은 계약조건에 따르고, 조사내용은 아래 표와 같다. 피해율 등은 % 단위로 소수점 셋째자리에서 반올림하고, 무게는 kg 단위로 소수점 첫째자리에서 반올림하며, 과실수는 소수점 첫째자리에서 반올림하시오.)

○ **계약사항**

상품명	평년 착과수	가입과중	가입가격	착과감소보험금 보장 수준	자기부담 비율	실제 결과주수
적과전 종합위험 떫은감	22,000개	250g	2,500원	70%	10%	200주

※ 적과전 5종 한정보장특약 가입

※ 나무손해특약 가입(가입금액 2,000만원)

○ **조사내용**

<table>
<tr><th>조사시기</th><th>재해
종류</th><th>사고
일자</th><th>조사
일자</th><th>조사내용</th></tr>
<tr><td rowspan="2">계약일
24시
~
적과전</td><td>우박</td><td>6.10.</td><td>6.11.</td><td>〈피해사실 확인조사〉
• 피해유과 48개, 정상유과 152개
• 미보상비율 5%</td></tr>
<tr><td>지진</td><td>7.1.</td><td>7.2.</td><td>〈피해사실 확인조사〉
• 고사주수 10주
• 미보상주수 10주
• 미보상비율 10%</td></tr>
<tr><td>적과후
착과수</td><td colspan="2">–</td><td>7.10.</td><td>〈적과후착과수조사〉
• 적과후착과수 13,000개</td></tr>
<tr><td rowspan="3">적과후
~
수확전</td><td>강풍</td><td>7.21.</td><td>7.22.</td><td>〈낙엽피해조사〉
• 사고 당시 착과수 10,000개, 낙엽률 30%,
경과일수 50일
〈낙과피해조사〉
• 총낙과수 3,000개
• 낙과피해구성조사<table><tr><th>피해과실구성</th><th>100%</th><th>80%</th><th>50%</th><th>정상</th></tr><tr><td>과실수(개)</td><td>100</td><td>0</td><td>0</td><td>0</td></tr></table></td></tr>
<tr><td>우박</td><td>6.10.</td><td>9.30.</td><td>〈착과피해조사〉
• 사고 당시 착과수 10,000개
• 착과피해구성조사<table><tr><th>피해과실구성</th><th>100%</th><th>80%</th><th>50%</th><th>정상</th></tr><tr><td>과실수(개)</td><td>8</td><td>15</td><td>20</td><td>57</td></tr></table></td></tr>
<tr><td>가을
동상해</td><td>10.13.</td><td>10.15.</td><td>〈착과피해조사〉
• 사고 당시 착과수 2,000개<table><tr><th>피해과실구성</th><th>100%</th><th>80%</th><th>50%</th><th>정상</th></tr><tr><td>과실수(개)</td><td>20</td><td>50</td><td>40</td><td>90</td></tr></table>• 잎피해율 38%</td></tr>
</table>

Solution

(1) 착과감소보험금

착과감소보험금 = (착과감소량 − 미보상감수량 − 자기부담감수량) × 가입가격 × 보장 수준(70%)

= (1,320kg − 407kg − 457kg) × 2,500원 × 0.7 = 798,000원

① 착과감소량 = 착과감소과실수 × 가입과중

= 5,280개 × 0.25kg = 1,320kg

㉠ 착과감소과실수 = min[(평년착과수 − 적과후착과수), (평년착과수 × 최대인정피해율)]
= min[(22,000개 − 13,000개), (22,000 × 0.24)] = 5,280개

- 유과타박률 = $\frac{48}{48 + 152}$ = 0.24
- 나무피해율 = $\frac{10}{200}$ = 0.05

② 미보상감수량
= (착과감소과실수 × 미보상비율 + 미보상주수 × 1주당 평년착과수) × 가입과중
= (5,280개 × 0.1 + 10주 × 110개) × 0.25kg = 1,628개 × 0.25kg = 407kg

- 1주당 평년착과수 = 22,000개 ÷ 200주 = 110개

③ 자기부담감수량 = 기준수확량 × 자기부담비율
= 4,570kg × 0.1 = 457kg

㉠ 기준수확량 = 기준착과수 × 가입과중
= 18,280개 × 0.25kg = 4,570kg

㉡ 기준착과수 = 적과후착과수 + 해당 착과감소과실수
= 13,000개 + 5,280개 = 18,280개

(2) 과실손해보험금

과실손해보험금 = (적과종료 이후 누적감수량 − 자기부담감수량) × 가입가격
= (1,550kg − 0kg) × 2,500원 = 3,875,000원

① 적과종료 이후 누적감수량 = 누적감수과실수 × 가입과중
= 6,200개 × 0.25kg = 1,550kg

② 누적감수과실수 = 2,196 + 3,000 + 804 + 200 = 6,200개

㉠ 강풍 낙엽손해착과감수과실수 = 사고 당시 착과수 × (낙엽인정피해율 − max A)
= 10,000개 × (0.2196 − 0) = 2,196개

- 낙엽인정피해율 = 0.9662 × 낙엽률 − 0.0703
= 0.9662 × 0.3 − 0.0703 = 0.21956 ≒ 21.96%

㉡ 강풍 낙과감수과실수 = 총낙과수 × (낙과피해구성률 − max A)
= 3,000개 × (1 − 0) = 3,000개

㉢ 우박 착과피해감수과실수 = 사고 당시 착과수 × (착과피해구성률 − max A)
= 10,000개 × (0.3 − 0.2196) = 804개

- 착과피해구성률 = $\frac{20 \times 0.5 + 15 \times 0.8 + 8}{100}$ = 0.3

㉣ 가을동상해 착과감수과실수 = 사고 당시 착과수 × (착과피해구성률 − max A)
= 2,000개 × (0.4 − 0.3) = 200개

- 착과피해구성률 = $\frac{40 \times 0.5 + 50 \times 0.8 + 20}{200}$ = 0.4

10 **다음은 나무손해보장특약에 가입된 과수원의 태풍으로 인한 피해 내용이다. 피해율과 보험금을 계산하시오.**

> ○ **계약내용**
> - 보험가입금액 : 3,000만원
> - 가입결과주수 : 250주
> - 자기부담비율 : 5%
>
> ○ **피해내용**
> - 실제결과주수 : 250주
> - 태풍으로 유실된 피해주수 : 90주

Solution

(1) 피해율 = 피해주수 ÷ 실제결과주수
= 90주 ÷ 250주 = 0.36 = 36%

(2) 보험금 = 보험가입금액 × (피해율 − 자기부담비율)
= 3,000만원 × (0.36 − 0.05) = 930만원

11 **A과수원의 종합위험방식 복숭아 품목의 과중조사를 실시하고자 한다. 다음 조건을 이용하여 과중조사 횟수, 최소 표본주수 및 최소 추출과실개수를 답란에 쓰시오.**

> 〈조건〉
> - A과수원의 품종은 5종이다.
> - 각 품종별 수확시기는 다르다.
> - 최소 표본주수는 회차별 표본주수의 합계로 본다.
> - 최소 추출과실개수는 회차별 추출과실개수의 합계로 본다.
> - 위 조건 외 단서조항은 고려하지 않는다.

Solution

(1) 과중조사 횟수 : 5회
(2) 최소 표본주수 : 15주
(3) 최소 추출과실개수 : 100개

12 **종합위험 수확감소보장방식의 품목별 과중조사에 관한 내용의 일부이다. ( )에 들어갈 내용을 쓰시오.**

> - 밤(수확개시 전 수확량조사 시 과중조사)
> 품종별 개당 과중 = 품종별 [정상 표본과실 무게 합 + {소과 표본과실 무게 합 × (①)}] ÷ 표본과실수
> - 참다래
> 품종별 개당 과중 = 품종별 [50g 초과 표본과실 무게 합 + {50g 이하 표본과실 무게 합 × (②)}] ÷ 표본과실수

> • 오미자(수확개시 후 수확량조사 시 과중조사)
> 선정된 표본구간별로 표본구간 내 (③)된 과실과 (④)된 과실의 무게를 조사한다.
> • 유자(수확개시 전 수확량조사 시 과중조사)
> 농지에서 품종별로 착과가 평균적인 3개 이상의 표본주에서 크기가 평균적인 과실을 품종별 (⑤)개 이상(농지당 최소 60개 이상) 추출하여 품종별 과실개수와 무게를 조사한다.

Solution

① 0.8(80%), ② 0.7(70%), ③ 착과, ④ 낙과, ⑤ 20

13 다음 각 품목별 조건에 따른 최소 표본추출 과실수 또는 무게에 대하여 설명하시오. (단, 아래 조건은 농지별 조건이다.)

조건	최소 표본과실수 또는 무게
종합위험 자두의 과중조사 : 2개 품종이다.	
종합위험 포도의 과중조사 : 단일품종으로 구성되어 있다.	
종합위험 참다래의 과중조사 : 4개 품종이다.	
종합위험 매실의 낙과피해조사	
종합위험 오미자의 착과피해조사	

Solution

조건	최소 표본과실수 또는 무게
종합위험 자두의 과중조사 : 2개 품종이다.	60개
종합위험 포도의 과중조사 : 단일품종으로 구성되어 있다.	30개
종합위험 참다래의 과중조사 : 4개 품종이다.	80개
종합위험 매실의 낙과피해조사	100개 또는 1,000g
종합위험 오미자의 착과피해조사	3,000g

14 종합위험 수확감소보장방식 복숭아의 피해구성 구분기준 및 피해인정계수에 대하여 설명하시오.

Solution

✔ Check 〈별표3〉 과실 분류에 따른 피해인정계수(복숭아)

과실 분류	피해인정계수	비고
정상과	0	피해가 없거나 경미한 과실
50%형 피해과실	0.5	일반시장에 출하할 때 정상과실에 비해 50% 정도의 가격하락이 예상되는 품질의 과실(단, 가공공장공급 및 판매 여부와 무관)
80%형 피해과실	0.8	일반시장 출하가 불가능하나 가공용으로 공급될 수 있는 품질의 과실(단, 가공공장공급 및 판매 여부와 무관)

100%형 피해과실	1	일반시장 출하가 불가능하고 가공용으로도 공급될 수 없는 품질의 과실
병충해 피해과실	0.5	세균구멍병 피해를 입은 과실

15 **다음은 종합위험 수확감소보장방식 복숭아 품목에 관한 내용이다. 아래의 계약사항과 조사내용을 참조하여 피해율과 보험금을 구하시오. (단, 피해율 등은 % 단위로 소수점 셋째자리에서 반올림하고, 무게는 kg 단위로 소수점 첫째자리에서 반올림하며, 과실수는 소수점 첫째자리에서 반올림하시오.)**

○ **계약사항**

상품명	가입특약	평년수확량	가입금액	자기부담 비율	실제 결과주수
종합위험 수확감소보장방식 복숭아	나무손해보장 가입금액 : 2,000만원 (자기부담비율 5%)	17,400kg	5,568만원	20%	10년생 유명백도 210주

○ **조사내용**

<table>
<tr><th>조사시기</th><th>재해종류</th><th>사고일자</th><th>조사일자</th><th>조사내용</th></tr>
<tr><td>수확 직전</td><td>-</td><td></td><td>8.25.</td><td>• 착과수조사 및 과중조사(착과수조사 이전 사고는 발생하지 않음)
• 표본주 1주당 평균착과수 : 270과 / 평균과중 : 300g</td></tr>
<tr><td>수확 개시 ~ 수확 종료</td><td>태풍</td><td>9.5.</td><td>9.6.</td><td>• 낙과피해 - 최소표본주 낙과 합계 : 900개
<table><tr><th>정상과실</th><th>50% 피해과실</th><th>80% 피해과실</th><th>100% 피해과실</th></tr><tr><td>47</td><td>18</td><td>20</td><td>15</td></tr></table>• 착과피해 - 표본주 1주 평균착과수 : 170개
<table><tr><th>정상과실</th><th>50% 피해과실</th><th>80% 피해과실</th><th>100% 피해과실</th></tr><tr><td>66</td><td>14</td><td>10</td><td>10</td></tr></table>• 고사주수 : 10주
• 병충해 피해 - 최소표본주 병충해과 합계 : 세균구멍병 36개
• 미보상비율 : 10%</td></tr>
</table>

Solution

(1) **보험금** = 보험가입금액 × (피해율 − 자기부담비율)
= 5,568만원 × (0.3048 − 0.2) = 5,568만원 × 0.1048 = 5,835,264원

(2) **피해율** = (평년수확량 − 수확량 − 미보상감수량 + 병충해감수량) ÷ 평년수확량
= (17,400kg − 11,640kg − 576kg + 120kg) ÷ 17,400kg
= 5,304kg ÷ 17,400kg = 0.30482 = 30.48%

① 수확량 = max[평년수확량, 착과량] − 사고당 감수량의 합
= max[17,400, 17,010] − 5,760 = 17,400 − 5,760 = 11,640kg

㉠ 착과량 = 270과 × 210주 × 300g = 17,010kg

㉡ Σ사고당 감수량 = 낙과피해감수량 + 착과피해감수량 + 고사주수감수량
= 2,400 + 2,550 + 810 = 5,760kg

- 낙과피해감수량 = 표본주 낙과 합계 ÷ 표본주수 × 조사대상주수 × 평균과중 × 낙과피해구성률
= 900개 ÷ 9주 × 200주 × 300g × 0.4 = 2,400kg
- 낙과피해구성률 = (18 × 0.5 + 20 × 0.8 + 15) ÷ 100 = 0.4 = 40%
- 최소표본주 : 9주
- 착과피해감수량 = 표본주 1주 평균착과수 × 조사대상주수 × 평균과중 × 착과피해구성률
= 170개 × 200주 × 300g × 0.25 = 2,550kg
- 착과피해구성률 = (14 × 0.5 + 10 × 0.8 + 10) ÷ 100 = 0.25 = 25%
- 고사주수감수량 = 고사주수 × (주당 착과수 + 주당 낙과수) × 과중
= 10주 × (170개 + 100개) × 300g = 810kg

② 미보상감수량 = (평년수확량 − 수확량) × 미보상비율
= (17,400kg − 11,640kg) × 0.1 = 576kg

③ 병충해감수량(세균구멍병)
= 표본주 병충해과 합계 × 0.5 ÷ 표본주수 × 조사대상주수 × 평균과중
= 36개 × 0.5 ÷ 9주 × 200주 × 300g = 120kg

(3) **나무손해보험금** = 가입금액 × (피해율 − 자기부담비율)
= 2,000만원 × (0.0476 − 0.05) = 0

① 피해율 = 피해주수 ÷ 실제결과주수
= 10주 ÷ 210주 = 0.04761 = 4.76%

② 자기부담비율 : 5%

16 **다음은 종합위험 수확감소보장방식 복숭아 품목에 관한 내용이다. 아래의 계약사항과 조사내용을 참조하여 피해율과 보험금을 구하시오. (단, 피해율 등은 % 단위로 소수점 셋째자리에서 반올림하고, 무게는 kg 단위로 소수점 첫째자리에서 반올림하며, 과실수는 소수점 첫째자리에서 반올림하시오.)**

○ **계약사항**

상품명	가입품종	가입주수	주당 표준수확량	평년수확량	가입금액	자기부담 비율
종합위험 수확감소보장방식 복숭아	선골드	250주	35kg	14,000kg	4,900만원	20%
	미백도	150주	40kg			

○ **조사내용**

<table>
<tr><th>조사 시기</th><th>재해 종류</th><th>사고 일자</th><th>조사 일자</th><th>조사내용</th></tr>
<tr><td>수확전</td><td>냉해</td><td>4.20.</td><td>4.21.</td><td>• 피해사실 확인조사 : 피해 있음</td></tr>
<tr><td>수확직전</td><td>-</td><td></td><td>8.25.</td><td>• 착과수 및 나무조사
<table>
<tr><th>가입 품종</th><th>실제 결과주수</th><th>고사 주수</th><th>미보상 주수</th><th>표본 주수</th><th>표본주 착과수 합계</th></tr>
<tr><td>선골드</td><td>250주</td><td>20주</td><td>30주</td><td>7주</td><td>350개</td></tr>
<tr><td>미백도</td><td>150주</td><td>10주</td><td>20주</td><td>4주</td><td>160개</td></tr>
</table>
• 미보상비율 20%
• 과중조사
<table>
<tr><th>가입품종</th><th>표본과실수</th><th>표본과실무게 합계</th></tr>
<tr><td>선골드</td><td>30개</td><td>8.4kg</td></tr>
<tr><td>미백도</td><td>30개</td><td>9.6kg</td></tr>
</table></td></tr>
<tr><td>수확개시 ~ 수확종료</td><td>태풍</td><td>9.5.</td><td>9.6.</td><td>• 낙과 및 착과피해
<table>
<tr><th>가입품종</th><th>낙과수</th><th>낙과피해 구성률</th><th>착과수</th><th>착과피해 구성률</th></tr>
<tr><td>선골드</td><td>2,000개</td><td>50%</td><td>7,000개</td><td>20%</td></tr>
<tr><td>미백도</td><td>800개</td><td>80%</td><td>3,800개</td><td>15%</td></tr>
</table>
• 병충해피해(세균구멍병)
<table>
<tr><th>가입품종</th><th>주당 착과 병충해과실수</th><th>주당 낙과 병충해과실수</th></tr>
<tr><td>선골드</td><td>2</td><td>3</td></tr>
<tr><td>미백도</td><td>2</td><td>2</td></tr>
</table></td></tr>
</table>

Solution

(1) **보험금** = 보험가입금액 × (피해율 − 자기부담비율)
= 4,900만원 × (0.5498 − 0.2) = 4,900만원 × 0.3498 = 17,140,200원

(2) **피해율** = (평년수확량 − 수확량 − 미보상감수량 + 병충해감수량) ÷ 평년수확량
= (14,000kg − 4,650kg − 1,870kg + 217kg) ÷ 14,000kg
= 7,697kg ÷ 14,000kg = 0.54978 = 54.98%

① 수확량 = 착과량 − 사고당 감수량의 합
= 6,086 − 1,436 = 4,650kg

㉠ 착과량 = 품종·수령별 착과량의 합
= 3,790 + 2,296 = 6,086kg

• 품종 · 수령별 착과량
= (품종 · 수령별 착과수 × 품종별 과중) + (품종 · 수령별 주당 평년수확량 × 미보상주수)
– 선골드 착과량 = (350개 ÷ 7주 × 200주 × 8.4kg ÷ 30) + (33kg × 30주)
= 50개 × 200주 × 0.28kg + 990kg = 3,790kg
– 미백도 착과량 = (160개 ÷ 4주 × 120주 × 9.6kg ÷ 30) + (38kg × 20주)
= 40개 × 120주 × 0.32kg + 760kg = 2,296kg

• 선골드 주당 평년수확량 = 품종 · 수령별 평년수확량 ÷ 품종 · 수령별 실제결과주수
= 8,305kg ÷ 250주 = 33.2 = 33kg
– 품종 · 수령별 평년수확량 = 평년수확량 × (품종 · 수령별 표준수확량 ÷ 표준수확량)
= 14,000 × {35 × 250 ÷ (35 × 250 + 40 × 150)}
= 14,000 × {8,750 ÷ (8,750 + 6,000)}
= 14,000 × 0.5932 = 8,304.8 = 8,305kg

• 미백도 주당 평년수확량 = 품종 · 수령별 평년수확량 ÷ 품종 · 수령별 실제결과주수
= 5,695kg ÷ 150주 = 37.9 = 38kg
– 품종 · 수령별 평년수확량 = 평년수확량 × (품종 · 수령별 표준수확량 ÷ 표준수확량)
= 14,000 × {40 × 150 ÷ (35 × 250 + 40 × 150)}
= 14,000 × {6,000 ÷ (8,750 + 6,000)}
= 14,000 × 0.4068 = 5,695.2 = 5,695kg

㉡ Σ사고당 감수량 = 낙과피해감수량 + 착과피해감수량 + 고사주수감수량
= 485 + 574 + 377 = 1,436kg

• 낙과피해감수량 = 280 + 205 = 485kg
– 선골드 = 2,000개 × 0.28kg × 0.5 = 280kg
– 미백도 = 800개 × 0.32kg × 0.8 = 204.8 = 205kg

• 착과피해감수량 = 392 + 182 = 574kg
– 선골드 = 7,000개 × 0.28kg × 0.2 = 392kg
– 미백도 = 3,800개 × 0.32kg × 0.15 = 182.4 = 182kg

• 고사주수감수량 = 252 + 125 = 377kg
– 선골드 = 고사주수 × (주당 착과수 + 주당 낙과수) × 과중
= 20주 × (35 + 10) × 0.28kg = 252kg
– 미백도 = 고사주수 × (주당 착과수 + 주당 낙과수) × 과중
= 10주 × (32 + 7) × 0.32kg = 124.8 = 125kg

② 미보상감수량 = (평년수확량 – 수확량) × 최댓값(미보상비율1, 미보상비율2, …)
= (14,000kg – 4,650kg) × 0.2 = 1,870kg

③ 병충해감수량(세균구멍병) = 140 + 77 = 217kg
㉠ 선골드 = (2 + 3)개 × 0.5 × 200주 × 0.28kg = 140kg
㉡ 미백도 = (2 + 2)개 × 0.5 × 120주 × 0.32kg = 76.8 = 77kg

17 **다음은 종합위험 수확감소보장방식 포도 품목에 관한 내용이다. 아래의 계약사항과 조사내용을 참조하여 피해율과 보험금을 구하시오. (단, 피해율 등은 % 단위로 소수점 셋째자리에서 반올림하고, 무게는 kg 단위로 소수점 첫째자리에서 반올림하며, 과실수는 소수점 첫째자리에서 반올림하시오.)**

○ **계약사항**

상품명	가입특약	평년수확량	가입금액	자기부담비율	실제결과주수
종합위험 수확감소보장방식 포도	수확량감소 추가보장 특약	6,300kg	1,890만원	20%	MBA품종 210주

○ **조사내용**

<table>
<tr><th>조사 시기</th><th>재해 종류</th><th>사고 일자</th><th>조사 일자</th><th>조사내용</th></tr>
<tr><td>수확전</td><td>강풍</td><td>7.20.</td><td>7.22.</td><td>• 피해사실 확인조사 : 피해 있음</td></tr>
<tr><td>수확 직전</td><td>-</td><td></td><td>9.20.</td><td>• 착과수 및 나무조사
<table><tr><th>실제 결과주수</th><th>고사 주수</th><th>미보상 주수</th><th>표본 주수</th><th>표본주 착과수 합계</th></tr><tr><td>210주</td><td>20주</td><td>10주</td><td>8주</td><td>144주</td></tr></table>• 미보상비율 : 10%
• 과중조사 : 표본과실수 30개 무게 합계 18kg</td></tr>
<tr><td>수확 개시 ~ 수확 종료</td><td>우박</td><td>9.25.</td><td>9.26.</td><td>• 낙과피해 - 표본주 8주의 낙과수 합계 : 32개
<table><tr><th>정상과실</th><th>50% 피해과실</th><th>80% 피해과실</th><th>100% 피해과실</th></tr><tr><td>6</td><td>8</td><td>10</td><td>8</td></tr></table>• 착과피해 - 표본주 1주 평균착과수 : 14개
<table><tr><th>정상과실</th><th>50% 피해과실</th><th>80% 피해과실</th><th>100% 피해과실</th></tr><tr><td>66</td><td>14</td><td>10</td><td>10</td></tr></table>• 미보상비율 : 20%</td></tr>
</table>

Solution

(1) **보험금** = 가입금액 × (피해율 − 자기부담비율)
= 1,890만원 × (0.6248 − 0.2) = 1,890만원 × 0.4248 = 8,028,720원

• 수확감소추가보장특약 보험금 = 보험가입금액 × (피해율 × 10%)
= 1,890만원 × 0.6248 × 0.1 = 1,180,872원

(2) **피해율** = (평년수확량 − 수확량 − 미보상감수량) ÷ 평년수확량
= (6,300kg − 1,380kg − 984kg) ÷ 6,300kg = 3,936kg ÷ 6,300kg = 0.62476 = 62.48%

① 수확량 = 착과량 − 사고당 감수량의 합
= 2,244 − 864 = 1,380kg

㉠ 착과량 = (착과수 × 과중) + (주당 평년수확량 × 미보상주수)
= (144개 ÷ 8주 × 18kg ÷ 30개 × 180주) + (6,300kg ÷ 210주 × 10주)
= 1,944kg + 300kg = 2,244kg

㉡ Σ사고당 감수량 = 낙과피해감수량 + 착과피해감수량 + 고사주수감수량
= 270 + 378 + 216 = 864kg

• 낙과피해감수량 = 낙과수 × 품종별 과중 × 낙과피해구성률
= 4개 × 180주 × 0.6kg × 0.625 = 270kg

• 착과피해감수량 = 착과수 × 품종별 과중 × 착과피해구성률
= 14개 × 180주 × 0.6kg × 0.25 = 378kg

• 고사주수감수량 = 고사주수 × (주당 착과수 + 주당 낙과수) × 과중
= 20주 × (14 + 4) × 0.6kg = 216kg

② 미보상감수량 = (평년수확량 − 수확량) × 최댓값(미보상비율1, 미보상비율2, …)
= (6,300kg − 1,380kg) × 0.2 = 984kg

18 **다음은 종합위험 수확감소보장방식 밤 품목에 관한 내용이다. 아래의 계약사항과 조사내용을 참조하여 피해율과 보험금을 구하시오. (단, 피해율 등은 % 단위로 소수점 셋째자리에서 반올림하고, 무게는 kg 단위로 소수점 첫째자리에서 반올림하며, 과실수는 소수점 첫째자리에서 반올림하시오.)**

○ 계약사항

상품명	가입특약	평년수확량	가입금액	자기부담비율	실제결과주수
종합위험 수확감소보장방식 밤	없음	19,250kg	3,850만원	20%	550주

○ 조사내용

조사시기	재해종류	사고일자	조사일자	조사내용
수확개시 ~ 수확종료	우박	8.25.	8.26.	(아래 참조)

실제결과주수	고사주수	미보상주수
550	25	15

• 낙과피해 – 최소표본주 낙과수 합계 : 600개

정상과실	50% 피해과실	80% 피해과실	100% 피해과실
14	16	40	30

• 착과피해 – 표본주 1주 평균착과수 : 140개

정상과실	50% 피해과실	80% 피해과실	100% 피해과실
57	18	20	5

• 과중조사

과실구분	정상	소과
과실수(개)	80개	20개
과실중량 합계	16,000g	3,000g

• 미보상비율 : 20%

Solution

(1) **보험금** = 가입금액 × (피해율 − 자기부담비율)
= 3,850만원 × (0.3375 − 0.2) = 5,293,750원

(2) **피해율** = (평년수확량 − 수확량 − 미보상감수량) ÷ 평년수확량
= (19,250kg − 11,129kg − 1,624kg) ÷ 19,250kg = 6,497kg ÷ 19,250kg = 0.3375 = 33.75%

① 수확량 = 착과수확량 + 낙과수확량 + 미보상주수확량
= 9,196 + 1,408 + 525 = 11,129kg

㉠ 착과수확량 = 조사대상주수 × 주당 착과수 × (1 − 착과피해구성률) × 개당 과중
= 510주 × 140개 × (1 − 0.3) × 0.184kg = 9,196.3 = 9,196kg

- 착과피해구성률 = $\frac{18 \times 0.5 + 20 \times 0.8 + 5 \times 1}{57 + 18 + 20 + 5}$ = 0.3
- 개당 과중 = 표본과실수 과중 합계 ÷ 표본과실수 합계
= 18,400g ÷ 100개 = 184g
- 표본과실수 과중 합계 = 정상 표본과실 과중 + 소과 표본과실 과중 × 0.8
= 16,000g + (3,000g × 0.8) = 18,400g

㉡ 낙과수확량 = 조사대상주수 × 주당 낙과수 × (1 − 낙과피해구성률) × 개당 과중
= 510주 × 50개 × (1 − 0.7) × 0.184kg = 1,407.6 = 1,408kg

- 최소표본주 : 12주
- 낙과피해구성률 = $\frac{16 \times 0.5 + 40 \times 0.8 + 30 \times 1}{14 + 16 + 40 + 30}$ = 0.7

㉢ 미보상주수확량 = 주당 평년수확량 × 미보상주수
= 35kg × 15주 = 525kg

- 주당 평년수확량 = 평년수확량 ÷ 가입주수
= 19,250 ÷ 550 = 35kg

② 미보상감수량 = (평년수확량 − 수확량) × 최댓값(미보상비율1, 미보상비율2, …)
= (19,250kg − 11,129kg) × 0.2 = 8,121kg × 0.2 = 1,624.2 = 1,624kg

19 **다음은 종합위험 수확감소보장방식 참다래 품목에 관한 내용이다. 아래의 계약사항과 조사내용을 참조하여 피해율과 보험금을 구하시오. (단, 피해율 등은 % 단위로 소수점 셋째자리에서 반올림하고, 수확량은 kg 단위로 소수점 둘째자리에서 반올림하고, 개당 과중은 g 단위로 소수점 첫째자리에서 반올림하며, 과실수는 소수점 첫째자리에서 반올림하시오.)**

○ **계약사항**

상품명	가입특약	평년수확량	가입금액	자기부담비율	실제결과주수
종합위험 수확감소보장방식 참다래	없음	17,500kg	3,500만원	20%	350주

○ **조사내용**

<table>
<tr><th>조사
시기</th><th>재해
종류</th><th>사고
일자</th><th>조사
일자</th><th>조사내용</th></tr>
<tr><td>수확
개시
~
수확
종료</td><td>우박</td><td>9.25.</td><td>9.26.</td><td>

실제 결과주수	고사 주수	미보상 주수	주간 거리	열간 거리
350주	0	10주	4m	5m

• 착과수조사

착과수조사		표본주 구역조사(합계)		
표본주수	착과수 합계	윗변	아랫변	높이
10주	8,500개	32m	25m	18m

• 과중조사

구분	개수	무게 합계
50g 초과	40개	2,400g
50g 이하	20개	800g

• 낙과피해 – 표본주 10주의 낙과수 합계 : 3,500개

정상과실	50% 피해과실	80% 피해과실	100% 피해과실
44	10	30	16

• 착과피해 – 표본주 1주 평균착과수 : 850개

정상과실	50% 피해과실	80% 피해과실	100% 피해과실
41	30	20	9

• 미보상비율 : 15%
</td></tr>
</table>

Solution

(1) **보험금** = 보험가입금액 × (피해율 – 자기부담비율)
= 3,500만원 × (0.5983 – 0.2) = 13,940,500원

(2) **피해율** = (평년수확량 – 수확량 – 미보상감수량) ÷ 평년수확량
= (17,500kg – 5,181.4kg – 1,847.8kg) ÷ 17,500kg = 10,470.8kg ÷ 17,500kg = 0.59833
= 59.83%

① 수확량 = 착과수확량 + 낙과수확량 + 미보상주수확량
= 3,398.6 + 1,282.8 + 500 = 5,181.4kg

㉠ 착과수확량 = 착과수 × 개당 과중 × (1 – 착과피해구성률)
= 115,600개 × 0.049kg × (1 – 0.4) = 3,398.64 = 3,398.6kg

• 착과수 = 조사대상면적 × 면적(㎡)당 착과수
= 6,800㎡ × 17개 = 115,600개

• 조사대상면적 = 재식면적 × 조사대상주수
= 20㎡ × 340주 = 6,800㎡
• 재식면적 = 주간거리 × 열간거리
= 4㎡ × 5㎡ = 20㎡
• 면적(㎡)당 착과수 = 표본구간 착과수 ÷ 표본구간 넓이
= 8,500개 ÷ 513㎡ = 16.5 = 17개
• 표본구간 넓이 = (윗변 길이 + 아랫변 길이) × 높이 ÷ 2
= (32m + 25m) × 18m ÷ 2 = 513㎡
• 개당 과중 = 표본과실 무게 합계 ÷ 표본과실수
= (2,400g + 800g × 0.7) ÷ 60개 = 49.3 = 49g

ⓛ 낙과수확량 = 낙과수 × 개당 과중 × (1 − 낙과피해구성률)
= 47,600개 × 0.049kg × (1 − 0.45) = 1,282.82 = 1,282.8kg
• 낙과수 = 조사대상면적 × 면적(㎡)당 낙과수
= 6,800㎡ × 7개 = 47,600개
• 면적(㎡)당 낙과수 = 표본주 낙과수 ÷ 표본구간 넓이
= 3,500개 ÷ 513㎡ = 6.8 = 7개

ⓒ 미보상주수확량 = ㎡당 평년수확량 × 미보상주수 × 재식면적
= 2.5kg × 10주 × 20㎡ = 500kg
• 면적(㎡)당 평년수확량 = 평년수확량 ÷ 재식면적 합계
= 17,500kg ÷ (20㎡ × 350주) = 2.5kg

② 미보상감수량 = (평년수확량 − 수확량) × 최댓값(미보상비율1, 미보상비율2, …)
= (17,500kg − 5,181.4kg) × 0.15 = 12,318.6kg × 0.15 = 1,847.79 = 1,847.8kg

20 **다음은 종합위험 수확감소보장방식 매실 품목에 관한 내용이다. 아래의 계약사항과 조사내용을 참조하여 피해율과 보험금을 구하시오. (단, 피해율 등은 % 단위로 소수점 셋째자리에서 반올림하고, 수확량은 kg 단위로 소수점 둘째자리에서 반올림하고, 개당 과중은 g 단위로 소수점 첫째자리에서 반올림하며, 과실수는 소수점 첫째자리에서 반올림하시오.)**

○ **계약사항**

상품명	가입특약	평년수확량	가입금액	자기부담비율	실제결과주수
종합위험 수확감소보장방식 매실	나무손해특약 (가입금액 : 5,600만원)	10,500kg	1,260만원	20%	700주

○ **조사내용**

조사 시기	재해 종류	사고 일자	조사 일자	조사내용				
				실제결과 주수	고사 주수	미보상 주수	표본 주수	조사 착과량
수확 개시 전	냉해	4.30.	5.1.	700주	60주	40주	12주	60kg
				− 비대추정지수 : 1.827				

<table>
<tr><td>수확
개시 전</td><td>냉해</td><td>4.30.</td><td>5.1.</td><td>• 착과피해구성
<table><tr><th>정상과실</th><th>50%
피해과실</th><th>80%
피해과실</th><th>100%
피해과실</th></tr><tr><td>41</td><td>30</td><td>20</td><td>9</td></tr></table>• 미보상비율 : 20%</td></tr>
</table>

Solution

(1) **보험금** = 보험가입금액 × (피해율 − 자기부담비율)
= 1,260만원 × (0.5047 − 0.2) = 3,839,220원

(2) **피해율** = (평년수확량 − 수확량 − 미보상감수량) ÷ 평년수확량
= (10,500kg − 3,876kg − 1,324.8kg) ÷ 10,500kg
= 5,299.2kg ÷ 10,500kg = 0.50468 = 50.47%

① 수확량 = 착과수확량 + 미보상주수확량
= 3,276 + 600 = 3,876kg

㉠ 착과수확량 = 조사대상주수 × 주당 착과량 × (1 − 착과피해구성률)
= 600주 × 9.1kg × (1 − 0.4) = 3,276kg

• 주당 착과량 = 표본주의 착과무게 ÷ 표본주수
= 109.6kg ÷ 12주 = 9.13 = 9.1kg

• 표본주 착과무게 = 조사 착과량 × 비대추정지수
= 60kg × 1.827 = 109.62 = 109.6kg

㉡ 미보상주수확량 = 미보상주수 × 주당 평년수확량
= 40주 × (10,500kg ÷ 700주) = 600kg

② 미보상감수량 = (평년수확량 − 수확량) × 미보상비율
= (10,500kg − 3,876kg) × 0.2 = 6,624kg × 0.2 = 1,324.8kg

(3) **나무손해보험금** = 가입금액 × (피해율 − 자기부담비율)
= 5,600만원 × (0.0857 − 0.05) = 1,999,200원

① 피해율 = 피해주수(고사된 나무) ÷ 실제결과주수
= 60주 ÷ 700주 = 0.08571 = 8.57%

② 자기부담비율 : 5%

21 **다음은 종합위험 수확감소보장방식 오미자 품목에 관한 내용이다. 아래의 계약사항과 조사내용을 참조하여 피해율과 보험금을 구하시오. (단, 피해율 등은 % 단위로 소수점 셋째자리에서 반올림하고, 수확량은 kg 단위로 소수점 둘째자리에서 반올림하며, 과실수는 소수점 첫째자리에서 반올림하시오.)**

○ **계약사항**

상품명	평년수확량	가입금액	자기부담비율	가입길이
종합위험 수확감소보장방식 오미자	2,800kg	1,260만원	20%	2,000m

○ **조사내용**

<table>
<tr><th>조사 시기</th><th>재해 종류</th><th>사고 일자</th><th>조사 일자</th><th colspan="5">조사내용</th></tr>
<tr><td rowspan="6">수확 개시 전</td><td rowspan="6">우박</td><td rowspan="6">9.5.</td><td rowspan="6">9.6.</td><td>실제재배 길이</td><td>고사 길이</td><td>미보상 길이</td><td>표본 구간 수</td><td>조사 착과무게</td></tr>
<tr><td>2,000m</td><td>200m</td><td>50m</td><td>7</td><td>8.4kg</td></tr>
<tr><td colspan="5">• 착과피해구성(표본과실 무게 : 3,000g)</td></tr>
<tr><td>정상과실</td><td>50% 피해과실</td><td>80% 피해과실</td><td colspan="2">100% 피해과실</td></tr>
<tr><td>1,100</td><td>400</td><td>1,000</td><td colspan="2">500</td></tr>
<tr><td colspan="5">• 미보상비율 : 10%</td></tr>
</table>

Solution

(1) **보험금** = 보험가입금액 × (피해율 − 자기부담비율)
= 12,600,000원 × (0.54 − 0.2) = 4,284,000원

(2) **피해율** = (평년수확량 − 수확량 − 미보상감수량) ÷ 평년수확량
= (2,800kg − 1,120kg − 168kg) ÷ 2,800kg = 1,512kg ÷ 2,800kg = 0.54% = 54%

① 수확량 = 착과수확량 + 미보상수확량
= 1,050 + 70 = 1,120kg

㉠ 착과수확량 = 조사대상길이 × m당 착과량 × (1 − 착과피해구성률)
= 1,750m × (8.4 ÷ 7) × (1 − 0.5) = 1,050kg

㉡ 미보상수확량 = m당 평년수확량 × 미보상길이
= (2,800kg ÷ 2,000m) × 50m = 70kg

② 미보상감수량 = (평년수확량 − 수확량) × 미보상비율
= (2,800kg − 1,120kg) × 0.1 = 168kg

22 **다음은 종합위험 수확감소보장방식 유자 품목에 관한 내용이다. 아래의 계약사항과 조사내용을 참조하여 피해율과 보험금을 구하시오. (단, 피해율 등은 % 단위로 소수점 셋째자리에서 반올림하고, 수확량은 kg 단위로 소수점 둘째자리에서 반올림하며, 과실수는 소수점 첫째자리에서 반올림하시오.)**

○ **계약사항**

상품명	평년수확량	가입금액	자기부담비율	가입주수
종합위험 수확감소보장방식 유자	15,750kg	4,720만원	30%	350주

상품명	평년수확량	가입금액	자기부담비율	가입주수
종합위험 수확감소보장방식 유자	15,750kg	4,720만원	30%	350주

○ 조사내용

<table>
<tr><th>조사
시기</th><th>재해
종류</th><th>사고
일자</th><th>조사
일자</th><th>조사내용</th></tr>
<tr><td>수확
개시 전</td><td>태풍</td><td>9.15.</td><td>9.16.</td><td>
<table>
<tr><th>실제
결과주수</th><th>고사
주수</th><th>미보상
주수</th><th>표본
주수</th><th>표본주
착과수</th></tr>
<tr><td>350주</td><td>20주</td><td>20주</td><td>8주</td><td>800개</td></tr>
</table>
• 과중조사 : 표본과실수 60개 무게 합계 18kg
• 착과피해구성
<table>
<tr><th>정상과실</th><th>50%
피해과실</th><th>80%
피해과실</th><th>100%
피해과실</th></tr>
<tr><td>61</td><td>12</td><td>15</td><td>12</td></tr>
</table>
• 미보상비율 : 10%
</td></tr>
</table>

Solution

(1) 보험금 = 보험가입금액 × (피해율 − 자기부담비율)
= 47,200,000원 × (0.4766 − 0.3) = 8,335,520원

(2) 피해율 = (평년수확량 − 수확량 − 미보상감수량) ÷ 평년수확량
= (15,750kg − 7,410kg − 834kg) ÷ 15,750kg = 7,506kg ÷ 15,750kg = 0.47657 = 47.66%

① 수확량 = 착과수확량 + 미보상주수확량
= 6,510 + 900 = 7,410kg

㉠ 착과수확량 = 조사대상주수 × 주당 착과수 × 개당 과중 × (1 − 착과피해구성률)
= 310주 × (800개 ÷ 8주) × (18kg ÷ 60개) × (1 − 0.3) = 6,510kg

㉡ 미보상주수확량 = 주당 평년수확량 × 미보상주수
= (15,750kg ÷ 350주) × 20주 = 900kg

② 미보상감수량 = (평년수확량 − 수확량) × 미보상비율
= (15,750kg − 7,410kg) × 0.1 = 834kg

23 **종합위험방식에 가입한 참다래 농지에 있는 비가림시설이 태풍으로 인한 피해를 입었다. 다음을 보고 지급보험금을 산정하시오.**

○ 계약사항

상품명	보험가입금액	가입동수	가입면적
대추 비가림시설	5,000,000원	1동	500㎡

○ **조사내용**

<table>
<tr><th>재해 종류</th><th>사고 일자</th><th>조사 일자</th><th colspan="4">조사내용</th></tr>
<tr><td rowspan="6">태풍</td><td rowspan="6">8.15.</td><td rowspan="6">8.16.</td><td>구분</td><td>피해(손해)입은 재조달가액</td><td>감가상각률</td><td>수리여부</td></tr>
<tr><td>피복재</td><td>2,760,000원</td><td>30%</td><td>수리함</td></tr>
<tr><td>구조체</td><td>4,800,000원</td><td>20%</td><td>수리함</td></tr>
<tr><td>잔존물 제거비용</td><td>손해방지비용</td><td colspan="2">기타협력비용</td></tr>
<tr><td>500,000원</td><td>300,000원</td><td colspan="2">200,000원</td></tr>
</table>

Solution

지급보험금 = 목적물보험금 + 비용손해
　　　　= 5,000,000원 + 270,000원 + 200,000원 = 5,470,000원

① 목적물보험금 = min[손해액 − 자기부담금, 보험가입금액]
　　　　= min[7,560,000원 − 756,000원, 5,000,000원] = 5,000,000원
　㉠ 손해액 = 피복재 손해액 + 구조체 손해액
　　　　= 2,760,000원 + 4,800,000원 = 7,560,000원
　㉡ 자기부담금 = 손해액 10% = 756,000원

② 비용손해
　㉠ 잔존물 제거비용 = 비용 − 자기부담금
　　　　= 500,000원 − 50,000원 = 450,000원
　㉡ 지급한도 : 가입금액을 한도로 함
　㉢ 손해방지비용 = 비용 − 자기부담금
　　　　= 300,000원 − 30,000원 = 270,000원
　㉣ 기타협력비용 : 보험가입금액을 초과한 경우에도 전액 지급함

24 종합위험 과실손해보장방식 과수 품목 중 오디의 과실손해조사 시 선정된 표본주 조사 방법을 설명하시오.

Solution

(1) **표본가지 선정** : 표본주에서 가장 긴 결과모지 3개를 표본가지로 선정한다.
(2) **길이 및 결실수 조사** : 표본가지별로 가지의 길이 및 결실수를 조사한다.

25 종합위험 과실손해보장방식 감귤(온주밀감) 품목의 과실 분류에 따른 피해인정계수 내용이다. 다음 표의 빈칸을 채우시오.

과실 분류		비고
정상과실	0	무피해 과실 또는 보상하는 재해로 과피 전체 표면 면적의 10% 내로 피해가 있는 경우
등급 내 피해과실	30%형	보상하는 재해로 과육은 피해가 없고 과피 전체 표면 면적의 10% 이상 30% 미만의 피해가 있는 경우
	50%형	
	80%형	
	100%형	
등급 외 피해과실	30%형	[제주특별자치도 감귤생산 및 유통에 관한 조례시행규칙] 제18조 제4항에 준하여 과실의 크기만으로 등급 외 크기이면서 무피해 과실 또는 보상하는 재해로 과피 및 과육 피해가 없는 경우를 말함
	50%형	
	80%형	
	100%형	[제주특별자치도 감귤생산 및 유통에 관한 조례시행규칙] 제18조 제4항에 준하여 과실의 크기만으로 등급 외 크기이면서 과육부패 및 무름 등의 피해가 있어 가공용으로도 공급될 수 없는 과실을 말함

Solution

과실 분류		비고
정상과실	0	무피해 과실 또는 보상하는 재해로 과피 전체 표면 면적의 10% 내로 피해가 있는 경우
등급 내 피해과실	30%형	보상하는 재해로 과육은 피해가 없고 과피 전체 표면 면적의 10% 이상 30% 미만의 피해가 있는 경우
	50%형	보상하는 재해로 과육은 피해가 없고 과피 전체 표면 면적의 30% 이상 50% 미만의 피해가 있는 경우
	80%형	보상하는 재해로 과육은 피해가 없고 과피 전체 표면 면적의 50% 이상 80% 미만의 피해가 있는 경우
	100%형	보상하는 재해로 과피 전체 표면 면적의 80% 이상 피해가 있거나 과육의 부패 및 무름 등의 피해가 있는 경우
등급 외 피해과실	30%형	[제주특별자치도 감귤생산 및 유통에 관한 조례시행규칙] 제18조 제4항에 준하여 과실의 크기만으로 등급 외 크기이면서 무피해 과실 또는 보상하는 재해로 과피 및 과육 피해가 없는 경우를 말함
	50%형	[제주특별자치도 감귤생산 및 유통에 관한 조례시행규칙] 제18조 제4항에 준하여 과실의 크기만으로 등급 외 크기이면서 보상하는 재해로 과육은 피해가 없고 과피 전체 표면 면적의 10% 이상 피해가 있으며 과실 횡경이 71mm 이상인 경우를 말함
	80%형	[제주특별자치도 감귤생산 및 유통에 관한 조례시행규칙] 제18조 제4항에 준하여 과실의 크기만으로 등급 외 크기이면서 보상하는 재해로 과육은 피해가 없고 과피 전체 표면 면적의 10% 이상 피해가 있으며 과실 횡경이 49mm 미만인 경우를 말함
	100%형	[제주특별자치도 감귤생산 및 유통에 관한 조례시행규칙] 제18조 제4항에 준하여 과실의 크기만으로 등급 외 크기이면서 과육부패 및 무름 등의 피해가 있어 가공용으로도 공급될 수 없는 과실을 말함

26 **종합위험 과실손해보장방식 감귤(온주밀감) 품목의 동상해 과실손해보장 특별약관에 가입된 감귤농장에서 1월 20일 동상해 피해가 발생하였다. 다음 조건을 참조하여 손해액을 산출하시오. (단, 피해율 등은 % 단위로 소수점 셋째자리에서 반올림하고, 수확량은 kg 단위로 소수점 둘째자리에서 반올림하며, 과실수는 소수점 첫째자리에서 반올림하시오.)**

○ 가입금액 : 1,200만원

○ 동상해 피해구성비율

정상과실	80% 피해과실	100% 피해과실
44	30	26

○ 1월 20일 동상해 발생 전 다른 사고는 없었으며 미보상비율은 0임

Solution

손해액 = {보험가입금액 − (보험가입금액 × 기사고 피해율)} × 수확기 잔존비율 × 동상해 피해율 × (1 − 미보상비율)

= {1,200만원 − (1,200만원 × 0)} × 0.16 × 0.5 = 960,000원

① 수확기 잔존비율 = (100 − 68) − (0.8 × 20) = 16%

사고발생 월	잔존비율(%)
12월	(100 − 38) − (1 × 사고발생일자)
1월	(100 − 68) − (0.8 × 사고발생일자)
2월	(100 − 93) − (0.3 × 사고발생일자)

※ 사고발생일자는 해당 월의 사고발생일자

② $\text{동상해 피해율} = \dfrac{\text{수확기 동상해 피해과실수}}{\text{기준과실수}}$

$= \dfrac{(\text{100\%형 피해과실수} \times 1) + (\text{80\%형 피해과실수} \times 0.8)}{\text{100\%형 피해과실수} + \text{80\%형 피해과실수} + \text{정상과실수}}$

= {(26 × 1) + (30 × 0.8)} ÷ 100 = 0.5 = 50%

27 **종합위험 과실손해보장방식 감귤(온주밀감) 품목의 다음 조건을 참조하여 손해액을 산출하시오. (단, 피해율 등은 % 단위로 소수점 셋째자리에서 반올림하고, 수확량은 kg 단위로 소수점 둘째자리에서 반올림하며, 과실수는 소수점 첫째자리에서 반올림하시오.)**

○ **계약사항**

상품명	특약	실제결과주수	가입금액	자기부담비율	가입면적
종합위험 수확감소보장방식 온주밀감	동상해 과실손해보장	900주	4,500만원	10%	6,000m^2

○ 조사내용

<table>
<tr><th>조사 시기</th><th>재해 종류</th><th>사고 일자</th><th>조사 일자</th><th>조사내용</th></tr>
<tr><td>수확 전</td><td>태풍</td><td>8.10.</td><td>8.11.</td><td>• 표본조사(표본주 : 6주)
<table><tr><th>100% 착과피해</th><th>태풍낙과</th><th>부분착과피해</th><th>무피해과</th></tr><tr><td>100</td><td>300</td><td>200</td><td>400</td></tr></table>• 미보상비율 : 20%</td></tr>
<tr><td>수확 직전</td><td>자연 재해</td><td></td><td>11.25.</td><td><table><tr><th>정상</th><th>피해 과실</th><th>30% 형</th><th>50% 형</th><th>80% 형</th><th>100% 형</th><th>병충해</th></tr><tr><td rowspan="2">172</td><td>등급 내</td><td>100</td><td>56</td><td>40</td><td>9</td><td>21</td></tr><tr><td>등급 외</td><td>17</td><td>43</td><td>23</td><td>117</td><td>2</td></tr></table>• 미보상비율 : 10%</td></tr>
<tr><td>수확개시 ~ 수확종료</td><td>동상해</td><td>1.25.</td><td>1.26.</td><td><table><tr><th>100% 피해</th><th>80% 피해</th><th>정상과</th></tr><tr><td>60</td><td>50</td><td>90</td></tr></table>• 미보상비율 : 20%</td></tr>
</table>

Solution

(1) **과실손해보험금** = 손해액 − 자기부담금
= 보험가입금액 × 피해율 − 보험가입금액 × 자기부담비율
= 45,000,000원 × 0.464 − 45,000,000원 × 0.1
= 20,880,000원 − 4,500,000원 = 16,380,000원

• (수확전 사고조사 결과가 있는 경우) 과실손해 피해율
= [{(최종 수확전 과실손해 피해율 ÷ (1 − 최종 수확전 과실손해조사 미보상비율))}
+ {(1 − (최종 수확전 과실손해 피해율 ÷ (1 − 최종 수확전 과실손해조사 미보상비율))
× (과실손해 피해율 ÷ (1 − 과실손해 미보상비율))}]
× {1 − 최댓값(최종 수확전 과실손해조사 미보상비율, 과실손해 미보상비율)}
= [{0.32 ÷ (1 − 0.2)} + {1 − 0.32 ÷ (1 − 0.2)} × {0.27 ÷ (1 − 0.1)}] × {1 − max(0.2, 0.1)}
= {(0.4 + 0.6 × 0.3} × 0.8 = (0.4 + 0.18) × 0.8 = 0.464 = 46.4%

① 최종 수확전 과실손해 피해율
= {100%형 과실수 ÷ (정상과실수 + 100%형 과실수)} × (1 − 미보상비율)
= 400 ÷ 1,000 × (1 − 0.2) = 0.32 = 32%

② 과실손해조사 피해율
= {(등급 내 피해과실수 + 등급 외 피해과실수 × 0.5) ÷ 기준과실수} × (1 − 미보상비율)
= {(99 + 162 × 0.5) ÷ 600} × (1 − 0.1) = 0.3 × (1 − 0.1) = 0.27 = 27%

㉠ 등급 내 피해과실수
= (30%형 피해과실수 × 0.3) + (50%형 피해과실수 × 0.5) + (80%형 피해과실수 × 0.8) + (100%형 피해과실수 × 1)
= 100 × 0.3 + 56 × 0.5 + 40 × 0.8 + 9 = 99

㉡ 등급 외 피해과실수
= (30%형 피해과실수 × 0.3) + (50%형 피해과실수 × 0.5) + (80%형 피해과실수 × 0.8) + (100%형 피해과실수 × 1)
= (17 × 0.3 + 43 × 0.5 + 23 × 0.8 + 117) = 162

(2) **손해액** = {보험가입금액 − (보험가입금액 × 기사고 피해율)} × 수확기 잔존비율 × 동상해 피해율 × (1 − 미보상비율)
= {4,500만원 − (4,500만원 × 0.58)} × 0.12 × 0.5 × (1 − 0.2)
= (4,500만원 − 2,610만원) × 0.12 × 0.5 × 0.8 = 907,200원

① 기사고 피해율 = 0.58

기사고 피해율은 주계약피해율의 미보상비율을 반영하지 않은 값과 이전 사고의 동상해 과실손해피해율을 합산한 값임

② 수확기 잔존비율 = (100 − 68) − (0.8 × 25) = 12%

사고발생 월	잔존비율(%)
12월	(100 − 38) − (1 × 사고발생일자)
1월	(100 − 68) − (0.8 × 사고발생일자)
2월	(100 − 93) − (0.3 × 사고발생일자)

※ 사고발생일자는 해당 월의 사고발생일자

③ 동상해 피해율 = $\frac{\text{수확기 동상해 피해과실수}}{\text{기준과실수}} = \frac{(\text{100\%형 피해과실수} \times 1) + (\text{80\%형 피해과실수} \times 0.8)}{\text{100\%형 피해과실수} + \text{80\%형 피해과실수} + \text{정상과실수}}$

= {(60 × 1) + (50 × 0.8)} ÷ 200 = 0.5 = 50%

④ 자기부담금 = 절댓값 | 보험가입금액 × 최솟값(주계약 피해율 − 자기부담비율, 0) |
= 절댓값 | 4,500 × 최솟값(0.58 − 0.1, 0) | = 0

⑤ 동상해 과실손해보험금 = 손해액 − 자기부담금
= 907,200원 − 0원 = 907,200원

28 종합위험 과실손해보장방식 복분자 품목의 과실손해조사 시 가입포기수가 2,500포기일 때 최소표본구간에 포함되는 표본구간 내 총 포기수를 구하시오.

Solution

가입포기수가 2,500포기일 때 표본포기수는 12포기이고, 선정된 표본포기 전후 2포기씩 추가하여 총 5포기를 표본구간으로 선정하므로 표본구간 내 총 포기수는 12 × 5 = 60포기이다.

✔ Check 〈별표1〉 품목별 표본주(구간)수 표(복분자)

복분자	
가입포기수	표본포기수
1,000포기 미만	8
1,000포기 이상 1,500포기 미만	9
1,500포기 이상 2,000포기 미만	10
2,000포기 이상 2,500포기 미만	11

2,500포기 이상 3,000포기 미만	12
3,000포기 이상	13

29 **다음의 계약사항과 조사내용을 보고 피해율과 보험금을 구하시오. (단, 계산은 소수점 셋째자리에서 반올림하고, 피해율은 % 단위로 소수점 둘째자리에서 반올림하시오.)**

○ **계약사항**

상품명	가입금액	가입포기수	자기부담비율	표준결과모지수	평년결과모지수
종합위험 복분자	2,850만원	1,900	20%	5	6

○ **조사내용**(모두 표본조사로 최소표본주를 조사함)

재해종류	사고일자	조사일자	조사내용
우박	5.19.	5.20.	• 표본구간 살아있는 결과모지수 합계 : 250 • 표본포기 6송이 열매수 합계 : 250 • 표본포기 6송이 피해열매수 합계 : 100 • 미보상비율 : 10%
태풍	6.9.	6.10.	• 표본송이 열매수 합계 : 210 • 표본송이 수확 가능 열매수 합계 : 63 • 잔여수확비율 : 66% • 미보상비율 : 10%

Solution

(1) **보험금** = 가입금액 × (피해율 − 자기부담비율)
= 2,850만원 × (0.538 − 0.2) = 9,633,000원

(2) **피해율** = 고사결과모지수 ÷ 평년결과모지수
= 3.23 ÷ 6 = 0.5383 = 53.8%

① 고사결과모지수 = 종합위험 과실손해조사 + 특정위험 과실손해조사
= 2.02 + 1.21 = 3.23

㉠ 종합위험 과실손해 고사결과모지수

※ 최소표본구간 : 10

복분자	
가입포기수	표본포기수
1,000포기 미만	8
1,000포기 이상 1,500포기 미만	9
1,500포기 이상 2,000포기 미만	10
2,000포기 이상 2,500포기 미만	11

2,500포기 이상 3,000포기 미만	12
3,000포기 이상	13

- 종합위험 과실손해 고사결과모지수(5월 31일 이전에 사고가 발생한 경우)
  = (평년결과모지수 − 살아있는 결과모지수) + 수정불량환산 고사결과모지수 − 미보상 고사결과모지수
  = (6 − 5) + 1.25 − 0.23 = 2.02
- 수정불량환산 고사결과모지수 = 살아있는 결과모지수 × 수정불량환산계수
  = 250 ÷ (10 × 5) × 0.25 = 1.25
- 살아있는 결과모지수 = Σ표본구간 살아있는 결과모지수 ÷ (표본구간수 × 5)
  = 250 ÷ (10 × 5) = 5
- 수정불량환산계수 = $\frac{\text{수정불량결실수}}{\text{전체결실수}}$ − 자연수정불량률
  = (100 ÷ 250) − 0.15 = 0.25
- 미보상 고사결과모지수
  = max[{평년결과모지수 − (살아있는 결과모지수 − 수정불량환산 결과모지수)} × 미보상비율, 0]
  = 6 − (5 − 1.25) × 0.1 = 0.23

✔ Check 고사결과모지수

① 5월 31일 이전에 사고가 발생한 경우
= (평년결과모지수 − 살아있는 결과모지수) + 수정불량환산 고사결과모지수 − 미보상 고사결과모지수

② 6월 1일 이후에 사고가 발생한 경우
= 수확감소환산 고사결과모지수 − 미보상 고사결과모지수

※ 수정불량환산 고사결과모지수 = 살아있는 결과모지수 × 수정불량환산계수

※ 수정불량환산계수 = $\frac{\text{수정불량결실수}}{\text{전체결실수}}$ − 자연수정불량률

※ 자연수정불량률 : 15%(2014 복분자 수확량 연구용역 결과 반영)

ⓛ 특정위험 과실손해 고사결과모지수

- 특정위험 과실손해 고사결과모지수 = 수확감소환산 고사결과모지수 − 미보상 고사결과모지수
  = 1.35 − 0.14 = 1.21
- 수확감소환산 고사결과모지수(종합위험 과실손해조사를 실시한 경우)
  = (기준 살아있는 결과모지수 − 수정불량환산 고사결과모지수) × 누적수확감소환산계수
  = (5 − 1.25) × 0.36 = 1.35
- 누적수확감소환산계수 = Σ(특정위험 과실손해조사별 수확감소환산계수)
- 수확감소환산계수 = max(기준일자별 잔여수확량 비율 − 결실률, 0)
  = 0.66 − 0.3 = 0.36
- 결실률 = Σ(표본송이의 수확 가능한 열매수) ÷ Σ(표본송이의 총 열매수)
  = 63 ÷ 210 = 0.3
- 미보상 고사결과모지수
  = 수확감소환산 고사결과모지수 × max(특정위험 과실손해조사별 미보상비율)
  = 1.35 × 0.1 = 0.14

30 **수확전 종합위험보장방식 무화과에 관한 내용이다. 다음 계약사항과 조사내용을 참조하여 물음에 답하시오. (단, 피해율(%)은 소수점 셋째자리에서 반올림하시오.)**

○ **계약사항**

품목	보험가입금액	가입주수	평년수확량	표준과중(개당)	자기부담비율
무화과	10,000,000원	300주	6,000kg	80g	20%

○ **수확개시 전 조사내용**

- 사고내용
  - 재해종류 : 우박
  - 사고일자 : 2024년 5월 10일
- 나무 수 조사
  - 보험가입일자 기준 과수원에 식재된 모든 나무 수 : 300주(유목 및 인수 제한 품종 없음)
  - 보상하는 손해로 고사된 나무 수 : 10주
  - 보상하는 손해 이외의 원인으로 착과량이 현저하게 감소된 나무 수 : 10주
  - 병해충으로 고사된 나무 수 : 20주
- 착과수조사 및 미보상비율 조사
  - 표본주수 : 9주
  - 표본주 착과수 총 개수 : 1,800개
  - 제초상태에 따른 미보상비율 : 10%
- 착과피해조사(표본주 임의과실 100개 추출하여 조사)
  - 가공용으로 공급될 수 없는 품질의 과실 : 10개(일반시장 출하 불가능)
  - 일반시장 출하 시 정상과실에 비해 가격하락(50% 정도)이 예상되는 품질의 과실 : 20개
  - 피해가 경미한 과실 : 50개
  - 가공용으로 공급될 수 있는 품질의 과실 : 20개(일반시장 출하 불가능)

○ **수확개시 후 조사내용**

- 재해종류 : 우박
- 사고일자 : 2024년 9월 5일
- 표본주 3주의 결과지 조사
  [고사결과지수 : 5개, 정상결과지수(미고사결과지수) : 20개, 병해충 고사결과지수 : 2개]
- 착과피해율 : 30%
- 농지의 상태 및 수확정도 등에 따라 조사자가 기준일자를 2024년 8월 20일로 수정함
- 잔여수확량 비율

사고발생 월	잔여수확량 산정식(%)
8월	{100 − (1.06 × 사고발생일자)}
9월	{(100 − 33) − (1.13 × 사고발생일자)}

물음 1) 수확전 피해율(%)의 계산과정과 값을 쓰시오.
물음 2) 수확후 피해율(%)의 계산과정과 값을 쓰시오.
물음 3) 지급보험금의 계산과정과 값을 쓰시오.

Solution

물음 1) 수확전 피해율(%)
피해율 = (평년수확량 − 수확량 − 미보상감수량) ÷ 평년수확량
= (6,000kg − 3,262.4kg − 273.76kg) ÷ 6,000kg = 41.06%
① 수확량 = {품종별 · 수령별 조사대상주수 × 품종 · 수령별 주당 수확량 × (1 − 피해구성률)} + (품종 · 수령별 주당 평년수확량 × 미보상주수)
= {260주 × (200개 × 0.08kg) × (1 − 0.36)} + (20 × 30) = 3,262.4kg
㉠ 주당 착과수 = 1,800개 ÷ 9주 = 200개
㉡ 착과피해구성률 = (20 × 0.5 + 20 × 0.8 + 10 × 1.0) ÷ 100 = 36%
② 미보상감수량 = (6,000kg − 3,262.4kg) × 0.1 = 273.76kg

물음 2) 수확후 피해율(%)
피해율 = (1 − 수확전 사고피해율) × 잔여수확량 비율 × 결과지 피해율
= (1 − 0.4106) × 0.788 × 0.36 = 16.72%
① 잔여수확량 비율 = {100 − (1.06 × 20)} = 78.8%

〈사고발생일에 따른 잔여수확량 산정식〉

품목	사고발생 월	잔여수확량 산정식(%)
무화과	8월	100 − 1.06 × 사고발생일자
	9월	(100 − 33) − 1.13 × 사고발생일자
	10월	(100 − 67) − 0.84 × 사고발생일자

② 결과지 피해율 = $\frac{\text{고사결과지수 + 미고사결과지수 × 착과피해율 − 미보상 고사결과지수}}{\text{기준결과지수}}$
= (5 + 20 × 0.3 − 2) ÷ 25 = 36%

물음 3) 지급보험금
보험금 = 보험가입금액 × (피해율 − 자기부담비율)
= 10,000,000원 × (0.5778 − 0.2) = 3,778,000원
① 피해율 = 41.06 + 16.72 = 57.78%
② 자기부담비율 : 20%

31 논작물에 대한 피해사실 확인조사 시 추가조사 필요 여부 판단에 관한 내용이다. (　　)에 들어갈 내용을 쓰시오.

> 보상하는 재해 여부 및 피해 정도 등을 감안하여 이앙 · 직파불능조사(농지 전체 이앙 · 직파불능 시), 재이앙 · 재직파조사(①), 경작불능조사(②), 수확량조사(③) 중 필요한 조사를 판단하여 해당 내용에 대하여 계약자에게 안내하고, 추가조사가 필요할 것으로 판단된 경우에는 (④) 구성 및 (⑤) 일정을 수립한다.

Solution

① 면적피해율 10% 초과, ② 식물체 피해율 65% 이상, ③ 자기부담비율 초과, ④ 손해평가반, ⑤ 추가조사

32 종합위험 수확감소보장방식 논벼의 수확량 조사 시 조사방법에 따른 조사 시기를 설명하시오.

Solution

(1) **수량요소조사** : 수확 전 14일 전후
(2) **표본조사** : 알곡이 여물어 수확이 가능한 시기
(3) **전수조사** : 수확 시

33 종합위험 수확감소보장방식 논벼의 이앙·직파불능보험금 지급사유와 지급거절사유에 대하여 설명하시오.

Solution

(1) **지급사유** : 보험기간 내에 보상하는 재해로 농지 전체를 이앙·직파하지 못하게 된 경우에 지급한다.
(2) **지급거절사유** : 논둑 정리, 논갈이, 비료시비, 제초제 살포 등 이앙 전의 통상적인 영농활동을 하지 않은 농지에 대해서는 이앙·직파불능보험금을 지급하지 않는다.

34 다음 계약내용을 참조하여 종합위험 수확감소보장방식 논벼의 재이앙·재직파보험금을 산정하시오.

○ **계약내용**

- 보험가입금액 : 350만원
- 가입면적 : 7,000㎡
- 자기부담비율 : 10%
- 피해면적 : 1,400㎡

Solution

지급보험금 = 보험가입금액 × 25% × 면적피해율
= 350만원 × 0.25 × 0.2 = 175,000원

• 면적피해율 = 피해면적 ÷ 보험가입면적
= 1,400㎡ ÷ 7,000㎡ = 0.2

35 업무방법에서 정하는 종합위험방식 벼 상품에 관한 다음 2가지 물음에 답하시오.

(1) 재이앙·재직파보험금, 경작불능보험금, 수확감소보험금의 지급사유를 각각 서술하시오.

Solution

① 재이앙·재직파보험금의 지급사유 : 보험기간 내에 보상하는 재해로 면적피해율이 10%를 초과하고, 재이앙(재직파)한 경우 다음과 같이 계산한 재이앙·재직파보험금을 1회 지급한다.
② 경작불능보험금의 지급사유 : 보험기간 내에 보상하는 재해로 식물체 피해율이 65%(분질미의 경우 60%) 이상이고, 계약자가 경작불능보험금을 신청한 경우 경작불능보험금은 자기부담비율에 따라 보험가입금액

의 일정 비율로 계산한다.

③ 수확감소보험금의 지급사유 : 보험기간 내에 보상하는 재해로 피해율이 자기부담비율을 초과하는 경우 아래와 같이 계산한 수확감소보험금을 지급한다.

(2) 아래 조건(1, 2, 3)에 따른 보험금을 각각 산정하시오. (단, 아래의 조건들은 지급사유에 해당한다고 가정한다.)

1) 〈조건 1〉 재이앙 · 재직파보험금

• 보험가입금액 : 2,000,000원	• 자기부담비율 : 20%
• (면적)피해율 : 50%	• 미보상감수면적 : 없음

Solution

보험금 = 보험가입금액 × 면적피해율 × 25%
= 2,000,000원 × 0.5 × 0.25 = 250,000원

2) 〈조건 2〉 경작불능보험금

• 보험가입금액 : 2,000,000원	• 자기부담비율 : 15%
• 식물체 80% 고사	

Solution

보험금 = 보험가입금액 × 42%
= 2,000,000원 × 0.42 = 840,000원

3) 〈조건 3〉 수확감소보험금

• 보험가입금액 : 2,000,000원	• 자기부담비율 : 20%
• 평년수확량 : 1,400kg	• 수확량 : 500kg
• 미보상감수량 : 200kg	

Solution

보험금 = 보험가입금액 × (피해율 − 자기부담비율)
= 2,000,000원 × (0.5 − 0.2) = 600,000원

• 피해율 = (평년수확량 − 수확량 − 미보상감수량) ÷ 평년수확량
= (1,400kg − 500kg − 200kg) ÷ 1,400kg = 0.5 = 50%

36 **다음은 8월 25일 태풍피해를 입은 논벼(메벼) 작물 수량요소조사 결과이다. 피해율과 보험금을 산정하시오. (단, 피해율은 % 단위로 소수점 셋째자리에서 반올림하고, 수확량은 kg 단위로 소수점 둘째자리에서 반올림하시오.)**

○ **계약내용**

• 보험가입금액 : 600만원	• 가입면적 : 8,000㎡
• 자기부담비율 : 20%	• 평년수확량 : 5,350kg
• 표준수확량 : 5,350kg	

○ 수량요소조사내용

포기	A	B	C	D
포기당 이삭수	15	14	18	20
이삭당 완전낟알수	75	70	65	55

○ 조사수확비율은 해당 급간의 중간값 적용함
○ 피해면적비율 : 25%
○ 타작물, 미보상, 기수확면적과 미보상감수량은 없음

Solution

(1) 보험금 = 보험가입금액 × (피해율 − 자기부담비율)
= 600만원 × (0.285 − 0.2) = 510,000원

(2) 피해율 = (평년수확량 − 수확량 − 미보상감수량) ÷ 평년수확량
= (5,350kg − 3,825.3kg − 0kg) ÷ 5,350kg = 0.28499 = 28.5%

① 수확량 = 표준수확량 × 조사수확비율 × 피해면적보정계수
= 5,350kg × 0.65 × 1.1 = 3,825.25kg = 3,825.3kg

② 이삭상태 점수 = 1 + 1 + 2 + 2 = 6점

③ 완전낟알상태 점수 = 4 + 3 + 3 + 2 = 12점

④ 조사수확비율 : 이삭상태 점수와 완전낟알상태 점수를 합산한 점수가 18점으로 61% ~ 70%이나 해당 급간의 중간값을 적용하므로 65%

⑤ 피해면적보정계수 : 피해면적비율이 25%이므로 1.1 적용

37 **다음은 8월 30일 태풍피해를 입은 논벼(찰벼) 작물 전수조사 결과이다. 피해율과 보험금을 산정하시오. (단, 피해율은 % 단위로 소수점 셋째자리에서 반올림하고, 함수율의 계산은 % 단위로 소수점 셋째자리에서 반올림하며, 수확량은 kg 단위로 소수점 둘째자리에서 반올림하시오.)**

○ 계약사항

품종	보험가입금액	가입면적	평년수확량	표준수확량	자기부담비율
백옥찰벼	4,200,000원	3,500㎡	4,900kg	4,480kg	15%

○ 조사내용

수확량조사 내용(표본조사 − 최소표본구간수를 적용하여 조사함)

조곡 중량	함수율	타작물면적	기수확면적	미보상비율
2,200kg	22%	500㎡	500㎡	10%

Solution

(1) 보험금 = 보험가입금액 × (피해율 − 자기부담비율)
= 4,200,000원 × (0.2806 − 0.15) = 548,520원

(2) 피해율 = (평년수확량 − 수확량 − 미보상감수량) ÷ 평년수확량
= (4,900kg − 3,372.5kg − 152.8kg) ÷ 4,900kg = 0.28055 = 28.06%
① 수확량 = 조사대상면적 수확량 + {단위면적당 평년수확량 × (타작물 및 미보상면적 + 기수확면적)}
= 1,972.5kg + (1.4kg × 1,000㎡) = 3,372.5kg
㉠ 조사대상면적 수확량(찰벼) = 작물 중량 × {(1 − 함수율) ÷ (1 − 기준함수율)}
= 2,200kg × {(1 − 0.22) ÷ (1 − 0.13)}
= 2,200kg × 0.8966 = 1,972.52kg
㉡ 단위면적당 평년수확량 = 평년수확량 ÷ 가입면적
= 4,900kg ÷ 3,500㎡ = 1.4kg
㉢ 기준함수율 : 메벼(15%), 찰벼(13%), 분질미(14%), 밀(13%), 보리(13%)
② 미보상감수량 = (평년수확량 − 수확량) × 미보상비율
= (4,900kg − 3,372.5kg) × 0.1 = 152.75kg = 152.8kg

38 다음은 8월 30일 태풍피해를 입은 논벼(메벼) 작물 전수조사 결과이다. 피해율과 보험금을 산정하시오. (단, 피해율은 % 단위로 소수점 셋째자리에서 반올림하고, 수확량은 kg 단위로 소수점 둘째자리에서 반올림하시오.)

○ **계약내용**
- 보험가입금액 : 450만원
- 가입면적 : 6,000㎡
- 자기부담비율 : 10%
- 평년수확량 : 3,600kg

○ **전수실측조사내용**
- 계근중량 : 2,700kg
- 함수율 : 23%
- 기타 타작물면적, 기수확면적, 미보상감수량은 없음

Solution

(1) 보험금 = 보험가입금액 × (피해율 − 자기부담비율)
= 450만원 × (0.3206 − 0.1) = 992,700원
(2) 피해율 = (평년수확량 − 수확량 − 미보상감수량) ÷ 평년수확량
= (3,600kg − 2,445.9kg − 0kg) ÷ 3,600kg = 0.32058 = 32.06%
① 수확량 = 조사대상면적 수확량 + {단위면적당 평년수확량 × (타작물면적 및 미보상면적 + 기수확면적)}
= 2,445.9kg + 0kg = 2,445.9kg
㉠ 조사대상면적 수확량(메벼) = 작물 중량 × {(1 − 함수율) ÷ (1 − 기준함수율)}
= 2,700kg × {(1 − 0.23) ÷ (1 − 0.15)}
= 2,700kg × 0.9059 = 2,445.93kg
㉡ 기준함수율 : 메벼(15%), 찰벼(13%), 분질미(14%), 밀(13%), 보리(13%)
② 미보상감수량 : 없음

39 **다음은 8월 20일 태풍피해를 입은 논벼(메벼) 작물 표본조사 결과이다. 피해율과 보험금을 산정하시오. (단, 피해율은 % 단위로 소수점 셋째자리에서 반올림하고, 수확량은 kg 단위로 소수점 둘째자리에서 반올림하며, 표본구간 유효중량은 g 단위로 소수점 셋째자리에서 반올림하시오.)**

○ **계약내용**
- 보험가입금액 : 250만원
- 가입면적 : 4,500㎡
- 자기부담비율 : 10%
- 평년수확량 : 2,700kg

○ **표본조사내용**(최소표본구간을 조사함)
- 4포기 길이 : 60cm / 포기당 간격 : 30cm
- 함수율 : 23%
- 표본구간 작물 중량 합계 : 500g
- 미보상비율 : 10%
- 기타 타작물면적, 기수확면적은 없음

Solution

(1) 보험금 = 보험가입금액 × (피해율 − 자기부담비율)
= 250만원 × (0.315 − 0.1) = 537,500원

(2) 피해율 = (평년수확량 − 수확량 − 미보상감수량) ÷ 평년수확량
= (2,700kg − 1,755.2kg − 94.5kg) ÷ 2,700kg = 0.31492 = 31.5%

① 수확량 = (표본구간 단위면적당 유효중량 × 표본조사대상면적) + {단위면적당 평년수확량 × (타작물 면적 및 미보상면적 + 기수확면적)}
= 390.04g × 4,500㎡ + 600g × 0 = 1,755.18kg = 1,755.2kg

㉠ 표본구간 단위면적당 유효중량 = 표본구간 유효중량 ÷ 표본구간 면적
= 421.24g ÷ 1.08㎡ = 390.037g = 390.04g

㉡ 표본구간 면적 = 4포기 길이 × 포기당 간격 × 표본구간 수
= 0.6 × 0.3 × 6 = 1.08㎡

✔ **Check** 〈별표1〉 품목별 표본주(구간)수 표

〈종합위험방식 논작물 품목(벼, 밀, 보리, 귀리)〉

조사대상면적	표본구간	조사대상면적	표본구간
2,000㎡ 미만	3	4,000㎡ 이상 5,000㎡ 미만	6
2,000㎡ 이상 3,000㎡ 미만	4	5,000㎡ 이상 6,000㎡ 미만	7
3,000㎡ 이상 4,000㎡ 미만	5	6,000㎡ 이상	8

㉢ 표본구간 유효중량 = 표본구간 작물 중량 합계 × (1 − Loss율) × {(1 − 함수율) ÷ (1 − 기준함수율)}
= 500g × (1 − 0.07) × {(1 − 0.23) ÷ (1 − 0.15)}
= 500g × 0.93 × 0.9059
= 421.24g

- Loss율 : 7%
- 기준함수율 : 메벼(15%), 찰벼(13%), 분질미(14%), 밀(13%), 보리(13%)

② 미보상감수량 = (평년수확량 − 수확량) × 미보상비율
= (2,700kg − 1,755.2kg) × 0.1 = 944.8kg × 0.1 = 94.48kg = 94.5kg

40 다음은 9월 1일 태풍피해를 입은 논벼(찰벼) 작물 표본조사 결과이다. 피해율과 보험금을 산정하시오. (단, 피해율은 % 단위로 소수점 셋째자리에서 반올림하고, 수확량은 kg 단위로 소수점 둘째자리에서 반올림하며, 표본구간 유효중량은 g 단위로 소수점 첫째자리에서 반올림하시오.)

○ **계약사항**

상품명	품종	보험가입 금액	가입면적	평년 수확량	자기부담 비율
종합위험 수확감소보장 벼	백옥찰벼	630만원	8,000㎡	5,600kg	10%

○ **수확량조사내용(표본조사 − 최소표본구간수를 적용하여 조사함)**

작물 중량	함수율	4포기 길이	포기당 간격	타작물 면적	기수확 면적	미보상 감수량
430g	23.5%	60cm	25cm	500㎡	1,000㎡	0kg

Solution

(1) **보험금** = 보험가입금액 × (피해율 − 자기부담비율)
= 630만원 × (0.4724 − 0.10) = 2,346,120원

(2) **피해율** = (평년수확량 − 수확량 − 미보상감수량) ÷ 평년수확량
= (5,600kg − 2,954.5kg − 0kg) ÷ 5,600kg = 0.47241 = 47.24%

① 수확량 = (표본구간 단위면적당 유효중량 × 표본조사 대상면적) + {(단위면적당 평년수확량 × (타작물 면적 및 미보상면적 + 기수확면적)}
= (293g × 6,500㎡) + {700g × (500㎡ + 1,000㎡)}
= 1,904.5kg + 1,050kg = 2,954.5kg

㉠ 표본구간 단위면적당 유효중량 = 표본구간 유효중량 ÷ 표본구간 면적
= 352g ÷ 1.2㎡ = 293.33 = 293g

• 표본구간 유효중량 = 표본구간 작물 중량 합계 × (1 − Loss율) × {(1 − 함수율) ÷ (1 − 기준함수율)}
= 430g × (1 − 0.07) × {(1 − 0.235) ÷ (1 − 0.13)}
= 430g × 0.93 × 0.8793 = 351.63g = 352g

− Loss율 : 7%

− 기준함수율 : 메벼(15%), 찰벼(13%), 밀(13%), 보리(13%)

• 표본구간 면적 = 4포기 길이 × 포기당 간격 × 표본구간 수
= 0.6 × 0.25 × 8 = 1.2㎡

− 최소표본구간수 : 8

㉡ 표본조사 대상면적 = 실제경작면적 − 고사면적 − 타작물면적 및 미보상면적 − 기수확면적
= 8,000㎡ − 500㎡ − 1,000㎡ = 6,500㎡

㉢ 단위면적당 평년수확량 = 평년수확량 ÷ 가입면적
= 5,600kg ÷ 8,000㎡ = 0.7kg

② 미보상감수량 = 0kg

41 벼농사를 짓고 있는 甲은 가뭄으로 농지 내 일부 면적의 벼가 고사되는 피해를 입어 재이앙조사 후 모가 없어 경작면적의 일부만 재이앙을 하였다. 이후 수확전 태풍으로 도복피해가 발생해 수확량조사방법 중 표본조사를 하였으나 甲이 결과를 불인정하여 전수조사를 실시하였다. 계약사항(종합위험 수확감소보장방식)과 조사내용을 참조하여 다음 물음에 답하시오.

○ 계약사항

품종	보험가입금액	가입면적	평년수확량	표준수확량	자기부담비율
동진찰벼	3,000,000원	2,500㎡	3,500kg	3,200kg	20%

○ 조사내용

• 재이앙조사

재이앙 전 조사내용		재이앙 후 조사내용	
실제경작면적	2,500㎡	재이앙 면적	800㎡
피해면적	1,000㎡	–	–

• 수확량조사

표본조사 내용		전수조사 내용	
표본구간 총중량 합계	0.48kg	전체 조곡 중량	1,200kg
표본구간 면적	0.96㎡	미보상비율	10%
함수율	16%	함수율	20%

물음 1) 재이앙보험금의 지급 가능한 횟수를 쓰시오.

물음 2) 재이앙보험금의 계산과정과 값을 쓰시오.

물음 3) 수확량감소보험금의 계산과정과 값을 쓰시오. (단, 무게(kg) 및 피해율(%)은 소수점 이하 절사. 예시 : 12.67% → 12%)

Solution

물음 1) 재이앙보험금의 지급 가능한 횟수 : 1회

물음 2) 재이앙보험금

보험금 = 보험가입금액 × 25% × 면적피해율

= 3,000,000원 × 0.25 × 0.32 = 240,000원

• 면적피해율 = $\frac{\text{피해면적} - \text{미이행면적}}{\text{보험가입면적}} = \frac{1{,}000\text{㎡} - 200\text{㎡}}{2{,}500\text{㎡}}$ = 0.32 = 32%

물음 3) 수확량감소보험금

보험금 = 보험가입금액 × (피해율 − 자기부담비율)

= 3,000,000원 × (0.61 − 0.2) = 1,230,000원

① 피해율 = $\frac{\text{평년수확량} - \text{수확량} - \text{미보상감수량}}{\text{평년수확량}}$

= $\frac{3{,}500\text{kg} - 1{,}103\text{kg} - 239\text{kg}}{3{,}500\text{kg}}$ = 0.616 = 61.6% = 61%

㉠ 수확량 = 조사대상면적 수확량 = 작물 중량 × $\frac{1 - 함수율}{1 - 기준함수율}$

$= 1{,}200kg \times \frac{1 - 0.2}{1 - 0.13} = 1{,}103.44kg = 1{,}103kg$

㉡ 미보상감수량 = (평년수확량 − 수확량) × 미보상비율

= (3,500kg − 1,103kg) × 0.1 = 239.7kg = 239kg

② 자기부담비율 : 20%

42 분질미를 재배하는 A씨는 보상하는 재해로 제현율이 기준 미만으로 떨어져 수확불능보험금을 신청하였다. 수확불능보험금의 지급사유 및 지급거절사유를 쓰고 다음 계약사항을 기준으로 보험금을 구하시오.

○ **계약사항**

품종	보험가입 금액	가입면적	평년 수확량	표준 수확량	자기부담 비율
바로미2(분질미)	3,000,000원	2,500㎡	3,200kg	3,100kg	20%

Solution

(1) **지급사유** : 보험기간 내에 보상하는 재해로 보험의 목적인 벼(조곡) 제현율이 65%(분질미의 경우 70%) 미만으로 떨어져 정상 벼로써 출하가 불가능하게 되고, 계약자가 수확불능보험금을 신청한 경우 산정된 보험가입금액의 일정 비율을 수확불능보험금으로 지급한다.

(2) **지급거절사유**

① 경작불능보험금의 보험기간 내에 발생한 재해로 인해 식물체 피해율이 65%(분질미의 경우 60%) 이상인 경우에는 수확불능보험금 지급이 불가능하다.

② 보험금 지급 대상 농지 벼가 산지폐기 등으로 시장 유통 안 된 것이 확인되지 않으면 수확불능보험금을 지급하지 않는다.

(3) **수확불능보험금**

지급보험금 = 가입금액 × 자기부담비율별 지급비율

= 3,000,000원 × 0.55 = 1,650,000원

✔ Check 자기부담비율별 수확불능보험금표

자기부담비율	수확불능보험금
10%형	보험가입금액 × 60%
15%형	보험가입금액 × 57%
20%형	보험가입금액 × 55%
30%형	보험가입금액 × 50%
40%형	보험가입금액 × 45%

43 **다음은 농작물재해보험 업무방법에서 정하는 종합위험방식 밭작물의 품목별 수확량조사 적기에 관한 내용이다. (　　)에 들어갈 내용을 쓰시오.**

- 고구마 : (①)로부터 120일 이후에 농지별로 조사
- 감자(고랭지재배) : 파종일로부터 (②) 이후
- 감자(봄재배) : 파종일로부터 (③) 이후
- 마늘 : (④)가 1/2 ~ 2/3 황변하여 말랐을 때와 해당 지역에 통상 수확기가 도래하였을 때
- 옥수수 : (⑤)이 나온 후 25일 이후

Solution

① 삽식일, ② 110일, ③ 95일, ④ 잎과 줄기, ⑤ 수염

✔Check 밭작물의 품목별 수확량조사 적기

품목	수확량조사 적기
양파	양파의 비대가 종료된 시점 (식물체의 도복이 완료된 때)
마늘	마늘의 비대가 종료된 시점 (잎과 줄기가 1/2~2/3 황변하여 말랐을 때와 해당 지역의 통상 수확기가 도래하였을 때)
고구마	고구마의 비대가 종료된 시점 (삽식일로부터 120일 이후에 농지별로 적용) ※ 삽식 : 고구마의 줄기를 잘라 흙속에 꽂아 뿌리내리는 방법
감자 (고랭지재배)	감자의 비대가 종료된 시점 (파종일로부터 110일 이후)
감자 (봄재배)	감자의 비대가 종료된 시점 (파종일로부터 95일 이후)
감자 (가을재배)	감자의 비대가 종료된 시점 (파종일로부터 제주지역은 110일 이후, 이외 지역은 95일 이후)
옥수수	옥수수의 수확 적기(수염이 나온 후 25일 이후)
차(茶)	조사 가능일 직전 [조사 가능일은 대상 농지에 식재된 차나무의 대다수 신초가 1심2엽의 형태를 형성하며 수확이 가능할 정도의 크기(신초장 4.8cm 이상, 엽장 2.8cm 이상, 엽폭 0.9cm 이상)로 자란 시기를 의미하며, 해당 시기가 수확연도 5월 10일을 초과하는 경우에는 수확연도 5월 10일을 기준으로 함]
콩	콩의 수확 적기 (콩잎이 누렇게 변하여 떨어지고 꼬투리의 80~90% 이상이 고유한 성숙(황색)색깔로 변하는 시기인 생리적 성숙기로부터 7~14일이 지난 시기)

팥	팥의 수확 적기(꼬투리가 70~80% 이상이 성숙한 시기)
양배추	양배추의 수확 적기(결구 형성이 완료된 때)

44 종합위험 수확감소보장방식 밭작물 품목 중 다음 제시된 품목의 품목별 표본구간별 수확량조사 방법에 대하여 쓰시오.

(1) 양파 :

(2) 마늘 :

(3) 고구마 :

(4) 감자 :

Solution

✔ Check 품목별 표본구간별 수확량조사 방법

품목	표본구간별 수확량조사 방법
양파	표본구간 내 작물을 수확한 후, 종구 5cm 윗부분 줄기를 절단하여 해당 무게를 조사[단, 양파의 최대 지름이 6cm 미만인 경우에는 80%(보상하는 재해로 인해 피해가 발생하여 일반시장 출하가 불가능하나, 가공용으로는 공급될 수 있는 작물을 말하며, 가공공장 공급 및 판매 여부와는 무관), 100%(보상하는 재해로 인해 피해가 발생하여 일반시장 출하가 불가능하고 가공용으로도 공급될 수 없는 작물) 피해로 인정하고 해당 무게의 20%, 0%를 수확량으로 인정]
마늘	표본구간 내 작물을 수확한 후, 종구 3cm 윗부분을 절단하여 무게를 조사[단, 마늘통의 최대 지름이 2cm(한지형), 3.5cm(난지형) 미만인 경우에는 80%(보상하는 재해로 인해 피해가 발생하여 일반시장 출하가 불가능하나, 가공용으로는 공급될 수 있는 작물을 말하며, 가공공장 공급 및 판매 여부와는 무관), 100%(보상하는 재해로 인해 피해가 발생하여 일반시장 출하가 불가능하고 가공용으로도 공급될 수 없는 작물) 피해로 인정하고 해당 무게의 20%, 0%를 수확량으로 인정]
고구마	표본구간 내 작물을 수확한 후 정상 고구마와 50%형 고구마(일반시장에 출하할 때, 정상 고구마에 비해 50% 정도의 가격하락이 예상되는 품질. 단, 가공공장 공급 및 판매 여부와 무관), 80% 피해 고구마(일반시장에 출하가 불가능하나, 가공용으로 공급될 수 있는 품질. 단, 가공공장 공급 및 판매 여부와 무관), 100% 피해 고구마(일반시장 출하가 불가능하고 가공용으로 공급될 수 없는 품질)로 구분하여 무게를 조사
감자	표본구간 내 작물을 수확한 후 정상 감자, 병충해별 20% 이하, 21~40% 이하, 41~60% 이하, 61~80% 이하, 81~100% 이하 발병 감자로 구분하여 해당 병충해명과 무게를 조사하고 최대 지름이 5cm 미만이거나 피해 정도 50% 이상인 감자의 무게는 실제 무게의 50%를 조사 무게로 함
옥수수	표본구간 내 작물을 수확한 후 착립장 길이에 따라 상(17cm 이상)・중(15cm 이상 17cm 미만)・하(15cm 미만)로 구분한 후 해당 개수를 조사

차(茶)	표본구간 중 두 곳에 20cm × 20cm 테를 두고 테 내의 수확이 완료된 새싹의 수를 세고, 남아있는 모든 새싹(1심2엽)을 따서 개수를 세고 무게를 조사
콩, 팥	표본구간 내 콩을 수확하여 꼬투리를 제거한 후 콩 종실의 무게 및 함수율(3회 평균) 조사
양배추	표본구간 내 작물의 뿌리를 절단하여 수확(외엽 2개 내외 부분을 제거)한 후, 80% 피해 양배추, 100% 피해 양배추로 구분(80% 피해형은 해당 양배추의 피해 무게를 80% 인정하고, 100% 피해형은 해당 양배추 피해 무게를 100% 인정)

45 **종합위험 수확감소보장방식 밭작물 품목 중 다음 품목의 품목별 표본구간 수확량 합계 산정 방법을 쓰시오.**

품목	표본구간 수확량 합계 산정 방법
양파	
감자	
양배추	
마늘	
고구마	
옥수수	
콩	
차	

Solution

✔ Check 품목별 표본구간 수확량 합계 산정 방법

품목	표본구간 수확량 합계 산정 방법
감자	표본구간별 작물 무게의 합계
양배추	표본구간별 정상 양배추 무게의 합계에 80%형 양배추의 무게에 0.2를 곱한 값을 더하여 산정
차(茶)	표본구간별로 수확한 새싹 무게를 수확한 새싹수로 나눈 값에 기수확 새싹수와 기수확지수를 곱하고, 여기에 수확한 새싹 무게를 더하여 산정 ※ 기수확지수는 기수확비율[기수확 새싹수를 전체 새싹수(기수확 새싹수와 수확한 새싹수를 더한 값)로 나눈 값]에 따라 산출
양파, 마늘	표본구간별 작물 무게의 합계에 비대추정지수에 1을 더한 값(비대추정지수 + 1)을 곱하여 산정 [단, 마늘의 경우 이 수치에 품종별 환산계수를 곱하여 산정(품종별 환산계수 : 난지형 0.72 / 한지형 0.7)]

고구마	표본구간별 정상 고구마의 무게 합계에 50%형 고구마의 무게에 0.5, 80%형 고구마의 무게에 0.2를 곱한 값을 더하여 산정
옥수수	표본구간 내 수확한 옥수수 중 "하" 항목의 개수에 "중" 항목 개수의 0.5를 곱한 값을 더한 후 품종별 표준중량을 곱하여 피해수확량을 산정 〈품종별 표준중량(g)〉 미백2호: 180 / 대학찰(연농2호): 160 / 미흑찰 등: 190
콩, 팥	표본구간별 종실중량에 1에서 함수율을 뺀 값을 곱한 후 다시 0.86을 나누어 산정한 중량의 합계

46 종합위험 수확감소보장방식 밭작물 품목 중 감자의 병·해충 등급별 인정비율표이다. 급수에 따른 인정비율을 쓰고, 해당 병·해충을 각 급수별 4개 이상씩 쓰시오.

구분		병·해충	인정비율
품목	급수		
감자	1급		
	2급		
	3급		

Solution

✔ Check 병·해충 등급별 인정비율

구분		병·해충	인정비율
품목	급수		
감자	1급	역병, 갈쭉병, 모자이크병, 무름병, 둘레썩음병, 가루더뎅이병, 잎말림병, 감자뿔나방	90%
	2급	홍색부패병, 시들음병, 마른썩음병, 풋마름병, 줄기검은병, 더뎅이병, 균핵병, 검은무늬썩음병, 줄기기부썩음병, 진딧물류, 아메리카잎굴파리, 방아벌레류	70%
	3급	반쪽시들음병, 흰비단병, 잿빛곰팡이병, 탄저병, 겹둥근무늬병, 오이총채벌레, 뿌리혹선충, 파밤나방, 큰28점박이무당벌레, 기타	50%

47 **다음의 계약사항과 보상하는 손해에 따른 조사내용에 관하여 재파종보험금의 지급사유를 쓰고, 보험금을 구하시오. (단, 1a는 100㎡이다.)**

○ **계약사항**

상품명	보험가입금액	가입면적	평년수확량	자기부담비율
종합위험방식 마늘	15,000,000원	4,000㎡	6,000kg	20%

○ **조사내용**

조사종류	조사방식	1㎡당 출현주수(전조사)	1㎡당 재파종주수(후조사)
재파종조사	표본조사	21주	34주

Solution

(1) **지급사유** : 보험기간 내에 보장하는 재해로 10a당 출현주수가 30,000주보다 작고, 10a당 30,000주 이상으로 재파종한 경우 재파종보험금은 아래에 따라 계산하며 1회에 한하여 보상한다.

(2) **지급보험금** = 보험가입금액 × 35% × 표준출현피해율
= 15,000,000원 × 0.35 × 0.3 = 1,575,000원

① 표준출현피해율(10a 기준) = (30,000 − 출현주수) ÷ 30,000
= (30,000 − 21,000) ÷ 30,000 = 0.3

② 10a당 출현주수 = 표본구간 단위면적당(㎡) 출현주수 × 1,000㎡
= 21주 × 1,000㎡ = 21,000주

48 **다음은 제주도에서 남도종마늘을 재배하며 종합위험방식 마늘 상품에 가입한 농가의 상황이다. 다음 계약사항과 보상하는 손해에 따른 조사내용에 관하여 조기파종특약의 재파종보험금 지급 대상 및 지급사유를 쓰고, 보험금을 구하시오. (단, 1a는 100㎡이다.)**

○ **계약사항**

상품명	보험가입금액	가입면적	평년수확량	자기부담비율
종합위험방식 마늘 조기파종특약 가입	37,500,000원	10,000㎡	15,000kg	30%

○ **조사내용**

조사종류	조사방식	1㎡당 출현주수(전조사)	1㎡당 재파종주수(후조사)
재파종조사	표본조사	18주	34주

Solution

(1) **지급 대상** : 조기파종보장 특별약관 판매시기 중 가입한 남도종 마늘을 재배하는 제주도 지역 농지

(2) **지급사유** : 한지형 마늘 최초 판매개시일 24시 이전에 보장하는 재해로 10a당 출현주수가 30,000주보다 작고, 10월 31일 이전 10a당 30,000주 이상으로 재파종한 경우 아래와 같이 계산한 재파종보험금을 지급한다.

(3) **지급보험금** = 보험가입금액 × 25% × 표준출현피해율
= 37,500,000원 × 0.25 × 0.4 = 3,750,000원
① 표준출현피해율(10a 기준) = (30,000 − 출현주수) ÷ 30,000
= (30,000 − 18,000) ÷ 30,000 = 0.4
② 10a당 출현주수 = 표본구간 단위면적당(㎡) 출현주수 × 1,000㎡
= 18주 × 1,000㎡ = 18,000주

49 다음의 계약사항과 조사내용을 참조하여 재정식보험금의 지급사유를 쓰고, 보험금을 구하시오.

○ **계약사항**

상품명	보험가입금액	가입면적	자기부담비율
종합위험방식 양배추	5,000,000원	5,000㎡	20%

○ **조사내용**

조사종류	실제경작면적	피해면적	재정식 완료면적
재정식조사	5,000㎡	2,500㎡	2,000㎡

Solution

(1) **지급사유** : 보험기간 내에 보장하는 재해로 면적피해율이 자기부담비율을 초과하고, 재정식한 경우 재정식보험금은 아래에 따라 계산하며 1회 지급한다.
(2) **지급보험금** = 보험가입금액 × 20% × 면적피해율
= 5,000,000원 × 0.2 × 0.4 = 400,000원
• 면적피해율 = 피해면적 ÷ 보험가입면적
= 2,000㎡ ÷ 5,000㎡ = 0.4

50 종합위험 수확감소보장방식 마늘 품목에 있어 다음의 계약사항과 조사내용을 참조하며 지급보험금과 피해율을 산정하시오.

○ **계약사항**

상품명	보험가입금액	가입면적	평년수확량	자기부담비율
종합위험방식 마늘(한지형)	9,800,000원	4,000㎡	2,800kg	20%

○ **조사내용**

실제경작면적	고사면적	타작물면적 및 미보상면적	기수확면적
4,000㎡	400㎡	500㎡	300㎡

표본 구간수	이랑 길이 (5주)	이랑 폭	정상 마늘	지름 2cm 미만	80% 피해	100% 피해	미보상 비율
5	80cm	150cm	2.5kg	0.5kg	0.5kg	0.7kg	10%

Solution

(1) **지급보험금** = 보험가입금액 × (피해율 − 자기부담비율)
= 9,800,000원 × (0.4365 − 0.2) = 2,317,700원

(2) **피해율** = (평년수확량 − 수확량 − 미보상감수량) ÷ 평년수확량
= (2,800kg − 1,442kg − 135.8kg) ÷ 2,800kg = 0.4365 = 43.65%

① 수확량 = $\left(\frac{\text{표본구간 수확량 합계}}{\text{표본구간 면적 합계}} \times \text{표본조사 대상면적 합계}\right)$ $+\left\{\frac{\text{평년수확량}}{\text{실제경작면적}} \times (\text{타작물면적} + \text{미보상면적} + \text{기수확면적})\right\}$
= (0.315kg × 2,800㎡) + {(2,800kg ÷ 4,000㎡) × (500㎡ + 300㎡)}
= 882kg + 560kg = 1,442kg

㉠ 표본구간 면적 합계 = 이랑 길이 × 이랑 폭 × 표본구간수
= 0.8 × 1.5 × 5 = 6㎡

㉡ 표본구간 수확량 합계 = [정상 중량 + {(2cm 미만 중량 + 80% 피해 중량) × 0.2}] × (1 + 비대추정지수) × 환산계수
= [2.5kg + {(0.5kg + 0.5kg) × 0.2}] × 0.7 = 1.89kg

㉢ 환산계수 : 0.7(한지형), 0.72(난지형)

② 미보상감수량 = (평년수확량 − 수확량) × 미보상비율
= (2,800kg − 1,442kg) × 0.1 = 135.8kg

51 **수확감소보장방식 난지형 마늘에 관한 내용이다. 다음 계약사항과 조사내용을 참조하여 수확량 및 피해율을 산출하고 보험금을 계산하시오.**

○ **계약사항**

상품명	보험가입금액	가입면적	평년수확량	자기부담비율
종합위험방식 마늘(난지형)	30,000,000원	15,000㎡	22,500kg	20%

○ **조사내용**

실제경작면적	표본구간 면적	표본구간 수확량
15,000㎡	400㎡	350kg

※ 타작물면적, 기수확면적, 미보상감수량은 없는 것으로 봄

Solution

(1) **보험금** = 보험가입금액 × (피해율 − 자기부담비율)
= 30,000,000원 × (0.58 − 0.2) = 11,400,000원

(2) **피해율** = (평년수확량 − 수확량 − 미보상감수량) ÷ 평년수확량
= (22,500kg − 9,450kg − 0kg) ÷ 22,500kg = 0.58 = 58%

(3) **수확량** = $\left(\frac{\text{표본구간 수확량 합계}}{\text{표본구간 면적 합계}} \times \text{표본조사 대상면적 합계}\right)$ $+\left\{\frac{\text{평년수확량}}{\text{실제경작면적}} \times (\text{타작물면적} + \text{미보상면적} + \text{기수확면적})\right\}$
= 0.63kg × 15,000㎡ + 0 = 9,450kg

① 표본구간 단위면적당 수확량 = (표본구간 수확량 × 환산계수) ÷ 표본구간 면적
= 350kg × 0.72 ÷ 400㎡ = 0.63kg

② 환산계수 : 0.7(한지형), 0.72(난지형)

52 **종합위험 수확감소보장방식 마늘 품목에 있어 다음의 계약사항과 조사내용을 참조하여 피해율과 보험금을 산정하시오. (단, 계산에서 무게는 g 단위로 소수점 첫째자리에서 반올림하고, 피해율은 % 단위로 소수점 셋째자리에서 반올림하시오.)**

○ **계약사항**

상품명	보험가입금액	가입면적	평년수확량	자기부담비율
종합위험방식 마늘(난지형)	21,000,000원	4,000㎡	6,000kg	20%

○ **조사내용**

실제경작면적	타작물면적 및 미보상면적	기수확면적	미보상비율
4,000㎡	400㎡	400㎡	10%

표본구간수	이랑 길이(5주)	이랑 폭	정상 마늘	지름 3.5cm 미만	80% 피해	100% 피해
최소표본을 조사함	100cm	150cm	6kg	4kg	2kg	1kg

※ 일자별 비대추정지수는 0.8%를 적용하며, 수확적기까지 잔여일수는 10일임

Solution

(1) **지급보험금** = 보험가입금액 × (피해율 − 자기부담비율)
= 21,000,000원 × (0.4214 − 0.2) = 4,649,400원

(2) **피해율** = (평년수확량 − 수확량 − 미보상감수량) ÷ 평년수확량
= (6,000kg − 3,190.756kg − 280.924kg) ÷ 6,000kg = 0.42138 = 42.14%

① 수확량 = $\left(\frac{\text{표본구간 수확량 합계}}{\text{표본구간 면적 합계}} \times \text{표본조사 대상면적 합계}\right)$

$+ \left\{\frac{\text{평년수확량}}{\text{실제경작면적}} \times (\text{타작물면적} + \text{미보상면적} + \text{기수확면적})\right\}$

= {(5.599kg ÷ 9㎡) × 3,200㎡} + {(6,000kg ÷ 4,000㎡) × (400㎡ + 400㎡)}
= 1,990.756kg + 1,200kg = 3,190.756kg

㉠ 표본구간 면적 합계 = 이랑 길이 × 이랑 폭 × 표본구간수
= 1 × 1.5 × 6 = 9㎡

㉡ 표본구간 수확량 합계 = [정상 중량 + {(3.5cm 미만 중량 + 80% 피해 중량) × 0.2}] × (1 + 비대추정지수) × 환산계수
= [6kg + {(4kg + 2kg) × 0.2}] × (1 + 0.08) × 0.72
= 5.59872kg = 5.599kg

- 누적비대추정지수 = 지역별 수확적기까지 잔여일수 × 일자별 비대추정지수
= 10일 × 0.8% = 8%
- 환산계수 : 0.7(한지형), 0.72(난지형)

② 미보상감수량 = (평년수확량 − 수확량) × 미보상비율
= (6,000kg − 3,190.756kg) × 0.1 = 280.924kg

✔ Check 〈별표1〉 품목별 표본주(구간)수 표

〈고구마, 양파, 마늘, 옥수수, 양배추〉 ※ 수입보장 포함

조사대상면적	표본구간	조사대상면적	표본구간
1,500㎡ 미만	4	3,000㎡ 이상, 4,500㎡ 미만	6
1,500㎡ 이상, 3,000㎡ 미만	5	4,500㎡ 이상	7

53 **종합위험 수확감소보장방식 양파 품목에 있어 다음의 계약사항과 조사내용을 참조하여 피해율과 보험금을 산정하시오. (단, 피해율은 % 단위로 소수점 셋째자리에서 반올림하시오.)**

○ **계약사항**

상품명	보험가입금액	가입면적	평년수확량	자기부담비율
종합위험방식 양파	24,000,000원	4,800㎡	38,400kg	20%

○ **조사내용**

실제경작면적	타작물면적 및 미보상면적	기수확면적	고사면적	미보상비율
4,800㎡	300㎡	400㎡	400㎡	10%

표본구간 면적 합계	정상 양파	지름 6cm 미만	80% 피해
12㎡	48kg	10kg	10kg

※ 일자별 비대추정지수는 2%를 적용하며, 수확적기까지 잔여일수는 10일임

Solution

(1) **지급보험금** = 보험가입금액 × (피해율 − 자기부담비율)
= 24,000,000원 × (0.3178 − 0.2) = 2,827,200원

(2) **피해율** = (평년수확량 − 수확량 − 미보상감수량) ÷ 평년수확량
= (38,400kg − 24,840kg − 1,356kg) ÷ 38,400kg = 0.31781 = 31.78%

① 수확량 = $\left(\frac{\text{표본구간 수확량 합계}}{\text{표본구간 면적 합계}} \times \text{표본조사 대상면적 합계}\right)$

$+ \left\{\frac{\text{평년수확량}}{\text{실제경작면적}} \times (\text{타작물면적} + \text{미보상면적} + \text{기수확면적})\right\}$

= {(62.4kg ÷ 12㎡) × 3,700㎡} + {(38,400kg ÷ 4,800㎡) × (300㎡ + 400㎡)}
= 19,240kg + 5,600kg = 24,840kg

㉠ 표본구간 수확량 합계 = [정상 중량 + {(6cm 미만 중량 + 80% 피해 중량) × 0.2}] × (1 + 비대추정지수)
= [48kg + {(10kg + 10kg) × 0.2}] × (1 + 0.2) = 62.4kg

㉡ 표본구간 단위면적당 수확량 = 표본구간 수확량 ÷ 표본구간 면적
= 62.4kg ÷ 12㎡ = 5.2kg

㉢ 누적비대추정지수 = 지역별 수확적기까지 잔여일수 × 일자별 비대추정지수
= 10일 × 2% = 20%

㉣ 단위면적당 평년수확량 = 평년수확량 ÷ 실제경작면적
= 38,400kg ÷ 4,800㎡ = 8kg

② 미보상감수량 = (평년수확량 − 수확량) × 미보상비율
= (38,400kg − 24,840kg) × 0.1 = 1,356kg

54 수확감소보장방식 가을감자에 관한 내용이다. 다음 계약사항과 조사내용을 참조하여 수확량 및 피해율을 산출하고 보험금을 계산하시오.

○ **계약사항**

상품명	보험가입금액	가입면적	평년수확량	자기부담비율
종합위험방식 가을감자	30,000,000원	10,000㎡	25,000kg	20%

○ **조사내용**

표본구간 면적	정상 감자	병충해 감자	타작물면적	기수확면적
400㎡	200kg	300kg	500㎡	500㎡

※ 병충해 구분 : 탄저병 피해를 입었으며 손해정도는 모두 50%임

Solution

(1) **보험금** = 보험가입금액 × (피해율 − 자기부담비율)
= 30,000,000원 × (0.531 − 0.2) = 9,930,000원

(2) **피해율** = (평년수확량 − 수확량 − 미보상감수량 + 병충해감수량) ÷ 평년수확량
= (25,000kg − 13,750kg − 0kg + 2,025kg) ÷ 25,000kg
= 13,275kg ÷ 25,000kg = 0.531
= 53.1%

(3) **수확량** = (표본구간 단위면적당 수확량 × 표본조사 대상면적) + {단위면적당 평년수확량 × (타작물 및 미보상면적 + 기수확면적)}
= (1.25kg × 9,000㎡) + (2.5kg × 1,000㎡) = 11,250kg + 2,500kg = 13,750kg

① 표본구간 단위면적당 수확량 = 표본구간 수확량 ÷ 표본구간 면적
= 500kg ÷ 400㎡ = 1.25kg

② 표본구간 수확량 = 표본구간 정상 감자 중량 + 표본구간 병충해 입은 감자 중량
= 200kg + 300kg = 500kg

③ 표본조사 대상면적 = 실제경작면적 − 수확불능면적 − 타작물 및 미보상면적 − 기수확면적
= 10,000㎡ − 500㎡ − 500㎡ = 9,000㎡

(4) **병충해감수량** = 표본구간 병충해감수량 합계 ÷ 표본구간 면적 합계 × 조사대상면적 합계
= 90kg ÷ 400㎡ × 9,000㎡ = 2,025kg

• 표본구간 병충해감수량 = 병충해 입은 괴경의 무게 × 손해정도비율 × 인정비율
= 300kg × 0.6 × 0.5 = 90kg

✔ Check 병 · 해충 등급별 인정비율

구분		병 · 해충	인정 비율
품목	급수		
감자	1급	역병, 갈쭉병, 모자이크병, 무름병, 둘레썩음병, 가루더뎅이병, 잎말림병, 감자뿔나방	90%
	2급	홍색부패병, 시들음병, 마른썩음병, 풋마름병, 줄기검은병, 더뎅이병, 균핵병, 검은무늬썩음병, 줄기기부썩음병, 진딧물류, 아메리카잎굴파리, 방아벌레류	70%
	3급	반쪽시들음병, 흰비단병, 잿빛곰팡이병, 탄저병, 겹둥근무늬병, 오이총채벌레, 뿌리혹선충, 파밤나방, 큰28점박이무당벌레, 기타	50%

55 **종합위험 수확감소보장방식 감자에 관한 내용이다. 다음 계약사항과 조사내용을 참조하여 피해율(%)의 계산과정과 값을 쓰시오. (단, 피해율은 % 단위로 소수점 셋째자리에서 반올림하시오.)**

○ **계약사항**

품목	보험가입금액	가입면적	평년수확량	자기부담비율
감자(고랭지재배)	5,000,000원	3,000㎡	6,000kg	20%

○ **조사내용**

재해	조사 방법	실제 경작면적	타작물 면적	미보상 면적	미보상 비율	표본구간 총 면적	표본구간 총 수확량 조사내용
호우	수확량 조사 (표본조사)	3,000㎡	100㎡	100㎡	20%	10㎡	• 정상감자 5kg • 최대지름 5cm 미만 감자 2kg • 병충해(무름병) 감자 4kg • 병충해 손해정도비율 40%

Solution

피해율 = {(평년수확량 − 수확량 − 미보상감수량) + 병충해감수량} ÷ 평년수확량
= {(6,000kg − 3,200kg − 560kg) + 403.2kg} ÷ 6,000kg = 0.44053 = 44.05%

① 조사대상면적 = 실제경작면적 − 고사면적 − 타작물면적 및 미보상면적 − 기수확면적
= 3,000㎡ − 100㎡ − 100㎡ = 2,800㎡

② ㎡당 평년수확량 = 6,000kg ÷ 3,000㎡ = 2kg

③ 표본구간 ㎡당 수확량 = (5kg + 2kg × 0.5 + 4kg) ÷ 10㎡ = 1kg

④ 수확량 = (2,800㎡ × 1kg) + (200㎡ × 2kg) = 3,200kg

⑤ 병충해감수량 = 표본구간 병충해감수량 합계 ÷ 표본구간 면적 합계 × 조사대상면적 합계
= (1.44kg ÷ 10㎡) × 2,800㎡ = 403.2kg

⑥ 표본구간 병충해감수량 = 병충해 입은 괴경의 무게 × 손해정도비율 × 인정비율
= 4kg × 0.4 × 0.9 = 1.44kg

⑦ 미보상감수량 = (6,000kg − 3,200kg) × 0.2 = 560kg

56 **종합위험 수확감소보장방식 양배추 품목에 있어 다음의 계약사항과 조사내용을 참조하여 보험금과 피해율을 산정하시오. (단, 피해율은 % 단위로 소수점 셋째자리에서 반올림하시오.)**

○ **계약사항**

상품명	보험가입금액	가입면적	평년수확량	자기부담비율
종합위험방식 양배추	11,000,000원	11,000㎡	24,200kg	20%

○ **조사내용**

실제경작면적	타작물면적 및 미보상면적	고사면적	기수확면적	미보상비율
11,000㎡	700㎡	1,200㎡	500㎡	10%

표본구간 면적 합계	정상 양배추	80% 피해	100% 피해
14㎡	12kg	24kg	4kg

Solution

(1) 보험금 = 보험가입금액 × (피해율 − 자기부담비율)
= 11,000,000원 × (0.418 − 0.2) = 2,398,000원

(2) 피해율 = (평년수확량 − 수확량 − 미보상감수량) ÷ 평년수확량
= (24,200kg − 12,960kg − 1,124kg) ÷ 24,200kg = 0.41801 = 41.8%

① 수확량 = (표본구간 단위면적당 수확량 × 표본조사 대상면적) + {단위면적당 평년수확량 × (타작물 및 미보상면적 + 기수확면적)}
= (1.2kg × 8,600㎡) + (2.2kg × 1,200㎡) = 10,320kg + 2,640kg = 12,960kg

㉠ 표본구간 단위면적당 수확량 = 표본구간 수확량 ÷ 표본구간 면적
= 16.8kg ÷ 14㎡ = 1.2kg

㉡ 표본구간 수확량 = 표본구간 정상 양배추 무게 + (80% 피해 양배추 무게 × 20%)
= 12kg + (24kg × 0.2) = 16.8kg

㉢ 표본조사 대상면적 = 실제경작면적 − 고사면적 − 타작물면적 및 미보상면적 − 기수확면적
= 11,000㎡ − 1,200㎡ − 700㎡ − 500㎡ = 8,600㎡

㉣ 단위면적당 평년수확량 = 평년수확량 ÷ 실제경작면적
= 24,200kg ÷ 11,000㎡ = 2.2kg

② 미보상감수량 = (평년수확량 − 수확량) × 미보상비율
= (24,200kg − 12,960kg) × 0.1 = 1,124kg

57 **종합위험 수확감소보장방식 고구마 품목에 있어 다음의 계약사항과 조사내용을 참조하여 각 물음에 답하시오.**

○ **계약사항**

상품명	보험가입금액	가입면적	평년수확량	자기부담비율
고구마	22,000,000원	8,000㎡	8,800kg	20%

○ 조사내용

실제경작면적	타작물면적 및 미보상면적	고사면적	기수확면적	미보상비율
8,000㎡	400㎡	400㎡	200㎡	10%

표본구간 면적 합계	정상 고구마	50% 피해	80% 피해
14㎡	4kg	4kg	3.6kg

물음 1) 수확량의 계산과정과 값을 구하시오.

물음 2) 피해율의 계산과정과 값을 구하시오. (단, 피해율은 % 단위로 소수점 셋째자리에서 반올림하여 구하시오. 예시 : 0.12345 → 12.35%로 기재)

물음 3) 수확감소보험금의 계산과정과 값을 구하시오.

Solution

물음 1) 수확량

수확량 = (표본구간 단위면적당 수확량 × 표본조사 대상면적) + {단위면적당 평년수확량 × (타작물면적 및 미보상면적 + 기수확면적)}

= (0.48kg × 7,000㎡) + {1.1kg × (400㎡ + 200㎡)} = 4,020kg

① 표본구간 수확량 = 정상 고구마 무게 + (80% 피해 고구마 무게 × 20%) + (50% 피해 고구마 무게 × 50%)

= 4kg + (3.6kg × 0.2) + (4kg × 0.5) = 6.72kg

② 표본구간 단위면적당 수확량 = 표본구간 수확량 ÷ 표본구간 면적

= 6.72kg ÷ 14㎡ = 0.48kg

③ 표본조사 대상면적 = 실제경작면적 − 고사면적 − 타작물면적 및 미보상면적 − 기수확면적

= 8,000㎡ − 400㎡ − 400㎡ − 200㎡ = 7,000㎡

④ 단위면적당 평년수확량 = 평년수확량 ÷ 실제경작면적

= 8,800kg ÷ 8,000㎡ = 1.1kg

물음 2) 피해율

피해율 = (평년수확량 − 수확량 − 미보상감수량) ÷ 평년수확량

= (8,800kg − 4,020kg − 478kg) ÷ 8,800kg = 0.48886 = 48.89%

• 미보상감수량 = (평년수확량 − 수확량) × 미보상비율

= (8,800kg − 4,020kg) × 0.1 = 478kg

물음 3) 수확감소보험금

수확감소보험금 = 보험가입금액 × (피해율 − 자기부담비율)

= 22,000,000원 × (0.4889 − 0.2) = 6,355,800원

58 **종합위험 수확감소보장방식의 차 품목에 관한 내용이다. 다음 계약사항과 조사내용을 참조하여 각 물음에 답하시오.**

○ 계약사항

상품명	보험가입금액	가입면적	평년수확량	자기부담비율
차	8,900,000원	5,000m²	810kg	20%

○ 조사내용(수확량조사, 표본조사)

실제경작면적	고사면적	미보상면적	기수확면적	수확면적율
5,000m²	100m²	200m²	500m²	78%

표본구간 수	표본구간 수확한 새싹무게 합계	표본구간 수확한 새싹수 합계	표본구간 기수확 새싹수 합계	미보상비율
5구간	0.05kg	282개	46개	10%

○ 기수확지수

기수확비율	기수확지수	기수확비율	기수확지수
10% 미만	1.000	50% 이상 60% 미만	0.958
10% 이상 20% 미만	0.992	60% 이상 70% 미만	0.949
20% 이상 30% 미만	0.983	70% 이상 80% 미만	0.941
30% 이상 40% 미만	0.975	80% 이상 90% 미만	0.932
40% 이상 50% 미만	0.966	90% 이상	0.924

물음 1) 수확량의 계산과정과 값을 구하시오. (단, 표본구간 수확량과 표본구간 단위면적당 수확량은 kg 단위로 소수점 이하 일곱째자리에서, 수확량은 kg 단위로 소수점 첫째 자리에서 반올림하여 구하시오.)

물음 2) 피해율의 계산과정과 값을 구하시오. (단, 미보상감수량은 kg 단위로 소수점 첫째자리에서, 피해율은 % 단위로 소수점 셋째자리에서 반올림하여 둘째자리까지 다음 예시와 같이 구하시오. 예시 : 0.12345 → 12.35%로 기재)

물음 3) 수확감소보험금의 계산과정과 값을 구하시오.

Solution

물음 1) 수확량

수확량 = (표본구간 단위면적당 수확량 × 표본조사 대상면적) + {단위면적당 평년수확량 × (타작물 및 미보상면적 + 기수확면적)}

= (0.113277kg × 4,200m²) + {0.162kg × (200m² + 500m²)} = 589.1 = 589kg

① 표본구간 수확량 합계 = 수확한 새싹무게 합계 + {(수확한 새싹무게 합계 ÷ 수확한 새싹수 합계) × 기수확 새싹수 합계 × 기수확지수}

= 0.05kg + {(0.05kg ÷ 282개) × 46개 × 0.992}

= 0.0580907 = 0.058091kg

② 기수확비율 = 46개 ÷ (282개 + 46개) = 14.02%이므로, 기수확지수는 0.992

③ 표본구간 m²당 수확량 = (표본구간 수확량 합계 ÷ 표본구간 면적 합계) × 수확면적율

= {0.058091kg ÷ (0.08m² × 5)} × 0.78 = 0.1132774 = 0.113277kg

④ 표본조사 대상면적 = 실제경작면적 − 고사면적 − 타작물면적 및 미보상면적 − 기수확면적
= 5,000㎡ − 100㎡ − 200㎡ − 500㎡ = 4,200㎡

⑤ 단위면적당 평년수확량 = 평년수확량 ÷ 실제경작면적
= 810kg ÷ 5,000㎡ = 0.162kg

물음 2) 피해율

피해율 = (평년수확량 − 수확량 − 미보상감수량) ÷ 평년수확량
= (810kg − 589kg − 22kg) ÷ 810kg = 0.24567 = 24.57%

• 미보상감수량 = (평년수확량 − 수확량) × 미보상비율
= (810kg − 589kg) × 0.1 = 22.1kg = 22kg

물음 3) 수확감소보험금

수확감소보험금 = 보험가입금액 × (피해율 − 자기부담비율)
= 8,900,000원 × (0.2457 − 0.2) = 406,730원

59 종합위험 수확감소보장방식 밭작물 품목 중 옥수수 품목에 관한 내용이다. 다음 계약사항과 조사내용을 참조하여 각 물음에 답하시오.

○ **계약사항**

상품명	보험가입금액	가입면적	표준수확량	자기부담비율
수확감소보장 옥수수(미백2호)	11,000,000원	10,000㎡	5,000kg	20%

○ **조사내용**

조사종류	실제경작면적	수확불능면적	기수확면적
수확량조사	10,000㎡	1,000㎡	2,000㎡

'상' 옥수수 개수	'중' 옥수수 개수	'하' 옥수수 개수	표본구간 면적 합계	미보상비율
10개	10개	20개	10㎡	10%

가입가격	재식시기지수	재식밀도지수
2,500원/kg	1	1

물음 1) 피해수확량의 계산과정과 값을 구하시오.

물음 2) 손해액의 계산과정과 값을 구하시오.

물음 3) 수확감소보험금의 계산과정과 값을 구하시오.

Solution

물음 1) 피해수확량

피해수확량 = (표본구간 단위면적당 피해수확량 × 표본조사 대상면적) + (단위면적당 표준수확량 × 고사면적)
= (0.45kg × 7,000㎡) + (0.5kg × 1,000㎡) = 3,650kg

① 표본구간 단위면적당 피해수확량 = 표본구간 피해수확량 합계 ÷ 표본구간 면적 합계
= 4.5kg ÷ 10㎡ = 0.45kg

② 표본구간 피해수확량 합계 = (표본구간 "하"품 이하 옥수수 개수 + "중"품 옥수수 개수 × 0.5)
× 표준중량 × 재식시기지수 × 재식밀도지수
= (20개 + 10개 × 0.5) × 0.18kg × 1 × 1 = 4.5kg

③ 표본조사 대상면적 = 실제경작면적 − 고사면적 − 타작물면적 및 미보상면적 − 기수확면적
= 10,000㎡ − 1,000㎡ − 0㎡ − 2,000㎡ = 7,000㎡

④ 단위면적당 표준수확량 = 표준수확량 ÷ 실제경작면적
= 5,000kg ÷ 10,000㎡ = 0.5kg

물음 2) 손해액

손해액 = (피해수확량 − 미보상감수량) × 가입가격
= (3,650kg − 365kg) × 2,500원 = 8,212,500원

• 미보상감수량 = 피해수확량 × 미보상비율
= 3,650kg × 0.1 = 365kg

물음 3) 수확감소보험금

수확감소보험금 = min[손해액, 보험가입금액] − 자기부담금
= min[8,212,500원, 11,000,000원] − 2,200,000원
= 8,212,500원 − 2,200,000원 = 6,012,500원

• 자기부담금 = 보험가입금액 × 자기부담비율
= 11,000,000원 × 0.2 = 2,200,000원

60 **종합위험 수확감소보장방식 콩 작물에 관한 내용이다. 다음 계약사항과 조사내용을 참조하여 보험금을 산출하시오. (단, 피해율은 % 단위로 소수점 셋째자리에서 반올림하여 둘째자리까지 구하시오.)**

○ **계약사항**

상품명	보험가입금액	가입면적	평년수확량	자기부담비율
수확감소보장 콩	8,000,000원	8,000㎡	2,300kg	15%

○ **조사내용**

실제경작면적	표본구간 면적	표본구간 수확량	함수율	미보상비율
8,000㎡	100㎡	21.5kg	20%	0%

Solution

보험금 = 보험가입금액 × (피해율 − 자기부담비율)
= 8,000,000원 × (0.3043 − 0.15) = 1,234,400원

① 피해율 = (평년수확량 − 수확량 − 미보상감수량) ÷ 평년수확량
= (2,300kg − 1,600kg − 0kg) ÷ 2,300kg = 0.30434 = 30.43%

② 수확량 = (표본구간 단위면적당 수확량 × 조사대상면적) + {단위면적당 평년수확량 × (타작물 및 미보상면적 + 기수확면적)}
= 0.2kg × 8,000㎡ = 1,600kg

㉠ 표본구간 단위면적당 수확량 = 표본구간 수확량 합계 ÷ 표본구간 면적
= 20kg ÷ 100㎡ = 0.2kg

㉡ 표본구간 수확량 합계 = 표본구간별 종실중량 합계 × {(1 - 함수율) ÷ (1 - 기준함수율)}
= 21.5kg × {(1 - 0.2) ÷ (1 - 0.14)}
= 21.5kg × (0.8 ÷ 0.86) = 20kg

㉢ 기준함수율 : 콩(14%)

61 종합위험 생산비보장방식 밭작물 품목 중 브로콜리의 수확기 이전 보험사고 발생의 경우 보험금 산정에 필요한 다음 용어를 설명하시오.

(1) 준비기생산비계수 :

(2) 생장일수 :

(3) 표준생장일수 :

Solution

(1) 준비기생산비계수는 49.2%로 한다.
(2) 생장일수는 정식일로부터 사고발생일까지 경과일수로 한다.
(3) 표준생장일수(정식일로부터 수확개시일까지 표준적인 생장일수)는 사전에 설정된 값으로 130일로 한다.

62 종합위험 생산비보장방식 밭작물 품목 중 고추의 사고일자 확인 방법을 설명하시오.

Solution

사고일자 확인 : 재해가 발생한 일자를 확인한다.

① 한해(가뭄), 폭염 및 병충해와 같이 지속되는 재해의 사고일자는 재해가 끝나는 날(예 가뭄 : 가뭄 이후 첫 강우일의 전날)을 사고일자로 한다.

② 재해가 끝나기 전에 조사가 이루어질 경우에는 조사가 이루어진 날을 사고일자로 하며, 조사 이후 해당 재해로 추가 발생한 손해는 보상하지 않는다.

63 종합위험 생산비보장방식 밭작물 품목 중 고추에 관하여 수확기 이전에 보험사고가 발생한 경우 〈보기〉의 조건에 따른 생산비보장보험금을 산정하시오.

보기

- 보험가입금액 : 10,000,000원
- 자기부담금 : 잔존가입금액의 5%
- 생장일수 : 50일
- 피해비율 : 50%
- 병충해발생은 없음
- 기지급보험금 : 5,000,000원
- 준비기생산비계수 : 52.7%
- 표준생장일수 : 100일
- 손해정도비율 : 80%

Solution

보험금 = (잔존보험가입금액 × 경과비율 × 피해율) - 자기부담금
= (5,000,000원 × 0.7635 × 0.4) - 250,000원 = 1,277,000원

① 경과비율 $= \alpha + \{(1-\alpha) \times \frac{\text{생장일수}}{\text{표준생장일수}}\}$

= 0.527 + {(1 − 0.527) × (50일 ÷ 100일)} = 0.7635 = 76.35%

② 피해율 = 피해비율 × 손해정도비율 × (1 − 미보상비율)

= 0.5 × 0.8 = 0.4 = 40%

64 종합위험방식 밭작물 품목 중 고추의 피해내용이다. 다음 계약사항과 조사내용을 참조하여 피해율과 경과비율 및 보험금을 구하시오.

○ **계약사항**

상품명	보험가입금액	가입면적	기지급보험금	자기부담비율
생산비보장 고추	10,000,000원	5,000㎡	2,000,000원	5%

○ **조사내용**(노지재배 5월 1일 정식한 고추가 6월 30일 집중호우로 피해를 입음)

실제경작면적	피해면적	병충해
5,000㎡	2,500㎡	시들음병 발생

손해정도	정상	20% 피해	40% 피해	60% 피해	80% 피해	100% 피해
피해주수	10	20	20	10	20	20

Solution

(1) **보험금** = (잔존보험가입금액 × 경과비율 × 피해율 × 병충해 등급별 인정비율) − 자기부담금

= (800만원 × 0.8108 × 0.27 × 0.5) − 40만원 = 475,664원

• 자기부담금 : 잔존보험가입금액 × 5% = 8,000,000원 × 0.05 = 400,000원

(2) **경과비율** = 준비기생산비계수 + {(1 − 준비기생산비계수) × 생장일수 ÷ 표준생장일수}

= 0.527 + {(1 − 0.527) × 60일 ÷ 100일} = 0.8108 = 81.08%

(3) **피해율** = 피해비율 × 손해정도비율 × (1 − 미보상비율)

= 0.5 × 0.54 = 0.27 = 27%

① 피해비율 = 피해면적 ÷ 실제경작면적

= 2,500㎡ ÷ 5,000㎡ = 0.5

② 손해정도비율 = (20%형 × 0.2 + 40%형 × 0.4 + 60%형 × 0.6 + 80%형 × 0.8 + 100%형) ÷ (정상 고추 + 20%형 + 40%형 + 60%형 + 80%형 + 100%형)

= (20 × 0.2 + 20 × 0.4 + 10 × 0.6 + 20 × 0.8 + 20) ÷ 100

= 54 ÷ 100 = 0.54

✔ Check 〈별표7〉 고추 병충해 등급별 인정비율

등급	종류	인정비율
1등급	역병, 풋마름병, 바이러스병, 세균성점무늬병, 탄저병	70%
2등급	잿빛곰팡이병, 시들음병, 담배가루이, 담배나방	50%
3등급	흰가루병, 균핵병, 무름병, 진딧물 및 기타	30%

65 **종합위험 생산비보장방식 고추 품목에 관한 내용이다. 다음 계약사항과 조사내용을 참조하여 물음에 답하시오.**

○ 계약사항

상품명	잔존보험가입금액	가입면적	정식일	자기부담비율
생산비보장 고추	8,000,000원	3,000㎡	2024.5.10.	5%

○ 조사내용

<table>
<tr><th>재해종류</th><th colspan="3">사고내용 및 조사과정</th></tr>
<tr><td rowspan="4">한해
(가뭄피해)</td><td colspan="3">• 보험사고 접수일 : 2024년 8월 8일(정식일로부터 경과일수 89일)
• 조사일 : 2024년 8월 9일(정식일로부터 경과일수 90일)</td></tr>
<tr><td>피해비율</td><td>손해정도비율</td><td>미보상비율</td></tr>
<tr><td>50%</td><td>30%</td><td>20%</td></tr>
<tr><td colspan="3">• 수확개시일 : 2024년 8월 19일(정식일로부터 경과일수 100일)</td></tr>
</table>

물음 1) 위 조건에서 확인되는 ① 사고(발생)일자를 기재하고 그 일자를 사고(발생)일자로 하는 ② 근거를 쓰시오.

물음 2) 보험금을 구하시오.

Solution

물음 1) 사고일자

① 사고(발생)일자 : 2024년 8월 9일

② 사고일자 확인 : 재해가 발생한 일자를 확인한다.

㉠ 한해(가뭄), 폭염 및 병충해와 같이 지속되는 재해의 사고일자는 재해가 끝나는 날을 사고일자로 한다. (예 가뭄 : 가뭄 이후 첫 강우일의 전날)

㉡ 재해가 끝나기 전에 조사가 이루어질 경우에는 조사가 이루어진 날을 사고일자로 하며, 조사 이후 해당 재해로 추가 발생한 손해는 보상하지 않는다.

물음 2) 보험금

보험금 = (잔존보험가입금액 × 경과비율 × 피해율) − 자기부담금

= (8,000,000원 × 0.9527 × 0.12) − 400,000원 = 514,592원

① 경과비율 = α + {(1 − α) × (생장일수 ÷ 표준생장일수)}

= 0.527 + {(1 − 0.527) × (90일 ÷ 100일)} = 0.9527 = 95.27%

② 피해율 = 피해비율 × 손해정도비율 × (1 − 미보상비율)

= 0.5 × 0.3 × (1 − 0.2) = 0.12 = 12%

③ 자기부담금 = 잔존보험가입금액 × 5%

= 8,000,000원 × 0.05 = 400,000원

66 **종합위험 생산비보장방식 브로콜리 품목에 관한 내용이다. 다음 계약사항과 조사내용을 참조하여 물음에 답하시오. (단, 피해율은 % 단위로 소수점 셋째자리에서 반올림하여 구하시오. 예시 : 0.12345 → 12.35%)**

○ 계약사항

상품명	보험가입금액	자기부담비율	기지급보험금
브로콜리	16,000,000원	3%	4,000,000원

○ 조사내용

재해종류	재배면적	피해면적	생장일수
태풍	4,000㎡	3,000㎡	78일

○ 표본구간 내 작물 상태 조사

피해정도	정상송이	50%형 피해송이	80%형 피해송이	100%형 피해송이
브로콜리	21개	12개	15개	12개

물음 1) 경과비율(%)을 구하시오.

물음 2) 피해율(%)을 구하시오.

물음 3) 생산비보장보험금을 구하시오.

Solution

물음 1) 경과비율(%)

경과비율 = α + {(1 − α) × (생장일수 ÷ 표준생장일수)}
= 0.492 + {(1 − 0.492) × (78일 ÷ 130일)} = 0.7968 = 79.68%

물음 2) 피해율(%)

피해율 = 피해비율 × 작물피해율
= 0.75 × 0.5 = 0.375 = 37.5%

① 피해비율 = 피해면적 ÷ 재배면적(실제경작면적)
= 3,000㎡ ÷ 4,000㎡ = 0.75 = 75%

② 작물피해율 = {(50%형 피해송이수 × 0.5) + (80%형 피해송이수 × 0.8) + (100%형 피해송이수)} ÷ (정상송이수 + 50%형 피해송이수 + 80%형 피해송이수 + 100%형 피해송이수)
= (12개 × 0.5 + 15개 × 0.8 + 12개) ÷ 60개 = 0.5 = 50%

물음 3) 생산비보장보험금

생산비보장보험금 = (잔존보험가입금액 × 경과비율 × 피해율) − 자기부담금
= (12,000,000원 × 0.7968 × 0.375) − 360,000원 = 3,225,600원

① 잔존보험가입금액 = 보험가입금액 − 보상액(기발생 생산비보장보험금 합계액)
= 16,000,000원 − 4,000,000원 = 12,000,000원

② 자기부담금 = 잔존보험가입금액 × 3%
= 12,000,000원 × 0.03 = 360,000원

67 **종합위험 생산비보장방식 메밀에 가입한 농지의 피해내용이다. 다음 계약사항과 조사내용을 참조하여 피해율과 보험금을 구하시오. (단, 피해율은 % 단위로 소수점 셋째자리에서 반올림하여 구하시오.)**

○ 계약사항

상품명	보험가입금액	가입면적	자기부담비율
생산비보장 메밀	10,000,000원	6,000㎡	20%

○ 조사내용(파종 후 30일에 태풍피해 발생하여 피해가 발생)

실제경작면적	도복 외 피해면적	도복피해면적	표본구간 면적
6,000㎡	3,000㎡	2,000㎡	10㎡

손해정도	20% 피해면적	40% 피해면적	60% 피해면적	80% 피해면적	100% 피해면적
피해면적	0.5㎡	0.8㎡	0.5㎡	0.4㎡	1.2㎡

Solution

(1) 보험금 = 보험가입금액 × (피해율 − 자기부담비율)
= 10,000,000원 × (0.3453 − 0.2) = 1,453,000원

(2) 피해율 = 피해면적 ÷ 실제경작면적(재배면적)
= 2,072㎡ ÷ 6,000㎡ = 0.34533 = 34.53%

- 피해면적 = (도복으로 인한 피해면적 × 70%) + [{(20%형 피해 표본면적 × 0.2) + (40%형 피해 표본면적 × 0.4) + (60%형 피해 표본면적 × 0.6) + (80%형 피해 표본면적 × 0.8) + (100%형 피해 표본면적 × 1)} ÷ 표본면적 합계 × 도복 이외 피해면적]

$$= (2{,}000\text{m}^2 \times 0.7) + \left(\frac{0.5\text{m}^2 \times 0.2 + 0.8\text{m}^2 \times 0.4 + 0.5\text{m}^2 \times 0.6 + 0.4\text{m}^2 \times 0.8 + 1.2\text{m}^2}{10\text{m}^2} \times 3{,}000\text{m}^2\right)$$

$$= 1{,}400\text{m}^2 + (0.224\text{m}^2 \times 3{,}000\text{m}^2) = 1{,}400\text{m}^2 + 672\text{m}^2 = 2{,}072\text{m}^2$$

68 **종합위험방식 생산비보장방식 단호박 품목에 관한 내용이다. 다음 계약사항과 조사내용을 참조하여 지급보험금을 구하시오. (단, 손해정도비율과 피해율은 % 단위로 소수점 셋째자리에서 반올림하여 구하시오.)**

○ 계약사항

상품명	보험가입금액	가입면적	자기부담비율
생산비보장 단호박	12,000,000원	5,000㎡	20%

○ 조사내용

실제재배면적	피해면적	표본구간수	미보상비율
5,000㎡	4,000㎡	6	10%

손해정도	정상	1% ~ 20% 피해	21% ~ 40% 피해	41% ~ 60% 피해	61% ~ 80% 피해	81% ~ 100% 피해
피해주수	8	2	2	3	2	1

Solution

보험금 = 보험가입금액 × (피해율 − 자기부담비율)
= 12,000,000원 × (0.224 − 0.2) = 288,000원

① 피해율 = 피해비율 × 손해정도비율 × (1 − 미보상비율)
= 0.8 × 0.3111 × (1 − 0.1) = 0.22399 = 22.4%

㉠ 피해비율 = 피해면적 ÷ 재배면적(실제경작면적)
= 4,000㎡ ÷ 5,000㎡ = 0.8

㉡ 손해정도비율 = {(20%형 피해 × 0.2) + (40%형 피해 × 0.4) + (60%형 피해 × 0.6) + (80%형 피해 × 0.8) + (100형 피해)} ÷ (20%형 피해 + 40%형 피해 + 60%형 피해 + 80%형 피해 + 100%형 피해 + 정상)
= (2 × 0.2 + 2 × 0.4 + 3 × 0.6 + 2 × 0.8 + 1) ÷ 18 = 5.6 ÷ 18 = 0.31111 = 31.11%

② 자기부담비율 = 20%

69 다음은 특정위험방식 인삼 품목에 관한 내용이다. 다음 조사내용을 참조하여 피해율을 구하시오. (단, 피해율은 % 단위로 소수점 셋째자리에서 반올림하고, 수확량은 kg 단위로 소수점 셋째 자리에서 반올림하시오.)

○ 조사내용

실제 경작칸수	금번 수확칸수	표본칸 수확량	두둑 폭	고랑 폭	지주목 간격	미보상비율
1,000칸	400칸	5.6kg	100cm	90cm	180cm	0

※ 기준수확량 : 4년근 표준에 해당함

Solution

피해율 = 피해면적비율 × 피해칸 손해비율
= 0.4 × 0.4225 = 0.169 = 16.9%

① 피해칸 면적비율 = 400칸 ÷ 1,000칸 = 0.4 = 40%

② 피해칸 손해비율 = 표본칸 단위면적당 인정감수량 ÷ 기준수확량
= 0.3kg ÷ 0.71kg = 0.42253 = 42.25%

㉠ 기준수확량 : 4년근 표준 = 0.71kg/㎡

㉡ 표본칸 단위면적당 인정감수량 = 기준수확량 − 표본칸 단위면적당 조사수확량 − 미보상
= 0.71 − 0.41 = 0.3kg

㉢ 표본칸 단위면적당 수확량 = 표본칸 수확량 ÷ 표본칸 넓이
= 5.6kg ÷ 13.68㎡ = 0.409 = 0.41kg

㉣ 표본칸 넓이 = 칸넓이 × 표본칸수
= 3.42㎡ × 4칸 = 13.68㎡

※ 최소표본칸수 : 4칸

ⓜ 칸넓이 = 지주목 간격 × (두둑 폭 + 고랑 폭)
= 180 × (100 + 90) = 3.42㎡

✔Check 연근별 기준수확량(가입 당시 년근 기준)

(단위 : kg/㎡)

구분	2년근	3년근	4년근	5년근
불량	0.45	0.57	0.64	0.66
표준	0.50	0.64	0.71	0.73
우수	0.55	0.70	0.78	0.81

70 다음 계약사항과 조사내용을 참조하여 보험금을 구하시오. (단, 무게는 kg 단위로 소수점 다섯째자리에서 반올림하고, 면적은 ㎡ 단위로 소수점 둘째자리에서 반올림하며, 피해율은 % 단위로 소수점 셋째자리에서 반올림하시오.)

○ **계약사항**

상품명	보험가입금액	가입면적	자기부담비율
특정위험방식 인삼	44,500,000원	6,000㎡	20%

○ **조사내용**

실제경작칸수	금차 수확칸수	총조사수확량	두둑 폭	고랑 폭	지주목 간격	미보상비율
1,800칸	1,440칸	1,039.5kg	90cm	90cm	180cm	20%

※ 기준수확량 : 3년근 우수에 해당함

Solution

보험금 = 보험가입금액 × (피해율 − 자기부담비율)
= 44,500,000원 × (0.4363 − 0.2) = 10,515,350원

① 피해율 = 금차 수확 면적비율 × 수확칸 손해비율
= 0.8 × 0.5454 = 0.43632 = 43.63%

② 금차 수확 면적비율 = 금차 수확칸수 ÷ 실제경작칸수
= 1,440칸 ÷ 1,800칸 = 0.8 = 80%

③ 수확칸 손해비율 = 단위면적당 인정 감수량 ÷ 기준수확량
= 0.3818kg ÷ 0.70kg = 0.54542 = 54.54%

㉠ 단위면적당 인정 감수량 = 기준수확량 − 단위면적당 조사수확량 − 단위면적당 미보상감수량
= 0.70 − 0.2228 − 0.0954 = 0.3818kg

㉡ 단위면적당 미보상감수량 = (기준수확량 − 단위면적당 조사수확량) × 미보상비율
= (0.70kg − 0.2228kg) × 0.2 = 0.0954kg

㉢ 단위면적당 조사수확량 = 총조사수확량 ÷ 금차 수확면적
= 1,039.5kg ÷ 4,665.6㎡ = 0.2228kg

㉣ 금차 수확면적 = (두둑 폭 + 고랑 폭) × 지주목 간격 × 금차 수확칸수
= (0.9m + 0.9m) × 1.8m × 1,440칸 = 4,665.6㎡

71 **인삼 해가림시설 손해액 산정에 관한 내용이다. (   ) 안에 들어갈 내용을 쓰시오.**

> 산출된 피해액에 대하여 감가상각을 적용하여 손해액을 산정한다. 다만, 피해액이 보험가액의 (①) 이하인 경우에는 감가를 적용하지 않고, 피해액이 보험가액의 (①)를 초과하면서 감가 후 피해액이 보험가액의 (①) 미만인 경우에는 (②)를 손해액으로 산출한다.

Solution

① 20%, ② 보험가액의 20%

72 **다음은 해가림시설에 관한 내용이다. 계약사항과 조사내용을 참조하여 지급보험금을 구하시오. (단, 각 비용과 지급보험금은 원 단위 미만 절사)**

○ **계약사항**

보험가입금액	가입면적	시설재료	㎡당 시설비	설치년월	가입년월	경년감가율
20,000,000원	3,000㎡	철재	10,000원	2019.4.	2024.5.	4.44%

○ **조사내용**

사고원인	사고년월	전파	20% 분파	40% 분파	60% 분파	80% 분파	㎡당 시설비
태풍	2024.7.	25칸	25칸	75칸	100칸	50칸	10,000원

지주목 간격	두둑 폭	고랑 폭	잔존물 제거비용	손해방지비용	대위권 보전비용
2m	1.1m	0.9m	300,000원	300,000원	500,000원

Solution

지급보험금 = 해가림시설 보험금 + 잔존물 제거비용 + 손해방지비용 + 대위권 보전비용
= 3,840,000 + 231,362 + 200,000 + 385,604 = 4,656,966원

① 해가림시설 보험금 = min[(손해액 − 자기부담금) × (보험가입금액 ÷ 보험가액), 보험가입금액]
= min[(4,979,200 − 497,920) × (20,000,000 ÷ 23,340,000), 20,000,000]
= 3,840,000원

㉠ 손해액 = 피해액 × 감가상각률
= 6,400,000원 × (1 − 0.0444 × 5) = 4,979,200원

- 피해액 = 피해면적 × ㎡당 시설비
  = 640㎡ × 10,000원 = 6,400,000원
- 피해면적 = 피해칸수 × 칸 넓이
  = {25칸 + (25칸 × 0.2) + (75칸 × 0.4) + (100칸 × 0.6) + (50칸 × 0.8)} × {2m × (1.1m + 0.9m)}
  = (25칸 + 5칸 + 30칸 + 60칸 + 40칸) × 4㎡ = 640㎡

※ 보험가액의 20%는 4,668,000원이므로 따라서 손해액은 4,979,200원을 적용한다.

㉡ 자기부담금 = 4,979,200원 × 10% = 497,920원
㉢ 보험가입금액 = 20,000,000원
㉣ 보험가액 = 가입면적 × ㎡당 시설비 × (1 − 감가상각률)
= 3,000㎡ × 10,000원 × (1 − 0.0444 × 5)
= 23,340,000원

※ 손해액 : 산출된 피해액에 대하여 감가상각을 적용하여 손해액을 산정한다. 다만, 피해액이 보험가액의 20% 이하인 경우에는 감가를 적용하지 않고, 피해액이 보험가액의 20%를 초과하면서 감가 후 피해액이 보험가액의 20% 미만인 경우에는 보험가액의 20%를 손해액으로 산출한다.

② 잔존물 제거비용 = (비용 − 자기부담금) × (보험가입금액 ÷ 보험가액)
= (300,000 − 30,000) × (20,000,000 ÷ 23,340,000) = 231,362.4 = 231,362원

• 지급한도 확인 = min[해가림시설 보험금 + 잔존물 제거비용, 보험가입금액]
= min[3,840,000 + 231,362, 20,000,000] = 4,071,362원

③ 손해방지비용 = (비용 − 자기부담금) × (보험가입금액 ÷ 보험가액)
= (300,000 − 30,000) × (20,000,000 ÷ 23,340,000)
= 231,362.4 = 231,362원

※ 그러나 계산에도 불구하고 농지별 손해방지비용은 20만원을 한도로 지급하므로 200,000원을 적용한다.

④ 대위권 보전비용 = (비용 − 자기부담금) × (보험가입금액 ÷ 보험가액)
= (500,000 − 50,000) × (20,000,000 ÷ 23,340,000) = 385,604.1 = 385,604원

73 특정위험방식 인삼에 관한 내용이다. 계약사항과 조사내용을 참조하여 다음 물음에 답하시오.

○ **계약사항**

인삼 가입금액	경작 칸수	연근	기준수확량 (5년근 표준)	자기부담 비율	해가림시설 가입금액	해가림시설 보험가액
120,000,000원	500칸	5년	0.73kg	20%	20,000,000원	25,000,000원

○ **조사내용**

사고원인	피해칸	표본칸	표본수확량	지주목 간격	두둑 폭	고랑 폭
화재	350칸	10칸	9.636kg	3m	1.5m	0.7m

해가림시설 피해액	잔존물 제거비용	손해방지비용	대위권 보전비용
5,000,000원	300,000원	300,000원	200,000원

물음 1) 인삼 피해율의 계산과정과 값을 쓰시오.
물음 2) 인삼 보험금의 계산과정과 값을 쓰시오.
물음 3) 해가림시설 보험금(비용 포함)의 계산과정과 값을 쓰시오.

Solution

물음 1) 인삼 피해율
① 피해율 = {1 − (수확량 ÷ 연근별 기준수확량)} × (피해칸수 × 실제경작칸수)
= {1 − (0.146kg ÷ 0.73kg)} × (350칸 ÷ 500칸) = 0.56 = 56%

② 수확량 = 단위면적당(㎡) 조사수확량 + 단위면적당(㎡) 미보상감수량
= 0.146kg + 0kg = 0.146kg
- 단위면적당(㎡) 조사수확량 = 표본수확량 합계 ÷ 표본칸 면적
= 9.636kg ÷ {10칸 × 3m × (1.5m + 0.7m)} = 0.146kg
- 단위면적당(㎡) 미보상감수량 = (기준수확량 − 단위면적당(㎡) 조사수확량) × 미보상비율
= (0.73kg − 0.146kg) × 0 = 0kg

물음 2) 인삼 보험금

보험금 = 보험가입금액 × (피해율 − 자기부담비율)
= 120,000,000원 × (0.56 − 0.2) = 43,200,000원

물음 3) 해가림시설 보험금

지급보험금 = 목적물보험금 + 잔존물 제거비용 + 손해방지비용 + 대위권 보전비용
= 3,600,000 + 216,000 + 200,000 + 144,000 = 4,160,000원

※ 손해액 = 5,000,000원(피해액이 보험가액의 20% 이하이므로 감가를 적용하지 않는다.)

※ 자기부담금 = 손해액 × 10%(최소 10만원 ~ 최대 100만원)
= 5,000,000원 × 0.1 = 500,000원

① 해가림시설 보험금 = min[(손해액 − 자기부담금) × (보험가입금액 ÷ 보험가액), 보험가입금액]
= min[(5,000,000 − 500,000) × (20,000,000 ÷ 25,000,000), 20,000,000]
= 3,600,000원

② 잔존물 제거비용 = (비용 − 자기부담금) × (보험가입금액 ÷ 보험가액)
= (300,000 − 30,000) × (20,000,000 ÷ 25,000,000) = 216,000원
- 지급한도 = min[목적물보험금 + 잔존물 제거비용, 보험가입금액]
= min[3,600,000 + 216,000, 20,000,000] = 3,816,000원

③ 손해방지비용 = (비용 − 자기부담금) × (보험가입금액 ÷ 보험가액)
= (300,000 − 30,000) × (20,000,000 ÷ 25,000,000) = 216,000원
※ 그러나 계산에도 불구하고 농지별 손해방지비용은 20만원을 한도로 지급하므로 200,000원을 적용한다.

④ 대위권 보전비용 = (비용 − 자기부담금) × (보험가입금액 ÷ 보험가액)
= (200,000 − 20,000) × (20,000,000 ÷ 25,000,000) = 144,000원

74 원예시설작물의 사고일자 확인방법에 대하여 수확기 이전 사고와 수확기 중 사고를 구분하여 설명하시오.

Solution

사고일자 확인 : 계약자 면담, 기상청 자료 등을 토대로 사고일자를 특정한다.

① 수확기 이전 사고 : 연속적인 자연재해(폭염, 냉해 등)로 사고일자를 특정할 수 없는 경우에는 기상특보 발령 일자를 사고일자로 추정한다. 다만 지역적 재해 특성, 계약자별 피해 정도 등을 고려하여 이를 달리 정할 수 있다.

② 수확기 중 사고 : 연속적인 자연재해(폭염, 냉해 등)로 사고일자를 특정할 수 없는 경우에는 최종 출하 일자를 사고일자로 추정한다. 다만 지역적 재해 특성, 계약자별 피해 정도 등을 고려하여 이를 달리 정할 수 있다.

75 종합위험방식 원예시설 품목 시설하우스 손해 시 자기부담금을 설명하시오.

Solution

① 최소자기부담금(30만원)과 최대자기부담금(100만원)을 한도로 보험사고로 인하여 발생한 손해액의 10%에 해당하는 금액을 적용한다.
② 피복재 단독사고는 최소자기부담금(10만원)과 최대자기부담금(30만원)을 한도로 한다.
③ 농업용 시설물과 부대시설 모두를 보험의 목적으로 하는 보험계약은 두 보험의 목적의 손해액 합계액을 기준으로 자기부담금을 산출하고 두 목적물의 손해액 비율로 자기부담금을 적용한다.
④ 자기부담금은 단지 단위, 1사고 단위로 적용한다.
⑤ 화재로 인한 손해는 자기부담금을 적용하지 않는다.

76 다음 제시된 종합위험방식 원예시설 품목의 표준생장일수를 쓰시오.

(1) 딸기 :

(2) 토마토(10월 정식 시) :

(3) 파프리카 :

(4) 배추 :

(5) 카네이션 :

Solution

(1) 90일, (2) 120일, (3) 100일, (4) 70일, (5) 150일

✔ **Check** 시설작물별 표준생장일수 및 표준수확일수

품목		표준생장일수	표준수확일수
딸기		90일	182일
오이		45일(75일)	–
토마토		80일(120일)	–
참외		90일	224일
풋고추		55일	–
호박		40일	–
수박		100일	–
멜론		100일	–
파프리카		100일	223일
상추		30일	–
시금치		40일	30일
국화	스탠다드형	120일	–
	스프레이형	90일	–

가지		50일	262일
배추		70일	50일
파	대파	120일	64일
	쪽파	60일	19일
무	일반	80일	28일
	기타	50일	28일
백합		100일	23일
카네이션		150일	224일
미나리		130일	88일
쑥갓		50일	51일
감자		110일	9일

※ 단, 괄호 안의 표준생장일수는 9월 ~ 11월에 정식하여 겨울을 나는 재배일정으로 3월 이후에 수확을 종료하는 경우에 적용함

※ 무 품목의 기타 품종은 알타리무, 열무 등 큰 무가 아닌 품종의 무임

77 **종합위험 생산비보장방식 보험에 가입한 시설작물 딸기에 보상하는 자연재해가 발생하였다. 다음 계약사항과 조사내용을 참조하여 지급보험금을 구하시오. (단, 손해정도비율과 피해율은 % 단위로 소수점 셋째자리에서 반올림하여 구하시오.)**

○ **계약사항**

상품명	가입금액	가입면적	보장생산비
딸기	41,520,000원	2,400㎡	17,300원/㎡

○ **조사내용**

정식일자	재배면적	피해면적	생장일수	표준생장일수
2024.9.10.	2,400㎡	1,320㎡	63일	90일

손해정도	1% ~ 20%	21% ~ 40%	41% ~ 60%	61% ~ 80%	81% ~ 100%
피해면적	100㎡	200㎡	500㎡	300㎡	220㎡

Solution

보험금 = 피해작물 재배면적 × 피해작물 단위면적당 보장생산비 × 경과비율 × 피해율
= 2,400㎡ × 17,300원 × 0.82 × 0.3583 = 12,198,825원

① 경과비율 = α + {(1 − α) × (생장일수 ÷ 표준생장일수)}
= 0.4 + {(1 − 0.4) × (63일 ÷ 90일)} = 0.82 = 82%

② 피해율 = 피해비율 × 손해정도비율
= 0.55 × 0.6515 = 0.35832 = 35.83%

㉠ 피해비율 = 피해면적 ÷ 재배면적
　　　　　= 1,320㎡ ÷ 2,400㎡ = 0.55 = 55%
㉡ 손해정도비율 = {(100 × 0.2) + (200 × 0.4) + (500 × 0.6) + (300 × 0.8) + 220} ÷ 1,320
　　　　　　　= 0.65151 = 65.15%

78 시설작물 부추에 보상하는 재해가 발생하였다. 다음 계약사항과 조사내용을 참조하여 지급보험금을 구하시오. (단, 손해정도비율과 피해율은 % 단위로 소수점 셋째자리에서 반올림하시오.)

○ **계약사항**

상품명	가입금액	가입면적	보장생산비
부추	10,000,000원	2,200㎡	5,900원/㎡

○ **조사내용**

손해정도	1% ~ 20%	21% ~ 40%	41% ~ 60%	61% ~ 80%	81% ~ 100%
피해면적	500㎡	300㎡	300㎡	200㎡	100㎡

※ 재배면적 2,000㎡ 중 1,400㎡에서 피해가 발생함

Solution

생산비보장보험금 = 부추 재배면적 × 부추 단위면적당 보장생산비 × 피해율 × 70%
　　　　　　　= 2,000㎡ × 5,900원 × 0.33 × 0.7 = 2,725,800원
① 피해율 = 피해비율 × 손해정도비율 × (1 − 미보상비율)
　　　　= 0.7 × 0.4714 = 0.32998 = 33%
㉠ 피해비율 = 피해면적 ÷ 재배면적
　　　　　= 1,400㎡ ÷ 2,000㎡ = 0.7 = 70%
㉡ 손해정도비율 = {(500 × 0.2) + (300 × 0.4) + (300 × 0.6) + (200 × 0.8) + 100} ÷ 1,400
　　　　　　　= 0.47142 = 47.14%
② 그러나 부추 재배면적에 부추 단위면적당 보장생산비를 곱한 값이 보험가입금액보다 큰 경우에는 위에서 계산된 생산비보장보험금을 아래와 같이 다시 계산하여 지급

$$\text{계산된 생산비보장보험금} \times \frac{\text{보험가입금액}}{\text{부추 단위면적당 보장생산비} \times \text{부추 재배면적}}$$

$$\therefore \text{지급보험금} = \text{생산비보장보험금} \times \frac{\text{보험가입금액}}{\text{재배면적} \times \text{단위면적당 보장생산비}}$$

$$= 2{,}725{,}800\text{원} \times \frac{10{,}000{,}000\text{원}}{2{,}000\text{㎡} \times 5{,}900\text{원}} = 2{,}310{,}000\text{원}$$

79 시설작물 쑥갓에 보상하는 재해가 발생하였다. 다음 계약사항과 조사내용을 참조하여 지급보험금을 구하시오. (단, 손해정도비율과 피해율은 % 단위로 소수점 셋째자리에서 반올림하고, 보험금은 원 단위에서 반올림하시오.)

○ **계약사항**

상품명	가입금액	가입면적	보장생산비
쑥갓	18,000,000원	7,000㎡	2,600원/㎡

○ **조사내용**

손해정도	1% ~ 20%	21% ~ 40%	41% ~ 60%	61% ~ 80%	81% ~ 100%
피해면적	1,600㎡	1,000㎡	800㎡	800㎡	600㎡

※ 재배면적 6,000㎡ 중 4,800㎡에서 피해가 발생함
※ 생장일수는 30일로 조사됨

Solution

생산비보장보험금 = 재배면적 × 단위면적당 보장생산비 × 경과비율 × 피해율
= 6,000㎡ × 2,600원 × 0.64 × 0.4066 = 4,059,494.4 = 4,059,490원

① 경과비율 = α + {(1 − α) × (생장일수 ÷ 표준생장일수)}
= 0.1 + {(1 − 0.1) × (30일 ÷ 50일)} = 0.64 = 64%

② 피해율 = 피해비율 × 손해정도비율 × (1 − 미보상비율)
= 0.8 × 0.5083 = 0.40664 = 40.66%

㉠ 피해비율 = 피해면적 ÷ 재배면적
= 4,800㎡ ÷ 6,000㎡ = 0.8 = 80%

㉡ 손해정도비율 = {(1,600 × 0.2) + (1,000 × 0.4) + (800 × 0.6) + (800 × 0.8) + 600} ÷ 4,800
= 0.50833 = 50.83%

80 **농업용 원예시설물(고정식 하우스)에 강풍이 불어 피해가 발생되었다. 다음 조건을 참조하여 물음에 답하시오.**

구분	손해내역	내용연수	경년감가율	경과년월	보험가입금액	손해액	비고
1동	단동하우스 (구조체 손해)	10년	8%	2년	500만원	300만원	피복재 손해 제외
2동	장수PE (피복재 단독사고)	1년	40%	1년	200만원	100만원	–
3동	장기성Po (피복재 단독사고)	5년	16%	1년	200만원	100만원	• 재조달가액 보장특약 • 미복구

(1) 1동의 지급보험금 계산과정과 값을 쓰시오.

(2) 2동의 지급보험금 계산과정과 값을 쓰시오.

(3) 3동의 지급보험금 계산과정과 값을 쓰시오.

Solution

(1) 1동의 지급보험금
① 총감가율 = 2 × 0.08 = 16%
② 시가 손해액 = 3,000,000원 × (1 − 0.16) = 2,520,000원
③ 자기부담금 = 2,520,000원 × 0.1 = 252,000원
→ 최소자기부담금인 300,000원 적용
∴ 지급보험금 = min[(2,520,000 − 300,000), 5,000,000] = 2,220,000원

(2) 2동의 지급보험금
① 시가 손해액 = 1,000,000원 × (1 − 0.4) = 600,000원
② 자기부담금 = 600,000원 × 0.1 = 60,000원
→ 최소자기부담금인 100,000원 적용
∴ 지급보험금 = min[(600,000 − 100,000), 2,000,000] = 500,000원

(3) 3동의 지급보험금
① 시가 손해액 = 1,000,000원 × (1 − 0.16) = 840,000원
② 자기부담금 = 840,000원 × 0.1 = 84,000원
→ 최소자기부담금인 100,000원 적용
∴ 지급보험금 = min[(840,000 − 100,000), 2,000,000] = 740,000원
재조달가액 특약에 가입하였으나 미복구되었으므로 시가로 손해액을 지급한다.

81 다음 계약사항과 조사내용을 참조하여 피해율과 생산비보장보험금을 구하시오.

○ **계약사항**

상품명	가입금액	가입원목수	보장생산비
원목재배 표고버섯	10,000,000원	3,000개	6,400원/㎡

○ **조사내용**
- 재배원목 2,000개 중 1,200개에서 피해가 발생함
- 표본조사 결과 원목의 피해면적은 3,000㎠, 원목의 면적은 5,000㎠

Solution

생산비보장보험금 = 재배원목(본)수 × 원목(본)당 보장생산비 × 피해율
= 2,000개 × 6,400원 × 0.36 = 4,608,000원
① 피해율 = 피해비율 × 손해정도비율 × (1 − 미보상비율)
= 0.6 × 0.6 = 0.36 = 36%
㉠ 피해비율 = 피해원목(본)수 ÷ 재배원목(본)수
= 1,200개 ÷ 2,000개 = 0.6 = 60%
㉡ 손해정도비율 = 원목(본)의 피해면적 ÷ 원목의 면적
= 3,000㎠ ÷ 5,000㎠ = 0.6 = 60%
② 그러나 재배원목(본)수에 원목(본)당 보장생산비를 곱한 값이 보험가입금액보다 큰 경우에는 위에서 계산된 생산비보장보험금을 아래와 같이 다시 계산하여 지급

$$계산된\ 생산비보장보험금 \times \frac{보험가입금액}{원목(본)당\ 보장생산비 \times 재배면적(본)수}$$

$$\therefore 보험금 = 생산비보장보험금 \times \frac{보험가입금액}{원목(본)당\ 보장생산비 \times 재배면적(본)수}$$

= 4,608,000원 × {10,000,000원 ÷ (6,400원 × 2,000개)} = 3,600,000원

82 **다음은 균상재배 양송이버섯의 수확기 이전 사고의 경과비율에 대한 설명이다. 경과비율 산식을 쓰고 제시된 용어를 설명하시오.**

(1) 경과비율 산식 :

(2) 생장일수 :

(3) 표준생장일수 :

Solution

(1) 경과비율 = α + {(1 − α) × (생장일수 ÷ 표준생장일수)}

• α = 준비기생산비계수(75.3%)

(2) 생장일수 : 종균접종일로부터 사고발생일까지 경과일수

(3) 표준생장일수 : 종균접종일로부터 수확개시일까지 표준적인 생장일수

83 **종합위험방식 병재배 느타리버섯 품목에 관한 내용이다. 아래의 계약사항과 조사내용을 참조하여 경과비율과 피해율 및 보험금을 산출하시오. (단, 보험금 산출 시 원 단위 미만 절사)**

○ 계약사항

상품명	가입금액	가입병수	보장생산비
병재배 느타리버섯	12,000,000원	25,000개	480원/병

○ 조사내용

재배병수	생장일수	손해정도비율	피해비율
20,000개	15일	60%	70%

Solution

(1) 보험금 = 재배병수 × 병당 보장생산비 × 경과비율 × 피해율

= 20,000개 × 480원 × 0.887 × 0.42 = 3,576,384원

(2) 피해율 = 피해비율 × 손해정도비율 × (1 − 미보상비율)

= 0.7 × 0.6 = 0.42 = 42%

(3) 경과비율 = 88.7%

84 **톱밥배지재배 표고버섯 품목에 관한 내용이다. 아래의 계약사항과 조사내용을 참조하여 경과비율과 피해율 및 생산비보장보험금을 산출하시오.**

○ 계약사항

상품명	가입금액	가입봉수	보장생산비
톱밥배지재배 표고버섯	28,800,000원	12,000개	2,400원/봉

○ 조사내용

재배봉수	종균접종일	사고발생일	피해봉수	50% 피해봉수	100% 피해봉수
10,000개	6월 1일	7월 16일	5,000개	2,000개	3,000개

Solution

(1) 생산비보장보험금 = 재배배지(봉)수 × 배지(봉)당 보장생산비 × 경과비율 × 피해율
= 10,000개 × 2,400원 × 0.8315 × 0.4 = 7,982,400원

(2) 경과비율 = α + {(1 − α) × (생장일수 ÷ 표준생장일수)}
= 0.663 + {(1 − 0.663) × (45일 ÷ 90일)} = 0.8315 = 83.15%

① α (준비기생산비계수) = 66.3%

② 표고버섯(톱밥배지재배) 표준생장일수 = 90일

〈버섯작물별 표준생장일수〉

품목	품종	표준생장일수
표고버섯(톱밥배지재배)	전체	90일
느타리버섯(균상재배)	전체	28일
양송이버섯(균상재배)	전체	30일

(3) 피해율 = 피해비율 × 손해정도비율 × (1 − 미보상비율)
= 0.5 × 0.8 = 0.4 = 40%

① 피해비율 = 피해봉수 ÷ 재배봉수
= 5,000개 ÷ 10,000개 = 0.5 = 50%

② 손해정도비율 = {(2,000개 × 0.5) + 3,000개)} ÷ 5,000개 = 0.8 = 80%

85 **균상재배 양송이버섯 품목에 관한 내용이다. 아래의 계약사항과 조사내용을 참조하여 생산비보장보험금을 산출하시오. (단, 보험금 산출 시 원 단위 미만 절사)**

○ 계약사항

상품명	가입금액	가입면적	보장생산비
균상재배 양송이버섯	15,000,000원	1,000㎡	20,500원/㎡

○ 조사내용

재배면적	종균접종일	사고발생일	피해면적	미보상비율
800㎡	6월 1일	6월 25일	400㎡	10%

손해정도	1% ~ 20%	21% ~ 40%	41% ~ 60%	61% ~ 80%	81% ~ 100%
피해면적	0㎡	0㎡	100㎡	200㎡	100㎡

Solution

생산비보장보험금 = 재배면적 × 단위면적당 보장생산비 × 경과비율 × 피해율
= 800㎡ × 20,500원 × 0.9506 × 0.36 = 5,612,342.4 = 5,612,342원

① 경과비율 = α + {(1 − α) × (생장일수 ÷ 표준생장일수)}
= 0.753 + {(1 − 0.753) × (24일 ÷ 30일)}
= 0.753 + (0.247 × 0.8) = 0.9506 = 95.06%

㉠ α (준비기생산비계수) = 75.3%
㉡ 양송이버섯(균상재배) 표준생장일수 = 30일

② 피해율 = 피해비율 × 손해정도비율 × (1 − 미보상비율)
= 0.5 × 0.8 × 0.9 = 0.36 = 36%

㉠ 피해비율 = 피해면적(㎡) ÷ 재배면적(㎡)
= 400㎡ ÷ 800㎡ = 0.5 = 50%
㉡ 손해정도비율 = {(100 × 0.6) + (200 × 0.8) + 100)} ÷ 400 = 320 ÷ 400 = 0.8 = 80%

③ 재배면적에 단위면적당 보장생산비를 곱한 값이 보험가입금액보다 큰 경우에는 위에서 계산된 생산비보장보험금을 아래와 같이 다시 계산하여 지급

$$\text{계산된 생산비보장보험금} \times \frac{\text{보험가입금액}}{\text{단위면적당 보장생산비} \times \text{재배면적}}$$

$$\therefore \text{보험금} = \text{생산비보장보험금} \times \frac{\text{보험가입금액}}{\text{단위면적당 보장생산비} \times \text{재배면적}}$$

= 5,612,342원 × {15,000,000원 ÷ (20,500원 × 800㎡)} = 5,133,239원

86 농업수입감소보장방식 과수작물의 농업수입감소보험금 산정 시 기준수입과 실제수입의 산정 방식을 설명하시오.

Solution

(1) **기준수입** = 평년수확량 × 농지별 기준가격
(2) **실제수입** = (수확량 + 미보상감수량) × 최솟값(농지별 기준가격, 농지별 수확기 가격)

87 **농업수입감소보장방식 과수작물의 농업수입감소보험금 산정 시 계약자 또는 피보험자의 고의 또는 중대한 과실로 수확량조사를 하지 못한 경우 처리 방법을 설명하시오.**

Solution

계약자 또는 피보험자의 고의 또는 중대한 과실로 수확량조사를 하지 못하여 수확량을 확인할 수 없는 경우에는 농업수입감소보험금을 지급하지 않는다.

88 **농업수입감소보험 콩 작물에 관한 내용이다. 아래의 계약사항과 조사내용을 참조하여 단위면적당 평년수확량을 구하고 수확량과 피해율을 산출하시오. (단, 피해율은 % 단위로 소수점 셋째자리에서 반올림하여 둘째자리까지 구하시오.)**

○ 계약사항

상품명	가입면적	평년수확량	자기부담비율	기준가격
수입감소보장 콩	8,000㎡	1,600kg	15%	5,100원/kg

○ 조사내용

실제경작면적	표본구간 면적	표본구간 수확량	함수율	미보상비율	수확기 가격
8,000㎡	100㎡	21.5kg	20%	0	3,900원/kg

Solution

(1) **단위면적당 평년수확량** = 평년수확량 ÷ 가입면적
= 1,600kg ÷ 8,000㎡ = 0.2kg

(2) **수확량(표본조사)** = (표본구간 단위면적당 유효중량 × 조사대상면적) + {단위면적당 평년수확량 × (타작물 및 미보상면적 + 기수확면적)}
= 0.2kg × 8,000㎡ = 1,600kg

① 표본구간 단위면적당 유효중량 = 표본구간 유효중량 합계 ÷ 표본구간 면적
= 20kg ÷ 100㎡ = 0.2kg

② 표본구간 유효중량 = 표본구간 수확량 × (1 − 함수율) ÷ {1 − 기준함수율(14%)}
= 21.5kg × 0.8 ÷ 0.86 = 20kg

(3) **피해율** = (기준수입 − 실제수입) ÷ 기준수입
= (8,160,000원 − 6,240,000원) ÷ 8,160,000원 = 0.23529 = 23.53%

① 기준수입 = 평년수확량 × 농지별 기준가격
= 1,600kg × 5,100원 = 8,160,000원

② 실제수입 = (수확량 + 미보상감수량) × min[농지별 기준가격 or 농지별 수확기 가격]
= 1,600kg × 3,900원 = 6,240,000원

CHAPTER 03

가축재해보험 손해평가

 문제로 확인하기

01 가축재해보험에서 모든 축종에 공통적으로 적용되는 계약 후 알릴 의무에 대하여 설명하시오.

Solution

① 이 계약에서 보장하는 위험과 동일한 위험을 보장하는 계약을 다른 보험자와 체결하고자 할 때 또는 이와 같은 계약이 있음을 알았을 때
② 양도할 때
③ 보험목적 또는 보험목적 수용장소로부터 반경 10km 이내 지역에서 가축전염병 발생(전염병으로 의심되는 질환 포함) 또는 원인 모를 질병으로 집단폐사가 이루어진 경우
④ 보험의 목적 또는 보험의 목적을 수용하는 건물의 구조를 변경, 개축, 증축하거나 계속하여 15일 이상 수선할 때
⑤ 보험의 목적 또는 보험의 목적을 수용하는 건물의 용도를 변경함으로써 위험이 변경되는 경우
⑥ 보험의 목적 또는 보험의 목적이 들어있는 건물을 계속하여 30일 이상 비워두거나 휴업하는 경우
⑦ 다른 곳으로 옮길 때
⑧ 도난 또는 행방불명되었을 때
⑨ 의외의 재난이나 위험에 의해 구할 수 없는 상태에 빠졌을 때
⑩ 개체 수가 증가되거나 감소되었을 때
⑪ 위험이 뚜렷이 변경되거나 변경되었음을 알았을 때

02 소 보험에 가입된 계약자의 다음 상황을 참고하여 보험가액과 손해액을 산정하시오.

○ 사고내용 : 2024년 4월 15일 긴급도축

축종	월령	도축장발행 정산자료	도체중량	이용물처분액	보상금
한우 암컷	42개월	없음	280kg	있음	없음

※ 사고 소의 등급은 1등급이며 1등급 전국평균가격은 15,100원/kg
※ 600kg 암컷의 전전월 전국산지평균가격은 5,130,000원

Solution

(1) 손해액 = 보험가액 − 이용물처분액 − 보상금
= 4,018,500원 − 3,171,000원 − 0 = 847,500원
• 이용물처분액 = 중량 × 지육가격 × 75%
= 280kg × 15,100원/kg × 0.75 = 3,171,000원

(2) 보험가액 = 체중 × kg당 금액
= 470kg × 8,550원/kg = 4,018,500원
• kg당 금액 = 5,130,000원 ÷ 600kg = 8,550원
① 체중은 약관에서 정하고 있는 월령별 "발육표준표"에서 정한 사고소의 연령(월령)에 해당하는 체중을 적용한다.

② kg당 금액은 「산지가격 적용범위표」에서 사고소의 축종별, 성별, 월령에 해당되는 「농협축산정보센터」에 등록된 사고 전전월 전국산지평균가격을 그 체중으로 나누어 구한다.

〈산지가격 적용범위표〉

구분		수컷	암컷
한우	성별 350kg 해당 전국산지평균가격 및 성별 600kg 해당 전국산지평균가격 중 kg당 가격이 높은 금액	생후 7개월 이상	생후 7개월 이상
육우	젖소 수컷 500kg 해당 전국산지평균가격	생후 3개월 이상	생후 3개월 이상

③ 한우 수컷 월령이 25개월을 초과한 경우에는 655kg으로, 한우 암컷 월령이 40개월을 초과한 경우에는 470kg으로 인정한다.

✔ Check 이용물 처분액 산정

이용물 처분액 산정	
도축장발행 정산자료인 경우	도축장발행 정산자료의 지육금액 × 75%
도축장발행 정산자료가 아닌 경우	중량 × 지육가격 × 75%

※ 중량 : 도축장발행 사고소의 도체(지육)중량
※ 지육가격 : 축산물품질평가원에서 고시하는 사고일 기준 사고소의 등급에 해당하는 전국평균가격(원/kg)

03 **2024년 8월 10일 사고로 인하여 20개월령 젖소 암컷을 긴급도축하였다. 아래 젖소산지평균가격을 참조하여 보험가액을 구하시오. (단, 보험금 산출 시 원 미만 절사)**

(단위 : 천원/두)

구분	초유떼기		분유떼기		수정단계	초임만삭	초산우	다산우(4산)	노폐우
	암	수	암	수					
4월	95	232	322	643	1,709	3,455	3,564	2,857	1,310
5월	82	199	299	616	1,733	3,453	3,590	2,855	1,330
6월	64	151	248	542	1,696	3,412	3,575	2,798	1,401
7월	46	93	194	443	1,667	3,324	3,397	2,734	1,360

Solution

보험가액 = 수정단계가격 + [{(초산우가격 − 수정단계가격) ÷ 6} × (사고월령 − 18개월)]
= 1,696 + [{(3,575 − 1,696) ÷ 6} × (20 − 18)] = 2,322,333원

- 젖소(암컷) 보험가액 산정 : 젖소의 보험가액 산정은 월령을 기준으로 보험사고 전전월 전국산지평균가격을 기준으로 9단계로 구분하여 다음과 같이 산정한다.

월령	보험가액
1개월 ~ 7개월	분유떼기 암컷가격[연령(월령)이 2개월 미만(질병사고는 3개월 미만)일 때는 50% 적용]
8개월 ~ 12개월	분유떼기 암컷가격 + [{(수정단계가격 − 분유떼기 암컷가격) ÷ 6} × (사고월령 − 7개월)]
13개월 ~ 18개월	수정단계가격

19개월 ~ 23개월	수정단계가격 + [{(초산우가격 - 수정단계가격) ÷ 6} × (사고월령 - 18개월)]
24개월 ~ 31개월	초산우가격
32개월 ~ 39개월	초산우가격 + [{(다산우가격 - 초산우가격) ÷ 9} × (사고월령 - 31개월)]
40개월 ~ 55개월	다산우가격
56개월 ~ 66개월	다산우가격 + [{(노산우가격 - 다산우가격) ÷ 12} × (사고월령 - 55개월)]
67개월 이상	노산우가격

04 가축재해보험(젖소) 사고 시 월령에 따른 보험가액을 산출하고자 한다. 각 사례별로 보험가액 계산과정과 값을 쓰시오. (단, 유량검정젖소 가입 시는 제외, 만원 미만 절사)

〈사고 전전월 전국산지평균가격〉

- 분유떼기 암컷 : 100만원
- 수정단계 : 300만원
- 초산우 : 350만원
- 다산우 : 480만원
- 노산우 : 300만원

물음 1) 월령 2개월 질병사고 폐사

물음 2) 월령 11개월 대사성 질병 폐사

물음 3) 월령 20개월 유량감소 긴급 도축

물음 4) 월령 35개월 급성고창 폐사

물음 5) 월령 60개월 사지골절 폐사

Solution

물음 1) 월령 2개월 폐사 시 보험가액

보험가액 = 분유떼기 암컷가격 × 50%
= 100만원 × 0.5 = 50만원

물음 2) 월령 11개월 폐사 시 보험가액

보험가액 = 분유떼기 암컷가격 + [{(수정단계가격 − 분유떼기 암컷가격) ÷ 6} × (사고월령 − 7개월)]
= 100만원 + [{(300만원 − 100만원) ÷ 6} × (11 − 7)]
= 2,333,333.33 = 233만원

물음 3) 월령 20개월 긴급 도축 시 보험가액

보험가액 = 수정단계가격 + [{(초산우가격 − 수정단계가격) ÷ 6} × (사고월령 − 18개월)]
= 300만원 + [{(350만원 − 300만원) ÷ 6} × (20 − 18)]
= 3,166,666.66 = 316만원

물음 4) 월령 35개월 폐사 시 보험가액

보험가액 = 초산우가격 + [{(다산우가격 − 초산우가격) ÷ 9} × (사고월령 − 31개월)]
= 350만원 + [{(480만원 − 350만원) ÷ 9} × (35 − 31)]
= 4,077,777.77 = 407만원

물음 5) 월령 60개월 폐사 시 보험가액

보험가액 = 다산우가격 + [{(노산우가격 − 다산우가격) ÷ 12} × (사고월령 − 55개월)]
= 480만원 + [{(300만원 − 480만원) ÷ 12} × (60 − 55)] = 405만원

05 가축재해보험에 가입한 축사에 대한 내용이다. 다음 계약사항과 조사내용을 참조하여 지급보험금을 구하시오.

○ 계약사항

상품명	보험가입금액	축사구조물	자기부담비율
축사	48,000,000원	보온덮개, 쇠파이프조	10%

○ 조사내용

재해	재조달가액	잔가율	손해액	손해방지비용
설해	120,000,000원	50%	60,000,000원	300,000원

Solution

축사 부문에서도 부보비율 조건부 실손보상조항을 적용하여 보험가입금액이 보험가액의 80% 이상인 경우는 전부보험으로 보고 비례보상조항을 적용하지 않고 있으며 구체적인 계산방식은 아래와 같다.

(1) 보험가입금액이 보험가액의 80% 해당액과 같거나 클 때 : 보험가입금액을 한도로 손해액 전액. 그러나, 보험가입금액이 보험가액보다 클 때에는 보험가액을 한도로 한다.

(2) 보험가입금액이 보험가액의 80% 해당액보다 작을 때 : 보험가입금액을 한도로 아래의 금액

$$\text{손해액} \times \frac{\text{보험가입금액}}{\text{보험가액의 80\% 해당액}}$$

① 보험가액 = 재조달가액 × 잔가율
　　= 120,000,000원 × 0.5 = 60,000,000원
　㉠ 보험가액의 80% = 60,000,000원 × 0.8 = 48,000,000원
　㉡ 손해액 = 60,000,000원

② 지급보험금 = 목적물 보험금 + 손해방지비용
　㉠ 목적물보험금 = min[손해액, 보험가입금액] − max[계산한 금액 × 자기부담비율, 500,000원]
　　= min[60,000,000원, 48,000,000원] − max[48,000,000원 × 10%, 500,000원]
　　= 43,200,000원
　㉡ 손해방지비용 = 300,000원

∴ 지급보험금 = 43,200,000원 + 300,000원 = 43,500,000원

06 가축재해보험 돼지 축산휴지위험보장 특약에서 보통약관의 일반조항 및 돼지 부문에서 보상하지 않는 손해 외 보상하지 않는 손해에 대하여 기술하시오.

Solution

① 사용, 건축, 수리 또는 철거를 규제하는 국가 또는 지방자치단체의 법령 및 이에 준하는 명령
② 리스, 허가, 계약, 주문 또는 발주 등의 정지, 소멸, 취소
③ 보험의 목적의 복구 또는 사업의 계속에 대한 방해
④ 보험에 가입하지 않은 재산의 손해
⑤ 관계당국에 의해 구내 출입금지 기간이 14일 초과하는 경우(단, 14일까지는 보상함)

07 가축재해보험에 가입한 축사에 대한 내용이다. 다음 계약사항과 조사내용을 참조하여 지급보험금을 구하시오.

○ 계약사항

상품명	보험가입금액	축사구조물	자기부담비율
축사	13,200,000원	보온덮개, 쇠파이프조	10%

○ 조사내용

재해	재조달가액	감가상각률	손해액	손해방지비용
태풍	40,000,000원	50%	4,000,000원	500,000원

Solution

보험가입금액이 보험가액의 80% 해당액보다 작을 때 보험가입금액을 한도로 아래의 금액

$$손해액 \times \frac{보험가입금액}{보험가액의\ 80\%\ 해당액}$$

보험가액의 80% = 20,000,000원 × 0.8 = 16,000,000원

① 목적물보험금 = min[손해액 × (보험가입금액 ÷ 보험가액의 80%), 보험가입금액] − max[계산한 금액 × 자기부담비율, 500,000원]
= min[4,000,000원 × (13,200,000원 ÷ 16,000,000원), 13,200,000원] − max[3,300,000원 × 10%, 500,000원] = 2,800,000원

② 손해방지비용 = 비용 × (보험가입금액 ÷ 보험가액의 80%)
= 500,000원 × (13,200,000원 ÷ 16,000,000원) = 412,500원

∴ 지급보험금 = 2,800,000원 + 412,500원 = 3,212,500원

08 가축재해보험에 가입한 소에 대하여 아래 조사내용을 참조하여 소도체결함보장특약 지급보험금을 구하시오.

축종	보험가입금액	사고일자	도체의 결함내용	사고소 도체중	사고소 1두 경락가격
한우 수컷	5,130,000원	6월 22일	근염	380kg	2,200,000원

전국지육경매 평균가격	4월	5월	6월
원/kg	15,300	15,000	15,200

Solution

① 보험가액 = 사고소의 도체중(kg) × 사고 전월 전국지육경매 평균가격(원/kg)
= 380kg × 15,000원/kg = 5,700,000원

② 손해액 = 보험가액 − 사고소의 1두 경락가격 = 5,700,000원 − 2,200,000원 = 3,500,000원

③ 자기부담금 = 계산한 금액의 20%

보험가입금액이 보험가액보다 작을 때 보험가입금액을 한도로 아래의 금액

$$손해액 \times \frac{보험가입금액}{보험가액}$$

$$\therefore \text{지급보험금} = \text{손해액} \times \frac{\text{보험가입금액}}{\text{보험가액}} \times (1 - \text{자기부담비율})$$

$$= 3{,}500{,}000\text{원} \times \frac{5{,}130{,}000\text{원}}{5{,}700{,}000\text{원}} \times (1 - 0.2) = 2{,}520{,}000\text{원}$$

09 가축재해보험에 가입한 돼지의 축산휴지위험보장에 관한 내용이다. 다음 계약사항과 조사내용을 참조하여 지급보험금을 구하시오.

○ 계약사항

주계약		축산휴지위험보장특약
보험가입금액	자기부담비율	보험가입금액
20,000,000원	10%	13,000,000원

○ 조사내용

조사내용	1두당 비육돈(100kg 기준) 평균가격	경영비(1두당)
종빈돈 15두(종빈돈 기능을 하지 않는 종빈돈 : 5두)	500,000원	375,000원

Solution

보험금 = min[손해액, 보험가입금액]
　　　= min[12,500,000원, 13,000,000원] = 12,500,000원

① 보험가액 = 종빈돈(두수) × 10 × 1두당 비육돈(100kg 기준) 평균가격 × 이익률
　　　　　= 10두 × 10 × 500,000원 × 0.25 = 12,500,000원

② 손해액 = 보험가액 = 12,500,000원

$$③\ \text{이익률} = \frac{\text{1두당 비육돈(100kg 기준)의 평균가격} - \text{경영비}}{\text{1두당 비육돈(100kg 기준)의 평균가격}}$$

= (500,000원 − 375,000원) ÷ 500,000원 = 0.25 = 25%

10 보험사기의 성립요건에 대하여 기술하시오.

Solution

(1) **계약자 또는 보험 대상자에게 고의가 있을 것** : 계약자 또는 보험 대상자의 고의에 보험자를 기망하여 착오에 빠뜨리는 고의와 그 착오로 인해 승낙의 의사표시를 하게 하는 것 등

(2) **기망행위가 있을 것** : 기망이란 허위진술을 하거나 진실을 은폐하는 것, 통상 진실이 아닌 사실을 진실이라 표시하는 행위를 말하거나 알려야 할 경우에 침묵, 진실을 은폐하는 것도 기망행위에 해당

(3) **상대방인 보험자가 착오에 빠지는 것** : 상대방인 보험자가 착오에 빠지는 것에 대하여 보험자의 과실 유무는 문제되지 않음

(4) **상대방인 보험자가 착오에 빠져 그 결과 승낙의 의사표시를 한 것** : 착오에 빠진 것과 그로 인해 승낙의 의사표시를 한 것과 인과관계 필요

(5) **사기가 위법일 것** : 사회생활상 신의성실의 원칙에 반하지 않는 정도의 기망행위는 보통 위법성이 없다고 해석

단끝 손해평가사

2차 | 핵심정리 및 기출예상문제집

초판인쇄 | 2024. 7. 15. **초판발행** | 2024. 7. 20. **편저자** | 한용호 **발행인** | 박 용
발행처 | (주)박문각출판 **등록** | 2015년 4월 29일 제2019-000137호
주소 | 06654 서울시 서초구 효령로 283 서경 B/D 4층
팩스 | (02)723-6870 **전화** | (02)723-6869

저자와의
협의하에
인지생략

정가 32,000원 ISBN 979-11-7262-055-4